I

백 년 동안의 진보

글쓴이

송민호 宋敏昊, Song, Min ho_홍익대학교 국어국문학과 조교수
김동식 金東植, Kim, Dong shik_인하대학교 한국어문학과 교수
권보드래 權보드래, Kwon, boduerae_고려대학교 국어국문학과 교수
황병주 黃秉周, Hwang, Byoung joo_국사편찬위원회 편사연구사
이철호 李喆昊, Lee, Chul ho_동국대학교 다르마칼리지 조교수
김준현 金埈顯, Kim, Jun hyun_고려대학교 국어국문학과 강사
김건우 金建佑, Kim, Kun woo_대전대학교 국어국문창작학부 교수
공임순 孔任順, Kong, Im soon_서강대학교 인문과학연구소 연구원
이혜령 李惠鈴, Lee, Hye ryoung_성균관대학교 동아시아학술원 HK교수
강진웅 姜珍雄, Kang, Jin woong_고려대학교 민족문화연구원 HK교수
강웅식 姜雄植, Kang, Woong sik_고려대학교 국어국문학과 강사
차승기 車承棋, Cha, Seung ki_조선대학교 국어국문학과 교수
박헌호 朴憲虎, Park, Heon ho_고려대학교 민족문화연구원 HK교수
문경연 文京連, Moon, Kyoung yeon_동국대학교 다르마칼리지 강의초빙교수
손유경 孫有慶, Son, You kyung_서울대학교 국어국문학과 교수
이영미 李英美, Lee, Young mee_성공회대학교 문화대학원 초빙교수
김정한 金廷翰, Kim, Jung han_고려대학교 민족문화연구원 HK연구교수
조윤정 趙胤姸, Jo, Yun jeong_KAIST 초빙교수
이화진 李和眞, Lee, Hwa jin_인하대학교 한국학연구소 HK연구교수

문화동역학라이브러리 22

백 년 동안의 진보

초판인쇄 2015년 9월 25일 **초판발행** 2015년 10월 5일
엮은이 박헌호 **펴낸이** 박성모 **펴낸곳** 소명출판 **출판등록** 제13-522호
주소 서울시 서초구 서초중앙로6길 15, 1층
전화 02-585-7840 **팩스** 02-585-7848 **전자우편** somyong@korea.com **홈페이지** www.somyong.co.kr

값 48,000원

ISBN 979-11-5905-007-7 94810
ISBN 978-89-5626-851-4 (세트)

이 책은 2007년 정부(교육과학기술부)의 재원으로 한국연구재단의 지원을 받아 수행된 연구임(NRF-2007-361-AL0013).

고려대학교 민족문화연구원
문화동역학 라이브러리 22

백 년 동안의 진보

Progress during the 20th Century in Korea

박헌호 편저

문화동역학 라이브러리 문화는 복합적이고 역동적인 구성물이다. 한국 문화는 안팎의 다양한 갈래와 요소가 상호작용하는 과정을 통해 끊임없이 변화해왔고, 변화해 갈 것이다. 고려대학교 민족문화연구원이 주관하는 이 총서는 한국과 그 주변 문화의 복합적이고 역동적인 양상을 추적하고, 이를 통해 한국 문화는 물론 인류 문화에 대한 새로운 통찰과 그 다양성의 증진에 기여하고자 한다. 문화동역학(Cultural Dynamics)이란 이러한 도정을 이끌어 가는 우리의 방법론적인 표어이다.

소명출판

책머리에

이 책은 고려대학교 민족문화연구원 인문한국HK연구단 산하 '기획연구팀'인 '한국 근대감성의 사회사'의 공동연구 성과를 갈무리한 것이다. '감성팀'은 2012년 2월에 결성되었고 첫 성과인 『센티멘탈 이광수』를 2013년 5월에 제출했다. 이제 두 번째 성과물을 상재한다.

이번에 우리가 선택한 과제는 '진보'다. 오늘날의 시점에서 진보는 만신창이가 되었고, 심지어 '욕'이 되었다. 두 가지 지점에서 그러하다. 근대가 창출한 직선적 발전사관으로서의 진보는 인류를 보다 나은 삶을 향해 나아가게 하는 추동력이었고 인류사에 유래 없는 생산력의 발전을 선사했다. 그러나 그것이 '서유럽'이 비서구 사회에 대한 지배를 합리화한 근거로 작용했으며, 나아가 인간에 의한 자연 파괴와 인간자신의 파괴로 이어진 것은 주지의 사실이다. 진보가 실제로는, 단일한 '척도'를 절대화하여 여타의 인간적 가능성을 말살하는데 기여했고, 반복되는 대량학살과 '몫 없는 이'들의 범람을 초래한 역사관이라는 사실이 명백해졌다. 정치적 입장의 '좌우'와 상관없이 '진보'가 주창되었지만, 진보에의 몰입은 우리가 오늘날 목도하는 인류사적 불행의 근원으로 작용했던 것이다. 우리는 이제 특정한 역사관으로서의 '진보사관'을 상대화하고 폐기해야 할 시점에 당도했다.

두 번째 지점은 한반도의 역사적 조건과 관련이 깊다. 서구에서는 진보에 弔鐘이 울리고 역사철학적 비판이 정점에 달하던 시점에 남한에서는 도리어 진보가 새로운 정치용어로 부상했다. 이는 군사독재의 퇴장과 '현실사회주의권'의 몰락이라는 한반도 내외부의 정치적 상황과 연동된 일이었다. 남한의 기득권세력은 자신의 '반역사적' 본질을

粉飾하여 스스로를 '보수'로 참칭하며 새롭게 정치지형도를 구성했다. 이에 반해 민주세력은 군사독재 이후 혁신의 방향성과 민주주의의 질적 내용들을 정립하지 못한 채 엉거주춤 진보로 명명되었다. 진보의 '진보적 성격'에 대한 논의는 이루어지지 못했다. 그 결과 현재 일개 진영논리로 전락한 진보는 명백하게도 보수의 의지처로 기능한다. 보수는 진보를 '종북'으로 몰아가려 혈안인데, 진보는 자신의 내용을 진전시키기는커녕 그 개념의 담지자가 누구인지도 불명확한 처지에 놓여 있다. 그러니 현재 각종 매체에서 범람하는 진보라는 용어의 의미는 종잡을 수 없는 것이 되었다. 진보가 '욕'이 된 현실이 이러하다.

그러기에 진보는 한국의 근대사에서 현재적 문제요 역사적 현실이다. 우리는 연구를 시작하기 전부터 진보의 문제성을 인지하고 있었지만 그렇다고 곤경을 피하지는 못했다. 이미 학문적으로 사망선고를 받은 진보를 통해 20세기 한반도의 역사를 전체화한다는 것이 쉽지 않았다. 진보 개념 자체가 그것을 어떠한 차원에 위치시킬 것인가에 따라 다양한 파장을 산출할 수밖에 없다. '진보', '개화', '진화', '혁명', '좌파', '발전', '후진성'과 같은 기본개념들 사이의 관계망 역시 난항에 난항을 거듭한 문제였다. 세미나 시간마다 다름 아닌 '진보'가 우리의 뒷덜미를 잡아당겼다. 거기에 '감성'연구라는 우리 팀의 공통과제가 결합되자 이윽고 문제는 난마와 같이 얽히고 말았다. 우리는 '진보적 감성'이라는 문제틀로 접근하기를 원했지만, 곧 저마다의 길을 떠날 수밖에 없었다. 우리 내부의 논쟁이 치열했던 만큼, 20세기 한반도에서의 진보 개념의 문제성이 고스란히 드러났다.

공동연구는 개념의 통일과 공통의 방법론에 입각하는 것이 권장된다. 하지만 우리는 우리 내부에서 합의하기 어려운 진보의 개념적 자장을 20세기 한반도에서 진보가 존재했던 실제적 양태로써 제시하는

데 만족해야 했다. 따라서 이 책이 공통의 시각이나 방법론에 입각한 연구서가 아니라는 사실을 먼저 밝힌다. 누구나 동의할 수 있는 매끄러운 해답을 보여주지 못한다면, 개념의 문제적 파장 자체를 드러내는 것 또한 연구가 짊어져야 할 몫이라고 판단했다. 이것이 이번 연구의 한계일 것은 인정되지만, 우리의 시행착오의 기록들이 학문적으로 쓸모없지는 않으리라, 자위해본다. 우리는 각자의 방식으로 20세기 한반도를 뒤덮었던 진보의 흐름들을 더듬었다. 누군가는 뿌리를 더듬었고 누군가는 줄기를 어루만졌다. 그리하여 20세기 한반도에서의 진보의 자기현시가 개념과 사건, 양태와 징후들 속에서 어렴풋하나마 포착될 수 있었다. 그러면서도 공통적으로 출현하는 문제들이 있으니, 독자들이 이 책의 독서를 통해 그러한 문제들을 간취할 수 있기를 바란다.

우리는 '이광수'를 다루면서도 그것을 한국 근대 100년의 역사 속에서 조망하는 것을 목표로 삼았다. 『센티멘탈 이광수』의 서문에서 편자는 이렇게 말했다. "한국 근대문학 연구는 지난 100년의 역사를 전체화하려는 욕구 속에서 자신이 이룬 업적들을 대상화해야 할 시점에 다다랐다는 것이 우리의 판단이다. 섣부른 전체화에의 욕망이 야기할 오류를 묵인하자는 것이 아니다. 우리 모두는 '부분의 전문가'이나 부분을 부분으로 깃들게 해주는 전체에의 감각을 노출해야 할 때라는 말이다. 빛나는 성취와 뼈를 깎는 반성을 통과한 한국 근대문학 연구는 이제 미시사와 거시사를 통합하는 자신의 좌표를 설정해야 할 상황에 이르렀다." 이러한 관점은 이 책에서도 유효하다. 20세기 한반도의 역사를 전체적으로 대상화해야 한다는 문제의식은, 우리가 이룬 것과 별개로 여전히 의미 있다고 판단하는 까닭이다.

우리는 근대계몽기로부터 90년대에 대한 기억서사에 이르는, 100

년이 넘는 시간대를 대상으로 설정했다. 물론 20세기 한반도의 진보를 다룬다면 마땅히 있어야 할 주제들 중 상당수가 빠져 있음을, 독자와 함께 아쉬워한다. 기획단계에서는 있었으나 글을 싣지 못한 것도 있고, 공부를 해나가는 과정에 부각됐지만 시간과 필자문제로 주제화하지 못한 것도 있다. 묶고 나니 그 빈자리가 더 커보였다. '20세기 한반도에서의 진보를 다룬다면서 왜 이 주제는 없는가?'라는 질문이 계속 머리를 맴돌았다. 하지만 이미 탐구한 분량이 적지 않고, 진보와 관련하여 반드시 있어야 한다고 판단되는 주제들 중 상당수가 이미 다른 곳에서 다른 방식으로 제출된 바 있으며, 모든 주제를 포괄하려는 발상 자체가 '진보'를 정형화하는 또 다른 폭력일 수 있어, 예서 한계를 인정하는 것으로 그치려 한다.

편자가 작성한 '이끄는 글'을 첫머리에 배치했다. 이 책에 실린 19편의 글을 '편자 나름의 방식'으로 개괄한 것이다. 게재된 글들에 대한 객관적인 안내나 설명이 아니라 '편자'의 개인적인 배치와 시선이 개입된 것이므로, 이 글에서 드러나고 강조되는 것이 있다면 그것은 오로지 '편자 자신의 것'임을 밝혀둔다. 개별 논문의 의미를 '이끄는 글'을 통해 판단하지 않기를 바란다는 뜻이다. 책의 구성상 '진보'의 층위와 역사적 변천에 대한 설명이 없을 수 없었기에 이런 구성을 취했다. '총론'이 아니라 '이끄는 글'이라 칭함은 이 때문이다.

전체를 4부로 구성했다. 제1부는 「근대의 '발견' 또는 모더니티와 진보」라 제목을 붙였다. 60년대를 다룬 글을 같이 한 것은 발견으로서의 근대란 근대초기의 현상만이 아니라는 판단 때문이다. 한국의 20세기는 늘 새로운(?) 방식으로 근대와 진보를 발견하거나, 발견했다고 주장해왔다. '문명'과 '후진성' 그리고 '혁명', '경제'라는 개념을 통해 20

세기적 진보의 출발을 헤아려 보았다. 제2부는 「이데올로기들의 거소 —민족, 종교, 젠더」를 살폈다. 진보 자체가 이념이다. 진보는 다양한 영역에서 자기를 현시하고 관철하고자 노력하며 현재화되었다. 이러한 이데올로기들이 처한 곳을 특히 세 영역에서 고찰했다. 넓은 의미에서 보자면 이데올로기들의 쟁투과정이자 내면화 과정이겠다. 진보란 이러한 쟁투와 내면화를 통해 우리의 근대사를 지배하게 됐다고 판단한다.

제3부는 「문학'으로' 진보」를 다루었다. 문학을 다루었으되 문학으로의 진보요, 문학에서의 진보의 양상들을 살펴보았다. 문학 또한 진보의 자궁이요, 대변인이었으며, 쟁투의 장이었다. 가야했으나 가지 못한 곳과 갔다고 생각했으나 이르지 못한 곳들에 대한 논의들이 중심을 이룬다. 그러나 문학이기에 또한 여타 영역과는 다른 고뇌와 초점이 있었음을 놓치지 않으려 노력했다. 마지막으로 제4부는 「실천의 감성과 기억서사」를 배치했다. 시기적으로는 80년대의 운동감성과 이후의 기억서사에 대한 논의가 중심을 이룬다. 다른 글들도 이러저러한 방식으로 '감성'의 문제를 체화하고 있으나 이곳에서는 특히 감성과 기억을 초점으로 삼았다. 역사의 흐름은 기억 속에서 둥지를 찾고 주체화의 기획을 완성한다. 사실이 기억이 되고 기억이 자료가 되면서 역사는 그렇게 주객관적으로 구성된다.

올해가 광복 70주년이다. 십 년 단위로 우리 근대사를 의미화 하는 관행이 늘 달가운 것은 아니지만, 이 책이 그에 대한 조촐한 헌사이기를 바라는 마음도 없지 않다. 백 년의 역사와 대면하려는 우리의 의도가 광복 70주년의 시점과 만나는 일은, 의도한 바는 아닐지라도 거부할 일도 아닌 듯하다. 우리의 헌사가 '애도'일지 '멜랑콜리'에 머무를지는 알 수 없으나, 헌사의 한 자락으로 진보에 관한 논의가 따르는 것도 과히 의미 없지는 않으리라. 30년 후, 광복 100주년이 된다면 그때 한반도는 어떠한 상황과 대면하고 있을까? 30년 후 우리의 책이, 강박과 무지와 강압의 세월을 증명하는 씁쓸한 기억의 자료로 남게 된다면 다행이겠다. 진보를 말하는 일 없이 '몫 없는 이'들이 사라지는 세상이 가능해진다면 말이다. 이 책의 많은 여백들이, 독자들의 비판을 통해 21세기 한반도의 사상적 지형이 보다 풍성해지는 방식으로 채워지기를 기대한다.

'감성팀'이란 이름으로 만난 지 어언 4년이다. 모두가 만족하는 성과를 제출하지 못하는 것이 마음에 걸리지만 이정도의 성과를 올릴 수 있었던 것도 모두 팀원들의 노력과 헌신 덕분이다. 팀장의 무지와 게으름이 가장 큰 걸림돌이었음을, 아프게 기억한다. 함께 해주신 모든 분들께 진심으로 감사와 사과와 존경의 마음을 전한다. '감성'을 연구하기보다는, 보다 '감성적'으로 친교 맺기를 주저하지 않은 일은, 성과와 별개로 소중한 추억이다. 몇몇 분들을 거명하여 특별히 감사의 말씀을 올리는 것을 용서해주시길 바란다.

차승기, 이영미 선생님은 이번 책의 편집에 결정적인 도움을 주셨다. 고개 숙여 감사드린다. 이혜령 선생님은 책제목을 지어주셨다. 『센티멘탈 이광수』 때도 그러했는데, 깊이 감사드린다. 고대 민연의 이만영, 강철구 조교는 꽤나 많은 숫자의 팀원들을 상대하며 귀찮은 일들을 깔끔하게 처리해주었고, 매번 감동의 모임을 만들어주었다. 노고에 감사드리며 동업자의 길에서 다시 만나기를 바란다. 강진웅, 조윤정 선생님은 팀원이 아니면서도 우리의 기획취지에 흔쾌히 동의하시고 귀한 글을 주셨다. 팀원을 대표하여 감사의 말씀을 드린다. 그리고 두 번에 걸친 심포지엄과 양평에서의 예비 발표회에서 토론을 맡아

주셨던 선생님들께도 존경의 말씀을 올린다. 생산적인 조언으로 글의 결점을 채워주셨던 익명의 심사자분들께도 감사드린다. 많은 분들이 애써준 덕분에 이 책에 실린 글들이 오류를 줄일 수 있었다.

아울러 몇 년에 걸쳐 물심양면으로 지원을 아끼지 않는 한편, 수차 특집원고를 실어준 인하대 한국학연구소의 김만수 소장님과 조강석, 정종현 선생님의 후의에 허리 숙여 감사드린다. 이러한 경험을 통해 대학간, 연구소간 협력연구의 기틀이 점차 더 단단해지기를 바란다. '감성팀'은 이것으로 역할을 마감하지만 다른 주제와 방식으로 협력연구의 사례들이 늘어나리라 믿는다. 여러 대학에 흩어진 연구자들을 '기획연구팀'이란 이름으로 모일 수 있게 자리를 만들어준 고려대 민족문화연구원의 최용철 전임 원장님과 현 조성택 원장님께도 마음 깊이 감사의 말씀을 전한다. 'HK사업'이 없었으면 이 모든 것들이 불가능했으리라. 그러므로 우리는 이 책이 한국연구재단이 주관하는 '인문한국HK사업'의 일원인 고려대학교 민족문화연구원의 성과물임을 밝혀둔다.

2015년, 불볕의 더위를 견뎌내며
필자들을 대신하여
박헌호 씀

차례

3부 문학'으로' 진보

4부 실천의 감성과 기억서사

이끄는 글

백 년 동안의 진보, 또 하나의 매듭

박헌호

1. 소멸하고 창궐하는, 진보

올해(2015년)가 광복 70주년이다. 김영삼 정부이던 광복 50주년 때 옛 '조선총독부'인 '중앙청'을 철거하고 상부 돔을 박물관으로 이전하는 퍼포먼스를 치룬 것과 비교하자면 상대적으로 잠잠한 느낌이다. 이명박 정부 초기의 '건국절' 소동을 떠올려 봐도 그렇다. '광복'이 보다 일상화된 것인지, 아니면 현 정부의 성격상 '일본'으로부터도 '국가'로부터도 자신이 호출당하지 않기를 바라서인지는 알 수 없다. 물론 '8 · 15'가 가까워지면 훨씬 번화해질 터, 기념행사를 주관하는 정부기관의 홈페이지를 보면 '70주년'의 주제어가 '위대한 여정, 새로운 도약'[1]이라 한다. '통일'도 언급되기는 하지만, 민족의 과거를 칭송하고 미래를 다짐하는 내용이 주를 이룬다. '광복'이 식민지 해방이므로 민

1 '광복 70년 기념사업추진위원회' 홈페이지(http://www.korea815.go.kr) 참조.

족이야기가 빠질 수는 없겠지만, 통일의 상대적 약화는 비단 현 정권의 노선문제로만 보이지 않는다. 광복이 일상화됐다면 통일도 더 이상 가슴 설레는 언어가 아닐 수 있겠다. '통일회의론'도 조심스러울망정 일각에서 제기됐었다. 철없는 젊은이들의 이기적인 의식이라 폄하하는 것은 철없는 일이지만, 해방 이후 모든 정치세력들에 의해 당연시되던 절대명제가 흔들리는 조짐이기도 하다. 하여도 광복 70년이란 즉 분단 70년이기에 한반도의 20세기 역사를 개념화해야 할 경우 우리는 광복과 통일 사이의 긴장관계를 수사학의 차원에서만 바라보기 어렵다. 단적으로 "남한과 북한은 '우리'와 '그들'의 차이를 절대화하면서 적대적 관계로 발전한 전형적 경우"이며, "아니, 대단히 역설적으로 우리를 강조하면서도 차이의 절대성이 존재하는 관계"[2]였기 때문이다.

남북한의 역대 정권이 '적대적 공존관계'였다는 사실은 새삼 논증이 필요치 않다. 그간 체제내부의 위기를 상대방에 대한 적대성의 발현으로 모면해왔던 사실을 재론할 필요가 있을까? 뜬금없이 통일의 중요성을 강조하거나 현 정권의 '통일 대박론'을 입내내자는 게 아니다. 사정은 다른 지평에 존재한다. 우리가 20세기 이후 한반도의 역사를 총론화해야 할 경우 북한의 존재는 물리적으로나 시공간적으로 여전히 질문하고 대답해야 할 '주체-내-존재'이다. 현하 남한 체제에서도 '종북'이란 수식어가 수시로 출몰하는 현상은 그것이 유령이든 실체든 북한의 존재가 우리의 현실과 밀접한 관련이 있음을 반증한다. 그러니 광복 70년을 맞이하여 내건 '위대한 여정'이란 주제어는, 흠씬 양보해도 (북한)이라는 존재를 괄호 안에 묶어두었을 때 가능한 표상이며, '새로운 도약'이란 '북한'을 배제하고는 성립하기 어려운 다짐인 셈이다.

---

2 구갑우, 「탈근대시대 한반도 평화」, 『비판적 평화연구와 한반도』, 후마니타스, 2007, 237쪽.

광복 70년의 역사가 위대한 여정이었는지 여부는 내가 판단할 위치에 있지 않다. 유보해둘 대목이 적지 않다는 것은 분명해 보인다. GDP를 비교하고 보릿고개를 말하며 이젠 어지간한 집에는 차가 한 대쯤 있지 않느냐고 되묻는 논자와는 웃는 낯으로 헤어지도록 하자. 북한이 단지 통일의 '대상'이 아니라 남한의 현실에 직접적으로 작용하는 존재라는 사실에서 드러나듯 우리의 역사는 여전히 '문제진행형'으로 현시하고 있다. '압축근대화'란 성장 시간의 압축만 의미하는 것이 아니라 문제의 압축성과 폭발성을 동시에 내재하는 것이었으니, 서구가 몇 백 년에 걸쳐 이룩한 근대화의 성과를 남한이 불과 몇 십 년 안에 이룩했다는 자찬의 언어들이 간과하고 있는 것은, 서구가 몇 백 년에 걸쳐 문제를 해결하기 위해 노력한 과정들을 우리는 불과 몇 십 년 사이에, 해결은커녕 누르고 누르다 폭발에 이르는 과정을 반복해왔다는 사실이다.[3]

21세기를 맞이한 지 15년이 흘렀다. 20세기 한반도의 역사를 전체적으로 살펴볼만한 시점이다. 부분의 세밀한 탐구와 더불어 백 년의 역사와 대면하는 총론적 관심이 필요하다. 전체란 부분들의 총합임과 동시에 부분들의 지향과는 다른 방향성을 역사 위로 길어 올리는 것이 아닐까? 우리는 90년대 이후 한국학계를 물들인 근대성 담론에 대한 비판[4]과 이른바 '포스트 담론'의 수용으로 지난 세기를 상대화할 수 있는 이론적 거점들을 상당수 확보하였다. 이를 통해 우리의 시야는 '근대'로부터 벗어나 탈근대의 지평을 응시하게 되었으며, (국민)국가, 민족과 같은 근대의 대표개념들에 대해 비판적인 거리를 지니게 되었

---

3 이 문제에 대한 개괄로 심광현, 「세대의 정치학과 한국 현대사의 재해석」, 『문화과학』 62호, 문화과학사, 2010.6의 1장을 참조할 수 있다.

4 '근대성 담론'이 학계의 전면적인 이슈가 된 데에는 민족문학사연구소가 1994년 5월 21일에 개최한 심포지엄 '민족문학과 근대성'이 하나의 계기가 되었음을 기억한다. 민족문학사연구소 편, 『민족문학과 근대성』, 문학과지성사, 1995 참조.

다. 앞으로 나아가야할 일이 남았으되, 그것이 과거를 조망하는 일과 상충하지는 않을 터이다. 근대의 '迷妄'으로부터 벗었다는 말이, 근대를 더 이상 탐구하지 않아도 된다는 말과 동의어가 아닌 까닭이다.

'진보' 개념 역시 근대 비판담론의 등장과 더불어 지속적으로 비판받았다.[5] '진보라는 욕'에 대하여 메타 역사학적 비판[6]이 이루어진지도 적지 않은 시간이 흘렀다. 비판의 배경에는 '진보'가 근대라는 특정한 역사적 시간대를 주형해낸 시간관과 패러다임을 담지하는 핵심개념이라는 사실이 깔려 있다. "모든 미래를 담고 있는 씨앗인 기원에 의해 추동되어 어떤 목적의 완성을 향해, 혹은 항상-이미 존재하는 종말을 향해 필연적으로 치닫는 역사"[7]라는 에피스테메. '진보'는 근대 특유의 직선적 발전사관과 그에 따른 시공간의 균질화 내지는 역사적 지향점의 단일화라는 문제들의 역사철학적 근원이었다.[8] 이를테면 근대가 곧 진보요 진보가 곧 근대였던 셈인데, 근대 이전 "인류 역사의 대부분의 기간 동안 많은 인간은 세계의 전진적progressive 변화를 통해서 '세계 내에서의 구원'을 추구하기보다는 종교나 철학에의 귀의를 통해 세계로부터의 탈출을 통한 '세계로부터의 구원'을 꾀했다"[9]는 점에서 그러하다. 근대는 진보를 통해 '세계 내에서의 구원'을 추구했다는 점에서 전시대와 구분된다. 그러나 그것이 '야만-문명'이라는 구도에 입각하여 서유럽이 비서구 사회에 대한 지배를 합리화한 근거로

---

5 구갑우의 앞의 글과, 조정환, 「우리 시대의 진보」, 『제국기계 비판』, 갈무리, 2005 참조.
6 윤해동, 「'진보라는 욕'에 대하여-메타 역사학적 비판」, 『근대역사학의 황혼』, 책과함께, 2010 참조.
7 이진경, 「마르크스주의와 진보의 이념」, 『문학과 사회』 통권78호, 2007 여름, 252쪽.
8 라인하르트 코젤렉 · 크리스티안 마이어, 황선애 역, 『코젤렉의 개념사 사전』 2, 푸른역사, 2010, 4장 참조.
9 강정인, 「보수와 진보-그 의미에 관한 분석적 소고」, 『사회과학연구』 Vol.2, 서강대 사회과학연구소, 1993, 10쪽.

작용했으며, 나아가 인간에 의한 자연의 파괴와 인간자신의 파괴로 이어진 것은 주지의 사실이다. 근대가 추구했던 '세계 내에서의 구원'이 사실은 서유럽을 '세계'로 규범화한 것이며, '구원'은커녕 자멸할 가능성이 점점 더 커졌다는 사실이 명백해졌다.

흥미로운 것은 진보에 대한 비판 내지는 회의가 근대의 주요 시기마다 주기적으로 출몰했다는 사실이다. 근대가 진보의 역사관에 의지하는 한 자기시대에 대한 성찰이 진보 그 자체에 대한 질문으로 연결되는 것은 필연일지도 모른다. "1848~49년 혁명의 실패 이후 유럽에서 '진보'에 대한 순진한 낙관은 이미 좌절된 바 있다."[10] 좌절의 쐐기를 박은 것은 1차 세계대전이다. 인류역사상 가장 참혹하고 규모가 컸던 전쟁을 치른 뒤 "이제 어느 누구도 더 이상 역사 운동의 가정된 진보에 빠져들 만큼 역사에 신뢰를 보낼 수 없게 되었기 때문"[11]이다. 진보적 역사관에 내재돼 있다고 가정된 가치들이 현실에서는 실현되지 않을뿐더러 과거에는 겪어보지 못했단 가혹한 '야만'들이 '문명'의 이름으로 자행됐기 때문이다.

진보의 권위가 약화될수록 비판이 본질에 육박했다. 하나의 정점에 파시즘의 시대를 끝내 살아내지 못했던 벤야민이 있다. 그는 "파시즘이 승산이 있는 이유 중의 하나는, 그 반대자들이 진보라는 이름을 하나의 역사적 규범으로 삼아 이를 들고 파시즘에 맞서고 있다는 사실"[12]이라 말함으로써 근대의 본질적인 역사인식을 비판했다. 근대의 주형틀로서의 진보란, 미래로 열려진 시간에 '척도'를 부여함으로써-

---

10 권보드래, 「미래로의 도약, 3·1운동 속 직접성의 형식」, 『한국학연구』 33집, 인하대 한국학연구소, 2014.5, 63쪽.

11 알랭 바디우, 박정태 역, 『세기』, 이학사, 2014, 38쪽.

12 발터 벤야민, 「역사철학테제」, 반성완 역, 『발터 벤야민의 문예이론』, 민음사, 1994, 347쪽.

현재에 의해 과거를 평가하고, 도래하지 않은 미래를 참칭해 현실을 절대화하는 것이며, 그로 말미암아 '투쟁하는 피지배계급' 자신을 역사로부터 추방한다는 것이다. '계몽의 변증법'에 대한 비판 역시 이성에 입각한 진보의 실현이라는 명제에 결정적 회의를 제출했다.[13] 그러나 2차 세계대전 이후 미국 주도의 경제부흥이 추진되면서 이러한 경고가 부각되지 못했다. 역사의 역설은, '진보'의 장례식이 '현실사회주의'의 붕괴와 더불어 시작됐다는 사실이다. 거칠게 말해, 사회주의가 '진보'의 소산이면서 '또 다른 진보에의 열정'을 역사화한 현실이라면, 사회주의의 몰락으로 '진보'에 弔鐘이 울렸다는 것은 역사의 순리이자 역설이다.[14] 마르크스주의란 근대 '안'에서 태어나 근대의 '소멸'을 꿈꿨던 사상이기에 그렇다.

실로 흥미로운 것은 남한 사회다. 서구에서는 '진보'가 비판받고 몰락하고 조종을 울리던 시기에 '진보'가 전면적으로 등장했다.[15] 80년대도 '변혁'을 말하면서 혁명을 꿈꾸었지, 진보를 자기의 표어로 삼지 않았었다. 이것이 한반도 특유의 '후발성'의 발현으로 보이지만 우리네 역사의 특정한 경로를 반영하는 것이기도 하다. 일차 원인은 '지체된 / 불완전한 시민혁명'으로서의 '87년 6월 항쟁'이 야기한 '민주 대 독재' 구도의 약화일 것이다. 이어 등장한 노태우 정권의 '북방외교'와 사회주의권의 몰락이 기득권 세력으로 하여금 '보수 대 진보'의 틀을 차용하게 만든 측면도 있다.[16] 1990년 1월에 있었던 '삼당합당'이 '보

---

13 M. 호르크하이머 · Th.W. 아도르노, 김유동 외역, 『계몽의 변증법』, 문예출판사, 1995 참조.

14 프랑스의 언론 『르 몽드』는 1996년 8월~9월까지 미국의 평론가인 윌리엄 파프가 던진 "진보는 이제 죽은 사상인가?"라는 질문에 대해 프랑스의 다양한 지식인들로부터 의견을 모은 바 있다(막스 갈로 외저, 홍세화 역, 『진보는 죽은 사상인가?』, 당대, 1997 참조).

15 전국역사학대회의 발표 자료집인 『역사에서의 보수와 진보』, 역사학회, 1990에 실린 「대회사」를, 징후적으로 참조할 수 있다.

16 「특집-한국의 보수주의, 무엇이 문제인가」, 『사회평론』, 1991.10월호 참조.

수대연합론'이라는 이름으로 포장됐던 것이 이를 반증한다. 당시 민주세력은 군사독재 이후의 체제혁신의 방향성을 설정 / 주도하지 못함으로써 '보수'의 성립을 묵인했다. 그 무렵에는 남한 헌정사에서 보수의 존립가능성에 의문을 표시함으로써 타자로서의 진보개념에도 회의를 제시하는 입장들이 상당수였다. "제3세계는 지켜야 할 자신의 보수의 내용을 지니고 있지 않으며 반정립으로서 자신의 발전을 가져올 매개항으로서의 '진보'를 의회주의 틀 내에서 제도에로 정착시키지 못했기 때문"[17]이라는 것인데, 말하자면 스스로 만든 헌정질서조차 지키기는커녕 폭력적으로 전복한 역사가 비일비재한 남한의 기득권세력이 보수를 참칭할 수는 없다는 것이다. 허나 논리의 영역에서는 그러할지 몰라도 현실정치의 영역에서는 그렇지 못했다는 것이 우리가 경험하고 확인한 바다.

'87년 체제'의 성립 이후 남한의 기득권세력이 자신의 '반민족 / 반민주 / 반민중적' 자태를 분식하여 스스로를 '보수'로 정립하고 역사의 '한쪽 날개(右翼)'을 자임하며 나서는 동안 '진보'는 스스로를 어떻게 정립했던 것일까? 기득권세력이 '보수'를 참칭함으로써 자신의 반역사적 성격을 은폐하고 근대 정치주체의 보편적 일익으로 재정위되는 동안, 반독재세력은 혁신의 방향성과 민주주의의 질적 내용들을 정립하지 못한 채 '진보'라는 불투명한 위치로 조정됐다. 진보가 마땅히 가져야 할 가치들에 대한 합의는 실종됐고 그 결과 '진보'의 '진보적 성격'은 논의의 중심이 되지 못했다. 이념적으로는 중도보수에도 못 미치는 전통야당들이 엉거주춤 진보가 되었다. 그 과정에 '역사의 진보'와 '역사에서의 진보'를 구별[18]하거나, '진보의 사상'과 '진보적 사상'을[19]

17 김홍명, 「보수냐, 진보냐—한 사상사적 입장」, 『사상과 정책』, 1986 여름(여기서는 강정인의 앞의 글, 48쪽에서 재인용).

구분하자는 조언은 참고 되지 못했다. 남한 현대사에서 최초의 진보 정권이라 자임했던 노무현 정권의 이른바 '유연한 진보' 논의는, 형태가 불투명했던 진보를 심지어 희화화시켰다. 그리하여 '근대로서의 진보'가 조종을 울리고 '역사의 진보'도 부인되던 시점에 도리어 남한에서는 진보가 일반명사가 되었으나 그 의미는 몽롱해졌다.

현재 일개 진영논리로 몰락한 '진보'는 명백하게도 '보수'의 의지처로 기능한다.[20] '보수'는 경제발전이나 과학기술의 진전 같은 계몽주의 이래 진보의 담론들을 자신의 것으로 차용했을 뿐만 아니라, '경제민주화' 같은 정통적인 진보의 아젠다마저 전유하고는 바로 폐기처분했다. 그리고 진보의 내용틀 안에 '종북'을 기입하려는 노력을 한시도 게을리 하지 않고 있다. '진보적 민주주의' 개념을 김일성과 연관시키면서 헌정사상 초유로 정당해산명령을 내리는 작태를 연출한 것도 이 때문일 것이다. 하여 용어로서의 진보는 창궐하나 의미로서의 진보는 빈사의 지경에 처하게 됐다. 20세기 한반도를 풍미했던 '진보'가 비극으로서의 그것이었다면, 뜻밖에도 21세기 남한사회에서의 그것은 '희극으로 다시 한 번 역사에 등장'했던 것인가?

역사철학적 차원에서의 '진보' 개념은 더 이상 자신의 정당성을 주장할 수 없다. 우리는 진보의 이름으로 자행됐던 역사의 시행착오에 대해 더 이상 관용을 베풀어야 할 이유가 없다. 오히려 "그런 역사 속에서는 실현되지 않은 가능성과 소생 불가능하게 희생된 자들을 위한

---

18 차하순, 「역사에서의 혁신과 보수의 대립」, 『역사학보』 132호, 역사학회, 1991 겨울 참조. '역사의 진보'가 일반적인 의미의 진보에 가깝다면, '역사에서의 진보'란 '기존사회에 대한 도전과 관계'된 것으로 '새로운 것을 지향하면서 기존의 것에 대해 수정을 가하려는 도전적인 요소'를 지칭한다.

19 강정인, 앞의 글 참조.

20 조정환, 앞의 책, 438쪽.

자리”[21]에 대해 숙고할 필요가 있다. 이를 위해서도 한반도의 20세기를 범람했던 진보의 언어들을 살펴야 할 필요성이 존재한다. 현재가 혼돈이요 미래 또한 알 수 없다면 우리는 과거를 들어 현재에 투사하는 것을 주저하지 말아야 한다. 다만 20세기 한반도의 역사를 특정인이 제한된 자리에서 개괄한다는 것은 의미 없거나, 무리를 자초하는 일이 될 것이다. 이미 해당분야의 연구 성과가 축적된 상황에서 이를 반복하거나, 과제의 무게에 짓눌릴 것이기 때문이다. 여기서는 이 책에 실린 글들을 중심으로, 몇 가지 사항을 점검하는 것으로 한정한다.

2. ‘발견’으로서의 진보와 이데올로기들의 쟁투

그랬을 때, 우리의 근대사는 무엇보다 ‘발견’의 시대로서 첫 모습을 드러낸다. 더러는 조선이 발견의 주체이기도 했으나, 대부분의 경우 해일처럼 밀려드는 근대에 의해 조선이 오히려 ‘발견’되고 발견되어짐을 당하는 시대였다. ‘발견되어진 조선’이란 무엇을 의미하는가? 그것은 ‘開港’의 피동성과 ‘開化’라는 시대명제가 의미하는 바, 폐쇄된 장소로서의 조선과 봉인된 시간성로서의 조선의 상태를 전제하는 것이다. 조선의 ‘식민지-됨’이란 그 폐쇄와 봉인의 역사적 귀결로 이해된다.

> 世界의 文明은 實로 日進月步하야 駸駸然不息하나니 此 一千九百十四年 中 吾人의 耳目을 驚動케 하는 奇事妙藝가 實노 不少하거니와 우리 半島의 今日은 果 何如한 地位에 在한고, (…중략…) 諸君이여 今日 我 半島

21 권보드래, 앞의 글, 64쪽.

에 清新한 思潮가 有하며 生命잇는 藝術이 有한가, 産業이 興起하며 學文이 進步하는가? 曰 無라 하노니 噫라 此는 皆 過去의 因果이라. 吾人은 과거를 嘆하야 遂成에 憧憬코져 함은 아니나 然이나 世界가 一步를 進하면 반대로 一步를 退하는 半島를 對岸의 回祿視함은 實로 吾人의 不忍하는 바 아닌가.[22]

당대에 흔하게 발견되는 인용문과 같은 언어는, '日進月步'하는 문명으로서의 '세계'에 대해 '半島의 今日'을 맞세우는데, '世界가 一步를 進하면 반대로 一步를 退하는 半島'의 상태는 '過去의 因果'로 말미암음이다. '一千九百十四年'이라는 서구 기준의 시간 축에서 '今日'에 발견된 조선은 곧 '후진성'에[23] 처한 조선이다. 근대가 발견의 시대였다 함은 기본적으로 이 세 가지의 발견을 의미한다. 근대라는 절대적 시간축, (서구)세계라는 보편적 공간축 그리고 이 둘의 좌표에서 '후진'의 위치를 차지할 수밖에 없는 주체로서의 조선. 한반도의 근대사는, 진보라는 역사법칙이 관철되고 있는 절대적 시간을 발견하고, 이를 구현하고 있는 (서구)세계를 인식하며, 그 시공간축 어디에도 속하지 않은 조선을 자각하는 일로부터 시작됐다. 시간으로서의 근대와 욕망의 대상으로서의 서구, 그리고 민족이나 자아와 같은 (집단적 / 개인적)주체를 발견함으로써 우리의 역사는 근대의 격랑과 대면하게 된 것이다. 그때 우리의 모습은 "무차별적인 결핍"[24] 그 자체였다.

22 朱鐘建, 「新年을 當하야 유학생제군에게 로함」, 『학지광』 4, 1915.2, 28쪽.
23 김동식, 「진화 · 후진성 · 1차 세계대전」, 『한국학연구』 37집, 인하대 한국학연구소, 2015.5 참조.
24 위의 글, 162쪽.

今에 朝鮮을 觀察하건대 우리의 精神上 慰安을 與하며, 理想을 遠大히 하며, 思想界를 支配할 만한 宗敎 哲學 文藝 藝術도 無하고 凡百 言行에 一定한 標準이 될 만한 倫理 道德도 無하고, 우리 祖上의 참을 알니워 줄 만한 歷史傳說도 업스니 (…중략…) 若 順序를 차자 우리의 不足한 點을 다 쓰랴면 비록 數千 狀을 쓴다 하더라도 오히려 그 紙面이 不足하리다.[25]

'우리의 부족한 점을 쓰려면 수천 장을 쓴다 해도 오히려 부족하다'는 표현은 과장이라기보다는 당대의 트라우마를 상징한다. 그것이 후진성의 증거요 희망 없음의 증거이자, 우리가 희망을 만들어내고 '진보'해야만 하는 명백한 이유였다. 우리의 상태를 '후진성'으로 파악하는 인식이 단지 근대계몽기나 식민지 시기만을 관통한 것이 아니다. 때로는 '조국근대화'라는 이름으로, 혹은 '세계화'라는 이름으로 명패를 바꾼 채 20세기 한반도인들에게 지속적으로 부여됐던 시대적 과제였다. '개발도상국'으로부터 '선진국'으로의 도약! 이것만큼 지속적으로 20세기 한반도인들을 호출했던 구호 / 과제가 있을까? 가령 박정희 정권이 활발히 추진했던 '미국 경제시찰단'이란 무엇인가? 그것은 욕망의 대상으로서의 서구가 '미국'으로 초점화되는 과정을 보여주는 것이 아닌가? 그들의 언어에서도 진보로서의 시간관, 곧 물리적으로는 같은 시간대를 살고 있지만 역사적으로는 '후진'의 세계에 머물러 있는 '한국'을 발견해내는 관점을 흔하게 발견할 수 있다.

시간은 어디에나 장소를 가리지 않고 있고 또 누구에게나 공평하게 있는 자원이기도 하다 …… 모든 인류의 공간극복은 시도되어 가고 있고 시

25 負朝陽, 「先後取捨」, 『학지광』 14, 1917.11, 56쪽.

> 간을 단축시키고는 있지만 시간극복은 불가능한 것 …… 인간은 이와 같은 시간의 구분 하에 다 같이 같은 시간 하에서 살고 일하고 있는 것과 같은 착각을 갖게 된다. 다시 말해서 한 시간의 가치는 모든 사람에게 다 같이 한 시간의 가치로 인식되고 있는 것이다. 그러나 사실은 사람에 따라 시간은 그 가치가 달리 나타나고 있다. 가령 일국의 국민과 영토를 통치하는 대통령의 한 시간과 자기 생명보존을 위해 걸식하는 걸인의 한 시간이 같다고 할 사람은 없는 것[26]

이들에 의해 되뇌어지는 '시간관'은 보편적, 절대적 기준으로서의 시간이 사실은 '비동시성의 동시성'을 현현하는 것으로 파악된다. 물리적으로는 같은 '한 시간'일지라도 그것이 대통령과 걸인에게 각기 다를 수밖에 없다는 비유는 선진국과 후진국의 위계구조에도 적용될 수 있다. '다 같은 시간 하에 살고 있다는 착각'은 물리적 시간과 역사적 시간을 구분하지 못한 결과일 뿐이다. 근대계몽기와 식민지시기 그리고 6, 70년대의 개발독재 시기를 일률적으로 논할 수는 없지만 그럼에도 이와 유사한 논의들의 저변에 발전사관으로서의 근대적 시간축이 놓여있는 것은 분명하다. 근대 초기의 후진성에 대한 자탄의 언어들은 개발독재 시기에도 '낙후된 민족사'라는 언어로 전환되어 수시로 출몰했다. 하지만 이를 진보로서의 근대시간관 일반으로 다루는 것은 문제의 일면만을 보는 일이다. 60년대에 이루어진 개발독재의 언어들은 진보를 '경제'로 국한하는 인식 상의 전환을 모색했다.

---

26 이은복, 「시간의 가치와 그 관리」(1968.1), 『인간발견』, 한국생산성본부, 1968, 230~231쪽(여기서는 황병주, 「1960년대 경제 엘리트의 진보와 주체 인식－생산성본부 미국 시찰단을 중심으로」, 『한국학연구』 33집, 인하대 한국학연구소, 2014.5, 120쪽에서 재인용).

> 진보 개념을 경제적 발전으로 전유한다는 것은 곧 사회정치적 해방의 문제설정을 경제적 문제설정으로 대체한다는 것이 될 것이며 이 전략이 최종적으로 목표로 하는 것은 그에 걸맞는 주체구성이 될 것이다. 그것은 곧 4·19로 확인된 거리의 혁명적 군중을 빈곤한 대중으로 만드는 것이었다. 다시 말해 대중이 포지한 사회변혁의 열정 대신 경제적 빈곤 의식을 주입시키고자 한 것이다. 대중이 가난과 빈곤의 문제설정으로 세계와 자신을 파악하여 주체화된다면 이들의 욕망은 곧 경제적 발전, 번영일 것이며 이것이 진보의 지시대상으로 배치된 것이었다. 요컨대 진보는 대중의 경제적 주체화로 정향되었고 대중의 주체적 실천은 경제적 진보와 번영으로 소실되어야 했다.[27]

물질적 번영의 의미로 축소된 진보 개념은 그것의 '價値負荷的'[28] 성격을 일면화 한다. 진보는 발전에 비해 '가치의 증대'를 의미하는 것인데, 이렇게 되면 '진보'가 '(경제)발전'으로 국한되는 까닭이다. 그것이 '진보'를 수사로 한정한 채 '발전'이나 '번영' 혹은 '조국근대화'란 이름을 더 선호했던 이유이다. 4·19를 통해 독재자를 하야시킨 혁명적 군중으로서의 한반도인이, '빈곤한 대중'으로 (재)조정된다. 진보의 주체를 민주주의의 담지자에서 '(경제)개발역군'으로 전환시킴으로써 군사정권은 '진보'의 탄착점을 축소/왜곡시켰다.

'미국'이 발전의 실체적 모델로 부각되는 것도 이 때문이다. 미국은 조선을 식민지로부터 해방시켜준 연합국의 일원이자 '미군정'을 실시해 해방 이후 국가질서의 밑그림을 그려놓은 존재다. 이승만 정부 이

---

27 황병주, 「1960년대 경제 엘리트의 진보와 주체 인식 – 생산성본부 미국시찰단을 중심으로」, 『한국학연구』 33집, 인하대 한국학연구소, 2014.5, 107쪽.

28 차하순, 앞의 글, 36쪽.

후 미국에 대한 친화는 남한 사회에 체제내적으로 배어든 것이다. 더 깊게는 일본이 서구로부터 근대를 '먼저' 배워온 자이나 미국은 서구 그 자체를 의미한다는 사실도 빼놓을 수 없다. 식민지 조선은 일본에 의해 식민지 지배를 받으면서도, '문명'의 차원에서는 일본을 인정하기를 완강히 거부했다. 일본은 (서구적)근대를 '먼저' 배워온 자일 뿐, 기원으로서의 권위를 가질 수 없었다. 역사적으로 일본에 대해 폄하의식을 지녔던 것도 무시할 수 없다. 그러기에 일본을 선망하면서도 부정하는 이중의 욕망을 감추지 못했다. '근대화'의 시간적 선후관계를 떨쳐버리지 못한 것이다. 하지만 미국은 달랐다. 미국은 기원으로서의 서구의 일원일 뿐만 아니라, 2차 대전 이후 유럽을 제치고 서구문명을 대표하는 자로 등극했다. 한국전쟁에서의 공헌도 빼놓을 수 없다. 미국을 시찰하고 돌아온 이들의 글에 가득한, '거대한 생산력과 규모'에 대한 찬탄은 '물질적 번영'을 근대의 진보성으로 규정하는데 기여했다.

비록 '선진－후진'의 구도가 시간성을 공간성 속에 통합한 개념이기는 하지만, 근대 초기에는 공간으로서 발견된 '세계'의 형상이 보다 다양한 지평 속에 놓여 있었다. 초기의 그것이 '중화문명'으로서의 중국으로부터 일본과 서유럽으로 변환됐다는 사실은 잘 알려져 있다. '중국'이 세계의 '中心'임을 의심하는 것으로부터 '세계'의 공간적 감각이 새롭게 형성됐다.[29] 일본을 거쳐 서구로 확장되던 감각이 '대한민국'의 성립과 개발독재의 전면화와 더불어 '미국'을 중심으로 재편됐다. '미국'은 한 국가이면서 동시에 '세계'의 중심이 되었다. 지금이라고 그 위치가 크게 다르지 않을 터이다.

그러나 우리의 근대사에는 또 다른 실체모델이 존재했다. '소비에

---

29 송민호, 「문명적 이상의 굴절과 진보의 시간」, 『한국학연구』 38집, 인하대 한국학연구소, 2015.8 참조.

트 러시아'다. 1917년 러시아 혁명의 성공은 직선으로서의 근대적 시간관에 파열음을 낸 사건으로 기억될 만하다. 후진국이었던 러시아에서의 사회주의 혁명의 성공은 진보가 압축 가능하다는 인식을 심기에 충분했다. 그것은 부르주아적 진보에 대해 사회주의적 진보라는, 직선으로서의 근대적 시간에 역사의 단계를 뛰어넘는 단절과 비약의 상상력을 선사했다. 그것을 가능케 한 인간행위의 총체로서의 '혁명'이 널리 퍼져나갔으며[30] 진보의 비약적 계기로 정착돼 갔다. 이런 관점에서 역사적 3·1은 한국 근대사에서 혁명의 기억과 상상력의 기원으로 끊임없이 호출되었다.

'진보'의 관점에서 역사적 3·1을 생각할 때 적어도 두 가지 지점이 제기될 수 있다. 하나는 근대로의 진입 이래 발견된 주체로서의 조선이 '민족'으로 확실히 정향되는 계기라는 점이다. 역사적 3·1은 운동의 목표와 주체 그리고 전국성과 참여계층의 다양성으로, 이념으로서의 민족을 물질화하는 계기가 될 수 있었다.[31] 이는 3·1의 민족사적 권위를 확인시켜주는 말이지만, 거꾸로 보면 오늘날에도 여전히 문제적인 '민족'개념의 근원을 드러내기도 한다. 20세기 한반도의 사상사는 '민족' 개념을 누가, 어떻게 전유－재전유할 것인가에 따라 구성돼왔다고 해도 과언이 아니다. 90년대 이후 탈근대 담론이 '민족' 개념의 비판과 해체에 전력을 다한 이유도 이 때문이리라. 물론 '민족'은 대중의 차원에서 여전히 영향력이 강력한 개념이며, 사회주의 국가인 북한에서 여전히 일그러진 자화상을 그리는 중이다.[32] 근대의 산물로서의 '민족'과

---

30 권보드래, 「1910년대의 '혁명'－3·1운동 전야의 개념과 용법을 중심으로」, 『개념과 소통』 15호, 한림대 한림과학원, 2015.6 참조.

31 3·1운동에 관한 최근의 연구 성과는 그 90주년을 기념하여 기획된 박헌호·류준필 편, 『1919년 3월 1일에 묻다』, 성균관대 출판부, 2009를 참조할 수 있다.

32 강진웅, 「북한의 주체 사회주의와 계몽의 기획－진보와 두 얼굴의 민족주의」, 고려대

'진보'는 그 역동성과 함께 문제성의 측면으로도 20세기 한반도를 지배했다.

다음으로는 '대중봉기'의 맥락을 떠올릴 수 있다. 역사적 3·1은—1894년 11월 9일 우금치에 모였던 동학농민군으로부터 해방직후와 4·19, 그리고 80년 광주와 87년 6월 거쳐 2008년 5월의 촛불집회로 이어지는—대중의 등장을 상징하며 20세기 한반도의 역사를 관통해왔다. 3·1에서 드러난 대중의 등장과 열망은 이후 20세기 한반도의 역사를 움직이는 강력한 동력이 되었다. 이후 반복적으로 강화되는 '3·1운동'의 민족적 신화화가 '민족주의'를 강화하는 데에만 기여한 것은 아니다. 역설적으로 그것은 대중들로 하여금 '봉기'의 가능성과 의미를 지속적으로 깨우쳐주는 역사적 교과서로 기능했다. 한반도의 20세기는 침략과 탄압, 독재에 대한 대중봉기의 역사를 중요한 책갈피마다 간직하고 있다. 3·1과 대중시대의 개막은 그런 점에서 되새길 필요가 있다.[33]

3·1을 대중봉기의 관점으로 바라본다는 것은 곧 직접성의 형식으로 혁명과 진보를 사유한다는 뜻일 수 있다.[34] '프롤레타리아'에 의한 혁명을 꿈꾸는 사회주의 역시 직접성을 자신의 원리로 삼은 사상이다. 문제는 직접성의 주체인 대중이 언제나 자동적으로 봉기하거나 자명하게 주체화되지 않는다는 것이다. 대중을 어떻게 포섭할 것이며 주체로 (재)등장시킬 것인가의 문제는 한국 근대의 핵심문제 중 하나였다.[35] 이데올로기들의 쟁투는 언제나 그렇듯, 대중을 특정한 방향

민족문화연구원 월요모임 발표문, 2015.5 참조.

33 차승기, 「프롤레타리아 문학과 대중화—또는 문학운동과 외부성의 문제」, 『한국학연구』 37집, 인하대 한국학연구소, 2015.5, 192쪽.

34 권보드래, 「미래로의 도약, 3·1 운동 속 직접성의 형식」, 『한국학연구』 33집, 인하대 한국학연구소, 2014.5 참조.

35 '이데올로기'와 그 수행주체로서의 '지식인' 문제가 20세기 역사에서 중심적인 문제가 되는 연유도 이와 연관이 깊다. 『개벽』, 『사상계』, 『창비』로 이어지는 주도적 매체, '창

으로 주체화하고자 하는 욕망의 결과이다. 여기에 '민족'으로의 길과 '계급'으로의 길이 있었다는 것은 재론이 필요치 않다. 거칠게 말하면 북한의 '주체 사회주의'는 민족의 이름으로 계급을 강제적으로 통합함으로써, 사회주의의 계급성을 역설적으로 무화시킨 것이 아닐까?[36]

한국전쟁을 거치면서 확고해진 분단체제는 이데올로기들의 무덤이었다고 볼 수 있다. 각기 자본주의와 사회주의로 체제를 확립한 두 개의 국가가 출현했으므로. 식민지기와 해방직후의 활발했던 쟁론들을 상기해보면, 오히려 침묵의 시대였다고 평할 만하다. 이념적 전쟁의 상대성이 사라지고 점령의 일방성이 횡행한 시대였기 때문이리라. 하지만 이러한 관찰은 표면만을 본 것이다. 50년대를 거치면서 '반공주의'는 내면화[37]되었는데, '반공'을 '국시'로 한 군사정권이 출현하면서 정점을 맞이한다. 체제경쟁과 이념적 억압이 동시적으로 추진된 것이다. '반공주의'란 말 그대로 공산주의에 반대한다는 것인데, 이는 자기를 규정하는 적극적 내용을 갖지 못한 '부정적 규정'일 따름이다. 달리 말하면 '반공'을 국시로 내건 군사정권은 물론이요 이를 추종한 남한의 주류세력은 '기득권'에의 열망을, '자신을 설명하지 않는 것으로써' 이념화한 것이다. 남은 자리에 오로지 '경제'가 들어섰음은 전술한 바와 같다. "남북의 생산양식이 폭력적으로 결정된 다음 문제는 경

비그룹' / '문지그룹' 식의 집단적 구도 설정, 장준하, 백낙청, 한완상, 박현채, 리영희 등등처럼 젊은이들에게 각별한 영향을 끼쳤던 존재들을 포함하여, '지식인 · 이념 · 대중'을 아우르는 역사적 정리가 필요하다. 이와 관련해 21세기 들어 대중에 대한 지식인의 영향력이 약화되면서 '지식인의 죽음'이 선언됐던 것도 상기할 필요가 있다. 경향신문 특별취재팀, 『민주화 20년, 지식인의 죽음』, 후마니타스, 2008 참조.

36 강진웅, 「북한의 주체 사회주의와 계몽의 기획—진보와 두 얼굴의 민족주의」, 고려대 민족문화연구원 월요모임 발표문, 2015.5 참조.

37 김준현, 「1950년대 '진보'개념의 변화와 반공주의의 내면화의 문제」, 『한국학연구』 35집, 인하대 한국학연구소, 2014.11 참조.

제가 되었다. 생산력의 해방을 위한 남북의 경쟁이야말로 체제경쟁의 핵심이었다. 요컨대 경제적 진보가 모든 진보를 블랙홀처럼 빨아들"[38]였다. 주체를 경제적 주체로 한정하는 것 자체가 이념의 전쟁을 수행하는 것이었다.

남북한으로의 체제분립과 이에 따른 경쟁은 역사적 사실이로되 자명한 결론은 아니다. 다른 길을 모색한 사람들도 있었으니, 일찍이 김재준은 기독교 목사이면서도 해방 직후에 이미 "제 자유만 확보한다면 공산주의 기타 여하한 정부라도 조선의 현실에 비추어 우선 감사히 수락한다"면서 "착취당하는 대중의 생활향상과 인간적 존귀를 위하여 경제와 정치기구의 가장 과학적인 개혁을 행하려는 그들의 노력이 전연 비기독교적일 리가 없다고 생각"했다. "그러므로 공산주의자들도 사회정의 수립을 위한 하나님의 종"이며 "자본주의 시대보다도 더욱 친밀하게 교회와 제휴할 수 있"[39]다고 믿었다. '한신'은 '한신대학교'와 '기독교장로회(기장)'을 설립하고 6, 70년대 한국 민주화 운동을 주도한 세력 중 하나였다. 김재준, 강원용, 안병무, 문익환, 한완상 등의 인물이 주축이 되어 '민중신학'과 '민중사회학'을 제창하고 기독교 선교와 민주화 운동을 동시적으로 수행했다.

이들의 사상적 지형이 '제3세계의 탈식민주의'에 기반한 '사민주의'에 가깝다는 것이 최근 연구를 통해 밝혀지고 있다.[40] 해방 직후의 여론을 기준으로 본다면 이들의 이념은 결코 '소수파'가 아니었다. '1946

---

38 황병주, 앞의 글, 119쪽.

39 김재준, 「기독교의 건국이념」, 『김재준 전집』 1, 한신대 출판부, 1992, 163~164쪽(여기서는 김건우, 「한국 현대지성사에서 '한신'이 가지는 의미」, 『상허학보』 42호, 상허학회, 2014.10, 507쪽에서 재인용).

40 김건우, 「한국 현대지성사에서 '한신'이 가지는 의미」, 『상허학보』 42호, 상허학회, 2014.10, 5장 참조.

년 여름, 미군정청에서 실시한 여론조사에 따르면 '나라만들기'의 과제와 관련하여 자본주의 체제를 원한다는 응답자가 전체의 14%(1,189명), 공산주의 체제 선호자가 7%(574명)였음에 비해 사회주의 체제를 바란다는 응답자가 전체의 70%에 이르는 6,237명이었다고 한다.'[41] 여기서의 '사회주의'란 '사회민주주의'의 개념으로 쓰이고 있다. 이러한 통계는 왜 이 시기 보수우익 정당인 한민당조차 사민주의적 정책을 일부 표방할 수밖에 없었으며, 제헌헌법이 비록 말뿐일망정 사민주의적 내용을 채택할 수밖에 없었던가를 설명해 준다.[42] 김건우의 연구는 50년대 '진보당'의 존재나 4·19 이후 혁신세력의 등장 등을 이러한 사정과 연관하여 설득력 있게 보여주었다.

요약하면 한국 근대사를 무대로 등장했던 이데올로기들의 쟁투는 현재 우리가 알고 있는 지형도보다 훨씬 다양하고 복합적이었다. 우리 근대사를 사상적 차원에서 살펴볼 때, '살아남은 자들의 언어'에만 관심을 기울여서는 안 되는 까닭이 이것이다. 남한 보수의 사상적 기원으로서 '백범 김구'가 놓인 자리가 흥미를 끄는 이유도 이것이다.[43] 21세기의 현실에서도 '김구'를 10만 원권 지폐의 초상으로 내세우려다 그치고, 건국절을 제정하고 이승만을 '국부'로 추앙해야 한다는 논란들이 시끄러웠음을 기억한다. 그 파랑 속에서 한국의 우익은 뜻밖에도 자신의 기원이자 자랑이어야 마땅할 '김구'를 재차 암살했다. 이승만과 김구의 대립각으로 표현되는 한국 보수 세력의 사상적 지형도는 21세기 남한사회에 여전히 살아있는 이데올로기들의 쟁투를 보여준

41 서중석, 『조봉암과 1950년대』(상), 역사비평사, 1999, 337쪽.
42 김건우, 앞의 글, 526쪽 참조.
43 공임순, 「1960년과 김구—추모, 진상규명, 통일론의 다이어그램」, 『한국학연구』 35집, 인하대 한국학연구소, 2014.11 참조.

다. 오늘날 '진보'를 둘러싼 불투명함은, 보수로서의 최소한의 자기정체성도 지니지 못한 이른바 '보수'의 이러한 자태와 더불어 논의돼야 한다. 그러기 위해서도 현재 여당과 야당을 보수와 진보로 구획하려는 구도 자체를 타파해야 한다.

억압은 이데올로기의 자궁이다. 억압은 자유를 갈구하게 만들고 욕망을 (재)구성하게 만든다. 이데올로기란 이를테면 표출되지 못한 자유와 욕망에의 논리이며, 개별자가 스스로를 보편화하고자 하는 열망이다. 그러므로 이데올로기들의 쟁투는 남한과 북한, 진보와 보수의 차원에서만 진행됐던 것이 아니다. 그것이 세계인식과 가치판단의 척도인 한, 이데올로기는 생의 어느 곳에나 쟁투의 무대를 개설한다. 보편과 특수의 변증법 또한 쟁투의 장이었다. 보편(서구근대)에의 추종과 특수(조선 / 한국적 특수성)에의 애착은 시대에서나, 집단 / 개인의 차원에서나 서로를 튕겨주는 용수철로 상호작용과 반작용을 거듭했다. 근대의 기원이 우리 안에 없었기에 '우리 안'에서 기원을 찾으려는 노력,[44] 혹은 '우리 안에 기원이 있는 것들'에 대한 과도한 애정과 집착이 20세기 한반도를 물들였다. '조선적인 것'에의 열애!

눈길을 끄는 것은, 20세기 한반도의 사상사에는 스스로가 '보편'이 되고자 했던 욕구가 적지 않았다는 사실이다. '보편으로서의 근대와 서구'를 따라가거나 추월하는 것을 넘어서, 스스로가 보편임을 자임하는 사상적 시도가 그치지 않았다.[45] 소탈하게 말한다면 이렇다. '쫓아가지 않는다. 내 안에 보편 있다.' 그것이 비록 특정개념의 '한국적 토

---

44 60년대 중반 이후 학계와 사상계에 강력한 영향력을 행사한 '내재적 발전론'이 이를 대표할 것이다.

45 이철호, 「영성과 모더니티 – 생명, 씨올, 율려로 본 한국적 진보의 궤적」, 『한국학연구』 35집, 2014.11 참조.

착화'에 불과할지라도 보편에의 욕망은 "어떤 극적인 도약을 상상할 수 있게 만들"[46]어준다는 점에서, 쫓아가는 근대에 지친 한반도인들의 어떤 정신 상태를 보여주는 것이기도 하다. '주체사상'이 이러한 심태의 북한버전이라 하면 너무 가혹한가? 우리는 이와 함께 여전히 논란의 한복판에 놓인 위안부 문제가 단지-민족주의의 문제가 아니라 20세기를 거쳐 오늘날까지 한반도를 관통하는, 식민주의의 젠더적 현현으로 통찰할 때 더 깊은 의미를 획득할 수 있다는 사실도 잊지 말아야 한다.[47] 우리는 여전히 젠더로 분할된 사회 속에서, 역사를 특정하게 재현하고 주체를 구획하는 우를 반복하고 있는 것은 아닌가?

3. 문학'으로' 진보, 진보의 기억들

정치사회 분야와 마찬가지로 문학에서 진보를 논할 때도 두 가지의 의미항을 변별해야 한다. 하나는 근대문학으로의 전환 즉 문학의 근대성과 관련된 부분이고, 다른 하나가 정치적 입장과의 연계 곧 넓은 의미의 좌파적 입장과 관련된 것이다. 진보와 근대의 상관관계는 문학에서도 역연하다.

> 왜 미쳤다고들 그러는지 대체 우리는 남보다 수십 년씩 떨어지고도 마음 놓고 지낼 작정이냐. 모르는 것은 내 재주도 모자랐겠지만 게을러빠지게 놀고만 지내던 일도 좀 뉘우쳐 봐야 아니 하느냐. 여남은 개쯤 써 보고

46 위의 글, 144쪽.

47 이혜령, 「신여성과 일본군 위안부라는 문지방들」, 『여성문학연구』 33호, 한국여성문학학회, 2014 참조.

> 서 시 만들 줄 안다고 잔뜩 믿고 굴러다니는 패들과는 물건이 다르다. 이천 점에서 삼십 점을 고르는 데 땀을 흘렸다.[48]

李箱이 독자들의 항의로 『오감도』 연재를 중단하게 된 뒤로 썼다는 위의 글은 근대적 시간관에 입각한, '선진'의 세계에 기거한다고 믿었던 지식인의 상처를 보여준다. 여느 '패들과는 물건이 다르다'는 자부심을 드러냈지만 그것이 조선의 현실에서는 수용될 수 없는 '시간대'에 놓여 있다는 것. 근대계몽기를 거쳐 30년대에 이르렀지만, 李箱이 보기에 한국 근대문학은 여전히 미몽에 빠져 있는 존재였다. 비단 '리얼리즘 대 모더니즘'의 구도로 한국 근대문학사를 바라보는 관점을 거론하지 않더라도, 문학예술 분야에서도 '후진성'의 탈피는 극복되어야 할 과제로 지속적으로 제출되었다. 李箱뿐이던가. 60년대의 김수영 역시 우리 문학의 후진성을 개탄하는 글을 여럿 남겼다.[49] 이때의 '후진성'은 모더니티의 수준 곧 문학적 근대성의 수위와 연관된 문제만이 아니었다. 식민지와 분단으로 이어지는 20세기 한반도의 역사에서 그것은 근대적인 의미의 '민족문학'의 건립이라는 과제로 제기되었다.

> 조선의 시민이 힘으로 미약하고 그 진보성이 역사적으로 단명하였다 하더라도 근대적인 민족문학 수립 과제는 의연히 전 민족 앞에 놓여 있는 것이었다. 그럼에도 불구하고 민족문학 수립 운동이 계급문학운동으로 바뀐 것은 이 시기에 있어 문학적 진보와 민족해방의 정신이 계급문학의 형식으로밖에 표현될 수 없었기 때문이다. 바꿔 말하면 타협화하고 있는 시

48 이상, 「오감도 작자의 말」, 김윤식 편, 『이상문학전집 3—수필』, 문학사상사, 1993, 353쪽.
49 강웅식, 「시는 어떻게 진보에 기여하는가?—후진성 · 진보 · 새로움 · 시」, 『한국학연구』 33집, 인하대 한국학연구소, 2014.5 참조.

민에 대한 반대투쟁을 추진하면서 노동자계급은 자기의 반제국주의투쟁을 계급적 형식으로 전개한 것이다.[50]

해방 이듬해 개최된 제1회 조선문학자대회에서 임화는 식민지시기에 민족문학 수립의 과제가 왜 계급문학의 형식으로 표출될 수밖에 없었던가를 이처럼 설명했다. 시민계급의 미약과 진보성의 상실이 계급문학에 '문학적 진보와 민족해방의 정신'을 동시에 요청하게 됐다는 것이다. 임화는 계급문학과 카프KAPF의 등장에 이렇게 역사적 정당성을 부여했지만, '민족문학의 수립'이란 과제는 의연히 남아, 이후 남한에서 20세기 중후반을 관통하는 주제가 되었다.[51] 임화의 언어가 식민지 경험을 통해 배출된 것이라면, 60년대 이후의 민족문학론은 분단과 독재 그리고 자본주의의 폐해와 관련하여 제출됐다. '민족'은 문학의 경우에도 '보수우파'가 아니라 진보세력이 부여안을 수밖에 없는 과제로 제기됐다. 세계사적으로 볼 때 우파의 전유물이게 마련인 '민족'이, 남한의 경우에는 그렇지 않았다는 사실만큼 20세기 한반도의 사상적, 현실적 왜곡과 고뇌를 보여주는 좌표도 드물 것이다.

민족문학론이 시대와 역사에 조응하는 관계에서도 드러나듯, 20세기 한반도의 문학은 시대정신을 구현하고 체화하는 첨병에 서왔다. 그것은 정치가 부재했던 식민지시기에 정치를 상상하는 기제였으며, 개발독재 시기에는 자유와 민주주의를 소망함으로써 정치적 보충제로 기능했다. 문학'으로' 진보한다 함은, 문학에서의 진보이자 문학으

---

50 임화, 「조선 민족문학 건설의 기본과제에 관한 일반보고」, 『건설기의 조선문학』, 조선문학가동맹, 1946.6(여기서는 하정일 편, 『임화문학예술전집 5－평론 2』, 소명출판, 2009, 420쪽에서 인용).

51 손유경, 「백낙청의 민족문학론을 통해 본 1970년대식 진보의 한 양상」, 『한국학연구』 35집, 인하대 한국학연구소, 2014.11 참조.

로써 진보를 추동한다는 말일 터인데, 그것은 정치와의 연동 속에서 또한 문학 자신의 고유한 형식미학 안에서 동시적으로 추구되어야 할 무엇으로 현시했다.[52] '카프'의 활동이 그 어려움을 현시한다. 문학과 정치에 관한 한반도의 20세기적 문제들을 고스란히 보여주는 것이다. 그것은 사회주의 이념의 자장 안에 놓이며 실체 모델로서 '소비에트 러시아'를 상정한다는[53] 점에서 동시대성을 지녔다. 그런 만큼 훗날 스스로 '공식주의'에 빠졌었음[54]을 자기비판하고 있지만 오늘날의 관점에서도 재해석될 여지를 충분히 남겨 놓고 있다.

특히 문학이 무엇인가의 표현이자 전달이라면, 독자로서의 대중의 문제는 언제나 간과할 수 없는 존재였다. 대중의 역량을 획득함으로써 운동을 운동으로써 강화시키고자 하는 프로문학에서는 더더욱 본질적일 수밖에 없다. "프롤레타리아 문학의 대중화는, 프롤레타리아 문학이 그 계급성과 당파성을 유지하면서, 그리고 세계를 번역하는 고유의 언어적 형식을 유지하면서, 동시에 어떻게 그 자신이 아닌 것으로 변형될 수 있는가 하는 어려운 문제를 제기"[55]했던 것이지만 해답에 이르지는 못했다. 여기서 중요한 것이 '외부성'의 감각이다. 카프에 대해서는 대중이 외부이지만 운동 자체를 위해서도 '외부'에의 감각이 절대적으로 필요한데, "운동이 어떤 법칙이나 체계성 내부에서 이루어진다면 더 이상 혁명적 의의를 가질 수 없는 것은 물론 운동으로 존립할 수도 없다. 따라서 운동이 가능하기 위해서는 역설적이게

---

52 문학'으로' 진보한다 함의 고뇌에 대해서는 강웅식의 앞의 글, 4장과 6장을 참조할 수 있다.

53 문경연, 「무대 위의 러시아, 번역된 고리키」, 『한국학연구』 35집, 인하대 한국학연구소, 2014.11 참조.

54 임화가 해방 직후 행한 앞의 보고에서 이를 거듭 확인하고 있다.

55 차승기, 「프롤레타리아 문학과 대중화－또는 문학운동과 외부성의 문제」, 『한국학연구』 37집, 인하대 한국학연구소, 2015.5, 211쪽.

도 언제나 **보편적 외부성**의 감각이 요청된다."[56]

그런 점에서 염상섭은 사회주의 문학운동의 또 하나의 '외부'였다. 그는 문학으로서의 카프문학에는 반대했으나 해방운동 노선으로서의 사회주의에 대한 호감은 쉽게 버리지 않았던 '경계인'이었다. 사회주의 문학운동에 참여하지 않으면서 '사회주의'를 그처럼 많이 다룬 작가는 없다. 그럴 수 있었던 것은 그가 사회주의의 안에도 또한 밖에도 居在하지 않았다는 사실과 무관하지 않을 것이다.[57] 그의 대표작 『삼대』가 흥미로운 이유 중의 하나가, '주의자' 김병화의 활동을 초점삼아 평범한 대중과 전위 활동가 사이에 존재하는 낙차에 주목했기 때문이다. 말하자면 이 작품은, '운동은 생활(민중) 속으로 스며들어야 하지만, 생활(민중) 속에서는 운동이 산출되지 않는다'는 사실을 아프게 보여준다.

그 이면에는 '행복에의 요청'이라는 평범하지만 강력한 인간적 욕구가 있다. 일상생활을 영위하며 평범한 행복을 갈망하는 인간과 역사적 비약을 감행한 주의자 사이의 간극은 언제나 개인의 '결단'여하로서만 초점화 된다. 행복에의 요청은 소시민적 비겁과 타협의 산물로 파악된다. 하지만 혁명이란 궁극적으로 '행복에의 요청'인 것이지, '행복을 경건과 교환하는 것은 아니'라는 것을 인정하는 일이 중요하다. 혁명의 정당성은 마땅히 옹호돼야 하지만 그것이 '장엄한 비극성으로의 결단'으로서만 자신을 현현하지는 않아야 한다. 고통으로서의 삶을 종식시키기 위한 혁명이 또 다른 '비극성'으로만 현현된다면, 그것은 역설적으로 '고통' 그 자체의 본질적 불가피성을 수락하게 만듦으로써, 민중이 현실의 고통을 감내하게 만드는 의도하지 않은 결과를

---

56 위의 글(강조는 필자).

57 박헌호, 「'생활'하는 '주의자'들 – 〈'김병화'傳〉으로 읽는 『삼대』」, 『반교어문연구』 40집, 반교어문연구회, 2015.8 참조.

초래할 수 있기 때문이다. 염상섭이 『삼대』에서 펼쳐 보인 이러한 인식은 놀랍게도—80년대에 '역사에의 결단' 앞에서 괴로워하며, 주저하는 자신에게 수치심을 느꼈던 수많은 운동주체들의 상황을[58] 선취한 것으로써 의미를 지닌다. 오늘날이라고 '행복에의 요청'과 '역사적 결단' 사이의 변증법적 결합이 쉽지는 않을 터지만, 새로운 세기의 진보적 운동이 반드시 기억해야 할 역사적 교훈 중의 하나일 것이다.

'민족문학론'이 20세기 한반도의 문학을 관통하는 주제 중 하나라 했을 때, 백낙청의 오른편에 나설 인물은 없다. 흥미로운 것은 그의 문학론에 "당대 진보적 문학담론이 보편과 특수의 관계를 사유하는 방식의 일단"[59]이 드러난다는 점이다. '민족문학과 세계문학'이라는 백낙청의 화두의 이면에는 '주어진 보편에 공헌하는 특수'라는 발상이 깔려있다. 이를 통해 『창비』그룹이 "왜 '토속'이라는 이름의 한국적 특수성 발굴에 골몰하였는지 그리고 조선 후기라는 먼 과거의 전통 세우기를 환영하면서도 왜 식민지 시기라는 近 과거의 유산을 인정하는 데는 비교적 인색할 수밖에 없었는지"[60]를 따져보는 것도 필요하다. "민족주의 사학과 내재적 발전론에 힘입어 전반적으로 우리 문학에 대한 자긍심이 높아진 결과, 1970년대에는 후진국의 문학일수록 세계적 보편성에 호소할 수 있는 가능성이 높아진다는 믿음이 일반화될 수 있었다." 그 결과 '가장 한국적인 것이 곧 세계적'이라는 취지의 발언들이 자주 회자되는데, 이 역시 '주어진 보편' 그 자체를 발본적으로 사유하지 못했던 우리 근대의 자화상 중 하나다. 20세기 한반도에서의 진

58 조윤정, 「1980년대 운동권에 대한 기억과 진보의 감성」, 『민족문화연구』 67호, 고려대 민족문화연구원, 2015.5 참조.
59 손유경, 앞의 글, 153쪽.
60 위의 글, 170쪽.

보란, 영역을 막론하고 보편과 특수의 변증법의 자장 안에 존재했으며 그 안에서 사유의 성취와 한계를 동시에 노정했다.

80년대는 20세기 한반도의 역사에 축적됐던 온갖 모순들이 일제히 폭발했던 시기로 기억된다. 우리는 그것이 군사독재를 타도하고자 하는 열망으로부터 민족의 자주적 통일을 염원하는 '민족해방'으로, 자본주의적 착취에 시달리는 '민중의 해방'으로 확장됐음을 알고 있다. 민주주의와 통일, 계급해방이라는 20세기적 과제가 전면적으로 제기된 것이다. 20년대와 해방직후, 그리고 4·19 이후에 잠시 터져 나왔던 진보에의 열망들이 동시다발적으로 제출됐다. 그런 점에서 80년대는 20세기 한반도에서 추구됐던 진보의 성격과 한계를 가늠할 수 있는 역사적 시공간이다. 겨우 '직선제 개헌'을 성취하는 것으로 시민이 물러서고, 이어 '노동자대투쟁'이 벌어질 때 또한 시민이 물러서는 것에서 그 성격의 일단을 확인할 수 있다. 변혁의 과제가 얼마만큼 이루어졌는가와 무관하게 현실사회주의권의 몰락과 더불어 운동의 동력이 결정적으로 소진됐다는 사실을 환기해보면, 80년대는 이룬 것보다는 우리 안에 내재했던, 혹은 내재해 있다고 믿어왔던 '진보'의 한계와 과제를 선명하게 제시했다는 점에서 역사화 될 필요가 있다.

> 1980년대는 가히 운동사회movement society였다. 운동사회란 전문화되고 제도화된 사회운동이 다양한 영역에 상존함으로써 쟁투 정치contentious politics가 확대된 현대 민주주의의 역동적인 시민사회를 가리키는 개념이지만, 이는 민주화운동이 다양한 부문과 지역으로 확산되고 조직화되면서 새로운 운동문화를 만들어낸 1980년대의 한국사회에도 적용해볼 수 있다.[61]

61 김정한, 「1980년대 운동사회의 감성—애도의 정치와 멜랑콜리 주체」, 『한국학연구』 33집, 인하대 한국학연구소, 2014.5, 81쪽.

문화적 차원에서도 새로운 시도들이 창안되면서 '운동'이 감수성의 차원에서도 혁명적인 변화를 이끌어냈다. 운동가요가 창작 · 향유되고 다양한 대안문화 양식들이 창안되는 가운데-대중과 예술, 창작주체와 직접성의 형식에 대한 고민이 마당극과 대동놀이 등을 통해 시도되고 자생적인 이론을 산출함으로써[62] 실천과 이론 사이의 생산적 순환을 선보이기도 했다. 이는 '공동체성'의 문화적 양식화라는 점에서 중요한 의미를 지닌다. 하지만 운동의 불꽃이 사그라지면서 이 모든 것들이 '기억'속에서만 자리를 얻었다. '후일담 소설'은 운동과 인간들에 대한 기억의 정치학으로 당대에도 논란의 중심에 섰었다.[63] 슬픔과 분노, 혹은 그리움과 애도의 기록으로서, 이제 '후일담소설'들은 진보와 진보를 꿈꿨던 인간들의 내면에 관한 역사적 자료의 성격을 가지게 되었다.

> 1980년대를 기억하는 작가들은 분명 진보를 명예로운 개념으로 구원하고자 하는 것이 아니다. 진보의 시대를 뒤돌아보는 이 작업들은 부분적으로 진보 개념의 정당성을 옹호하긴 하지만, 개념의 중립화에도 기여했다. 진보는 '혁명'과 '진화'라는 양가적 의미뿐만 아니라, 진보의 '한계'에 대한 성찰을 가져왔기 때문이다.[64]

무릇, '기억서사'는 자신을 옹호하고자 하는 열망과 객관화하려는 의도 사이를 왕래하는 법, '후일담소설'이란 자기세대와 시대를 기억

---

62 이영미, 「류해정의 촌극론 · 대동놀이론과 그 작품적 실천」, 『한국극예술연구』 46호, 한국극예술학회, 2014.12 참조.

63 조윤정, 앞의 글 참조.

64 위의 글, 301쪽.

하고 환기하며 자신의 정체성을 확인받으려는 시도였다고 말할 수 있다. 그곳에서 '진보'는 자신의 정당성만이 아니라 한계와 문제점도 시대의 기록으로 남기게 됐다. '기억서사'란 그러므로 해당세대가 행하는 일종의 '기억투쟁'으로, '자기 세대의 주체적인 서사화의 기회'인 셈이다.[65]

20세기의 마지막을 살아냈던 '90년대 세대'들은 '대한민국 최초의 X세대'이자 '아날로그와 디지털을 모두 경험한 최초의 세대'였고, 절대적 빈곤을 경험하지 않은 첫 세대였다. 말하자면 형식적 민주화와 자본주의 번성의 첫 수혜자인데, 최근 그들의 청춘을 회상하는 기억서사들이 활황을 이룬바 있다. 그들이 30대 중후반에서 사십대로 진입하기 시작한 시점, 곧 대중문화상품의 구매력이 있는 세대로 부상했다는 점이 주요한 이유로 분석되고, 그 가치와 의미에 대해서는 여전히 의문부호가 붙기도 하지만,

> 향수가 언제나 현실 도피, 과거에 대한 이상화 그 자체와 동일화되는 것만은 아니다. 더구나 시간의 난비亂飛라는 위기와 마주해 1990년대를 돌아본다는 것은, 오늘보다 내일이 더 나으리라는 진보로의 직선적인 지향성을 넘어서 지금과 다른 어떤 시간의 공간화를 통해 머무름과 지속성, 그리고 성찰의 자리를 마련하는 계기가 될 수도 있으리라 기대한다. 지금 90년대 세대는 일상에서, 광장에서, 그리고 어떤 다른 장소에서 문화와 정치의 경계를 다시 분할하는, 미약하지만 의미 있는 첫걸음을 내딛은 것인지도 모른다.[66]

---

65 이화진, 「'90년대'를 돌아보기—세대의 기억상품과 자기 서사」, 『대중서사연구』 제20권 3호, 대중서사학회, 2014.12, 95쪽.
66 위의 글, 96~97쪽.

일반적으로 말해 '복고'는 문화적 창조성이 고갈되거나, 재의미화의 필요성이 대두되거나, 문화구매력과 관련하여 나타난다. 21세기에 출현한 '기억서사'나 '복고'의 활황, 혹은 이른바 'Time slip' 모티브의 유행은 미래에 대한 두려움, 최소한 그 예측불가능성에 대한 불안과 관련이 없을 수 없겠다. '진보'가 미래시제로만 열려있을 때 그 역시 회의의 대상일 수밖에 없고. 스스로를 '삼포', '오포세대'라 칭하게 된 오늘날의 청춘들에게야 더 말할 나위가 없다. '진보'를 향해 달려온 20세기 한반도의 역사가 광복 70주년의 시점에서 '청춘 / 미래'에게 차려놓은 밥상이 이러하다. 죽은 진보를 과거에 묻어버리고 현재형으로 작동하는 진보를 창안해야 할 이유이기도 하다.

4. 정리하며

수많은 사상가들이 '근대'라는 새로운 시대 앞에서 두려움과 기쁨을 동시에 표명했었다. '이성'의 이름으로 '과학'의 길안내를 받아 인간과 세계에 대해 모든 것을 알게 되리라고, 진정한 해방이 가능하리라고 한껏 기뻐했다. 루카치의 유명한 표현처럼, 별이 총총한 하늘을 보고 '가야만 하는 길들의 지도'를 알 수 있었던 복된 시절과 결별하는 것이 섭섭할지언정 마다할 일은 아니었다. 그것은 존재의 기원이자 가치의 근거이며 종말에 직면할 유일한 현실로서의 '神'을 죽이는 것과 함께 했고, 때문에 '세계'의 유일한 귀속원리가 '인간'임을 받아들이는 것으로부터 출발했다. 인간 자신과 인간과 관련된 세계 전부가 오로지 인간의 책임으로 전가된다는 것이 어찌 기쁘고 두렵지 아니하겠는가!

그렇게 근대가 흘러갔다. 서구로 보면 300년을 넘는 세월이겠고, 한반도에서도 백 년이 훌쩍 넘는 세월이 흘렀다. 출발이 그러했듯, 기쁨과 두려움은 근대를 살아낸 매 순간 늘 함께였다. 생산력의 폭발은 기쁜 일이로되, 그것이 무의미한 노동으로부터 인간을 구원했던가? 인권과 민주주의가 전인류적 합창곡의 후렴구가 되었지만, 인종·국적·종교·성별·취향에 따른 차별과 억압은 점점 더 증대하는 것이 아닌가? 인류사의 언제, 이토록 자주, 대량학살이 자행됐던가? '1 : 99'가 진실이 된 현실에서 진정 신분제가 철폐되었다고 말할 수 있는 자는 누구인가? 신을 죽인 인간이 그의 근원적 현실로서의 자연을 파괴하고 절멸의 가능성 속에서 허덕이는 것은 또 어떤가? '몫 없는 이'들의 전지구적 범람이야말로 근대의 최종 결산표가 아닌가? 에드가 모랭은 진지한 어투로 이렇게 말했다.

> 우리가 반드시 알아야 할 사실이 있다. 즉, 우리는 지구문명에서 물질적으로는 아직 철기시대에 살고 있으며 정신적으로는 아예 선사시대를 벗어나지 못하고 있다는 사실이다. 이는 다시 말해, 인간들 사이에 얽히는 복잡한 관계를 개선하고자 하는 희망은 어떤 경우에도 특정한 미래관을 바탕으로 실현될 수 없다는 의미이다.[67]

여기서 '특정한 미래관'이란 근대를 추동했던 역사철학적 진보 관념, 직선적인 발전사관을 의미한다. 인간과 세계와 미래에 대해 정답을 알고 있다는 식의 무지, 역사는 필연적으로 이러저러하게 되리라 장담하는 억측, 수많은 사람이 희생할지는 몰라도 '이성의 간계'에 의해 끝내는 진보하리라는 무책임함! 그것으로는 희망이 실현되기 어렵

---

67 에드가 모랭, 「내일을 알 수 없는 모험」, 막스 갈로 외저, 홍세화 역, 『진보는 죽은 사상인가』, 당대, 1997, 54~55쪽.

다는 뜻일 터, "떨쳐 버려야 할 것, 그것은 당사자들을 피해 나가고 당사자들이 모르는 사이에 저절로 실현되리라는 역사의 법칙에 대한 믿음이다."[68]

진보가 '세속종교'[69]가 되었다면 우리는 신을 죽였듯이 '진보'도 죽여야 한다. 문제는 구체적 인간이요 삶인 것이지 대문자 역사나 환상으로서의 미래가 아니다. '인간'과 '삶'이 중요한 것은 우리가 바위나 구름이 아닌 한에서 항상적이다. 그러므로 인간의 삶을 개선시키려는 시도 자체를 중지할 필요는 없다. 인간의 무지와 야만성은 여전히 '역사에서의 진보'[70]와 체제를 내파하려는 '진보적 사상'[71]을 필요로 한다. 삶과 진보의 관계는 미래와 희망의 관계와 같다. 미래는 노력 없이도 다가서지만, 희망은 '삶을 주어진 것으로 받아들이지 않으려는 태도'없이는 찾아오지 않는다. 환멸과 허무는 자유의 적인 권위주의를 키울 뿐이라는 것은, 근대가 우리에게 가르쳐준 바다. 진보는 항상 다시 시작해야 한다. 우리가 이미 획득한 것도 경계를 게을리 하면 곧바로 위협받는다.[72] 그러므로 새롭게 개시되어야 할 진보는 '내부'에 안주할 수 없는, '내부'가 존재하지 않는 항상적 외부여야 한다.

> 요컨대 진보의 이념을 갖는다는 것은 활동과 사유의 벡터가 언제나 외부를 향해 있음을 뜻한다. 지배적인 것의 외부, 익숙한 것의 외부 (…중략…) 자본주의와 가치법칙에서 벗어난 자본주의의 외부, 근대적 삶의 방

68 파스칼 브뤼크네, 「절망도 희망도 없는 영원한 혼란」, 위의 책, 34쪽.
69 윤해동, 앞의 글, 4장 참조.
70 차하순의 앞의 글 참조.
71 강정인의 앞의 글 참조.
72 여기서 굳이 이명박 정부 이후 남한의 민주주의가 얼마나 후퇴했는지를 떠올릴 필요는 없겠다.

식에서 벗어난 근대의 외부, 진보적이라 함은 그 외부를 자신이 익숙하게 사는 지배적 삶의 방식 내부로, 지배적인 세계의 내부로 끌어들이는 것이고, 그것을 통해 자신이 사는 세계 자체를 변환시키는 것이다.[73]

근대를 추동한 발전사관으로서의 '진보'를 장례 치르고 우리가 찾아나서야 할 진보란—세계를 인식하고 판단하는, 고정된 자동번역장치로서의 이데올로기가 아닌—주어진 삶과 지배와 기준에 맞서는 태도와 입장, 불연속적인 시간 속에서 이질적인 것들을 포괄하고 내적인 관계 속에서 존재의 존재다움을 극대화하는 것을 목표로 하는 진보일 수밖에 없다. 그것은 부단히 운동하는 진보이며 현재형으로 작동하는 진보일 수밖에 없다. 진보는 필연적으로 자기를 배반하고 관계 속에서만 자신을 위치시키는 부정의 변증법이어야 한다. 미래를 꿈꾸되 미래를 절대화하지 않아야 한다. 즉 진보란 필연적으로, 늘 정치적 현재다.

우리들은 20세기가 존재하지 않았던 것처럼 행동할 수 없다. 그러기는커녕 여전히 '20세기 한반도'의 유령들과 함께 살고 있다. 우리가 '탈근대'에 살고 있는지는 알 수 없으나, 20세기의 유령들이 끈질기게 현실을 잡아당기고 있다는 것은 차갑게 인정할 수 있다. 우리 중의 일부가 20세기 한반도를 횡행했던 '진보' 개념의 비현실성과 반인간성을 분석했다고 해서 그것의 영향력이 하루아침에 사라지지는 않는다. 우리는 "이데올로기가 와해된 뒤에도 사상적 파편이 남아 있을 뿐만 아니라 그 형태가 매우 안정적이며 다만 너무 익숙해서 보이지 않고 일상적 습관처럼 되어 있"[74]는 상태에 놓여 있다. 그 속에서 '진보'를 죽

73 이진경, 「마르크스주의와 진보의 이념」, 『문학과 사회』 78호, 문학과지성사, 2007 여름, 265쪽.

이고 희망의 새 탄환을 재장전해야 하는 일이 우리 앞에 남아 있다.

이제 하나의 매듭이 지어졌을 뿐이다. '진보'에의 비판은 근대의 역사적 국면마다 출현했던 유사한 비판의 역사로부터 배워야 한다. 손쉽게 종말론적 냉소를 짓거나 혹은 신대륙을 발견한 자의 표정을 지을 필요는 없다. 비판의 생산적 계승이야말로 갱신의 전제조건이다. 우리가 '루카치'나 '벤야민'보다 더 불행한지 행복한지는 알 수 없다. 오늘날의 '진보' 비판이 과거에 이루어졌던 것에 비해 발본적인 것은 분명하나, 그것이 새로운 버전으로 포장된 '발전에의 幻影'에 의해 휩쓸려갈지 아니면 희망의 정박지를 찾아낼지는 오롯이 우리에게 달려있을 따름이다. 다만 '진보'에의 비판이— 현재를 절대화하지 않으려는 노력에 의해, 새로운 사유와 주체를 탄생시키려는 노력에 의해 갱신될 수 있으리라는 예상은 그들과 함께 진척시킬 수 있을 것이다.

---

74 진관타오 · 류칭펑, 양일모 외역, 『관념사란 무엇인가 1 — 이론과 방법』, 푸른역사, 2010, 35쪽.

1부

근대의 '발견' 또는 모더니티와 진보

문명적 이상의 굴절과 진보하는 시간

송민호

1. 서론 – 진보하는 시간에 대한 확신은 어떻게 가능한가

단재 신채호는 1928년에 무렵에 쓴 「지동설의 효력」이라는 그리 길지 않은 글을 통해 개화파로 간주되던 박규수와 김옥균 사이에서 벌어졌던 가상의 대화를 재구성하면서, 조선 말기 최초의 개화를 향한 시간적 운동성을 상징했던 '갑신정변'이라는 사건을 촉발했던 사상적 계기를 나름대로 해명하고자 시도하고 있다. 단재가 쓴 이 글은 비록 단편적이나마 오랜 기간 동안 문명으로서의 중화라는 미망에서 빠져나오지 못했던 조선 후기의 개화파 지식인에게 있어서 역사가 나아가는 힘에 대한 자각, 즉 이른바 새로운 시대를 위한 '혁명'의 필요성에 대한 확신이 어떻게 도래하는가 하는 바를 해명하고자 하는 물음으로 의미를 갖는다.

> 김옥균이 일찍 우의정 박규수를 방문한즉 박씨가 그 벽장 속에서 지구의 일좌地球儀 一座를 내어 김씨에게 보이니 해의該儀는 곧 박씨의 조부 연

암 선생燕岩先生이 중국에 유람할 때에 사서 휴대하여 온 바더라.

박씨가 지구의를 한 번 돌리더니 김씨를 돌아 보며 웃어 가로되

"오늘에 중국이 어데 있느냐, 저리 돌리면 미국이 중국中國이 되며 이리 돌리면 조선이 중국이 되여 어느 나라든지 중中으로 돌리면 중국이 되나니, 오늘에 어데 정한 중국이 있느냐?" 하니

김씨, 이때에 개화開化를 주장하여 신서적新書籍도 좀 보았으나 매양 수백 년래 류전遺傳된 사상 곧 대지 중앙에 있는 나라는 중국이요, 동서 남북에 있는 나라들은 사이四夷니, 사이는 중국을 높이는 것이 옳다 하는 사상에 속박되여 국가 독립을 부를 일은 꿈도 꾸지 못하였다가 박씨의 말에 크게 깨닫고 무릎을 치고 일어났더라. 이 끝에 갑신정변이 폭발되였더라.[1]

신채호의 이 의미심장한 글은 지금까지 종종 개화파가 일개의 국민국가로서의 '중국中國'이 아닌 총체적인 동양 문명의 중심으로서의 중화의 영향력 아래에서 벗어나 비로소 근대라는 시간성에 대한 자각을 가졌으며 그것이 바로 개화로 나아가기 위한 사상적 토대가 되었다는 당연한 사실을 역설하기 위한 중요한 근거로 인용되곤 했다.[2] 아직 민족의 관념이 출현되지 않아 미망의 상태로 남아 있던 조선이래의 관념으로부터 민족국가의 이념이 어떻게 발원될 수 있었는가 하는 물음에 대해, 신채호의 이 글은 조선왕조 기간 내내 이어진 중화 중심의 문명적 구도를 탈피하여 중국을 하나의 국가로 상대화할 수 있는 자리

---

1 신채호, 「지동설의 효력」, 단재신채호전집편찬위원회 편, 『단재신채호전집』 7, 독립기념관 한국독립운동사연구소, 2008, 634~635쪽.

2 김영작은 한국에서 내셔널리즘의 형성이라는 관점에서 신채호의 이 글의 의미를 찾고 있다. 즉 개화파인 김옥균의 세계관은 실학자인 박규수와 연결되어 있으며 척사론과 중화적 세계관 속에 매몰되어 있던 사상을 발전적으로 계승하여 전 사회적인 규모로 확대하고자 한 것에 그 역사적 의의가 있다고 보고 있다(김영작, 「초기 개화파의 '내셔널리즘'의 사상적 구조」, 『동양정치사상사』 2(2), 한국동양정치사상사학회, 2003, 112쪽).

로 나아갈 수 있었던 것에 바로 그 원인이 있었다는 해명인 것이다. 하지만 이 간단하고도 명료한 답변에도 불구하고 이 짧은 글에 담겨 있는 함의는 그리 간단하게 이해되지 않는다. '갑신정변'이라는 역사적이고 상징적인 사건을 일으킨 사상적 배경으로, 실학파로부터 개화파로 이어지는 민족의 독립적 의식의 형성을 지목하는 신채호의 더할 나위 없이 단호하고 분명한 태도 속에는 결코 간단하지 않은 다층적 국면들이 들어 있다. 이러한 다층성은 박규수와 김옥균이라는, 이른바 문명의 개화로 나아가는 시대의 마지막과 새로운 시작을 상징하는 인물들의 상상적 마주침을 그려내는 신채호의 내면의 각각 다른 국면들을 통해 구축되고 있는 것이다.

우선 이 글에서 박규수의 목소리를 빌어 울리고 있는 '중국'이라는 개념이 아직 일개의 국민국가를 지칭하는 고유명으로 충분히 시각화되지 않고 있다는 사실을 지적해둘 필요가 있다. 박규수가 언급한 '중국'은 하나의 국가가 아니라 마치 모든 국가가 갖지 않을 수 없는 일반적인 이념적 지향성을 가리키는 것처럼 쓰여 국가적 이념과 문명의 방향성 바로 그 자체를 가리키고 있다. 생각해 본다면 이는 충분히 납득되는 바가 있다. 기나긴 조선 왕조의 말단에서 실학파인 박지원으로부터 이어져온 개화파인 박규수가 고작 몇 차례의 연행燕行을 통해 견문을 넓혔다고 하더라도, 이전까지의 문명적 질서 그 자체에 해당했던 제국으로서의 중국이 단지 조선과 마찬가지인 국민국가의 하나로 지각되는 따위의 감각의 초월적 변화가 가능했을 것인가 하는 의문은 충분히 가능하다. 즉 조선 후기 개화파의 지식인에게 있어서도 아직 '중국'이란 하나의 국가가 아니라 문명적 질서의 정한 방향을 가리키는 개념으로 인식되고 있을 가능성은 여전히 남겨져 있는 것이다.

물론 이 글은 역사가인 신채호의 견해가 반영된 창작물일 뿐, 실제 사료에 해당하는 것은 아니기 때문에, 여기에서 제기된 박규수의 역사적 인식의 한계는 단지 신채호에 의해 상상적으로 재구성된 것에 불과할 여전한 가능성을 배제하기는 어렵다. 또한 실학파와 개화파를 대표하는 두 사람의 마주침이라는 지나친 상징성을 띤 글 속에, 만국공법 아래 어지러웠던 제국주의의 시대에 문명개화와 국가독립이라는 두 가지 상호 모순적인 방향성이 단지 봉건 체제에 대한 저항으로 짐짓 비끄러매인 것에 불과한 것은 아닐 것인가 하는 비판적인 견해 역시 가능할 터이다. 하지만, 이러한 견해들을 모두 다소 유보해본다면, 이 글에서 제시되어 있는 교착적 국면은 분명 아직 구시대적 문명적 질서에 구속되어 있는 인물이 새로운 시대의 문명적 이상이 그려내고 있는 지평을 어떻게 간파할 수 있을 것인가 하는 문제와 더불어, 그 이념을 향하여 나아가는 것이 과연 가능할 것인가 하는 문제를 시사하고 있다는 사실을 알 수 있게 된다. 즉 신채호는 지금 이 글을 통해 박규수나 김옥균에게 개화로 나아가는 근본적인 동력이 되었을 진보하는 역사적 시간성에 대한 확신이 과연 담보될 수 있었을 것인가 하는 상징적인 질문을 던지고 있는 것이다. '지구의를 돌리면 미국이 중국이 되고, 조선이 중국이 되고, 어느 나라든지 가운데로 그것을 돌리면 중국이 된다'는 박규수의 상식과도 같은 발언이 김옥균에게는 혁명을 결심하고 촉발할 정도로 치명적인 것이 될 수 있었던 까닭은 그것이 자신이 영위해오던 세계와 그 관념에 대한 적극적 거부와 상대화라는 일종의 코페르니쿠스적 전환에 해당하는 것이기 때문이다.[3]

3 신채호, 앞의 글, 635쪽. "고려 말엽부터 유교와 한문으로 인하여 자국의 국수를 닛고 지나 숭모하여 드대여 자약의 결과를 얻엇다가 박씨의 지구의 돌님에 김씨의 손바닥이 울어 짬짝 새이에 혼이 돌아올가 하엿섯도다. 淚史 갈오대 근세 농이聾耳의 벽력霹靂은 카

신채호는 김옥균이 진보하는 시간성에 대해 확신하고 갑신정변이라는 '혁명'의 극단적인 정치적 운동성으로 나아갈 수 있었던 내면의 변화 양상에 대해 스스로 자문자답하고 있는 셈이다. 그가 언급하고 있는 '지동설'이란 바로 과학으로, 문명과 문명 사이, 역사적 공간과 공간 사이를 임계 가능하도록 하는 시간을 촉매하는 과학으로서의 물리, 즉 정신이 아니라 물질로서 압도하는 '귀먹은 천둥소리'와 같은 서구의 근대 문명을 가리키는 것이었다.

이처럼 한국의 개화기, 즉 조선으로부터 대한제국을 거쳐 근대로 전환하는 시기에 있어서 진보의 운동성을 논의하는 자리에 앞서, 수많은 의미적 중첩으로 이루어져 있는 신채호의 텍스트를 살폈던 까닭은 다음과 같은 질문과 관계되어 있다. 즉 이는 하나의 닫힌 문명적 이상의 실현되는 공간으로서 조선의 영향력 하에 놓여 있는 하나의 주체로서의 인간이 단지 '개화'라거나 '개혁'(혹은 혁명이라고 하더라도) 같은 기치를 갖는 개념적 운동만으로 새로운 문명적 이상이 지배하는, 나아가 시공간이 재편된 새로운 공간을 향해 나아가는 일은 가능한가, 하는 것이다. 가능하지 않다면, 진보의 운동성이라는 것은 어떻게 실현될 수 있는가 하는 문제에 해당한다.

페닝크의 지동설이라 할 만하도다. 천존지비天尊地卑의 망설이 깨여지매 전제군주가 근거를 일흐며 사방정위가 무너지매 천계민족이 벽견癖見을 바리도다. 학설의 심을 적다 하는 이 그 누구이뇨?"

2. 진보에서 개화로, 다시 진보로

—문명적 이상의 절합과 굴절

'중화中華'라는 문화적 제국의 영역 하에 속해 있었던 조선에서 '진보' 혹은 나아간다는 술어적인 개념은 결코 시간적인 것일 수 없었다. 이는 오히려 공간적인 것에 가까웠다고 볼 수 있을 텐데, 진보의 개념은 당시에는 주로 학문(學, 學問, 文理)이나 제도(諸行, 聖德), 혹은 덕(道)이라는 개념과 연동되어 주로 계몽적인 질서의 실현, 즉 야만으로부터 중화의 제도와 문명을 향하여 나아가는 절대적 성취의 맥락에서 실현되었던 것이다.[4] 물론 이는 '진보'라는 단어의 용례에 국한된 문제는 아니다. '진보' 혹은 '진進' 같은 한자어에 담겨 있는 개념적 고유성에서 비롯된 문제로 다룰 수는 없다. 따라서 여기에서는 최근에 유행하고 있는 번역된 '진보'의 개념 같은 개념사적 비교연구 같은 것은 그리 큰 의미를 갖기 어렵다. 오히려 여기에서 중요한 것은 당연하게도 이 진보의 운동성이 당시의 닫힌 사회로서의 조선의 사회체제와 그 체제에서 추구된 문명적 이상과 밀접하게 관련되어 있다는 사실일 것이다. 문명에 대한 감각이나 정치적 체제가 복수적일 수 없었던 조선의 왕도정치적 체제 속에서 드러난 진보라는 개념적 운동성은 그것이 실제로 나아간다거나 나아져간다는 시공간적 움직임을 표현하는 것이라고 하더라도, 그것은 세계사적인 관점에서 진화론의 법칙이나 모더

---

4 노관범, 「대한제국기 진보 개념의 역사적 이해」, 한림대 한림과학원 편, 『두 시점의 개념사—현지성과 동시성으로 보는 동아시아 근대』, 푸른역사, 2013, 135~137쪽. 노관범은 대한제국기 진보 개념의 출현을 살피는 논문을 통해 진보라는 개념이 주희朱熹의 학문관에서 비롯된 덕의적 개념으로 파악되었다가 이후 근대전환기에 있어서 문명 진보라는 개념을 통해 변모해갔다는 사실을 파악하고 있다. 다만, 이 글에서 지적해두고 있는 '진보처進步處'란 진보라는 개념의 공간적 확장형이라기보다는 나아갈 바가 없다는 의미의 시세의 위급함을 강조하기 위한 관용구로서 더 큰 의미를 갖는 것이다.

니티적 시공간론에 의거된 근대의 누적적 시간성에 의거하는 것이 아니라 닫힌 세계의 이상 속에서 계몽적인 관점에서 아래로부터 위를 향한 상승운동, 즉 야만으로부터 문명으로의 이동을 의미하는 것이었다. 두 개의 문명적 이상이 존재할 수 없었던 유교 중심의 시대에서 진보의 운동성은 결국 일원화된 학문적인 질서 내부에서의 성취를 의미하거나 정치가 곧 덕치였던 왕도정치 속에서 정치 제도나 도리를 얼마나 정세하게 갖추어나갈 것인가 하는 문제에 국한되었다.

하지만 닫힌 궤와 같이 하나의 문명적 이상이 지배하는 단일 체제로부터 벗어나 또 다른 새로운 문명적 이상들이 지배하는 체제들이 서로 얽히는 과정에서 상황은 필연적으로 보다 복잡한 국면으로 접어들게 된다. 물론 이는 그리스 이후 서구 유럽 내에서 문명의 진보에 대한 회의적 전망을 읽어내었으면서도 스스로 계몽주의의 한계를 벗어나지는 못했던 헤르더J. G. Herder[5]나 랑케Leopold von Ranke 이후, 서구 문명 속에서 진보에 대한 낙관에 의문을 표시했던 비판적 지식인들이 제기했던 사회의 내부에서 문명적 이상의 방향성에 대한 회의와 우려[6]와는 다소간 다른 것이다. 이는 전혀 이상을 달리하는 하나의 문명적 체제와 또 다른 문명적 체제의 본격적인 절합에서 비롯되는 보다 근본적인 충돌에서 비롯된 상황이었던 까닭이다. 이미 18~19세기에 수십 차례도 넘게 있었던 연행을 통해, 그리고 운양호 사건 등 외세와의 접촉경험을 통하여 서구 산업혁명에서 시작된 근대 문명과 그 제도를 체험하였던 이들에게 있어서 그러한 문명적 실제를 단초로 상상적으로 재구성된 세계의 문명적 배치는 그들이 기존에 영위하고 있던

---

5 J. G. 헤르더, 강성호 역, 『인류의 역사철학에 대한 이념』(3쇄), 책세상, 2012, 16~40쪽.
6 Th. W. 아도르노 · M. 호르크하이머, 김유동 · 주경식 · 이상훈 역, 『계몽의 변증법』, 문예출판사, 1995, 229~290쪽.

닫힌 궤로서의 문명적 이상이 결국에는 선택 가능한 문제라는 사실을 확인하도록 만들었던 것이다. 이미 주어져 있던 하나의 문명적 이상과 그를 중심으로 형성된 정치적 배치가 선택 가능한 유일한 것이 아니라 많은 선택지들 중 하나라는 사실은 기존의 닫힌 세계의 미망으로부터 벗어나 새로운 세계로 나아가는 동력이 되었을 것임을 충분히 이해할 수 있다. 유길준이 『서유견문』의 모든 구절을 통해서 드러내었던 서구 유럽을 중심으로 한 근대적 문명과 제도의 압도감, 그것은 세계의 상상적 반쪽을 이루고 있는 또 다른 문명에 대한 경이에 해당하는 것이었을 뿐만 아니라 또 다른 한편으로는 지금 우리가 영위하고 있는 세계가 지향하고 있는 중화라는 문명적 이상이 유일한 것이 아니라는 깨달음을 주는 이중의 의미를 갖는 것이었다. 유길준이 이를 닫힌 이상적 세계로부터의 열림이라는 '개화開化'라는 구도를 통해 표현했던 것은 결코 우연이 아니었던 셈이다.

> 개화란 인간 세상의 천만 가지 사물이 지극히 선하고도 아름다운 경지에 이르는 것을 말한다. 그러므로 어떤 것이 개화된 경지라고 한정할 수는 없다. 사람들의 재주와 능력 정도에 따라 높거나 낮은 등급이 있지만, 국민들의 습속과 나라의 규모에 따라 그 차이가 생기기도 한다. 이는 개화하는 과정이 똑같지 않은 이유도 있지만, 가장 중요한 것은 사람이 하느냐 하지 않느냐에 달려 있다. (…중략…) 고금을 통틀어 세계 어느 나라를 돌아보든지 간에 개화가 지극한 경지에까지 이른 나라는 없었다. 그러나 대강 그 등급을 구별해보면 세 가지에 지나지 않으니, 개화하는 나라, 반쯤 개화한 나라, 아직 개화하지 않은 나라다. (…중략…) 개화하는 일을 주장하고 힘써 행하는 자는 개화의 주인이고, 개화하는 자를 부러워하여 배우기를 즐거워하고 가지기를 좋아하는 자는 개화의 손님이며, 개화하는 자를 두

> 려워하고 미워하면서도 마지못하여 따르는 자는 개화의 노예다. 주인의 자리를 차지하지 못한다면 손님의 자리라도 차지해야지, 노예의 대열에 서서는 안 된다.[7]

유길준은 『서유견문』의 한 대목으로 들어 있는 「개화의 등급」이라는 글은 이미 수없이 많은 연구를 통해서 다뤄진 바 있기 때문에, 새로운 언급이 불필요할 듯 생각되나, 분명 새로운 방식으로 읽힐 만한 여지가 충분히 존재한다. 시공간적인 차원에서 본다면, 유길준은 퍽 독특한 방식으로 '개화'라는 운동성을 규정하고 있기 때문이다. 여기에서 개화는 '지극히 선하고도 아름다운 경지'라는 퍽 모호한 표현으로 된 지향적 영역 자체를 가리키고 있으면서 또한 그 속에는 그러한 경지를 향한 운동성이라는 두 가지 의미가 착종되어 있다. 게다가 어떤 것이 개화된 경지라고 할 수는 없으므로 축자적으로만 본다면 개화 자체가 하나의 문명적 이상이 될 수 있다면 그것은 특정한 방향성을 갖고 있는 것을 의미하는 것이 아니라 가능성 자체의 열림을 의미하는 것으로 이해될 수도 있다. 이상을 통해 도달될 수 있는 '경지'라는 영역이 다소 모호하게 표현될 수밖에 없었던 것은 바로 그것 자체가 목적이자 대상이 되는 까닭일 것이다. 다만, 『서유견문』의 나머지 근대 문명의 새로운 제도에 바쳐진 대목들을 보거나 개화의 등급을 가르는 잠정적 태도를 본다면, 유길준의 "어떤 것이 개화된 경지라고 한정할 수는 없다"는 언명은 개화의 정도나 방향성 자체의 열림이라는 의미가 아니며, 그 속에는 기존 조선이 유지해왔던 중화 문명의 폐쇄성의 구도에 균열을 일으켜 개방적인 선택의 영역에 두고자 하는 의도가

---

7 유길준, 허경진 역, 『서유견문』(초판 4쇄), 서해문집, 2010, 393~397쪽.

은폐되어 있다고 보는 것이 타당하다. 사실 이미 개화라는 용어 자체는 1881년 무렵부터 이미 기존에 유지하고 있던 문명적 이상이 아니라 새롭게 마주친 서구 근대 문명에 대한 열림을 의미하고 있는 것이기 때문에, 유길준의 언어 속에서 마치 두 개 이상의 문명적 이상이 얼마든지 선택 가능한 문제로 제시되어 있다고 하더라도 그 개화의 지향적 대상이 기존 조선이 영위하고 있던 중화문명을 가리키는 것은 아니었을 것이라는 사실만큼은 명백하다. 그는 궁극적으로는 서구의 문명에 대한 개화로 그 영역을 분명히 확정하여 기존의 닫힌 문명적 이상을 견지하고 있던 조선으로 하여금 서구 문명에 기반한 새로운 닫힌 문명적 이상을 제시하고 있으면서도 이 두 가지 이상이 마치 조화될 수 있는 것처럼, 혹은 마치 선택의 문제인 것처럼 다루고 있는 것이다.[8] 이러한 유길준의 어법 속에는 문명적 이상의 충돌을 스스로의 눈으로 경험했던 인간만이 가질 수 있는 내적 모순이 감지되고 있다.

그는 또한 개화의 등급을 제시하면서 개화의 정도를 가지고 국가사회의 등급을 구분하고자 시도하고 있다.[9] 이는 '개화' 자체가 세계사적 관점에서 추구되고 있는 문명적 이상이라는 방식의 서술에 해당한다.[10] 이 지점에 이르면 유길준은 스스로 이 개화의 문제가 바로 시간

---

8 김윤희는 '개화開化'라는 개념이 문명화라는 의미의 개화 개념이 쓰이기 이전부터 『주역』에서 비롯된 '개물성무 화민성속開物成務 化民成俗'이라는 기원을 갖는다고 밝히고 있다(김윤희, 「갑신정변 전후 개화 개념의 내포와 표상」, 『개념과 소통』 1(2), 한림대 한림과학원, 2008, 80~108쪽). 이 논문에서는 당시 개화의 개념이 유교 문명에게나 서양문명의 수용을 포함하는 이중적인 의미로 활용 가능했다는 사실을 다양한 용례를 통해 확인하고 있으며, 그 때문에 이 개화라는 개념이 기존의 문명 이해를 통해 받아들여지기 쉬운 개념이 되었다는 사실을 확인하고 있다.

9 유길준은 이 「개화의 등급」에 앞서 쓰인 「세계대세론」에서는 문명의 단계를 야만, 미개, 반개, 개화로 나누었던 바 있다. 미국유학을 다녀왔던 그 몇 년 사이에 '야만'은 탈락한 셈이다. 여기에 모종의 정치적인 고려가 없다고 보기는 어렵다.

10 이원영, 「문명사관과 문명사회론－유길준의 『서유견문』을 중심으로」, 『한국정치학회보』 30(4), 한국정치학회, 1997, 140쪽. 이원영은 유길준의 '개화'는 기본적으로는 후쿠

성의 문제에 해당한다는 사실을 우회적으로 시인하고 있는 셈이다. 개화가 결국 서구의 근대화라는 문명적 이상에 대한 열림의 문제이고 이제 모든 국가들이 그러한 이상을 향해 나아가는 방식으로 세계가 재편되었다면 이제는 개화의 정도와 등급을 가지고 우와 열을 평가할 수 있는 문명적 스펙트럼이 열리게 되는 것이다. 따라서 그의 "개화가 지극한 경지에까지 이른 나라는 없었다"는 언명 속에는 두 가지 정도의 함의가 담겨 있는데, 첫 번째는 개화가 시공간을 초월하여 세계의 모든 국가들이 지향하는 보편적인 이상에 해당한다는 것이며, 두 번째는 조선 역시 개화의 질서 내부로 편입하게 되면 얼마든지 지극한 경지에 이를 수 있을 것이라는 의미이다.[11] 유길준으로서는 그 당시 조선에서 가장 절박하고도 중요했을 질문, 즉 자신이 역설하는 개화의 대상이 되는 문명이 과연 기존 조선이 유지해왔던 중화의 문명과 얼마나 다른 것인가, 그 두 가지 다른 문명적 이상은 통합될 수 있는 것인가 하는 질문에 대해서는 실질적으로는 회피하고 있는 셈이다.[12]

자와 유키치의 문명론적 관점을 매개로 형성된 것이었으면서도 그것이 역사이론의 차원에까지 이르고 있는 것으로 파악하고 있다. 다만, 유길준은 개화 자체를 모든 사회, 모든 영역에 걸쳐 보편적이며 필연적인 방향이자 목적으로 파악하여 개화의 관념에 의미 변화를 초래하고 있다고 파악하고 있다.

11 유길준의 이러한 인식은 이미 1883년 그가 미국으로 떠나기 전에 쓰인 「세계대세론」(『유길준전서』 4, 일조각, 1971, 13~15쪽)에서도 이미 드러나 있었다. "文明과 半開며 半開와 未開며 또 未開와 野蠻이라 ᄒᆞᄂᆞᆫ 者가 其間에 決斷코 境域이 有ᄒᆞᆷ이 아니요. 又今日에 歐洲 諸國과 및 亞墨利加 合衆國 等을 文明開化라ᄒᆞ나 此等이 決斷코 開化의 極이 아니라 唯 現時 開化의 進進不已ᄒᆞᆯ ᄯᆞ름이니 眞開化ᄂᆞᆫ 如何ᄒᆞᆫ 者인지 未知ᄒᆞ노니 古人이 今日의 文明을 前知치 못ᄒᆞᆷ과 갓치 今人이 또한 決斷코 後日의 開化을 前知치 못ᄒᆞᄂᆞᆫ 者이니 設或 前人이 今日을 知者가 잇다 ᄒᆞ야도 吾未斯信이요 今人이 後日을 知者가 잇다 ᄒᆞ야도 吾未斯信이라."(띄어쓰기는 인용자)

12 물론 유길준의 이러한 태도가 시세의 변화에 대한 인식의 부재가 아니라 조선의 기존 정치체제 내부에서 그가 처해 있던 절충적 위치의 문제였다는 사실은 쓰키아시 다쓰히코月脚達彦의 「개화파의 세계인식－유길준을 중심으로」(『역사비평』 53, 역사문제연구소, 2000), 299~304쪽에서 그가 미국유학을 떠나기 전 쓰고 있는 「경쟁론」과 「세계대세론」, 「중립론」 등의 내용을 분석하고 있는 대목을 참고해 확인할 수 있다.

운양 김윤식이 『속음청사』에 남겨둔 개화설에 대한 반박은 물론 갑신정변의 주역이었던 정치세력으로서의 개화당 즉, 김옥균, 박영효 등을 향해 있는 것이지만, 그 핵심 논리는 앞서 유길준이 제기했던 개화의 구도에 향해 있는 것이나 다름없다.[13] 김윤식은 기본적으로는 개화를 문명적 이상의 중첩 속에서 파악하고 있는 유길준의 입론 자체에는 동의하면서도, 그가 선택의 가능성 속에서 이미 가능한 유일한 방향성으로서 은폐해두었던 서구 근대문명을 향한 개화의 방향성에 대해서는 의문을 표시하고 있는 것이다. 유길준의 논리대로라면 개화는 스스로를 문명적 이상을 향해 열어 결국 아름다운 경지에 이르는 운동이므로, 논리적으로만 따진다면 그 운동성의 지향점이 반드시 서구의 문명일 까닭은 없으며, 문명적 이상에 의거한 문명화 과정에서 이 둘은 통합될 수도 있는 것이어야 할 것이다. 따라서 이미 중화문명의 체계 내에서 충분히 문명화 과정을 겪었던 조선이 이미 충분히 문명적 이상을 충족한 상태에서 또 달리 무엇을 개화하여야 하는가 하며 의뭉스레 묻고 있는 김윤식의 천진한 태도는 결과적으로만 본다면 서구 근대 문명에 대한 유길준의 다소간 어정쩡한 태도를 내파하는 효과를 갖는다. 물론 김윤식이 '시무時務'라는 개념을 통해 오히려 시

13 김윤식, 「辛卯 二月(1891.2)의 일기」, 『속음청사』 상, 국사편찬위원회 한국사료총서 제11집, 155~156쪽. "**나는 일찍이 개화설開化之說을 심히 이상히 여겼다. 무릇 개화라고 하는 것은 모든 변화에 아첨하는, 미개한 풍속과 같은 것으로, 구주의 풍속이 차츰 그 풍속을 개혁하는 것을 듣고 이를 개화라고 한다. 우리나라는 문명한 땅인데 다시 무엇을 개화할 것이 있단 말인가?** / 갑신정변을 일으킨 여러 역적들은 구주를 매우 높이고 요순을 박대하고 공자와 맹자를 폄하하며 인간의 떳떳한 도리를 야만이라 여기며 그 도리를 바꾸고자 걸핏하면 개화를 일컬으니 이는 천리를 멸절시키고 갓과 신발을 거꾸로 신는 것인데, 선비들이 도리어 그런 말을 입에 올린단 말인가. 그런 것을 개발변화開發變化라고 하는 것은 미화하고 수식한 말이다. / 이른바 개화라는 것은 바로 시무時務를 말하는 것이다. 조나라 무령왕이 중산을 치고자 마침내 호복胡服을 한 것과 한나라 이후로부터 여러 번 단우單于에게 공주를 시집보낸 것은 모두 때에 절박했던 것이니 또한 개화라고 할 수 있을 것이다."(강조는 인용자)

대의 주도적인 변화로서 시세를 받아들이되, 추구해야할 본령을 유지하는 동도서기, 혹은 양득론을 제기하였다는 사실 역시 간과되어서는 안 될 것이다.[14]

이러한 관점에서 볼 때, 유길준이 쓰고 있는 공간적 개념으로서의 개화와 시간적 변용으로서의 개화의 등급이라는 구도 자체를 과연 본격적인 의미의 서구문명을 중심으로 한 근대적 시간성으로서의 진보에 대한 수용과 연결된 것으로 이해하여야 할 것인가 하는 것에 대해서는 다소 조심스러운 입장을 취하지 않을 수 없다. 물론 유길준의 내세운 개화의 등급이 일종의 문명화 과정을 의미하는 것이 분명하고 그 이상적 지향점에 바로 서구 근대문명이 놓여 있는 것은 틀림없으나[15] 이를 서술하는 그의 태도는 여전히 절충적인 지점에서 실현되고 있기 때문이다. 유길준이 제시하고 있는 개화의 등급이 후쿠자와 유키치의 『문명론의 개략』의 문명의 도식과 어느 정도는 관련되어 있다는 사실,[16] 그리고 그것이 궁극적으로는 서구의 근대문명을 이상으로 삼는 일련의 체제로의 이전 과정을 가리킨다는 사실은 틀림없다. 하지만 동시에 그가 표현했던 모호한 개화의 방향성과 불명확한 시간성이 동도서기론과 마찬가지로 당시 조선 후기의 지식인들에게 한 순간

---

14 이상일, 「운양 김윤식의 사상과 활동 연구」, 동국대 박사논문, 1995, 46~52쪽.

15 박근갑은 유길준의 「경쟁론」, 「세계대세론」 등에 논의된 세계 역사 상 개화와 진보에 대한 내용들을 바탕으로 하여 이 '세계 역사'가 다름 아니라 서구 문명 중심의 보편적인 역사를 받아들였던 증례라고 판단하면서 이를 근거로 『서유견문』 속에 들어 있는 「개화의 등급」을 바로 근대적인 진보 개념을 획득했던 계기로 판단하고 있다(박근갑, 「역사, 문명, 진보－후쿠자와 유키치와 유길준의 시간 인식」, 『史叢』 83, 고려대 역사연구소, 2014, 184~198쪽).

16 유길준의 개화론을 후쿠자와 유키치의 문명담론과 연결시켜 이해하고자 하는 연구로는 다음과 같은 것을 들 수 있다.
김현주, 「『서유견문』의 '(문명)개화'론과 번역의 정치학」, 『국제어문』 24, 국제어문학회, 2001; 박정심, 「한국 근대지식인의 '근대성' 인식 1－문명, 인종, 민족담론을 중심으로」, 『동양철학연구』 52, 동양철학연구회, 2007, 121~137쪽.

에 문명에서 야만의 나락으로 떨어지는 부조화된 인지를 보완해주는 역할을 해주었던 사실만큼은 반박의 여지가 있을 수 없다.

3. 근대적인 시간성의 발견과 진보하는 시간의 도래

이상 살펴본 개화라는 개념을 둘러싼 문제는 문명적 이상의 교체라는 세계적인 국면 속에서 이전에는 분명 공간적 운동성만을 담보하고 있던 진보라는 운동성이 서구의 근대 문명이라는 시간성과 맞물려 시간적인 개념으로 바뀌어가는 국면은 어떻게 이루어졌는가 하는 것이다. 앞서 유길준의 사례를 통해 살폈듯이 문명적 이상의 교체는 정치, 혹은 문화적 국면에 의거하여 변동하기 마련이며, 필연적으로 다양한 방식으로 분화와 착종을 겪지 않을 수 없게 된다. 물론 당연히 당시 서구 문명을 향한 개화의 필연성을 웅변했던 것은 근대 기계 문명의 압도성이었을 터였다. 이전 시대 박규수 등이, 그리고 이후에는 유길준이 『서유견문』에서 전했던 서구 문명의 위용은 대도시와 철도, 전신기와 새로운 무기 등의 구체적인 형태로 다가와 개화에 대한 열망을 자극하였다. 게다가 그러한 모든 대상들이 총화된 전쟁이라는 대상, 즉 청일전쟁이라는 경험은 당면한 개화의 필요성을 그대로 보여주었음에 틀림없다. 청일전쟁이 끝난 뒤 1년여가 지난 뒤인 1896년 『독립신문』에 실려 있는 글 속에서 문명개화의 측면에서 일본과의 사이에서 발생한 시간적인 거리를 인정하고 있는 것은 바로 당시 조선이 서구 문명 중심의 근대적인 시간관 속으로 편입되고 있음을 예증하는 것이 아닐 수 없다.

복ᄐᆡᆨ유길 졔씨들이 힘을 다ᄒᆞ야 졍부를 ᄀᆡ혁ᄒᆞ고 인민의 교휵을 힘쓰고 샹무와 농무를 널피며 물건 졔조ᄒᆞᄂᆞᆫ것과 각ᄉᆡᆨ 놉흔학문을 외국에 가셔 ᄇᆡ호게 ᄒᆞᆫ고로 오ᄂᆞᆯ날 일본이 이왕 일본 보다 문명 ᄀᆡ화 된 일이 만히 잇ᄉᆞ니 일본이 죠션 졍부에 권 잇술ᄯᆡ에 참 죠션 졍부와 인민을 위ᄒᆞᆯ ᄉᆡᆼ각만 잇서슬것 ᄀᆞᆺᄒᆞ면 조고마ᄒᆞᆫ 권리ᄂᆞᆫ ᄉᆡᆼ각지 말고 죠션 ᄃᆡ졉 ᄒᆞ기를 니웃 형뎨 국으로 ᄒᆞ며 죠션 인민을 친구로 ᄃᆡ졉ᄒᆞ야 ᄎᆞᄎᆞ 리치로 죠션 인민을 도와 ᄌᆞ쥬독닙 ᄒᆞᆯ ᄆᆞ음을 길너 주고 님군을 ᄉᆞ랑ᄒᆞ고 ᄇᆡᆨ셩을 구완 ᄒᆞᄂᆞᆫ 법률과 리치를 ᄎᆞᄎᆞ 일ᄭᆡ여 주고 새 법이 잘 ᄒᆡᆼᄒᆞ게 ᄆᆞᆫ든 후에 녯법을 업ᄉᆡ거드면 죠션인민이 일본을 참곰아온친구로 ᄉᆡᆼ각 ᄒᆞ엿슬 티이니라 이왕 일은 엇지ᄒᆞ엿든지 지금도 늦지 아니ᄒᆞ엿스니 아모쪼록 죠션에 와셔 사ᄂᆞᆫ 일본 인민들이 일본 졍부에셔 죠션 일을 인연ᄒᆞ야 일본이 엇더케 ᄒᆞ겟다고 외국에 ᄃᆡᄒᆞ야 ᄒᆞᆫ말을 ᄉᆡᆼ각ᄒᆞ여 일을 ᄒᆞ거드면 죠션이 참 ᄌᆞ쥬 독닙국이 될터이요 양국간 교제가 더 친밀이 되아 쟝ᄉᆞ로 흥ᄒᆞᆯ터이요 아세아 형셰도 강ᄒᆞ여질터이니 지식잇ᄂᆞᆫ 일본 졔군들은 아모쪼록 죠션 사ᄅᆞᆷ 들을 업수히 넉이지 말고 귀각 나지 안토록 지내기를 ᄇᆞ라노라[17]

죠션 인민을 자셔히 공부 ᄒᆞ여 보거드면 죠션 인민이 일본 인민에셔 죠곰 치도 못 ᄒᆞ지 안ᄒᆞᆫ 인죵이라 일본셔도 삼십년 젼에ᄂᆞᆫ 죠션과 ᄀᆞᆺ치 셰 잇ᄂᆞᆫ 사ᄅᆞᆷ이 무셰ᄒᆞᆫ 사ᄅᆞᆷ을 압제 ᄒᆞ고 문명 ᄀᆡ화라 ᄒᆞ면 다 슬혀 ᄒᆞ고 외국 풍쇽이라 ᄒᆞ면 다 ᄡᅥ리고 외국 학문이라 ᄒᆞ면 쳔히 넉여 나라히 외국에 좁혀 지내고 외국이 일본을 야만으로 ᄃᆡ졉 ᄒᆞ더니 삼십년 안에 국즁에 학교를 셰워 인민을 교휵 ᄒᆞ야 학문들을 ᄇᆡ호게 ᄒᆞ고 법률을 공평 ᄒᆞ게 시ᄒᆡᆼ ᄒᆞ야 사ᄅᆞᆷ이 학문도 ᄇᆡ호고습고 물건 졔죠 ᄒᆞᄂᆞᆫ 법도 ᄇᆡ호며 사ᄅᆞᆷ의 ᄌᆡ산이 만히지

17 『독립신문』, 1896.4.18, 1면.

던지 사룸이 바른 말을 ᄒᆞ여도 법률에만 범치 안 면 그사룸을 일본 황뎨라도 감히 건드리지 못 ᄒᆞᄂᆞᆫ 그런 권리를 졍 ᄒᆞ야 시힝 ᄒᆞ니 오ᄂᆞᆯ날 일본이 동양에 뎨일 부강ᄒᆞᆫ 나라히 되얏ᄂᆞᆫ지라 그사룸들도 구 미 각국에 가셔 이거슬 ᄇᆡ화다가 그러케 되얏ᄂᆞᆫ지라 엇지 죠션 사룸은 일본 사룸의게 죠곰치라도 양두를 ᄒᆞ리요 죠션도 오ᄂᆞᆯ날 브터 시쟉 ᄒᆞ야 인민의 교휵을 힘 쓰고 인민의 ᄌᆡ산과 목숨이 남의 나라 인민과 ᄀᆞᆺ치 튼튼히 되야 무리히 ᄌᆡ물을 쎗ᄂᆞᆫ다던지 공평ᄒᆞᆫ ᄌᆡ판이 업시 사룸을 다ᄉᆞ린다던지 사혐과 사졍을 가지고 졍부 관원들이 일을 ᄒᆞᄂᆞᆫ ᄃᆡ경이면 그 ᄯᅢᄂᆞᆫ 죠션이 ᄇᆡᆨ나라히 보와 준다 ᄒᆞ여도 망홀밧긔 슈가 업거니와 이거슬 ᄭᆡ닷고 유신ᄒᆞᆫ 졍치를 사룸 마다 본밧아 힝ᄒᆞ거 드면 삼십년 후에 죠션이 오ᄂᆞᆯ날 일본보다 낫게 되지 말난 ᄃᆡ가 업ᄂᆞᆫ지라 죠션 학도들이 학교에셔 죠곰치라도 학문을 ᄇᆡ호거드면 온통 그ᄋᆞ희들이 변 ᄒᆞ야 새 사룸이 되ᄂᆞᆫ지라[18]

『독립신문』 4월에 실린 논설에 표현된 오늘날 일본이 이전의 일본보다 문명개화한 일이 많이 있다는 모호한 서술은 그 해 12월의 논설에서는 일본과 조선의 차이가 분명하게 '삼십 년' 전이라는 시간으로 구체화되어 드러난다. 일본 역시 당시로부터 삼십 년 전 즉 메이지 유신 이전에는 조선과 마찬가지 상태였지만, 메이지 유신을 통해 교육과 학술, 법률제도 등에서 개인의 재산권과 정치적인 자유의 보장을 통해 동양에서 가장 부강한 국가가 되었다는 것이다. 물론 이 사이에는 청일전쟁을 통해 드러난 청국과 일본의 달라진 위상의 확인이라는 문제가 놓여 있다.[19] 바야흐로 세계 정세의 흐름이 일변한 것이다. 이

18 『독립신문』, 1896.12.3, 1면.

19 『독립신문』, 1896.8.4, 1면, 논설. "**청국 사룸들이 몃 쳔년을 ᄉᆡᆼ각 ᄒᆞ기를 청국이 셰계 즁에 뎨일 ᄀᆡ화ᄒᆞᆫ 나라히요 뎨일 강 ᄒᆞ고 뎨일 부요 ᄒᆞ고 뎨일 큰줄노 ᄉᆡᆼ각 ᄒᆞ야** (…중략…) **일본**

를 '유신'이라고 부르든 '개화'라고 부르든 그 보다 더욱 중요한 것은 개화, 혹은 진보의 차이가 30년이라는 명확한 시간으로 전치되는 장면일 것이다. 이를 통해 양 국가 사이의 개화 혹은 진보의 차이는 제왕의 덕의 부족이나 공평정대한 정사의 부재, 혹은 제도의 개혁[20]이나 인민의 화합이 아니라 명백하게 시간의 문제[21]라는 사실이 공공연하게 알려진 것이다. 이처럼 문명개화의 차이가 정확한 수량으로 드러낼 수 있는 시간의 문제라면 상대적으로 개화와 개혁의 기치를 내세운 지 불과 몇 년 되지도 않아 "개화開化를 하면 나라가 부유해지고 군대가 강해진다고 하더니, 지금 그 효과가 없는 것은 어째서인가?"하고 묻는 고종의 물음이나 그에 대해 말을 돌리는 신하들[22] 모두 마찬가지

이 **류구국을** ᄲᅦ셔 **가도 다시** 숨젹을 **못** ᄒᆞ**고** ᄯᅩ **쟉년에 일본과 다시 싸화 일본 군**ᄉᆞ**가 죠션 청국 등디에셔** ᄇᆡᆨ젼 ᄇᆡᆨ승 ᄒᆞ**고 필경 북경을 범** ᄒᆞ**게 되**ᄂᆞᆫ **고로 청국 뎡부에셔 리홍쟝씨을 일본에 보내여 빌면셔 싸홈을 긋쳐 달나** ᄒᆞᄂᆞᆫ **고로** 일본 뎡부에셔 청국 다려 비샹 팔억 판쳔 만 원을 밧치고 ᄃᆡ만를 일본으로 밧치면 싸홈을 긋치겟노라 ᄒᆞᆫ즉 청국이 넘으 감지 덕지 ᄒᆞ야 그러케 약죠 ᄒᆞ고 겨오 목숨을 도모 ᄒᆞ얏스니 청국 사ᄅᆞᆷ들이 만일 사ᄅᆞᆷ의 ᄌᆞ식들 ᄀᆞᆺ흐면 일본의게 이러케 망ᄒᆞᆫ거슬 분히 넉여 물을 주어 먹고라도 아모ᄶᅩ록 진보 ᄒᆞ야 이왕에 잇던 풍쇽과 졔도와 뎡치와 법률을 기졍 ᄒᆞ야 사ᄅᆞᆷ 마다 이슈치를 씨시랴ᄂᆞᆫ ᄆᆞ음이 잇시련만ᄂᆞᆫ 그져 숨들을 못 ᄡᅵ고 그져 구습으로 나라를 다ᄉᆞ리니 청국 사ᄅᆞᆷ은 셰계에 우숨 거리요 아모 나라에 가도 청인 이라면 쳔ᄃᆡ가 무슈 ᄒᆞ니 **죠션 사**ᄅᆞᆷ**들이 이본보기를 겻히다 놋코 보면셔도** 숨**을 아니** ᄡᅳ**고 셰계에 뎨일 쳔**ᄃᆡ **밧고 셰계에 뎨일 약**ᄒᆞᆫ **청국을 본 밧드랴** ᄒᆞ**니 이런 죠션 사**ᄅᆞᆷ**들은 관민 간에 다 원슈요 나라를 망** ᄒᆞ랴ᄂᆞᆫ **사**ᄅᆞᆷ**들이라**"(강조는 인용자)

20 「勅令」, 민족문화추진회 편, 『(신편 국역 고종)승정원일기』, 한국학술정보, 2005.

21 박태호, 「『독립신문』에서 근대적 시간–기계의 작동 양상」, 이화여대 한국문화연구원 편, 『근대계몽기 지식 개념의 수용과 그 변용』, 소명출판, 2004, 296~299쪽; 박태호, 「『대한매일신보』에서 역사적 시간의 개념–근대적 역사 개념의 탄생」, 이화여대 한국문화연구원 편, 『근대계몽기 지식의 굴절과 현실적 심화』, 소명출판, 2007, 128~136쪽, 박태호는 이 두 편의 글을 통해 개화기 '진보'의 개념이 근대적인 시간성의 문제와 어떻게 접맥되는가 하는 문제를 드러내고자 시도한 바 있다. 하지만, 그는 『독립신문』에서는 진보라는 단어가 문명화와 동일한 가치를 갖고 있다고 보는 데에서 그치고 있으며, 『대한매일신보』에 이르러서야 진보의 개념이 비로소 근대의 누적적이고 선형적인 시간성과 접합한다고 본다.

22 민족문화추진회 편, 『(신편 국역 고종)승정원일기』, 한국학술정보, 2005. 1897년 11월 15일 고종은 비서원경 이완용과 의정부 의정인 심순택 등 여러 대신들을 늘어놓고서 이

로 개화나 진보에 대한 명확한 전망을 갖고 있지 못한 채, 허망한 꿈을 꾸고 있는 것이나 같은 것이다. 이 두 가지 방향성 사이의 극명한 대비는 사실상 앞서 유길준이 남겨 두었던 개화 구도의 잔영 속에 이미 예비되어 있었던 것이라고 해도 크게 틀린 것은 아니다.

즉 유길준이 제시했던 개화의 방향 중에서 조선이 원래 견지하고 있던 중화 중심의 문명적 이상으로부터 빠져 나와 그들 입장에서는 뒤틀려 있던 서구의 근대 문명의 체제 속에 편입되지 않고도 통합될 수 있는 가능성의 극단적 형태는 바로 『황성신문』 1898년 9월 23일의 논설에 드러나 있다.[23] 여기에서 논자는 개화라는 개념이 애초에 『주역』에서 비롯된 '개물성무 화민성속開物成務 化民成俗'에서 비롯되었다는 것을 밝히면서 개화의 근원이 서양이 아니라 동양에 있다고 말하고, 나아가 상고시대에서부터 개화의 근원을 찾아내어 상고시대의 5

야기하던 끝에 위와 같이 묻는다. 갑신정변 이후 온건개화파의 영수로서 영의정에 올라 1894년 갑오개혁기까지 그 직위를 유지했던 심순택은 이 물음에 대답하지 않고 뜬금없이 와병을 칭한다.

23 『황성신문』, 1898.9.23, 1면. "客이 余다려 問ᄒᆞ여 曰開化라ᄒᆞᄂᆞᆫ 者ᄂᆞᆫ 何物을 指ᄒᆞᆷ이며 何事를 謂ᄒᆞᆷ이뇨 余ㅣ應ᄒᆞ여 曰開物成務ᄒᆞ며 化民成俗을 開化라 謂ᄒᆞᄂᆞ니라 曰近世에 開化ᄒᆞᄂᆞᆫ 者ㅣ다 西洋을 依慕ᄒᆞ니 當初東洋에ᄂᆞᆫ 開化ᄒᆞᆫ 者無ᄒᆞ냐 曰엇지 無ᄒᆞ리오 上古에 **造書契代結繩ᄒᆞ여 象太極分陰陽은 伏羲의 開化**오 **作耒耟教耕種ᄒᆞ며 嘗百草博施衆은 神農의 開化**오 **作舟車濟不通은 軒皇의 開化**오 **協萬邦黎民於變時雍은 帝堯의 開化**오 **詩之二南은 周召의 開化**오 **春秋之正筆은 孔夫子의 大而化ᄒᆞ신 開化**어니와 今世에도 **五倫의 行實을 純篤히 行ᄒᆞ야 人의 道理를 知ᄒᆞᆫ 則行實의 開化**오 **學術을 窮究ᄒᆞ야 理致를 格ᄒᆞᆫ 則學術의 開化**오 **國家의 政治를 正大히ᄒᆞ야 百姓이 泰平ᄒᆞᆫ 樂이 有ᄒᆞᆫ 則政治의 開化**오 **法律을 公平히ᄒᆞ야 百姓이 寃抑ᄒᆞᆫ 事가 無ᄒᆞᆫ 則法律의 開化**오 **器械의 制度를 便易케ᄒᆞ야 人의 用을 利케ᄒᆞᆫ 則器械의 開化**오 **物品의 制造를 精堅히ᄒᆞ야 人의 生業을 富厚케ᄒᆞᆫ 則物品의 開化**니 此數條가 合ᄒᆞ면 可히 具備ᄒᆞᆫ 開化라고 謂ᄒᆞᆯ지라 然ᄒᆞ나 行實開化ᄂᆞᆫ 天下萬國의 通同ᄒᆞᆫ 規模라 千萬年閱歷ᄒᆞ여도 長久不變ᄒᆞ고 政治以下諸開化ᄂᆞᆫ 時代를 隨ᄒᆞ야 變改도ᄒᆞ며 地方을 從ᄒᆞ야 殊異도ᄒᆞᄂᆞᆫ 故로 古에 合ᄒᆞᆫ 者ㅣ今에 不合ᄒᆞᆫ 者도 有ᄒᆞ며 彼에 善ᄒᆞᆫ 者ㅣ此에 不善ᄒᆞᆫ 者도 有ᄒᆞᆫ 則古今의 形勢를 斟酌ᄒᆞ며 彼此의 事情을 比較ᄒᆞ야 其長을 取ᄒᆞ고 其短을 棄ᄒᆞᄂᆞᆫ거시 開化의 大道니라 (…중략…) 無論何人ᄒᆞ고 千事萬物에 勉行不息ᄒᆞ면 完然히 開化의 主人이될거시어ᄂᆞᆯ 今에 開化를 斥言ᄒᆞᄂᆞᆫ 者ㅣ區而別之ᄒᆞ야 別樣事件으로 歸ᄒᆞ니 此ᄂᆞᆫ 開化의 罪人일ᄲᅮᆫ아니라 伏羲神農黃帝唐堯周公孔子의 罪人이니라 客이 沈吟良久에 書案을 擊ᄒᆞ고 起ᄒᆞ더라"(띄어쓰기 및 강조는 인용자)

가지의 개화(태극과 음양을 분별한 복희씨, 농경사회를 일으킨 신농씨(이를 이은 주나라의 후직后稷과 공유公劉), 수레와 배를 만든 헌황, 춘추를 저술한 공자)를 제시하고, 이후 현재에 이르러 행실의 개화, 학술의 개화, 정치의 개화, 기계의 개화, 물품의 개화를 제시하고 있다. 나아가 이 개화들 중에서 행실의 개화를 제외하고 나머지들은 시대에 따라 바뀌고 지역을 따라 특이하기 때문에 사정을 비교하여 장점을 수용하고 단점을 버려야 한다고 말하기도 한다. 말하자면 이들은 새롭게 변모해가는 국제 정세를 파악해내기보다는 여전히 스스로 갖고 있던 중화 문명의 기반 아래에서 그것으로부터 벗어나지 않으면서 문명적 이상의 지향점을 재구축하고자 하였던 것이다.[24]

한편, 유길준이 남겨둔 개화의 구도를 적용하여 해석하는 또 다른 극단의 징후는 『독립신문』 1899년 2월 23일의 논설에서 발견된다. 「나라 등슈」라는 이 글에서 논자는 유길준의 개화의 등급에서 더 나아가 후쿠자와 유키치의 도식을 통해 완성된 "야만-반개화-개화-문명"이라는 도식에 맞추어 동서양 각국의 등수를 매기고 있다.[25] 「개화의 등급」에서 이 글에 이르기까지의 과정에서의 변화는 분명 놀라운 것이

24 길진숙, 「문명의 재구성 그리고 동양 전통 담론의 재해석–『황성신문』을 중심으로」, 이화여대 한국문화연구원 편, 『근대계몽기 지식의 발견과 사유 지평의 확대』, 소명출판, 2006, 17~24쪽.

25 『독립신문』, 1899.2.23, 1면, 논설. "현금 동 셔양 각국이 다 등슈가 잇스니 뎨 一등은 문명국이요 그 다음에ᄂᆞᆫ ᄀᆡ화국이요 그 다음에ᄂᆞᆫ 반 ᄀᆡ화국이요 그 다음에ᄂᆞᆫ ᄀᆡ화 못ᄒᆞᆫ 야만국이라 대개 세계에셔 말 ᄒᆞ기를 영길리와 미리견과 불란셔와 덕국과 오디리등 나라ᄂᆞᆫ 뎨一등 문명국라 ᄒᆞ며 일본과 이탈리와 아라사와 뎡말과 하란등 나라ᄂᆞᆫ ᄀᆡ화국이라 ᄒᆞ며 대한과 청국과 셤라와 파사와 면전과 토이긔와 ᄋᆡ급등 나라ᄂᆞᆫ 반 ᄀᆡ화국이라 ᄒᆞ며 그 외에도 여러 나라이 잇고 야만국들은 긔록 홀것 업거니와 (…중략…) 대한은 졍부와 인민이 셔로 밋지 안 ᄒᆞ야 졈졈 졍의가 셧기여 셔로 도을 ᄉᆡᆼ각이 업ᄂᆞᆫ 고로 나라 등슈가 겨오 반 ᄀᆡ화국에 잇스니 이런 졍경을 죠곰이라도 ᄉᆡᆼ각을 ᄒᆞ면 대한 인민들이 잠이 아니 오렷마ᄂᆞᆫ ᄒᆞᆫ 사ᄅᆞᆷ도 분히 녁이지 안코 나라 등슈 놉히ᄂᆞᆫ 일은 엇더케 되엿던지 ᄌᆞ긔의 벼슬 등슈문 올닐 경영을 ᄒᆞᄂᆞᆫ도다"

라 할 만한 것인데, 유길준은 언급하지 못했던 개화의 지향점이 '문명국'이라는 분명한 형태로 서구의 국가들이 직접 거론되어 있는 것이다. 그들은 영길리(영국), 미리견(아메리카), 불란셔(프랑스), 덕국(독일), 오디리(오스트리아) 등이 그것이다. 일본은 그보다는 한 단계 낮은 개화국이며, 청국은 대한제국과 같은 등급의 반개화국이다. 이에 따르면 문명국이란 법률 장정과 모든 다스리는 일이 밝고 공평하여 무식한 백성이 없고 사람마다 자유권이 있는 국가를 의미한다. 또한 개화국은 그 나라 정치가 문명국과 같지만 앞에 조금 남은 길이 있어서 주마가편으로 좇아가기를 매우 빨리하는 상태를 의미하며, 반개화국은 정치와 풍속들이 간혹 아름다운 일이 있으나 절반 이상은 미개화한 일이 많음을 가리킨다. 야만국은 도무지 예의와 염치를 모르고 짐승과 다를 바 없으며 다만 흉포한 일만 행하는 나라를 이름이다.

다름 아니라 위의 논설에서 흥미로운 부분은 두 가지인데, 하나는 유길준의 「개화의 등급」 내에서는 불분명한 이상과도 같은 경지로 그려졌던 개화의 대상으로서 문명이라는 경지가 서구의 근대문명이자 그러한 국가로 명확하게 포착되고 있다는 사실이다. 한편 반대로 야만국의 경우에는 실제로 언급되는 대상도 없을 뿐만 아니라 실제로 가능할 듯싶지 않은 관념적인 대상으로 그려지고 있다. 이러한 변화는 앞선 여러 사례들과 마찬가지로 대한제국에서 독립협회의 설립 이후, 문명적 이상의 향방이 보다 명확하게 서구의 근대적 시간성과 그 궤를 같이 하기 시작했음을 드러내는 하나의 표징으로 파악될 수 있다. 위의 논설에서 또한 흥미로운 부분은 대한제국의 위치를 반개화국으로 명확하게 지정하고 있다는 사실이다. 이는 물론 서구 근대 문명으로 이어지는 문명적 도식에 의해 이어져 있던 일련의 단계적 질서를 시각화하는 효과를 낳을 뿐만 아니라 더 이상 스스로를 문명 개화국이라 수사적으로 포장할 수 없는 대한제국의 위치를 적나라하게 드러내고 있는 것이다.

4. 문명적 이상의 충돌과 진보의 시간축

한편, 이처럼 진보의 문제는 물질적이고 양적인 규모로 확인되는 것이기도 하면서,[26] 궁극적으로는 문명적 이상의 충돌에서 가시화된다. 즉 이는 조선의 왕도정치의 이념이 더 이상 그 효력을 상실하고 새로운 이념을 내포한 정치체제의 출현과 관련되는 것이다. 즉 앞서 단일한 문명적 이상 속에서 진보라는 개념이 공간적일 수밖에 없었다면, 이 단일한 문명적 이상에서 벗어나 다른 문명적 이상과 절합하고 나아가 그것이 근대적인 시간과 결합하는 순간에 진보라는 개념은 현재로부터 미달한 타자들을 만들어낸다. 이는 물론 당연하게도 만민공동회를 통해 정치체제적인 변혁을 꿈꾸었던 독립협회의 시도에서 시작된다. 지금까지 하나의 정치적 이상을 따라 설정된 좌표축을 따라 항상 내지는 발전을 잴 수 있었던 조선시대의 상황과는 달리, 왕권중심으로부터 민권중심으로 정치주체들이 지향하는 정치적 이상의 상이와 배치에서부터, '진보'는 현재의 정치체제가 지향하는 이상을

---

26 야나기다 겐주로柳田謙十郎는 『역사철학』(東京 : 創文社, 1957)(이운구 역, 『역사철학』, 심산, 2003, 223~248쪽)에서 "진보나 발전을 생각할 때는 언제나 그 근저에 있는 생산력의 발전을 도외시해서는 안 되는 것"이라고 말한다. 물론 이러한 견해는 대부분의 유물론자들이 견지하고 있는 것일 터이다. 이러한 관점에서 그는 "분명 진보라는 개념은 일반적으로 말해서 양적이다. 특히 경제적 생산력의 진보 같은 것은 명확하게 양적으로 보여줄 수 있다. 예를 들어 서구의 공업생산력은 1913년 즉 제1차 세계대전 이전에 비해 약 2배"라고 덧붙이고 있다. 하지만 그는 이러한 양적 진보 외에 질적인 전화가 행해지는 시간도 있다고 말한다. 그것이 가장 현저한 것은 사회혁명이다.

위협하는 변혁의 상상력과 결합하는 개념으로 변화해가기 시작했던 것이다.

1896년 『독립신문』에 실린 기사에서는 대한신사大韓紳士와 만난 외국의 정치가는 근대의 정치 체제를 염두에 두고 다음과 같이 조선의 정치 체제를 우회적으로 비판하고 있다.[27] 비판의 요지는 즉 대한제국에서의 백성, 즉 인민의 참정參政에 대한 권리의 확보 문제였다. 이 외국 정치가의 논리는 이러하다. 즉 대한제국의 인민들이 자국의 황제인 고종을 사랑한다면 만약 그에게 자신 나라 인민의 삼분의 이는 그를 믿지 않는다는 뜻을 확실히 드러내야 하며, 그것이 인민이 자신의 도리를 행하는 길이라는 것이다. 이는 분명 기존 조선의 왕도정치하에서는 생각하기도 힘들었던 인민들의 황제에 대한 불신임의 가능성을 제안하고 있는 것으로 이해될 수 있다. 아직은 본격적인 입헌군주국으로서 정치체제를 옮겨간 것이 아니라 왕정의 정치적 구도를 유지하고 있으면서 유교적인 정치원리를 그 정치적 이념으로 삼고 있는 한국의 정치적인 환경을 고려한 설득의 논리였을 것이다. 즉 문명이 새롭게 진보하기 위해서는 백성과 왕(정부), 그리고 관료들 각각이 스

27 『독립신문』, 1896.4.7. "일젼에 엇더ᄒᆞᆫ 대한신ᄉᆞ ᄒᆞ나이 외국 졍치가 ᄒᆞ나를 맛나 보고 방금 셰계 ᄉᆞ졍과 동양 형편과 별노히 대한 일을 이약이 ᄒᆞᄂᆞᆫᄃᆡ (…중략…) 외국 사ᄅᆞᆷ 말이 만일 당신 나라 인민 즁에셔 삼분지 이ᄆᆞᆫ 그 사ᄅᆞᆷ을 밋지 아니 ᄒᆞᆯ것 ᄀᆞᆺᄒᆞ면 그 밋지 아니 ᄒᆞᄂᆞᆫ 사ᄅᆞᆷ들이 엇지 ᄒᆞ야 당신 나라 대황뎨 폐하ᄭᅴ 그 사ᄅᆞᆷ을 밋지 아니 ᄒᆞᄂᆞᆫ 뜻을 알외지 아니 ᄒᆞᄂᆞ뇨 만일 엇던 대신이 졍부에셔 그른 일을 ᄒᆞ야 인민의게 밋업지 아니 ᄒᆞᆫ 일을 보히거드면 그 ᄇᆡᆨ셩들이 님군ᄭᅴ 그 말ᄉᆞᆷ ᄒᆞᆯ 권리가 잇ᄂᆞᆫ지라 (…중략…) 나ᄂᆞᆫ 외국 사ᄅᆞᆷ이 나마 대한을 ᄉᆞ랑 ᄒᆞᄂᆞᆫ 고로 대한 인민들이 ᄌᆞ긔들의게 이럿케 ᄒᆡ로은 일들을 ᄒᆞᄂᆞᆫ것을 본직 대단히 ᄋᆡ셕 ᄒᆞ야 오날ᄂᆞᆯ 이 말을 ᄒᆞ노라 **대한이 이 위ᄐᆡ ᄒᆞᆷ을 면 ᄒᆞ고 문명 진보 ᄒᆞ야 안으로ᄂᆞᆫ 법률과 긔강이 셔고 ᄉᆞ 롱 공 샹이 흥 ᄒᆞ야 사ᄅᆞᆷ마다 직업이 잇게 되고 밧그로ᄂᆞᆫ 외국에 슈모를 면 ᄒᆞ야 외국이 대한 졍부와 인민을 졈ᄌᆞᆫ케 대졉 ᄒᆞ게 ᄒᆞᆯ 도리ᄂᆞᆫ 외국 관인의게 물어셔 되지 아니 ᄒᆞᆯ터이요 대한 관민의게 잇ᄂᆞᆫ것이라 ᄇᆡᆨ셩이 참 ᄇᆡᆨ셩의 도리를 ᄒᆞ거드면 졍부ᄂᆞᆫ ᄌᆞ연히 ᄇᆡᆨ셩을 ᄉᆞ랑 ᄒᆞᄂᆞᆫ 졍부가 되ᄂᆞᆫ 법이요 졍부가 ᄇᆡᆨ셩을 ᄉᆞ랑 ᄒᆞ거드면 각ᄉᆡᆨ 일이 ᄌᆞ연히 잘 되야 가ᄂᆞᆫ것이니 공연히 다니면셔 걱졍ᄆᆞᆫ 말고 당신 브터 가셔 당신의 직분을 ᄒᆞ시오"**(강조는 인용자)

스로 정해진 소명을 수행하여야 하며, 다름 아니라 백성의 소명 중에는 왕 혹은 정부에게 정치적인 간언을 하는 참정권이 포함되어 있다는 논리다. '군군 신신 부부 자자君君, 臣臣, 父父, 子子'라는 공자의 말과 마찬가지로 임금이 임금의 역할을 하고, 신하가 신하의 역할을 하는 전통적인 유교의 논리를 살짝 비틀어 민民의 자리를 만들고 그 직분 속에 참정권을 끼워 넣는 대단히 교묘한 논리가 아닐 수 없다. 이러한 과정을 통해 문명은 점차 진보해나갈 수 있다는 것이다.

이후 2년여가 지났을 무렵, 독립협회는 바로 '만민공동회'라는 형식을 통하여 바로 황제에게 민의를 전달한다고 하는 민주주의적 요구를 수행하였다. 당시 만민공동회라는 집회의 방식이라든가 그 결과로서 고종에게 제출하였던 헌의6조의 핵심은 바로 인민의 참정권을 확보하고자 하는 요구를 전달하는 것에 있었다고 보아도 그리 크게 틀린 것은 아닐 것이다. 비록 관민이 힘을 합쳐 전제 황권을 견고하는 것이 첫 번째의 조항이라고는 하나 국가의 이권을 외국에 넘기는 것에 대해 대신들과 중추원의 동의가 필요하도록 요구했던 것이라든가 국가 재정을 국민에게 공표하도록 했던 대목, 그리고 범죄 피고의 인권을 존중하도록 했던 조항의 배경에는 결국 인민의 의견을 상향에 반영하도록 하는 정치 참여의 의도가 게재되어 있는 것이다. 따라서 이 만민공동회의 정치적 실험 속에 표현된 개화와 문명의 진보와 관련된 정치적 이상은 필연적으로 기존의 정치세력과 충돌하지 않을 수 없었다. 지금까지 진보가 단지 단일한 정치체제 내에서 달성 가능한 이념적 성취를 의미하는 것이었다면, 문명과 매개되어 동반된 진보의 개념은 기존 조선의 정치체제의 이상과 충돌하지 않을 수 없게 되는 최초의 경험이 벌어진 것이다.

독립협회가 주도했던 1898년 무렵의 이른바 '만민공동회'의 정치적 국면에서 기존 조선의 제신들로부터 이어진 대한제국의 관료들은 상소를 쏟아내어 독립협회의 회원들이 내세우는 '개화', '문명', '진보' 등의 개념에 대해 극도의 불편함을 토로하고 있다.[28] 그것이 '충성'인지, '반역'인지 확인하지도 않고서 진보나 문명을 논할 수 없다는 것이다. 이와 같은 상황에서 이미 진보는 충성과 반역으로 규정된 하나의 좌표계 내부로부터 나아가 발전해가는 양상을 의미하는 개념으로 쓰이고 있지 않다. 진보라는 개념은 '미개'와 '개화'의 새로운 개념들과 연관되거나, 문명의 자연스러운 발전적 도식과 관련되어, 기존 정치 세력을 퇴보의 영역에 위치시키는 방식으로 정치적 지형도를 재구획하고 있는 것이다. 이를 통하여 진보는 새로운 정치적 운동의 충동을 자극하는 정치적인 개념으로, 기존의 정치적 이상과는 다른 새로운 운동성을 추동하여 이미 확립된 정치 체계의 질서를 어지럽히고 새로운 정치적 이상을 향하여 나아가는 수평적인 개념으로 변모하게 되는 것이다.

따라서 독립협회가 표방하던 개화를 향한, 그리고 문명을 향한 진보의 이상은 기존의 정치세력들에게는 위험의 대상이 아닐 수 없었다. 그들이 끝까지 인간의 본성 속에 내재된 임금에 대한 충성을 강조

---

28 「성균관 교수 경현수의 상소문」, 『승정원일기』, 1898.10.6(양). "이른바 독립협회라는 것은, 역적의 괴수 서재필徐載弼과 흉악한 무리 안경수安駉壽가 창립한 것이다. 서재필은 갑신정변의 주역으로 골목길의 어린애들과 주졸走卒까지도 모두 모반부도謀叛不道하여 용서할 수 없는 흉적이다. (…중략…) **걸모습만 번지르르하게 꾸미면서 진보進步니 문명文明이니 하는 데에 가탁하여, 위로 성상의 총명을 속여 윤허를 받기까지 하였다. 이에 방자하게 얼굴을 드러내놓고 패거리와 작당하니, 입 한번 뻥끗하고 걸음 한 발자국 내딛는 사이에 천지는 뒤집어지고 일월은 빛을 잃었다.** 군신간의 분수라든가 쥐를 잡으려다 그릇이 깨질까 염려하는 혐의 따위는 도외시한 채 재신宰臣을 핍박하는 것만을 능사로 여겼다. 참정參政 윤용선尹容善, 전前 판서 조병식趙秉式・민종묵閔種默・정낙용鄭洛鎔 등 그 곤혹과 협박을 당하지 않은 사람이 없다. 신하가 임금을 공경하는 마음에 그 나라의 곡식도 오히려 감히 가까이할 수 없는 것인데, 더구나 지존과 가까운 재신에 있어서야 말할 필요가 있겠는가."(강조는 인용자)

하고 있는 것은 그들에게는 어쩌면 당연한 감각에 해당하는 것이다. 그들에게 있어서 진보란 아무리 발전한다고 하더라도 결국에는 왕도 정치의 이념 아래에 놓여 있는 것이기 때문이다. 왕을 중심으로 모든 존재들이 등근원적인 관계를 가지면서 자신의 정치적 정체성을 획득하는 것이 바로 조선의 정치적 이념이었던 까닭이다. 결국 대한제국의 구정치세력들이 진보라는 일종의 운동성을 통제하고 그 범위를 한정하고자 하는 바람을 표현할 수밖에 없을 것임은 넉넉히 짐작하고도 남음이 있다.

> 의관議官 김가진金嘉鎭 등의 상소에 대한 비지 내에, 상소한 내용에 대해서는 의정부로 하여금 품처하도록 하겠다는 칙지勅旨를 내리셨습니다. 신들은 백성들이 전후로 올린 소본疏本을 가져다 보았는데, 진술한 5개 조항 중에서 백성들이 올린 헌의 6조는 전에 이미 '의정부로 하여금 조처하도록 하겠다'는 비지를 받들어 현재 순차적으로 시행되고 있는 상태입니다. (…중략…) 협회協會에 대한 일과 관련해서는 혁파革罷하라는 조칙詔勅을 받들었으니, 감히 더 논의해서는 안 될 것입니다. 그렇지만 이상의 사안에 대해 아랫사람의 입장을 생각하시는 성상의 뜻을 받들었으니, 삼가 매우 흠앙欽仰하는 바입니다. 삼가 들으니, 외국에는 더러 백성들이 강연하고 토론하는 것을 허락하여 지식을 발달시키는 경우가 있다고 합니다. **지금 만약 범위를 적절히 정해서 아래로 여론을 따른다면 또한 개화開化하고 진보進步하는 데에 일조가 될 것입니다만, 신들이 멋대로 하기 어려운 것이기에 삼가 성상의 재가裁可를 기다립니다.**[29]

29 「의정부 찬정 김규홍의 계」, 『승정원일기』, 1898.11.15(양). 강조는 인용자.

만민공동회의 결과로 고종은 협회혁파령이 내렸고, 결국 독립협회는 해산되었다. 이미 제출된 헌의6조는 결과적으로는 실현되지 않았다고 보는 것이 옳다. 당시 의정부 찬정이었던 김규홍이 「주본」을 통해 발언하고 있는 내용은 바로 하나의 정치 체제와 다른 정치 체제가 충돌하는 과정에서 민주적 열망에서 비롯된 정치적 변혁의 상상력이 충족되지 못한 채 마무리 될 수밖에 없었던 좌절의 맥락을 재구축하여 보여주고 있다. 그는 헌의6조의 의의에 대해서 아래 사람들이 생각하는 바를 황제가 받아들였으니 그것으로 충분하다고 말하고 있는 것이다. 이는 말하자면 독립협회가 궁극적으로 의도했던 인민의 참정권은 부정하고 단지 범위만을 정하여 지식의 진보와 문명의 진보를 꾀하자는 일종의 타협안인 셈이다. 하지만 역으로 말한다면 이러한 '범위'에 대한 강조 속에는 대한제국에 두 개의 정치적 이상이 존재할 수 없음을 강하게 부정하는 의미를 담고 있다고 볼 수도 있을 것이다. 어디까지나 중심에는 왕도정치의 정치적 이상이 펼쳐져 있었던 것이다. 즉 독립협회가 구상했던 왕도정치의 정치적 이상으로부터 진보하여 새로운 민주적 요구에 기반한 입헌 군주제로 나아가고자 하는 시도는 바로 그 범위와 경계에 의해 가로막힐 수밖에 없었던 것이다. 독립협회의 인사들이 바로 이 '범위'라는 단어에 예민하게 반응하고 있는 까닭은 여기에 있을 것이다.

이에 대해 개화파인 고영근은 앞서 김규홍의 발언 중에서 연설과 토론을 통하여 지식을 추구하고 아래로부터 의견을 임금에게 전달하는 것이 개화와 진보에 도움이 되므로 장려해야한다는 것에 대해서는 동의하나 그것에 적절한 범위를 정해야한다는 주장에는 의구심을 표현한다.[30] 진보에 있어서 범위를 정한다는 것은 실제로는 아무 것도 하지 않는다는 의미와 같다는 것이다. 그는 결국 이것이 근본적인 변화를 인정하지는 않는다는 의미라는 사실을 간파하고 있다. 정해진 범위 내라는 단서가 붙은 진보란 그 자체로 과거적인 개념에 해당하는 것일 터이다. 고영근은 오히려 지금 민회의 주장대로 정치적인 변화를 꾀하여 변모해나가야 할 때라고 판단하고 있으며 게다가 그는 이러한 상황이 구정치세력과의 정치적 다툼으로부터 초래된 것이라고 파악하고 있는 것이다. 고영근이 올린 상소에 담겨 있는 함의는 곧 자신들이 표방한 진보라는 개념이 기존 정치의 이상을 위협하는 위험한 것이 아니라 자연스럽게 연결될 수 있는 것으로 의미가 있음을 강조하고자 했던 것이다.

물론 이러한 노력에도 불구하고 독립협회의 진보의 시도는 결국 좌절되었다. 이미 구축된 문명적 이상의 체제 내부에 속해 있는 인간들에게 있어서 그것과 배치되는 새로운 문명적 이상으로서의 근대 문명, 게다가 시공간을 완전히 재편하는 근대적 시간을 담지하고 있는 진보의 움직임은 그 자체로서는 위협이 아닐 수 없었을 것이다. 하지만 실패한 혁명으로서의 독립협회의 만민공동회는 역사에 있어서는 서구 근대문명의 시간성을 통해 진보의 시간을 최초로 구체화하였다는 의미를 갖는다.

---

30 「종2품 고영근의 상소」, 『승정원일기』, 1898.11.17(양). "헌의 6조獻議六條를 실시하고 민회民會의 주장을 따르는 것은 실로 나라를 다스리는 데 있어서 원기를 보충하는 약제이니, 되풀이해서 말할수록 더욱 구체화되고 번거롭고 시끄럽게 할수록 더욱 효과가 있을 것입니다. 그런데 폐하께서는 이에 대해 무엇을 고민하시길래 속히 물리치려고만 하시는 것입니까. (…중략…) **민회의 일에 이르러서는, 의정부의 주본에서 말한 '개화開化하고 진보進步하는 데에 일조가 된다'는 것은 그 뜻을 대략 이해하겠으나, '범위를 적절히 정한다'는 것에 대해서는 신들이 실로 의혹을 품고 있습니다. 협회가 설치된 뒤로 올린 것은 충성스러운 말과 좋은 계획이었고, 공격하는 대상은 간사하고 악독한 사람이었으며, 힘을 기울인 것은 이웃 열강들과 평등 관계를 유지하는 큰 계획이었고, 굳게 지킨 것은 강토疆土를 안정시키는 원대한 생각이었습니다. 그런데 폐하의 신료들은 협회에 대해 무엇을 경계하길래 기어코 범위를 정해서 속박하고 통제하고자 하는 것입니까. 혹시 협회의 힘이 커져서 성과가 두드러질까 두려워하는 것입니까**"(강조는 인용자)

5. 결론

지금까지 진보라는 시간적 운동이 개화기라는 문명적 이상의 교체기에 있어서 어떤 양상으로 나타났는가 하는 바를 살펴보았다. 대상으로서의 문명이나 개화라는 운동성이 대상에 대한 열림으로서의 의미를 갖는 비교적 공간성과 관련되어 있는 것이라면, 진보라는 시간적 개념은 조선이라는 닫힌 사회 속에서는 공간적인 개념으로 쓰이다가 근대에 접어들게 되면 근대적인 시간성의 발견과 더불어 시간적인 개념으로 변모하게 된다. 본고에서는 유길준이 쓰고 있는 개화의 개념이 등급이라는 관점에서 시간성을 획득해가면서도 당시의 정치적인 상황에 걸려 서구 근대 문명에 의해 도입되는 새로운 시간성을 승인하지 못했던 국면이 이후 10여 년이 지난 뒤에야 다양한 방식으로 실현되어나가는 국면을 통해 진보의 시간성이 영위하는 특징에 대해 어느 정도 파악해 보고자 하였다. 다만, 본고의 대상 영역이 조선시대의 끄트머리에서 대한제국에 걸쳐 있기 때문에, 마치 서구 근대 문명이나 그것이 담보하는 시간성의 획득만이 마치 진보의 시간인 것처럼 서술하게 된 것은 다소 문제로 남겨두어야 할 필요가 있을 것이다. 이후 민족의 독립과 제국의 팽창을 중심으로 한 사회진화론의 진화적 구도와 계급투쟁을 통한 계급적 이상의 지향을 내세운 유물사관의 계급적 구도를 통하여 진보의 전망은 분명 바뀌는 국면이 드러나고 있으며, 여기에서는 아직 그러한 진보의 시간에 대해서는 답할 충분한 자리를 마련하지 못하였다. 향후 여타의 논자들에게 역사철학의 지평과 관련하여 진보의 독특한 시간적 구조에 대해 보다 심도 있는 논의를 요청하며, 이 글을 마치고자 한다.

진화進化 · 후진성後進性 · 1차 세계대전

『學之光』을 중심으로*

김동식

1. 후진성後進性에 대한 고찰

-「헤겔 법철학 비판을 위하여-서설」과 관련하여

만약 사람들이 독일의 현 **상태** 그 자체에서 시작하려 한다면, 비록 유일하게 알맞은 방식으로, 즉 부정적으로 시작한다 하더라도 그 결과는 여전히 **시대착오**에 머무를 것이다. 우리의 정치적 현재의 부정조차도 이미 현대 민족들의 역사적 헛간 속에서 먼지투성이의 사실로서 발견된다. 내가 분바른 편발을 부정하다 해도, 나는 여전히 분바르지 않은 편발을 가지고 있는 것이다. **내가 1843년의 독일의 상태를 부정한다 해도, 프랑스적 시간 계산에 따르면 1789년에도 있을까 말까 하고, 하물며 현재의 초점에는**

* 이 글은 고려대 민족문화연구원 '감성의 사회사' 심포지엄(2014.8.30)의 발표문과 인하대 한국학연구소 국제학술대회(2014.9.19~21, 同志社大)의 발표문을 수정 보완한 것이다. 논평을 해 주신 박헌호, 권보드래, 이혜령, 송민호, 장문석, 미즈노 나오키水野直樹, 장철환 선생님들께 감사를 드린다.

더더욱 있지 않다.

> 정말이지, 독일의 역사는 역사상 어느 민족도 시범을 보인 적이 없고, 모방하지도 않을 하나의 움직임에 대해 우쭐해 하고 있다. 요컨대 우리는 현대 민족들의 혁명을 공유함이 없이 그 민족들의 복고를 공유하였다.[1]

1843년에 쓰인 「헤겔 법철학 비판을 위하여—서설」(미간행 원고)에서 마르크스는 독일의 사회적 상황을 고찰하면 그 결과는 언제나 시대착오적인 것으로 나타날 것이라고 말한다. 여기서 시대착오라는 말은 독일의 현재 상황이 세계사적 시간의 현재와 불일치한다는 의미이다. 세계사의 시간에는 공간적인 준거가 설정되기 마련인데, 1843년의 마르크스에게 세계사의 시간을 위한 준거는 프랑스였다. 프랑스적 시간 계산에 의하면, 독일의 현재인 1843년은 프랑스의 1789년에 해당될지 말지 하는 수준이다. 연대기의 시간에 근거한다면 독일과 프랑스는 1843년이라는 동시성을 공유하고 있다. 하지만 세계사의 시간에 비추어볼 때 1843년의 독일은 프랑스의 1789년과 이전에 대응한다. 연대기의 숫자에 근거한 동시성은 주어져 있을지 모르지만, 공간적으로 인접한 나라일지는 모르지만, 독일과 프랑스의 시간은 결코 동시적이지 않다.[2] 따라서 "프랑스와 영국에서는 끝나가기 시작하고 있는 것이 독일에서는 지금 시작되고 있다"(6쪽). 프랑스와 영국에서는 독점을 지양하는 것이 문제라면, 독일에서는 독점을 최후의 지점까지 끌고 가는 것이 문제이다.

---

1 칼 마르크스, 「헤겔 법철학의 비판을 위하여—서설」, 최인호 역, 『칼 맑스 프리드리히 엥겔스 저작 선집』 1, 박종철출판사, 1991, 2~3쪽. 강조는 저자의 것. 이 글은 일반적으로 「헤겔 법철학 비판 서문」으로 통용되는데 본 발표문에서는 혼동을 피하기 위해 번역본의 제목을 사용한다.

2 독일의 경우 후진성에 대한 인식은 괴테의 세계문학과도 관련이 있다.

> 고대 민족들이 그들의 전사前史를 상상 속에서, 신화 속에서 체험한 것처럼 우리 독일인들은 우리의 후사後史를 사유 속에서, 철학 속에서 체험하였다. **우리는 현대의 역사적 동시대인들이지 않은 채, 그 철학적 동시대인들이다.** 독일 철학은 독일 역사의 이념적 연장이다.[3]

영국과 프랑스의 혁명적 경험들, 달리 말하면 독일의 역사적 미래에 해당하는 사건들을, 독일은 단지 철학적 사유 속에서 경험한다. "독일의 법철학 및 국가 철학은 공식적인 현대적 현재와 동급으로 서 있는 유일한 독일 역사이다"(7쪽). 하지만 정치, 경제, 사회적 현실은 근대 민족국가 즉 영국이나 프랑스에 비할 때 현저하게 뒤떨어져 있다. 독일의 상황은 "역사의 수준 이하에 있고, 모든 비판[의 수준][4] 아래"(3쪽)에 있다. 독일의 상황은 비판의 대상이나 주제로서 구성되지도 못하는 수준인 것이다. 1843년의 마르크스에게는 독일의 후진성, 달리 말하면 영국과 프랑스가 가까스로 견디고 있는 현실을 독일은 아침 노을과 같은 미래로 받아들이는 상황이 명확하게 관찰되었던 것이다. 독일의 후진성에 근거하여 마르크스는 프롤레타리아에게 내재된 혁명적 가능성을 추론하고 '목숨을 건 도약'으로 비유되는 근본적 혁명을 주장할 수 있었다(고 생각된다).

> 그러나 **독일은 현대 민족들과 동시에 정치적 해방의 중간 단계들에 올라가지 못하였다.** 독일은 자신이 이론적으로 극복한 단계조차 실질적으로는 아직 도달하지 못하고 있다. 어떻게 독일은 **한 번의 목숨을 건 도약**으로 자기 고유의 한계뿐만 아니라 동시에 현대 민족들의 한계들, 독일이 현실 속

---

3 칼 마르크스, 앞의 글, 6~7쪽. 앞으로 제시되는 강조는 모두 인용자의 것.
4 인용문의 괄호 [ ]는 번역문에서 사용된 부호이다.

에서 자신의 현실적 한계들의 해방이라고 느껴서 추구해야만 하는 바의 한계들도 뛰어넘을 수 있을까? 근본적 혁명은, 바로 그것의 전제들과 탄생지들을 결여하고 있는 것처럼 보이는 근본적 욕구들의 혁명 이외의 것일 수 없다.[5]

근대의 역사철학적 상상력은, 지금까지 존재하지 않았던 상태를 향한 하나의 이행, 즉 역사의 진보를 향한 이행의 운동에 준거하여 스스로를 구성한다. 인류가 만든 역사의 과정에서 최초로 출현한 중요한 장면들. 마르크스가 세계사의 시간 좌표를 구성하고 진보와 후진을 구분한 근거도 바로 이러한 장면들이다. 영국과 프랑스가 걸어간 길을 독일이 희극적으로 반복할 수밖에 없는 그 어떤 힘 속에서, 또는 독일이 영국과 프랑스의 역사적 궤적에서 벗어날 수 없는 그 어떤 관계 속에서, 인류사(세계사)는 실재로서 자신을 드러낸다. 후진성이라는 관념(징후 · 무의식)은 보편사로서의 인류사를 전제한다. 마르크스가 말하고 있는 후진성의 문제는 '진보의 단계적 차이와 괴리에 근거한 비동시적인 것의 동시성' 또는 '지구상에 존재하는 비동시적인 것의 동시성Gleichzeitigkeit des Ungleichzeitigen'과 관련된다.[6] 코젤렉이 지적하듯이, 역사철학의 주도적인 동기는 진보의 가설적 주체das hypothetische Subjekt인 인류의 정립에 있다. 반면에 후진성은 사회역사적 현실의 총체적인 비참 속에서 스스로를 드러내며, 총체적인 비참을 벗어나기

---

5 위의 글, 10쪽.

6 라인하르트 코젤렉Reinhart Koselleck 외, 황선애 역, 『코젤렉의 개념사 사전 2―진보』, 푸른역사, 2010, 94~97쪽. 비동시적인 것들의 동시성은 18세기 이후 인류학적 보고들을 통해서 지구 상에 서구의 문명과 원시부족들의 문화가 함께 존재한다는 사실을 알게 된 것과 관련된다. 이 글에서 후진성이라는 용어를 사용하는 것은, 비동시적인 것의 동시성이 갖는 평균적이고 균질적인 퍼스펙티브를 적절하게 제어하면서, 후진성을 경험하고 있는 민족의 관점과 경험들을 포착하기 위함이다.

위해서는 '목숨을 건 도약' 즉 근본(혁명)적인 문제 해결이 요구된다. 후진성에 대한 인식은 인간 해방의 문제를 제기하게 만드는데, 이와 관련해서 마르크스는 "독일민족의 인간으로의 해방"이라고 말한 바 있다. 마르크스가 명시적으로 말하고 있지는 않지만 후진성은 독일민족을 비-인간 또는 비-인류의 범주로 분류하는 기제로 작동한다. 따라서 후진성의 극복은 인간 해방이라는 근본적인 문제를 제기하며, 그 과정에서 비非-인류의 범주(최종적으로 배제되고 억압당하는 자들, 그들의 존재가 모든 억압을 대변하는 자들, 독일의 프롤레타리아)의 발견에 근거하여 인류의 범주를 새롭게 재구성한다. 후진성은 비-인류의 장소이자 새로운 인류의 장소이다.

이 글은 마르크스의 글에 빗대어 1910년대 후반의 식민지 조선이 안고 있었던 후진성의 무의식을 고찰하고자 하는 시론이다. 독일의 경우에는 프랑스와 영국의 역사적 경험을 성찰하는 과정에서 형성된 독일철학이 있었다. 마르크스도 인정하고 있듯이 독일철학은 독일의 세계사적 동시성을 입증하는 현실적·상징적 근거였다. 그런데 독일철학과 같은 세계사적 동시성을 위한 현실적·상징적 근거를 가지지 못한, 비서구사회에서 후진성은 어떠한 방식으로 발현될까. 역사적 진보에 대한 기대지평이 있을 뿐이고 경험적 근거를 가지지 못한 조선의 경우는 어떠할까. 진보의 경험과 담론에 개입하는 그 어떤 실재, 기대지평과 경험공간 사이의 괴리로부터 구성되는 무의식, 후진성, 또는 비서구사회가 구성하는 근대의 또다른 무의식, 이 글에서 거칠게나마 점검하고자 하는 문제들이다.

2. 전면적 결핍의 상황과 진화라는 초월적 기호

> 今에 朝鮮을 觀察하건대 우리의 精神上 慰安을 與하며, 理想을 遠大히 하며, 思想界를 支配할 만한 宗教 哲學 文藝 藝術도 無하고 凡百 言行에 一定한 標準이 될 만한 倫理 道德도 無하고, 우리 祖上의 참을 알니워 줄 만한 歷史傳說도 업스니 (…중략…) 若 順序를 차자 우리의 不足한 點을 다 쓰랴면 비록 數千 狀을 쓴다 하더라도 오히려 그 紙面이 不足하리다.[7]

무차별적인 결핍. 1910년대 재일 유학생 기관지 『학지광』에 나타나는 조선에 대한 인식이다. 사회적으로 없는 것이 너무 많은 상황이어서 어떤 것이 있어야 할지 또는 어떤 것을 해야 할지 판단이 서질 않는 상황.[8] 종교, 철학, 문학, 예술, 산업, 역사 등등 없는 것이 많아서 순서를 따져서 부족한 점을 쓴다면 수천 장을 쓰더라도 지면이 부족한 상황. 조선사회가 보여주는 무차별적인 결핍의 상황은, 당시의 지식인들에게 특히 외국 여행이나 유학의 경험이 있는 사람들에게는, 외상적인 실재에 해당하는 것이었다. 정치, 경제, 산업, 문화, 예술 등 어느 것 하나 제대로 갖춰진 것이 없는 상태였던 것이다.

이 문제는 단순히 당시의 조선이 지독하게 가난했다든가, 그래서 결국 식민지가 되었다든가 하는 사실들을 확인하는 수준을 넘어선다. 보다 근원적으로는 조선사회의 내부에 변화의 가능성 내지 발전의 근

7 負朝陽, 「先後取捨」, 『학지광』 14, 1917.11, 56쪽.

8 조선의 상황을 무차별적인 결핍으로 파악한 것은 1900년 이후로 지속되어 온 것이다. 極雄, 「최근의 문명소식」, 『학지광』 14, 1917.11, 63쪽. "우리 社會를 둘너보자-업는 것도 하도 만흐닛가, 엇던 것이 업다, 엇던 것이 잇서야겟다, 엇더한 것을 해야 하겟다 하기도, 容易히 말이 아니 나온다, 그러나, 업는 것도 만흔 중에 더욱 업는 것은 내가 말하랴는 科學-이것이 아닌가 한다."

거가 잠재있는가 또는 확인할 수 있는가 하는 문제에 부딪히게 되면 그 심각성은 엄청난 수준에 이르게 된다. 1900년 이래로 조선사회의 변화를 추동할 방도는 몇 가지 되질 않았다. 첫 번째는 교육 및 계몽에 의한 의식의 각성, 두 번째는 동심결同心結로 대변되는 집합적 의지 또는 정서의 육성, 세 번째는 서구의 제도 문물 학문에 대한 학습과 수용, 네 번째는 내부의 건전한(상호착취를 하지 않는다는 선에서의) 경쟁을 통한 민족적 사회적 역량의 축적 등이었다. 진화론은 경쟁 또는 생존경쟁이라는 화두를 조선사회에 던져주었는데, 경쟁 또는 생존경쟁은 1900년대의 담론에서 이중적으로 사용된다.[9] 한편으로는 조선사회 내부에 적용될 때에는 변화와 성장의 계기로서 제시되었고, 다른 한편으로는 제국주의적 논리가 관철되는 국제질서를 환기하며 조선이 식민지 또는 노예의 상태에 떨어질 수 있다는 위기의식을 촉발하는 계기로 사용된다.[10] 진화는 세계의 구성과 운영이 어떠한 방식으로 이루어지는 지를 보여주는 법칙인 동시에 조선사회에도 변화가능성이 잠재되어 있음을 안정적으로 전제할 수 있도록 하는 초월적 기호였다.

물론 생존경쟁・우승열패・적자생존・약육강식・자연도태 등 진

9 경쟁은 사회발전의 동력이다. "然而 文明進步 에는 競爭이 必要不可缺할 者라, 彼 西洋諸國의 今日 文明은 결코 偶然이 아니라. 다 四五百年間 奮鬪努力의 結果며, 競爭不已한 結果라. …… 相互競爭不已한 結果로 西洋에 今日 文明이 잇나니라"(徐椿, 「比較하라」, 『학지광』 15, 1918.3, 22쪽). "社會의 文明進步에 競爭이 必要不可缺할 者라 하노라"(徐椿, 「比較하라」, 『학지광』 15, 1918.3, 23쪽).

10 일본에서 '진화'라는 번역어가 사용된 것은 가토 히로유키加藤弘之의 『人權新說』(1882)부터이다. 그는 evolution의 번역어로, 진보와 개화를 조합하여 진화를 제시한 바 있다. 19세기 후반 일본에서는 진화론에 관한 두 가지의 해석이 존재했다. 하나는 단세포생물에 인류에 이르는 계통수에 근거하여 진화를 백인종 중심주의로 견인해 갔던 해켈E. H. Haeckel 류의 해석이고, 다른 하나는 진화의 과정에서 하등동물이 생존할 여지는 사라지지 않으며 고등동물과 하등동물의 생존방식은 다른 것임을 주장한 오카 아시지로丘淺次郎의 해석이다(와다 토모미, 「이광수 소설의 '생명' 의식 연구」, 서울대 박사논문, 2007, 12~22쪽 참조). 참고로 1916년에 발표된 「東京雜神」에서 이광수는 7권의 도서를 추천하고 있는데 여기에는 오카 아시지로의 『進化論講義』가 포함되어 있다.

화론의 테제에 의하면 조선이 식민지로 전락한 것이 당연하거나 자연적인 귀결이라는 인식에 도달하게 되는 문제가 있다. 하지만 진화론이 아니라면 조선사회 내부에서 변화의 근거와 가능성을 전제할 수도 발견할 수도 없는 상황에 있었던 것 또한 사실이다. 외부적으로는 약육강식의 세계 논리를 제시하며 노예가 되지 말자고 힘을 합쳐 독립을 유지하자고 주장할 수 있었고, 내부적으로는 조선 사회에도 생존경쟁을 통해서 발전의 계기를 마련할 수 있을 것이라고 말할 수 있었기 때문이다. 식민지 시대의 진화론 이해가 대단히 복잡한(모순적인) 맥락 위에 놓여 있었던 현실적인 이유를 여기에서 찾을 수 있을 것이다. 진화는 상상된 현실로서 식민지 조선 사회에 도입되었고, 조선사회의 과거와 미래를 통합적으로 사고하는 개념틀로서 작동했다.[11] 특히 진화론에 의할 때, 조선의 자기인식과 관련된 물음, 달리 말하면 세계에서 조선의 위치와 위상을 묻는 질문이 구성될 수 있었다.

> 世界의 文明은 實로 日進月步하야 駸駸然不息하나니 此 一千九百十四年 中 吾人의 耳目을 驚動케 하는 奇事妙藝가 實노 不少하거니와 **우리 半島의 今日은 果 何如한 地位에 在한고**, (…중략…) 諸君이여 今日 我 半島에 淸新한 思潮가 有하며 生命잇는 藝術이 有한가, 産業이 興起하며 學文이 進步하는가? 曰 無라 하노니 噫라 此는 皆 過去의 因果이라. 吾人은 과거를 嘆하야 遂成에 憧憬코져 함은 아니나 然이나 **世界가 一步를 進하면 반대로 一步를 退하는 半島**를 對岸의 回祿視함은 實로 吾人의 不忍하는 바 아닌가. (…중략…)
>
> 余는 半島에 充溢한 것은 死뿐이 思하노니 産業이 死하엿고 生活이 死하

11 1910년대 지식의 지형과 인식의 전환에 대해서는 권보드래, 「진화론의 갱생, 인류의 탄생」, 『대동문화연구』 66, 2009; 이철호, 『영혼의 계보』, 창작과비평, 2013 참조.

엿스며 精神이 死하엿고 半島 自身이 死하엿스니 此가 死의 統一이 아니고 何라 謂하리오 (…중략…) **世界人類上 見地로 視할진대 朝鮮民族 갓흔 社會의 弱者난 全然 滅亡함이 도로혀 利益이 아닐넌지!, 朝鮮民族이 世界에 貢獻하난 바난 다만 退步의 記錄과 滅亡의 歷史 뿐**이고 無爲한 二千萬 民族이 廣闊한 三千里 **江山을 占有起居(sic)하야 天然의 富源로(sic) 利用치 아니하고 他人 活動에 障害物이 될뿐이어날 니이체로 하여곰 評하라 할진대 此와 如한 民族은 全全 滅亡함이 超人 出現에 必要하다** 斷言할지로다.[12]

『학지광』에 발표된 주종건의 글은, 진화론의 공리에 대단히 충실하다. 조선의 무차별적인 결핍의 상황을 신랄하게 제시하고 있다. 조선에는 산업과 생활과 정신이 죽어 버려서 죽음 말고는 다른 아무 것도 없다는 자기인식. 따라서 '세계인류상의 견지'에서 보자면 조선 같은 약자는 차라리 멸망하는 것이 오히려 이익될 것이라는 주장을 펼치고 있다. 진화론의 견지에 근거할 때, 약자弱者와 열성劣性과 퇴보退步는 진화론적 세계상에서 생존의 근거를 찾을 수 없으니 멸망하는 것은 당연하다. 진화의 문제와 진보의 문제가 구별되지 않고 있는 것이 이 시기 논의의 특징이다. '세계가 一步를 進하면 반대로 一步를 退하는 반도'에서 확인할 수 있듯이 조선에 대한 자기인식이 구성되는 과정에서 후진성이 함께 구축되고 있음을 확인할 수 있다.

사회진화론의 구도 속에서 생물학적 진보와 문명사적 진화를 하나의 맥락에서 파악하는 것은, 구스타프 르 봉Gustav Le Bon의 『민족진화의 심리학적 법칙』(1894)에서 알 수 있듯이, 이 시기의 일반적인 특징이었다. 사회진화론적 구도 속에서 조선의 후진성에 대한 인식은 지

---

12 朱鐘建, 「新年을 當하야 유학생제군에게 뫼함」, 『학지광』 4, 1915. 2, 28~29쪽.

속적으로 강요되었다. 하지만 보다 더 공포스러운 것은 '과연 조선이 세계에 존재하고 있는가'라는 물음이었다. 이 물음은 인류 진화와 문명 진보의 과정에 과연 조선민족이 인류라는 가설적 주체에 포함되어 있는가라는 물음이기도 하다. 이 물음은 진화론과 후진성 사이에 마련된 외상적 실재와 관련된 것으로서, 최남선 이광수 현상윤 등 당대의 논자들의 글 속에 빈번하게 등장하고 있다.[13] 세계의 의미론적 지평으로부터 원천적으로 조선이 배제되어 있다는 두려움.

> (가) 吾人은 智力으로도 (세계문화사에서의－인용자) 何等 地位가 無함을 記憶할지어다 進化論이라든지 認識論이라든지 世界學界에 新生命을 與한 者類ㅣ 吾人에게 一無함을 記憶할지어다 (…중략…) 世界的 모든 百科全書에 우리 功績의 記錄이 一項도 不在하고 아울러 吾人의 執筆한 項目이 一無함을 記憶할지어다[14]

> (나) 아직까지 우리 朝鮮 民族은 世界에 向하야 아모 交涉이 업섯고 아모 關係가 업섯다. 다시 말하면 大英百科全書나 世界文化史上에 우리는 아모 것도 실어다나고 할만한 특별한 功績이 업섯다.[15]

---

13 이광수는 「신생활론」(1918. 9~10)에서 모든 것이 변화하는 진화론적 세계상 속에서 진화의 원리만은 변화하지 않는다고 역설한 바 있다. 그랬기 때문이었을 것이다. 「신생활론」에서 이광수는 진화의 법칙이 조선민족을 비껴가지 않을 것이라고, 진화의 보편적인 행정行程은 조선민족에게도 고스란히 적용될 수밖에 없다고 믿었다. 왜냐하면 진화의 적용범위는 세계와 인류이고 인류에는 조선이 포함되는 것이 당연하기 때문이다. 하지만 과연 조선이 진화의 적용범위에 포함되는가라는 물음이 제기될 수밖에 없다. 「부활의 서광」(1918.3)에서는 조선이 진화의 범위에서 벗어나 있을지도 모른다는, 또는 조선은 정신의 영역에서 진화의 계기를 스스로 마련하고 있지 못한 것일지도 모른다는 위기의식이 분출되고 있다. 여기에 관해서는 졸고, 「민족개조와 감정의 진화－1920년대 이광수 문학론에 대한 예비적 고찰」, 『한국학연구』 27, 2013, 29~52쪽 참조.

14 崔南善, 「努力論」, 『청춘』 9, 1917.7; 최남선, 『육당 최남선 전집』 13, 역락, 2003, 400~401쪽.

세계라는 백과사전에 조선은 등기entry되어 있지 않다. 세계와 조선의 관계는 비대칭적이다. 지리적으로 조선은 분명히 세계 속에 있다. 하지만 세계는 조선을 알지 못한다. 조선은 즉자적으로만 존재하고 있다. 세계라는 대타자의 응시 바깥에 조선의 자리가 마련되어 있는 것이다. 조선의 지식인의 시선에서 보자면, 조선은 대타자인 세계의 결핍이다. 이제 대타자의 응시를 욕망하며 대타자의 결핍을 충족시키고자 하는 주체의 자리가, 상상적인 차원에서 마련된다. 세계라는 대타자의 결핍을 대리보충하고자 하는 욕망과 세계라는 대타자의 응시 바깥에 놓여있다는 의식 사이에, 1910년대 중후반 후진성과 관련된 조선 지식인들의 무의식이 구성된다.

3. 후진성 또는 비동시적인 것의 동시성에 대한 감각들

(가) 吾人 人類 生活上에 衣食住로부터 其他 日用品까지 必要함은 勿論이어니와 世의 발달을 隨하야 此에 對한 慾望도 漸漸 上進홈은 今日의 現象이라 然이나 現今 半嶋社會의 所謂 生活上 狀態를 考察할진대 其暗黑 幼稚홈 **實로 二十世紀 文明人類의 生活이라 自稱키 不能**한 바이언이와 此를 **發達上進케 하기는 姑舍하고 此 幼稚한 生活도 유지키 不能함**은 果然 엇더한 原因이고[16]

(나) **우리의 半島 社會을(sic) 回想할진대 果然 如何한 地位에 處하엿스며 如何한 現狀에 在한가?** 噫라 我 半島 社會는 旣이 二十世紀 舞臺 위에

---

15 玄相允, 「李光洙 君의 「우리의 理想」을 讀함」, 『학지광』 15, 1918.3, 56쪽.
16 眉湖生, 「謹告我半島父兄」, 『학지광』 3, 1914.12, 7쪽.

서 墜落하엿스며 失敗한지라. 過渡時代의 여간 舊文明은 시세에 遲緩되여 現代 新文明에 厭窄되고 維持保守키 不能하며 二十世紀의 新文明은 時間에 促迫되야 吸收發展의 餘暇가 無한지라. 是故로 一般의 程度는 過渡時代에 在하나 過渡時代의 職을 다하지 못하며 **社會의 地位는 二十世紀에 處하엿스나 二十世紀의 文明을 이루지 못하고** 遂히 社會의 組織이 動搖되여 悲慘한 暗黑時代에 墜落되엿도다.[17]

(다) (사회의 체제가 정비된—인용자) 日本 青年은 學者가 되고 事務家가 되면 그만이로대 우리는 先知者가 되어야 하고 導師가 되어야 할 것이외다. **우리는 現代의 日本 青年과 갓흘 것이 아니라 四五十年前의 日本 青年과 갓하야 할 것이외다.** 우리의 苦痛이 여기 잇거니와 우리의 幸福과 자랑이 또한 여기 잇난 것이외다.[18]

위의 인용문들에서 보듯이 조선은 20세기의 무대에 던져지기는 했으나 20세기의 문명을 이루지 못한 상태에 있으며, 사회의 발달은 고사하고 기초적인 생활을 유지하기도 어려운 상황에 있다. 조선은 연대기 상으로는 20세기에 놓여 있지만 인류문명의 역사를 고려할 때 20세기에 미달한 상태이다. 또한 1918년의 조선은 메이지 유신이 진행되던 일본에 비교할 수 있는 상태에 놓여 있다. 20세기와 비동시적인 조선이 20세기의 세계와 동시에 존재하고 있는 것이다. 조선이 후진성의 상황, 또는 비동시적인 것의 동시성이라는 조건 속에 놓여있음을 스스로 확인하고 있는 글들은 매우 많다.

안확은 「二千年來 留學의 缺點과 今日의 覺悟」(『학지광』 5, 1915.5)에

17 金利峻, 「반도청년의 각오」, 『학지광』 4, 1915.2, 23쪽.
18 「네 責任」, 『학지광』 15, 1918.3, 6쪽.

서 유학생 파견과 귀환의 관점에서 조선의 역사를 고찰한다. 갑오년(1894) 이래로 유학생이 많았지만 조선에 불러온 긍정적인 결과는 그다지 많지 않았다고 평가한다. 조선의 상황에 대한 인식이 동반되지 않은 상태에서 유학을 하며 배운 근대적인 학식을 적용하다보니, 긍정적인 결과들을 가져올 수 없었다는 것이다. 안확은 유학생들에게 '상식'을 닦으라고 권한다. 흥미로운 점은, 안확이 말하는 상식이 근대적 학교 교육에 근거한 상식이 아니라 조선의 "정도程度"에 근거한 "인사적人士的 상식"이라는 점이다. 이것은 단순히 유학생의 이상과 조선의 현실 사이의 괴리를 포착하는 수준이나, 유학생이 이상을 펼치려면 조선의 상황을 고려해야 한다는 수준을 훌쩍 뛰어넘은 진술이다.

> **現今 文明을 收入하야 諸般 事業을 開拓하며 革新함은 우리의 目的**이나 然이나 諸子가 朝鮮의 程度를 不知하고 單刀直入的으로 破壞를 施할진대 도리혀 朝鮮事情의 排斥을 受하야 爭亂을 起히(sic)기 易하며 又 諸子가 朝鮮의 人事舊習을 다 卑視하고 廓淸新築的으로 建設을 圖할진대 夷俗蠻風의 同化를 與하야 精神까지 滅하기 易함이니 此가 **實로 危險한 條件**이라 엇지 今日 世界的 知識을 受하는 諸子의 覺悟할 바이 아니리오
>
> (…중략…) 諸子가 方今 **所學은 二十世紀式이오 朝鮮 事情은 十五六 世紀 程度에 不過**하거늘 諸子가 此를 破壞하고 當場에 二十世紀式을 用코자 할진대 엇지 其功을 可得할까 故로 諸子가 越하야 二十一 世紀 智識을 抱하얏슬지라도 朝鮮에 對하야는 其 형세를 隨하야 十五六世紀的 政策을 施한 後 漸進을 圖치 않으면 不可하니라. 故로 諸子가 **世界的 常識을 學하는 同時에 朝鮮人事的 常識을 修하야** 折長補短의 手段, 困世以導의 方策을 用하기를 務함이 可하니라[19]

안확은 근대적 학문이 포괄하기 어려운 조선의 현실이 엄연히 존재함을 지적하면서, 조선의 현실을 '후진성'의 범주로 구성해 내고 있다. 그 괴리 또는 후진성의 구도를 안확은 다음과 같은 명제로 제시하고 있다 : 유학생이 배우고 있는 학문은 20세기이지만 조선의 사정은 15~16세기에 놓여있다. 후진성의 구도 속에서 보자면 조선에는, 비록 의도하거나 계획한 것은 아니지만, 계몽의 기획에 저항하는 그 어떤 힘이 자리잡고 있다. 20세기적 지식과 15세기적 현실이라는 후진성의 구조로부터 생겨날 수밖에 없는 저항의 지점들이라고 할 것이다. 따라서 조선의 현실에 대한 비평적 글쓰기는, 마르크스가 1843년의 독일에 대해 말한 바 있는 '시대착오'를 지속적으로 참조하면서 또는 지속적으로 생산하면서 씌어질 수밖에 없다. 글쓰기의 시간의식은 이중화되고, 글쓰기 주체(또는 계몽의 주체)는 15세기와 20세기를 동시에(또는 분열증적으로) 살아가야 한다.

후진성에 대한 인식은 단순히 인류문명사에서 조선의 위치를 연대적으로 가늠하는 과정에서도 분출하지만, 조선인에 대한 자기 인식에서도 그 징후를 확인할 수 있다. 사회진화론적인 관점, 달리 말하면 물질문명의 발전 단계를 생물학적 진화의 단계와 상동적인 것으로 파악하는 관점에 설 때, 조선인은 세계사적 진보의 가설적 주체das hypothetische Subjekt로서 제시되는 인류의 범주 바깥에 놓이게 된다. 보다 구체적으로 말하면 조선인은 생물학적으로 인류에 속하지만 인류 내부에서는 진화가 덜 된 상태로 규정된다.

> 西洋人이 自思하되 東洋人으로 말하면 비록 人形을 가지엇으나, 그 頭腦와 手腕은 汽船, 汽車, 電信, 電話, 發動機, 飛行機 等을 研究 發明함에 不適

---

19 安廓, 「二千年來 留學의 缺點과 今日의 覺悟」, 『학지광』 5, 1915.5, 31쪽.

하니 **東洋人의 大多數는 사람인 듯하나 其實은 우리(서양인–인용자)와 同種類의 사람이 아니오 數階段을 떨어지는 種類들이라고 蔑視**함에 基因한 것이 아니라 하리오[20]

조선인의 경우 진화론적으로 보았을 때 인류의 범위에는 들지만 진화가 덜 된 인류로 파악되고 있다. 서양인인 하늘과 육지와 바다까지 점령했을 때 조선인은 이제 겨우 사지만을 가지고 땅에서 꿈틀대는 무리에 불과하다고까지 말하고 있다. 진화의 정도는 손과 두뇌의 발달에 의해 알 수 있는데 과연 조선인의 손과 두뇌가 어느 정도 발달했는지 문명인과 비교해 보라는 진술까지 등장하고 있다. 동물과 인간의 생물학적 경계를 겨우 넘어선 인류, 인류라고 하기 어려운 인류, 또는 비非–인류 내지는 사이비似而非–인류의 자리에 조선인들의 위치가 마련된다.[21] 물론 이러한 인식은 생물학적 진화를 사회역사적 차원에 대입할 때 생기는 문제들을 전혀 고려하지 않은 것이다. 하지만 생물학적 진화의 관념이 역사적 진보의 관념과 결합되었을 때, 그리고 다시 후진성의 구조와 연동되었을 때, 어떠한 자기인식을 산출하는지를 잘 보여준다.

---

20 余辰于, 「常識과 科學」, 『학지광』 17, 1919. 1, 25쪽.

21 余辰于는 서양인의 눈에 조선인을 포함한 동양인은 금수와 같은 모습禽獸同樣으로 인식된다고 말하고 있다. "인류경쟁의 승패는 전혀 두뇌와 손의 발달 여하로 결단되는 것이라. 뭇노라 鮮人아? **제군의 두뇌는 何程度까지 발달하엿스며 제군의 손은 何程度까지 발달하엿는고?** 청컨대 그 머리와 그 손을 가지고 문명한 사람한데 가서 비교하라, 그리하야 암만해도 못한 점이 만커드란 크게 각성함이 잇스며 분발함이 잇스라"(余辰于, 「常識과 科學」, 『학지광』 17, 1919. 1, 37쪽).

4. 후진성과 진화론 사이에 마련된 자아의 장소들
-생명의 새로운 역사성

20세기의 세계에서 15~16세기를 살고 있는 조선인이라는 자기의식은 대단히 아슬아슬한 것이다. '무정한 철칙' 또는 '만세불변'의 황금률로 이야기되었던 진화론의 확고함을 고려할 때 더더욱 그러하다. 이 지점에서 두 가지의 자아 이미지가 도출되는데 하나는 자기의식적 모델이고 다른 하나는 의지주의적 모델이다.

> (가) 智力은 法則을 發見하야 世界를 自己 掌中에 融解하나니 生存競爭 優勝劣敗 場裡에 勝利를 得할 者가 뉘뇨? (…중략…) 生物學를(sic) 不知하난 者는 生物의 進化와 自然淘汰의 **어름갓치 無情한 鐵則**을 不知하리로다[22]
>
> (나) 만일 生活의 方法에 **萬世而不變하는 黃金律**이 있다 하면 그것은 「生活의 不斷의 流動變化라」하는 것뿐일 것이외다. (…중략…) 人類의 特色은 自己가 自己의 理想을 定하고 自己의 努力으로 自己를 進化시킴에 있읍니다. 卽, 다른 萬物은 **自然의 法則을 따라 無意識的으로 進化**하는 것이로되, 人類, 그 中에도 文明을 가진 人類는 **自己의 努力으로 自己가 意識해가면서 進化**하나니, 이것을 人爲的 進化라고 할 수 있읍니다.[23]

장덕수는 진화론적 세계에서 살아남기 위해서는 진화론에 대해서 알아야 한다고 주장한다. 진화의 철칙이 관철되는 세계에서 살아남는 법은 진화를 공부하는 것이다. 달리 말하면 세계의의 법칙과 주체구

---

22 張德秀, 「新春을 迎하야(生命이 充實하고 光明이 遍在하라)」, 『학지광』 4, 1915.2, 7쪽.
23 李光洙, 「신생활론」, 『이광수전집』 17, 삼중당, 1962, 518쪽.

성 원리의 공약가능성을 진화론으로 수렴하는 것이다. 이러한 인식은 이광수에게 오면 진화론의 내면화 또는 자기의식화의 차원으로 심화된다. 이광수는 '진화(론)에 대한 자기의식'을 문명을 가진 인류의 표징으로 제시하고 있다. 이광수의 입장에서 보자면 진화를 의식하며 진화를 도모하는 것, 또는 자신의 진화를 스스로 디자인하는 것이야말로 문명한 인류의 표식인 것이다. '진화(론)에 대한 자기의식'은 자연과 문명의 구별, 즉 자연 속에서 일어나는 무의식적인 진화와 문명 속에서 이루어지는 자기의식적 진화의 구별로 이어진다. 진화에 대한 자기의식은 진화를 자신의 목적으로 설정하는 것과 진화를 합목적적으로 조정 및 설계해 나가는 것을 함축한다. 이광수가 진화에 대한 자기의식을 강조하는 것은 진화론의 슬로건인 약육강식, 자연선택(자연도태), 생존경쟁, 적자생존 등에 근거하여 조선의 상황을 살펴볼 때 진화론의 세계 속에서 조선이 살아남을 수 있는 충분한 가능성을 확인할 수 없기 때문이다. 달리 말하면 이광수는 진화론의 논리인 약육강식, 자연선택(자연도태), 생존경쟁, 적자생존에 함몰되는 상황을 회피하면서, 진화에 대한 자기의식이야말로 자연에서 문명으로의 진화를 보여주는 표식임을 내세우고 있는 것이다. 약육강식으로 대변되는 진화론적 세계 속에서 조선민족은 도태되거나 멸종될지도 모른다는 위기의식을, 이광수는 진화론에 대한 자기의식으로 대체해 나가고자 했던 것이다.

> 문화의 정도는 공통점에서, 일개의 선을 획할 수 있는 것이니, 현시 열국의 상태가 다수 상등한 점에 의하야, 소위 문명의 선을 획하고 보면, 각국의 인민은 此 界線 이외에서 활약함을 가지할 것이다. 종족 간의 진보는 선의 단위로부터 혹 십여간 혹 이십여간의 거리를 표시하야 參差不齊하나

猶恐不及하야 전력으로 선두를 경쟁하는 바이니 (…중략…) 보아라, **우리의 위치는 여하한 지점에 있나** ……. 저들은 문명의 선에서, 더 나은 문명 더 높은 문명을 구함이어니와 우리는 더 못한 문명 더 얏은 문명의 선까지 가기에도 전도가 尙遠하얏고 **문명선 이내-제이선의 출발점에도 아즉 도달치 못하였다.** (…중략…)

하면 우리는 이 선 이 점에서 그 선 그 점을 들러 최고급선까지 달하기에 기배의 속도를 요구하겠는가.-적어도 십배의 속으로 질주하여야 한다.[24]

최승구는 후진성과 관련된 기하학적 구도를 제시하면서 진화와 진보의 문제가 가속도와 관련된 것임을 지적한다. 서구 문명인들이 대학운동회의 회원이라면 조선인은 중학 도보경주에서 낙선한 수준이다. 최소한 두 단계는 뒤떨어져 있는 것이다. 따라서 이와 같은 격차를 따라잡으려면 최소한 10배의 속도로 질주하지 않으면 안 된다. 이처럼 진화와 진보를 가속도의 차원에 의식하면서 최승구가 제시하고 있는 슬로건은 '너를 혁명하라revolutionize yourself', 즉 자기의 혁명이다. 조선의 상황에서는 10배의 가속도를 기대하기 어렵다. 하지만 자아의 생물학적 동력 또는 생명적 힘을 10배까지 끌어올려야 한다는 주장, 이를 두고 의지주의라고 할 수 있을 것이다. 진화-진보-혁명을 자아로 수렴하면서 자아를 급진화하는 전략을 취하고 있다.

24 崔承九, 「너를 革命하라」, 『학지광』 5, 1915.5, 139쪽.

5. 후진성에 의해 요청된 기원 또는 문예부흥Renaissance
—서구의 역사를 어디서부터 전유할 것인가의 문제

1915년부터 『학지광』에서는 문예부흥, 산업혁명, 종교개혁 등 서구의 근대를 추동한 혁명들에 대한 본격적인 또는 단편적인 고찰들을 발견할 수 있다. 그 이전에도 다른 매체들을 통해 문예부흥, 산업혁명, 종교개혁 등 거대사건에 대한 소개가 없었던 것은 아니다. 하지만 이 시기의 『학지광』에서의 논의는 종전과는 구별되는 문제의식을 제시하고 있는데, 그것은 후진성의 구도 속에서 조선은 서구의 역사를 어디에서부터 전유할 것인가라는 물음으로 요약가능하다. 조금은 도식적으로 이야기하자면 현상윤은 산업혁명을, 전영택은 종교개혁을, 이광수와 이병도 등은 문예부흥에 주목하고 있다. 외견상으로 보자면 인류사의 시간에서 5세기 가량 뒤쳐져 있는 조선이 나아가야 할 방향성을 서구의 역사적 경험과 사건 가운데에서 선택하여 제시하고 있는 것으로 보인다. 하지만 1차 세계대전을 목전에 두고 인류(서양인과 조선인이 모두 포함된)가 다시 되돌아가야 할 기원은 어디인가를 논의하고 있는 것이기도 하다. 조선의 전면적인 결핍 상황을 고려할 때 문예부흥, 산업혁명, 종교개혁 중에서 어떤 것이 먼저 수행되더라도 별다른 문제는 되지 않는다. 이 지점에서 보다 중요하게 고려된 것은 1차 세계대전이라는 미증유의 사건을 눈 앞에 두고 인류사의 시간에서 500년이 뒤떨어진 조선과 진보의 끝에서 폐허를 경험하고 있는 서구가 모두 함께 공유할 수 있는 기원을 상상하는 일이다.

현상윤은 「강력주의와 조선청년」에서 조선민족에게 필요한 세 가지 항목으로 무용적 정신, 과학 보급, 산업혁명을 제시하고 있다. 특히 산업혁명에 대해서는 "목하目下 조선에 있어 시대성時代聲 중의 시대성

時代聲"[25]이라고 말하고 있는데 그 실질적인 내용은 공업화에 해당한다. 또한 전영택은 「종교개혁의 근본정신」에서 기독교도다운 견식을 드러내면서 현재의 조선에서는 사회의 통합을 위해 종교개혁의 의미를 다시 생각해야 한다고 역설한 바 있다.[26] 하지만 산업혁명의 경우 서구의 역사적 경험을 고스란히 반복하는 일이어서 초월의 가능성이 제한되어 있고, 종교혁명의 경우 다종교적 양상을 보이는 조선사회에 적용되기에는 무리가 따를 수밖에 없다. 전체적으로 보자면 문예부흥으로 강조점이 두어지는 양상을 보인다.[27] 심각한 결함을 노정한 현대의 문명과 시대에 너무나도 뒤떨어진 조선에게, 문예부흥은 최소한의 공약가능한 기원으로 요청될 수 있었기 때문이다.

> 以上과 如히 우리는 大文藝의 근본과 원천을 有한 者이오 또 自然界의 大寶를 藏한 者ㅣ라 故로 **그리피스씨의 말삼과 갓치 우리의 문예와 연구가 비록 중간에 隱逸되고 杜絶되엿을지라도 한번 覓索(멱색)하면 광채를 求得할 수 잇고 鑿堀(착굴)하면 泉流를 作出할 수 잇도다.**
>
> **此의 適好한 例를 擧하기 위하여 서양사에 徵看하여 보면 십오세기 이태리를 중심을 하고 蹶起한 문예부흥**은 처음 세계역사로 하여금 불火니러함

25 玄相允, 「强力主義와 朝鮮靑年」, 『학지광』 6, 1915.7, 47쪽.

26 田榮澤, 「宗敎改革의 根本精神」, 『학지광』 14, 1917.11, 9~15쪽.

27 이광수는 문예부흥의 의미를 서구 근대적 문명의 기원으로 제시한 바 있다. 李寶鏡, 「文學의 價値」, 『대한흥학보』 11, 1910.3, 17~18쪽. "西洋史를 讀ᄒᆞ신 諸氏ᄂᆞᆫ 아르시려니와 今日의 文明이 果然 何處로 從ᄒᆞ야 來ᄒᆞ엿ᄂᆞᆫ가. 諸氏ᄂᆞᆫ 陬曰 「뉴 - 톤 의 新學說(物理學의 大進步), 다윈의 進化論 왓트의 蒸氣力發明, 이며, 其他 電氣工藝等의 發展進步에셔 來ᄒᆞ엿다」 하리라. 實노 然ᄒᆞ도다 누가 能히 此를 否認하리요, 만은 **한번더 其源을 溯求ᄒᆞ면 十五六世紀頃 「文藝復興」이 有ᄒᆞᆷ을 發見ᄒᆞᆯ지라.** 萬一 이 文藝復興이 無ᄒᆞ야 人民이 其 思想의 自由를 自覺디 안이하엿든덜 엇디 如此ᄒᆞᆫ 發明이 有ᄒᆞ엿스며 今日의 文明이 有ᄒᆞ여시리요. 然則 **今日의 文明을 否定ᄒᆞ면 以無可論이어니와 萬一 此를 認定ᄒᆞ며 此를 讚揚하면 文藝復與의 功을 認定ᄒᆞᆯ디요"**

과 갓치 바람니러남과 갓치 맨드럿다. 그 원인인즉 물론 고전의 연구와 대학의 창립과 사라센 문명의 접촉이오 또 그 영향인즉 미술의 부흥 신대륙 신항로의 발견 기타제반 과학상의 발명 及 현재 구주문명을 산출함에 在하다 謂할지라. 換言하면 즉 如斯한 諸種의 신발견 신발명 급 신문명이 근원업시 俄然히 중간에서 湧出한 배 아니오 실은 고대 그리스 로마의 찬란한 고전을 연구하고 이해하여 更히 正邪曲直을 判知하여 疑을(sic) 破하고 理를 推한 所以로다.[28]

이병도는 그리피스W. E. Griffis의 저서 『隱國』(Corea, The Hermit Nation)을 참조하면서 오늘날 조선에는 문예의 전통이 두절되었다고 진단한다. 하지만 서구의 문예부흥을 참조한다면 조선이 잃어버린 문예의 원천을 되찾을 수 있다는 주장을 제시한다. 이병도의 글은 조선과 서양 사이에 상상된 강력한 유비에 근거해 있다 : '그리스 로마 전통의 단절 : 이슬람 문화와의 접촉 : 문예부흥'='문화적 전통의 단절 : 서구 근대문화와의 접촉 : 조선의 문예부흥'. 조선의 현재와 서구의 문예부흥을 유비적으로 연결시킴으로써 조선 사회에 인류사적 기원을 마련하고자 하는 무의식이 작동하고 있다고 보아도 크게 틀리지 않을 것이다.

學識思想은 두뇌에 차고 藝妓妙術은 四肢에 찬 **畢業 諸君을 母土로 보내는 금일**을 당하야 오인은 몬져 麗濟羅 **삼국시대의 唐나라 유학을 연상하며 져 서양문예부흥시대의 구주 제국 유학생을 연상하노라.**[29]

---

28 李丙燾, 「讀書偶感」, 『학지광』 15, 1918.3, 44쪽.
29 「졸업생을 보냄」, 『학지광』 17, 1919.1, 1쪽.

문예부흥은 유학생의 자기인식과도 관련이 있다. 「졸업생을 보냄」은 유학생이 사회적 역사적 의미를 지녔던 세 가지의 장면을 유비적으로 관련짓고 있다. 세 가지 장면이란 ① 최치원으로 대변되는 당나라 유학 ② 메이지 초기의 일본의 서구 유학 ③ 문예부흥기의 이탈리아 유학을 말한다. 이 글은 서구의 르네상스와 조선의 20세기를 유비에 의해 연관짓고 있다. '기독교의 속박 : 서구의 문예부흥 : 개인의 자유와 사회의 발전'='유교의 속박 : 조선의 문예부흥 : 개인의 자유와 사회의 발전'이라는 유비적인 도식이 가로 놓여있다. 또한 서구적 근대의 기원에는 문예부흥이 있으며 문예부흥이 서구 근대문명의 기원이 된 데에는 유학생들의 매개적 기능이 매우 중요했다는 지적을 담고 있다.[30] 역사적 발전의 계기이자 역사적 변화의 기원으로서의 유학생. 이 지점에서 문예부흥은 '유학'을 매개로 하여 조선사회의 근대적 기원으로 내면화된다.

서양사 연구에서 이미 르네상스가 서구 근대의 기원으로 지목되고 있다는 것은 상식 중의 상식에 해당한다. 그렇다면 이광수 이병도 등 많은 사람들은 서양문화사의 상식을 복창하고 있는 데 지나지 않는 것일까. 그렇지만은 않다. 그들은 서구와의 유비 속에서 자기 내면화의 계기와 서구와의 동일시를 위한 계기를 마련하고 있다. 서구의 혁명적 과거(문예부흥)을 조선의 현재와 유비적으로 연계함으로써, 후진성의 구도 속에서 무한 퇴행하지 않아도 되는 준거를 마련하고, 조선의 현재를 근대를 향한 기원으로 설정하는 효과를 가져올 수 있게 된

---

30 "금일 구주에 물질적으로나 정신적으로나 如彼 赫赫한 문명이 有함은 다 문예부흥시대의 사상의 결과라, 즉 기독교의 속박을 버서나서 만반 사상과 만반 사물를(sic) 자유로 연구하게 된 까닭이오, 又 **一方으로는 諸國의 유학생이 서로 닷토아 가면서 自國에 이 사상을 수입한 결과**니 이를 엇지 우연이라 하리오"(「졸업생을 보냄」, 『학지광』 17, 1919.1, 2쪽).

것이다. 더구나 1차 세계대전과 관련될 때 문예부흥은 단순히 조선의 근대적 기원이라는 의미에 국한되지 않고 인류 문명이 다시 참조해야 할 기원이라는 의미를 함께 구성할 수 있었다. 문예부흥은 조선의 지식인들에게는 1차 대전이 가져온 사상의 영도와 가장 부합하는 상징이었다. 인간성(개성, 인생, 생활 등)의 재발견에서 출발하는 새로운 사상적 도덕적 가능성. 전쟁을 겪은 서양도, 식민지가 되어버린 조선도 역사의 그 어딘가로 되돌아가서 다시 시작해야 한다면 그것은 문예부흥이 될 것이다. 1910년대 후반 조선의 지식인들에게 문예부흥은 조선의 후진성에 대한 승인인 동시에 인류사와 조선의 유비적 동형성을 확보하는 하나의 방식이었다. 또한 다른 무엇보다 세계사적 동시성으로의 '도약'을 내재하고 있는 상상적 문턱이기도 하다.[31]

31 문예부흥의 의미를 현재화하는 담론의 영역이 문학일 것이다. 문예부흥의 중요성을 제시하고 있는 1920년대의 대표적 문학론으로는 김억과 염상섭의 소론을 들 수 있다. "한데 본론으로 들어가기 전에 먼저 설명의 순서로 반듯이 한마디 하여야 할 것이 잇습니다. 그것은 다른 것이 아니고, **고대의 문학은 어떠하던 것이 근대에 와서는 어떠케 되엇다 하는 것을 말하기 위하야 멀리 「끄릭」, 「라틘」은 그만두고 문예부흥기 즉 역사상 유명한 Dark age 암흑시대에서부터 발아된 바 Renaissance부터는 반듯이 알아주어야 하겟습니다.** (…중략…) **근대의 모든 思潮의 근본정신, 그 활동은 어찌 되엇거나 문예부흥 즉 Renaissance에서 그 근원이 잇습니다**"(岸曙, 「근대문예 (1)」, 『개벽』 13, 1921.7, 115쪽); "中世紀의 所謂 暗黑時代라는, 敎權主義의 絶對的 威壓下에서 呻吟하야 오든, 自己沒却狀態의 夢幻的이면서도 暗澹하고 荒凉한 奴隷的 生活을 一蹴하고, 儼然히 자기의 尊貴를 主張하며, 人間의 本然性에 돌아왓다는 事實은, 아모리 하야도 人類的 新記錄이라고 아니 할 수 업슬 것이다. 敎權이라는 鐵扉가 굿게 다치운, 그윽하고도 쓸쓸하며, 沈重하고도 졸음오는, 저-僧院의 死와 가티 神秘롭은 牢門을 排하고, 피 잇고 고기 잇스며, 눈물 잇는 動的 世界, **진정한 人間답은 生命이 躍動하는 現實世界에 一大 飛躍을 斷行한 것이, 이 文藝復興의 運動이요, 自我恢復, 或은 發見의 偉業이엇다**"(염상섭, 「個性과 藝術」, 『개벽』 22, 1922.4, 1~2쪽).

6. 실재에 대한 열정과 1차 세계대전大戰
—세계사적 사건에의 공속共屬과 진화론의 상대화

> 世人이 共知하는 바와 갓치 今日 歐洲大戰爭이 全世界 經濟界에 未曾有의 波瀾을 起하엿으며, 又 富의 分配를 平等케 하야 富者가 貧者가 되며 弱者가 强者가 되엿소, 이것은 日本이 歐洲列强의 軍事費 調達에 一策源地가 된 것이며, 英京 倫敦의 金融中心點이 紐育으로 移轉된 것이 올시다.[32]

1차 세계대전에 대한 당시의 반응을 살펴보자. 눈에 띄는 변화는 국제 금융의 중심지가 런던에서 뉴욕으로 이전된 것, 세계 경제의 기조가 자유주의에서 보호주의로 방향전환을 한 것, 일본이 승전국에 포함되면서 강대국의 반열에 올랐다는 것 등이다. 일시적으로 금융, 미곡, 광산, 염색 등의 분야가 일시적으로 활기를 띄었지만 식민지 조선에 끼친 긍정적인 영향은 미미한 수준이었다. 오히려 조선에서는 면화, 미곡, 공산품 등의 가격이 폭등하면서 기초적인 생활경제가 매우 힘든 상황을 겪어야 했다. 1차 세계대전은 식민본국과 식민지의 경제 사이에 구조적 괴리가 존재한다는 것을 경험적으로 깨달은 사건이었던 셈이다. 그럼에도 불구하고 "사상상思想上 일대一大 자극刺戟"[33]을 준 커다란 사건이었다.

> 볼지어다 **黃金만 잇스면 死할 者 — 生하며 弱한 者 l 强하며 敗한 者 — 다시 勝하나니** 俗談에 有錢이면 可使鬼라는 말이 眞實로 今日 現象을 正

---

32 盧翼根, 「現下의 經濟界와 及 其今後變遷에 對하야」, 『학지광』 14, 1917.11, 32쪽.
33 위의 글, 34쪽.

面으로 看破한 바 格言이 아닌가 如斯한 現象이 人類의 墮落인지 進步인지는 알 수 업스나[34]

무엇보다도 1차 세계대전은 진화론적 세계상에 대한 이해에 있어서 새로운 변수가 도입되는 사건이었다. 그것은 통칭해서 자본주의라고 할 수 있는 것이었다. 죽을 자는 죽고 약한 자는 패하는 것이 진화론의 공리라고 한다면, 황금(=자본)은 이러한 진화론의 공리를 흐트러트리는 요인이었다. 황금에 의해 죽을 자가 살고 강한 자가 패하는 일이 벌어지고 있다고 느꼈던 것이다.[35]

比較的 文明의 程度로 나리는(낮은—인용자) 朝鮮사람인 나로(도의 오기—인용자) 平和克復을 바래는 맘이 이러틋 懇切하다 하면 文明의 覇王인 그들이야 平和를 바래는 맘이 엇더하겟는가, (…중략…) 曰 然則 그러틋 슬퍼하며 그러틋 哀痛하며 **그러틋 울면서도 이제 오히려 그 悲慘한 戰爭을 繼續함은 何故오** 또 前에도 말하엿거니와 開戰한지 이제 四星霜이나 되엇는데 그들은 오히려 戰爭은 只今부터 始作이라 하면서 업든 武器를 새로 發明하며 禍根인 銃劍을 日日이 鑄造함은 何故오 그들이 **다른 點에 對하야는 우리보다 知識이 만치마는 特히 이 點에 對하야만은 우리보다 無識한 所致일가, 다른 데는 다 聰明하나 이 點에 對하야만은 우리보다 暗昧한 까닭일가**[36]

---

34 金明植, 「道德의 墮落과 經濟의 不振」, 『학지광』 14, 1917.11, 21쪽.

35 1차 세계대전의 경험이 당시 조선 사회의 자본주의 인식에 어떠한 영향을 미쳤는가는 앞으로 보다 세밀하게 고찰해야 할 문제로 삼고자 한다.

36 徐春, 「歐洲戰亂에 對한 三大疑問」, 『학지광』 14, 1917.11, 16쪽.

1차 대전은 진화론적 세계상에 균열이 생겨나는 경험이었다. 더욱 심각한 균열은 도덕적인 측면이었다. 서춘은 후진성의 구도에 사로잡혀 있는 조선인도 평화를 바라는 마음이 간절한데 문명의 패왕인 서구가 슬퍼하면서도 전쟁을 계속하는 이유를 추궁한다. 그러면서 서구인들이 과학 기술 등의 분야에서는 지식이 많지만 도덕적인 측면에서는 조선인보다 어리석지 않은가라고 반문한다. 서춘은 두 가지의 의문을 추가로 제기한다. 하나는 전쟁 초기에는 독일의 군국주의에 대한 영국의 평화주의의 대결로 구도였는데 전쟁이 계속되면서 영국이 독일의 군국주의를 따라가고 있다는 점이다. 다른 하나는 1917년의 시점에서 아직 영국이 독일의 국경을 공략하지 못했다는 소식에 근거한 것인데, 독일이 보여주는 '寡能敵衆'와 '小能勝大'의 상황이다. 이 두 구절은 우승열패와 약육강식에 대한 일종의 패러디인 셈이다.

세계대전과 관련해서 진화론에 대한 이의 제기가 제기되는데, 약육강식의 세계에서 강자의 도덕이 그대로 약자의 도덕이 될 수 없다는 주장이 나타난다. "故로 强者의 道德은 弱者의 道德이 아니며 甲 民族의 道德은 乙 民族의 道德이 아님으로 强者의 法을 弱者가 遵守함도 罪惡이요 甲 民族의 法을 乙 民族이 遵守함도 罪惡이라 할지로다."[37] 1차 세계대전을 살펴보니 종전까지 강자들의 도덕이 가졌던 압도적인 우위성을 인정하기 어렵다는 것이다. 강자의 도덕은 상대화되었고, 새로운 도덕을 논의할 가능성과 필요성이 개진된 것이다.

> (가) 다시 눈을 드러 複雜한 人類社會을(sic) 살펴보니 어제까지 平和를 假裝하고 列國의 同情을 集中하며 世界에 安穩을 主張하야 野心을 叱咤하

---

37 李相天, 「새 道德論」, 『학지광』 5, 1915.5, 21쪽.

고 人道正義를 主唱하든 歐洲列强은 一聲銃砲에 嚴然이 其 平素의 主張을 暴棄하고 어젠날 平和의 舞臺를 오늘날 殺戮의 血渦로 變하야 歷史上 未曾有한 저 慘狀을 演出하는도다. 아-此가 獨墺의 罪인가 露佛의 罪인가 獨亦可矣요 露亦可矣라. 各自 民族 發展의 必要며 勢力擴張의 衝突이니 **弱肉强食하며 優勝劣敗하는 二十世紀의 特特한 現象**이라 謂할지로다[38]

(나) 今番의 大戰亂은 모든 사람이 말하는 바와 갓치 前古 未曾有의 大活劇이니 그 兵員數의 夥多함과 入參한 國의 强하고 또 多함과 또 그 舞臺面의 廣大함이 엇의로 보든지 古人의 經驗하지 못하든 大役이라. 우리는 이따금 이따금 歷史上에 記載된 大事件 或 大戰亂을 溯想하면서 그와 갓흔 大事件과 時代를 함께 하얏드면 하는 마음이 不無하노라. 그러나 우리도 남부럽지 아니하게 獨特의 經驗을 할 줄을 누가 測知하얏스리오 **今次의 大亂은 참으로 二十世紀의 人이 아니면 經驗하지 못할 큰일이로다**. 長久한 歲月을 費한 모든 科學的 硏究, 物質的 文明은 한아 빼지 아니하고 다 利用되지 아니함이 업스니 위로는 飛行機 飛行船 밋흐로는 潛艦艇 水雷砲 뵈게는 二十四珊知砲 안 뵈게는 無線電信 보느니 기막히고 듯느니 놀납도다, 참으로 **二十世紀의 科學發達 物質文明은 이 아마 今日의 大事의 準備가 아니런가를 疑心**하노라.[39]

거듭 말하게 되지만 1차 세계대전은 진화론에 대한 모종의 회의를 불러일으킨 경험이었다. 인용문들에서 알 수 있듯이, 진화론적 세계상은 세계대전이라는 미증유의 비참을 불러온 주요한 원인은 아닌가, 20세기 서양의 물질문명의 발달이 거대한 전쟁의 준비로 귀결된 것은

38 金利埈, 「出陣하는 勇士諸君에게」, 『학지광』 6, 1915.7, 28쪽.
39 T. C. 生, 「潛航艇의 勢力」, 『학지광』 3, 1914.12, 33쪽.

아닌가 등과 같은 의문을 명시적으로 제기되고 있다. 물론 진화론적 세계상이 원천적으로 무효화된 것도 아니고 물질문명의 발전이 갖는 인류사적 의미가 감소한 것도 아니다. 세계대전을 통해서 명확해 진 것은 서구가 주도적으로 제시한 세계상에 매우 근원적인 결핍 또는 결함이 존재한다는 사실이다.

흥미로운 것은 인용문 (나)의 감각이다. 눈여겨 봐두어야 할 대목은 1차대전을 세계사적인 사건으로 직감하고 있다는 것이다. 1차 세계대전은 옛날 사람들은 경험하지 못한 엄청난 규모의 전쟁 즉 세계사적 사건이며, 20세기를 살아가는 사람만이 경험할 수 있는 사건이다. 역사서를 읽으며 거대한 역사적 사건과 동시적인 경험을 한다면 얼마나 좋을까 상상해본 적이 있는데, 바로 그와 같은 상상이 지금 사실로서 펼쳐지고 있다는 것이다. 세계사적 사건과 공속共屬되어 있다는 느낌, 1차 세계대전이라는 세계사적인 사건과 동시성을 확보하고 있다는 감각.

1차 세계대전 이후 진화론적 세계상과 역사적 진보에 대한 낙관적 전망을 유지하기 어려워졌다는 것은 많은 사람들이 인정하는 바이다.[40] 1차 세계대전은 그 자체로 진화론적 세계상의 극한을 보여준 경험인 동시에 진보의 목적에 대한 재검토가 요청되는 사건이었다. 그렇다면 여전히 진화론에 근거하면서도 세계대전과 같은 폭력을 회피할 수 있는 가능성은 어디에 있을까. 조선의 지식인들의 입장에서 보자면 기존의(성리학에 근거한) 도덕을 대체할 새로운 도덕을 진화론에 근거하여 수립해야 한다는 요구를 부여받고 있는 상태였다. 진화론에

40 알랭 바디우Alain Badiou, 박정태 역, 『세기』, 이학사, 2014, 38쪽. "왜냐하면 1914~1918년의 전쟁 이후 이제 어느 누구도 더 이상 역사 운동의 가정된 진보에 빠져들 만큼 역사에 신뢰를 보낼 수 없게 되었기 때문입니다."

근거한 도덕은 여전히 모색의 과정 중에 있었다. 그런데 1차 세계대전과 함께 진화론에 근거하는 동시에 진화론의 부정적 측면을 넘어서는 도덕이 요청된 것이다. 그것은 조선에 국한되는 요청이 아니라 세계 또는 인류의 차원에서 호명되는 요청이었다. 세계사적 사건과의 공속, 진화와 퇴화를 구별하기 어려운 세계대전, 그리고 여전히 자리하고 있는 조선의 후진성. 막스 노르다우Max Nordau의 저서 『퇴화Degeneration』의 상징성을 원용해도 좋다면, 1차 세계대전을 둘러싸고 진화와 퇴화와 후진성이 모종의 영도零度가 형성되었던 것은 아닐까.[41] 적어도 식민지 조선의 지식인들은 그렇게 느끼고 상상하고 있었던 것이 아닐까.

> (가) **우리 朝鮮民族은 世界文化史上에 거의 아모 地位도 없다**고 하야 可합니다. (…중략…) 이디로 보든지 우리는 過去에는 世界文化에 아모 것도 貢獻한 것이 없고 現在 毋論 過去만도 못하다고 보는 것이 가장 正當하고 그러고 **만일 朝鮮民族이 存在의 價値를 얻을 餘望이 있다하면 그것은 自今으로 世界文化上에 榮光스러운 地位를 獲得함**인가 합니다.[42]

> (나) 더구나 이번 歐洲大戰은 現代文明의 어떤 缺陷을 暴露한 것인데 이 戰亂이 끝남을 따라 現代文明에는 大混亂 大改革이 생길 것이외다. (…중략…) 그런데 이러한 問題를 解決함에는 現代文明에 너무 深醉하야 그것

---

41 이 지점에서 연상되는 영화는 로베르토 로셀리니 감독의 〈독일 0년〉(1947)이다. 널리 알려진 것과 같이 2차 세계대전 이후의 베를린을 배경으로 인간 정신의 황폐함을 그린 영화이다. 0년은 2차 대전이 끝난 시점을 은유화하는 기호인데, 유럽 문명이 퇴화한 지점이자 유럽 문명이 다시 출발해야 하는 지점을 상징하는 기호로 읽을 수도 있을 것이다. 1차 세계대전에 대한 감성 역시 영도零度 내지는 영년零年과 유사하게 분할 내지 구성될 수 있지 않았을까 하는 생각이다.

42 이광수, 「우리의 이상」, 『학지광』 14, 1917.11, 3쪽.

에 對하야 一種 偏見과 迷信을 가진 **西洋人보다도 도로혀 아직도 이어한 偏見과 迷信을 아니 가진 東洋人이 가장 冷靜하게 公平하게 窮究할 利益을 가진 듯**합니다.[43]

(다) **朝鮮民族도 이 機會를 타서 한번 世界文化史上에 一大活躍을 示하여야 할 것**이오 萬一 이 機會만 노치면 朝鮮民族은 永遠히 朝鮮民族으로의 存在의 意義를 찾지 못하고 말 것이니 이 機會야 말로 朝鮮民族에게 千載一遇의 好機會요 아울러 死生如此가 달린 危機라 합니다.[44]

이광수의 「우리의 이상」은 당시 지식인들에게 1차 대전이 상상적·담론적 차원에서 세계적 동시성을 확보할 수 있는 기회로 다가왔음을 명시적으로 보여주는 텍스트이다. 흥미롭게도 그는 조선의 후진성이 1차 대전의 문명사적 혼란을 극복하는 긍정적 계기로 작용할 수 있음을 이야기하고 있다. 후진성을 활용하여 세계적 동시성 확보하기가 그것이다. 1차 대전 이후 세계적 수준의 사상의 영도零度에 조선민족이 개입할 수 있다는 것, 조선적 후진성에서 세계적 동시성(보편성)으로의 도약 내지는 초월이 가능하다는 것. 흥미로운 점은 새로운 도덕이나 이상을 논하는 글들이, 식민지배 아래에 놓여있는 조선인뿐만 아니라 전쟁의 포화에 휩싸여 있는 구주인까지를, 달리 말하면 인류를 청자 또는 대상으로 삼는다는 점이다.

조선의 후진성에 대한 인식, 문예부흥에 대한 참조, 후진성의 구도하에 서구와의 유비적 관계 구축, 1차 세계대전의 경험 등을 통해서 조선의 지식인들이 꿈꾸었던 것은 무엇이었을까. 단지 우리도 인류다 또

---

43 위의 글, 5쪽.
44 위의 글, 6쪽.

는 조선은 세계 속에 있다는, 상상적 차원의 승인투쟁에 국한되는 것은 아닐 것이다. 후진성과 관련된 참담한 무의식 속에서 끊임없이 식민지 지식인들을 견인해 나갔던 것은, 아마도 새로운 기원과 함께 자신의 주체를 구성하는 사람들이 느끼는 매혹이었을 것이다. 1차 세계대전의 세계사적 의미와 관련해서 알랭 바디우가 말한 바 있는 '새로운 인간의 역사성'을 상상하는 자리에, 그들도 자리하고 있었다는 것.

> 세기의 주체들, 투사들을 매혹시킨 것은 오히려 새로운 인간의 **역사성**입니다. 왜냐하면 우리는 (역사적) 시작이라고 하는 실재의 순간 속에 존재했기 때문입니다. (…중략…) 바로 이것이 내가 **실재에 대한 열정**으로 부르자고 제안하는 것입니다. 나는 이 실재에 대한 열정을 세기에 대한 모든 이해의 열쇠로 만들어야 한다고 생각합니다. 시작이라고 하는 실재에 소환되었다는 감동적 확신이 사람들에게 존재하는 것입니다.[45]

7. 1차 세계대전과 인류의 재/구성
—세계사적 동시성의 잠정적·형식적 확보

후일담일 수도 있겠지만 1차 세계대전이 끝난 후의 감각을 살펴보도록 하자. 정밀하게 통계를 낼 수 있으면 좋겠지만, 가장 중요한 의미를 가지고 빈번하게 사용되는 단어는 '인류'와 '신시대'로 보인다. 새로운 역사의 시대가 열렸다는 감각이 분출하고 있다.

---

45 알랭 바디우Alain Badiou, 앞의 책, 68쪽. 바디우는 19세기와 20세기 사이에 '새로운 인간의 역사성'이 놓여 있다고 말한다. 강조는 저자의 것.

(가) 軍費額으로나 戰鬪員數로나 人類의 歷史가 잇슨 以後 처음되난 **世界大戰**은 終熄되고, 將次 新生面을 보려하난 이때, 卽 **人類 全體가 墮落에셔 버셔나고, 모든 不自然한 狀態가 自然한 狀態로 回復 되여가난 更新시대가 新時代**일 것이다. 戰後 無數한 新思潮의 勃興은 新時代가 온 것을 證明하기에 넉넉할 것이다. 果然 우리의 過去난 墮落이엿고, 不自然이엿다. 이로부터난 이 모든 缺陷을 업새려고 하난 것이 우리의 最大 急務가 안이고 무엇이냐, **諸君이나 내가, 中華人이나 日本人이나, 黃人種이나 白人種이나를 勿論하고 一般일 것**이다. 나난 **現今을 境界로 삼아 過去를 舊時代라 하고 將來를 新時代**라고 하려 한다.[46]

(나) 우리는 時代思潮의 變遷하는 바를 따라서, 이에 順應하는 바가 잇서야 되겟습니다. (…중략…) **全 人類**는 깨엿습니다. 적어도, 깨여가는 道程에 잇습니다. 깰 것도 明白한 사실이려니와, 또한 참 意味로 깨지 안으면 아니되겟습니다. **우리 人類**는 自己自身을 속히고, 兄弟同胞를 속히고, 嫉妬, 憎惡 가운대서 因襲과 所謂 傳統의 奴隸가 되야 槪念을 조차서 生活해내려 오던 여러 萬年 된 줄을 끈코, **다시 根本으로 도라가서, 옷버슨 「사람」으로 도라가서, 人類의 生活을 人類意識 가운대서 다시, 새로 시작하려 합니다.**[47]

(다) 하여간에, **末世가 되엇는지 끗까지 進化한 新世界가 되엿는지** 알 수 없지만, 마치 劇場의 舞臺가 핑 도라가서 한번 變한 것가치 世界는 겨우 數年 동안에 刮目相對할 만콤 새로워젓다. 前에 보지 못하든 **새 戲曲의 幕이 展開되엇다. 이러한 戲曲을 當代에 안저서 구경할 수 잇는 우리는 얼마나 幸福스러운지 모르겟다. 엇잿든 나는 現代의 世界를 理想的 新世界라고 부르겟다.**[48]

---

46 「신시대」, 『학지광』 19, 1920.1, 1쪽.
47 朴錫胤, 「자기의 개조」, 『학지광』 20, 1920.7, 7쪽.

세계대전이 막을 내린 1918년경에는 매우 자연스럽게 '우리 인류'가 맞이한 새로운 세계를 이야기하고 있다. 기껏해야 아한我韓동포, 아한 유학생, 아한청년, 아한의 부형에게 말을 하는 방식으로 글이 씌어지던 상황과는 크게 달라진 양상을 보인다. 1차 세계대전을 전에 후진성의 구조 아래에서 비非-인류의 위치를 점하고 있던 조선민족은 이제 인류에 등기를 마친 것으로 보인다. 서구인과 조선인, 백인종과 황인종을 모두 '우리 인류'라는 범주에 포괄하고 있다. 따라서 인류를 주어(주체)로 삼아서 세계(실질적으로 서구)의 역사를 써내려가는 일이 가능하다. 그리고 세계사의 가설적 주체인 인류에 조선인이 포함되는지, 또는 조선은 자신이 쓰고 있는 인류사적인 경험을 공유한 바 있는지에 대해서 조금도 회의하지 않는다.[49]

> 그림으로써 나는 疑心업시 이와 갓치 말하고저 함니다. 朝鮮사람은 世界사람과 交際 안 할 수 엄습니다. 朝鮮사람은 世界사람과 運命을 同一히 안 할 수 엄습니다, 朝鮮사람은 世界사람이, 하는 事業을 안 할 수 엄습니다, 또한 우리는 이와같은 重大한 使命과, 高尙한 理想을 가지고, 世界舞臺에 出演할 運命을 타고, 二十世紀에 나왓습니다.[50]

1차 세계대전의 전승국이었던 일본과 달리 조선인은 1차 세계대전을 직접적으로 경험한 적이 없다.[51] 하지만 1차 세계대전이라는 세계

---

48 田榮澤, 「凡人의 感想」, 『학지광』 20, 1920.7, 45쪽.

49 이 지점은 보다 심층적인 후진성을 구조화하는 기반이 된다. 한국사회에서 후진성에 대한 인식이 가장 첨예하게 드러난 것은 1980년대의 사회구성체논의라고 생각된다. 그 이전까지 한국의 지식인들은 후진성에 대한 인식, 세계적 동시성을 위한 노력, 다시 후진성에 발목 잡히기와 같은 과정을 반복해 왔다고 개인적으로는 생각하고 있다.

50 高志英, 「시대사조와 조선청년」, 『학지광』 20, 1920.7, 32쪽.

51 1919년 11월 동경대생이었던 김준연은 '海法講義' 시간에 군함을 승선할 기회를 갖게 된

사적 사건과 동시대에 존재했다는 사실, 동시대를 살고 있다는 사실보다 명확한 것은 없다. 그것은 세계라는 지평에 조선이 등재entry되어 있으며 세계사적 동시성의 구조에 공속되어 있음을 보여주기 때문이다. 그렇다면 세계와 조선을 이어준 동시성의 매체는 무엇일까. 김준연의 경험에 의하면, 기도와 동정同情이 그것이다.

> (세계대전의 고통을 – 인용자) **當하지 아니하는 第三者라도, 아무리 영악하더라도, 이 慘酷한 模樣을 보고야 누가 同情하는 눈물을 아니 흘릴가?** 全世界 十六億 萬人의 가슴으로부터 나오는, 뜨거운 **祈禱**는, 여긔서 始作되얏다. 全世界 十六億人의 손을 合하고, 하날을 울어다보고, 부르지지는 소래는, 不期하고 一致하엿다.
>
> 우리의 罪를 容恕하여지이다. 惡魔를 우리의게서 떠나게 하여주소서. (…중략…) 우리를 永遠한 平和로! (…중략…) 우리는 勝利 업는 平和를 願하나이다. (…중략…) 이런 祈禱 소래가 十六億 萬(인의 오기 – 인용자)의 입에서 意識的으로 혹은 無意識的으로, 부르지지게 되엿다[52]

다. 1차 대전과 관련된 군함 '日向'을 타고 150명의 학생이 도쿄, 요코하마, 고베까지 가는 여정이었다. 그는 고베에서 배를 내려 교토를 방문했다. 교토제대 청년회관에서 기도회가 있었고 임종순 목사가 기도를 했다. 그때의 일을 다음과 같이 기록해 놓고 있다. "**우리의 물질문명은 남의게 넘우 느젓다.** 일천칠백십년 유월 이십이일에 젬스, 하그리브스씨는 제사기계를 시작하엿다. 젬스, 하그리브스씨는 연국산업혁명의 선구자이엇섯다. 우리는 물질문명상 아즉 십팔세기의 영국의 능력이 업다. **우리의 물질문명은 현금 문명 諸國보다 이삼백년이 뒷젓다.** 그런 고로 우리는 이 물질적 방면에도 다대한 노력을 하지 안이 하면 안이 되겟다. 그러하나 **몬저 각성하여야 할 것은 정신적 방면**이다. 하느님을 사랑하고 니웃사람을 사랑하는 사랑 우에 물질적 문명을 싸어야만 그 문명이 반석우에 세운 집과 갓치 안전할 것이다 그럿치 안이하면 사상에 지은 누각과 갓치 극히 불완전함을 면치 못할 것이다. 이점에 잇서서 나는 **현금문명의 약점**을 발견하엿노라"(金俊淵, 「旅行雜感」, 『학지광』 19, 1920.1, 55쪽).

52 金俊淵, 「세계개조와 오인의 각오」, 『학지광』 20, 1920.7, 21쪽.

세계대전의 비참에 대한 동정과 기도가, 조선인이 포함된 인류를 만들었다. 동정은 세계와 조선을 이어준 매개적 감정이며, 기도는 서양인 선교사로부터 배운 성경의 말씀을 세계(서구)에 되돌려주는 의례이다. 상상적인 차원에서나마 서구와 조선이 대화적 관계를 구축하게 되었다. 따라서 "다시 말하면, 세계대전쟁은, 우리의게 세계를 개조 아니 하면 아니 되겠다 하는 것을, 통절하게 가르쳐 주엇다"[53]는 언급이 별다른 자의식 없이 자연스럽게 제시된다. 세계적 동시성의 시간을 살아가는 조선민족을 상상하는, 조선민족이 발명된 것이다.

이 지점에서, 비록 지극히 상상적인 차원에서이기는 하지만, 조선이 세계에 등재될 가능성, 비-인류의 차원에 놓여 있던 조선민족이 자신이 포함된 인류를 상상할 수 있는 가능성, 조선민족의 새로운 도덕과 인류의 새로운 도덕이 일치될 가능성, 조선민족이 인류를 향해 말할 수 있는 가능성 등이 하나의 지점으로 수렴된다. 이후의 지성사 또는 문학사의 전개를 고려한다면 매우 일시적인 현상이라고도 할 수 있겠지만, 이 지점에서 조선은 형식적인 차원에서 세계사적 동시성을 처음으로 확보하게 된다. 물론 이때의 세계사적 동시성은 후진성에 대한 보다 심오한 인식을 가능하게 하는 조건으로 작동하게 될 것이다.

---

53 위의 글, 22쪽.

1910년대의 '혁명'

3·1운동 전야의 개념과 용법을 중심으로

권보드래

1. "민중이 회집하여 혁명을"

1919년 1월 31일, 메이지대 법대 재학생 양주흡은 고향인 함경북도 북청을 향한 귀향길에 올랐다. '혁명'에의 기대에 자못 흥분되어 있는 상태였다. 도쿄 유학생 사이 2·8독립선언 계획 까닭이 컸고, 옛 광무황제의 죽음도 한몫했다. 2·8독립선언에 대해 조선인 유학생 사이에서 공개적으로 논의가 시작된 것은 1월 6일이었던 듯하다. 이날 학우회 편집부 주최 웅변대회에 참석했던 양주흡은 "구세의 국책을 설명하여 만장일치가 되었으므로" 위원 열 명을 뽑아 일본에 대해 시위운동을 벌이기로 했다고 적는다. 다음날에는 '독립운동혁명회'라고 명명한 회의를 개최했다. 도쿄에 유학하는 학생 중 절반 넘는 4백여 명이 참석한 가운데 좀체 자리를 함께하지 않는 여학생들도 대표 두 명을 파견했다. 일본 정부에의 질의, 각국 외교관저 앞에서의 시위운동 등을 결의한 후 학생들은 마침기도를 할 때 "만장일치로 눈물을 흘리면서 절규"했다고 한다. 이날 회의가 끝난 후 대표 20여 명이 경시청을 방문했다. 양주흡은 이날 일기에 "이 민족을 구제할 자는 우리 도쿄의 유학생이므로 비록 산이 움직이더라도 나는 움직이지 않겠다"고 다짐한다.[1]

대표단의 경시청 방문은 그야말로 '질문과 회유'로 끝났지만 양주흡은 의기를 꺾지 않았다. 졸업을 1년여 남겨 두었을 때였지만 "졸업을 하여도 별 볼일이 없으므로 이 차제에 독립이 되지 않으면 미국으로 가서 정치과를 졸업하기로" 결심한다. 부모에게 자금을 청구한 후 며칠 기다리는 중 "귀국하여 경성에 가서 민심을 선동할까, 만주로 갈까" 다시 고민하기 시작한다. 판단은 혼잡하고 피는 끓고, 겨우 경성행을 결심하고 났는데 고종 승하 소식이 들려온다. 양주흡은 더 안타까워진다. "경성에서는 이태왕 서거로 인하여 민중이 회집하여 혁명을 하는 데 절호의 기회인데 아-어찌하여야 하는가"(225). 다수 민중이 모였다는 이유만으로도 '혁명'을 상상하고 계획하기에는 넉넉하다. 양주흡 자신은 여러모로 지도자급 인물은 아니었던 것으로 보이는데도 그랬던 것이다.

도쿄에 유학하던 젊은이들이 대개 그러했듯 양주흡도 혁명을 꿈꾸었다. 3·1운동 전이고 아직 2·8독립선언과 검거 열풍도 일기 전이지만, 양주흡의 눈에 이미 혁명은 시작되고 있다. 야시장에 가서 책을 사고 『수양론』이며 『대전과 미국의 장래』며 『연설미사법』 같은 서적을 읽으며 소일하는 동안 서울에선 이미 사람들이 혁명운동을 시작하고 있는 것이 아닌가.[2] 고종 승하 소식을 듣고 "아— 혁명— 새 생명의

1 「일기장」(증 제1호), 국사편찬위원회 편, 『한민족독립운동사자료집』 13, 국사편찬위원회, 1990, 221쪽. 이하 맥락상 출처를 확인할 수 있는 자료를 다시 인용할 때는 본문 괄호 안에 쪽수만 표시토록 한다.

혁명"을 외쳤던 와세다생 김우진과 마찬가지로[3] 양주흡 역시 옛 군주가 세상을 떠났다는 소식에 애통해하기보다 곧 격변이 닥쳐올 곳을 예감하고 기원한다. '구세계의 장례식'으로 제1차 세계대전이 자리매김 되고 있던 당시다. 유럽이 쇠퇴하고, 약육강식의 질서가 몰락하고, 제국주의적 세계질서가 종막을 맞게 되리라고 했다. 1년여 전 있었던 러시아혁명 같은 경로일지는 알 수 없지만 조선도 바야흐로 혁명을 바라보고 있는 듯 보였다.

2월 초 고향에 도착한 양주흡은 『혁명론』을 읽고 『연세혁명사延世革命史』를 자습하였다. 1910년대 지식 청년들에게 '혁명'이 그만큼 가까운 말이었음을 잘 보여 주는 사례라 하겠다. 국내에서는 거의 발설되지 못했지만 조선 이라는 경역境域을 넘어서면 혁명이라는 단어는 넘쳐났다. 이미 근대 초기 식자층 사이에서는 혁명이라는 말이 친숙해졌던 후다.[4] 비록 독립협회 해산 후 러일전쟁까지, 즉 1899~1905년의 시기에 혁명이라는 단어가 금지되다시피 했고 이후 1910년까지는 국망의 위기 앞에 혁명의 문제가 부차화되었으나, 그럼에도 혁명에 대한 문제의식이 끊이지는 않았다. 여기에서 초점을 맞추려는 것은 그 이후, 1910년부터 1919년 3·1운동 사이 '혁명' 개념의 변천이다. 식민지가 현실이 되어 버린 1910년 이후 혁명은 어떻게 인식되고 상상되었는가. 주지하다시피 1910년대는 세계적 혁명의 시대였다. 1911년에는 가까운 중국에서 신해혁명이 일어났고, 1914~1918년의 제1차

---

2 양주흡 관련 서술은 2012년 5월 웹진 『Weekly 수유+너머』에 2회에 걸쳐 연재한 글(http://suyunomo.net/?p=10056) 일부를 수정한 것이다. 3·1운동 시기 양주흡의 일기를 자료로 한 논문도 최근 제출되었다(최우석, 「재일 유학생의 국내 3·1운동 참여-「양주흡 일기」를 중심으로, 『역사문제연구』 제31호, 2014).

3 김우진, 「心の迹」, 서연호·홍창수 편, 『김우진전집』 2, 연극과인간, 2000, 458쪽.

4 이헌미, 「반역의 정치학-대한제국기 혁명 개념 연구」, 서울대 박사논문, 2012.

세계대전 와중에는 러시아 및 독일의 혁명이 전쟁의 종결에 큰 영향을 미쳤다. 국제정세의 변동을 타고 혁명은 가까운 현실로 옮아왔다. 3·1운동 직전 양주흡이나 김우진이 혁명이라는 단어를 쉽게 발음할 수 있게 된 것은 그런 상황 한복판에서였다.

2. 1900년대, 정치혁명과 정신혁명

한문문명권에서 '혁명'이라는 단어의 유래는 오래다. 오늘날의 혁명이 역성혁명으로서의 전통적 혁명과 서양의 revolution이 결합된 결과 형성된 개념이라는 데 대해서도 널리 합의가 이루어져 있는 상태다.[5] 근대 이전 혁명의 어의에도 곡절이 있어 이전에는 오덕종시설五德終始說식 순환과 선양의 논리가 일반적이던 것이 주자학의 정립 이후 일종의 유토피아니즘이 혁명에 깃들게 되었다는 주장이 대개 동의를 얻고 있는 듯 보인다. 주자학적 합리주의의 영향 아래 송 이후의 왕조는 스스로를 '사상 최고의 체제'로서 과시해야 할 필요에 쫓기게 되었고, 군주 역시 성군·현군으로서의 존재 증명에 강박되었다는 것이다.[6] 『조선왕조실록』을 통해 보면 '혁명'은 총 47차례 등장하는데, 짐작할 수 있듯 대부분의 사례는 역대 왕조의 역성혁명 사례를 상기시키는 맥락이다. 태종이 "혁명을 일으켜 하늘의 뜻에 순응하여 왕위에" 올랐음[7]을 서술할 때 쓰인 경우가 많고, 그 밖에 중국 역대 혁명의 사

---

5 陳建華, 『革命的現代性』, 上海古籍出版社, 2000, 1~2쪽.

6 요나하 준與那覇潤, 「몇 가지의 '혁명'의 사이에서-오키나와로부터 신해혁명과 다이쇼 정변」, 『정치사상연구』 제16집 1호, 2010, 243쪽.

7 『조선왕조실록』(http://sillok.history.go.kr/main/main.jsp) 태종 1년(1392) 7월 20일.

례를 참조할 때도 자주 쓰인다. '혁대革代'도 사실상 동일한 의미로 총 10회에 걸쳐 출현하고 있다. 대한제국 시기에 있어서 등장은 딱 한 차례다. 일본 유학 중이던 사관생도들 사이에서 결성된 이른바 혁명일심회 일당을 취조하는 자리에서였다. 피의자들은 고종을 폐위시키고 의친왕을 옹립하려는 계획을 골자로 하는 '혁명혈약서'를 함께 작성했다고 진술했다.[8]

혁명은 1900년대 다른 문헌에도 종종 선보인다. 『서유견문』의 경우 '개혁'이라는 단어가 총 5차례에 걸쳐 출현한 반면 혁명은 보이지 않으나,[9] 『독립신문』을 통해서는 2차례에 걸쳐 혁명이라는 단어가 목격된다. 각각 중국과 러시아 관련 기사에서다.[10] 단행본 중에서는 『만국약사』(1896)에 처음 혁명이 등장한다고 한다. '불란서혁명'을 소개하는 대목에서다.[11] 이렇듯 1900년대에 있어 혁명은 주로 외국 사적과의 관련 하에서 발음된다. 앞에서 썼던 대로 1899~1905년에는 언론의 부자유가, 1905~1910년에는 국망에의 위기감이 국내에서의 혁명을 시야에서 지워 낸 탓이리라 짐작된다. 『대한매일신보』 국한문판 논설을 기준으로 혁명은 해마다 대체로 10회 미만의 낮은 출현 빈도를 보이는데, 대부분은 중국과 프랑스·일본·영국·러시아·이탈리아·페르시아 등의 외국 사례를 거론하는 것이다.[12] 논설란 바깥까지

8 『조선왕조실록』 광무 8년(1904) 3월 11일.

9 이한섭, 『서유견문―어휘색인』, 박이정, 2000.

10 1899년 2월 28일자 '외국통신' 내 「자객소문」이라는 제목의 기사에 "청국 혁명당 괴수 강유위 씨"라는 구절이 보이는 것, 같은 해 10월 19일자 '외보' 내 「노국내정」에 "아라사 나라는 본래 사회를 주의하는 자의 뭉텅이가 없으나 …… 이 무리가 노력자를 선동하는 목적은 혁명革命을 바라는 데 있"다는 서술이 있는 것 정도를 사례로 들 수 있을 뿐이다.

11 이헌미, 앞의 글, 77쪽. 그 밖에 1900년대 전반을 통한 '혁명' 및 관련 개념에 대한 논의는 이 글에 상세하다. 이헌미에 따르면 갑오내각 붕괴 후 한동안 '혁명'은 '민란'으로 대치되어 쓰였다고 한다(91~94쪽).

12 1908년은 예외적으로 이해에는 총 8종의 기사를 통해 도합 22회에 걸쳐 '혁명'이라는 단

시야를 넓혀 보아도 별반 다르지 않다.

『대한매일신보』에서 혁명은 러일전쟁 후 러시아에서 "허무당과 혁명당의 운동이 창궐"한다고 보도한 기사에서 처음 발견된다.[13] 일찍이 『한성주보』에서도, 당시 『황성신문』에서도 러시아 허무당의 활동에 주의를 기울인 것으로 알려져 있다.[14] 그러나 혁명이라는 단어와 관련하여 가장 빈번하게 언급된 것은 중국의 정치적 변동에 대한 관심 및 최근세사 회고다. 태평천국 운동을 거론하면서 혁명을 운위하기도 하고 쑨원孫文 등 구체적 인명과 관련해 혁명을 언급하기도 하는 가운데 1908년 11월에 연재된 논설 「光緖 及 西太后 崩逝 후 지나 문제에 대한 연구」에서는 무려 10차례나 혁명이라는 단어를 동원하고 있는 식이다. 이렇듯 자주 등장했음에도 중국의 혁명에 대한 관심이 혁명 개념 자체를 숙고하고 정련하는 데까지 이어지지는 못한 듯하다. 국제정치적 변동을 수리受理한다는 실용적 목표가 앞선 까닭인지 혁명은 사건 당사자의 어휘를 차용해 오는 경우가 잦았다. 서술자의 평가적 시각이 혁명의 어의에 깊게 개입하지 못했다는 뜻이다.

오늘날과 마찬가지로 이 시기 혁명 개념에는 유럽 중심적 색채가 짙다. 다른 글에서 다룬 바 있어 생략하지만, 번역 단행본을 기준으로 하면 『태서신사』(1897)·『법국혁신전사』(1900)·『법란서신사』(1906) 등을 통해 이미 혁명의 원형으로서 프랑스혁명이 자리 잡은 후였다. 이 서적들에서 프랑스혁명은 그 발발부터 나폴레옹의 등장과 몰락에 이르기까지 조밀하게 기술되고 있다.[15] 『대한매일신보』에서 그 흔적은 역

어가 출현한다.

13 「談辨后聞」, 『대한매일신보』, 1905.8.29.

14 양진오, 「신채호 문학에서의 혁명 개념 연구」, 『국어교육연구』 제52집, 2013, 421~422쪽.

15 권보드래, 「망국과 공화—1900년대 역사·전기물에서의 정체 상상」, 『신소설, 언어와 정치』, 소명출판, 2014 참조.

력하다. "拿破倫은 小島의 一健兒 로도 법국 대혁명을 起"했다 하고[16] "18세기 말에 법국의 혁명 초기"를 연상하는 등[17] 프랑스혁명을 참조하는 내용이 종종 보인다. 한편으로는 영국(청교도)혁명과 프랑스혁명을 엮음으로써 혁명의 폭력성 및 그 근본주의적 성격을 범례화하는 시각이 등장한다. "자유주의는 歐洲의 산물이라. 제1차 영국대혁명이 개가를 奏하며 제2차 법국대혁명이 大潮를 作하야" 같은 문장이 전형적이라 하겠다.[18] 이런 발상 때문에 "한국 금일은 영국대혁명의 시대가 아니며 법국대혁명의 시대가 아니"라는 입장[19] 또한 가능했을 것이다. 정치 질서의 근본적 변혁을 꾀하기엔 눈앞의 민족적 위기가 너무나 절박하다는 입장이다.

그 때문에 『대한매일신보』에서 외국에 의존하지 않고 혁명을 발설하는 일은 드물다. 조선의 개국을 혁명으로 칭할 때,[20] 유학생이라면 무조건 '혁명당'으로 몰던 10여 년 전을 상기할 때,[21] 베델 공판을 중계하면서 "정부를 반대하여 폭행하거나 혁명을 기도함이 有하뇨"라는 검사의 질문을 옮길 때[22] 정도가 대표적 사례로 눈에 띌 뿐이다. "인민이 共治(입헌민주)하거나 君民이 共治(입헌군주)하는" 체제가 공히 논의된 것으로 보면[23] 입헌군주제는 물론 공화정치까지 폭넓게 긍정되기 시작한 것 같지만, 정체 변혁에 대한 논의가 본격적으로 시동될 수는 없었던 셈이다. 혁명이라면 군주 혹은 왕조의 교체를 연상하는, 그 때

16 「금일 대한국민의 목적지」, 『대한매일신보』, 1908.5.24.
17 「정부와 인민의 제한」, 『대한매일신보』, 1910.7.19.
18 「20세기 신국민 (속)」, 『대한매일신보』, 1910.2.23.
19 「헌정연구회의 필요」, 『대한매일신보』, 1910.3.19.
20 「遍告僧侶同胞」, 『대한매일신보』, 1908.12.13.
21 「警告于留學生諸君」, 『대한매일신보』, 1908.1.11.
22 「배설 씨의 공판전말」, 『대한매일신보』(별보), 1908.7.15.
23 「헌정연구회의 필요」, 『대한매일신보』, 1910.3.19.

문에 국망의 위기 앞에 그런 대규모 정치 변동을 목표하기는 어렵다는 착잡한 좌표가 작동하고 있는 셈이다. 혁명이 정치적 변동이라는 의미를 넘어 진폭이 큰 변화 일반을 지칭하는 용법은 별반 목격되지 않는다. 예외라면 '사상계혁명'이라든가 '시계혁명詩界革命' 등 '혁명'이 수사화·상징화되고 있는 경우다.

『대한매일신보』를 통틀어 '혁명'이 표제로 걸린 것은 꼭 한 차례, 「유림가의 사상계혁명」이라는 논설에서다. 이 논설의 필자는 '문명적 유림가'와 '완고적 유림가'를 구분한 후 후자를 교육, 실업, 정치보다 사상에 있어서 대변화를 이루어야 할 필요를 역설한다. 신문 구독과 학교 확장에 반대하는 유생 세력이 적지 않다는 문제의식이 이 논설의 배경이다. "지금도 오히려 세계 열국을 夷狄이라 하고 문명교육을 倭學이라 하는" 이 유생들에게 필요한 것은 시세에 대한 정확한 판단과 사상적 변화다. 논설의 필자는 유림 세력을 향해 "국가 존망, 민족 사활"에의 책임을 촉구하면서 쉴 새 없이 혁명이라는 단어를 구사한다.[24] 이때 혁명은 정치적 급진성과 무관한 언어적 수사다. 그러고 보면 유명한 「천희당시화天喜堂詩話」에서의 '동국시계혁명東國詩界革命'론 역시 마찬가지다. 「천희당시화」에서 저자[25]는 "시란 자는 국민정신의 정화"라는 사실을 강조하면서 "頑陋를 改誦하고 신사상을 수입"함으로써 "시계혁명자"가 될 수 있다고 주장한다. "國字를 多用하고 국어로 成句"할 것 또한 강조하지만, 핵심은 최영이나 남이 등 역대 영용한 무장들이 남긴 시가처럼 상무정신을 드높이는 것이다.[26] 이러한 '시계혁

24 「유림가의 사상계혁명」, 『대한매일신보』, 1910.3.23.

25 「천희당시화」 저자의 신원은 아직 미확정 상태다. 신채호설과 윤상현설이 가장 유력한 가운데 이에 대한 최근의 논의로는 김주현, 「'천희당시화'의 저자 확정 문제」, 『우리말글 연구』 통권 33호, 2005 참조.

26 천희당, 「천희당시화」, 『대한매일신보』, 1909.11.9~12.4.

명'은 국가의 자립과 부강을 장기적 목표로 하는 것이기도 하나, 정치적·제도적 개혁과는 단지 우회적 관계를 맺고 있을 뿐이다. 후일 「조선혁명선언」을 기초한 신채호도 '정신혁명'에의 편향성을 보이고 있었다고 평가되는 시기다.[27]

널리 알려져 있다시피 동국시계혁명의 원본은 량치차오梁啓超의 시계혁명이다.[28] 량치차오는 자타 공인의 개량주의자였으나 1898~1903년의 시기에는 배만排滿혁명론으로 크게 기울어 있었다. 그러나 이 몇 년 간을 제외하면 량치차오는 '중국은 혁명은커녕 입헌도 시기상조이며 공화는 소국에나 적합한 체제'라는 주장을 평생 고집한 것으로 보인다. 1907년 10월 량치차오가 도쿄에서 정문사政聞社 창립대회를 열었을 때 혁명파들이 난입하여 대회를 방해한 사건은 상징적이다. 그는 정치혁명 즉 왕조의 교체 정도를 넘어선 종족혁명이 불합리함을 설득했으며,[29] 중화민국 성립 후에도 혁명의 폐해를 경고하기를 게을리하지 않았다.[30] 그가 「개명전제론」이라는 글로써 자신의 입장을 정리·천명한 것은 1906년 『신민총보』를 통해서다. 총 4호 1백여 쪽에 걸친 방대한 분량의 논문이었다.

반면 같은 해 쑨원의 「삼민주의」를 창간호에 실으며 등장한 『민보民

---

27 양진오, 앞의 글. 신채호가 이때 이미 이태리 건국 삼걸전을 번역하면서 '혁명' 이라는 단어를 숱하게 옮겼다는 사실을 생각하면 정치적 '혁명'에 대한 발설의 금지는 더욱 의미심장한 바 있다.

28 그 비교에 대한 최근의 연구로는 최형욱, 「梁啓超의 詩界革命論이 개화기 한국 시론에 미친 영향」, 『한국언어문화』 제38집, 2009 참조.

29 飮氷, 「申論種族革命與政治革命之得失」, 『新民叢報』 제73호, 1906.3. 이하 인용한 1915년까지의 중국 잡지 소재 기사에 대한 정보는 대개 인하대 인문과학연구소 '20세기 초 중국의 근대어와 근대지식 연표 작성 및 데이터베이스화' 연구팀, 『중국 근대지식 연표』, 한모임, 2010에서 얻은 것이다. 당연히 원문을 확인해야 할 터이나 미처 대조 작업을 하지 못했다. 이 주를 포함하여 이하 다섯 개의 주는 간접 인용으로 생각해 주기 바란다.

30 梁啓超, 「革命相續之原理及其惡果」, 『庸言』 제1권 14호, 1913.6.

報』는 『신민총보新民叢報』의 입장을 '비혁명론'으로 정리・반박해 나가면서 '입헌에서 혁명으로'의 줄기를 강화시킨다. 량치차오는 입헌공화제의 시기상조를 논하지만 『민보』 필진에 의하면 국민의 능력은 입헌과 공화에 의해 자라난다.[31] 량치차오는 현 시기 중국 내 혁명은 열강에 의한 과분瓜分을 초래하리라고 주장하고 있으나, 발본적으로 생각하면 인민의 능력을 함양해야만 중국의 멸망을 막을 수 있다. 그러므로 "오늘날 급무는 끊이지 않는 자연적 폭동을 혁명으로 진화시키는 것"이다.[32] 『민보』 필진은 량치차오의 지식인 중심 엘리트주의에도 반대한다. "사람의 고통이란 지식이 있어야 깨닫는 것이 아니다. 인류는 감정을 가지고 있고 그래서 궁하면 하늘에 호소하는 것"이며 유럽 동맹파업 등의 정황을 보더라도 "그들은 모두 工人으로 학식과 거리가 멀"다. "강권은 자연스럽게 저항의 힘을 길러 내며, 反動의 운동은 民情怨憤을 그 원천으로 삼는다."[33]

당시 중국 근대의 혁명이 무엇보다 배만이라는 민족적 동기에서 출발했다는 사실은 잘 알려져 있다. '혁명'이란 동족 내 왕조 교체를 뜻하는 말이니 당시 상황에 쓰기 부적절하다는 지적도 있었다. 대표적 배만혁명론자였던 장타이옌章太炎은 정복 이민족을 축출하는 과업은 혁명이 아니라 '광복光復'으로 불러야 한다고 구분한다. 저우룽秋容이 유명한 「혁명군」을 『소보蘇報』에 연재하기 시작했을 때도(1903) 장타이옌은 '혁명'에 대해 유보적 지지를 표명하면서 다음과 같이 쓴 바 있다. "이민족을 몰아내는 것뿐만이 아니라 정교, 학술, 예속, 본성이라 하더라도 마땅히 혁파해야 할 것들이 있기 때문이다."[34]

---

31 漢民, 「駁新民叢報最近之非革命論」, 『民報』 제4호, 1906.5.
32 精衛, 「駁革命可以召瓜分說」, 『民報』 제6호, 1906.7.
33 精衛, 「論革命之趨勢」, 『民報』 제25호, 1910.1.

장타이옌의 말마따나 '혁명'은 한족漢族의 회복뿐 아니라 정치와 문화, 풍속과 심성의 변화를 다 포괄한다. 저우룽의 『혁명군』은 당시 혁명이라는 단어로 중국인이 기대하고 있었던 모든 것을 잘 표현해 내고 있다. "수천 년 동안의 온갖 전제적 정치체제를 쓸어버리고, 수천 년 동안의 온갖 노예근성을 벗겨 내고, 금수가 되어 버린 5백만 남짓의 만주족을 멸절하고, 260년 동안의 처참하고 잔혹한 큰 치욕을 씻어 내어, 중국대륙을 정토로 탈바꿈시키고, 황제黃帝의 자손 이 모두 워싱턴이 되려면 (…중략…) 지극히 존귀하고 유일무이하며 비길 데 없이 위대한 하나의 목적이 있으니, 이를 일러 '혁명'이라 한다. 위대하도다! 혁명이여. 장엄하도다! 혁명이여"(205). "혁명은 자연세계의 법칙이다. 혁명은 세계의 공리이다. (…중략…) 혁명은 썩은 것을 제거하고 바람직한 것을 보존하는 것이다"(206).

혁명은 쇄신에 의해 진전되는 일상 자체인 동시 영국·프랑스·미국 등이 경험한 비일상적 정치혁명, 두 축에 의해 동시에 지지되는 단어다(206). 그러나 중국에는 양쪽 어디에도 속하지 않는, 왕조 교체의, 살인과 방화의 '야만스러운 혁명'만이 있었다(207~208). 크게 보면 역시 '혁명'을 통해 청을 건국한 만주족은 더더구나 3백 년 역사 내내 한족을 서서히 말살시켜 왔다. 저우룽은 "아! 아! 내 목에 칼을 들이대고 내 몸에 창끝을 겨누어도 나는 감히 말할 것이다. 역적 만주족이 우리를 도륙한다고!"(222) 비통해하면서 "아! 아! 우리 중국은 혁명을 해야 한다! 프랑스는 세 번이나 했고 미국은 7년 동안이나 했다"(232)고 선동한다. 그러나 혁명이 파괴와 전복만을 뜻하는 것은 아니다. "크게 건설코자 한다면 반드시 먼저 파괴해야 하고, 크게 파괴하고자 한다

---

34 태평양객·호남지호남인·추용·진천화, 성근제·차태근·백광준·민정기 역주, 『20세기 초 반청 혁명운동 자료선』, 성균관대 동아시아학술원, 2011, 203쪽.

면 반드시 먼저 건설해야 하는 것은 만고불변의 이치이다"(233). "黃漢인종혁명 독립 만세! / 중화공화국 만세! / 중화공화국 4억 동포의 자유 만세!"(253)라는 부르짖음으로 글을 끝내면서 저우룽은 혁명이 반드시 교육과 병행되어야 함을 주장한다. 혁명이 파괴한다면 교육은 건설할 것이고, 혁명 이 현재를 돌파하는 반면 교육은 미래를 준비할 것이다.[35]

량치차오의 언설과 달리 장타이옌이나 저우룽의 혁명론, 나아가 『민보』를 주도한 쑨원이나 황싱黃興의 혁명사상이 1900년대 당시 조선에 큰 영향을 미쳤던 것 같지는 않다. 영향이 있었다 해도 그것은 사상을 통한 것이라기보다 사건을 통한 것이었다. 외보에서 거명될지언정 논설에까지 스며들지는 못한 수준이었다고 할 수 있겠다. 단적인 예로 『대한매일신보』 논설에 캉유웨이康有爲와 량치차오의 이름이 여러 차례 목격되는 데 비해 위에서 든 다른 이들의 이름은 찾아볼 수 없었다. 앞에서 쓴 대로 「光緖 及 西太后 崩 逝 후 지나 문제에 대한 연구」라는 논설이 연재된 바 있었는데도 그렇다. 거꾸로 중국인 배만혁명론자들 역시 조선에 큰 관심을 두지 않았다. 장타이옌이 1907년 결성한 아주화친회亞洲和親會에 중국인 · 일본인 외 인도인 · 베트남인 · 필리핀인 등이 망라되어 있었으나 조선인은 없었으며, 『민보』에서는 대한제국이 일본에 강제 병합되었을 때도 특별한 관심을 표하지 않았다. 쑹자오런宋敎仁이 다소 예외였다고 알려져 있을 뿐이다.[36] 이 시기 중국과 조선은 혁명보다 '국망'이라는 키워드를 통해 교유한 것으로 보인다. 량치차오는 러일전쟁 즈음 「조선망국사략」(1904)이라는 글을

35 옌안성, 한영혜 역, 『신산神山을 찾아 동쪽으로 향하네』, 일조각, 2005, 87쪽.

36 무라타 유지로, 윤들 역, 「일본의 한국 강제병합과 신해혁명」, 배경한 편, 『동아시아 역사 속의 신해혁명』, 한울아카데미, 2013, 69~70쪽.

썼고, 조선의 계몽 지식인들은 조선의 국망은 외세의 침략 이전 조선인 스스로 자취自取한 것이라는 그의 명제에 앞다투어 호응했다.

3. '혁명'의 당대화—신해혁명과 다이쇼데모크라시

중국의 '혁명'이 사상의 차원에서 침투한 것은 1911년 신해혁명 이후의 일이었다고 판단된다. 일찍이 1900년대에도 시사時事로서 중국 혁명당의 활동이 자주 다루어지긴 했다. 재확인하자면 혁명의 원형으로 작용한 것은 프랑스혁명 등의 유럽 경험이었으나, 당대 사건으로서 이목을 집중시킨 쪽은 중국의 정치적 상황이었다는 뜻이다. 량치차오의 시계혁명에서 영향받은 동국시계혁명은, 그 비정치적 함의에도 불구하고, 중국 정치·사회의 변동이 조선에 미친 영향을 보여 준 사례라 할 것이다. 따지고 보면 『태서신사』와 『법국혁신전사』, 『이태리 건국 삼걸전』 등 '혁명'의 용례를 풍부하게 보여 준 번역서들도 중국을 경유한 경우가 많았다.[37] 그러나 1905~1910년 계몽의 열정이 뜨겁던 당시에도 혁명은 실감 나는 의제일 순 없었다. 전제를 종결시켰다는 공화혁명은 먼 유럽의 역사였을 뿐이고, 반면 중국과 러시아 등의 가까운 사건에 대해서는 그 정치적·사상적 의미가 충분히 독해되지 않았다. 1911년의 신해혁명은 이 상황을 크게 흔들어 놓은 것으로 생각된다.

---

37 번역 경로에 대한 자세한 연구는 유수진, 「대한제국기 태서신사 편찬과정과 영향 연구」, 고려대 석사논문, 2012; 노연숙, 「20세기 초 한국문학에서의 정치서사 연구」, 서울대 박사논문, 2012; 손성준, 「영웅서사의 동아시아 수용과 중역의 원본성」, 성균관대 박사논문, 2012 참조.

그 영향에 대한 증언은 산발적이다. 국내 언론 공간이 폐색되다시피 한 상황이었으므로 신문 미디어로는 『매일신보』를 참조할 수 있을 뿐인데, 그 보도와 해석의 각도에는 일본제국의 이해가 깊숙이 개입했을 터이다. 당시 『매일신보』에서 신해혁명의 발단이 된 우창武昌봉기는 초기 단계에 있어 주로 '반란'으로 불렸다. 신해혁명 직전 실패한 봉기 시도가 많았던 만큼 당연한 일이었겠다.[38] 봉기가 전국화해 감에 따라 반란이라는 평가는 차츰 사라지고 '혁명'론이 우세를 점하게 되지만,[39] 그 의의를 제한하고 봉쇄하려는 의도는 뚜렷했다. 신해혁명과 관련해 유난히 여성 인물 관련 화제를 즐겨 취급한 점도 특징이다. 혁명 이듬해인 1912년 6월에는 「(소설적) 감호여협전—청국혁명과 추근 여사」, 「(소설적) 혁명부인전—혁명부인 오숙경전」, 「(소설적) 전장의 천사—혁명과 지나부인」, 「혁명과 참정권운동—혁명과 지나부인」 등 다양한 기사로써 거의 매일 '혁명 속 중국 여성'을 환기시켰을 정도다. 이 대부분이 '소설적'이라는 표제를 달고 있는 데에서 보이듯 그 대종은 다분히 흥미 위주로 각색된 여성 전기요, 그로써 선정화된 혁명의 표상이었다.[40]

앞서 장타이옌의 말에서 잘 드러나듯 중국 근대의 혁명은 배만의 민

38 특히 광서제와 서태후가 사망한 후 신해혁명 이전까지 쑨원·황싱 등의 동맹회가 주도한 봉기의 내력에 대해서는 민두기, 『중국의 공화혁명』, 지식산업사, 1999, 143~149쪽 참조.

39 초기부터 이 양상은 나란히 나타난다. 1911년 10월 15일자 「中淸의 대풍운」에서는 '중청 지방의 혁명군 반란'이라는 허두를 제외하고는 이하 10여 차례에 걸쳐 일관되게 '반도', '반군'이라는 표현을 썼지만 이틀 후 「중청혁명군의 승승장구」라는 기사에서는 제목을 비롯해 본문에서 모두 '혁명(군)'이라는 명칭을 선택한다.

40 『매일신보』 1912년 6월 5일자부터 연재된 「(소설적) 감호여협전—청국혁명과 추근 여사」, 1912년 6월 8일자부터 연재된 「(소설적) 혁명부인전—혁명부인 오숙경전」, 역시 같은 해 6월 14일에 게재된 「(소설적) 전장의 천사—혁명과 지나부인」, 6월 18일의 「혁명과 참정권운동—혁명과 지나부인」 등.

족혁명과 공화의 정치혁명이라는 과제가 복합되어 있는 이중적 혁명이었다. 한반도의 식민권력은 이 두 방향을 모두 봉쇄해야 하는 난제에 처했던 셈이다. 예컨대 『매일신보』 논설의 다음과 같은 구절은 신해혁명을 민족혁명으로 이해하고 중국 상황과 일본 상황의 차이를 강조하는 시각에 의해 뒷받침되고 있다. "북경 정부가 순연한 한족으로 지나의 大幅을 점령하여 3백 년 제권을 확장하였으니 宜히 一視均仁의 義를 用하여 동화방면으로 進하였으면 금일에 唯滿唯漢을 更別할 여지가 無하여 但히 逆吾君者는 賊이라 하는 大義理를 唱하여 혁명당이라 하는 명목도 初無할지요."[41] 함축하는 바로는 일본은 제국 내 타 종족에 대해서도 일시균인一視均仁의 혜택을 베풀어 혁명의 가능성을 봉쇄하고 있다는 뜻이겠다. 조선인에게 신해혁명은 '배만'의 의리와 '입헌' 내지 '공화'의 이념을 동시에 가리켰다. 한주학파의 일원인 유학자 이승희처럼 이 가운데 한 방향만을 취하려는 이들도 없지 않았다.[42] 그러나 대부분은 두 방향을 모두 이해·지지하는 가운데 점차 후자의 '입헌'과 '공화'로 수렴되어 가는 방향성을 보인 것으로 판단된다.

신해혁명이 당시 국내외 조선인에게 불러일으킨 파장에 대해서는 적지 않은 기록이 남아 있다. 서울에서는 중국인 상점을 중심으로 "손문과 황흥의 사진이 걸리고, 혁명이라는 새로운 음파音波가 뜻을 지닌 청년의 귀를 난타하는 실정"이었다고 한다.[43] 외국 특히 중국에서는 더했다. 동제사(신한혁명당)에 참여한 민필호는 "신해년에 국민들이 중화민국의 혁명 성공을 풍문에 듣고 심중에 흥분했다"고 적는다. 민필

---

41 「청국의 현상」, 『매일신보』, 1911.10.20.

42 왕원주, 「1910년대 전반기 한계 이승희의 중화사상과 민족인식」, 『역사교육』 제103집, 2007.

43 이만규, 『여운형 선생 투쟁사』, 민주문화사, 1946, 19쪽; 강덕상, 김광열 역, 『여운형 평전』 1, 역사비평사, 2007, 104쪽.

호 자신 중국 망명을 단행한 것도 신해혁명 직후인 1911년 겨울이었다고 한다.[44] 베이징에 체류 중이던 독립 운동가 조성환도 흥분 어린 편지를 안창호에게 보냈다. "4천 년 노 대제국의 부패한 전제를 타파하고 대륙에 영예로운 공화정체를 건설"했으니 경하할 만한 일이며 "빠르고 순탄하고 원만한 성공"이 찬탄할 만하다는 것이다.[45] 이승희처럼 중국이 양이洋夷의 제도인 공화제를 채택했음에 불만을 표시한 이들도 있었지만, 박은식 등 개신유학자만 해도 신해혁명에 호의적이었으며, 앞서 민필호의 경우처럼 실제 혁명 성공 직후부터 중국 망명이 급증했다고 한다. '한중호조韓中互助'가 본격화된 것도 이때부터다.[46] 김규흥처럼 봉기에 직접 가담한 인사 또한 있었다. 신규식이 우창봉기 이후 중국 혁명 운동에 본격 참여했다는 사실은 유명하거니와, 그 외에 이관구・박상진 등 이 이후 전개과정에 적극 참여했다고 알려져 있다.[47]

일본에 미친 신해혁명의 영향은 컸다. 천황제를 전제로 한 부국강병 노선을 걷고 있던 일본인은 분파에 따라 중국의 공화혁명을 위협으로, 기회로, 혹은 자극으로 받아들였다.[48] 앞에서 『매일신보』 사설을 통해서 본 대로 신해혁명을 일본의 다민족통치를 점검하는 계기로 삼으려는 시각도 있었다. 서로 다른 입장과 시각을 가로질러, 입헌군주제를 앞세운 일본제국의 우월성이 도전받는다는 위기의식만은 상당 정도 공유된 듯하다. 대응책은 다양했다. 한편으로는 중국에서의

44 민필호, 「한중외교사화」, 『한국혼』, 보신각, 1971, 109쪽. 박찬승, 『대한민국은 민주 공화국이다』, 돌베개, 2013에서 재인용.
45 1912년 1월 3일자 편지다(박찬승, 『대한민국은 민주 공화국이다』, 돌베개, 2013, 118~119쪽).
46 배경한, 「동아시아 역사 속의 신해혁명」, 배경한 편, 앞의 책, 24~25쪽.
47 김희곤, 「신해혁명과 한국 독립운동」, 『중국근현대사연구』 제53집, 2012.
48 한정선, 「근대중국의 공화제 실험과 제국 일본의 동요」, 배경한 편, 앞의 책, 191~197쪽.

군주제 지속을 지원하는 세력이 출현하는 가운데, 다른 한편에서는 신해혁명을 통해 일본 민주주의의 진전을 꾀하는 움직임이 등장하기 시작한다. 신해혁명 이듬해인 1912년에는 반동적 '다이쇼 정변'이 있었고 그에 대한 민중의 저항 또한 대대적으로 일어났다. 결과적으로 번벌藩閥과 결탁해 집권한 제5차 가쓰라 내각은 연이은 대중 시위에 의해 50여 일 만에 실각했다. 이 사건 후 다이쇼기는 '민중적 경향'을 축으로 전개되었으며 이에 상응하여 정당 내각이 출현하기 시작했다.[49] 메이지유신을 혁명으로 재해석하여 자유민주주의 옹호의 발판으로 삼고, 정치・사회 개혁을 본격 추진하게 된 것도 그후다.

한・중・일 삼국의 사상가와 운동가 사이 교류 일반은 신해혁명 후 1910년대를 통해 급진전된 것으로 보인다. 1880~1890년대 한때 그러했듯 '혁명'이 라는 명분이 다시 삼국 공통의 근거를 마련했다고 할 수 있겠다. 일본이 고토쿠 슈스이幸德秋水를 처형시킨 1911년의 대역사건 이후 '사상의 겨울'을 통과하고 있었던 것은 사실이다. 그럼에도 다이쇼정변 이후 정치적 격동은 '다이쇼데모크라시'라는 자유주의적 기풍으로 귀결되었으며, 자유주의가 허용할 수 있는 한에서 혁명이라는 어휘까지 수용했다. 한일 사이에 초점을 맞춘다면 그 실제는 "시라카바파 등을 배경으로 한 청년들의 인도주의적이고 이상주의적인 연대감", 그리고 일본 조합교회풍 인도주의에 해당할 법한 내용이 주류였다고 하겠다.[50] 요시노 사쿠조吉野作造에 의해 대표되는 노선, 즉 후일 제1차 세계대전 종전 무렵에는 윌슨주의와 레닌주의의 결합으로서의 '국제민주주의' 실현을 기대한 개조론의 노선이 1910년대 일본을

49 당시 신문기자 마루야마 간도丸山侃堂의 지적이다. 위의 글, 187쪽 참조.
50 이경훈, 「학지광의 매체적 특성과 일본의 영향 1-학지광의 주변」, 『대동문화연구』 제48권, 2004, 119・130쪽 참조.

풍미했다.[51] 중국혁명에 대한 입장에서 드러나듯 요시노 사쿠조는 “공화국체의 유지 옹호”를 흔들림 없는 방향으로 견지하면서도[52] 그 뿌리를 메이지유신에서 찾는, 독특한 일본식 자유주의를 통해 국내외에 두루 음역音域을 확보 하고 있었다.

일본 내 조선인 유학생들과 요시노 사쿠조의 친교는 사뭇 두터웠다고 전해진다. 요시노 사쿠조는 조선인 학생들을 위해 장학금을 알선했을 뿐 아니라 유학생학우회에 와서 강연을 하기도 했다. 요시노 사쿠조가 1918년 말 조직한 여명회에는 백남훈, 변희용, 김준연, 최승만 등 여러 명의 조선인 학생이 가입했다고 한다.[53] 이상주의, 인도주의, 민본주의라 해야 할 당시 일본의 풍토 속에서 보다 정치적이고 급진적인 연대가 시험되기도 했다. 1916년 도쿄에서는 신아동맹단이라는 단체가 결성되었는데, “일본 제국주의를 타도하고 새 아시아를 세우는” 것을 목표로 한 이 단체에는 한국과 중국·일본을 비롯, 타이완·인도·베트남 등지의 유학생들까지 두루 망라되어 있었다. 이들은 각기 자국의 상황에 자극받은 위에 당시 일본의 사회적·정치적 환경에 자극받아 ‘민본’에서 ‘혁명’에 이르는 다양한 사조를 탐사했다. 1920년 무렵까지는 『자본론』 번역을 기념해 좌우를 막론하고 함께 축하연을 벌일 수 있는 분위기였다니 혁명도 그만큼 자유로웠을 터이다.[54]

1910년대 일본의 지적·문화적 분위기는 일본열도를 넘어서는 영향을 미쳤다. 가까이는 직접 교수와 사상가들을 접촉하는 유학생이

---

51 山室信一, 「世界認識の轉換と「世界內戰」の到來」, 山室信一·岡田曉生·小關隆·藤原辰史 編, 『第一次世界大戰 4遺産』, 岩波書店, 2014, 90쪽 참조.

52 吉野作造, 『支那革命小史』, 萬朶書房, 1917, 72쪽.

53 이경훈, 앞의 글, 101~108쪽.

54 미나미 히로시, 정대성 역, 『다이쇼문화 1905~1927－일본 대중문화의 기원』, 제이앤씨, 2007, 293쪽.

있었고, 멀리는 일본 서적을 통해 자유주의·아나키즘·사회주의를 접촉하는 청년들이 있었다. 예컨대 조선인 유학생이 많았던 와세다대학에는 우키다 가즈타미浮田和民·오야마 이쿠오大山郁夫·아베 이소오安部磯雄 등 다이쇼데모크라시의 사상가들이 교수로 재직하고 있었고,[55] 조선과 중국의 일본 서점에서는 『개조改造』·『해방解放』·『비평批評』 등의 잡지를 판매하고 있었다.[56] 이미 1880년 전후부터 초보적 소개가 이루어지기 시작한 위에, 사카이 도시히코堺利彦의 『사회주의 강요』(1907)나 야마카와 히토시山川均의 『동물계의 도덕』(크로포트킨의 『상호부조론』 제1~2장의 번역, 1908), 고토쿠 슈스이가 번역한 『빵의 약취』(크로포트킨, 1909) 등 사회주의나 아나키즘을 알리는 중요 저작이 출판된 지도 여러 해 지난 후였다.[57] 당시 게이오대학에 재학 중이던 변희용은 1910년대 초에 이미 크로포트킨을 익숙하게 떠올리고 있다. 학우회 창립 후 첫 망년회였다고 하니 1912년 말이었을 텐데, 그는 아래층 일본 학생들이 조롱하는 데 분노해 한바탕 피까지 본 후 문득 크로포트킨의 자서전을 연상했다고 한다.[58] 상대가 피 흘리는 순간 연민을 느끼는 그런 모순된 정조를 겹쳐 떠올린 것인데, 변희용이 『일 혁명가의 회상기』라고 쓰고 있는 크로포트킨 자서전은 이때까지는 완역된 바 없었다. 고토쿠 슈스이가 생전에 『평민신문平民新聞』에 일부를 번역했을 뿐(1907)이다.[59] 변희용의 기억이 옳다면, 그는 힘들여 지난 『평민

---

55 심재욱, 「설산 장덕수(1894~1947)의 정치활동과 국가인식」, 동국대 박사논문, 2007, 36쪽.
56 이호룡, 「류자명의 아나키스트 활동」, 『역사와 현실』 제53권, 2004, 225쪽.
57 일본에서의 아나키즘 관련 서적 번역 및 저작에 대해서는 박양신, 「근대 일본의 아나키즘 수용과 조선으로의 접속-크로포트킨 사상을 중심으로」, 『일본역사연구』 제35권, 2012 참조.
58 변희용, 「행동을 쫓았던 젊음의 정열」, 『일파 변희용 선생 유고』, 성균관대 출판부, 1977, 297쪽.
59 박양신, 앞의 글, 141쪽.

신문』을 찾아 읽었거나 영어 등을 통해 크로포트킨을 접했다는 말이 된다.

일본 대신 중국을 택한 청년층도 다른 경로로 혁명에 접근해 갔다. 신해혁명 이후 제3차 혁명에 이르기까지 격동의 과정에 직접 참여한 이도 있었고, 책과 잡지와 벗들을 통해 중국혁명사상의 영향에 노출된 사람도 있었다. 일본에 유학했지만 중국에 깊이 관심을 갖고 있던 조소앙은 중국 유학생 집회에 참여하고 중국인 친우를 사귀면서 혁명운동에 대한 이해를 진전시킨 것으로 추측된다.[60] 1914년 난징으로 유학을 떠난 여운형의 경우는 『신칭넨新青年』을 통해 젊은 혁명파에 접근했다. 천두슈陳獨秀의 글을 통해 특히 감명을 받았다고 하는데, 후일 여운형과 천두슈는 실제로 가까운 벗이 된다. 1920년 대한민국 임시정부 초청으로 오스기 사카에大杉榮가 상해를 방문했을 무렵 소비에트의 채린 외 함께 토론을 벌였던 이들이 바로 여운형과 천두슈다. 코민테른 창설 이후였음에도 이들은 소비에트 공산주의의 노선을 우선시하기보다 '각국 혁명당 운동의 자유'에 공감했다고 한다.[61]

신해혁명을 통해 동시대의 사건으로 다가온 혁명은 다이쇼데모크라시의 환경 속에서 임박한 현실이 된다. 식민지로 전락한 조선이나 유혈혁명 후 위안스카이에 의한 권력 횡령을 지켜보아야 했던 중국이나 대역사건 후 정치에의 관심을 차단당한 일본이나, 공히 혁명과 거리를 두어야 할 이유 또한 있긴 했다. 식민지에서 정치적 삶은 금기시되었고 신해혁명 후 중국에서는 시기상조론이 위세를 떨쳤으며, 경제성장과 정치적 금압이 혼합된 일본의 상황은 "인간의 됨됨이를 작게"

---

60 배경한, 『쑨원과 한국—중화주의와 사대주의의 교차』, 한울아카데미, 2007, 36~38쪽.
61 오스기 사카에, 김응교·윤영수 역, 『오스기 사카에 자서전』, 실천문학사, 2005, 357~369쪽.

했다. "영웅시대 다음에 당연히 오고야 말 범인시대가 왔던 것이다."[62] 도쿠토미 소호德富蘇峰는 메이지의 열혈 청년들과는 달리 다이쇼기의 청년은 "패기가 없는 모범 청년, 입신출세열에 들뜬 성공 청년 및 아무 일에도 무관심한 무색 청년 …… 성공이라고 하면 십중팔구는 부자가 되는 것"이 고작이라고 일갈한 바 있다. 혁명은 이런 정황에의 저항력이었다. 서론에서 소개한 양주흡의 말을 다시 빌리면, "우리의 목적은 실업에 있는 것이 아니"고 "다만 정치적 혁명"이라는 것이다.[63] 그것은 즉 1900년대의 열렬한 애국주의를 등지고 '양민良民'의 세계에 굴종해야 했던 변화를 또 한 번 뒤집어 놓은 제3의 변신이었다. 혁명을 통해 청년들은 다시 '영웅'의 꿈을 꿀 수 있었다.

4. 『학지광』에 나타난 '혁명'

1910년대 중·후반 혁명이 재부상한 흔적이 선명하게 보이는 것이 도쿄 유학생들의 잡지 『학지광』이다. 『학지광』에는 최승구의 「너를 혁명하라!」, 백일생의 「문단의 혁명아야」 등 표제부터 '혁명'이라는 어휘를 앞세운 글이 여러 편 눈에 띈다. 혁명의 어의語義가 가장 풍부하게 타진되고 있는 「너를 혁명하라!」를 먼저 살펴보자. 유학생 사이 문학가로 평판이 나 있던 필자 최승구는 혁명이라고 할 때 일반이 먼저 연상하는 것은 영국 청교도혁명과 프랑스혁명이라고 한다. 그러나 "찰스 1세를 죽이던 크롬웰의 巨腕", "루이 16세를 무찌르던 리퍼블리

62 하토야마 이치로鳩山一郎의 『나의 자서전』. 미나미 히로시, 앞의 책, 281쪽에서 재인용. 하토야마 이치로의 책 『私の自敍傳』은 1941년 개조사에서 발간된 것으로 확인된다.
63 「일기장」(중 제1호), 국사편찬위원회 편, 앞의 책, 221쪽.

칸의 단두대"로써 수행하는 것만이 혁명은 아니다. 판단키에 따라 혁명의 핵심은 revolution도 loyalty도 destructive도 constructive도 될 수 있다. 전제가 입헌으로, 입헌이 공화로 변화하는 것이 혁명인 것과 마찬가지로 "부속국이 독립국으로" 되고 "식민지가 자립하게" 되는 것도 혁명이다. 심지어 인상주의에 대한 사실주의의 반기, 유물론에 대한 이상주의의 비판도 혁명이라고 통칭할 수 있다.[64] '인상주의에 대한 사실주의', '유물론에 대한 이상주의'를 우위에 두고 그 전이를 혁명이라고 부르는 점이 흥미로운데, 그러니까 여기에서 혁명은 마르크스·레닌주의적 함의와는 무관하게 본능 및 욕망의 해방을 가리킨다. 사회혁명이 곧 자아혁명일 수 있는 까닭은 그것이다.

「문단의 혁명아야」의 백일생은 최승구보다 한결 과격한 논조를 채용, 필요하다면 "子婦로 처를 삼"고 "병사의 시체로 기름을 짤" 수 있어야 한다고 주장한다. "나의 몸은 선천적 혁명당원 (…중략…) 나의 활동은 죄다 혁명 사업"이 라는 선포가 잇따른다. "吾人은 혁명을 슬기는 素性을 가졌으며, 혁명을 能爲하는 천재가 富한 자라 (…중략…) 신진대사는 생리적 혁명이요, 脫舊着新은 피복을 혁명함이라. 사회가 亦然이며, 국가가 亦然이며, 우주가 亦然이니, 혁명이란 我의 본능이며, 我의 사명이라."[65] 어조는 한결 과격하지만 백일생의 논지 또한 최승구의 경우와 크게 다르지 않다. 무릇 변화란 동등하게 혁명이다. 늙은 세포가 죽고 새 세포가 나는 생리적 작용, 낡은 옷 대신 새 옷을 걸치는 의복 교체까지 모두 혁명이다. 백일생은 혁명의 반대 자리에 "인습도덕과 온갖 관습, 경우에 속박"당하는 허식투성이 규범을 둔다. 문단에 있어 그 상징은 '한학파'이며, 반면 혁명에 값하는 것은 용강하고 독창

64 최승구, 「너를 혁명하라!」, 『학지광』 제5호, 1915.2, 12쪽.
65 백일생, 「문단의 혁명아야」, 『학지광』 제14호, 1917.11, 46~47쪽.

적・진취적이며 민활한 "武的, 海洋的인 朝鮮族性"이다(47). 백일생은 플로 베르며 푸시킨, 정치가로는 영국의 피트며 독일의 힌덴부르크를 들면서 "至善을 행하다가 斃한들 무슨 한이 있으며, 생명을 구하다가 희생이 된들 무엇이 惜하"겠느냐고 묻는다. 성욕을 해방하고 대신 성병 치료제를 개발할 필요를 논하기도 한다. 더더구나 "문학의 천지는 자유의 천지"인 것이다(48).

이렇듯 과격한 문장으로 시종한 「문단의 혁명아야」에 대해서는 다음호에 곧 반론이 게재되었다. 비판문을 쓴 서상일은 "우리는 혁명에 際하야도 수술하는 의사의 주의와 같은 주의를 가지지 아니치 못할 것이라"고 경계로써 말문을 연다. "우리는 비록 혁명에 際하야도 가급적 구제도 구습관 중에 善美한 부분은 훼손치 않도록 주의하여야 된다는 말이다."[66] 그러나 이렇듯 신중을 강조한 논자조차 혁명의 보편적 가치를 부정하진 않는다. "世의 진보 발전이 기 대부분이 혁명의 賜物이요 국가 민족의 향상 증진이 거의 다 혁명의 힘"이며 "혁명이란 如斯히 我 인류계의 만반사의 진보 발전 향상 증진에 大히 필요한 것"이다. '혁명 revolution'이라고 탄성처럼 한마디 적어 놓은 후 서상일은 계속해서 쓴다. "무릇 洋의 동서와 時의 고금을 물론하고 나라치고 혁명이 없은 나라이 없고, 민족치고 혁명이 없은 민족이 없었나니 한 나라, 한 민족만을 가지고 논하면 간간 혁명이 쉬인 때가 있으나 전 세계를 들고 말하면 甲處에서 혁명이 끝나면 乙國에서 혁명이 시작되고 을국에서 혁명이 끝나면 丙國에서 혁명이 시작되어 꼬리에 꼬리를 이어 혁명이 수 인(쉰) 때가 없나니 世人은 혁명을 예외로 아나 其實은 혁명이 예외가 아니요, 혁명 없는 때 즉 당시가 예외라."

66 서상일, 「'문단의 혁명아'를 독하고」, 『학지광』 제15호, 1918.3, 62쪽.

'혁명'을 진보·발전에 연관시키고 그 보편성을 인정하는 시각은 여기에서도 분명하다. 빠르게는 1915년, 늦게는 1918년에 발표된 위의 세 글을 보면 일본 유학생 사이 '혁명'의 불가피성이 이미 명제화되어 있는 상황을 간취할 수 있다. 그 형성의 경로와 지적 원천을 추적하지는 못했으나, 한·중·일 청년 사이 연대와 공동 활동이 늘어나고 있는 무렵이었다. 언론·출판 공간 의 제한으로 '혁명'을 발음할 수 없었던 조선 청년들은 이웃한 중국과 일본의 영향을 광범위하게 공유했으리라 짐작된다. 『학지광』을 통해 보면 1910년 대 중반에 혁명은 이미 의심할 바 없는 권위다. 혁명이라고 하면 바로 종교 개혁, 프랑스혁명, 산업혁명을 연상하는 경로 또한 이때 정착한다. 『대한매일신보』 등에서 개척한 영국 청교도혁명과 프랑스 시민혁명이라는 '대표 혁명'의 값이 바랜 것은 아니지만,[67] 별반 주목받지 못했던 종교개혁과 산업혁명이 정치혁명 못잖은 자격으로 부상하면서 혁명은 명실공히 역사의 보편 원리가 된다. 혁명=왕조 교체라는 오랜 해석을 벗어 버리고 혁명=구세계의 파괴라는 한결 보편적인 연상의 회로를 개척하게 된 것도 당시부터다.

실제로 1910년대 『학지광』에서 가장 빈번히 출현하고 있는 혁명의 용례는 정치적·사회적 혁명이 아니라 산업혁명이다. 1900년대의 식산흥업론과 정치개혁론이 결합된 양상이라고도 할 수 있겠는데, 그 대표적 서두는 다음과 같은 식이다. "20세기의 문명은 파괴주의의 산물이라. 1789년 불국의 대혁명은 유래의 전제정치를 타파하야 세계

67 "혁명이라 하면 일반으로, 17세기 중엽에 英吉利의 촬스 1세를 죽이던 크롬웰의 巨腕이나, 프로텍터 지배하의 장기회의의 살풍경을 연상하거나, 18세기 하반에 불란서의 루이 16세를 무찌르던 레퍼블리칸의 단두대나, 마운틴 격려하의 공안위원회의 수라장을 의미할 터이다"(최승구, 앞의 글의 서두).

인류에 평등, 자유의 사상을 공고케 하였고 1555년 독일의 종교개혁은 종래의 압박적 구교를 타파하여 세계 인민에 신앙 자유를 확보하였으며 19세기 영국의 산업혁명은 유래의 산업상 인습을 타파하야 일반 산업상 제도를 혁신한 결과로 나날이 세계에 찬란한 물질적 문명을 산출하였나니라. 그런고로 此 삼대혁명은 금일 문명의 산모요 발전의 기초요 진보의 수단이라 云할지로다.[68] 김이준이 쓴 이 글에서 종교개혁과 프랑스혁명과 산업혁명은 서로를 지지·보충하면서 혁명의 정당성을 강화한다. 그것은 유럽의 대표적 세 나라 각각의 산물이며, 자유와 번영을 향한 전진운동이다. 종교개혁이 '혁명'의 정당성을 보증한다면 프랑스혁명은 그 위력을 증명하고 산업혁명은 그것이 문명화에의 길임을 약속한다. 좀 경박하게 쓰자면 '혁명의 3종 세트'라 불러도 좋을 위 조합은 또한 르네상스라는 원천을 자연스레 환기시킨다. 유럽이 누리고 있는 자유와 부강의 원천은 르네상스이니, 그로써 자유의 발판을 확보한 후에야 혁명을 통한 비약이 가능해졌기 때문이다.

'혁명의 3종 세트' 외 김이준의 글에서 주의를 끄는 것은 혁명=구세계의 파괴라는 관념의 확고한 장착이다. 종교개혁이나 프랑스혁명은 물론, 산업혁명처럼 물질적 부의 증대(생산)로 표상되는 경험마저 "유래의 산업상 인습을 타파"한 사건으로 해석되고 있는 것이다. "20세기의 문명은 파괴주의의 산물"이라는 진술은 이 맥락에서 가능해진다. 전영택처럼 좀 더 정직하게 분열을 느꼈던 축은 "아아 파괴의 위력! 건설의 위력! 과연 굉장하고, 무섭고 두렵도다"라고 쓴다. "이 파괴와 건설 두 가지 현상은 우주의 일대 리듬調律이요, 자연계의 변치 않은 법

68 김이준, 「출진하는 용사제군에게」, 『학지광』 제6호, 1915.7.

칙이로다. 이 '리듬'이 있으매 비로소 우주의 대운전이 있고, 지구상 모든 생물이 진화 발달하고, 인류의 문명이 발전하여 우리 세계는 점점 새로워지며, 광채가 나서 이상향에 달하는도다."[69] 2년여 후 전영택은 '이상향에 달'하려는 쪽으로 역사의 방향을 정리한다. 비록 혁명이라는 단어는 뒤쪽에서 한두 번 나오는 데 불과하지만, 우주와 인간세가 모두 파괴와 건설이 교차하는 리듬에 의해 형성된다는 의식은 이 글에 또렷하다. 전영택은 특히 '이상'을 중시하는 축이다. 그는 "余의 파괴라 하는 것은 위대한 원동력을 가진 파괴를 이름이요, 근거 있는 이상이 있는 파괴를 이름이로다"라고 적시하고 있다. "근본 토대부터 부수어 없이 하는 파괴", 전영택은 그 역대 실천자로 "인류 구원의 大道"를 품었던 예수, 평등과 공화사상의 루소, 그리고 종교개혁을 일군 루터를 든다(52).

위의 여러 글을 통해 혁명은 확고한 이념적 정당성으로 무장하고 있다. 이미 1900년대에 역성혁명으로서의 '혁명'과는 멀어졌던 것이, 1910년대 중・후반이 되면 '혁명'은 revolution으로서[70] 역사철학적 위엄과 시적 광휘를 둘러쓴다. 고토쿠 슈스이가 일찍이 남긴 말을 빌리면 "중국 문자로서 (…중략…) 주로 주권자나 천자의 경질을 말하는" '혁명'과 작별하고 "레볼류션revolution의 번역어 (…중략…) 주권자의 변경 여하와는 관계없으며, 정치조직・사회조직이 근본적으로 변혁"되는 것이라는 혁명의 어의와 조우케 되었다고도 할 수 있겠다.[71] 중국의 천두슈는 유명한 「문학혁명론」에서 다음과 같이 쓴다. "오늘

69 전영택, 「구습의 파괴와 신도덕의 건설」, 『학지광』 제13호, 1917.7, 49~50쪽.

70 revolution이 천체의 운행을 의미하던 단어에서 극적인 의미 변화를 겪었다는 사실은 잘 알려져 있다. 라인하르트 코젤렉, 한철 역, 『지나간 미래』, 문학동네, 1995 참조.

71 「陳弁書」, 345~346쪽. 김석근, 「고토쿠 슈스이의 무정부주의」, 『한국동양정치사상사연구』 제7권 1호, 2008, 64쪽에서 재인용.

날 장엄하고 찬란한 유럽은 어디로부터 온 것인가? 그것은 혁명의 소산이다. 유럽어로 이른바 혁명이란 옛것을 개혁하여 새롭게 바꾼다는 뜻이다. 이는 중국의 이른바 왕조 교체와는 결코 같은 것이 아니다. (…중략…) 근대유럽문명사는 그야말로 혁명사라고 말할 수 있다."[72] 이미 1900년대에 프랑스혁명 등의 근세유럽사에 친숙해진 위에, 1910년 이후 신해혁명을 동시대적 사건으로 겪고 다이쇼데모크라시의 문화적 환경에 영향을 받은 것이 이같은 혁명 개념의 조형에 크게 작용했으리라 짐작된다.

전영택의 지적마따나 새로운 혁명의 핵심은 이상을 향한 전진운동이었다. 『학지광』을 통해 볼 때, 이상의 내용이나 구체적 경로 등은 별반 탐문되지 않은 것으로 판단된다. 파괴와 건설의 이중적 리듬으로서 혁명은 일상생활에서 정치적 격변까지 다양한 층위를 포괄했으며, 아나키즘과 사회주의는 물론 급진적 민주주의의 입장과도 조화되는 광범한 스펙트럼을 갖고 있었다. 이미 신해혁명을 겪은 후였으나 중국 청년들 또한 1910년대에 혁명의 재조형 과정을 비슷하게 통과하고 있었던 듯 보인다. 혁명에 역사철학적 위엄과 시적 광휘를 선사하는 작업은 이때에야 이루어진 것이다. 배만혁명의 정치적 의제였던 혁명은 신해혁명 후 1919년 5·4운동에 이르는 시기 일종의 시적 테마로까지 고양된다.

중국 신문학의 주창자 중 한 명인 궈모로郭沫若는 1921년 「혁명」이라는 제목의 시에서 다음과 같이 쓰고 있다. "우주의 대혁명이여! / 신진대사는 모두 혁명의 과정 / 계절의 오고 감은 혁명의 표현 / 비바람 번개는 혁명의 선봉 / 아침놀 석양은 혁명의 깃발 (…중략…) 혁명이

---

72 천두슈, 「문학혁명론」, 천두슈·후스 외, 김수연 편역, 『신청년의 신문학론』, 한길사, 2012, 83쪽.

여! 혁명이여! 혁명이여! / 아득한 날부터 지금까지 / 혁명이여! 혁명이여! 혁명이여!"[73] 신진대사도, 계절의 교체도, 자연의 모든 현상도 '혁명'이라는 이 시는 절로 앞에서 살펴본 최승구나 백일생의 글을 연상시킨다. 파괴와 건설의 교차가 곧 혁명이다. 『학지광』에서 '문단의 혁명아' 문제를 둘러싸고 논전을 펼친 백일생과 서상일처럼 파괴와 건설의 황금비율을 정하는 데 있어 입장은 저마다 다르다. 예컨대 '혁명' 아닌 '개량'이라는 단어를 선택해 「문학개량추의」라는 글을 쓴 후스胡適는, 그 자신 문학혁명론을 점화했으면서도 이듬해 「건설적 문학혁명론」이란 글을 발표하여 앞서 논한 '팔불주의八不主義'를 "모두 긍정적인 어투로 바꾸어" 네 가지 실천 조항으로 정리한다. "우리 문학혁명을 제창하는 사람들이 물론 파괴라는 측면부터 착수하지 않을 수 없다고 생각"하지만, 한편 "'참 문학'과 '살아 있는 문학'이 생기면 저런 '거짓 문학'과 '죽은 문학'은 자연히 소멸될 것"이라고 보는 것이 후스의 입장이었다.[74]

"옛날 미국과 프랑스는— 18세기의 양대 혁명 / 신흥 러시아와 중국은— 20세기의 양대 혁명."[75] 궈모로가 읊은 대로 1910년대에 '혁명'은 20세기적 재조형과정을 통과한다. 1911년 중국 신해혁명에 이어 1917년에는 러시아 혁명이 일어난다. 1918년에는 독일에서 혁명이 일어나 제1차 세계대전의 종전을 가능케 했다. 『학지광』을 통해 목격되는 것은 이 중 러시아혁명을 향한 특별한 관심이다. 『학지광』이 학우회 기관지로 발간되기 시작한 1914년 신해혁명은 이미 과거지사였기 때문

73 주첸즈朱謙之의 『혁명철학』(1921)에 서시 격으로 수록된 시로서, 전집 판에는 미수록되어 있다고 한다(이욱연, 『곽말약과 중국의 근대』, 서강대 출판부, 2013, 78쪽).

74 위의 책, 233~235쪽.

75 郭沫若, 「黃河與揚子江對話」, 『전집』 1, 314쪽. 이욱연, 앞의 책, 36쪽의 번역에 의한다.

인지, 러시아혁명이 여러 차례 다루어진 반면 신해혁명이 따로 취급된 일은 없다. 『학지광』에서 러시아 문제에 집중한 글로는 극웅極熊의 「KERNSKY」(『학지광』 제14호(1917.11))와 「로서아 국민성」(『학지광』 제15호(1918.3)), 동원東園 이일의 시작 「푸레스코후스카야」(『학지광』 제15호(1918.3))를 들 수 있다. 이들은 모두 1917년 러시아혁명 직후의 소작이다. 여기에서 혁명은 "부글부글 끓던 러시아혁명"(「KERNSKY」), "금일의 혁명"(「로서아 국민성」), "革命의 火海요 自由의 絶叫"며 "革命의 開火 그 것"(「푸레스코후스카야」) 등의 구절로써 제시되는데, 일차적으로는 가까이 1917년의 상황을 뜻하는 것으로 짐작된다. 그런데 의문스러운 점은 「로서아 국민성」을 제외한 나머지 두 글에서 초점 인물이 1917년 혁명보다는 1905년혁명에 훨씬 가까이 연결되어 있는 인물이라는 사실이다.

당시 일본 유학생들이 러시아를 가깝게 의식한 계기가 1917년 혁명이라는 점은 분명하다. 당시 사회주의에 대한 이해는 '빈부 · 귀천 · 상하계급의 차별이 없는 것' 정도의 소박한 접근이 일반적이었던 듯 보이는바,[76] "세계 각국 중 공산주의와 사회주의를 발달시킨 것은 로서아"라는 믿음 속 "로국은 세계 각국 중 사상상에 있어서 선도자"라는 견해는 그 위에서 제출될 수 있었다.[77] 그러나 마르크스 · 레닌주의적 노선보다는 크로포트킨류의 이념이 힘을 얻고 있었던 당시 1917년혁명에서의 볼셰비키적 입장에 대한 이해는 충분하지 않았던 것으로 보인다. 『학지광』에서 주목한 러시아 내 인물들은 반볼셰비키파에

---

76 1918년 5월 18일 도쿄유학생학우회에서 개최한 각 학교 연합웅변회에서 와세다대생 한태원의 웅변, 「불평한 사회와 사회주의」의 내용이다(姜德相, 『現代史資料 25－朝鮮 1』, みすず書房, 1967, 10쪽).

77 1918년 11월 30일 고등상업학교 동창회 주최 각 학교 연합웅변회에서 게이오대생 김범수의 웅변, 「공산주의」(위의 책, 16쪽).

해당한다. 멘셰비키파의 영수였던 케렌스키가 그렇고, 브레시코프스카야 역시 귀족 출신으로 열렬한 혁명가였으나 1917년혁명 때는 오히려 망명해 버린 인물이다. '혁명의 노모'라 불린 브레시코프스카야는 망명 직후 일본을 방문하여 고토쿠 슈스이나 오스기 사카에 등에게 깊은 인상을 남긴 바 있다.[78] 일본 아나키스트들에 있어서나 「푸레스코후스카야」를 쓴 이일에 있어서나, 브레시코프스카야가 1905년혁명과 1917년혁명의 간격을 상징한다는 사실은 관심 밖이다. 브레시코프스카야는 "자유종 짓기로 사명 받은 청춘 남녀" 중 한 명이었으며 그 자신의 고행을 통해 혁명을 앞당긴 "천사와 같은 명문의 여자"일 뿐이다.[79] 케렌스키 역시 마찬가지다. 그는 "로서아 혁명이 돌파되자 (…중략…) 창공의 혜성같이 세상 사람의 이목을 현황케 하는 이"로 묘사될 뿐 혁명 분파 내 복잡한 갈등은 고려 밖이다.[80]

극단적 전제에서 노동자·농민의 사회주의로— 러시아의 극적 전환은 전세계 '후진後進'의 인민을 고무했다. 혁명이 아나키즘과 사회주의와 급진적 민주주의까지 포괄하고 크로포트킨이 가장 인기 높은 사상가였던 당시 러시아혁명 또한 그런 시점에서 이해되었다. 박은식은 러시아혁명을 "정의와 인도를 표방하는 자들이 마침내 드높이 승리를" 기록한 사건, "극단적인 침략 주의자였던 러시아가 일변하여 극단적인 공화주의가 된 것"으로 고평한 바 있다.[81] 미국 대통령 윌슨에 의한 민족자결주의가 크나큰 영감을 주었고 독일혁명도 회자되었지만 (156~157) 러시아혁명은 '후진의 선진으로의 역전 가능성'을 현실화함

---

78 오스기 사카에, 앞의 책, 219쪽. 일찍이 고토쿠 슈스이도 브레시코프스카야에 대한 글을 남긴 바 있다.

79 이일, 「푸레스코후스카야」, 『학지광』 제15호, 1918.3, 72쪽.

80 극웅, 「KERENSKY」, 『학지광』 제14호, 1917.11, 37쪽.

81 박은식, 김도형 역, 『한국독립운동지혈사』, 소명출판, 2008, 157쪽.

으로써 오래가는 설득력을 발휘했다. 제1차 세계대전 직후의 이상주의가 걷혔을 때 다른 사례가 빛바랜 데 비해 소비에트 러시아는 신생의 생명력을 한층 빛냈다는 사실도 작용했다. 신해혁명에서 시작되었으나 제1차 세계대전 중 유럽 각국에서의 혁명 경험으로 고무된 1910년대의 '혁명'은 적어도 식민지 조선 청년들의 눈에 러시아에서 최적의 거처를 발견한 듯 보였다.

5. 3·1운동과 '혁명'

3·1운동 직전 광무황제의 국상을 참관하러 상경한 군중을 두고 "민중이 회집하여 혁명을" 할 기회라고 판단했던 양주흡의 감각, 전 황제의 죽음을 전해 듣고 "혁명! 혁명! 새 생명의 혁명!"을 노래했던 김우진의 감각은 당시 일반 대중의 속내와 얼마나 가까운 것이었을까. 1911년에는 중국의 '혁명' 소식이 전해졌고 1915년 상해에서는 신한혁명당이 결성되었다. 신한혁명당은 입헌군주제 노선을 고수하고 있었음에도 위안스카이정권과 조약 체결을 시도하는 과정에서 '한국혁명'을 목표로 하고 있음을 천명했다. 비슷한 시기 국내의 비밀결사 대한광복회 또한 세계사의 여러 혁명을 상기시키며 봉기를 격려한 바 있다.[82] 3·1운동도 해방에 이르기까지 해외에서는 주로 '3·1혁명'으로 불렸다. 이승만은 3·1운동 당시 그 사건을 '본국혁명'이라고 불렀으며,[83] 임시정부에서 활동한 최명식은 해방 후까지 3·1혁명이라는 표

---

82 김영범, 『혁명과 의열-한국 독립운동의 내면』, 경인문화사, 2010, 5쪽.

83 예컨대 이승만이 현순에게 보낸 1919년 4월 27일자 편지 참조. 유영익·송병기·이명래·오영섭 편, 『이승만 동문 서한집』 상, 연세대 출판부, 2009, 170~171쪽.

현을 애용했다.[84] 김구 역시 해방 후 3·1운동 기념식 즈음에도 3·1혁명이라는 용어를 포기하지 않았다. 조소앙은 1930년대에 '독립'만으로는 운동가들의 목표를 다 표현할 수 없다고 설파한 바 있다. 그는 근대 이전 중국의 혁명이 "湯武가 順天應人한바 찬탈행위 (…중략…) 구군주를 집어내고 새로 통치자가 대체하였다는 의미"였던 데 비해, 서양어에서 유래한 혁명은 "일정한 주의에 호응된 집단이 폭력으로써 그들과 대립한 통치계급의 모든 기관을 여지없이 전복하고 즉각에 그들이 표방하는 주의로서 새로 통치기관을 시설하는 정치운동"이라고 정리한 후, '독립'보다는 '혁명'이 자기 활동을 명명하는 데 적당하다는 의견을 시사했다. "독립이라는 문구로서 만반을 표현할 수 없는 약점"이 있고 "운동하는 방법도 독립 두 자만으로는 표현되기" 어렵다는 것이다.[85]

오늘날까지 이어지는 3·1운동이라는 명칭은 다분히 해방 이후의 결과다. 식민지 시기에 3·1운동이라는 표현이 없진 않았으되, 그것보다는 국내에서 쓰인 '기미운동'·'만세사건'·'만세운동' 등의 이름과 국외에서의 3·1혁명이라는 용어가 합성된 결과라 하겠다. 3·1운동 당시 혁명을 기대하고 예비하는 심리가 일각에서 작동했다고 하면, 그 실제는 어떤 것이었을까. 1919년 3월부터 5월까지 한반도 방방곡곡을 뒤덮은 구호는 단순했다. '조선 독립 만세'나 '대한 독립 만세'가 있었고 '대한 만세'도 있었으나 주종은 딱 두 글자, '만세'였다. 3·1운동 당시 사람들은 실로 오랜만에 만세 소리를 들었을 터이다. 도시 이외의 지역에서는 더 그러했다. 봉기 대중 중 상당수는 '독립'이 라는 추

84 최명식, 『안악사건과 3·1운동과 나－兢虛 崔明植 선생 약전과 자서』, 긍허전기편찬위원회, 1970, 6쪽 등.
85 조소앙, 「각국 혁명운동사요」, 『소앙선생문집』, 삼균학회, 1979, 111~112쪽.

+상어는 물론 '만세'의 뜻도 이해하지 못했다. 그럼에도 독립 그리고 독립을 바라는 만세에는 새 나라에 대한 기대가 적잖이 섞여 있었다. 독립되면 땅과 재산을 공평히 나누어 준다는 소문이 일부 지역에 있었다는 사실이 이를 방증하는데, "독립이 되면 빼앗긴 땅을 되찾게 된다기에 기쁜 마음으로 바라는 것"(「최득인 신문조서」, 212), "10년 동안 빼앗겼던 땅을 찾게 되므로 기쁜 마음으로 만세를 부르자고 했다"(「이유항 신문조서」, 177), "독립이 되면 (…중략…) 빼앗긴 땅을 되찾으니까 좋다"(「이인영 신문조서」, 171) 같은 진술은 여러 곳에서 산견된다. 확언하기 어려우나 이때 '빼앗긴 땅'이란 꼭 강탈당한 사유지를 뜻하는 것만이 아니라 10년간 절감했던 박탈의 모든 심정을 실어 나르는 말이었기 쉽다.

『학지광』을 통해 볼 수 있는 지식 청년 사이 유행하고 예감되던 혁명은 이에 어떻게 조응했을까. 결과적으로 3·1운동은 많은 변화를 일구어 냈으나 청년들이 기대했던 '정치조직·사회조직의 근본적 변혁', 유토피아적 신세계의 실현에는 현저히 미달했다. 그후 오래도록 3·1운동은 혁명이라고 불렸지만, 그것은 현실태가 아닌 이상태, 요구하는 목표를 가리키는 명사에 가까웠다. 신해혁명과 러시아혁명을 보면서 기대한 것 같은 혁명은 식민지 조선에서 이룩되지 못했다. 제1차 세계대전 종전 무렵 정점을 기록한 이상주의와 국제주의 역시 1921~1922년 워싱턴회의가 별 성과 없이 끝날 무렵에는 더 이상 대중의 열의를 끌어들일 수 없었다. 제1차 세계대전 직후 세계를 지배한 이상주의는 폐허 위에 신세계가 건설되리라는 희망을 깊이 각인시켰으나[86] 결국 파워 폴리틱스의 씁쓸한 현실로 종결되었던 것이다. 국제

86 프랑스 문학가 바르뷔스를 통한 그 예증에 대해서는 Winter, J. M., *Sites of Memory, Sites of Mourning*, Cambridge Univ. Press, 1998, pp.184~186.

연맹 창설 등의 성과가 있었지만, 염상섭의 날카로운 진단마따나 그것은 기껏 '사이비의 개조'였다.[87] 신해혁명과 러시아혁명을 보며 전 세계의 혁명을 기대한 청년들의 심리는 배반당했다. '혁명'과 3·1운동 사이의 거리, '혁명' 과 파리평화회의 이후 실제 세계 사이의 격차—3·1운동 후 조선인들이 맞닥뜨린 질문은 그 간격을 어떻게 해결할 것인지의 문제였다. 1920년대 다양한 정파와 입장의 분기는, 이 같은 '혁명'의 불만족 또는 잉여에서 비롯된 결과다.

87 염상섭, 「이중해방」, 한기형·이혜령 편, 『염상섭 문장전집』 1, 소명출판, 2013, 73쪽.

1960년대 경제 엘리트의 진보와 주체 인식

생산성본부 미국시찰단을 중심으로

황병주

> 한국 현대사를 살펴볼 때 지식인들은 근대화의 전위였으며, 그들이 그러한 역할을 그만두리라고 믿을 이유는 없다. 정부는 그들의 역할을 이용하지 않으면 안될 것이다. 한국이 대부분 미국과 그리고 한국보다 진보된 국가들과 접촉함으로써 사람들은 그들 국가의 권위와 복지를 높이기 위해 국가에 정치적, 사회적 국면에서 급속한 발전이 요구됨을 알게 되었다.
>
> — 홍승직, 『지식인의 가치관 연구』, 삼영사, 1972.

1. 머리말 – 진보와 발전 그리고 주체

'개발연대'라는 별칭답게 1960년대는 경제개발 중심의 근대화 프로젝트가 본격 가동되기 시작한 시기였다. 경제를 중심으로 한 개발과 발전development 개념이 지식인 사회에서 헤게모니를 잡기 시작함으로써 기존 담론지형 또한 크게 동요할 수밖에 없었다. 진보와 주체 개념 역시 이러한 변화와 무관할 수 없었다.

진보 개념은 근대 세계에서 핵심적 가치로 기능한다. 순환적 시간관 등 전근대의 시간관과 달리 근대의 직선적 시간관은 역사를 기본적으로 진보의 도식으로 이해한다. 진화론과 사회진화론은 물론이고 마르크시즘조차 이러한 진보적 시간관과 발전하는 역사라는 인식론을 공유하고 있다. 서구의 위력에 압도당한 엘리트 지식인들에게 근대를 향한 진보는 지상명령이 되었다. 근대를 성취하지 못한다면 야만과 미개 상태를 벗어나지 못할 것이며 급기야 존재 자체가 불가능할 것이라는 위기의식이 팽배했다. 좋고 나쁘고를 막론하고 '조선적인 것' 일체를 부정하고 서구의 문명개화를 추구해야 한다는 극단의 논리가 나타나기까지 하였다.

동도서기가 주장되기도 했지만, 東道에 조선적인 것이 얼마나 잔존할 수 있을는지는 미지수였고 현실은 그러한 동도마저 제대로 구성될 수 있는 여유를 주지 않았다. 중체서용과 화혼양재와 달리 동도서기는 자신의 현실적 지반을 갖기 힘들었다. 한국의 엘리트 지식인들의 대다수는 실질적으로 '서도서기' 전략을 채택했다고 보인다. 많은 엘리트 지식인들이 기독교로 개종한 것은 종교적 열정 때문이 아니라 西器를 가능케 한 서도의 핵심이 기독교라고 파악했기 때문이었다. 요컨대 그들은 서기뿐만 아니라 서도의 위력에 압도되었다. 놀라운 물질문명을 가능케 한 것은 경이로운 정신문명일 것이라는 그들의 이해방식조차 이미 오리엔탈리즘을 장착한 탓일 가능성이 컸다. 정신과 물질이라는 이원론이야말로 가장 기본적인 서구 근대의 사유체계였다. 이로부터 물질문명을 위한 정신혁명이라는 슬로건은 거의 모든 엘리트 지식인들의 단골 레퍼토리가 되었다.

근대(성)을 성취해야 될 지상명령으로 받아들인 엘리트 지식인들에게 진보 개념은 정치의 좌우를 막론하고 강력한 영향을 행사하기 시작했다. 문명개화, 실력양성, 근대화로 이어지는 우파적 노선에서는 물론이고 좌파적 경향에서도 사회주의와 공산주의야말로 진정한 역사의 진보라고 주장되었다. 좌우 모두 자신들이 진정한 진보의 주체들이며 자신들의 노선만이 진보임을 강조했다. 요컨대 진보는 거의 모든 엘리트 지식인들의 기본 신념으로 장착되어 치열한 경합의 공간이 되어갔다.

진보 개념의 경합과 관련해 중요한 전환이 이루어진 것은 1960년대였다. 이른바 경제개발이 본격화되고 그 담론적 장치로 근대화론이 지적 헤게모니를 장악해 가면서 발전주의가 진보 개념을 적극적으로 전유하는 양상이 나타나기 시작했다. 1963년 12월 대통령 취임사를 통해 박정희는 "인간사회에는 피땀어린 노력의 지불 없는 진보와 번영이란 존재하지 않는 것"이라고 규정했는가 하면, 1964년 독일에 가서는 "모든 진보의 원칙이 자유에 있음"을 강조했다. 1965년에는 "진보하는 현대에 살면서, 우리만이 낙후된 민족사를 원망하고" 있음을 한탄했다. 진보와 낙후라는 대립 구도는 곧 발전주의 담론이 어떻게 진보를 전유하고 있는가를 보여준다.

진보 개념을 경제적 발전으로 전유한다는 것은 곧 사회정치적 해방의 문제설정을 경제적 문제설정으로 대체한다는 것이며 이 전략이 최종 목표로 하는 것은 그에 걸맞는 주체구성이 될 것이다. 그것은 곧 4·19로 확인된 거리의 혁명적 군중을 빈곤한 대중으로 만드는 것이었다. 다시 말해 대중이 포지한 사회변혁의 열정 대신 경제적 빈곤 의식을 주입시키고자 한 것이다. 대중이 가난과 빈곤의 문제설정으로 세계와 자신을 파악하여 주체화되도록 프로그래밍하여 이들의 욕망을 경제적 발전, 번영으로 유도하고자 했다. 이것이 곧 진보의 지시대상으로 배치된 셈이었다.

여기서 중요한 것은 가난과 빈곤이 생산관계의 문제가 아니라 생산력의 문제로 설명된다는 점이다. 빈곤 자체를 핵심 화두로 끌어올리는 것도 중요했지만, 더욱 긴요한 것은 그것이 사회구조적 모순이나 불평등의 문제가 아니라 전체 생산력의 저위 때문이라는 설명체계를 탑재해주는 것이다. 빈곤을 후진성, 저개발 등의 개념과 인과율적으로 결합시키고 번영과 풍요를 선진성, 개발 / 발전과 인과율로 묶어주는 담론장치가 대중적 헤게모니를 장악하지 못한다면, 빈곤이 사회혁명의 불쏘시개가 될 수도 있을 것이었다. 4·19혁명은 어떤 측면에서 '실업자 혁명'이기도 했으며 장면 정권의 '경제제일주의'는 그 반동이었다. 요컨대 진보는 대중의 경제적 주체화로 정향되었고 대중의 주체적 실천은 경제적 진보와 번영으로 소실되어야 했다.

경제적 진보 개념이 확산되면서 그 실체적 기성 모델로 제시된 것이 미국 또는 일본이었다. 미국은 이미 1945년부터 한국사회의 지배적 기표로 작동하고 있었다. 냉전 구도 하에서 미국의 범위boundary에 포함된 한국에게 'Americanization'은 선택의 여지가 없는 것처럼 보였다. 이는 애초 정치군사적 차원에서 출발했지만 곧 생산양식, 생활양식, 가치관념 등 거의 모든 영역으로 확산되었다. 특히 경제적 생산양식, 경영기법, 노동통제, 노사관계, 생산기술 등 경제영역의 미국화는 전세계적 추세였고 한국의 경우 1960년대가 결정적 국면이었다. 문명국, 선진국에 대한 선망과 동경, 모방과 자기복제 과정은 이미 오래된 것이기는 했지만 1960년대의 그것은 물질적 생산과정을 통해 사회전체를 근저적으로 규정하게 되었다는 점에서 특수한 의미를 가진다.

여기서 문제가 되는 국가는 주로 미국과 일본이었지만 특히 전자의 의미가 각별했다. 일본은 여러모로 복잡한 대상인 반면 미국은 세계적 진보의 상징이었다.[1] 유럽과 일본마저 미국으로 시찰단으로 보내어 미국식 경영기법과 생산기술, 노사문화를 경쟁적으로 수입하는 상황이었다.

한편 1960년대의 경제개발은 국민경제라는 집단살림을 형성하면서 nation building의 핵심 과정을 추동해냈다. nation building 과정은 내적인 통합과 함께 외부 타자를 상정하는 방식이 일반적인 바 미국과 일본은 그 중요한 대상 국가가 되었다. 미국과 일본은 한편으로는 근대성의 선구적 실현 국가로서 동일시의 대상이자 다른 한편으로는 민족적 주체의 존재증명을 위해 타자화되어야 하는 대상이기도 했다. 요컨대 시찰은 동일시와 타자화가 중첩되는 복합 과정이었다.

이 과정을 주도한 것은 당대의 경제 엘리트들이었다. 1960년대 이전까지 경제 엘리트가 한국사회의 헤게모니를 장악하는 경우는 거의 없었다. 게다가 이들은 친일, 매판, 부정축재 등으로 특징되는 것이 일반적이었기에 오히려 지탄의 대상인 경우가 많았다. 그러나 경제적 문제설정이 지배적 패러다임으로 관철되면서 이들의 역할 또한 급격하게 변화하기 시작했다. 1960년대 이전까지 간간이 경제 사절단이나 시찰단이 해외로 파견되기는 했지만 시찰의 주된 주체는 정치, 문화, 교육 등 비경제 분야가 중심이었다. 개발연대가 개시되었다는 것은 한국의 부르주아 계급이라 할 경제 엘리트들이 자신들의 시선을 통해 세계와 한국을 재현해내고 이를 다시 대중의 의식과 상식으로 구성해내기 위한 실천을 시작했음을 의미하는 것이기도 할 것이다. 해외시찰은 이 과정의 중요한 매개와 계기가 되었을 것이다.

---

1 1950년대 8년간 집권한 아이젠하워는 역동적 보수주의를 내걸기도 한 공화당 소속이었음에도 진보, 진보적 중도, 중도 진보주의, 적극적 진보주의 등의 슬로건을 내세우면서 두 번의 대선 승리를 거머쥐었다(Ned O'Gorman, "Eisenhower and the American Sublime", *Quarterly Journal of Speech* Vol.94, No.1, 2008, p.56).

2. 생산성본부 해외 시찰단 사업의 개요

1876년 개항 이후 해외 시찰은 그리 낯선 일은 아니었다. 당장 그 해에 김기수가 수신사로 일본을 방문하였고 1881년에는 신사유람단이 파견되었다. 한국의 근대는 곧 세계체제에 편입되는 것과 함께 시작된 것이었다. 식민화와 함께 조직적인 시찰단은 존재하기 힘들었고 개별적 기행이 대부분이었다. 집단적 시찰활동이 재개된 것은 해방 이후인데 미군정은 교육, 문화 등 다양한 부문의 사절단과 시찰단을 미국으로 보냈다. 정부 수립 이후에도 대부분의 시찰단 파견 국가는 미국이었다.

1960년대 시찰단의 특징은 경제 시찰단이 새롭게 등장했다는 점이었다. 해방 이후 간간이 농업과 공업 등 경제 관련 시찰단이 나타나기는 했지만 기본적으로 기술적 차원의 시찰이 주된 형태였다.[2] 즉 교역이나 자본 투자 등과 같은 경제적 관계였다기보다는 미국의 기술적 성과를 배우러가는 수준이었다. 이러한 기술적 차원을 넘어서고 또한 공업과 농업이라는 제한된 영역을 넘어 경제라는 포괄적 영역의 시찰단이 조직되기 시작한 것은 1960년대 들어서였다.

이러한 변화는 한미 경제관계의 변화와 관련된다. 주지하듯이 1950년대 한미 경제관계의 기본은 원조였다. 민간보다는 정부 간 관계가 핵심이었기에 그 성격은 기본적으로 행정적 관계와 유사한 것이었다.[3] 그러나 전후부흥을 위한 막대한 원조와 냉전체제 강화에 따른 군

---

2 예컨대 1949년 2월에는 공업 기술시찰단이 6월에는 농업 시찰단이 미국으로 파견되었다(『동아일보』, 1949.2.25; 『동아일보』, 1949.6.28). 농업시찰단은 4~6개월 일정으로 미국의 농업 경영방법을 연구하는 것이 목적이었다. 이러한 계획이 대규모로 진행된 것은 1950년대의 미네소타 프로젝트일 것이다. 이 계획은 주로 농업, 의료 부문에 집중되었는데, 이른바 선진 기술교육이 주된 목표였다.

사비 수요가 늘어나면서 미국의 재정적자가 악화되었고 이는 곧 원조 삭감으로 연결되었다. 이에 미국의 대외원조가 급감하면서 대외정책 또한 변화되었다. 아이젠하워 정권의 뉴룩New Look 정책은 이러한 맥락에서 나오게 되었고 이어 들어선 케네디 정권의 근대화 노선으로 연결되었다. 로스토우로 대표되는 근대화 노선은 수원受援 국가의 자체 경제개발을 강조함으로써 반공블럭을 강화하는 동시에 미국의 재정 부담을 줄이고자 한 것이었다.

1958년부터 가시화된 미국 원조의 대대적 감축은 경제개발 필요성을 증폭시켰고 장면 정권의 경제제일주의를 탄생시켰다. 이를 이어받은 박정희 체제 또한 경제개발에 모든 역량을 집중하게 되었다. 이에 따라 자본, 기술, 시장 등 경제 제 측면에서 세계 자본주의 체제와의 관계가 더욱 긴밀해질 수밖에 없었고 원조 대신 국가 간 교역관계가 중심이 되어갔다. 요컨대 정치군사적 필요에 따른 원조–피원조 관계가 종식된 것은 아니었지만, 경제논리에 입각한 국가 간 관계가 새롭게 중요한 영역으로 떠오르기 시작한 것이다.

이러한 변화는 단지 대외적 경제관계의 변화로만 국한되는 것이 아니었다. 경제적 문제설정이 국가와 사회의 중심 아젠다로 떠오르면서 사회 전체가 경제적인 것 중심으로 재편되기 시작했다. 국가제도와 사회 시스템, 관습과 가치관념 등을 비롯해 사회 전체가 자본주의적 경제관계를 중심으로 재구성되기 시작했다.

이러한 변화의 표준모델처럼 제시된 것이 미국이었다. 사실 일본 또한 한국보다 먼저 그리고 더 많이 더 오랫동안 미국으로 시찰단을

---

3 이병철은 50년대가 원조 중심의 행정관계였다면 60년대는 교역관계가 중심이 된다고 강조했다. 따라서 한미 경제관계 또한 정부 간 관계 중심에서 민간 주도로 전환해야 한다는 주장을 폈다(한국경제인협회, 『민간경협의 방향과 전망』, 1966, 123~129쪽).

파견하여 미국식 자본주의를 따라잡고자 하였다. 일본은 생산성본부 주도로 1955년부터 61년 사이에 393팀 4천여 명의 시찰단이 해외로 파견되었는데 그 중 343팀이 미국행이었다. 일본에 앞서 영국도 AACP Anglo American Council on Productivity를 통해 1952년까지 138개의 시찰단을 파견해 미국식 자본주의를 적극적으로 벤치마킹하고자 하였다. 이들 시찰단은 미국의 생산성상의 우위가 기술이나 자원이 아니라 생산지향적이라는 미국의 생활양식에서 가능했다고 이해했다. 즉 이들의 결론은 미국의 번영은 노사협조, 자본가와 노동자의 무조건적 협력에 기반한다는 것이었다.[4]

이와 같이 2차대전 이후 미국의 위상은 가히 절대적이었으며 Pax Americana는 곧 세계적 규모의 Americanization으로 연결되었다. 미국은 단지 '세계의 공장'이라는 경제적 역할로 국한되지 않았고 미국식 생활문화, 노사관계, 가치관념 등을 통해 세계적 표준으로 역할하기 시작했다. 미국 이전 세계 최강대국이었던 영국마저 미국화의 길로 접어드는 상황 속에서 한국의 미국화가 진행되었고 시찰단은 그 구체적 매개였다.

1960년대 최초의 경제사절단은 1961년 11월 서독과 미국으로 파견되었다. 미국 사절단은 이병철을 단장으로 하여 '민간외자 도입교섭단'이란 이름으로 파견되었는데 전경련의 전신인 한국경제인협회가 주도했다. 그러나 이 교섭단은 외자도입이라는 구체적 목적에 한정되었기에 본격적인 시찰단으로 보기는 힘들었다. 이후 한국경제인협회는 1965년 이원순을 단장으로 하여 '방미경제사절단'을 파견하였다.[5]

---

4 정진성, 「노사관계에서 본 아메리카나이제이션－일본 생산성본부의 활동을 중심으로」, 『일본비평』 창간호, 2009.

5 방미경제사절단은 1965년 11월 10일 파견되었고 그 구성원은 다음과 같다. 단장에 이원

파견 이유는 한일협정 이후 일본과의 경제관계가 긴밀해지면서 "편향적인 대외교섭을 지양키 위하여 미국에 대미교섭의 거점을 이룩해야 한다"는 문제의식이었다. 따라서 이 사절단은 구체적 목표가 뚜렷하지 않았다. 사절단장인 이원순은 1961년의 교섭단과 달리 "특수한 사명과 목적"이 없었다고 했다.[6]

구체적 목표 대신 제시된 대미교섭의 거점이라는 목적은 경제영역에서 한일관계가 한미관계와 미묘하게 얽히게 되었음을 의미했다. 이는 사절단과 면담한 미국 일리노이 대학의 한 경제학 교수의 언급에서도 확인된다. 그는 "한국은 앞으로 25년 동안에 새로운 발전단계를 맞을 것이다. 그러나 미국과 일본자본 중 그 어느 쪽과 결합하는가에 따라 그 발전방향이 결정될 것"임을 강조했다.[7] 요컨대 미국과 일본은 한국 경제의 미래를 경쟁적으로 규정하게 될 것이었다.[8]

한국경제인협회의 해외 시찰단 파견 외에도 동아일보사에서도 사절단을 파견하기도 했다.[9] 그러나 1960년대 미국 경제시찰단 중 대표적인 것은 생산성본부의 그것이었다. 생산성본부는 미국 주도로 전세계적으로 결성되었는데 미국식 경영문화와 생산기법, 노사관계 등을

순(한미협회장, 한미무역사장), 부단장에 이도영(일신산업 사장), 조용달(동신화학사장), 정우창(국민은행장). 단원은 김종희(한국화약 사장), 국쾌남(세기상사 사장), 이성일(조선내와 사장), 최경휘(조선방직 사장), 이강호(한국증권 사장), 신철호(롯데 사장), 최종환(삼환기업 사장), 구평회(락희공업 사장), 오학근(무역협회 전무), 김상형(경성방직 감사), 장상범(공영주식회사 사장), 이경호(대한제분 이사), 이규설(한일은행 전무), 박노성(제일은행 전무), 김립삼(경협 사무국장) 등이었다(『동아일보』, 1965.11.4).

6 한국경제인협회, 앞의 책, 136쪽.

7 「한국 경제진로에 이정표」, 『동아일보』, 1965.12.2.

8 미국에 사절단을 파견한 뒤 한국경제인협회는 곧이어 1966년 김용완을 단장으로 하여 일본에 사절단을 파견하기도 했다.

9 1961년 4월 동아일보사는 「구미경제문화시찰단」을 조직해 파견하였고 그 시찰 소감이 신문에 게재되기도 했다. 5·16 직전에 이루어진 민간 언론의 시찰단 명칭이 '경제문화'로 정해진 것을 보더라도 구미 선진국이 경제적 진보의 상징으로 재현되고 있었음을 알 수 있게 해준다.

전파하는 주요 기구로 역할했다. 한국생산성본부는 민간기구로 1958년 결성되어 테일러리즘 도입과 확산, 한국 경영학회 창립 등 초창기 경영담론 도입과 전파에 주요한 역할을 하였다. 1950년대 일본 생산성본부가 그러했듯이 한국생산성본부도 미국으로의 경제시찰단 파견을 주도했다.

한국생산성본부의 해외 시찰사업은 지원 기구에 따라 크게 세 영역으로 구분된다. 일본생산성본부의 지원에 따른 일본 시찰, CIOS(국제과학적경영관리협의회)의 지원에 따른 사업 그리고 미국 USOM의 지원으로 이루어진 미국 시찰이 그것이다. 이중 일본 생산성 본부의 지원으로 이루어진 일본 시찰은 총 2회에 걸쳐 이루어졌는데, 그 목적은 제1회 보고서에 실린 이은복 생산성본부 이사장의 인사말을 통해서 파악할 수 있다. 인사말은 "정치적으로는 일본과 한국이 미묘한 관계에 있습니다만 그들이 달성해 놓은 경제적 부흥이나 근대적 경영관리방식은 우리가 냉정한 입장에서 배워야 되겠기 때문"이라고 시찰의 목적을 명확하게 밝히고 있다.

제1회 시찰단은 임석춘(제일은행 전무)를 단장으로 하여 총 9명으로 구성되었다.[10] 일정과 방문지를 보면 1960년 11월 16일부터 12월 14일까지 약 한 달간 일본 생산성본부를 비롯해 미쯔비시 전기, 구보다 철공, 니싼 자동차 등의 공장과 오사카 국제무역센터 등을 방문했다. 제2차 시찰단은 1962년 10월 20일부터 11월 9일까지 일본을 방문하였

---

10 시찰단원은 다음과 같다. 林錫春(단장, 제일은행 전무), 李賢在(대한석탄공사 이사), 柳元相(대한중공업공사 상무), 禹承煥(영월석탁광업주식회사 사장), 任鴻淳(대한스레트공업주식회사 전무), 李松雨(경북광유주식회사 전무), 李俊揆(대한양회공업주식회사 업무부장), 李在弼(내외방적주식회사 상무), 吳哲求(간사, 생산성본부 기업진단과장)(한국생산성본부, 『일본의 기업번영상－제1차 생산성 시찰보고서』, 1961(이하 『제1차 일본시찰 보고서』로 약칭).

고 구성원은 역시 9명이었다.[11]

제1차 시찰단은 일본 생산성본부의 초청으로 한국 생산성본부가 선발 파견한 것으로 최초의 공식적인 경영관계 전문 대일시찰단으로 칭해졌다. 한국에서는 제1차 해외생산성시찰단으로 불렀고 일본에서는 '톱 매니지먼트' 시찰단으로 호칭되었는데, 한국에서는 생산성을 일본에서는 최고 경영진이라는 점을 강조한 셈이었다.

1차 시찰단의 목적은 이은복 이사장의 인사말에도 나오듯이 선진 경영기법 전수였다. 즉 '라인강변의 기적에 비견되는 일본의 발전과 그 근간이 되는 각 기업의 경영관리방식 및 최고 경영층의 경영태도 등을 시찰, 간담하는 동시에 근래 일대 붐을 이루고 있는 일본의 생산성 향상운동의 진상을 파악하여 한국경제의 발전과 경영관리의 근대화에 이바지'하겠다는 것이 주요 목적으로 천명되었다.[12]

시찰을 위해 시찰단은 생산성의 이론과 실제 등 1주일 간의 사전 훈련까지 거쳤는가 하면 또한 조사 항목을 미리 결정하여 책자로 만들어 배포하고 경영방침 및 경영계획, 경영조직, 마케팅, 생산관리, 노무관리, 내부통제, 사무관리 등의 분야를 나누어 각자 분담하여 집중 조사할 것을 계획하기도 했다.[13] 나름대로 첫 시찰단으로써 체계적인 준비를 했던 셈이었는데, 당시의 관심과 기대를 짐작케 했다.

세 번째 대규모 일본 시찰단은 1965년 6월 26일부터 7월 9일까지 진행된 APO(아시아생산성기구) 금융산업 시찰사업이었다.[14] 1965년 12월

---

11 李容箕(경기제사공업 사장), 崔甲鳳(동양경금속공업 사장), 金俊錫(고려화학공업 사장), 李俊鎬(동창실업 감사역), 嚴龍燮(태창화학공업 사장), 李宗聲(동신산업 사장), 柳漢九(중앙도자기 사장), 咸泰浩(조흥화학공업 업무부장), 崔昇勳(생산성 본부 공보부장).

12 『제1차 일본시찰 보고서』, 8쪽.

13 위의 책, 9쪽.

14 참가자는 尹禧秀(한국은행 인사부장), 金相驥(산업은행 기업분석부장), 尹奎宣(농협 총무부장), 黃祐泳(조흥은행 서무부장), 李輔虎(상업은행 인사부장), 張寬植(제일은행 이

3일부터 12일에는 중소기업 생산성 시찰단이 일본을 방문하였다.[15]

다음은 USOM 지원의 미국 시찰단 사업이다. 1966년 10월부터 1967년까지 2차례 진행된 것으로 파악되는 미국 시찰사업은 USOM, AID 및 한국생산성본부의 협조로 이루어졌다. 생산성본부의 기록에 따르면 USOM과 생산성본부는 수년에 걸쳐 시찰사업을 논의했다고 한다. 이로 미루어보건대 이 사업은 꽤 오랫동안 준비되고 논의된 것으로 보인다. 서문에 따르면 시찰단의 목적은 '급격한 경제건설과 개방된 국제 경제동향 속에 새로운 기업 풍토의 조성과 새로운 경제이념의 확립'이라고 천명되었다.[16]

서문에서 보이는 상황 인식의 특징은 국제 경제동향을 개방경제로 파악하고 이에 따른 새로운 경제이념의 확립을 강조하는 것이었다. '시찰의 목적과 그 경위'를 밝힌 글에서도 유사한 인식을 보여주었다. 즉 "고도의 자유경쟁을 기축으로 하여 번영을 계속하고 있는 미국의 산업사회를 직접 시찰, 접촉케 하여 그들이 오늘과 같이 번영을 누릴 수 있게 된 경영철학은 무엇이며 경영관리방식은 어떠한 것인가를 직접 보고 들음으로써 우리나라의 '톱 매니지먼트'의 사회적 감각을 올바르게 인식시키는 것"이었다.[17]

사), 朴致郁(한일은행 검사부장), 李炕(서울은행 기획실장), 李昌衡(중소기업은행 서무부장), 朴泰宗(국민은행 기획조사부장).

15 한국생산성본부, 『생산성본부 활동 10년지』, 1967, 160~177쪽. 구성원은 池生葉(중소기업은행 이사), 柳漢九(중앙도자기 사장), 金炯國(국제전선 전무), 李圭淳(유성기업 부사장), 劉晉圭(유성기업 전무), 宋貞煥(고려와사 전무), 張錫東(한국화공 전무), 鄭昌秀(삼광초자 사장), 李廷九(공영사 상무), 李鍾聲(종성초자 사장) 등이었다.

16 한국생산성본부, 『번영하는 미국의 산업사회와 최고경영자의 역할—생산성본부 한국 제1차 톱 매니지먼트 미국 시찰보고』, 1967(이하 『미국시찰보고서』 1로 약칭) 서문.

17 이러한 인식은 2차 시찰단도 유사했다. 더욱 치열해가는 국내외 시장에 있어서 자유경쟁의 폭이 확대해가는 우리나라 산업계의 현실 하에서 기업의 자유를 모토로 하는 미국의 기업사회를 보고 배우겠다는 것이 핵심이었다(한국생산성본부, 『미국의 산업발전과 경영비결—제2차 한국 톱 매니지먼트 미국 시찰 보고』(이하 『미국시찰보고서』 2), 1968, 3쪽.

제1차 시찰단은 元容奭(전 무임소장관)을 단장으로 총 11명이었다.[18] 일정을 보면 10월 3일 시애틀에 도착해 샌프란시스코, LA, 시카고, 디트로이트, 피츠버그, 보스턴, 뉴욕, 워싱턴 등 서부와 동지 지방을 망라해 11월 5일 귀국일정이었다. 총 40여일 남짓의 일정. 방문 기업은 포드 자동차, 웨스팅하우스, 굳이어타이어, 걸프 석유, IBM 등 미국 유수의 기업 13곳과 은행은 BOA, 체이스 맨하탄 등 4개였고 연구소 및 경제단체는 미국 경영협회, 미국 제조업자연합회, 미국 기업인총회, 시카고 상공회의소, 뉴욕 증권거래소, 하버드 경영대학원 등 11곳이었다. 이외 정부 기관으로는 국무부 극동담당 간부, AID 극동 담당 간부, 상무부 극동 담당 간부 및 실무자들과의 면담이 이어졌다.

이정도면 당대 미국의 핵심 경제기구들을 대체적으로 다 섭렵한 셈이라고 보인다. 즉 시찰 코스와 기관이 형식적인 것은 아니었던 것으로 판단된다. 실제로 미 국무성과 AID가 직접 사전에 기획하고 각 주에 소재하는 상공인 단체와의 공동협조 하에서 사전에 준비된 기획에 입각해서 미국 내의 각 공장과 전문기관에 대한 방문 일정이 진행되었다. 대부분 사장, 부사장, 중역들과의 토의나 대담 형식의 세미나를 진행했고 필요할 경우 현장시찰을 가미하는 식이었다.[19]

제2차 시찰단은 1967년 5월 18일부터 6월 2일까지 파견되었다. 구성은 車均禧(경제과학심의회위원)를 단장으로 하여 역시 11명이었다.[20]

---

18 洪在善(부단장, 경제인협회 회장), 林錫春(부단장, 서울은행장, 생산성본부 회장), 李鍾雨(고대 총장), 李漢垣(대한제분 회장), 李洋球(동양 시멘트 사장), 玄壽德(동양화학공업 회장), 李道榮(일신산업 사장), 張炳贊(이천전기 회장), 金仁得(한국 스레트 사장), 白永勳(간사, 중앙대 교수, 생산성본부 연구소장).

19 『미국시찰보고서』 1, 51쪽.

20 『생산성본부 활동 10년지』, 178~179쪽. 李庭林(대한양회 사장), 金奉才(대한유리 사장), 金龍周(신한제분 회장), 李寶衡(제일은행장), 金相鴻(삼양사 사장), 鄭泰星(성창기업 사장), 金蓮珪(대한중기공업 사장), 朱昌均(일신산업 사장), 金三萬(대동공업 사장),

시찰 목적과 시찰 코스, 방문기관 등은 1차 시찰단과 대동소이했다.

일본과 미국의 시찰단을 비교해보면 우선 구성원의 위상과 급이 달랐음을 알 수 있다. 미국은 절대 다수가 기업체 사장급들로 말 그대로 '톱 매니지먼트'에 해당한 반면 일본 시찰단은 중역진이나 간부급들이 대다수였다. 또한 같은 사장급이라 하더라도 기업 규모가 달랐다. 일본이 주로 중소기업이었다면 미국은 당대의 대표적 기업들로 구성되었다고 보인다. 대표단장만 보더라도 미국은 정부 고위 관료 출신들인 반면 일본은 기업 중역진이었다.

시찰 대상을 보면 일본이 주로 민간기업 중심인 반면 미국은 민간기업은 물론 정부 기관과 대학, 연구기관 등을 포함하고 있어 훨씬 다양했고 만나는 인물도 미국은 기업 최고경영자들인 반면 일본은 그 정도는 아니었다. 만남의 방식도 미국이 세미나, 강의 등으로 좀 더 밀도 있는 대화가 진행된 것에 비해 일본은 개별 간담회 형식이라는 차이를 보였다. 이러한 차이는 시찰을 주선한 주체의 차이와도 무관하지 않을 것이다. 미국은 USOM과 국무부 등 정부기관이 나선 반면 일본은 생산성본부라는 민간기구가 주체였다.

시찰 시점도 차이가 나는데, 일본이 주로 60년대 초반과 중반에 집중되었다면 미국은 중반과 후반에 걸쳐 있다. 이는 곧 일본 시찰에 뒤이어 미국 시찰이 진행되었다는 것을 보여준다. 생산성본부가 USOM과 수년 간에 걸쳐 시찰단 파견 협의를 해왔다는 점에 비추어보면 1966년에 시찰이 이루어진 것은 미국의 결정에 따른 것이라고 보인다. 1965년 한일협정이 타결되면서 일본과의 경제협력이 본격화되는 시점에서 미국 시찰단이 파견된다는 점이 이채롭다.

李丙昱(한국생산성본부 기획실장).

이상을 통해 보건대 당시 생산성본부 해외 시찰단의 비중은 미국이 훨씬 더 컸다고 하겠다. 그것은 시찰 보고서 규모와 내용을 보면 더욱 분명해진다. 미국 1차 보고서는 300여 쪽에 이르는 규모인 반면 일본의 그것은 137쪽에 불과해 절반이 채 안 되는 규모였다. 미국 2차 보고서는 220여 쪽이었다. 내용 또한 일본은 주로 실무적이고 기술적인 차원에 집중된 보고서였다. 그러나 미국은 실무기술적인 것을 포함하지만 경제 경영과 관련된 이념적인 문제나 기본적인 가치관, 인간관까지 포함하고 있어 그 내용적 심도가 상당히 깊은 편이었다.

시찰단의 사후 활동에 있어서도 미국 시찰단은 특별했다. 일본 시찰단이 별다른 사후 활동이 없었던데 반해 미국 시찰단은 대통령 보고와 대정부 보고를 비롯해 방송, 언론 등에 자주 등장했다. 1966년 11월 24일 청와대를 방문해 박정희에게 상세한 보고를 했는데 박정희는 미국에서 얻은 지식과 경험을 기업은 물론 정부기관에까지 전국에 보급하도록 지시했다. 이에 서울 중앙방송국에서 5일 간에 걸쳐 시찰단의 대담을 방송했는가 하면 KBS, TBC에서도 좌담회를 개최했고 AFKN, 심지어 미국의 소리 방송에도 출연했다. 시찰단 활동은 뉴스영화로도 만들어져 1주일간 전국의 모든 극장에서 상영되었고 서울, 대구 등지에서 귀국보고 강연회를 개최하기도 했다.[21] 2차 시찰단도 1차에 비해 많이 축소되기는 했지만, KBS TV와 라디오를 통한 방송을 비롯해 귀국보고 좌담회, 기업별 보고회 등의 사후활동을 전개했다.[22]

시찰의 최종과정은 결국 출발지에서 완성되는 셈이었다. 즉 시찰은 시찰 주체가 출발지와 목적지를 순환하는 구조로 이루어지는데, 출발

---

21 『미국시찰보고서』 1, 224~231쪽. 시찰단은 '66구락부'라는 모임까지 만들어 지속적인 활동을 모색했다.

22 『미국시찰보고서』 2, 180~184쪽.

할 때의 시찰 주체와 돌아올 때의 시찰 주체는 서로 다른 주체일 것이다. 시찰을 통해 주체-의식의 변형이 초래되고 결국 이 변형은 시찰 주체의 출발지를 변형하는 것으로 연결되는 것이다. 다시 말해 출발과 귀환이라는 시간 리듬이 출발지와 목적지라는 공간 구조를 매개하면서 주체의 변형을 초래하는 과정이라고 하겠다. 그렇다면 시찰의 시공간적 위상학을 살펴볼 필요가 있을 것이다.

3. 시찰의 시공간적 위상학

시찰의 기본적 특징은 시간과 공간의 차이를 가로지르는 주체의 여행이라고 할 수 있을 것이다. 이 여행을 통해 주체는 불가피하게 자기 자신의 변형과정을 거치게 될 것이다. 나아가 시찰의 주체는 서로 다른 시간과 공간 사이의 운동-존재로 나타남으로써 서로 다른 두 차원의 시간과 공간을 매개하고 변형시키는 독특한 역할을 부여받는다. 따라서 시찰의 주체는 1차적으로 여행자의 위상을 띤다고 하겠다.

그런데 서로 다른 시공간을 횡단하는 시찰의 주체는 결국 그 시공간의 차이, 특이성에 의해 규정된다. 다시 말해 시찰의 주체는 특정한 시공간의 위상학에 의해 특정한 주체 위치를 배정받게 된다. 시찰의 주체는 무한한 시공간의 자유로운 여행자가 아니라 역사적 시공간의 역사적 주체로 등장한다. 따라서 시찰 주체는 자신의 운동을 규정하는 특정한 시공간의 낙차와 그 효과로서만 현존할 수 있다. 요컨대 시찰의 효과는 주체의 내면을 들여다보는 것이 아니라 시찰의 시공간적 위상학을 통해 확인가능하다.

특히 여기서 다루고자 하는 1960년대 미국 경제시찰은 주체의 자유여행이 아니라 정교하게 기획된 프로젝트의 수행이라는 성격이 강했다. 이 프로젝트를 기획한 미국과 한국의 정치경제적 맥락도 중요하겠지만, 무엇보다 기본적으로 먼저 확인해야 될 것은 미국과 한국 사이의 시공간적 낙차이다. 주체의 기획은 오직 이 낙차 속에서만 가능한 것이기 때문이다.

낙차는 시간성과 공간성 두 차원으로 구성된다. 그러나 공간적 이격은 시찰이 가능한 일반적 조건이기는 하지만 오직 시간성을 매개로 해서만 의미화된다. 즉 단순히 이격된 공간으로의 이동이 아니라 선진적 공간으로의 이동이기에 시찰이 가능해진다. 물론 후진 지역이나 다른 공간으로의 시찰도 가능하겠지만, 근대화를 위한 미국 시찰의 의미는 무엇보다 선진성이라는 시간리듬에 따라 이루어졌다.

근대화는 직선적 시관관념에 근거한다. 과거로부터 미래로 흐르는 단일한 시간리듬에 따라 역사가 진보 내지 발전해간다는 설정이다. 이는 당연하게도 전 세계가 단일한 시간리듬으로 통합된 세계라는 것을 상정한다. 보편적, 절대적 시간리듬이 획정된다면 지구상의 모든 국가단위를 하나의 선분 위에 올려놓는 것이 가능해질 텐데, 그 발전과 진보의 정도에 따라 선진과 후진이라는 배치가 이루어질 수 있게 된다.

물론 이러한 근대적 시간관념은 이미 오래전에 한국에 도입되었다. 개항 이래 문명—미개(야만)라는 구도는 엘리트 지식인들에게는 상식적인 것이었다. 세계를 단순하게 문명—미개로 양극화하는 이 오만한 세계관은 식민경험을 통해 뒤틀린 채 지속되었다. 즉 제국—식민 구도라는 정치적 계선이 부가됨으로써 제국/문명 대 식민/미개라는 중층 구도가 성립되었는데, 이로써 문명의 계몽기획은 민족주의 정치와 연루될 수밖에 없었다. 즉 계몽은 '애국계몽'이 되어야 했고 실력양성은 민족(독립) 운동이 되었다.

이 정치적 기획의 가장 급진적인 버전은 사회주의였다. 국면과 분파에 따라 변동과 편차가 있기는 했지만 우파 진영에서는 제국－식민보다는 문명－미개 구도가 강하게 부각되는 경향이 강했다. 양자를 복잡하게 뒤섞어 혼종적 양상이 드러나기도 했지만, 문명－계몽－실력양성이 중심을 잡고 있었다.

반면 사회주의를 이념적 근거로 삼은 좌파진영에서는 우파적 구도를 비판하면서 제국－식민 구도를 보다 더 강조하는 경향이 지배적이었다. 그러나 좌파진영 또한 이중의 해방을 목적으로 했다. 즉 민족과 인민의 해방이라는 정치적 기획은 생산력의 해방이라는 경제적 전망과 접합되는 것이었다. 자본주의를 넘어선 생산력의 해방이야말로 공산주의를 가능케 하는 관건으로 설정되었다.

복잡하기 그지없는 1945년의 해방을 단순화하자면, 경제의 집중적 표현으로서의 정치의 과잉이었다. 한국전쟁은 그 정점이자 전환점이었다. 어쨌든 남북의 생산양식이 폭력적으로 결정된 다음 문제는 경제가 되었다. 생산력의 해방을 위한 남북의 경쟁이야말로 체제경쟁의 핵심이었다. 요컨대 경제적 진보가 모든 진보를 블랙홀처럼 빨아들이게 되었다.

한편 해방은 한국의 새로운 지정학적 구도를 만들어냈다. 북한에서는 여전히 제국－(신)식민 구도가 작동되고 있었고 남한 또한 그 영향을 받고 있었지만, 더 이상 지배적 구도일수는 없었다. 대신 동서 냉전 구도가 더욱 큰 위력을 발휘하게 되었다. 그러나 동서 구도는 진영을 가르는 경계선일뿐 개별 국민국가의 위치를 비정할 수는 없었다. 여기에 남북구도가 중첩됨으로써 비로소 세계적 규모의 지정학적 좌표가 그려질 수 있었다. 동서 구도가 이념－정치를 기준으로 한다면 남북구도는 시간－경제가 준거였다.

보편적 시간리듬은 근대라는 공시성을 가능케 했지만 선분화된 시간대에 배치된 국가의 시간대는 선진과 후진으로 구별될 수밖에 없다. 공시성의 무질서를 통시성의 질서로 구체화한 것이 선진과 후진이라는 계서였다. 요컨대 비동시성의 동시성이란 시간규정을 통해 보편적 시간리듬 속으로 이질적 시간대를 삽입시키게 된다. 다시 말해 근대라는 공시성 속에서 후진이라는 통시성의 경험을 통해 엘리트 지식인의 감각은 극도로 예민하게 되었다. 이 예민해진 감수성이 엘리트 지식인들의 트라우마를 대량으로 확대재생산했다.

> 시간은 어디에나 장소를 가리지 않고 있고 또 누구에게나 공평하게 있는 자원이기도 하다 (…중략…) 시간을 떠난다는 것은 생활에서 떠나고 사업에서 떠날 뿐 아니라 생명까지도 떠난다는 것을 의미한다 (…중략…) 모든 인류의 공간극복은 시도되어 가고 있고 시간을 단축시키고는 있지만 시간극복은 불가능한 것 (…중략…) 인간은 이와 같은 시간의 구분 하에 다 같이 같은 시간 하에서 살고 일하고 있는 것과 같은 착각을 갖게 된다. 다시 말해서 한 시간의 가치는 모든 사람에게 다 같이 한 시간의 가치로 인식되고 있는 것이다. 그러나 사실은 사람에 따라 시간은 그 가치가 달리 나타나고 있다. 가령 일국의 국민과 영토를 통치하는 대통령의 한 시간과 자기 생명보존을 위해 걸식하는 걸인의 한 시간이 같다고 할 사람은 없는 것[23]

여기서 대통령과 걸인은 곧 선진과 후진으로 대치되어도 무방하다. 여기서 주체에 따른 서로 다른 가치를 가지는 시간은 국가에 따라 그

23 이은복, 「시간의 가치와 그 관리」(1968.1), 『인간발견』, 한국생산성본부, 1968, 230~231쪽. 이 책은 생산성본부가 발간하던 『기업경영』이라는 월간 경영 전문잡지의 권두언을 묶어낸 것이다.

가치를 달리하고 있다. 시간의 질적 동질성에 입각한 근대적 시간리듬을 부정하는 듯하지만 선진성이라는 동질적 시간성을 열망하는 것으로 귀결된다. 나아가 선진성의 시간리듬은 단순히 먹고사는 생존의 문제를 넘어 시간 자체와의 투쟁이라는 인식이 나타났다. 1950년대 미국시찰을 마친 모윤숙은 미국인의 생활은 '빵보다 시간의 문제'라고 단언했다. 즉 미국인은 한국처럼 먹는 것 때문에 문제가 아니라 '24시간이라는 시간이 모자라 시간과 투쟁을 한다'고 파악했다.[24] 즉 즉자적 생존의 문제를 넘어 삶의 가치와 목적의 수준차를 시간감각의 차이로 이해한다. 여기서 선진국의 시간리듬과 후진국의 그것이 비동시성의 동시성임을 보여준다.

남북구도는 이러한 선진–후진이라는 직선적 시간성이 세계를 공간적으로 재획정한 것의 결과였다. 즉 근대의 직선적 시간성이 선진–후진이라는 배열을 가능케 했고 이것이 공간의 재구성으로 연결됨으로써 비로소 선진국이라는 특정의 시공간이 탄생할 수 있었다. 즉 선진국은 선진성이라는 시간의 첨단이 공간적으로 구현된 곳이라는 장소성을 부여받음으로써 구체적 실감의 대상으로 재현되었다.

이때 미국은 단지 복수의 선진국 중의 하나로 국한되지 않았다. 즉 미국은 근대성과 선진성의 상징적 시공간으로 나타났는데, 그것은 곧 미국이 특수한 선진국이 아니라 선진성의 보편적 체현 공간으로 표상되었다는 것을 의미한다. 사실 미국의 자유주의는 이미 19세기부터 스스로를 보편-세계로 강조해왔다. 즉 미국의 천국이냐 우주의 지옥이냐 또는 역사의 종말이냐 미국의 보편화냐와 같이 미국은 세계의 종말과 자신의 보편적 운명을 동일시했다.[25]

---

24 『경향신문』, 1957.3.18.

25 Ned O'Gorman, op.cit., p.44.

이러한 미국의 보편세계화가 한국에서는 해방 이후 극적으로 강화되었다. 임종명은 해방 이후 미국 기행문을 통해 미국이 세계 최고의 인간주의적 선진 문명국가이자 전 세계가 서로 만나고 과거와 현재가 서로 만나는 세계로서 보편 그 자체로 나타났다고 분석했다. 그렇기에 한국에게 미국은 자신을 비춰 자신의 위치를 비정하고 따라 배워야 할 거울이자 척도였다는 것이다. 또한 미국은 한국이 자신의 고유성, 우수성을 입증해야 하는 공간이자 그것을 승인하는 주체이기도 했다는 것이다.[26]

이는 곧 미국과 한국이 보편-특수 관계로 재현되었다는 것을 의미하는 것이며 단일한 시간대 위에 놓이게 되었음을 보여준다. 미국이 보편으로 설정된다면 한국은 그것을 벗어날 수 없게 될 것이며 오직 그 보편과의 관계로서만 자신을 구성할 수 있게 된다. 즉 보편과 특수의 종합으로서 한국의 개별성이 확인될 수 있는 것은 보편적 시간리듬에 자신을 적응시킬 수 있어야만 가능하다. 보편의 언어로 자신을 설명할 수 있을 때 비로소 개별성이 드러날 수 있게 되는 것이다. 역으로 이런 경우에만 미국은 보편적 척도가 될 수 있다. 따라서 비동시성의 동시성이라는 자기와 타자인식은 단일한 보편적 시간리듬을 타고 들어오게 된다.

미국이라는 보편-선진과 한국이라는 개별-후진 구도는 세계적 수준에서 남북문제로 표상되었다. 남북문제라는 구도는 시간성을 공간성으로 재현하는 셈이었는데, 시간의 낙차를 공간의 이격으로 구체화한 것이기도 했다. 시간성을 내장한 남북의 공간 구도는 이념성을 내장한 동서 구도와 연루된다. 세계는 동서-남북 구도를 통해 지리학

26 임종명, 「해방 이후 한국전쟁 이전 미국 기행문의 미국 표상과 대한민족의 구성」, 『사총』 67호, 2008, 93~94쪽.

적 대상으로부터 지리정치학의 대상으로 재구성되었는데, 이 지정학적 좌표야말로 국민국가의 정체성을 '객관적으로' 규정하는 것처럼 보이게 되었다.

이념성에 근거한 동서 구도 또한 근대적 시간관념으로부터 벗어난 것은 아니었다. 오히려 동과 서는 시간의 첨단성을 전유하기 위한 정치적 경쟁이기도 했다. 사회주의와 자본주의 공히 근대 산업이라는 발전의 첨단을 구현하기 위한 생산력 경쟁에 돌입하게 되었다. 사회주의의 '계획경제'는 자본주의의 자유경제와 시장에서 더 위대한 생산력을 놓고 혈투를 벌였다. 이들의 생산력 경쟁을 산업주의라고 부를 수 있을 텐데, 대규모 기계제 공장을 근거지로 삼아 발전의 최종심급이자 진보의 근원이 되었다. 근대의 시간은 바로 이곳에서 숨가쁘게 째깍거리고 있었을 것이다.

동서 구도를 통해 부여받은 좌표축이 남북 좌표축과 만나는 지점에 한국의 지정학적 위치가 배정되었는데, 이는 일종의 공간의 감옥이었다. 동서 진영체제라는 공간적 폐쇄성이야말로 정치적 금기의 핵심축이었다. 마찬가지로 남북 구도 또한 넘기 힘든 공간적 격리였다. 그러나 후자는 힘들기는 하지만 불가능한 것이어서는 곤란했다. 냉전을 통해 이념적 경계선이 죽음의 선이 되었다면 반대로 남북 구도는 다만 격차일 뿐이었고 넘어야 될 생명의 선이었다. 동서 구도가 기성의 구획을 지키면서 고착화시키는 것이라면 남북 구도는 그 경계선을 뛰어넘어 이동해야만 하는 것이었다.

이러한 구도는 1950년대 미국 아이젠하워 정권의 전략과 일맥상통하는 것이었다. 50년대 냉전체제의 핵심에 위치한 것은 대량 확증파괴 개념에 입각한 핵보복 전략이었다. 즉 핵전쟁을 가정한 냉전 하 미국의 세계전략은 인류의 절멸 가능성까지 염두에 둔 것이었다. 그럼에도 아이젠하워 정권은 미국의 목표가 공포와 어둠으로부터 벗어나 인류의 정신과 희망, 영혼이 평화와 행복 그리고 풍요로운 삶으로 나아가는 것이라고 강조했다.[27] 즉 동서 구도가 절멸 전쟁의 가능성을 통한 죽음의 경계선이었다면 남북 구도는 풍요로운 삶으로의 번영의 가능성을 내장한 것으로 재현되었다.

궁극적으로 동진의 가능성도 북진을 통해서 주어질 것으로 상정되었다. 냉전은 다른 말로 평화공존이었고 전쟁은 경제전이었다. 세계적 규모의 냉전과 경제전이라는 계통발생은 한반도 차원에서의 개체발생으로 이어졌다. 냉전 하 통일은 이승만 정권의 북진통일을 거쳐 박정희 체제에 들어와 선건설 후통일 정책으로 귀결되었다. 따라서 한반도의 통일은 이중의 북진을 통해서 가능한 것일 텐데, 보다 중요한 것은 남북 구도에 근거한 선진성의 구현이었다.

서방 진영의 남쪽 나라라는 공간의 감옥을 탈출할 수 있는 키는 시간이다. 시간의 압축이야말로 공간의 감옥을 벗어날 수 있는 유일한 열쇠처럼 등장했는데, 그것은 일종의 공간을 가로지르는 시간여행이었다. 후진국에서 선진국으로의 공간이동은 오직 시간의 통시적 압축으로만 가능할 것이었다. 효율성과 생산성이 압축률을 측정하는 단위로서 상투어가 되어가는 과정이 곧 경제적, 물질적 진보의 실체였다. 효율성과 생산성 경쟁을 통한 시간압축의 가능성은 현대사회가 '자유경쟁을 토대로 하고 있기에 앞선 자와 처진 자 간의 자리바꿈이 가능하다'는 인식에 기반했다.[28]

이것은 반대로 시간을 가로지르는 공간횡단이기도 하다. 선진성으로의 시간여행은 오직 공간의 횡단 그리고 변형을 통해서만 가능했

27 Ned O'Gorman, op.cit., p.45.
28 이은복, 「앞선 자와 처진 자」(1963.10), 앞의 책, 129쪽.

다. 이미 구현된 선진성의 공간과 아직 도래하지 않은 선진성의 공간 간의 횡단이야말로 엘리트 지식인의 특권적 위치를 보여주는 것이었다. 시공간의 감옥을 넘나들면서 진행된 시공간의 압축과 횡단, 가로지름이야말로 한국 엘리트 지식인의 근대적 축지법이었다. 시찰은 근대적 축지법의 구체적 양상이었다.[29]

표준 국어대사전에서 시찰의 뜻은 "두루 돌아다니며 실지實地의 사정을 살핌"이다. 그러나 일상어법에서 시찰은 권력의 시선과 밀접히 관련된다. 시찰의 주체 위치는 통상 위에서 내려다보는 곳이다. 이는 곧 시찰이 매우 권위 있는 것으로 재현된다는 것을 의미한다. 권력의 시선이 두루 돌아다니며 사정을 살핀 것은 권위 있는 담론적 재현물로, 계몽의 언설로 대중들에게 다가가게 된다.

또한 지식권력의 인격체로서 엘리트 지식인들의 시찰과 그 담론적 재현은 대중을 시공간의 감옥에 유폐시킴으로서 극대화된 효과를 산출한다. 1960년대 한국의 시공간은 대중에게 감옥과 진배없었고 그것을 넘나들 수 있는 것은 대단한 특권이었다. 감옥의 외부는 오직 권위 있는 시선을 통해서만 알려질 수 있었고 비로소 세계 속의 자기 위치를 깨달을 수 있었다.

마지막으로 1960년대 경제시찰의 기본적인 재현 기호가 수학적이었다는 점을 지적할 필요가 있다. 숫자는 근대의 가장 명징한 언어였고 추상적인 근대성의 구체화였다. 계산가능성이야말로 근대 자본주의가 성립할 수 있는 근본 조건 중의 하나이다. 이미 60년대 경제 엘리트들은 숫자의 중요성을 극구 강조하고 있었다. 생산성 본부의 주역

29 구미 시찰에 나섰던 한 지식인은 보잉 707 제트기를 통한 공간 단축을 예로 들면서 "단축되는 공간 좁아지는 세계는 우리들의 전체 생활에도 커다란 변화를 가져왔으며 또 앞으로도 가져오는 것"이라고 강조했다(김형석, 「구미견문록 1」, 『경향신문』, 1962.8.24).

이었던 이은복은 숫자를 푸대접하는 것은 후진 지역사회의 공통된 현상이라고 하면서 숫자를 대접하면 할수록 전진하고 번영할 것임을 강조했다. 따라서 번영을 위해서, 남보다 앞서기 위해서 숫자의 냉엄성을 파악해야 한다고 주장했다.[30]

숫자는 곧 경제의 언어였다. GNP, 수출액과 같은 거시 경제 지표로부터 물가, 월급 등 일상의 주요 부분이 경제적 수치로 환산되어 표기됨으로써 삶은 곧 경제생활이 되었다. 사물의 질서가 수치화될 수 있을 때 비로소 경제가 성립할 수 있었다. 숫자를 통한 계산가능성이 삶의 핵심적 영역으로 떠오르면서 시공간의 낙차도 구체적 실감으로 다가올 수 있었고 미국과 한국의 격차 또한 명징한 자기 표현을 얻게 되었다. 이렇게 경제적 수치로 환산된 세계의 주체 형식은 호모 이코노미쿠스였고 경제 엘리트들은 자신들이 그 이념형임을 강변했다. 이들은 명징한 경제의 언어로 세계를 설명하면서 발전과 진보의 방향을 지시하고자 했다.[31] 이들의 천로역정에 미국 시찰이 배치된 것이었다.

4. 시찰단의 미국 표상과 진보

1960년대는 『동아일보』와 『경향신문』에 「공항일기」, 「공항왕래」라는 코너가 상설되어 출입국 정보를 알려줄 정도로 해외여행이 특별한 기사로 취급되던 시대였다. 그것은 그만큼 해외 시찰이 하나의 사

30 이은복, 「푸대접받는 숫자」(1959.4), 앞의 책, 28~29쪽.

31 경제 엘리트는 기업경영의 혁명이 4월혁명을 完美로 장식할 것이라고 호언했다(이은복, 「경영자와 4월혁명」(1960.6), 앞의 책, 49쪽).

건일 수 있는 시대적 조건이었음을 말해준다. 다시 말해 세계사적 규정력은 선별적으로 작동했다. 즉 세계를 직접적으로 체험하는 것은 소수의 선택된 자들이었으며 이들의 시선과 체험, 인식과 경험이 한국의 세계 재현을 대표하고 있었던 셈이었다. 공간의 감옥에 유폐된 대다수 한국인들은 다만 이들의 눈과 귀, 그들의 언어를 통해서만 세계를 파악할 수밖에 없는 구조였다. 특히 경제시찰단은 경제적 프리즘으로 세계를 파악하고 그에 따른 자기 존재증명을 해나가는 주요한 창구가 되었다고 하겠다.

앞에서 언급했듯이 시찰단 보고서 내용은 일본과 미국의 그것이 상당한 차이를 보여주고 있다. 미국 보고서는 단순한 경제 시찰보고서로 보기 힘들 정도였다. 그것은 거시경제적 전망과 함께 사회적, 인간적 변환의 내용까지 담아내는 것이자 미국이라는 하나의 표상을 구성해내는 담론전략을 담고 있었다고 보인다. 일본 시찰 보고서는 경제경영과 관련된 제한된 영역의 기능적 역할에 집중되었기에 일본을 기술적 참조대상으로 재현해냈다면, 미국은 이와 달리 사회 전체의 진보적이며 선진적인 모델로 재현되었다.[32] 보고서에 나타난 미국 표상의 첫 번째는 먼저 거대함이었다.

> 미국을 처음 방문해본 사람은 아마 누구나 다 미국의 규모의 방대성에 대하여 놀라지 않을 수 없을 것이다. 대부분의 기업은 규모가 우리나라 기업 전체 규모의 몇 배가 되는 스케일을 과시하고 있다. 미국 1인당 GNP는

---

32 이러한 점은 보고서 편제를 보아도 알 수 있다. 미국 보고서는 제1편 「미국의 산업사회와 톱 매니지먼트」, 2편 「미국 개별산업의 발전과정과 그 비결」, 3편 「자체평가 토의」, 4편 「내가 본 미국과 미국의 산업사회」, 5편 「대정부 보고 및 귀국 후의 활동」, 부록 「미국 경영의 발전과정과 오늘의 과제」 등으로 구성되어 있는데, 4편의 주제는 경제뿐만 아니라 미국 자체에 대한 인식이 중요한 항목으로 자리잡혀 있다.

3천 불을 넘고 있어 미국인 한 사람의 소득으로 우리들은 30명 이상이 살 수 있다. 포드 자동차 공장의 연간 매상액은 140억 불을 초과하고 있어 우리나라 전체의 GNP 약 23억 불의 7배나 된다. 버팔로 지대의 발전시설만 800만 kw나 되어 우리나라의 70만 kw의 10배가 넘는 규모이다.[33]

포드 자동차 한 기업의 매출액이 한국 총 GNP의 7배나 되는 규모로 나타난 미국의 거대함은 당시로서는 놀라움과 충격의 대상일 것임이 분명했다. 먼저 눈에 띄는 것은 미국과 한국의 비교이다. 미국은 그 자체로 재현되는 것이 아니라 한국과 비교되면서 설명된다. 비교는 개인과 기업단위의 등가 관계로 이루어지기도 하지만 기업과 국가라는 비대칭적 구도도 나타났다. 비교의 놀이를 통해 도출되는 효과는 분명한데, 미국의 거대함과 한국의 왜소함이다. 거대함과 왜소함이 대구를 이루면서 서로가 서로를 강화시켜줌으로써 극대화된 효과를 노리고 있다.

여기서 비교가 이루어지는 층위를 주목할 필요가 있다. 즉 미국은 거대한 영토와 천연자원 같은 자연조건이 아니라 경제적 수치로 재현되고 있다. 미국은 땅의 넓이가 아니라 경제적 생산능력의 거대함으로 표상된 것이며 이는 곧 세계가 경제적인 것으로 환원되어 제시된 셈이다. 미국과 한국 모두 경제적 수치로 환원됨으로써 비로소 동일한 지반 위에서 양적 비교와 함께 질적 차이가 드러날 수 있게 된다.

영토와 같은 자연조건은 불변의 조건에 가까운 것이기에 인간 행위의 동기로 작용하기 곤란하지만 경제 단위로 환원된 미국은 한국의 경제로도 교환 가능한 것이기에 가변적 요소로 이해될 수 있다. 즉 경

33 『미국 시찰보고서』 1, 11~12쪽.

제는 인간의 경제적 행위를 통해 변화될 수 있는 것이며 낙차 또한 좁혀질 수 있는 것이다. 이로써 미국의 경제적 거대함은 한국의 왜소함을 증거하는 동시에 경제적 동기부여의 참조대상이 될 수 있게 된다. 시찰단의 목적은 미국의 거대함을 찬양하는 것으로 국한되지 않는다. 시찰단의 발화 대상은 한국인이며 그들을 경제적 주체로 구성하는 것이다.

한국의 대중을 경제적 주체로 작동시키기 위해서는 미국의 거대한 외면을 제시하는 것으로 그쳐서는 안 된다. 무엇보다 중요한 것은 미국의 놀라운 성공의 비밀을 한국의 대중에게 진달해주는 것이다. 그것은 먼저 과학기술의 힘으로 설명되었다. 수 세기 전부터 인간의 능력은 무한대의 발전을 이룩했고 특히 1961년 대우주작전을 거치는 동안 시속 만7천 5백 마일까지 도달할 수 있는 경이적인 우주개발이 가능했음을 역설했다.[34] 이에 따라 지난 30년 간 미국의 모든 발전원리의 약 8할이 기술혁명으로 설명되었다.

만약 이 과학기술의 비밀만 체화할 수 있다면 미국과의 격차는 극복불가능한 것이 아닐 것이다. 따라서 과학기술의 힘은 "상상도 할 수 없는 우수한 국산제품들"을 가능케 하고 있으며 조만간 "선진국들 같이 풍부한 생활능력"을 가질 수 있다는 희망을 가능케 하는 요체로 제시되었다.[35]

요컨대 미국, 즉 선진국의 기술은 공간을 횡단하여 한국의 진보와 발전을 추동할 수 있는 것으로 설정된 것이었는데, 기술의 공간 이동이 선진과 후진의 시간 격차를 좁힐 수 있는 관건으로 제시되었다. 이러한 기술의 발전은 기계화를 통해 정치와 사회에까지 영향을 미치는

34 위의 책, 28쪽.
35 위의 책, 39~40쪽.

것으로 설명되었다.

1950년대 후반 미국시찰을 마친 모윤숙은 미국의 대통령 선거를 보고 "모든 것이 기계화되어서 환표나 부정계표란 도저히 있을 수 없다. 투표소에 들어가 타이프라이터로 자기의 선택하는 입후보자의 번호를 누르면 그것이 기계장치를 통하여 즉시로 계표되어지는 것이니 환표를 하려해도 할 수 없는 노릇이다"라고 강조했다.[36] 여기서 기계는 단지 인간의 도구 이상의 의미를 가지게 된다. 기계는 오히려 인간의 약점이나 불완전성 나아가 인간의 윤리적 결함까지도 해결할 수 있는 대안으로 등장한다.

심지어 기계화와 자동화는 철학적 차원으로까지 확장되었다. 즉 "미국에 있어서 오토메이션은 현상적인 개념이라기보다는 철학적 개념으로 승화"된 것이라는 주장까지 나타났다. 철학적 문제설정으로까지 강조된 기술과 기계화가 인간을 변형시키는 것은 어쩌면 당연한 것이었다. 즉 기술혁명은 "인간의 사고방식조차 과학과 기술에 의존하고 기대하도록 만들었"음이 강조되었다.[37] 여기서는 인간의 기계의 조작 주체가 아니라 역으로 인간이 기계의 조작대상화되는, 인간과 기계의 역전 관계가 성립된다. 기계가 인간을 위해 기능하는 것이 아니라 인간이 기계에 적응하고 나아가 그에 걸맞는 존재로 변형되어야 함을 강조하게 된다.

과학기술에 대한 숭배는 사실 미국의 오래된 전통이었다. 19세기 산업화와 함께 미국에서는 과학기술과 산업 생산력에 대한 숭고화가 진행되었다. 엔지니어들이 미국의 영웅들 중 중요한 자리를 차지하게 되었고 1876년 필라델피아 산업 박람회에 출품된 600톤에 달하는 증

---

36 모윤숙, 「미국문화와 한국의 반성」, 『경향신문』, 1957.3.12.
37 『미국시찰보고서』 1, 154쪽.

기기관은 경배의 대상이 될 정도였다.[38] 20세기 초반에는 전기가 주된 동력이 되면서 미국의 숭고한 자연을 상징했던 나이아가라 폭포가 수력발전을 위해 산업적으로 이용되게 된 것에서 드러나듯이 숭고의 대상이 자연으로부터 과학기술과 산업 생산력으로 이동하고 있었다.[39] 이러한 양상은 1950~60년대 핵무기 및 우주개발과 관련된 기술적 숭고화로 연결되는 것이었다. 요컨대 시찰단은 과학기술과 산업생산력으로 풍요로운 인간 삶이 가능하다는 기술의 숭고화가 절정에 이른 미국을 방문한 셈이었다.

그럼에도 한국은 후진국의 특색인 '정치의 과잉, 기술의 빈곤' 현상을 노정하고 있다는 진단이 나타났다.[40] 즉 국가적, 사회적 역량이 과학기술과 경제발전으로 집중되지 못하고 분산된다는 지적이었는데, 이는 곧 과학기술과 경제가 사회 여타 부문을 규정해야 된다는 논리로 연장될 수 있는 것이었다. 이렇게 과학기술의 중요성이 강조되면서 정치는 '과잉 상태'로 규정되고 인간은 기술에 의존하여 변형되어야 될 존재가 되었다. 경제적 문제설정이 인간과 사회에 대한 새로운 전망을 제시하게 된 셈이었다.

이러한 전망에 따르자면 불가피하게 인간의 문제가 제시될 수밖에 없을 것이다. 미국의 번영을 이룩한 두 번째 비결로 제시된 것이 곧 개인의 능력이었다.

---

38 이 엔진은 Corliss 엔진으로 불렸는데, 미국의 대표적 시인인 월트 휘트먼은 이 엔진 앞에서 30분이나 침묵 속에 앉아 있을 정도로 감명을 받기도 했다(David E. Nye, *American Technological Sublime*, MIT Press, 1994, pp.121~122).

39 미국의 저명한 작가 H. G. 웰즈는 나이아가라 폭포의 수력발전소에 감동을 받아 인격적 실체로 표현하기도 했다. 그에게도 미국의 숭고의 대상이 자연에서 산업기술로 넘어가고 있었다(Ibid., p.135).

40 이채호(국립공업연구소장), 「산업효율화의 길—미국시찰감」, 『동아일보』, 1962.3.23.

> 미국이란 사회는 방대하기 때문에 지배력이 존재하는 것이 아니고 오히려 모든 구석구석에서 이에 참여하는 한 사람 한 사람이 그 방대성을 매니지manage 할 수 있기 때문에 사회전체로서의 방대성이 창조되어가고 있다고 말하고 싶다 (…중략…) 그만큼의 방대성이 부여받았다고 할 때 우리들의 주위풍토와 생리를 토대로 하여 그것을 매니지하고 유지할 수 있는 능력이 과연 우리에게 있겠는가 하는 질문을 자신에게 던져보는 것도 우리들 스스로를 반성하는 의미에서 매우 의미 있는 질문이 될 지도 모른다.[41]

인용문에서 보이듯이 거대한 미국의 성공 비결은 개개인의 매니지 능력에 좌우되는 것으로 설명되었다. 거대함은 오직 구석구석에서 움직이는 개인들의 산물인 것으로 환원되는 것이었다. 거대한 미국의 경제적 생산력이 최소의 경제 단위인 개인으로 환원된 셈이었는데, 이 개인이 경제적 주체임은 어렵지 않게 추측된다. 즉 거대한 미국과 왜소한 한국이라는 비대칭성은 비교조차 불가능할 정도였지만, 최소 경제단위로서의 개인이 문제가 된다면 미국과 한국은 등가 관계로 치환될 수 있게 된다. 그렇게 된다면 남는 문제는 한국인 개개인의 경제적 주체화와 진보가 될 것이다. 따라서 한국인 개개인의 진보할 수 있는 '능력'이 반어법을 통해 제시되고 있다.

물론 여기서 개인의 경영 및 관리능력은 과학기술의 힘과 밀접하게 관련된다. 즉 그것은 선천적으로 타고난 인간의 본유능력보다는 과학적 지식과 기술 그리고 이에 근거한 기계 시스템에 의존하는 것이다. 앞서 보았듯이 인간이 점점 더 과학기술에 의존하게 되는 상황이었기에 개인의 매니지 능력 또한 이에 근거해야 될 것이다. 실제로 미국에

---

41 『미국시찰보고서』 1, 12쪽.

서 기술적 숭고의 대상이 19세기까지는 장인이나 수공업자 등 인간적 주체에 집중되었으나 20세기 이후로는 거대한 기계나 시스템이 주된 숭고 대상으로 변화했다. 노동자나 엔지니어 등은 이러한 기계-시스템의 부속물처럼 취급되었다.[42] 인간은 이 기계-시스템의 부속으로 배치되어 조화와 협업 관계를 맺어야 되는 존재로 그려진다.

세 번째 특징은 조화의 질서와 정신이었다. 한 시찰 참가자는 혈연, 지연에 있어 그토록 다양한 미국의 사회가 전체로서는 그토록 조화를 이루는 근원이 무엇인가라는 질문을 던지며 그 원동력을 'excuse me' 사회라고 이해했다.[43] 이 시찰 주체는 타인 앞에서 '엑스큐즈 미' 한다는 것은 자기관리 하에 타인을 보호하는 정신을 말하는 것으로 이해했다. 이는 또한 live and let live 정신으로도 연결된다고 주장되었다. 즉 미국이 그토록 고도화된 경쟁을 유지하고 있음에도 불구하고 경쟁의 질서가 파괴되지 않는 것은 기업인의 정신적 바탕이 철저한 자기관리와 타인보호에 기반하고 있기 때문이라는 것이다. 이는 단지 경제영역에 국한되는 것이 아니라 "기업인의 사회적 활동이 전체적으로는 사회전체의 개발을 위하여 헌신적으로 참여"하는 것이라는 인식으로도 확장되었다.[44]

이러한 인식은 인간에 대한 근원적인 규정으로까지 연결되었다.

---

42 19세기에는 장인들의 역할이 컸지만, 1950~60년대 로켓발사는 미국 전역의 수많은 기술자, 엔지니어 등이 참여하는 거대한 프로젝트임에도 불구하고 발사장에는 오직 고위 관료 몇 명과 우주인 밖에 등장하지 않는다. 대신 미국의 과학기술 시스템 그 자체가 새로운 숭고의 대상이 된다는 것이다(David E. Nye, Op.cit., p.238).

43 시찰단은 "혈연에 있어서나 지연성에 있어서도 그토록 다양성을 지니고 있는 미국의 사회가 전체로서는 그토록 조화를 이룰 수 있고 창조를 지향할 수 있는 원동력이 어디에 있겠는가 하는 문제는 더욱 깊은 관심을 가지고 연구해야 된다"고 보았다(『미국시찰보고서』 1, 12쪽).

44 위의 책, 13쪽.

> 인류란 항상 자기 스스로가 출생 때부터 보다 더 나은 생활을 영위하기 위해서 발전하려고 하는 自進的 의욕이 있으며 이 의욕의 발전과정에 있어서는 스스로가 소속하고 있는 하나의 단체나 조직체 안에서 개인과 집단 사이에서 自己利己와 他人利己와의 사이에 언제나 충돌이 일어나기 마련이다.[45]

여기서 인간은 본원적으로 '더 나은 생활을 위한 상승욕망'의 주체로 설정되었는데, 자연상태 하에서의 만인에 대한 만인의 투쟁이라는 가설과 일맥상통하는 인식이었다. 즉 홉스 등의 근대 정치철학이 가정하고 있는 자연상태의 경제적 번안으로 이해 가능할 텐데, 주요한 특징은 '발전하려는 자진적 의욕'으로 표현된 발전주의적 인식이었다. 또한 이는 인간의 진보를 더 나은 생활이라는 물질적, 경제적 영역으로 환원하고자 하는 전략이기도 했다.

그런데 이 자연상태의 인간은 서로가 서로에게 늑대가 된다는 딜레마가 발생한다. 홉스는 이 딜레마를 리바이어던으로 해결하고자 했고 루소는 사회계약과 일반의지로 봉합하고자 했다면, 시찰단 보고서는 전혀 다른 대안을 제시하고 있었다. 그것은 휴머니즘의 형태를 취했다.

> 미국에 있어서의 생산성은 인간성 존중에서부터 싹텄다. 이와같은 사고방식이 미국 경영경제의 원리가 되어 자유주의적 자본주의의 성장을 보장하고 시장획득을 위한 기업 간의 공정한 자유경쟁 사상을 조장[46]

미국식 자본주의가 성공할 수 있었던 비결의 근원이 제시된 셈이다. 즉 '인간성 존중'이라는 휴머니즘이 미국 자본주의의 핵심에 자리

---

45 위의 책, 19쪽.
46 위의 책, 48쪽.

잡고 있다는 주장이다. 인간의 본성을 더 나은 생활에 대한 열망으로 설명하면서 이것이 인간성 존중과 연결된다면 결국 상호존중과 자유경쟁으로 수렴될 수 있다는 논리였다.

근대 이후 휴머니즘은 매우 복잡다기한 양상을 보여준다고 할텐데, 1950년대 한국에서 휴머니즘이 상당히 중요한 화두로 여겨지고 있었다는 점을 기억할 필요가 있다. 두 차례 세계전쟁을 겪으면서 서구 지식인 사회에서 나타난 휴머니즘에 근거한 근대 문명 비판 담론이 50년대 한국에도 일정한 영향을 미치고 있었다. 여기에는 테일러리즘의 비인간적 노동효율성 추구에 대한 비판도 포함될 수 있다.[47] 또한 공산주의를 비인간화 이데올로기로 비판하면서 반공주의의 일환으로 휴머니즘이 채택되기도 했다.[48]

그런데 여기서 휴머니즘은 그 자체로 제시되는 것이 아니라 자유주의적 자본주의와 공정한 자유경쟁을 보장하는 가치로 등장한다는 점이 주목된다. 요컨대 인간성은 공정한 자유경쟁 질서의 원활한 작동을 위해 필요한 덕목으로 배치된다. 각종 부정부패와 정경유착 등 '천민 자본주의'라는 말을 들을 정도의 한국 자본주의의 현실과 대비되는 '자유주의적 자본주의'의 유토피아를 그린 셈이었다.

이상을 통해 보건대 미국 시찰단 보고서에서는 미국이 자유주의적 자본주의의 거의 완벽한 모델로 재현되었다고 하겠다. 비판적인 견해는 거의 찾아볼 수 없었다. 미국의 번영의 비밀을 지극히 긍정적이고 이상적인 모습에 비추어 이해하고 있다. 이는 1950년대의 미국 시찰

---

47 문학계에서는 김동립의 「대중관리」(『사상계』, 1959년 12월호)가 대표적이다.

48 김득중, 『빨갱이의 탄생』, 선인, 2009. 장세진도 반공주의적 휴머니즘의 핵심이 사회주의자를 민족으로부터 배제시키기 위한 장치로 활용되었다고 분석했다. 즉 민주주의는 휴머니즘에 입각해 있으나 공산주의는 명백하게 휴머니즘을 거스른다는 주장이라는 것이다(장세진, 『상상된 아메리카』, 푸른역사, 2012, 242~247쪽).

기들이 보여주는 내용과 비교될 만하다.

국회의원 미국시찰단의 일원으로 1955년과 56년에 걸쳐 미국을 시찰했던 민관식도 미국의 경제적 거대함에 깊은 인상을 받았다. 포드 자동차를 방문하고 공장이 아니라 대도시에 가까운 규모라고 놀라는가 하면 자체 발전소 발전용량이 한국 전체 발전량의 3배에 이른다는 점에 할 말을 잃을 정도였다.[49]

그러나 민관식의 관심은 경제를 넘어 산만하게 흩어지는 것이었다. 울창한 삼림과 같은 자연환경이나 정직성 같은 윤리에 감명받기도 하지만 미국의 어두운 면이나 부정적 측면에 대해 가차없는 비판을 가하기도 했다. 부모와의 식사자리에서 담배를 피워대는 고교생 아들을 보고 입맛을 다시는가 하면 노골적 인종차별에 실망하기도 했다. 뉴욕의 라디오 시티 뮤직홀을 관람하고서는 미국의 번영을 비판하기조차 했다.

> 뉴욕에 와서 하도 세계제일이란 메커니즘 풍의 어휘를 듣고 나니 신통한 맛이 점차 감퇴되어가는 것 같다 (…중략…) 아메리카식 富力의 사치스런 전시장이다. 미국의 영화가 가난한 한국영화 시장에서 꼬리를 치는 한, 국산영화를 보고 관객이 느끼는 것은 단지 회고, 애수의 에스프리 이외에 무엇이랴.[50]

1950년대가 아메리카니즘의 극성기이자 그 타락에 대한 경계가 동시에 나타나는 시대였다는 점을 보건대 민관식의 인식은 특수한 사례로 보기 힘들 것이다. 특히 그는 방미과정을 통해 반공의식의 강조와 일본에 대한 경계의식을 끊임없이 강조했다.[51] 즉 그는 동서 냉전구도와 반

---

49 민관식, 『방미기행－왜? 그들은 잘 사나』, 고려시보사, 1957, 163쪽.
50 위의 책, 82쪽.

일 민족주의 구도에 집중하면서 경제적 발전과 진보에 대한 천을 네 가지 정신적 가치로 요약함으로써 자신의 방미기행을 마무리지었다.[52]

민관식의 인식이 예외적이지 않았음은 장세진의 연구에서도 확인된다. 1950년대 지식인들 상당수는 미국의 물질적 풍요에 대한 선망과 함께 맴모니즘mammonism에 대한 은근한 경멸과 우려의 시선을 갖고 있었다.[53] 즉 1950년대 지식인들에게 미국은 물질적 풍요와 정신적 타락이라는 양가적 대상으로 재현되고 있었다고 하겠다.

반면 시찰단 사업의 주역이었던 생산성본부 이사장 이은복은 "작은 개인의 일로부터 국가집단의 생존에 이르기까지 그것은 계속되는 경쟁이 아닌 것이 없다"고 단언했다. "경쟁의식이 강하지 못하면 낙오자로 전락할 것"이기에 "경쟁의식 없이는 진보 또한 있을 수 없다는 것"이 그의 결론이었다. 심지어 그는 "모든 일이 경쟁과 전쟁"이기에 "전쟁의 경우와 같이 전략·전술·전투, 경우에 따라서는 술수나 권모까지도 동원되어야 할 것"이라고 강조했다.[54]

이러한 과정을 통해 진보와 발전이 가능할 것이었는데, 시찰단은 "미국에서는 진보가 제일 중요한 생산이다Progress is the most important products라고 하는 말이 널리 사용되고 있"음을 강조했다.[55] 이 말을 뒤집으면 생산이 곧 가장 중요한 진보라고 할 수 있을 텐데, 그렇다면 다음 문제는 이 경쟁 또는 전쟁을 통한 생산과 진보의 주체는 무엇인가가 될 것이다.

---

51 민관식은 맥아더의 호텔방을 방문하고 방 전체가 일본제품으로 장식된 점에 큰 실망을 하면서 일본에 대한 경계의식을 강조했다.

52 네 가지는 다음과 같다. ① 개척정신이 투철한 국민성, ② 근로를 존중하는 국민성, ③ 준법사상이 강한 국민성, ④ 애국적인 선조에 대한 숭배열(민관식, 앞의 책, 17쪽).

53 장세진, 앞의 책, 196~210쪽.

54 이은복, 「지도력과 전략」(1963.4), 앞의 책, 116~117쪽.

55 『미국시찰보고서』 1, 202쪽.

5. 경제적 주체 형식들–개인과 국가 그리고 기업

생산성본부의 기관지 격인 『기업경영』의 권두언을 통해 이은복은 기회있을 때마다 개인부터 국가까지 '기업경영' 마인드를 강조했다. 즉 "인간생활, 기업경영, 국민경제"는 "쉴사이 없이 경쟁적인 전쟁"을 하고 있는 것인데, 더욱이 이 전쟁은 "무한전쟁이니 수년에 끝을 맺는 무력전쟁보다도 더 길고 더 참혹하고 무서운 전쟁인지도 모"르겠다고 토로했다. 게다가 이 전쟁은 "보이지 않는 적과 소리없는 전쟁"이자 이긴다 해도 새로운 적이 끊임없이 밀려와 "최종 결승이란 찾아볼 수 없는 끝없는 전쟁"이기도 하다고 강조했다.[56]

그렇다면 이 영겁회귀의 전쟁을 치루어야 될 전사는 누구일까? 이은복은 개인, 기업, 국가를 모두 언급하지만 그 중핵이 되는 것은 기업이었다. 앞서 보았듯이 개인은 최소 경제단위이자 합리적인 필수 경제 행위자로 설정된다. 국가는 국민경제의 호민관처럼 설명되는데 말할 것도 없이 상정가능한 최대의 경제 주체이다. 그러나 자본주의 경제체제 하에서 최적화된 자본의 존재양태는 사적 기업으로 나타난다. 개인은 기업형 인간이 되어야 했고 국가는 주식회사 ○○으로 호명된다. 이러한 주체 형식들을 움직이는 기본 동력은 돈이었다.

> 자본주의 이념은 인간 각자의 돈 의식을 바탕으로 하고 있다. 그러기에 인간은 돈을 위해 창의를 짜내는 데 전력을 다해 경쟁을 한다 (…중략…) 따라서 자본주의 사회의 번영과 인간생활의 향상을 가져오는 원동력은 바로 인간의 돈의식과 이를 위한 창의탐구라고 해도 진실의 일부를 맞힌 말

56 이은복, 「전략적인 처리사고」(1964.10), 앞의 책, 152~153쪽.

이 될 것이다 (…중략…) 지도력도 이와 같은 돈을 떠나서 생각할 수 없다. 현대사회 — 자본주의 사회 — 에서의 지도력의 최종평가의 기준은 지도를 받는 각자로 하여금 얼마만한 돈을 갖게 했느냐에 있다.[57]

인간 각자의 돈 의식부터 돈을 통한 지도–피지도 관계에 이르기까지 이은복은 돈 중심의 세계관을 보여준다. 노골적으로 돈을 강조했던 그는 '자본'이라는 좀 더 엄격한 개념을 사용하기도 하는데, "자본과 인간의 관계, 즉 자본이 대우를 받으면 인간은 번영하고, 자본을 학대하면 빈곤해지는 관계"를 잘 파악해 이용해야 한다고 강조했다.[58] 요컨대 돈과 자본 중심으로 빈부 문제는 물론 발전과 진보의 문제의식을 전유한다. 다시 말해 세상의 중심에 돈=자본이 있음을 분명하게 인식해야 한다는 것이다.

따라서 자본의 무한 증식운동의 기본적인 경제 주체 형식으로 제시된 '인간 각자'는 무엇보다 이 세상의 기본 원리를 철저하게 각인해야 한다는 것이며 이들의 돈 의식은 영원한 자본운동의 에너지원이 된다. 물론 인간의 돈 의식은 청교도적 소명과 직업의식으로 보완되어야 할 것으로 제시되었다.

고도의 자유를 향유하면서도 또 한편으로는 모든 사람이 자기직분에 알맞은 자기책무가 무엇이냐 하는 자기의 직분Obligation에 대해서 항상 자기가 누리고 있는 자유와 동일한 비중을 가지고 생활하고 있는 것 (…중략…) 500명 수용 카바레에 10명 내외의 손님밖에 없는데도 구슬같은 땀을 흘리면서 노래를 부르는 흑인가수의 직업의식 (…중략…) 사회가 얼마

57 이은복, 「지도력에 대한 신뢰성과 돈」(1967), 위의 책, 222쪽.
58 이은복, 「본질을 본질대로」(1964.5), 위의 책, 143쪽.

나 숭고한 개성에 의하여 구성되고 있는가 하는 것을 (…중략…) 미국 어느 곳에 가나 경찰, 택시 운전수, 또는 모든 호텔의 뽀이에 이르기까지 자기직분에 얼마나 충실하고 있느냐 하는 것[59]

위 인용문 내용은 자유, 직분, 개성으로 요약 가능할텐데, 자유와 책임(직분)의 결합으로서의 인간 주체(개성)를 상정하고 있는 셈이었다. 이는 책임 없는 자유liberty와 책임이 수반되는 자유freedom을 구분하는 미국식 자유관을 그대로 따르고 있다고 하겠는데, 박정희 체제를 비롯해 한국의 주류 지배담론에서 자유는 의무를 수반하지 않을 시 방종이 된다는 논리와도 상통하는 것이다. 지속가능한 자본 운동은 이러한 "숭고한 개성"들을 필요조건으로 한다.

여기서 숭고가 제시된다는 점이 주목된다. 권리에 따르는 책임과 의무를 다하는, 즉 직분에 충실한 개성들만이 숭고한 것으로 인정될 수 있다는 논리일텐데, 베버의 프로테스탄트 윤리와 자본주의 정신을 결합한 경제 주체를 지시한다고 하겠다. 한국에는 부재한 이러한 숭고한 개성들이 미국에서는 "식당 뽀이"들에게조차 깃들어 있는 것으로 그려진다. 미국의 거대한 생산력의 비결이 곧 이 숭고한 개성들로부터 설명되는 것으로 보이는데, 이것이 시찰단의 미국 인식에서 결정적 국면 중 하나이다.

미국의 숭고함American Sublime은 거대한 공장이나 방대한 생산능력으로 국한되지 않았으며 무엇보다 직분과 소명의식이 탑재되어 있는 개별 주체의 정신으로 이해된다. 그렇기에 "미국사회야말로 자유경쟁의 건전한 질서와 또한 인류 개개인의 생존의 기율이 아주 조화있게

59 『미국시찰보고서』 2, 27쪽.

움직이는 메커니즘 속에서 발전되어가고 있다"는 규정이 가능해진다.[60] 이는 아이젠하워 정권이 추구한 미국의 숭고함과도 긴밀히 연동되는 것으로 보인다.

숭고 개념은 좁게는 미학적 개념으로부터 넓게는 민족적 / 국가적 개념으로, 무엇보다 여러 측면에서의 반복으로 특징된다.[61] 아이젠하워는 민족적 / 국가적 차원에서 미국의 숭고함을 적극적으로 강조했다. 그는 핵전쟁이라는 종말의 시나리오와 함께 아메리칸 드림이라는 자유주의적 발전주의 이데올로기를 병행시켰는데, 시장의 주도로 효율성, 풍요, 민주주의와 사회적 통합이 가능하다는 유토피아적인 민주주의적 전망을 강조했다.[62] 즉 그는 개인의 권리와 자유, 무한한 자원과 함께 빈부와 정치적 영향력, 교육정도에 상관없이 모든 사람에게 일할 수 있는 기회가 보장되는 아메리카의 시스템을 강조했다. 모든 결점들에도 불구하고 아메리카의 시스템은 그 근본적 목적과 기본 구조에 있어 인간이 세운 그 어떤 정부보다 훨씬 더 우월하다는 것이다.[63]

아이젠하워는 이러한 미국의 숭고함의 근원이 초월적인 정신적 가치에 있음을 주장했다. 즉 그는 '자유정신이야말로 진정한 주권과 독립국가가 의존할 수밖에 없는 경제적 기초를 가능케 하는 것으로 규정'했다. 아이젠하워는 1957년 연두교서를 통해 '경제적 번영이야말로 미국의 초월적인 정신적 기초의 표식sign'이라고 주장했다.[64] 요컨

---

60 위의 책, 27쪽.

61 O'Gorman은 기술적 숭고, 종말론적 숭고, 낭만적 숭고, 민주적 숭고 등등으로 반복된다고 한다(Ned O'Gorman, op.cit., p.47).

62 Ibid., p.45.

63 Ibid., p.53.

64 Ibid., pp.62~63.

대 미국의 숭고는 정신적 위대함spiritual greatness의 산물이라는 것이다.[65] 그렇기에 아이젠하워에게 미국의 평등주의는 다만 본질적 정신의 문제로 나타나고 사회경제적 격차는 미국의 신념의 본질에 비추어 무의미한 것으로 간주된다.[66] 연장선상에서 미국은 물질 이상의 초월적 정신으로 특징된다면 소련과 공산주의는 천박한 유물론에 불과한 것이 되었다.

이러한 맥락에서 미국 시찰단이 숭고한 개성이라는 언어를 통해 지시하고자 한 내용은 바로 아이젠하워의 미국의 숭고함이라는 담론전략과 연루된다고 하겠다. 특히 시찰단은 미국 정부의 용의주도한 초청 계획에 의해 조직되었기에 미국의 의지와 의도가 충실하게 관철되어야 할 대상이기도 했다. 즉 시찰단의 심리와 인식은 미국의 숭고함에 깊이 영향받고 있었다.

따라서 시찰단의 정신은 이미 서양=물질, 동양=정신이라는 오리엔탈리즘 구도를 벗어나고 있었다고 보인다. 미국은 이미 물질적 풍요로만 국한되지 않았고 그 풍요를 가능케 한 정신적 우월함으로 가득 차 있는 유토피아였다. 미국의 정신을 통하지 않고 그 유토피아로 들어갈 길은 보이지 않았다. 이는 사실상 오리엔탈리즘을 넘어선 것이라기보다는 옥시덴탈리즘으로의 단순 전도였다고 보인다.

이렇게 미국의 자유주의적 자본주의를 이해했기에 숭고한 개성이란 효율적이고 생산적인 주체를 의미했다. 따라서 "자유경쟁을 기조로 하는 자본주의 국가에서 능력주의에 입각한 인사관리란 지극히 당연한 것"이었고 미국경제의 "기본적인 추진력은 능력주의를 토대로 한 개인의 자극과 능력개발"이라고 설명되었다.[67] 이은복도 경제개발

65 Ibid., p.55.
66 Ibid., p.59.

에 앞서 "보이지 않는 인간의 개발"을 강조함으로써 호모 이코노미쿠스를 새로운 주체형식으로 제시한 셈이었다.[68]

그 귀결은 기업이었다. 즉 개인은 그 자체로 주체이기도 하지만 무엇보다 기업 내부에 배치됨으로써 온전한 경제 주체가 된다. "경영의 질"은 "기계의 질에 의해서가 아니고 인간 상호 간의 커뮤니케이션의 질에 의해서 결정"되고 "의사소통의 질이 경영의 질을 결정한다"는 규정은 개인이 기업경영을 규정하는 듯이 보이지만 실상은 기업에 규정되는 개인을 강조한 것이었다.[69]

게다가 컴퓨터의 혁명적인 진보에 기반한 오토메이션화로 모든 인간기능이 자기테이프에 파일될 것이라는 전망 하에서, 기계가 인간지성의 영역을 얼마나 침투해 들어올지 모르는 상황 하에서 "인간의 지성이 하나씩 기계의 능력으로 대치되고 있"는 상황이었다.[70] 이는 다시 말해 개별 노동자가 아니라 기계 시스템과 그 시스템을 관리하고 경영하는 기업의 중요성을 강조하는 설명이었다. 기계는 노동자가 아니라 기업의 소유물인 것이다. 여기서 노동자는 기계를 움직이는 주체라기보다는 기계로 대체가능한 생산 요소의 하나에 불과하게 된다.

이른바 '국민경제'에 대한 기업의 관계도 마찬가지였다. "기업의 성장률은 경제의 성장률이 7%라고 가정한다면 최대한 배 이상인 15%의 성장률을 유지"해야 되는 것으로 강조되고 이것이 "기업이 가져야 할 전진적 자세"라는 규정이 나타났는데, 이는 곧 기업이 국민경제를 지배해야 됨을 말하는 것이었다.[71] 이제 숭고한 개성은 오직 기업 내부

67 『미국시찰보고서』 1, 150쪽.
68 이은복, 「『인간발견』 머리말」, 앞의 책.
69 『미국시찰보고서』 1, 17~18쪽.
70 위의 책, 210~211쪽.
71 위의 책, 40쪽.

에 배치됨으로써 자신의 주체 위치를 확인받을 수밖에 없게 된다. 고로 인간 주체는 기업 내 인간 관리의 대상일 뿐이다.

> 위로는 사장에서부터 아래로는 종업원에 이르기까지 하나의 기업체 전체가 가장 민주적인 의사의 질을 통하여 철저하게 관리되고 있었으며 또한 기업체 전체가 하나의 동태성 밑에서 복잡한 사회성을 지니고 움직이고 있다는 사실 (…중략…) 미지수의 강력한 인간의 결정체로서의 참된 효과를 발휘할 수 있는 사회[72]

이렇게 미국 사회가 그토록 차원높은 발전을 거듭해오고 있는 원리의 핵심은 "기업발전의 특징"에서 찾아볼 수 있었다는 것이 시찰단의 판단이었다. 그 기업발전의 원리를 철저한 분권화와 경영과 기술의 입체성 등으로 설명하기도 했다.[73] 그러나 여기서 중요한 것은 기업, 즉 자본의 사회적 형식이야말로 발전과 진보의 동력이자 주체로 설명된다는 점이다. 사장과 종업원 모두 '하나의 기업체 전체'를 구성하는 요소로 배치되고 이를 민주적으로 관리해 '강력한 인간의 결정체'가 될 수 있다는 것이다. 요컨대 기업이야말로 진정한 '인간의 결정체'를 표상하게 된다.

숭고한 개성으로 표현된 기업형 인간은 신성화 대상이기까지 했다. 20대에 입사해 수십 년 간 근속하고 있는 노동자는 "'good year'의 聖職者들로서 자기 인생의 생애 전체를 굳이어의 품질창조에 투신해버린 인간들"로 규정되었다.[74] 여기서 숭고한 개성은 성스러운 직무를

---

72 위의 책, 20쪽.
73 위의 책, 21~25쪽.
74 위의 책, 68쪽.

보장하는 기업을 통해서만 그 온전한 의미가 구현될 수 있는 존재가 된다. 그러나 숭고한 개성의 성스러운 존재들을 실질적으로 움직일 수 있는 것은 역시 돈이었다. 숭고한 개성이 기업형 인간으로 거듭날 수 있는 것은 그 기업의 돈 맛을 보게 하는 것이었다.

> 회사의 주식이 개인이나 가족에게 독점되어 있는다든가 회사의 구성이 가족에 의하여 주로 조직되어 있는 상태에서는 국민의 참여의욕은 저조할 것 (…중략…) 기업발전을 저주하고 불신임을 자극 나아가서는 사회 전체의 불안과 상호기만의 폭을 확대해 가는 결과를 초래하는 후진국 사회와 대조하였을 때 미국사회야말로 기업발전의 성과를 국민전체가 향유할 수 있는 만민 자본주의 체제의 표본이라고 느꼈다. 주식 소유가 국민 한 사람 한 사람의 가정에 분산되어 있었고 따라서 그 분산된 주식을 통하여 소시민이 직접 기업성과에 침여할 수 있게 됨으로써 모든 사람은 가정에 있으면서도 기업의 발전을 지원하고 그 기업에서 만든 제품에 대한 애착과 신의를 통하여 새로운 소비시장을 창조해나가는 이러한 일련의 과정이야말로 미국에서의 모든 기업이 발전할 수 있는 기본 요소 (…중략…) 직접적으로는 자본과 경영의 분리를 의미하는 것. 이러한 분리를 전제로 하여 기업 주위에 있는 국민 전체가 자본가이며 곧 기업의 소유자인 동시에 기업은 다만 전문적인 경영자의 힘으로 육성되어가는[75]

다소 길지만 위 인용문은 미국 자본주의의 유토피아를 서술한 대표적 구절이라고 할 수 있다. 주식회사라는 기업형태와 주식시장을 통한 기업의 사회화를 통해 '만민 자본주의'를 구성해낸 것이 미국이라

---

75 위의 책, 26쪽.

는 설명이었다. 여기서도 역시 미국=선진=만민 자본주의라는 유토피아와 한국=후진=가족 자본주의라는 디스토피아가 댓구를 이루고 있는데, 기업을 저주하고 사회의 불안과 상호기만이 팽배한 것은 자본의 문제가 아니라 후진성의 문제임을 강조하고 있다. 즉 자본의 위기에 대한 예민한 감각을 엿볼 수 있다.

소유와 경영의 분리라는 이상적 자본주의 상은 이후 오랫동안 한국 자유 민주주의의 목표가 된다. 즉 "기업이 그 조직의 원천에서부터 공개화되고 사회성을 유지해 가면서 자본가, 주주, 그리고 국민 전체가 자본가화 될 수 있도록 하는 자세의 확립이 선행"되어야 한다는 것이 시찰단의 결론이었다.[76] 실제로 이러한 문제의식은 1968년 11월 「자본시장 육성법」으로 구체화되기도 했다.[77] 기업공개와 주식분산이 골자인 이 법안은 한국식 '만민 자본주의'를 위한 제도적 표현이었다고 하겠다.

그러나 전 국민의 자본가화는 사실상 불가능한 기획이다. 현실적으로도 한국 자본주의의 소유와 경영은 여전히 가족이라는 사적 영역을 중심으로 이루어져왔다. 그럼에도 시찰기가 보여주는 불가능한 기획의 유토피아는 무엇을 지시하는 것일까. 인용문에 보이듯이 숭고한 개성은 자본의 순환과정으로부터 단 한 발짝도 벗어나서는 안 되는 것으로 제시된다. 생산과 소비가 기업을 매개로 인간의 삶 전체를 장악해야 한다는 것이다. 이는 부모와 자식 간의 애정조차 상징자본을 확보하기 위한 투자가 되는 자유주의적 자본주의의 전망일 것이다. 이렇게 구성된 주체는 이제 곧 전쟁에 투입될 것이다.

---

76 위의 책, 27쪽.

77 『매일경제』, 1968.11.11. 이 법안의 제정에는 전경련이 큰 역할을 했다고 알려져 있다. 전경련의 관심은 주로 자본 조달에 있었지만, 시찰기에 나타난 것과 같은 사회적 효과를 노렸다고 보인다.

6. 맺음말 – 만민 자본주의와 聖戰의 戰士

어떤 의미에서 1960년대는 성전의 시대였다. 세계적 규모의 동서구도는 냉전과 열전을 뒤섞어 세계를 온통 전쟁터로 만들고 있었다. 베트남 전쟁에서부터 1960년대 후반의 이른바 안보위기까지 세계는 차갑거나 뜨겁게 전쟁 중이었다. 한편 남북구도는 총성 없는 전쟁이라는 유비로 상징되었다. 거의 모든 경제 관련 주요 주체들의 레토릭은 전쟁을 방불케 하는 정도가 아니라 실제로 전쟁을 선동했다. 그만큼 후후발 국가의 산업화가 지난했다는 평가도 가능하겠지만, 세상이 싸움터가 되어간 것만은 분명했다. 두 차원의 전쟁 모두 성전의 숭고함으로 특징되었다. 베트남전은 자유의 십자가를 짊어졌고 수출전쟁은 민족중흥의 성스러운 과제를 수행하는 것이다.

이 숭고한 전쟁의 목적, 수단, 방법 모두 '숭고한 미국'으로부터 빛나는 것이었다. 아메리칸 서블라임은 당대의 빛이었다. 이 빛으로 인도된 성전의 전사들은 '코리안의 맥박'으로 칭송되어 5대양 6대주를 누비게 될 것이었다. 1966년 1월 1일 『동아일보』는 흥미로운 시리즈를 연재하기 시작했다.[78] 「코리안의 고동」으로 명명된 이 장기 연재물은 인력, 상품, 기술의 공간이동을 통한 시간압축의 전망을 그려보고자 했다. 총 37회에 걸친 장기 연재는 "세계로 향하는 한국·한국인·한국상품"과 "적극적인 진출로 개척한 동적인 한국"을 그려내고자 하는 것이라고 설명되었다.[79]

---

78 필자로 동원된 기자들은 대부분 친여 내지 친기업 성향이었다. 金鎭炫(경제부 차장대우), 李琛柱(경제부 기자), 秦哲洙(주미특파원), 曺圭河(정치부 기자), 南時旭(정치부 기자), 柳赫仁(주일 특파원), 李錫烈(주월 특파원). 이들중 김진현은 과기처 장관을 역임했고 유혁인은 1970년대 초 청와대 정무수석이 되었고 조규하는 전경련에서 일했다.

79 37개 기사제목은 다음과 같다. ①「서언」, ②「하와이 속의 한국」, ③「망향에 지친 멕시

> 우리가 뻗치고 살 길은 물건너 바깥 세계에 있다 (…중략…) 우리는 아프리카의 산야에서 세계의 음파를 전달하는 한국제 트랜지스터 라디오의 소리에 코리아의 맥박을 느낀다 (…중략…) 미주와 서구의 명문에서 노란머리와 푸른 눈동자에서 과학을 교수하는 우리의 두뇌에서 우리 스스로를 믿는다 (…중략…) 진정 우리가 싸워야 할 곳은 안방이 아니라 세계시장이다 (…중략…) 우리의 살길이 세계의 상품시장에서 기술시장에서 노동력시장에서 승리하는 것뿐이라는 명제는 이미 확인됐다 (…중략…) 商賈는 전쟁이니 상고는 物貨로 以하고 전쟁은 병기로 以하나 승부를 결하여 利害를 전쟁하기는 동일한 자라 한 것은 77년 전 유길준의 서유견문의 한 구절 (…중략…) 원조보다 무역을, 수출아니면 죽음을 이것은 고 처칠 영재상의 호소 (…중략…) 전쟁의 승부는 병기로써가 아니라 무역으로 결판난다는 것은 소련의 흐루시초프 전 수상의 말[80]

『동아일보』 또한 이은복과 마찬가지로 경제를 전쟁에 비유했다. 이는 박정희도 마찬가지였는데, 60년대 경제적인 것의 전쟁 이미지는 오랫동안 한국사회를 규정할 터였다. 유길준에서 흐루시초프까지 이

코」, ④「수출의 전승지 홍콩」, ⑤「일본을 누른 태국의 비단시장」, ⑥「건설업이 진출하는 태국」, ⑦「싱가포르서 무역역조 극복」, ⑧「馬來 시장 개척사」, ⑨「중립 선풍 뚫고 들어간 이란」, ⑩「우리 인술을 심은 우간다」, ⑪「한국 부르는 검은대륙 3국」, ⑫「기술한국 케냐로」, ⑬「스위스에 코리안촌」, ⑭「구주에 뻗친 한국 유도」, ⑮「멕시코로 뚫고 들어간 메이드 인 코리아」, ⑯「역경의 불란서 정착 75년」, ⑰「佛서 없어 못파는 우리 어물」, ⑱「불란서에 심는 한국예술」, ⑲「한국에 눈뜨는 이태리」, ⑳「영국에 발돋움하는 상품」, ㉑「기연 얽힌 베네룩스 3국」, ㉒「쉐터로 한 몫 잡은 스웨덴 시장」, ㉓「인력 서독에 상륙하다」, ㉔「무역열세 카버한 도자기 코리아」, ㉕「서독·화란·서전·영국대륙에 비친 한국학」, ㉖「대한, 한국 밀어주는 공동운명의 이웃」, ㉗「재일교포 설움의 반세기」, ㉘「자세 굳히는 재일민단」, ㉙「일본에 흩어진 한국문화」, ㉚「특수를 불러일으킨 월남땅」, ㉛「시장넓힌 대월무역」, ㉜「미국도시들, 한국도시와 자매결연」, ㉝「뉴욕, 날로 인정받는 우리 상품」, ㉞「미국서 크는 韓東一·金永旭·趙元庚」, ㉟「워싱턴에 내린 아기천사들」, ㊱「캐나다 교포와 이민·수출」, ㊲「결언」.

80 『동아일보』, 1966.1.1.

어지는 이 전쟁 담론이야말로 약육강식과 우승열패의 세계에서 부국강병을 통해 살아남아야 되는 국가 / 민족의 운명을 밝혀주는 것이었다. 여기서 전쟁은 경제의 연장 또는 경제는 전쟁의 연장이 되었다. 이 전쟁의 숭고함에 대한 맹목적 열망은 급기야 '수출고아'에 대한 감동으로까지 연결될 정도였다.[81] 만민 자본주의는 해외입양 아동조차 수출전쟁의 마당을 벗어날 수 없도록 했다.

인간의 삶 전체를 시장의 전쟁으로 환원해버리는 표현은 확실히 이전 시기에는 찾아보기 힘든 사고방식이자 감각이다. '우리의 생존'이라는 집단주의적 문제설정은 집단적 죽음의 공포를 부추긴다. 시장과 경제가 인간의 삶과 죽음을 관장하는 최종 심급처럼 나타난다. 시장은 최후의 심판이 내려지는 곳이기에 어떤 절대적 시공간이 된다. 절대자의 반열에 올라서 엄숙함을 넘어 성스러운 아우라마저 풍기는 시장은 현대의 군주일지도 모를 일이다. 이 절대성으로부터 자유로울 수 있는 개체는 용납되기 힘들다.

여기서 시장은 민족과 국가를 등에 업고 세계시장으로 확대된다. 내부 시장의 생존을 건 개인 전쟁 대신 세계 시장의 목숨을 건 민족전쟁에 출전할 것이 선동된다. 이 전쟁에서도 역시 주역은 국가와 민족이다. 내부의 조화롭고 단합된 시장이야말로 세계전쟁을 승리로 이끌 비결처럼 제시된다. 그러나 세계전쟁은 내부 전쟁의 연장전일 뿐이다. 세계전쟁의 승리를 위해서는 더 치열한 목숨을 건 내전이 필요할 것이다. 내전의 패배자들에게 세계전쟁의 승리를 선동하는 것이야말로 내전의 승리자들의 오래된 문법이다. 승패와 상관없이 내전 참가자들은 모두 코리언으로 호명된다.

---

81 마지막 연재에서는 "알프스산 억덕에서 우리 고아들이 자라고 있"음을 기꺼워하는 대목이 나온다(『동아일보』, 1966.12.20).

한국인 대신 코리안이라는 영어 발음을 채택한 것에서 보이듯이 이 연재물은 세계 속의 자기 존재증명을 시도하고 있다. 즉 숭고한 미국의 숭고한 언어를 통해 스스로의 숭고함을 목숨을 건 전쟁을 통해 증거하고자 했다. 그런데 미국의 숭고함을 추급하는 전략은 그 선구자격인 일본과의 묘한 대비가 이루어지는 것이었다. 일본은 이러한 전략의 선구자이자 경쟁자이기도 했다. 즉 1960년대 일본은 적과 동지 어느 것으로도 환원되지 않는 복합물로 재현되었다. 1970년 3월 6일자 『동아일보』는 일본의 번영을 분석한 외지 글을 번역해 게재했다.

「육대륙에 파고든 일본의 상혼」이란 제하의 이 글은 일본 번영의 원인을 "조화된 단합정신과 부를 추구하는 노력에 있어 그들이 지닌 탁월한 능력"으로 꼽았다. 특히 기업형 인간에 대한 강조가 두드러졌는데, 일본인에게 "회사란 아버지와 같은 것이다. 아버지가 자식의 부양을 책임지듯이 그들은 회사가 자기들을 부양해 줄 것이라고 믿고 회사에만 헌신한다"고 규정했다. 따라서 "일본은 다양한 개인이 모인 집합사회가 아니라 그 전체가 하나의 거대한 가정"이자 "국가가 아니라 한 개의 큰 회사"라는 것이었다. 그러나 이러한 일본의 모습은 "가미가제 특공대 정신"을 이어받은 "추악한 일본인"이기도 했다.

경제시찰기에서 미국은 한국 사회가 지향해야 될 전망을 원리적 수준에서 제시해주는 숭고한 대상이었다면 일본은 서구적 근대의 원본이 아니라 사본의 위치로 이해되었기에 서구적 근대성에 대한 기술적 참조대상이었다.[82] 일본 시찰기는 연공제라든가 직무분석에 따른 테일러리즘의 한계, 미국식 라인 콘트롤에 대한 효과 등을 확인하는 정도였다.[83] 요컨대 일본은 주체구성을 위한 모델이라기보다 주체의 행

82 『제1차 일본시찰 보고서』, 18쪽.
83 위의 책, 21~26쪽.

위 기술을 참조하기 위한 대상으로 이해된 것이다.

참조대상으로서의 일본은 가족–기업–국가가 하나로 연결되어 있는 전체주의적 집단으로 재현되었는데, 이는 한국 자본주의가 반드시 돌파해야만 했던 장벽이자 또한 모방해야 될 선구자라는 야누스이기도 했다. 가족–기업–국가의 삼위일체는 어떤 측면에서 '만민 자본주의'의 또 다른 판본일 수 있었는데, 사실 한국에게는 미국의 숭고함보다 더욱 친숙한 것일 수 있었다.

문제는 이 가족 유사성과도 같은 일본과 한국의 관계는 필연적으로 '짝패갈등'을 불러올 수밖에 없는 관계이기도 했다는 점이다.[84] 한국 자본주의에게 일본은 모방욕망의 대상이자 짝패갈등의 대상으로 이중구속 상태에 놓여 있었던 셈이다. 숭고한 미국을 정점으로 한 1960년대 삼각동맹의 현실은 이러한 전쟁상태로 드러났다.

이 성전에 동원해야 될 전사 또한 일본의 모방으로부터 자유로울 수 없었다. 일본의 삼위일체가 가미가제를 통해 경제옥쇄로 치닫고 있었다면, 한국의 그것은 어떤 모습이었을까. 미국의 숭고와는 결을 달리하면서도 일본의 가미가제 또한 성스러운 것으로 재현되지 않았을까. 아메리카 서블라임과 일본의 성전 사이에 1960년대 한국 자본주의의 진보의 길이 놓여 있었다. 그 성전의 길에 나선 숭고한 주체, 이것이 1960년대 한국 자본주의의 호모 이코노미쿠스였을 것이다.

---

84 짝패갈등은 르네 지라르가 『폭력과 성스러움』에서 사용한 개념으로 카인과 아벨과 같이 동일성을 공유한 쌍둥이 사이의 모방욕망에 따른 갈등과 폭력을 의미한다(르네 지라르, 『폭력과 성스러움』, 민음사, 2000).

—2부—

이데올로기들의 거소
—민족, 종교, 젠더

영성과 모더니티

생명, 씨올, 율려로 본 한국적 진보의 궤적

이철호

1. 두 개의 진보-'생존경쟁'과 '생명진화'

2009년 30권으로 재발간된 『함석헌저작집』이 의외의 논쟁을 불러 일으켰다. 『함석헌저작집』 제1권에 실린 발간사의 몇 대목에서 함석헌이 '사회진화론자'로 소개된 것이 문제였고,[1] 이에 항의하는 한 역사학자의 공개서한이 이메일의 형태로 관련 연구자들에게 배포되었다. 발간사의 저자이자 당시 함석헌씨올사상연구원 원장이었던 김영호 교수

1 문제의 두 구절은 다음과 같다. ① "함석헌 선생의 말씀과 글에는 마치 악곡의 변주곡처럼 거듭 반복되는 몇 가지 일관된 주제가 있다. 민중과 씨올, 민중사관 및 고난사관, 비폭력평화주의, 국가(지상)주의 및 민족(중심)주의를 넘어서는 세계주의globalism로의 이행, 개혁과 혁명, 사회진화론, 종교적 가치관, 새 종교와 새 인류의 대망待望, 개인주의를 넘어선 전체주의holism, 상생론적 같이살기 운동의 전개 등이 그것인데, 모두 혁명적인 거대담론들이다." ② "사회진화론자인 함석헌 선생은 일찍이 세계주의를 제창했다. 민족국가 중심의 국가(지상)주의는 인류가 벗어버려야 할 허물이다. 민족주의도 넘어서야 한다. 그러나 일단 민족에 부여된 사명을 다하고 수행해야 한다." 김영호, 「'함석헌저작집' 발간에 부치는 말」, 『함석헌저작집』 1, 한길사, 2009, 9~11쪽. 이하 본문과 각주에 '저작집 권수 : 인용면수'로 표기함.

가 처음에는 발언을 자제했으나 김경재, 김조년, 김상봉 교수 등이 그 공개서한의 요지를 수긍하면서 논쟁은 더욱 확대되었다.[2] 결국 2010년 4월 함석헌학회 창립총회기념 학술세미나에서 김영호 교수는 자신의 입장을 소상히 밝힌 논문 「함석헌과 사회진화론」을 발표하게 된다.

그보다 앞서 『씨알의 소리』 1~2월호에 게재된 논문에서 김상봉 교수가 주장했던 바는 물론 사회진화론자로서의 함석헌은 상상할 수 없다는 것이다. "함석헌의 책 어디를 뒤져도 자기의 사상을 사회진화론이라고 명시"[3]하지 않았을 뿐만 아니라, 생존경쟁과 적자생존의 법칙에 대해 누구보다 일관되게 반대한 사상가 중 하나가 함석헌이라고 반론했다. 함석헌의 사상은 오히려 강자보다 약자를, 힘보다 사랑을 중시하기 때문이다. 그 같은 주장은 사회진화론의 한국적 토착화 사정을 고려하면 부인하기 힘든 상식에 속하지만, 스펜서H. Spencer 사상의 스펙트럼에 비추어 보면 일종의 통념일지도 모른다. 김영호 교수의 논문은 이 점에 다시 주의할 것을 요청하고 있다.

사회진화론을 김상봉 교수가 '사회다윈주의social Darwinism'로 이해하는 데 반해, 김영호 교수 자신은 '사회문화진화론sociocultural evolutionism'의 역어로 해석한다. 그에 따르면, 사회진화론과 사회다윈주의를 동일시하는 학계의 관행은 하나의 '변종'을 보편적인 개념으로 오독하는 것에 지나지 않는다. 다윈과의 영향 관계가 명백하더라도 스펜서의 진화론은 인간 정신, 제도, 우주를 통괄하는 일종의 진보사관으로 인정해도 손색이 없다.[4] 이를테면, 함석헌이 말한 '사회구원'이 "사회

2 이에 대한 좀 더 상세한 사정은 김영호, 「함석헌과 사회진화론」, 정대현 외, 『생각과 실천—함석헌 사상의 인문학적 조명』, 한길사, 2011의 주1에 서술되어 있다.

3 김상봉, 「함석헌과 사회진화론의 문제」, 『씨알의 소리』 208, 함석헌기념사업회, 2010, 1~2월호.

4 김영호 교수는 스펜서를 비판받아 마땅한 우생학적 사회진화론자가 아닌 다채로운 철학적 업적을 남긴 사회학 이론가였음을 부각시킨다. "그(스펜서—인용자)는 모든 분야

진화의 종교적 표현"[5]이라고 할 때 그만큼 함석헌과 스펜서 사이의 거리는 멀지 않으며, 스펜서로부터 비교적 최근의 켄 윌버Ken Wilber에 이르기까지 사회진화론 자체도 이미 폭넓게 변천해 온 이상 함석헌 사상의 진화론적 요소 또한 좀 더 유연하게 바라볼 필요가 있다고 덧붙였다. 다른 한편, 김상봉 교수도 만일 사회진화론을 "일종의 목적론적이고 진보사관적으로 해석"한다면, 즉 "생물종이 진화하듯이 인류 사회도 보다 완전한 단계를 향해 진화 발전"한다는 믿음으로 이해한다면, 함석헌을 가리켜 사회진화론자라고 규정하는 것도 수긍 못할 바 없다고 했다. 하지만 근대계몽기 이후 사회진화론을 둘러싸고 벌어진 한국근현대사의 모순과 착종을 도외시할 수는 없는 일이다.

이론의 토착화 양상을 중시하든 아니면 그 이론의 유럽적 기원을 재확인하든 간에 여기서 함석헌을 둘러싼 최근의 논쟁을 언급한 이유는 '생존경쟁' 또는 '생명진화'를 통한 진보가 서로 대립적인 개념으로 이해되는 방식의 한 예를 제시하기 위해서였다.

> '생존경쟁'이란 것. 이것은 다 거짓입니다. 생명은 하나입니다. 역사는 하나입니다. 서로 다투고 싸움으로 살아가는 것이 아니라 서로 돕고 붙듦으로 살아갑니다. 누가 그렇게 만들었습니까? 힘의 숭배자들입니다.(14 : 169)[6]

> 다윈이 생물의 진화를 말하고, 그 원인이 생존경쟁에 있다는 소리를 한 번 하자, 그것은 바야흐로 일어나려는 민족사상과 합하여 온 세계에 퍼져 사람

를 꿰뚫는 패러다임으로서 물리적 세계, 생물학적 유기체, 인간 정신, 인간 문화와 사회의 진보적 발전으로서 포괄적인 진화 개념을 발전시켰다. 스펜서는 진화의 법칙을 축으로 하여 종합철학synthetic philosophy의 체계를 세우는 것을 목표로 삼았다." 김영호, 「함석헌과 사회진화론」, 정대현 외, 앞의 책, 272쪽.

5 위의 글, 261쪽.

6 김상봉, 앞의 글, 116쪽에서 재인용.

> 들의 인생관을 일변시켜버렸다. 하나님도 우주의 뜻도 사랑도 다 없어지고 이 세계는 서로 살기를 다투는 경쟁판으로 변해버렸다. 통일도 생명도 다 없어지고, 이 우주는 마음대로 먹을 한 개 물질의 무더기뿐이다.(1 : 95)[7]

상기한 논쟁의 양측이 예로 들고 있는 함석헌의 글 중 흥미롭게도 '생존경쟁'과 '생명진화' 간의 대립관계가 암시된 구절이 공통된다. 다시 말해, 사회진화론자로서의 함석헌을 논증하거나 그와 정반대의 경우이거나 '생명진화'가 '생존경쟁'과 다른 어떤 고차원적인 현상임을 강조한다는 점에서 보면 이론적 전제가 다르지 않다. 김상봉 교수가 첫 번째 인용문을 예로 들어 함석헌이 결코 적자생존의 사회진화론을 추종한 사상가일 수 없음을 역설하고 있다면, 김영호 교수 또한 동일한 논지의 두 번째 예문을 통해 스펜서 사상의 계보에 근접한 사회진화론자로서 함석헌을 규정하고 있다.

함석헌을 비롯해 이돈화와 김지하가 공히 자신의 사상을 시대정신으로 정통화하는 과정에서 중요하게 원용하는 개념어가 바로 이 '생명'이다. 특히 강권주의, 폭력주의, 국가주의 시대를 초극하는 새로운 레짐 구상의 중심에 '생명진화'의 원리를 배치했다는 공통점을 보여준다. 일례로 함석헌은 「생활철학」(1961)에서 과학의 발전에 따른 시대의 격변을 언급하는 가운데 "생명의 진화"(13 : 50)가 새로운 삶의 원리여야 한다고 역설했다. 그에 비해 '생존경쟁'에 입각한 다윈주의가 일종의 시대착오가 되는 가장 큰 이유는 더 이상 갈등이나 대립이 아닌 조화와 협동을 중시하는 신시대가 도래했기 때문이라는 것이다. 다이쇼大正기에 널리 회자된 '생명'이라는 말은 영혼과 육체, 정신과 물질

7 김영호, 「함석헌과 사회진화론」, 정대현 외, 앞의 책, 255쪽에서 재인용.

사이의 단절을 폐기하고, 반대로 그 대립항들의 조화로운 통일을 상정하는 인식론적, 담론적 재배치 위에서 생겨났다. 이론상 새로운 문화 창조의 원리로서 '생명'이 지닌 장점은 일체의 모순대립을 뛰어넘어 자아 또는 공동체의 보편성을 지지해준다는 것이다. 1920년을 전후로 하여 서구와 일본으로부터 수용되었으나 앞선 세대에 의해 이미 담론적, 실천적 활력을 상실한 '생명론'을 동시대의 이돈화는 물론 그 이후 함석헌이나 김지하도 부단히 (재)전유했기에 문제적이다. 이로 인해 '생명'이라는 어휘에 내재된 '영성주의spiritualism'가 한국사회에서 진보적 가치를 보증하는 이념으로 공인될 수 있었다.

그러므로 이돈화, 함석헌, 김지하가 당대의 종교적 또는 정치적 지평 속에서 생명담론을 내면화하고 더 나아가 독자적인 사상으로 체계화하는 과정을 재구함으로써, 한국적 모더니티의 형성과 전개에 대한 거시적인 관점을 확보할 뿐만 아니라, 이를 통해 한국인의 사상적, 문화적 정체성의 중요한 일부를 비판적으로 검토해볼 만하다. 따라서 이 글은 이돈화, 함석헌, 김지하를 대상으로 생명담론의 (재)전유 양상과 그 역사적 변환 과정을 조망하고자 한다.

2. 탈서구화의 욕망, 보편주의의 재주술화

—이돈화의 '생명'

1931년에 출간된 『신인철학新人哲學』은 이돈화가 『천도교회월보』에 「종교통일은 자연의 세勢」(1911)라는 글을 처음 발표한 이후 이십여 년 동안 써낸 종교적 사회개조론의 집성이다. 이 책은 총 5편으로 구성되어 있으며, 그 중 「우주관」, 「인생관」, 「사회관」에서 생명주의 철학의 영향이 두드러진다. 『신인철학』의 특징 가운데 하나는 천도교 고유의 사상과 진화론을 결합시켰다는 점이다. 즉, 이돈화는 진화론적 사고의 한계를 수운주의 사상을 통해 보충하는 방식으로 인간과 우주에 관해 논하려 했다.

> 이것이 곧 수운주의 진화설이다. 과학적 진화설은 작용의 편을 말하고 본체의 편은 말하지 않는데 반하여 수운주의 진화설은 본체론으로부터 작용론에 이르게 된 것이다. 다시 말하면, 과학은 증명의 학이니 만치 외부에 나타난 조직의 해석으로부터 진화를 논하게 되고 수운주의는 작용과 조직의 본원인 '한울'의 본체적 계통으로부터 진화의 형식에 이르게 되는 것이다.[8]

그에 따르면, 진화론은 어떤 현상(작용)을 설명할 수는 있어도 실재(본체)에 대해서는 침묵할 수밖에 없다.[9] 즉, 아메바의 진화로 구현되는 우주적 원리를 해명하기에 과학은 불충분하지만 종교라면 가능하다. 천도교 사상에 내재된 '지기일원론'은 정신(유심)과 물질(유물)을 구별하지 않고 그 둘을 일관하는 "본체적 실재"[10] 곧 "지기至氣"[11]의 존재를 상정하는데, 진화를 가능케 하는 우주적 원리가 바로 그것이다. "유심 유물의 현상을 더듬어 올라가 그 극極 즉 만물의 본원本源에 도달하고 보면 여기에는 물질이라고 볼 수도 없고 정신이라고 칭할 수도

---

8 이돈화, 『신인철학』, 한국사상연구회, 1963, 17쪽.

9 다음 장에서 상론하겠지만, 함석헌도 과학의 필요성을 언급하면서 이돈화와 매우 유사한 발언을 한다. "진화론을 보면 볼수록 자꾸 호기심도 가고 의문이 나요. (…중략…) 과학은 의미는 말을 못해요. 물질세계의 관계를 얘기하는 거니까 원인 결과를 얘기할 수는 있겠지만, 왜 그렇게 됐냐, 뭣 때문에 그랬나, 목적이 뭐냐는 말을 못합니다. (…중략…) 과학은 그 설명은 안 해요."(13 : 210)

10 이돈화, 앞의 책, 28쪽.

11 위의 책, 17쪽.

없는 일원적 극이 있다는 것이다. 극은 무엇으로 된 것이냐 하면 수운은 이것을 지기라 명명하였다. (…중략…) 지기는 물질도 아니오 정신도 아닌 우주의 실체로 활동력의 단원單元이 되는 것이다."[12] 널리 알려진 대로 '지기일원론'은 후천개벽後天開闢, 인내천人乃天과 더불어 천도교 사상의 이론적 기반 중 하나이다.[13] 이 일원론적 우주관에 의하면 하늘과 땅, 만물과 사람, 정신과 마음 모두 지기의 표현이므로 결국 '천인합일天人合一'의 종교적 지평이 열리게 된다.

수운주의 진화설과 과학적 진화론 간의 관계를 상술하는 과정에서 지기일원론은 다시 생명주의 철학의 문제로 변주된다. 즉 "수운주의 진화설"의 보편성을 주장하기 위해 이돈화가 '지기' 같은 재래의 천도교 용어 대신에 좀 더 이론적인 어휘로 원용한 것이 바로 생명이다. 사람이 곧 하늘이라는 뜻의 '인내천'은 대우주와 소우주 간의 상동성을 전제로 하는데, 이 천도교 종지宗旨를 다시 진화론의 어법으로 풀어보면 개체발생이 계통발생을 반복하는 것이고, 생명주의 담론의 표현으로는 우주적 대생명이 개인의 내부생명에 분유된 것이다. 이렇듯 '지기'가 서구철학에서 널리 통용된 '생명'으로 대체됨으로써 베르그송H. Bergson의 생철학이 중요해진다. 특히 「우주관」과 「인생관」에서 베르그송이 각별하게 원용되고 있는데, 모두 '지기'의 생철학적 번안이라 할 만하다.

> 베륵송(베르그송—인용자)은 정신현상과 물질현상의 차이를 이렇게 갈라 놓고 나아가 그의 독특한 생명주의의 철학을 건축하였다. 그는 즉 생물

---

12 위의 책, 30쪽.

13 "지극한 기운이 오늘에 이르러 크게 내리도록 빕니다. 천주를 모셔 조화가 정해지는 것을 영세토록 잊지 않으면 온갖 일을 알게 됩니다." 至氣今至 願爲大降 侍天主 造化定 永世不忘 萬事知. 지기일원론에 바탕을 두고 최제우는 '시천주侍天主'를, 최시형은 '사인여천事人如天'을, 그리고 손병희는 '인내천人乃天' 사상을 내세웠다.

과 의식현상은 동일한 생명에 기초하였다는 것이다. 그는 "의식이 유동流動을 본질로 하며 성장과 시간을 비재備在하였음과 같이 생물도 또한 시간과 성장을 구비하고 있다. 즉 유동과 유속流續을 본질로 하고 있다. 그리하여 의식 이외에 이러한 특징을 가진 자는 오직 생명生命뿐이다. 그러므로 의식과 생명은 본래 동일불이同一不二의 생명력의 표현으로서 다만 진화선상進化線上에서 각각 다른 형태를 취한 데 지나지 아니하다. 환원하면 부단히 창조 유속하는 생명력이 일체 의식현상과 생명현상의 근저가 되고 있으므로 이 동일무이同一無二의 생명력이 아래로 흘러 무의식한 식물계가 되고 위로 진상進上하여 인간사회를 만들어 놓은 것이다. 그러므로 일체의 생명의 원류를 찾아 보면 다만 유일무이한 생명의 동력이 있을 뿐으로 소위 지상에 생존한 기다幾多의 생물은 이 생명력의 진화에 지나지 아니한 것이다"라 하였다.

이상의 말로써 우리는 생물의 본원과 인간의 지위가 어떠한가를 가히 추측할 수 있으며 그리하여 이 생명철학이 수운주의의 지기일원론과 부합되는 점이 있는 것을 알 수 있다. 우주의 본원은 생명력의 일원一元으로 되었으며 그리하여 현상계의 만유는 이 생명의 진화로 된 것을 알 수 있다.[14]

거듭 말하지만, 천도교 사상이라면 '지기'라고 지칭했을 어떤 본원적 요소를 '생명'이라 규정하고 있다. "수운주의 진화설"이라는 이례적인 용법이 예시해 주듯이, 천도교의 범신주의는 진화론과 상충하지 않으며, 그 둘을 매개하는 이론적 고리에 해당하는 것은 바로 '생명'이다. "진화론은 인간을 모욕한 것도 아니며 인간의 신성神聖을 파괴한 것도 아니다. 진화론은 오히려 인간의 고상高尙을 증명한 것이며 간접

14 이돈화, 앞의 책, 71~72쪽.

으로 인간의 신성을 도와 준 것이다."[15] 이돈화에게 베르그송의 '창조적 진화'와 수운주의의 '지기일원론'은 동서양의 회통에 대한 범례가 된다.

그런데 이돈화가 진화론을 수용한 이유는 '종교의 과학화' 못지않게 천도교를 당대의 '신종교'로 특권화하는 데에도 있었다. 그에 따르면, 인류 종교사는 크게 다신多神시대, 일신一神시대, 범신적 조화시대로 발달해 왔으며, 범신론에 입각한 천도교야말로 가장 진화된 형태의 종교이다.[16] 이를테면, 다윈의 학설을 인류에 대입한 사회진화론자들의 작업을 이돈화는 바로 종교에 적용했다 해도 틀리지 않다. 마치 원시생물이 고등생물이 되고 원시종교가 문명화의 과정을 거쳐 현대종교가 되는 것처럼 사회도 우주도 하나의 거대한 진화의 도정 속에 있는 것이다. 어떻게 보면 종교발달사가 그 자체로 조화와 통합을 추구하는 '생명진화'에 부합하지만, 달리 보면 그것은 다수의 종교집단이 서로 각축을 벌인 '생존경쟁'의 역사이기도 하다. 서두에서 최근의 논쟁을 예로 들어 쟁점화하고자 한 것은 '생명진화'와 '생존경쟁'을 통한 진보를 대립적으로 이해하는 학계의 관행이었다. 하지만 그 둘은 명료하게 분별하는 것이 사실상 불가능할 만큼 서로 착종되어 있다. 이돈화의 경우, 천도교를 가장 현대화된 종교로 격상시키는 가운데 베르그송식 '생명진화'의 관념을 각별하게 원용했으나, 종교발달을 역사적으로 개관하는 중에는 오히려 '생존경쟁'의 이법理法에 치우쳐 있는 것으로 보인다. 물론 이돈화가 활동한 1920년대 초반은 '생존경쟁' 중심의 강권주의나 무력주의에 대한 안티테제로 문화주의가 급부상한 시기였고, 베르그송 철학은 다이쇼 데모크라시를 대표하는 사상 중

15 위의 책, 70쪽.

16 이에 관해서는 허수, 『이돈화 연구―종교와 사회의 경계』, 역사비평사, 2011, 58쪽 참조.

하나로 각광을 받을 수 있었다. 그럼에도 『신인철학』 안에서 두 개의 진화론은 서로 상충하지 않은 채 동숙하고 있는 셈이다.

요컨대, 이돈화가 진보의 레토릭으로 선택한 '생명진화'는 대립보다 조화, 분열보다 통합을 지향하는 주체를 상정함으로써 약육강식이나 적자생존을 덜 진화된 세계관으로 비판하지만, 그 주체를 역사적으로 정당화하는 과정에서 오히려 '생존경쟁'을 당연시하는 자기모순에 직면하게 되었다. 그에게 천도교란 인류 종교의 거대한 진화를 그 자체로 압축한 범신론적 우세종이다. 게다가 범신론적 요소를 우선시하여 천도교를 신종교로 특권화하는 방식은 기독교에 대한 전도된 모방에 불과하다. 기독교가 유일신 신앙을 기준으로 전통 신앙을 이단시하고 스스로를 근대 종교로 합법화하는 데 성공했다는 것은 익히 알려진 사실이다. 그런 의미에서, 천도교 사상을 현대화하기 위해 기독교의 메커니즘을 전유한 이돈화의 사례는 서구적 보편에 대한 전도된 욕망을 보여준다.[17] 탈서구화의 욕망이 또 다른 보편주의를 재생산한 것이다.

3. 민족의 성화聖化, 세계주의라는 상상

—함석헌의 '씨올'

이돈화가 1차대전 직후 조성된 세계개조의 분위기 속에서 문화주의 운동을 전개했다면, 함석헌은 2차대전과 한국전쟁 이후 새로운 사

17 이돈화가 과학적, 종교적 후광을 부여했던 범신론(또는 유기체적 생명주의)은 1930년대 후반 '근대초극론'의 이데올로그 역할을 떠맡았던 교토京都학파의 세계관의 기저와도 일치하는 것이었다. 이에 관해서는 김건우, 「김동리의 해방기 평론과 교토학파 철학」, 『민족문학사연구』 37, 민족문학사학회, 2008, 274쪽 참조.

회윤리를 모색하는 가운데 반독재 민주화 운동을 주도했다. 이 두 종교사상가 간의 직접적인 영향 관계를 따져볼 만한 근거는 사실상 미흡하다. 그럼에도 함석헌의 씨올사상은 문화적 민족주의의 계보 속에서 일찍부터 천도교 사상과 접속했으며, 그 상당 부분은 스승 유영모를 통해 이루어졌다.[18] 함석헌은 유영모가 지어낸 '씨올'에 민중사상을 가미함으로써 그 의미론적 외연을 더욱 확장시켰다. 유영모는 『대학大學』에 나오는 "大學之道 在明明德 在親民 在止於至善" 중 '民'의 역어로 '씨올'을 사용했으나, 그의 수제자는 여기에 생명론 특유의 뉘앙스를 불어넣었다. 다시 말해, 합성어 '씨올'의 '씨'에는 무엇보다 씨앗으로 상징되는 무한한 창조적 생명력의 의미가 담겨 있고, '올'에는 대우주와 소우주가 감응하면서 하나의 전체를 이룬다는 관념이 내재해 있다. "민중이 도리어 지혜를 가르치고 힘을 주는 것이다. 나라는 씨올의 나라요 세계는 씨올의 세계다"(3 : 64)라는 구절에서 '씨올'은 곧 '민중'을 의미하지만, "물질과 영을 결합시켜 인간생활이라는 이 오묘하고 눈부시고 거룩한 운동을 창조해내는 것이 씨올"(3 : 64)이라는 구절에서는 '생명' 개념과 일치한다. 함석헌과 이돈화 사상의 주요 공통분모 중 하나는 베르그송의 생철학 수용에서 연유한다고 할 수 있다.[19]

---

18 이정배, 「대안적 세계화의 시각에서 본 민족 / 탈민족 논쟁 – 동학의 '시천주'와 함석헌의 '씨올'을 중심으로」, 이만열 외, 『생각과 실천 2 – 함석헌의 비교사상적 조명』, 한길사, 2012; 이정배, 「천부경을 통해서 본 동학과 다석의 기독교 이해」, 『신학사상』 143, 한국신학연구소, 2008 겨울.

19 함석헌이 베르그송을 접한 것은 20대 초반의 일이다. 생철학 수용과정에서 베르그송만이 아니라 웰스H. G. Wells, 샤르댕Pierre Teilhard de Chardin의 영향도 중요하다. "생명의 진화는 환원불가능성과 비가역성을 특징으로 하면서 물질에서 생명이, 생명에서 의식이, 의식에서 정신적 영성이 출현한다는 생각은 베르그송, 떼이야르 샤르뎅, 함석헌이 모두 동일한 견해를 갖는다." 김경재, 「생명철학으로서 함석헌의 씨알사상」, 『기독교 사상』 606, 대한기독교서회, 2009. 김경재는 씨올사상에 나타난 생철학의 특징적 요소를 ① 생성론적 세계관, ② 생물학적 유기체 실재관, ③ 비합리주의적 주의주의主意主義, ④ 초월주체적super-subjective 객관적 실재론, ⑤ 인격주의적 가치관 등으로 요약한다.

본래 '생명'이라는 어휘는 삶을 도식화하는 기계론적 사고방식에 대한 저항 속에서 계발된 용어다. 때로는 현세적 삶의 경계를 초월해 무한자와 소통하는 신비로운 종교적 체험을 언표하기 위해, 때로는 기성의 제도나 관습에 구애되지 않는 예술적 열정을 합법화하기 위해 이 단어가 애용되기도 했다. 하지만 그 개인이 속한 이념, 유파, 세대에 따라 그 담론적 맥락과 효과는 상이할 수밖에 없을 것이다. 함석헌의 경우 일체의 제도적 억압에 대한 생명주의적 저항은 극단적인 탈제도화, 곧 '무교회주의'의 형태로 표출되었다. 「한국의 기독교는 무엇을 하고 있는가」(1956)를 비롯한 수 편의 글에서 기독교계를 향한 그의 신랄한 비판의 목소리를 확인할 수 있다. 그가 기독교를 포함해 기성 종교를 비판하는 이유는 "국가주의"와 연루되어 있기 때문이다. "이번 제2차 세계대전이 끝나고 인류의 사회구조가 근본적으로 달라질 때 기성종교들이 과연 제 사명을 다할 수 있을 것이냐 하는 것이었습니다. (…중략…) 구태여 대답을 한다면 다만 이렇게 말할 수밖에 없었습니다. 즉, 오늘의 기성종교들은 다 국가주의와 붙어먹고 있기 때문"(13 : 138)이라 혹평하는 함석헌에게 비판의 대상은 비단 국가나 종교에 국한되지 않는다. 이 제도적 폭력이 문제적인 것은 개체의 생명력을 위축시키는 데 있으며, 여기서 '생명'으로 표현되는 인간의 자유의지를 어떠한 제도도 함부로 억압할 수 없는 근본적인 이유는 이미 '씨올'에 함의되어 있다. 씨올은 대우주(우주적 대생명)와 소우주(내부생명) 간의 조화로운 합일을 전제하므로, 인간의 의지가 오묘하게도 신의 섭리와 일치하는 순간이 도래할 때 진정한 의미에서의 진보가 가능해진다. 따라서 이상적인 정치란 민중의 편에 서서 하나님의 뜻에 귀를 기울일 때 비로소 가능해진다. 그래서 함석헌에게 "민주주의는 사실은 종교"다.[20]

'종교의 과학화'를 추구한 것이 이돈화라면, 함석헌에게는 '정치의 종교화'라는 표현이 적절해 보인다. 유일신 중심의 종교체계를 범신론으로 대체한 『신인철학』에서 천도교가 동시대의 여러 신흥종교에 비해 독보적인 이유는 서구철학 용어로 번역 가능했기 때문이다. 즉, 이돈화가 천도교를 현대화하는 방식은 서구 중심의 문명론적 위계를 전제로 한 이른바 동도서기東道西技적 해법으로 이해된다. 예컨대, 천도교 교리인 지기일원론이 베르그송의 생철학과 서로 공명한다는 사실을 조목조목 열거하는 이돈화는, 조금 비약해서 말하자면, 함석헌 세대의 내재적 발전론자들과 흡사하다. 앞서 이돈화의 종교철학을 가리켜, 탈서구화의 욕망이 또 다른 서구적 보편의 재생산으로 귀결되었다고 논평한 것은 그 이유에서였다. 그에 비해, 함석헌은 서구를 타자화하는 한편 동양을 이상화함으로써 자기 세대에게 부과된 모더니티의 과제를 해소하는 하나의 유력한 처방을 제시해준다. 한마디로 말해, 그것은 타락한 서구에는 부재하는 어떤 가능성의 원전을 바로 비서구의 전통에서 발견하는 일이며, 이 에센스는 유럽의 언어로 번역 못할 것도 없지만 사실상 '번역 불가능한' 어떤 것이기도 하다. 그런 의미에서, 이돈화가 '생명'이라는 역어를 그대로 차용하는 데 비해,

---

20 정치를 새로운 세속종교로 만드는 것이다. 말씀은 헌법보다 권위 있고 말씀의 육화인 민중은 국가시스템을 초월한다. 함석헌은 신의 자치영역을 교회 바깥으로 무한히 확장하는 가운데 정치 자체를 종교화함으로써 결국 본의 아니게 정치 고유의 제도적 합리성을 허약하게 만들어 버린다. 민의를 제대로 반영하지 못하는 대의제가 불필요하고, 교육을 상품화하는 대학은 무용하다. 이같은 비판이 기존의 담론적 규범을 무력화시키는 일종의 파격이기에 인식론적 충격을 주는 것은 부인할 수 없다 해도, 그 운동적 에너지가 현실정치와 재결합하는 대신에 오히려 그 필요성을 원론적으로 부인할 공산이 크다는 데에 문제가 있다. 다시 말해, 함석헌의 생명주의는 독재나 반민주로 포괄되는 그때그때의 정치적 의제에 맞선 논리로서는 일품이지만, 특유의 예언자적 태도는 세속정치와 관련해서는 일체의 타협을 불허한다. 서북계 문화적 민족주의가 대개 그렇듯이, 인류와 우주의 진화를 고려하면 제도적 합리성을 추구하는 것보다 씨올 각각의 도덕혁명이 더 긴요한 선결과제가 된다.

함석헌은 이를 굳이 '씨올'이라는 전통적인 어휘로 토착화한 것은 흥미로운 대비를 보여준다.

1959년에 발표된 「새 삶의 길」은 베르그송의 직접적인 영향 속에서 작성된 대표적인 글이다. 여기서 함석헌은 창조적 진화에 바탕을 둔 이른바 생명원리에 기대어 전후 한국사회가 당면한 윤리적 갱생의 과제를 이해하고자 한다. 가령 "오늘날의 여러 가지 사조는 직접으로 간접으로 베르그송의 생명철학의 영향을 입지 않은 것이 없을 것"(2 : 193 ~194) 이라고 단언할 만큼 전환기의 시대사조로서 생명주의 사상이 지닌 중요성은 매우 크다. 그에 의하면, 무릇 생명이란 '적응' '거부' '창조'라는 세 가지 본성을 지닌다. 먼저 '적응'은 적자생존의 법칙과 유관하고, '거부'는 환경에 대한 저항이며, '창조'는 그처럼 환경에 구속되지 않음으로써 개체가 자신의 본질을 온전히 실현하는 단계를 의미한다. 이때 "창조적 진화"를 가능케 하는 어떤 "솟아나는 힘"의 본체가 베르그송이 말한 저 유명한 "엘랑비탈elan vital"이다. 그 같은 창조적 진화를 반복한다는 점에서 우주와 인생은 다를 것이 없다. 그러므로 인생도 진화하고 우주도 진화한다. "우주는 움직이는 우주요, 인생은 자라는 인생이다"(2 : 195).

함석헌은 크리스천으로서는 드물게도 진화론적 세계관에 대해 관대하다. "과학을 인정하면 종교의 분야가 좁아지는 듯이 걱정하는 자가 적지 않으나 그런 것은 쓸데없는 걱정이다. 오히려 더 넓어질 것이다"(14 : 66). 이런 발언의 배경에 바로 샤르댕이 있다.[21] 함석헌 사상 전체를 개관해 검토한 글들은 대개 그 사상적 영향 관계를 논하면서 베르그송과 더불어 샤르댕을 지목한다. 예컨대, 이규성은 함석헌 사상

21 「역사 속의 민족관」(1978) 중 "우주의 진화"를 이해하지 못하는 학자, 목사, 정치가란 무용하다면서 샤르댕을 인용한 대목이 있다. 그 외에도 함석헌 저작 전반에 걸쳐 샤르댕이 미친 영향은 적지 않다.

의 핵심요소를 프로테스탄티즘, 무교회주의, 퀘이커주의, 유영모의 성리학적 심학心學 그리고 '생철학'으로 정리하며,[22] 박재순은 "생명력을 강조한다는 점에서는 베르그송과 샤르댕의 생명진화사상과 통한다"고 지적하기도 했다.[23] 성직자이자 고생물학자인 샤르댕은 과학과 종교 사이의 조화에 몰두했던 대표적인 인물이다. 그에 따르면, 현대 사회는 신에 대한 믿음과 현세에 대한 관심을 동시에 요구한다. 세계대전은 과학이나 마르크스주의로 대표되는 세속종교와 기독교적 세계관 사이에서 벌어진 전지구적 파국을 의미한다. 우주를 하나의 유기적 통일체로 보는 관점과 미래의 진보에 대한 낙관을 상실하지 않을 때 과학적 탐구와 종교적 신앙은 화해 가능하다. 따라서, 샤르댕에게 그리스도란 "진화가 수렴하는 위격적 중심"이며 우주는 "그리스도를 향하여 진화"한다.[24] 샤르댕의 선례를 좇아 함석헌은 역사의 진보를 무엇보다 인류 진화의 수평적 시간축 위에 어느 순간 도래하는 신의 수직적 개입(섭리 또는 계시)으로 이해한다. 그때가 함석헌이 말하는 '혁명'의 순간이다. 이를테면, 개인의 내부생명이 그것을 억압하는 제도적 힘에 맞서 긴장하고 마침내 폭발하는 것이 '혁명'이다. 그렇게 '혁명'이 가능한 근본적인 이유는 무엇인가. 개체의 생명(씨올)에는 신, 곧 우주적 생명이 깃들어 있는 까닭이다. '정치의 종교화'를 지향하는 함석헌에게 '생명'이란 다름 아닌 '혁명' 그 자체다.

1961년에 발표된 「인간혁명人間革命」은 함석헌이 어떻게 생명론을 혁명론으로 재전유했는지를 파악하는 데 시사적인 글이다. 5·16군사쿠

---

22 이규성, 「심정과 자유의 철학」, 씨올사상연구회 편, 『씨올, 생명, 평화—함석헌의 철학과 사상』, 한길사, 2007.

23 박재순, 『함석헌의 철학과 사상』, 한울, 2013, 70쪽.

24 로버트 패리시, 이홍근 역, 『떼이야르 드 샤르댕의 신학사상』, 분도출판사, 1972, 37쪽.

데타의 역사적 한계를 상론하면서 그가 결국 주장하는 바는 진정한 혁명이란 정치적 변혁이라기보다 "자아개조"(2 : 50)의 문제라는 것이다. 이를테면 4·19혁명 같은 대중운동이 실패로 끝나고 만 것은 역사적 주체인 민족이 혁명 자체를 제대로 인식하지 못한 탓이다. 혁명의 본질을 파악하려면 "생명의 원리"(2 : 65)부터 이해해야 하며, 바로 여기에 민족성개조 또는 자아개조의 진의가 숨겨져 있다. "생명의 가장 높은 운동은 돌아감이다. 생각이란, 정신이란, 창조주에게서 발사된 생명이 무한의 벽을 치고 제 나온 근본(바탈—인용자)에 돌아가는 것이다. (…중략…) 혁명 곧 revolution은 다시 돌아감이다"(2 : 36). 과연 '근본'이란 무엇을 의미하는가. 그것은 자아 내부에 존재하는 "영원한 생명"(13 : 93) —'우주적 대생명'이라 해도 좋고 '하나님'이라 불러도 무방한—의 일부이다. 혁명이든 민족성개조나 자아개조이든 간에 그 시작은 이렇듯 자기 안에 있는 하나님의 현존을 믿는 일에서 비롯한다. 「생활철학」(1961)에서 함석헌이 민족의 철학적·문화적 기초로 언급한 "자아발견"(13 : 80)이나, 또는 「새 나라 꿈틀거림」(원제—새 나라를 어떻게 세울까?, 1961)에서 내세운 새로운 시대정신 모두 동일한 맥락에서 이해 가능하다.

> "하늘 나라 너희 안에 있다." 새 시대의 선봉은 우리란 말이다. 이것은 낡아빠진 민족주의에서 하는 말도 아니요, 그렇다고 객관적으로 무슨 조건을 따져 하는 것도 아니다. 생명의 성질상 그럴 수밖에 없다. 우리는 우리가 낡은 역사의 가장 뒤떨어진 자임을 안다. 우리는 세계의 하수도다. 그러나 그렇기 때문에 새 역사의 상수도일 것이다.(3 : 139)

함석헌에 따르면, 자아 내부에서 약동하는 생명력이야말로 위기를 혁명으로, 수난을 영광으로 반전시키는 원천적인 에너지이다. 예컨대,

한민족이 세계사의 "하수도"이면서 동시에 "상수도"라는 역설의 논리는 곧 생명의 원리이기도 하다. "영원의 뜻을 향해 쉬임 없이 마음을 켕겨 힘써 나아가"(3 : 79)려는 것이 생명의 본성이고, "죽은 것을 산 것으로 만듦이 생명"(3 : 80)의 작용이기 때문이다. 흔히 고난사관으로 알려진 함석헌의 독특한 역사의식은 민족공동체가 겪는 세속적인 수난을 하나님의 뜻으로 신성화하는 데 있다. 다시 말해, '수난의 여왕'에게 곧 도래할 미래는 그 시련의 강도만큼 아니면 그보다 더 휘황한 어떤 것임에 분명하다. 그의 말마따나 "생명의 성질상 그럴 수밖에 없다."

생명의 원리를 터득한 개인의 내면을 가리켜 함석헌은 '인격'이라 불렀다. 인간 정신의 사유나 이성 작용은 눈앞의 현세에 집착하지 않고 멀리 하나님(의 뜻)을 바라볼 때 유의미하다. "인격의 본질은 자기초월이다"(2 : 68). 이렇듯 정치, 역사, 더 넓게는 우주 자체를 하나의 "생명운동"(14 : 42)으로 이해하는 함석헌에게 '인간사'와 흥미로운 유비관계를 보여주는 것은 '자연사'다.

> 하나는 자연사요, 하나는 역사다. 그러나 절대의 입장에서 보면, 둘은 한 역사의 두 면일 뿐이다. (…중략…) 이 둘을 비교하여 보면 거기 신묘한 일치가 있음을 알 수 있다. 생물 진화에 세 요소가 있었던 것같이 정신사의 진행에도 세 요소가 있다. 거기서 생물적 생명이던 것은 여기서는 절대정신 혹은 로고스요, 거기서 자연환경이던 것은 여기서는 문화사회요, 거기서 진화의 핵심이던 개체는 여기서는 시대정신 혹은 인격이다.(14 : 29)[25]

25 함석헌의 표현에 따르면, 종교는 "영원을 지향하는 정신적 생명운동"(14 : 47~48)이고, 역사는 "생명 있는 유기적 인격적인 현상"(14 : 22)이며, 우주는 "윤리적인 질서를 가지는 생명체"(14 : 42)다.

하나의 생명체는 '태아(개체)'이자 '모체(전체)'라는 양가성을 지닌다. 이미 구성적으로 완성된 존재라는 점에서 '모체'이지만, 아직 미완성인 유기체의 일부라는 점에서는 '태아'에 불과하다. 함석헌은 근대 종교사 서술에 이 생물학적 상식을 적용한다. 즉, 현실의 교회는 완결된 조직체인 만큼 '모교회'로 기능하나, 종교개혁의 과도기에는 신앙의 자유를 실현하기 위해 극복해야 하는 하나의 '필요악'으로 전락해버리고 만다. 근대적 자아 각성의 유럽적 기원을 해설하는 각종 에세이에서 종교개혁은 르네상스와 더불어 부단히 재론되어 왔으나, 함석헌의 경우처럼 종교개혁에 대한 진화론적 해석을 시도한 예는 드물다. 생물학적 진화의 법칙은 종교만이 아니라 더 나아가 역사 자체를 이해하는 데에도 긴요하다. "역사는 개체 속에 신비롭게 결합되어 있는 반대되는 두 힘 때문에 진전이 되어간다. 생물학에서는 그것을 유전과 돌변화라 하고, 역사에서는 그것을 통일과 자유, 혹은 보수와 진보라 한다"(14 : 28). 다시 말해, 역사의 이면에는 반드시 두 가지 상반된 힘들이 존재하기 마련이고, 부단히 약동하는 생명력이야말로 그 같은 대립을 넘어 새로운 역사를 창조하게 된다. 그러한 조화와 통일을 선험적으로 구현하고 있는 내면의 평화 상태가 바로 인격이다. 그래서 함석헌 스스로 자신의 생명사관을 달리 "인격사관"(14 : 42)이라 명명하고 "생명진화 역사의 최전선이 인격"(14 : 40)이라고 역설하는 것이다.

그 '인격사관'부터도 문제적이지만 함석헌이 우주, 역사, 정치, 종교 영역에 보편적으로 적용하는 '생명진화'의 원리가 한 개인이나 민족공동체 내부의 문제가 아니라 국민국가 간의 쟁점적인 현안과 연관될 때 심중한 딜레마가 발생한다. 5 · 16군사쿠데타 발발 이전에 쓴 「새 나라 꿈틀거림」에서 거론된 고토古土로서의 만주 문제는 그 선례가 될 만하다.[26]

우리나라를 완전히 통일하는 데 만주를 생각지 않고 될 수는 없는 일이다. 애당초 우리나라의 운명이 어려워지기 시작한 것은 우리가 만주를 내놓던 데서부터다. (…중략…) 동양에 평화가 와서 사람의 살림이 바로 되는 날이 온다면, 그것은 반드시 만주가 개방되고 더구나 우리가 거기서 자유로 살 수 있게 되어서만 될 수 있는 일이라는 것만은 예언할 수 있다.(3 : 97～98)

그는 만주와 반도가 분리 불가능하다고 역설했다. 아마도 만주라는 고토 역시 한민족의 일부, 즉 지체肢體 중 하나이므로, 유기체적 생명주의의 관점에서 보자면 그것들의 재결속은 지극히 당연한 생명의 요구가 된다. 함석헌은 심지어 "우리가 만주에서 쫓겨난 것은 동양 역사에서 하나의 큰 죄악"(3 : 99)이라고 말한다. 비록 이런 발언이 그 스스로 염려하듯이 "침략주의를 선언함이 아"니라 하더라도, 만주를 한반도의 고토라고 당당하게 주장하는 것은 그 자체로 동북아 평화나 세계주의의 기반이라기보다 오히려 그것을 위협하는 정치적 쟁점이 될 가능성이 높지 않은가. 내셔널리즘의 경계를 넘어 여기 만주가 바로 '가나안'이라고 일러주는 하나님은 과연 어느 민족의 하나님인가.

그는 한민족의 고난이나 시련을 끌어들여 만주라는 고토 회복을 정당화하는 대신에 그런 종류의 역사적 인유引喩와 권리주장을 탈신비화하는 방식으로 발언했어야 옳았다. 함석헌은 남북통일 문제의 경우에도 만주고토와 동일한 방식으로 접근하려 했다. 복잡한 국내외 상

---

26 이 점에 관해서는 이미 민족주의의 맥락에서 비판적으로 검토한 선행연구가 있다. 이상록, 「1960～70년대 비판적 지식인들의 근대화 인식」, 『역사문제연구』 18, 역사문제연구소, 2007, 234쪽; 윤상현, 「1950년대 후반～1960년대 초 함석헌의 주체 형성 담론의 변화」, 『사학연구』 112, 한국사학회, 2013, 373쪽.

황에 구애되지 않고 그곳이 마땅히 회복해야 할 민족의 지체 중 하나임을 강조하는 발언 속에서 국가통합은 정치적인 과제라기보다 종교적인 명령이 된다. 씨올의 진보를 말하고 샤르댕을 따라 인류세계의 진화를 복창하더라도,[27] 이른바 '생명의 원리'가 이끌어주리라 기대하는 바대로, 현실의 대립과 갈등을 넘어 어떤 보편적인 조화상태에 도달하게 되는 것은 아니다. 민족국가의 경계를 넘어 인류 보편의 진화를 욕망하는 생명담론 자체가 일종의 인식론적 환상에 불과하다. 즉, 함석헌의 세계주의는 민족주의의 극복이라기보다 민족주의의 한계를 반증해준다.[28]

4. 동북아공생으로서의 근본주의 – 김지하의 '율려'

'생명'이라는 단어를 사용할 경우, 그 특유의 용법상 복잡다단한 현실 문제를 단순화할 뿐만 아니라, '우주적 생명' 같은 신비주의적 수사와 연동해 한국사회가 당면한 진보의 과제를 이상화하기에도 유용하다. 다른 한편, 함석헌이 진보적 가치나 선택을 정당화하는 방식의 기

---

27 그처럼 함석헌의 역사주의적 비전은 지금 이 순간을 알파와 오메가라는 거대한 시간의 좌표 위로 확장해 의미화함으로써 현재 주체가 직면한 모순과 위기를 휘발시켜 버린다. 이를테면, 함석헌은 "우주를 역사적 진화의 관점에서 보아 그것을 정신적 생명원리가 자신의 자유를 점진적이면서도 비약적인 과정을 거치는 가운데 실현해가는 개방적 발전사로 해석"한다. 이규성, 앞의 글, 18쪽.

28 이상록의 지적처럼, 함석헌의 세계주의가 민족주의의 한계를 극복했다고 판단하기는 어렵다. "함석헌은 한편으로 민족주의시대의 종언을 고하며 민족주의를 집어던지고 세계주의로 보편화되어야 함을 역설하면서도, 다른 한편으로 만주 상실의 한국역사를 원망하며 고토 회복을 꿈꾸는 분열증적 태도를 취했다. 그는 기독교적 보편주의에 입각해 민족주의를 비판하였지만, 강한 식민지 콤플렉스로 인해 말년까지도 민족주의로부터 자유롭지 못했다"(이상록, 앞의 글과 동일함).

저에는 동양(정신)과 서양(물질)을 양분하는 인식론적 통념이 자리하고 있는데,[29] 그런 인식틀 자체가 생명론의 수용과 무관하지 않다. '생명'은 유기체적 생명을 억압하는 비생명, 곧 물질과의 적대 관계를 기본전제로 한 개념어이다. 과학기술과 인간정신을 대립시키는 인식론적 통념은 기독교적 아우라를 통해 한민족의 선민의식을 강화하는 데에도 일조한다. 즉, 타락한 서구를 대신해 새로운 시대를 선도할 역사주체가 다름아닌 한민족이라는 세계사 인식에서 동양과 서양에 대한 오래된 통념을 발견하기란 어렵지 않은 일이다. 한민족이 왜 세계사의 주역일 수 있는가는 그 유례없는 민족사적 수난이 증언해준다는 식의 고난사관은 다분히 종교적이면서 한국사회의 진화, 진보, 모더니티를 구현하는 정신적인 토대로서 작용한다. 그러기에 함석헌이 종교화하는 대상은 정치만이 아니라 도시화, 산업화, 경제개발 등 1960~70년대 한국사회의 문제 일반을 포괄한다. 그에 비해, 김지하는 지구환경 파괴나 글로벌 금융위기 같은 세계화 문제를 중심으로 생명사상을 개진했다.

김지하는 '저항시인' 못지않게 '생명사상가'로도 널리 알려져 있다. 산문집 『생명』(1996)과 대담집 『생명과 자치』(1994)를 비롯해 「개벽과 생명운동」, 「인간해방의 열쇠인 생명」, 「동북아 생명공동체와 새 문화의 창조」, 「풀뿌리 민주주의와 생명」, 「생명과 연기」 등 수편의 에세이에서 그는 이 '생명'이라는 단어를 매우 각별하게 논의했다. 김지

29 일례로, 「민족통합의 길」(1972)에서 함석헌은 민족통일이란 정책이나 군사 문제, 곧 기술적인 문제가 아니라 정신적인 문제라고 수차례 역설한 바 있다. 이는 언론의 자유를 불허하는 정부가 민족통일 과제의 주체가 되어서는 안 된다는 지적이기에 한편으로는 정당하지만, 기술과 정신의 이분법적 인식을 정부 비판의 차원을 넘어 동서양 문화론의 수준에까지 확장시키려 했기에 문제적이다. 예컨대, 전쟁을 가능케 하는 과학기술의 발전은 서양적 특성인 데 반해 동양은 자연과 정신을 중시한다는 인식이 함석헌의 민족통일론을 이루는 토대 중 하나임에는 틀림없어 보인다. 함석헌 사상 전반에서 이러한 인식은 비교적 공고한 토대를 이룬다.

하의 생명사상이 다름 아닌 최제우나 최시형의 동학東學에서 연원하고 바로 여기서 당대 한국사회의 진보를 가능케 하는 사상적 원천을 탐구했다는 사실을 놓고 보면, 1990년대의 김지하는 반세기 전 이돈화를 떠올리게 한다. 포덕원년(1860)을 기점으로 전후 5만 년간의 전지구적 변동을 주장한 최제우의 발언을 그대로 추종하며 "동학에서 이야기하는 5만 년이라는 숫자는 명백히 과학적으로도 매우 의미 깊은 시간"[30]이라 고평하고, '개벽'의 원리나 이념을 정치, 문화, 경제, 환경 전반을 통어하는 강령으로 채택하며, 심지어 지구나 무기물無機物을 살아 있는 유기체로 보는 최신 학설을 장황하게 열거하는 가운데 '과학'과 '종교'의 조화를 도모한다는 점에 있어서도 김지하와 이돈화는 시대와 세대를 달리해 서로 닮아 있다.[31]

1990년 천도교 중앙대교당에서 열린 강연회에서 김지하는 젊은 날의 자신을 가리켜 한마디로 "생명이 파괴된 사람"이라 표현하기도 했다. 그런데 오랜 투병과 방황을 거쳐 마침내 일종의 정신적 회심을 이룰 수 있었던 것도 바로 이 생명에 대한 또 다른 자각에서 비롯되었다고 한다.

> 그러나 이렇게 생명이 파괴된 인간이 그래도 대지를 딛고 이 세상, 이 장바닥에서 숨을 쉬며 살아 있을 수 있는 유일한 이유는 옥중에서 읽었던 수운, 해월 선생의 시천주侍天主사상, 그로부터 내 안에 무궁한 우주생명이 살아 있고 내가 비록 병들고, 못나고, 윤리적으로 타락한 인간이라 하더라도 나의 근본에는 한도 없고, 처음도 끝도 없는 우주생명이 살아 있다는 생각, 그리고 모든 이웃들과 동식물, 무기물, 우주 전체에까지 나의 생명은

30 김지하, 「개벽과 생명운동」, 『김지하 전집』 2, 실천문학사, 2002, 33쪽.
31 이철호, 「우주종교로서의 개벽사상」, 『한국학연구』 제38집, 인하대 한국학연구소, 2015 참조.

연결되어 있어서 과거, 현재, 미래가 내 안에 하나로 연속하고 있기 때문에 내가 병들거나 죽더라도 결코 소멸하지 않는다는 생각, 바로 이 생각 하나 때문이었습니다.[32]

"생명파괴"의 위기를 다시 "우주생명"의 조화 상태로 반전시키는 김지하의 고백에도, 함석헌의 경우처럼, 이른바 '생명의 역설'이 존재한다. 한민족이 세계사의 "하수도"이기에 실은 "새 역사의 상수도"라고 역설한 함석헌의 문맥과 크게 다르지 않은 것이다. 하지만 그러한 역설은 생명의 수사체계 속에서는 그리 이채로운 용법이 아니다. 자아 내부에서 "우주생명"(또는 하나님)의 일부를 발견하고 이를 통해 스스로를 신성화함으로써 비로소 가능해지는 주체성subjectivity이 있다. 함석헌이 염두에 둔 정치적 주체는 김지하가 말하는 문화적 주체와 여러 면에서 상이하지만, 근본적으로는 동일한 '생명의 원리'에 의존하고 있는 셈이다.

그렇다고 해서 김지하의 생명사상이 함석헌이나 이돈화의 그것을 단순히 반복한 것은 아니다. 생명운동에 뒤이어 1998년 '율려律呂학회'를 발족한 이후로는 이전 세대의 담론적 자장으로부터 현저하게 벗어나 독자적인 사상체계를 수립하고자 했다. 특히 「율려란 무엇인가」라는 글에서 김지하는 지난 20년간 몸담았던 생명운동을 그만두고 율려운동을 새롭게 일으킨 이유를 원론적인 차원에서 언급한 바 있다. 그 가장 중요한 이유는, 외면적 사회구조나 경제구조의 혁신보다 앞서고 생태운동이나 환경운동보다 근본적인 영역, 곧 인간의 마음이 '율려'와 긴밀하게 조응하고 있기 때문이다. 율려란 원래 동양적 음악 구조를 지칭하는 말이지만, 김지하의 사상 안에서는 "우주의 질서" 그 자체

32 김지하, 앞의 글, 28쪽.

이면서 동시에 자아와 우주의 관계를 성찰할 때 반드시 되찾아야 하는 "본음本音"을 의미한다. 그 '바탕음'으로부터 음악, 시, 문학, 춤이 나오고, 그 미학적 원리나 창의력이 과학기술과 결합해서는 "우주적 생명소통"이 내재된 영화, 디지털 예술, 사이버 예술이 구현될 수 있다고 한다.[33] "영성이란 무엇인가. 그것은 기이하고 신비로운 어떤 것이 아니라 자기 안에 우주생명이 살아 있고 모든 사람 안에 우주생명이 살아 있음을 인정함으로써 (…중략…) 끊임없이 창조적으로 활동하는 하나의 큰 생명의 테두리 속에, 영겁의 한 흐름 속에 일치되고 있다는 이 믿음을 각성하고 실천할 때, 바로 그것이 영성이며 영적 인간이라고 생각합니다."[34] 그런 맥락에서 '율려'는 '생명'의 다른 표현이다.

그런데 생명담론의 재전유에 있어 김지하가 보여준 독창성은 여기에 그치지 않는다. 이를테면 함석헌의 공간적 확장을 계승하되 여기에 김범부식 시원始原의 서사를 적극 활용했다는 점에서 얼마간 가늠해볼 수 있다.

> 이것은 이미 동학에서 제기했고 강증산이 제기했으며 김일부 선생이 황극인이란 말로 제기했던 신인간사상과 깊이 연결됩니다. 서양에서는 애매하지만 베르그송이 이야기했고, 1920년대에 이돈화 선생이 『개벽』을 통해 신과 인간의 합일을 통한 우주적 휴머니즘, 신인철학을 제기했습니다. 또 해방 직후에는 김범부 선생이 동방 르네상스와 함께 제3의 휴머니즘, 즉 사회주의도 자본주의도 아닌 제3휴머니즘에 입각한 신인간주의운동을 제안한 바 있습니다.[35]

33 김지하, 「율려란 무엇인가」, 『김지하 전집』 1, 실천문학사, 2002, 452쪽.
34 김지하, 「개벽과 생명운동」, 『김지하 전집』 2, 실천문학사, 2002, 100쪽.
35 김지하, 「율려란 무엇인가」, 『김지하 전집』 1, 실천문학사, 2002, 449쪽.

김지하가 생명담론의 한국적 토착화 계보를 약술하면서 이돈화와 김범부를 언급하고 있어 인상적이다. 그런데 김지하보다 앞서 김범부 사상을 문학에 적용한 이는 김동리였다. 그가 주창한 순수문학이란 곧 "究竟的 生"의 문학이며 여기서 '구경적 생'은 "第三 段階의 生"[36] 또는 "第三期 휴머니즘"[37]과 동의어이다. 김동리에 따르면, 한국문학이 세계문학에 기여하기 위해서는 이념에 경사되는 법 없이 인류 공통의 문제-그의 표현을 빌리자면 "共通된 運命"을 다루어야 하는데, 그것은 "自我 속에서 天地의 分身을 發見"하는 것을 뜻한다. 이돈화라면 '생명'이라 말하고 함석헌이라면 '씨올'이라고도 했을 주객합일 상태를 김동리는 다시 '구경적 생'이라 불렀다는 점에서 '운명'이라는 김동리 소설의 주제어는 '생명'과 상당한 근친성을 지닌 어휘에 해당한다.[38] 그러므로 김지하는 김범부를 호명하면서 동시에 김동리를 호출하는 셈이다. 그렇게 보면, 김지하의 율려사상은 실은 "世界의 呂律"과 "人間的 脈搏" 사이에서 리얼리즘을 모색했던 김동리 문학의 1990년대 판본이기도 하다.[39]

그러므로 김지하 시문학의 경우, 율려나 생명이 지닌 보수주의의 맥락이 무엇보다 충분히 고려되어야 한다. 신인간주의, 제3휴머니즘 그리고 생명(율려 혹은 운명) 담론을 공유하고 있었다는 점에서 보면, 김동리와 김지하는 한국문학사에서 각각 보수와 진보를 대변한다기보다 그 모순된 착종을 증언해주는 사례가 된다. 게다가 김지하는 율려

36 김동리, 「文學하는 것에 對한 私考」, 『文學과 人間』, 白民文化社, 1948, 100쪽.

37 김동리, 「純粹文學의 眞儀」, 위의 책, 108쪽.

38 김동리가 베르그송 철학에서 유래한 '생명'을 어떻게 '운명'이라는 말로 변주해 '순수문학'의 키워드로 활용했는지에 관해서는 이철호, 「사실, 휴머니즘, 운명」, 『영혼의 계보 -20세기 한국문학사와 생명담론』, 창비, 2013, 322~328쪽 참조.

39 김동리, 「나의 小說修業-'리얼리즘'으로 본 當代作家의 運命」, 『文章』, 1940.3, 174쪽.

라는 다분히 민족주의적인 에센스를 내세워 동북아공생을 주창하지만, 만주를 바라보는 함석헌의 시각이 그러했듯이, 여기에는 일본에 대한 배타주의가 잔존해 있다. 그에게 일본문화는 폭력과 허무와 퇴폐가 난무하는 그야말로 "반생명"[40]의 문화에 불과하다. 동북아의 조화로운 공생을 말하지만 결국 극단적인 민족주의 심리가 그 중요한 토대를 이루는 것이다. 생명운동에 나선 이후 쓰인 시들에서 때로 "전우주적 규모로 폭발하는 생명의 대합창, 즉 근원적 일원론"[41]을 읽게 되더라도, 또 그 생명 혹은 율려가 동북아공생을 지향한다 하더라도 이는 편협한 민족주의의 또 다른 의장意匠에 불과하다.

5. 생명과 진보

이돈화, 함석헌, 김지하가 세대를 달리해 수용한 생명주의는 이념적 좌표가 상이했다 하더라도 저개발국가의 진보를 추동하는 담론적 원천으로 활용되었다. '생명'에 내장된 신비주의적 어법은 이 말을 사용하는 주체로 하여금 어떤 극적인 도약을 상상케 한다. 이돈화가 식민지 조선에서 이단시되던 천도교를 근대종교로 격상시키는 데에 어느 정도 성공한 것도, 함석헌이 수난의 역사에서 민족적 신생을 확신한 것도, 그리고 김지하가 민족운동의 한계를 초극했다고 자부한 것도 실은 이 '생명'이라는 어휘가 불러일으키는 담론적 효과의 일부였다.

이돈화의 경우, '지기'라 부르든 '한울'이라 칭하든 간에 개체와 전체

---

40 김지하, 「개벽과 생명운동」, 『김지하 전집』 2, 실천문학사, 2002, 72쪽.
41 최원식, 「대립과 공생—김지하론」, 『생산적 대화를 위하여』, 창작과비평사, 1997, 233쪽.

에 공통된 유기체적 생명은 "무한진보의 도상途上"에 있으며, 그러기에 천도교에서 말하는 범신은 근본적으로 무한히 진화하는 신이다. 하지만 이돈화가 다분히 진화론적 관점에 한정된 데 비해, 함석헌은 더 나아가 역사주의Histroricism를 적극 표방했다. 『뜻으로 본 한국역사』(원제-『성서적 입장에서 본 조선역사』, 1935)가 예증하듯이, 함석헌의 역사관은 종교(기독교)와 과학(진화론)을 서로 결합하기로는 이돈화와 다를 바 없어도, 민족사에 한민족 고유의 전통, 내러티브, 역사적 합법칙성을 부여하려는 최초의 통사通史적 시도였다는 점에서 보면 타의 추종을 불허한다. 진화론만이 아니라 생명론 수용에 있어서도 이들은 변별된다. 이돈화가 기독교라는 문명담론의 의미체계를 천도교 교리에 직접 대입함으로써 그 선진성을 입증하려 했다면, 함석헌은 한민족이야말로 이스라엘에 버금가는 선민임을 강조하는 데에서 그 특유의 역사의식을 주조해냈다. 전자는 선진문화의 한국적 판본을 실증해 식민지성을 극복하려는 경향이고, 후자는 세계사의 주체가 더 이상 서구일 수 없다는 전제하에 동양의 대안적 가치에 주목하려는 경향이다. 각각 '문명'과 '산업화'라는 시대적 과제를 해소하는 가운데 그들은 유의미한 차이를 보여주지만 생명담론의 재전유라는 점에서는 공통분모를 지닌다.

그에 비해, 김지하가 생명담론의 재전유를 통해 극복하고자 한 시대적 과제는 물론 '세계화'였다. 글로벌 자본주의가 양산한 이러저러한 문제를 회피하는 대신에 그 체제 내부에서 이른바 생명문화운동을 점진적으로 확산시키려는 김지하의 기획은 "거룩한 시장"이라는 표현 속에 잘 나타나 있다. 생명과 반생명의 "기우뚱한 균형", 즉 과학기술과 시장자본의 급성장에 제동을 걸지 않으면서도 동시에 생명가치를 좀 더 우선시하는 대안적 생활세계의 창출이 얼마든지 가능하다는 발상이다. "기존의 생산양식을 타파하는 것이 아니라 새로운 대안적 생활 영역의 이중 과정을 한일 양국 민초의 생활세계에 확신시킴으로써, 시장적 생산양식의 내용과 방향을 수정, 장기적으로 시장을 거룩한 삶의 터전으로 성화시키고 국민국가를 다핵적, 확산적 시스템으로 점차 변화, 권력을 분산시키는 일이 동북아 새 문명 창조의 중요한 틀이 될 것이다."[42] 요컨대, 이 동북아공동체 구상의 핵심은 "거룩한 시장"이라는 말이 일러주듯이 자본주의 체제의 탈자본주의화=성화聖化에 있다. 함석헌이 민족 자체를 신성화한다면, 김지하는 민족을 둘러싼 초국가적 경제시스템을 신성화하는 셈이다.[43] 김지하의 생명주의는, '율려'를 내세워 고대사의 시원으로 회귀하고 다른 한편 '동북아공생'을 주창해 더욱 광역화된 형태로 생명주의의 확장을 도모했다 하더라도, '씨올'과 '세계주의'를 제창한 함석헌의 경우와 근본적으로 다르지 않다. 그런 의미에서 생명, 씨올, 율려를 통해 본 한국적 진보의 궤적에서 가장 중요한 샘플은 함석헌이라 할 만하다.

앞서 살펴본 대로, 함석헌은 '생명'을 '씨올'로 재전유하면서 거기에 새로운 함의를 불어넣었다. '생명'은 본래 예술 및 문화 담론에서 개성이나 창조적 자율성 등을 의미했는데, 함석헌은 다시 여기에 민중적 함의를 결합시켜 특유의 혁명론을 개진한 바 있다. 그에게 '생명'은 곧 '혁명'인 것이다. 하지만 혁명(또는 생명진화)의 최전선이 '인격'이라는

---

42 김지하, 「동북아 생명공동체와 새 문화의 창조」, 『김지하 전집』 2, 실천문학사, 2002, 152~153쪽.

43 그런데 동북아공생이라는 캐치프레이즈는 바로 그 이상을 실현하기 위해 이분법적 대립과 분열을 무한히 재생산한다는 점에서 문제적이다. 동북아공생을 저해하는 이원론을 무수히 열거하는 일이 가능할수록 생명운동의 역사적 정당성은 더욱 공고해지기 때문이지만, 어떤 면에서 그러한 인식론적 재생산이야말로 더없이 자본주의적일 수 있다. 이를테면, 비유기농/유기농을 엄격히 구분하는 식품 생산 및 유통의 논리가 '반자본주의'적인 것은 아니다.

주장에 이르면, 그가 이광수나 안창호로부터 이어지는 서북계 문화적 민족주의의 자장에서 결코 자유롭지 못하다는 사실을 다시금 확인하게 된다. 혁명이든 통일이든 정치적 현안과 그 해결이 개인의 인격 함양에서 비롯된다는 것은 물론 지극히 온당한 생각이지만, 달리 보면, 한국사회의 '진보'를 제도적 합리성으로부터 분리해 도덕성의 영역으로 제한할 우려가 있다. 진정한 진보가 가능하려면 다른 무엇보다 그(들)의 도덕성을 확보해야 한다는 '진보'의 논리야말로 한국사회의 민주화를 이루어낸 저력 중 하나이면서, 동시에 그 이상의 진보를 불가능하게 만든 근본적인 약점인지도 모른다.

1950년대 '진보' 개념의 변화와 반공주의 내면화의 문제

김준현

1. 서론

이 글은 1950년대 '진보' 개념의 변화를 이승만 정권 하의 반공주의 성립 과정과 연관시켜 논의한다. 어떤 개념이든 그 외연과 내포는 끊임없이 변화하지만, 그러한 변화의 과정을 실증해내기란 쉬운 일이 아니다. 개념의 외연과 내포가 변화하면 그 사실은 시간이 지나면 어렵지 않게 인지되나, 그것은 끝내 객관적 지표를 통해서 드러나지 않는다. 그런 의미에서 개념의 변화는 내밀하게 이루어진다. 한국 사회에서 어느 순간 어떤 개념이, 이를테면 '진보'라는 개념이 禁句로 분류되었다고 해서 그 사실이 공식적으로 천명되는 경우는 극히 드물다. 오히려 소설이나 영화, 드라마와 같은 대중서사를 통해 간접적으로 그 흔적을 밟아볼 수 있을 뿐이다.

1950년대의 성격을 초반에 결정지었던 한국전쟁은 대한민국이 유례없이 강력한 '반공국가'로 자리매김되는 데 있어서 그에 대한 저항을 최소한으로 줄여줄 수 있었던 계기였다. 여전히 한국에서 강력한 지위를 확보하고 있는 반공주의의 역사를 고찰하는 데 있어 1950년대와 한국전쟁은 그런 의미에서 중요하고, 엄밀히 말하면 반공주의의 시발점이 아님에도 불구하고 실질적으로 현재까지 이어지는 반공주의 형식이 형성되는 시점이 되었다는 점에서 주목할 만하다.

반공주의에 대한 연구 성과가 축적되는 과정에서 '반공주의'와 '공산주의 비판 / 반대'를 엄격히 구별하는 것이 중요하다는 문제의식은 진작에 제기된 바 있다.[1] 반공주의를 비판적으로 살펴보는 입장에서 반공주의가 문제적인 것은 그것이 공산주의에 반한다는 사실 자체 때문이 아니라, 이성적인 판단을 금지하는 성격을 갖고 있기 때문이다. 주지하는 바와 같이, 반공주의는 판단 이전에 당위를 강조한다. 생각해서 판단하는 것이 아니라, 판단을 위해 생각하는 것 자체가 금지되는 것이다. 그런 점에서 금구의 생산과 지정은 반공주의의 중요한 작동 메커니즘이다.

반공주의에 대한 기존의 연구에서 '내면화'는 1950년대와 1960년대의 반공주의를 구별하는 기준으로 사용되어 왔다. 윤충로와 강정구[2]는 이승만 정권기를 '외양적 반공주의의 확산', 박정희 정권기를 '실재적, 내재적 반공이데올로기의 구축'[3]으로 각각 정리하여 구분한 바 있다. 그보다 앞서 양성철[4]도, 이승만 정권기의 반공주의를 '박정희에 비해 훨씬 더 초보적이며 훨씬 비효율적이었다'고 평가한 바 있다. 요컨대, 이승만 정권은 반공주의를 정적을 제거하는 기제로 사용하는 데

---

1 권혁범, 「반공주의 회로판 읽기－한국 반공주의의 의미체계와 정치사회적 기능」, 『한국사회학회 사회학대회 논문집』, 1998.6 참고.

2 윤충로 · 강정구, 「분단과 지배이데올로기의 형성 · 내면화」, 『사회과학연구』 제5호, 1998.

3 이 글에서 '반공주의'와 '반공이데올로기'는 같은 의미를 가진 기호로 취급된다.

4 양성철, 『분단의 정치－박정희와 김일성의 비교 연구』, 한울, 1987.

그쳤지만, 박정희는 여기에서 한 걸음 더 나아가 국민의 사고하는 방식 자체를 제어(여기에는 사전적 내면 검열과, '좌경', '용공' 등 반공주의 관련 기호들의 외연 확장 등이 포함된다[5])하는 기제로 만들었다는 분석이다. 이러한 구분은 이후 연구에서도 그대로 답습된 경향이 있고 국문학 연구의 장에서 이루어진 반공주의(문학)에 대한 연구에서도 그 사정은 마찬가지였다.

그러나 '진보'와 같은 개념이 금구가 되는 상황은 엄밀히 말하면 집단적 자기검열이 발달한 결과이기 때문에, '내면화'와 관련해서 이 문제는 좀 더 자세히 고찰할 필요가 있는 것도 사실이다. 만약 1950년대부터 '진보'라는 개념 자체가 반공주의의 작동에 의해 금구로 설정되었다면, 그것은 '내면화'의 유무로 1950년대와 1960년대 반공주의를 단절적으로 구분하는 것을 반성적으로 재검토하거나, 아니면 1950년대와 1960년대에 걸친 한국 반공주의의 변화과정을 단절적으로 보아왔던 지금까지의 시각을 극복하고 그 연속성을 좀 더 면밀하게 파악할 수 있는 연결고리가 마련될 수 있다. 그것 자체도 '내면화'라는 기호에서 자유로울 수 없는 현상이기 때문이다.

2015년 현재, '진보'가 소위 '좌파' / '좌익'이라는 기호와 친연성을 갖는 개념으로 언중에게 받아들여지고 있다는 것은 논쟁의 여지가 없는 사실로 보인다. '좌파'는 사민주의나 사회주의, 혹은 공산주의(혹은 그것을 지향하는 자)를 포괄적으로 지칭하는 개념으로 유통되고 있다. 그렇다면 단독정부 수립과 한국전쟁을 거치면서 강력한 '반공국가'가 성립되던 1950년대에 '좌파'='진보'는 애초부터 금구의 하나였던 것처럼

5 심희기는 반공이데올로기의 내면화 과정에서 '좌익'에서 '좌경'으로, '공산주의'가 '용공'으로 외연히 확장되는 일이 중요한 영향을 미쳤다고 밝힌 바 있다. 심희기, 「한국법의 상위 이념으로서의 안보이데올로기와 그 물질적 기초」, 『창작과 비평』, 1988.3 참고.

기억되어 왔지만,[6] 사실 당대 '진보'라는 개념은 그것보다 좀 더 복잡한 질곡을 겪었다.

> 봉건적이란 말에 준식은
>
> "그럼 미쓰 최는 진보적이오?"하고 응수했다.
>
> "진보란 말은 요즘 안 쓰는 거예요. 소식불통이네. 그게 금구가 된 줄도 모르시는군. 현대적이라고 하는 거예요."[7]

전술한 바와 같이 '진보'와 같은 기호가 당대 언중에 의해 금구로 취급받았다는 지표를 발견하는 것은 쉬운 일이 아니다. 그러나 인용문과 같은 대중서사의 한 대목에서 그러한 편린이 발견되곤 한다(극단적으로 말하면, 대중서사는 이를 발견할 수 있는 사실상 유일한 실마리일지 모른다). 인용문은 소위 '진보당 사건'이 마무리되어가던 즈음인(진보당의 등록취소는 이 소설이 연재된 것과 같은 해 2월 25일) 1958년 3월 21일에 『동아일보』에 연재되었던 소설 「격랑」의 한 대목이다. 여기에서 우리가 주목하고 각각의 상호관계를 파악해야 할 기호는 '진보', '봉건적', 그리고 '현대적'이다. 등장인물 간의 대화는 당대 일반대중에게 받아들여진 '봉건'이라는 기호의 대립어가 이를테면 '진보'에서 '현대'로 (강제적으로)변경되는 지점의 중간 어디쯤을 드러낸다. '진보'라는 개념을 중심으로 생각해 보면, '진보'라는 말의 외연이 '모종의' 상황 변화로 인해 축소되는 순간이다.

대립어를 살피는 것은 해당 개념의 외연과 내포의 범위를 구체적이

6 "애초 진보 개념은 좌파적 색채가 농후한 것이었다. 제2차 대전 당시 연합국을 구성하고 있던 미국을 '진보적 민주주의'로 지칭한 것이나 1950년대 진보당의 정치적 실천에서 드러나듯이 진보는 좌파의 정치적 레토릭으로 사용되었다." 황병주, 「1960년대 해외시찰단의 진보 인식과 주체」, 『한국진보감성의 사회사 공동학술워크샵 자료집』, 2014.2, 31쪽.

7 장덕조, 「격랑 110회」, 『동아일보』, 1958.3.21.

고 객관적으로 도출해 내는 하나의 실질적인 방법론이 될 수 있다. 이 인용문에서 확인되는 것처럼 '진보'가 '봉건'의 대립어 지위를 박탈당했다는 사실은 해당 개념의 외연이 좁아졌다는 것을 의미하며, 외연이 좁아졌다는 것은 해당 개념의 내포에 최소한 한 개 이상의 항이 추가되었다는 것을 의미한다. 인용문의 경우 '현대적'이라는 개념보다 '진보적'이라는 개념의 외연이 축소된 것을 확인할 수 있다. 우리는 그렇게 추가된 내포의 항이 '북한(공산주의)의 체제나 사상으로 나아간다'와 비슷한 것이라는 사실을 어렵지 않게 도출해 낼 수 있다. 이러한 항이 내포에 추가됨으로써, '진보'의 외연은 좁아지고, '봉건'에 대립되는 지칭대상은 그 외연의 범위 밖으로 탈락된다.

심희기는 1980년대 후반 『창작과 비평』의 지면을 통해 발표한 논문[8]에서 1960년대 반공주의의 내면화가 관련 개념들의 외연 변화와 밀접하게 연관되어 있음을 선구적으로 밝힌 바 있다. 이러한 관점을 따를 때, '진보' 개념의 외연 변화는 반공주의의 내면화 과정을 밝힐 수 있는 하나의 중요한 지점이라는 가설을 세울 수 있다. 인용문이 생산/유통된 시기가 1958년이라는 사실은 의미심장한데, 소위 '진보당 사건'이라는 굵직한 표지가 가로놓여있기는 하나, 단정수립과 분단고착, 한국전쟁 등과 같은 거대한 사건을 거쳐 왔음에도 불구하고 1950년대 후반까지 '진보=사회주의 / 북한 / 좌익'이라는 등식이 언중에게 받아들여져 일반화된 인식이 되지 않았음을, 즉 '진보'의 외연이 생각보다 오래 넓은 상태로 유지되었음을 역설적으로 보여주기 때문이다. 인용문에서 준식은 오히려 그러한 내포가 인용문의 생산 직전의 시기까지 유지되었음을 보여주는 반증사례의 역할을 하고 있다.

---

8 심희기, 앞의 글.

기존 연구의 관점을 이어받아서 판단해보면, '진보당 사건'은 이승만 정권의 반공주의가 박정희 정권의 그것과 작동방식이 달랐음을 보여주는 대표적인 사례이다. 이승만 정권의 반공주의는 정적들을 간첩으로 몰아 그것을 구실로 하여 제거하는 차원에 머물고 있었다. 반공주의적 검열이 국민들의 머릿속에 내면화되지 않는다는 점에서, 그것은 박정희 때의 그것과 명확하게 구분되는 지점을 갖고 있다. 그런 점에서 조봉암 등을 간첩으로 지목하여 신속하게 사형을 집행했던 일[9]은 이러한 전형에 속하는 일이라고 할 수 있다. 그러나, 이 사건의 파급효과는 인용문에서 확인할 수 있는 바와 같이 '진보'라는 개념의 외연과 내포를 변화시키는 데까지 나아갔다. 그리고 개념의 외연과 내포가 변화할 때 그 개념에 대한 대중의 인식은 무의식적으로, 은밀하게 변화한다. '내면화'라는 기호는 이러한 변화의 한 단면을 설명할 수 있는 기호이다. 이 글은 이런 지점에 착안하여, '진보'의 외연과 내포를 둘러싼 담론투쟁의 상황을 구체적인 용례와 사례를 통해 분석해보고, 그것을 1950년대 중후반부터 시작된 반공주의의 내면화 과정과 연관시켜 논의해보려고 한다.

2. '진보'의 주체 문제, 그리고 그 지향의 상대성

'진보'는 근대계몽기 때 당대의 시대적 담론을 대표하는 중요한 기호로 대두되었지만, 최근의 연구[10]에서는 '진보'가 사실 조선시대 이

9 조봉암은 1958년 2월 사형선고를 받았고, 이듬해 7월 31일 그에 대한 사형이 집행되었다. 그 과정에서 고문에 의한 허위 자백이었다는 주장을 내세우며 조봉암은 재심을 청구했으나, 받아들여지지 않았다.

래로 활발하게 사용되었던 기호라는 사실이 조명된 바 있다.

이미 이루어진 논의를 참조해서 정리해 보면, 조선시대 '진보'는 주자학의 자장에 깊숙이 침윤되어 있는 기호였다. 조선시대 학인들은 주로 학문의 영역에서 진보를 언급했으며, 주로 '進步處'라는 말로 활용되었다. 이러한 맥락에서 '진보'는 그것 자체로 사상의 방향성을 담보하고 있는 기호가 아니었다. 그것은 개인의 학문이, 혹은 국가의 정치가 이미 정해진 목표지점으로 나아가고 있다는 과정적 상황을 표시하는 기호일 뿐이지, 그 목표지점이 어디인지를 논할 수 있는 기호는 아니었다. 즉, 당시 '진보적인 개인'과 '진보적인 정치'는 있을 수 있어도, '진보적인 사상'이라는 것이 있을 수는 없었다. 이런 상황에서 '진보'는 '보수'와 대립어 관계를 이룰 수도 없었음은 물론이다.

널리 알려진 바와 같이, 주자학은 인격, 학문, 정치의 완성지점을 미리 설정해 놓고 있다는 특성을 갖고 있다. 인격과 학문에 있어서는 15세의 '志于學'부터 시작해서 70세의 '從心所欲不踰矩'와 같은 단계적 변화의 과정을 설정해놓고, 이 단계를 순리에 맞게 밟아가는 것을 '진보적'인 것으로 본 것이다. 정치에 있어서도 완성된 왕도정치로 나아가는 단계를 설정한 후, 그것에 따라 진행해 나아가는 것이 '진보적'인 것이었다. 이렇게 주자학에서는 그 완성의 모델을 과거(孔孟의 인격, 혹은 先人의 정치)에서 찾고 있었기 때문에, 조선시대의 '진보'는 과거로의 지향과 미래로의 지향 사이의 구분이 무화되는 지점을 안고 있는 기호였다. 이 맥락에서 '진보'와 '보수'는 대립관계를 이룰 수 없으며, 이미 '진보'안에 (현대적 의미에서의) 보수성이 내포되어 있었다고 할 수 있

---

10 노관범, 「대한제국기 진보 개념의 역사적 이해」, 『한국문화』 56집, 2011.12; 송민호, 「문명의 '진보'와 정치적 이상의 굴절」, 『한국진보감성의 사회사 공동학술워크샵 자료집』, 2014.2.

다. 이런 점에서 '진보'는 중립성과 상대성을 담보한 동시에, 그 중립성과 상대성이 어떤 절대적 지향점을 이미 전제한 상황에서 가능했다는 이중성을 갖고 있었던 개념이었다.

근대 계몽기의 '진보'라는 개념은 외형적으로는 이러한 중립성의 전통을 물려받고 있다. 그러나 이 중립성은 '문명개화'가 주자학의 '불유구'나 왕도정치같이 사실상 사상적 논점이 될 수 없는, 즉 사회의 모든 구성원들이 동의하는 방향으로 '기억'될 때만 유지된다. '문명개화의 완성'이라는 목표지점을 확정해 놓고 그곳으로 차근차근 나아가는 것을 지칭하는 '진보'와, '문명개화에의 길'을 당시 선택할 수 있는 여러 목표지점 중 하나로 선택해놓고 그것으로 가는 길을 '선택하는 것'을 지칭하는 '진보'는 엄밀히 말하면 다른 개념이다.

이 '진보'라는 같은 이름을 가진 두 개념 사이에는 여러 가지 문제가 가로놓여 있다. '진보하지 말자', '진보적이지 말자'가 형식적인 의미가 아닌 실질적인 의미를 지닐 수 있을까의 문제는 그중에서도 본질적인 것이다. 그리고 '진보적'이라는 수식을 붙일 수 있는 주체가 개인, 학문, 정치인지, 아니면 사상인지의 문제, 그리하여 생산되는 개념의 상대성과 절대성의 문제 역시 그와 관련되어 존재한다.

1800년대 후반만 하더라도 '문명개화'의 길을 선택하는 것은 실질적인 논점을 형성하는 문제였다. 과연 문명개화의 길을 선택할 것인가의 여부는 첨예한 대립점을 생산하는 것이었지만, 역사적 질곡 때문에 이러한 논점은 빠르게 무화되고, '진보'라는 개념이 실질적인 분열을 겪었다는 사실은 망각된 경향이 있다. 주자학적 왕도정치의 경우와 마찬가지로, 문명개화도 곧 모든 사회 성원들이 동의하는 목표지점이었던 것처럼 기억된 것이다.

'진보'라는 개념 내부의 간극이 대중에게 명확하게 인지되는 때는 그것이 사회주의적 유물사관의 역사 발전론과 결합되면서부터일 것이다. 유물사관의 자장 하에서, '진보'는 프롤레타리아 혁명의 완수라는 목표지점을 전제한 개념이다(그러한 맥락에서 '진보'의 대립어는 '보수'보다는 '반동'이 된다). 그러나 유물사관은 '왕도정치'나 '문명개화'처럼 지배적인 위치를 식민지 조선에서 차지하지 못했음은 물론이다. 그렇기 때문에 '진보'라는 수식이 붙을 수 있는 주체는 하나의 공통적인 목표지점을 향해 나아가는 사회의 성원으로서의 개인이 아니라, 사상이나 그 선택이 될 수 있는 지점이 명확하게 생산되었다. 이 지점에서 '진보'라는 개념이 가지고 있는 중립성과 상대성은 명백히 흔들리게 된다. '진보'라는 기호가 쟁탈의 대상이 되는 이유는 바로 이러한 이중성 때문이다. '지향적 가치'로부터 자유로운 면과 반대로 거기에 깊숙이 침윤되어 있는 면을 동시에 갖고 있는 기호로서의 근본적 특성 때문에, '진보'의 상대성이 지속적으로 환기되면서, 진보의 방향을 절대화하려는 시도에 맞서는 움직임이 일어난다.

> '진보적'은 '보수적'에 대립하는 한 개의 상대적 개념[11]에 불과하다. 작가의 창작태도의 절대성이 비록 상대화할 수 있다 하더라도 그것은 더 일층 맹렬한 절대자로서 자기형성을 강요하는 것이 생애를 통한 창작과정이라 할 것이니 어찌 **한 개의 상대적 개념으로** 세기적 시대에 처한 작가의 창작태도를 규정할 수 있으랴.[12](강조는 인용자)

김남천이 주창한 '진보적 레아리즘'[13]에 대해 정면으로 비판하는 『동

---

11 앞에서 논의한 바에 비추어 보면, '진보'가 '보수'의 대립어로 제시되었는지, '보수'가 '진보'의 대립어로 제시되었는지에 대한 이론의 여지도 존재함을 알 수 있다.

12 「민족적 리아리즘—작가의 창작태도」(사설), 『동아일보』, 1946.4.19, 1면.

아일보』의 사설은 그러한 '진보'의 상대성을 강조하는 대표적 사례이다. 김남천은 '진보적 레아리즘'을 프롤레타리아 혁명의 완수라는 가치지향을 전제로 한 상태에서 설정하였다. 인용문에서는 '진보'가 가치지향으로부터 자유로운 상대적 개념이라는 것을 강조하면서, '진보' 개념의 전유에 반대하고 있는 것이다.

그러나 '진보'가 가지고 있는 상대성은 이렇게 상기되기도 하고 망각되기도 하였다. 그 과정에서 '진보'가 끊임없는 전유와 재전유의 대상이 되었음을 어렵지 않게 파악할 수 있다. 가령 '진보'는 전유의 주체와 그 사상에 따라, '식민지배로부터의 완전 탈피', '민족통일의 완수', '반공주의 확립과 공산주의 척결' 등의 다양한 지향점을 전제로 한 상태에서 활용되었다. 이때마다 '진보'라는 개념이 갖고 있었던 태생적 상대성은 반복적으로 상기되었으며, 이러한 반복을 통해 '진보'라는 개념의 전유와 재전유가 각축되었다. 이런 맥락을 염두에 두면서 1950년대 '진보'의 전유 양상을 살펴보기로 한다.

3. '진보'의 전유와 재전유, 그리고 외연의 확장

1950년대에 들어와서 '진보'라는 개념은 몇 가지 질곡을 거치면서 전유 / 재전유된다. 물론 그러한 쟁탈의 전략이라는 것이 어떤 특정진영에서 통일된 형태로 존재할 수는 없었다. 가령 소위 '좌파'의 전유물처럼 여겨졌던 '진보'를 쟁탈하려는 시도의 경우, '진보'라는 개념의 근

13 김남천은 조선문학가동맹이 창작방법으로 내세운 '진보적 리얼리즘'을 주도적으로 제창하였다. 이에 대해서는 김동석, 「해방기 진보적 리얼리즘에 대한 일고」, 『한국근대문학연구』 제6집, 2005.4 참고.

원적 상대성을 상기시키며 자신들의 것으로 재전유하려는 행동이 나타나는가 하면, '진보'라는 개념 자체에 부정적인 의미를 덧씌워 그것에 대한 대중의 인식을 부정적으로 만드는 행동이 나타나기도 한다. 두 행위는 사실 서로 모순되는 것으로서, 이러한 개념에 대한 당대의 움직임이 파편화되어 있거나, 아니면 무의식적이거나, 혹은 상황에 따라 비일관적으로 진행되었던 것임을 나타낸다(물론 이는 1950년대의 특수성은 아니고, '개념'에 대한 전유 / 재전유의 쟁탈전이 가지고 있는 일반적인 성격으로 보인다).

미군정하 학무군 차원의 정부 주도형 교육운동의 중요한 일환 중 하나는 존 듀이로 대표되는 '진보주의 교육사상'의 도입[14]이었다. 이는 당시 '새교육운동'이라는 이름으로 진행되었다. '진보주의'라는 말을 당대의 신문지상에서 어렵지 않게 발견할 수 있다는 사실을 감안하면,[15] 이 개념이 생소하거나 갓 수입된 용어가 아니라는 것을 어렵지 않게 확인할 수 있다. 그런데도 해방 직후 '진보주의 교육'이라는 말 대신 '새교육운동'이라는 명칭이 쓰인 이유에 대해서는 고찰의 필요성이 있다. 미군정이 '새교육운동'을 주창하고 실천했던 시기[16]는 마침 김남천의 주도로 문학가동맹이 '진보적 리얼리즘론'을 주창하여 '진보'라는 기호가 사회주의 문학자들에 의해 전유되었던 시기와 대체로 일치하는데, 이를 우연으로만 치부하기 쉽지 않다.

원래 미국의 '진보주의 교육'은 외연이 극히 넓게 확장된 '진보'의 개

---

14 홍웅선, 「해방 후 진보주의 교육 사조의 수용 과정」, 『정신문화연구』 37집, 1989.11; 이성호, 「급진적 진보주의와 사회주의 그리고 John Dewey」, 『아시아교육연구』 5집, 2004.12 참고.

15 "전 미 부대통령 헨리 월레스 씨는 當地 미국진보주의청년회관에서 미국의 현국내외정책을 공처하는 동시에" 「백림에서 미소수뇌회담하라」, 『동아일보』, 1947.6.18.

16 '새교육운동'은 오천석에 의해 주도적으로 주창되었고, 1946년 9월에는 문교부 주도로 '신교육연구협회'가 창설되었다.

념으로 구성된 것이다. 이성호에 의하면, '진보주의 교육'이 '넓은 의미의 진보주의의 한 중요한 부분'이라고 지칭하고, '넓은 의미의 진보주의'란 "19세기 말 가속화된 도시화와 산업화로 인해 미국사회에 야기된 제반 사회 문제들을 해결하기 위한 매우 광범위한 '인도주의적 노력'을 가리킨다."[17] 그러나 미군정 주도하에 한국에 수입되면서, '진보주의 교육'은 그 광범위한 성격을 소거한 모습을 띤다. 그 광범위한 성격으로 인해 사회주의도 제한적으로나마 수용할 가능성을 갖추고 있던 미국의 '진보주의 교육'은 한국에서는 반공주의를 확산하는 특성을 지닌 기호로 그 범위가 축소되어 있었다. 이길상[18]은 이 교육운동의 정책목표를 다음의 네 가지로 정리하고 있다.

> **첫째, 교육정책을 통해 미국의 대한 정책의 정당성을 보여준다.**
> **둘째, 미국지향들의 인물들을 교육분야에서 선발한다.**
> **셋째, 반공이데올로기를 확산시켰다.**
> **넷째, 전체주의적 교육형태를 제거하는 정책은 실제로 추진하지 않았다.**

이렇듯 '새교육운동'은 공산주의와의 대립점이 강조되어 있고, 한국에서 미국을 지향하는, 즉 친미 성향을 지닌 인사들이 교육의 주도권을 쥐는 중요한 계기로 작용한다. 따라서 당시 좌익인사들에게 전유되어 있던 '진보'라는 개념과, '새교육운동'은 서로 상충되는 면을 분명하게 갖고 있었다.

해방기 미군정에 의해 주도되었던 '새교육운동'이 '진보주의 교육'으로 호명되는 것은 1957년 이후의 일이다. 『경향신문』은 1957년, 에

17 이성호, 앞의 글, 2쪽.
18 이길상, 『20세기 한국교육사』, 집문당, 2007 참고.

리히 프롬의 글을 인용하여 진보 교육이 '독재에 대한 반동'이라는 사실을 강조하였고,[19] 『동아일보』에 실린 백현기의 글에서는 미국의 교육사조를 항구주의, 본질주의, 진보주의, 그리고 재건주의로 나누어 설명하고 있다.[20] 이러한 '진보주의'라는 용어가 약 10년에 걸친 시간 동안 제거된 채 진보주의 교육운동이 시도되었음은 흥미로운 사실이며, 여러 경로로 확인을 해 보아야 하겠지만 그것이 도입되던 시절에 '진보'라는 개념이 좌파의 전유물로 인식되었던 것과 연관이 있다는 가설을 수립하는 것은 크게 무리한 일이 아닌 것으로 보인다.

이렇든 '진보'를 사회주의 / 공산주의에 전유된 것으로 보고 미군정이나 단독정부 수립의 주도적 인사들이 이 개념을 꺼리는 움직임과는 상충되게, '진보'의 개념을 재전유하려는 노력도 여러 경로로 나타난다. 그중 대표적인 행보를 보여주었던 초기 인물은 설의식으로, 그는 '좌파'가 보여준 친탁으로의 노선변경이 실제적인 의미에서 '진보적'이지 않음을 힘주어 비판하던 대표적 논자 중 한명이다. 설의식의 '진보'에 대한 태도는 두 가지의 층위를 가지고 있기 때문에 면밀하게 파악할 필요가 있다.

> 탁치가 발표되자 공산당을 비롯하여 좌파라고 자칭하는 일련의 제공들은 서슴없이 절대반대를 주장하고 **'진보적' 문구와 용어**로 태도를 표명하였다. 양일 지나서는 다시 **'진보적' 숙고**와 열의로 '탁치감수'를 결정하고 삼상회의를 지지한다고 결정하였다. (…중략…) 그리하야 진보적 성명을 발표하였고 진보적 행렬을 강행하였든 것이었으리라.[21](강조는 인용자)

---

19 에리히 프롬, 「진보교육은 독재에 대한 반항—정신분석학자가 본 19세기의 윤리론」, 『경향신문』, 1957.7.10.

20 백현기, 「미국의 교육사조」, 『동아일보』, 1958.10.28.

> 선전과 책략에 수단과 방법을 가리지 않는 공산계열은 또다시 그 상투적인 수법으로 '진보적' 성명, 담화, 의견 등등을 과감하게 전개하였다.[22]

인용된 설의식의 글에서는 '진보적'이라는 용어를 인용부호를 통해 표현함으로써 반탁에서 친탁으로 노선을 변경할 좌파 인사들과 그들이 사용하는 '진보' 개념 자체를 한 번에 조롱하는 태도를 보여주고 있다. '진보'라는 개념 자체에 대한 부정적 시선을 보여주는 행위이지만, 이것이 설의식의 '진보'라는 개념에 대한 태도의 전부는 아니다.

설의식은 이에 앞서 "명일에 있어서는 우경이란 보수의 낙인 밑에서 다시금 지양될지도 모를 운명이 예견되는 이른바 과학적 공산주의가 '진보의 광영'을 독점하려는 생각 그 자체가 이미 파쇼적이다"[23]는 언급을 통해 '진보'라는 개념이 '공산주의'에 독점되는 것을 비판적으로 바라보고 있다. 여기에서의 '진보'는 부정의 대상이 아니라, 오히려 상대로부터 되찾아 와야 할 쟁탈의 대상으로 인식되고 있다. 그리고 『동아일보』 주간이었던 설의식의 주장과 같은 맥락으로 사설에서 '진보적 리아리즘' 자체에 대한 논박이 시도되는데, 그것은 '광의의 진보' 개념은 상대적인 기호일 뿐이기 때문에 그러한 상투성을 전유하려는 것은 옳지 않은 방법이며, '협의의 진보'는 '민족적 리아리즘'에 비해 현재 상황에 맞지 않는다는 논지에 의한 것이었다.[24] 이렇듯 『동아일

---

21 설의식, 「탁치문제의 혼선을 보고 (3)」, 『동아일보』, 1946.1.13.

22 설의식, 「5호성명과 우리의 각오 (1)」, 『동아일보』, 1946.5.3.

23 설의식, 「팟쇼주의의 복선—통일전선의 혼란을 보고 (4)」, 『동아일보』, 1946.2.12.

24 "2. 이러한 창작방법으로서 '진보적 리아리즘'이 제창되고 있다. 현실을 떠나서 작품이 있을 수 없으니 리아리즘에 입각하여야 한다는 것은 부언을 요치 안커니와 '진보적'이란 무엇을 의미하는 것인가? 봉건적 제국주의적 잔재를 청소하고 민주주의적 민족문화를 수립하자는 것이 진보적이라면 그것은 확실히 진보적이다. 그러나 현 단계에 처하는 작가로서 그것을 원치 않는 작가가 어데 있으며 봉건적 제국주의적 잔재를 고집하는 수구

보』의 지면을 통해 '진보'개념의 좌파적 전유에 대해서는 다각도로 문제제기와 비판이 제기된다.

설의식의 이중적인 시선은 사회주의 / 공산주의에 의해 전유되어 있었던 '진보'라는 기호에 대한 다른 성향을 지닌 인사들이 여러 각도로 벌인 활동의 이중성을 대변하여 보여준다. '진보'라는 기호 자체에 대한 부정과, '진보' 개념에 대한 재전유의 시도는 지속적으로 교차되어 나타난다.

이런 과정에서 미국의 트루먼 대통령의 재선 성공은 미군정과 단독정부의 주도세력들에게 '진보'의 개념을 재전유할 수 있다는 희망을 주는 하나의 중요한 계기로 작용한다. 트루먼은 주지하는 바와 같이 루즈벨트의 러닝메이트로, 루즈벨트가 대통령에 당선되면서 부통령으로 취임한 인물이었다. 그리고 재임 3개월 만에 루즈벨트의 죽음으로 대통령직을 승계하였다. 그렇기 때문에 해방이 이루어진 1945년 8월에 이미 미국 대통령의 직함을 가지고 있던 인물이다. 그는 2차대전의 후유증 때문에, 또 일본에 대한 원폭투하를 결정한 장본인이었기

파 작가가 어데 있는가? 이것이야말로 작가의 성실성을 무시하는 한 개의 넌센스다. 그러나 백보를 양하여 진보적이란 의미가 변증법적 유물사관으로 현실을 인식하라는 것이라면 과거 사십 년간 조선의 지배계급은 일인이었다는 사실과 한민족 내부 자체에 있어서는 아직 뚜렷한 계급적 대립이 형성되어 있지 않았다는 사실과 더불어 인간에 의한 인간의 착취와 한 민족의 타민족에 대억압을 폐기하자는 국제 민주주의적 사조 위의 민족적 자주독립을 지향하는 현실을 인정하지 않을 수 없으리라. 이것은 민족적 현실이며 계급적 현실이 아니기 때문에 '진보적'이라는 명칭은 그 계급적 의도가 문화적 인민전선에 있다는 것을 지적 않을 수 없다. 그러나 이 명칭은 이중의 불성실을 감행한 것이다. 하나는 정치적 이론의 기계적 적용으로 자기 자신에게 성실하지 않은 것이고 문제는 그 불성실을 작가 일반에게 강요하므로 민족적 현실에 성실하지 못한 것이다.
3. 진보적은 보수적에 대립하는 한 개의 상대적 개념에 불과하다. 작가의 창작태도의 절대성이 비록 상대화할 수 있다 하더라도 그것은 일층 맹렬한 절대자로서 자기형성을 강요하는 것이 생애를 통한 창작과정이라 할 것이니 어찌 한 개의 상대적 개념으로 세기적 시대에 처한 작가의 창작태도를 규정할 수 있으랴. (…중략…) 이 절대사적 현재만이 작가의 정열에 절대적으로 호소하는 바 있으니 절대적 리아리즘의 현단계적 표현은 민족적 리아리즘이라야 할 것이다." 「민족적 리아리즘—작가의 창작태도」(사설), 『동아일보』, 1946.4.9.

때문에 재선 투표 당시 심각한 레임덕에 시달리고 있었다.

그러나 예상을 뒤엎고 그가 재선에 성공하면서, 그는 한국의 언론에서만큼은 '재선에 성공한 대통령'으로서보다는 '역전의 용사'의 이미지로 대서특필된다. 트루먼의 재선 성공 직후 그에 대해 연일 쏟아지는 특집기사에서 그가 '진보적 북부'의 태생임은 여러 번에 걸쳐 강조된다. 여기에서 '진보'라는 기호는 '미국적 합리성'의 함의를 지닌 것으로 탈바꿈한다. '나는 트루먼 대통령의 대내외정책을 가장 진보적이라고 찬양하고 싶다'[25]고 한 김구의 발언은 이를 뒷받침하는 근거가 된다. 트루먼의 재선 성공과 함께 '진보'는 '미국적 자유진보'의 용례로 쓰이는 경우가 늘어난다.[26] 1940년대 후반, '진보'의 좌파적 전유는 트루먼적 재전유의 강력한 도전을 받는다.

> (트루먼은 말하길) 공산주의는 진보적 원칙인 것같이 계측되고 있으나 전혀 그런 것이 아니다. 진보와는 반대로 공산주의는 반동운동인 것이다. 공산주의는 인간이 운명의 극복자임을 부정한다. 그리고 가장 큰 단점은 공산주의는 신의 존재를 부정한다.[27]

이러한 과정에서 공산주의를 '반동'으로 규정한 트루먼 담화의 소개는 '진보'라는 개념을 재전유하는 움직임의 정점을 보여준다. 이러한 일련의 과정에서 '진보'라는 기호는 신문지면에서 주로 인용부호 안의 개념으로 소개되는 경우가 많아진다. '진보'라기보다는 '소위 진보'인

---

25 「김구씨 회견담」, 『동아일보』, 1949.1.23.
26 "민주주의적 노선을 좇아 아시아에 있어서의 자유와 사회적 진보의 역량을 선도하려고 노고해야 할 것이다." 「미국의 대아정책」, 『동아일보』, 1949.9.15.
27 「공산주의는 반동. 장래할 위기대비에 만전」, 『경향신문』, 1948.3.27.

것이다. 이러한 과정들은 모두 '진보'라는 개념의 외연을 확장하는 방법으로 진행되었다는 것을 눈여겨볼 필요가 있다.

그러나 이러한 '진보'의 재전유 노력에도 불구하고, 여전히 '진보'를 좌익에 전유된 개념으로 보고 이 기호에 부정적 뉘앙스를 덧붙이려는 행보들도 동시기에, 엄밀히 논리적으로는 양립할 수 없는 채로 공존하였다.

> ① 한편 박선주와 알게 된 신철수는, 이번에는 박선주를 통하여, 소위 혁명 운동에 가담해 있는 박선주와 사괴이는 모든 여성들과도 거지반 알게 되었다. 그들 가운데서도 비교적 온건한 연애관을 가진 여자들도 다소 있었지만 대개는 박선주의 사상에 어느 정도 물이 들어서 육체적 쾌락을 구가하기에 서슴지 않는 사람들이었다. 신철수는 이러한 '진보적' 여성들이 일하고 있는 '혁명 운동'에 가담하여 늘 하는 소리를, 계급이를 어쩌니 인민이 어쩌니하고 지껄이다가 밤이 늦으면 그대로 어느 여성동지의 처소에서 신세를 지기가 일수였다.[28]
>
> ② 형은 우익, 아우는 좌익인데 서로 미워하던 중 마침내, 아우가 사제 수류탄으로 형을 죽이려다가 살인미수로 체포되었다. 주의를 위해서는 골육의 살해도 감행하는 것이 이른바 진보주의자의 긍지일진대 이만정도의 사건쯤 누워서 팥떡먹기이지만, 도의에 인정에 풍습에 온갖 것이 다 우스꽝스럽기만 하야 모조리 깨뜨려만 버리고 맨 나종에 남는 것은 텅비인 조선땅에 건깡깽이 주의뿐. 무서운 것은 물욕이나 진부한 보수주의보다도 정의에 잘못 도취한 사이비 진보주의자의 우직한 정의감.[29]

28 김동리, 「해방 89회」, 『동아일보』, 1949.12.1.
29 「신문고」, 『경향신문』, 1948.7.15.

인용문 ①에서 보이는 바와 같이 김동리는 '소위 진보'라는 기호를 당대에 가장 적극적으로 사용하여 좌파들에 대한 부정적 이미지를 심는 데 일조했던 문인 중 한 명으로 거론될 수 있다. 인용문 ②는 경향신문의 고정 가십란이었던 「신문고」의 한 대목이다. 김동리의 소설과 「신문고」는 말하자면 신문의 기사와 사설과 비교했을 때는 대중서사에 가깝다고 할 수 있는데, 이 글들은 당대 대중들의 '진보'에 대한 부정적 이미지를 공유하는 일반적 인식을 드러내고 있다고 할 수 있다. 그러나 그러한 일반적 인식과는 별도로, 사설이나 기사를 동시에 고찰했을 때 드러나는 것은 '진보'의 개념을 재전유하려는 욕망이 그것과 복잡하게 얽혀 있다는 사실이다. 특히 사설에서 볼 수 있는 바와 같이 '이른바 진보주의자'와 '사이비 진보주의자'[30]가 하나의 글에서 동시에 존재하는 것을 통해 그것을 확인할 수 있다.

이상 살펴본 바와 같이 한국전쟁 발발을 전후하여 이루어진 '진보'에 대한 재전유의 시도는 불균일한 전략에 의해 이루어졌으며, 여러 욕망과 목표가 착종되어 있음을 알 수 있다. 요컨대 '트루먼'을 정점으로 한 '진보'의 재전유 시도와, 「나는 속았다—전향자좌담회」[31] 등의 글에 나타나는 '소위 진보'에 대한 부정적 인식은 상호모순적인 부분을 갖고 있다. 그러나 그 모순을 통해 기호의 외연과 내포의 변화가 은밀하고 불규칙적으로 드러난다는 사실을 구체적으로 역설하고 있다.

---

30 '사이비 진보주의자'라는 용어는 그 대립어로 '진정한 진보주의자'가 있음을 의식 / 무의식적으로 상정한다.

31 "그런데 공산당에서는 자기들이 정권을 잡기 위하여 자기들의 본성인 프로레타리아 혁명을 잠간 대중 앞에 가리우고 소위 진보적인 민주주의라는 간판을 내세우고 정치에 아직 밝지 못한 대중의 호감을 사서 자기들의 근본목적인 혁명사업을 달성시키고자 기만전법을 쓰고 있습니다." 「나는 속았다—전향자 좌담회 中」, 『동아일보』, 1949.11.3.

4. 진보당 사건과 '진보'의 외연 축소

1950년대 후반에 접어들어서, '진보'의 개념은 새로운 전환의 계기를 맞는다. 그것은 1954년 개헌을 둘러싼 분쟁에서 시작되어 1957년 대통령 선거까지 이어지는 자유당의 정권 재창출을 둘러싼 갈등으로 격화되는 민주주의와 의회주의의 정착과 관련된 대한민국 사회 내의 진통이었다. 이 과정에서 이승만과 자유당 정권의 대안에 대한 대중적 욕구가 생산되며, 그 과정에서 다시 '진보'는 그것이 당시 갖고 있던 소위 '좌파적' 이미지에도 불구하고 대안 정치세력의 명칭에 이용되는 기호로 부상한다.

> 진보주의자로 자칭하는 자들이 진보주의의 구체적 내용을 모르고 있고, 보수주의자로 자칭하는 자들이 보수주의의 구체적 내용을 모르는 까닭에, 진보와 보수와의 대결은 기분적 혹은 감정적으로 다투어지고 있는 듯싶다.[32]
>
> 그럼에도 불구하고 신당운동의 중심은 그 이념적인 면보다도 정략적인 면에 기울어지기 시작하였다. (…중략…) 이 간극을 노린 자칭 '진보주의자'들은 상층구조적 민주주의의 기본성격을 결정지을 신당의 경제이념을 극히 모호하게 하는 데 성공하였다.[33]

1955년 이후 '진보'를 둘러싼 담론투쟁은 신문지상에서 다시 한 번 치열하게 전개된다. 조봉암을 중심으로 한 진보당의 대두로 이 개념

---

32 「진보주의냐? 보수주의냐?」(사설), 『동아일보』, 1955.3.9.
33 「관념적 진보주의자의 망단을 박함」, 『동아일보』, 1955.4.17.

을 둘러싼 정의내리기 경쟁은 다시 한 번 강조되는 것이다. 주지하다시피 조봉암을 위시한 진보당의 강령은 '사민주의'로 거칠게 정리할 수 있는 바, 이를 전제로 한 통일방법론과 경제정책은 자유주의적 자본주의를 강조하는 우파 지식인, 혹은 친자유당 인사들의 공격 대상이 되었고, 이는 결국 간첩혐의를 씌울 수 있는 빌미로 작용한다.

그러나 재전유의 과정을 겪은 '진보'는 이제 이 기호를 전면에 내세운 신당 창당의 과정을 그 기호를 이용하여 공격할 수 있는 지점을 마련해줄 수 있는 것으로 변모해 있었다. 1956년 초에 신문지상을 통해 발표되었던 일련의 문건은 '반공'과 '진보'를 연결시키려는 일련의 작업을 보여준다.

> 오늘날 청년과 학도가 반공운동에 투시하는 소이는 그렇게 함이 이 시기에 있어서 진보적이기 때문이다. 일찍이 사회주의는 좌익적이요, 급진적인 사상이며 운동으로 인정된 때가 있었다. 그러나 소련의 사회주의 공산주의 집권 40년의 경험은 그것이 인류사회의 진보에 대하여 극히 반동적인 것을 증명하였다.[34]
>
> 이대통령은 "극히 미묘한 국제관계 속에서 공산진영의 평화제의를 받는 대다수의 국가들은 진보적이며 강경한 정책을 시행치 못했다."[35]

인용문에서 확인할 수 있는 바와 같이 '진보'는 '반공'을 부대기호로 하여 재전유된 양상을 보여주고, 이러한 반공주의의 재전유 양상은 흥미롭게도 진보당이 인기를 구가하기 시작한 것과 때를 같이 한다. 인용문에서 '진보'는 '반공'이라는 기호와 결합하지 않으면 작동할 수

---

34 「전세계의 진보적 청년은 결합하라」, 『동아일보』, 1956.10.17.
35 「공산주의를 타도-이대통령, 중국청년들에게 격려」, 『경향신문』, 1956.9.18.

없는 기호로 외연이 축소된다. 사회주의자들에게 전유된 의미로서의 '진보'는 물론, 상대성을 유지하고 있는 중립적 '진보'도 이제는 이러한 외연의 안쪽으로 들어오지 못하게 되었다. 이를 통해, 진보당을 재전유되기 이전의 진보, 즉 '반동적'의미의 '진보'를 호명한, 그리고 더 나아가 중립적인 진보라고 하더라도, 시대의 사명을 충족시키지 못하는 시대착오적인 정당으로 평가절하하는 작업이 진행되었다.

그러나 이러한 담론투쟁으로 자유당 정부는 소기의 성과를 달성하지 못했으며, 결국 공권력을 동원하여 간첩혐의를 씌워 진보당의 등록을 취소하고 조봉암에게 사형선고를 내린 지 얼마 지나지 않아 전격적으로 형을 집행하기에 이르렀다. 당시 이승만 정부는 '진보'라는 개념을 둘러싼 담론투쟁에서는 승리하지 못하고 오히려 담론투쟁 외적인 방법으로 문제를 해결한 셈인데, 아이러니컬하게도 이러한 우회가 오히려 '진보'라는 개념을 둘러싼 담론투쟁의 양상을 극적으로 변화시켰다. '진보'라는 개념의 재전유는 원래 '진보'의 외연을 넓히는 방식으로 이루어졌다. 그러나 이와는 별도로, '진보당 사건'을 통해서는 '진보'의 외연이 좁혀진 상태로, 그리하여 '진보'가 금구로 편입되는 과정을 통해 '기호의 외연 확장을 통한 내면화'의 과정이 진행되었다.

서론에서 소개한 두 가지의 인용문을 상기하면서 이 장을 마무리하려고 한다. 하나는 1960년대에는 '진보'가 전유 / 재전유의 쟁탈이 되었다는 사실 자체가 망각되었음을 알리는, 황병주의 논문이다. 그리고 또 하나는 '진보'가 대중들의 일반적 인식에서 금구로 확정되었다는 사실을 알리는 소설 「격랑」의 한 대목이다. 이 두 개의 사례들을 통해 '진보'라는 개념에 대한 공유기억이 형성되었으며, '자기검열'이라는 내면화의 가장 뚜렷한 징후가 나타났음을 확인할 수 있다.[36] 1960년대 이후에 작동되었다는 '반공주의 내면화'의 원리는 1950년대 '진보'를 둘러싼 쟁탈과 그 쟁탈에 대한 기억이 정립되는 과정에 이미 내재되었다는 것을 알 수 있는 대목이다.

5. 결론

지금까지 1950년대 '진보' 개념의 전유/재전유의 양상을 살피고, 그것이 당대 이승만 정권 하에서 이루어진 반공주의의 성립 과정과 어떤 관계를 맺고 있는지를 살폈다. '진보'라는 개념이 '보수'와 대립어 관계에 놓인 것은 근대 이후 일어난 일이며, 그 이전부터 '진보'는 근본적으로 두 개념을 아우를 수 있을만한 상대성을 갖추고 있다. 그리고 이러한 상대성은 이 개념을 둘러싼 각축에서 지속적으로 상기되었다.

'진보'라는 개념은 해방 이후 한국의 여러 층위의 장에서 일어난 담론투쟁에서, 전유/재전유의 대상이 되어 왔다. 이를 위한 각축은 다양한 국면에서 나타났는데, 그것은 무의식적인 차원에서 은밀하게 벌어지기 때문에 전략과 일관성을 결여하고 있었다. 그렇기 때문에 그 양상은 편린으로서만 드러나며, 객관적으로 실측되기도 어려운 면이 있다. 당대의 신문 기사들에 대한 계량적 접근이나, 소설의 대목들을 통해 그 부면이 드러나기는 하지만, 그러한 방법론과 자료가 갖고 있는 불충분성이 연구의 어려움을 생산한다.

'진보'라는 말은 해방을 전후하여 이미 사회주의자들에게 전유된 기

---

36 계량적 접근의 한계는 있으나, 이런 경향은 『경향신문』과 『동아일보』의 지면에서 발견되는 '진보'의 빈도를 통해서도 엿볼 수 있다. 두 신문에서 '진보'가 사용된 건수는 1956년 815건, 1957년 545건, 1958년 946건에서, 1959년 278건으로 줄어들고, 이 하락세는 1965년 99건이 되기까지 계속 이어진다.

호라는 인식이 팽배했던 것으로 보인다. 그런 과정에서 '사회주의자'들과 담론투쟁에서 대립각을 세웠던 이들, 가령 미군정이나 단독정부 수립의 주체, 그리고 문학 장 내에서는 사회주의 문학을 거부하고 순수문학을 내세웠던 문인들, 등은 이러한 '진보'라는 기호를 공격함으로써 '사회주의자'들에 대한 담론투쟁을 전개하였다. 그런데 이러한 흐름은 크게 두 가지 방향으로 진행되었다. 하나는 '진보'라는 개념이 근본적으로 갖고 있는 상대성을 상기시키면서, 그 개념이 어느 한 쪽에 전유될 수 없는 기호임을, 그리하여 오히려 사회주의자들을 공격할 수 있는 기호가 될 수 있음을 강조하여 이를 재전유하려는 시도였다. 또 하나는 '진보주의자'들의 부정적인 일면을 강조하여 '진보'라는 개념 자체가 부정성을 갖고 있음을 강조하려는 시도였다. 이 두 가지 시도는 사실 서로 양립할 수 없는 면을 갖고 있다. 그러나 기호의 전유와 재전유의 과정이 비단일적인 면을 갖고 있기 때문에 이러한 불규칙하고 모순적인 일이 벌어질 수 있다.

한국이 강력한 반공국가로 자리매김하는 결정적 계기였던 한국전쟁 직후에도 '진보'라는 개념이 금구가 되지 않은 것은 이 개념을 둘러싼 전유 / 재전유의 과정이 복잡다단했다는 것을 방증해준다. 진보당이 '진보'라는 기호를 자신들의 당명에 포함시킬 수 있었던 것도 이렇게 복잡한 맥락의 연장선에 있는 것이었다. 그러나 진보당과 그 총수 조봉암의 운명이 널리 알려진 바와 같이 비극적인 결말로 이어지면서, '진보'의 개념에 대한 재전유의 시도는 더 이상 이루어지지 않고, '진보'가 좌파의 전유기호였다는 공유기억만이 남게 되었다. 그런 과정에서 '진보'라는 개념이 전유 / 재전유의 쟁탈 대상이었다는 기억조차 망각된다.

'진보'라는 개념이 한국사회에서 설 자리를 잃어가는 과정은 이 기호의 외연과 내포의 범위가 축소/확장되는 질곡과도 닿아 있다. 그리고 관련 기호들의 외연이 변화하는 것이 반공주의의 내면화를 설명하는 하나의 원리라면, 그것이 현현되고 성립되어 온 하나의 예가 바로 '진보'라는 기호인 것이다.

한국 현대지성사에서 '한신韓神'이 가지는 의미

김건우

1. 들어가며

한신韓神 계열 인사들의 이념 지향을 단색으로 표현하기란 무척 어렵다. 이들의 이념은 일반적인 이데올로기의 키워드들, 예컨대 '민족'이나 '계급'과 같은 용어로 깔끔하게 정리되지 않는다. 1980년대 후반 이후의 문익환의 통일 운동이 반미 민족주의로 보일 수는 있다. 물론 문익환의 활동은 NL의 정서를 뒷받침하는 젖줄 가운데 하나이기도 했다. 실제로 KNCC(한국기독교교회협의회)의 학생조직인 KSCF(한국기독학생회총연맹)가 80년대 말 이후 NL노선에 동조하는 경향이 있었던 것도 사실이다. 그렇지만 1980년대 문익환이 감옥에 들어가 있을 때, 크리스찬아카데미의 강원용은 심지어 청와대에 드나들기도 했다.

'계급'이라는 키워드로도 설명하기 어려운 사정은 마찬가지이다. 1970년대 중반에 안병무, 서남동을 통해 등장한 이른바 '민중신학'은 한완상의 사회학에 지대한 영향을 주게 되는데(더 정확히 말하자면 한완상 자체가 한신의 자장 내부에 있었다. 본론에서 상세히 논증할 것이다), 민중신학의 '민중'은 물론이고 한완상의 '민중' 개념조차 프롤레타리아트로 환원되지 않는다.

한국 현대지성사에서 한신이 언제 시작되었는지, 그 외연을 어디까지 잡을 수 있을 것인지도 쉽지 않은 문제이다. 1940년 김재준이 한국신학대학의 전신인 조선신학교를 설립했을 때를 한신의 기점으로 삼는 것은 제도사의 시각에서는 가능할지 모르겠으나, 이미 1930년대 초중반부터 김재준은 한경직, 송창근 등과 함께 한신(아직 학교는 없었다)의 신학적 입장을 드러냄으로써 파문을 일으키고 있었다.

어디까지를 한신계열로 볼 수 있느냐의 문제도 마찬가지이다. 역시 제도적 시각으로 한정하자면, 한신대 신학 교수이던 김재준(학장), 문익환, 문동환, 안병무, 이우정 등으로 국한할 수 있을지 모르겠으나 강원용을 빼놓고는 이 그룹의 사회 활동이 설명되지 않는다. '김재준과 그의 한신대 제자들'이라는 다른 기준으로 접근하는 경우 범위가 좀 더 커지게 되는데, 이 경우 해방 후 한신대에서 신학 공부를 하면서 김재준을 사사했던 장준하도 포함될 수 있다(이런 까닭에 김재준은 『사상계』에 여러 편의 글을 실었다). 그렇지만 장준하를 한신계로 분류하기에는 상당히 까다로운 문제들이 있다. 또한 김재준의 한신대 제자가 아니라 만주 은진중학교 시절 제자였던 전택부 등은 어떻게 할 것이며, 나아가 김재준과 지역으로나 학교로나 관련이 없던 박형규 목사를 한신계에서 배제할 수 있을 것인지 등의 복잡한 문제가 있다.

이런 여러 가지 문제들을 고려하여 본 논문에서는 우선 한신의 범위를 다소 '느슨하게' 규정하고 논의를 시작하고자 한다. 본 연구에서는 '한신'이라는 용어의 의미를, 김재준의 활동(은진중학교 교목, 한신대 학장, 『기독교사상』 주도 등)과 직접적인 관련을 맺으면서 큰 영향을 받았던 인물들 일반을 지칭하는 것으로 사용하고자 한다. 더하여 '사상'의 연속성이라는 기준을 함께 적용함으로써 외연 규정의 애매함을 보완하고자 한다.

한신의 핵심인물들이 '월남 기독교인'의 범주에 포함되는 것은 분명한 사실이다. 흔히들 월남 기독교인들을 하나로 묶어 '친미, 반공, 보수'로 성격 규정하는 경향이 있지만, 이런 규정은 말 그대로 '대략적인 사고'일 뿐이다. 1885년 미국 장로교의 언더우드와 감리교 아펜젤러로 시작된 한국의 개신교 선교에 있어 '선교지역 분할협정'이 있었고, 평안도 황해도의 서북지역(관서지역)은 미국 북장로교가, 함경도와 간도의 관북지역은 캐나다장로회가 맡는 방식으로 선교지역을 분할하게 되었다.

월남 기독교인들의 중심 세력이 평안도, 황해도 지역(좁은 의미의 '서북')을 근거지로 하는, 평양신학교와 미국 북장로교 계열 교회들(후일 예수교장로회의 주요 기반이 된)인 것은 인정해야 한다. 그런데 이들 월남 보수 기독교 세력이 아직 북에 있던 시절, 이들에 대항하는 두 지점이 형성되어 있었다. 하나는 역시 평안도를 주요 배경으로 하고 있던 무교회주의자들로서 김교신과 함석헌 등의 『성서조선』 그룹이다. 이들이 일본 유학 시절 우치무라 간조로부터 결정적 영향을 받았음은 잘 알려져 있다.

다른 하나가 바로 함경도와 북간도를 배경으로 캐나다연합교회의 지원을 받아 형성되고 있던 한신 그룹이다.[1] '형성되고 있던'이라고 표현한 것은 일제시기 아직 이들이 하나의 집단적 역량을 발휘하고 있

---

1 한신이 미국교단이 아니라 상대적으로 보다 진보적인 캐나다교회의 재정지원 하에 있었다는 점은 특기할 만하다. 캐나다교회의 지원은 해방 후에도 지속되었다. 1950년대 초 한국 장로회 총회에서 김재준이 파직된 것에 격분한 캐나다연합교회는 새로 분립하게 된 기장에 대해 강력한 후원을 하게 된다.

지 못했기 때문으로, 만주 은진중학교 학생으로 김재준과 인연을 맺게 된(후일 한신의 핵심을 이루게 되는) 강원용, 문익환, 문동환, 안병무 등은 1930년대 말에도 아직 약관의 나이를 벗어나지 못하고 있었다. 또한 김교신과 함석헌이 1930년대 중반에 이미 『성서조선』을 통해 장로교회와 평양신학교 쪽의 확실한 '눈엣가시'가 되어 있었다면, 김재준은 이들과 동갑인 1901년생이었음에도 여전히 '제도권' 안에서 '작은 소란이나 피우는' 존재에 불과해 보였다. 이때까지 한신 그룹의 폭발력은 잠재태로만 존재했다.

1960년대와 1970년대에 걸친 한국 민주화운동사에서 한신의 인물들이 수행한 역할은 물론 엄청나다. 또한 한신의 대표자들이 한국 기독교 3대 교파의 하나인 기독교장로회(이하 기장)를 태동시키고 이끌어 왔음도 분명한 사실이다. 그렇지만 운동사적 시각에서 한신의 역할을 살피거나 교회사적 차원에서 한신을 정리하는 것은 이전에도 충분히 있어 왔다. 본 연구는 한신의 대표 인물들의 텍스트를 통해서, 해방 후 한국 지성의 역사에서 한신이 어떤 위치에 있고 어떤 의미를 가지고 있는가의 문제를 논할 것이다. 이것은 물론 지식사의 문제이다.

2. 또 하나의 '나라 만들기' 기획

한신이, 창간 초기부터 1960년대까지 지속적으로 『사상계』에 깊이 관여하고 있었다는 점은 이제 어느 정도 알려지게 되었다. 최근 이철호는 매우 흥미로운 논문 하나를 제출하였는데, 『사상계』의 전신인 『사상』과 초기 『사상계』에 김재준이 지대한 영향력을 행사하고 있었다는 것, 그리고 1955년 『사상계』 주간이 된 김성한이 이 문제를 깊이

의식하여 「제우스의 자살」, 「오분간」과 같은 소설들을 제출하였다는 것이다.[2] 이 논문은 특히 1950년대 『사상계』의 자유민주주의 구상에 김재준이 많은 영향을 주었다는 사실을 설득력 있는 근거들을 통해 논증하고 있다.

확실히 김재준은 「민주주의론」(『사상계』, 1953년 5월호) 등에서 "최상의 선은 반드시 「자유」를 포함한다"와 같은 언급들을 통해 자유민주주의에 대한 옹호 입장을 분명히 하는 것으로 보인다. 그런데 같은 글에서 김재준은, 자신이 말하는 자유주의가 경제적 자유주의를 의미하는 것은 아니며, "민주주의는 반드시 자본주의 경제정책을 전폭 지지해야 한다는 것은 아니다", "자본주의를 민주주의의 유일한 순수형태로 여기"는 것은 잘못이라고도 했다.[3] 본 연구가 입증하고자 하는 것들 중 하나는 정치적 입장에 있어 서북계 기독교 엘리트들 중에서 한신을 구분해내야 한다는 것이다. 평양신학교를 중심으로 하는 미국 북장로교 계열 서북 기독교인들과 한신은 확실히 구별된다. 앞으로 논하게 될 바, 한신의 이와 같은 성격이 1964~1965년 이후 많은 지식인들이 『사상계』에서 이탈할 때도 흔들리지 않고 반정부 입장에 서게 만들었던 근거가 된다.

1945년 8월, 해방이 되자마자 김재준은 선린형제단(김재준의 제자들을 중심으로 구성된) 집회에서 '기독교의 건국이념'이라는 제목의 강연을 한다. '국가구성의 최고 이성과 그 현실성'이라는 부제가 붙은 이 글은 여러모로 중요한데, 우선 해방기의 '나라 만들기'의 과제와 관련하여 한신의 초기 정치적인 구상이 자세하게 드러나 있다는 점에서 그러하

---

2 이철호, 「'사상계' 초기 서북계 기독교 엘리트의 자유민주주의 구상」, 『한국문학연구』 45집, 동국대 한국문학연구소, 2013.12.

3 김재준, 「민주주의론」, 『사상계』, 1953년 5월호, 30~32 · 37쪽.

다. 특히 이후 한신이 1960년대 중반 이후 반정부 진영의 선두에 설 수 밖에 없었던 많은 논리적 근거를 일찍부터 보여주고 있다는 점에서 상당한 의미가 있다. 상세히 분석해 볼 가치가 있다.

원고지 100매를 훌쩍 넘는 분량의 이 글은 세부적인 국토개발 계획을 포함하여 구체적인 국가 건설의 플랜을 보여주는 것으로, 일종의 정책제안서의 성격도 띠고 있다. 목차는 다음과 같다.

(도입부)

권위의 소재所在

국토경영

민정民政의 실제實際

(1) 교육정책 (2) 사회정책 (3) 국제정책 (4) 교회정책 (5) 재정책財政策 (6) 건군建軍 (7) 문화정책 (8) 실생활의 성격과 운동

(정신적 기반)

'전 인류를 대상으로 하는 하나님의 단일 왕국'이라는 매우 이상주의적이고 코스모폴리타니즘적인 전제에서 출발하는 이 글은 현실의 국가조직과 법체계 등을 부자연스러운 것으로, 인간의 죄로 인해 불가피하게 성립하는 일종의 필요악으로 보고 있다. "민주주의 국가 전체로서의 인민, 전 국민의 총의總意라는 그것도 마찬가지로 범죄자 되기 쉬운 것이니 즉 민의民意가 최고권위인 것같이 생각하는 폐단이 생기는 까닭이다."[4] 최종 권위는 하나님에게 있으며 현실의 국가는 설령 민주주의 국가라 하더라도 불완전하다는 생각은 기본적으로 현실의

4 김재준, 「기독교의 건국이념」, 『김재준전집』 1, 한신대 출판부, 1992, 161쪽.

어떤 정부형태도 끊임없는 개혁의 대상으로 만든다. 이러한 이상주의가 현실에서 실현될 수 없는 까닭에 현실적인 목표가 제시되는데, '조선'의 현실과 관련된 당면 목표는 다음과 같이 제시된다. 다소 길지만 충분히 인용될 필요가 있다.

> 우리는 우선 신앙과 예배의 자유, 사상 언론 집회 출판의 자유, 개인양심의 자유를 확보하는 정부만 수립하면 감사할 것이다. (…중략…) 아등我等은 당면한 문제로 소위 **공산주의 운동을 몹시 우려하는 경향이 있음을 잘 안다. 그러나 그것이 사회과학으로 경제기구의 실상을 검토하며 그 더 좋은 재건을 기획하는 점에 있어서 존경**할 것이며 그것이 사회과학적 입장에서 객관적 사실을 드러낸 것인 한 우리는 그것을 수락할 의무가 있다. (…중략…) 즉 **상술上述한 제 자유만 확보한다면 공산주의 기타 여하한 정부라도 조선의 현실에 비추어 우선 감사히 수락한다**는 말이다. (…중략…)
>
> 이기주의를 근거로 하고 자본을 만능의 무기로 하여 인격을 기계화, 노예화하여 불의의 책모와 약탈과 전쟁으로 시장을 독점하여서 각자의 탐욕을 채우려는 말하자면 기독교윤리와는 전연 배치되는 기구 내에서도 기독교회는 독자의 길을 찾아 왔거니와 하물며 **착취 당하는 대중의 생활향상과 인간적 존귀를 위하여 경제와 정치기구의 가장 과학적인 개혁을 행하려는 그들의 노력이 전연 비기독교적일 리가 없다**고 생각한다. (…중략…) 그러므로 **공산주의자들도 사회정의 수립을 위한 하나님의 종**임을 자각하고 모름지기 하나님 앞에서 겸손하며 하나님께서 특별은총의 기관으로 수립하신 교회를 중히 여겨 받들어 나가면 **자본주의 시대보다도 더욱 친밀하게 교회와 제휴할 수 있으며** 교회로부터 받는 조력도 더욱 클 것이오 하나님의 축복이 풍성할 것이다. 다만 모든 것을 민주주의적으로 결정할 것이라는 것만은 잊지 말기 바란다.(강조는 인용자)[5]

물론 이 시기는 해방기 북에서 기독교 우익과 공산주의 세력 간의 쟁투가 아직 시작되지 않았던 때이긴 하지만, 일제시기 이미 서북의 장로교인들이 철저한 반공주의의 입장에 있었던 점을 고려할 때 매우 색다른 관점이라 할 만하다. 교회를 존중하여 신앙과 사상, 집회의 자유를 보장하고 모든 문제에 민주적 절차만 확고히 지킨다면, 오히려 자본주의보다도 공산주의 사회가 더 신의 뜻에 가깝다는 것으로 요약된다. 김재준의 이 강연은, 해방 직후 서북의 청년 장준하가 김구와 이범석 휘하에서 활동하던 그때, 장준하와 비슷한 연배에다 같은 월남 기독교인에 속했던 강원용은 김규식과 여운형 진영에서 청년 조직활동을 벌이고 좌우합작위원회에서 활동했던 이유를 설명해 준다.

이 글에서 김재준은 국가체제의 기본 바탕을 언급한 뒤에, 매우 구체적인 정책 구상을 제시한다. '국토경영'에 있어서는 외국 자본의 침투를 방지해야 하며 외국인의 토지소유는 불허해야 한다는 점을 강조하였으며, '민정의 실제'에 있어서는 무엇보다 교육정책을 가장 우선시했다. 소학 6년과 중학 4년의 도합 10년의 의무교육을 실시할 것을 주장했으며, 교육철학과 관련하여 국가주의에 대한 명확한 거부 의사를 밝혔다.

> 근래 범신론에 기(其)한 국가지상주의로 인하여 교육이라면 '국민'을 빚어내는 공장으로 생각하는 것이 보통이나 이것은 하나님의 전반적 통치를 무시하며 인간의 세계적 사명을 매장하는 누견陋見이다. (…중략…) 교육도 마찬가지로 우선 바른 인간이 되고 (그 다음) 마음 바른 국민이 되게 하는 것이 정로正路임을 확신하는 바이다.[6]

---

5 위의 글, 163~164쪽.

6 위의 글, 168쪽.

'국민 이전에 인간이 되는' 교육이어야 한다는 말인데, 장준하가 해방기 '민족지상 국가지상'을 최고 이념으로 하는 이범석의 민족청년단에서 중앙훈련소 학생과장으로 복무했던[7] 사실과 비교했을 때, 한신이 초기부터 반국가주의를 천명했음은 눈여겨 둘 만한 대목이다.

'사회정책'으로는 소련의 공산주의와 미국의 뉴딜 정책 등을 참고하여 조선의 실정에 맞게 적용할 것을 주문했으며, '국제정책'으로는 조선의 입지가 중립국의 위치에 있어야 함을 주장했다. 특히 일본과의 관계에서는 양국 간 힘의 균형에 있어 조선이 압도적 우세를 확립한 연후에 국교를 정상화할 것을 강조했다. 20년 후 한일회담 반대 운동의 주요 축을 한신이 담당했음을 상기할 때 의미심장한 부분이라 할 수 있다. 또한 '재정책'으로는 교통 통신의 국영화, 누진세 부과, 상속세 강화, 대재벌 세습 방지, 노동자와 농민의 생활 교육 의료의 절대보장 등 사민주의로 분류될 수 있는 정책을 제시했다. '문화정책'은 세계주의적 입장에 있는 것으로 보인다. '조선적인 것'을 근간으로 삼는다는 생각은 잘못된 것이며, 문화와 생활 전반에서 "우선 세계적인 것에 착목着目하여 그것을 체體로 하고 거기에 동양적인 것을 가미하여 조선적인 것으로 그 채필採筆의 마감 맺음을" 할 것을 주장했다. 또한 기본적으로 물질에 대한 정신의 우위를 강조하고 서구의 정신문명을 배울 것을 주문했다.

한국전쟁을 거치면서 김재준의 생각이 다소 '오른쪽으로' 이동한 면이 있는 것은 사실이나, 기본적으로 이 글에서 천명된 주요 원리의 근간이 크게 바뀌었다고 보기는 어렵다. 1950년대 『사상계』 등의 자유민주주의론에 큰 테두리에서 동조하면서도, 한편으로는 후일 이념적

---

7 이에 대해서는 후지이 다케시, 『파시즘과 제3세계주의 사이에서』, 역사비평사, 2012의 2부를 참고할 수 있다.

진보성이 야기할 긴장과 갈등의 소지를 일찍부터 내포하고 있었다고 보아야 한다.

「기독교의 건국이념」에서 나타난 정치노선과 생각들은 어디로부터 비롯된 것인지가 궁금하지 않을 수 없는데, 이 문제에 대해서는 5절에서 다시 언급하기로 하고 이후 논의를 위해서 한신의 인물들이 처음 인맥을 형성하던 정황만 잠깐 일별하기로 한다.

한신의 중심인 김재준은 함경북도 경흥 아오지에서 태어나 유년기에는 한문 교육을 받았으며 나이 스물에 송창근의 인도로 기독교에 입문했다. 20대 초반에 서적을 통해 접한 성 프란치스코와 무소유주의자 가가와 도요히코賀川豊彦로부터 평생을 일관하는 강력한 정신적 영향을 받은 것으로 알려져 있다. 동경 아오야마青山학원 신학부에서 공부했으며 신정통주의신학자 칼 바르트K. Barth로 졸업논문을 썼다. 20대 후반에 미국 프린스턴신학교에서 공부하고 웨스턴신학교에서 석사학위를 받게 되는데, 이때 공부한 신학사상이 1930년대 보수적인 평양신학교와 서북 장로교회로부터 비판을 받게 되고, 후일 소위 이단 시비로 1953년 기장의 분립을 결과하게 된다.[8]

김재준이 일제시기 북간도 용정 은진중학교 교목으로 근무하던 1936년에서 1939년 사이의 기간은 상당히 중요한 의미를 갖는데, 이 시기에 한신의 인물 기반이 형성되기 때문이다. 함경도와 간도를 선교지로 하는 캐나다장로회 계열의 은진중학교에 부임한 1936년 여름, 강원용은 학생회장이었고 안병무도 2학년에 재학하고 있었다. 문익환은 윤동주와 함께 학교를 떠난 직후였지만 방학 때마다 용정에 있었고, 동생 문동환도 아직 은진중학교에 있었던 인연으로 이후 김재준

---

8 장공자서전출판위원회, 『범용기』, 풀빛, 1983 참고.

의 집에서 살면서 조선신학교에 편입하여 정식 제자가 된다.

강원용은 김재준의 강권과 은진중학의 캐나다인 교장의 지원으로 1939년에 일본 메이지학원으로 유학을 가게 되는데, 이 시기에, 노동조합과 농민조합을 일본에 도입하고 빈민 운동을 하던 기독교인 가가와 도요히코를 직접 만나기도 한 것으로 전해진다.[9] 일본에서 돌아와 문익환의 부친 문재린이 목사로 있던 용정 중앙교회의 전도사로 일하다가 해방과 함께 월남했다. 은진중학교 시절 김재준의 가장 눈에 띄던 두 제자 강원용과 문익환에 대해서는 별도로 살필 필요가 있다. 다음 절에서 논하기로 한다.

3. 제3세계 탈식민주의가 결과한 것들

강원용이 운영하던 수유리 아카데미하우스가 1970년대 정권의 탄압으로부터 민주진영 인사들의 피신처가 되었음은 잘 알려져 있다. 한국 현대지성사에서 한신의 위치를 이야기하기 위해서는 한신이 가지고 있던 '조직'으로서의 영향력 문제를 피해 가기 어려운데, 강원용의 크리스찬아카데미가 그 영향력의 핵심을 이루고 있다.

해방 직후 김재준이 서울에 설립한 경동교회는 지식인과 학생들을 대상으로 하는 일종의 특수 교회였는데, 월남한 강원용이 중심이 되어 조직된 청년학생단체 '선린형제단'(훗날 '선린회'로 명칭 변경. 2절에서 분석한 글 「기독교의 건국이념」은 선린형제단 집회에서 발표된 것이다)이 교회의

9 강원용, 『역사의 언덕에서』 1, 한길사, 2003, 112~123쪽. 1954년 WCC 2차 총회에서 가가와를 마지막으로 보았다고 한다.

중추가 되었다. 서른이 채 못 되어 경동교회의 초대 장로진 가운데 한 사람으로 피선된 강원용은 이 시기 김규식의 휘하에서 정치활동을 하고 있었고(강원용의 장로 장립식의 축사도 김규식이 했다), 좌우합작운동의 결렬 이후 정치활동을 접은 강원용은 김재준의 추천으로 캐나다연합선교회의 지원을 받아(이때 이우정도 함께 선발되었다) 신학 공부를 하기 위해 캐나다로 유학을 떠난다.[10]

강원용이 WCC(세계교회협의회)와 인연을 맺게 된 것은 캐나다에서 뉴욕 유니언신학교로 옮겨갈 무렵인 1954년, 미국 애번스턴에서 열린 WCC 2차 총회에 참가하게 되면서부터이다. 에큐메니컬 운동의 중심인 WCC가 1960년대 이후 한국 기독교의 사회변혁 운동에 영향을 끼치게 되는 맥락은 짚어둘 필요가 있다.

강원용이 WCC '교회와 사회 위원회' 위원으로 선임된 1961년 WCC 인도 뉴델리 제3차 총회는 한신의 지식운동사에서 대단히 중요한 의미를 가진다. 1955년 반둥회의 이후 제3세계 국가들에 일어난 탈식민 운동이 WCC에도 본격 상륙했기 때문이다. 처음으로 아시아에서 열린 이 대회에는 아시아 아프리카의 신생 독립국 교회 지도자들이 대거 참여하게 되는데, 세계교회의 흐름에 민감하고자 했던 강원용 등 한신과 기장의 인사들이 한국 교회의 방향을 설정함에 있어 이 대회의 영향을 받게 된 것이다.

기독청년학생운동에 특별히 관심이 있었던 강원용은, WCC 3차 총회가 있었던 1961년 인도에서 열린 WSCF(세계기독학생연맹, WCC의 학생조직) 회의에서 주제강연을 통해 혁명에 대한 기독교인의 자세에 대해 이야기한다. "혁명을 악의 표현으로 비난하는 것"이야말로 가장 옳지

---

10 1958년 김재준이 캐나다로 떠날 때, 유학에서 돌아온 강원용이 김재준의 뒤를 이어 경동교회 담임 목사로 취임하였다.

않은 자세이며 "(성서의) 예언자들의 세상에 대한 태도는 오늘날 혁명가들이 원하는 것과 다를 것이 없"다고 했다. 따라서, 오늘날 "세상에서 가장 거대한 혁명적 세력이 되어야 할 교회는 율법의 노예가 되어 반동세력의 요새가 되고 있는" 현실에서 벗어나 이제 "기독교인의 사랑은 보다 큰 정의를 실현할 사회구조 자체의 개혁을 통해 구현되어야 한다"고 했다.[11]

1967년 호주에서 열린 WCC와 EACC(동아시아기독교협의회) 공동 회의에서 강원용이 했던 주제강연 「평신도 훈련에 대한 비판적 고찰」도 주목할 만한 몇 가지 점들을 담고 있다. 그는 평신도 훈련은 교회 갱신과 구분될 수 없으며, 교회 갱신의 방향은 "기독교의 서구적 영향으로부터 탈피"하고 "우리의 사회적 계급, 중산층 멘털리티를 벗어나" "민중과 대화"하는 것이어야 한다고 했다. "우리의 사회 참여라는 것은 (…중략…) 이런 식의 계급적 발상을 깨뜨리고 이들 가난하고 발언권 없는 대중과 함께 하는 것이다." "우리의 힘은 교회나 교인들로부터 나오는 것이 아니다." "우리는 힘과 용기의 원천을 교회 밖에서, 저 도시의 가난하고 실직한, 또는 공장노동자들 속에서 발견한다. (…중략…) 우리 자신들의 삶의 현장에서의 행동은 약자와 압박당하는 자들과 함께 하는, 그들을 위한 행동이다. 그것은 정치적 불의의 시정과, 노동조합을 강화하는 행동이다." "장기적으로, 또 깊이 침투해 들어가기 위해서는 목사나 평신도들이 팀을 짤 필요가 있다. 노동자, 농민 또 빈민가 주민들을 위해서 팀워크를 해야 한다."[12]

위의 글들을 근거로 몇 가지 점을 정리하고 가야 한다. 우선, 1960년

---

11 강원용, 「아시아의 혁명과 크리스찬의 응답」, 『강원용전집』 2, 동서문학사, 1995, 90~98쪽.

12 강원용, 「평신도 훈련에 대한 비판적 고찰」, 위의 책, 82~86쪽.

대 제3세계 반제 민족주의운동의 영향이 WCC를 통해 한신의 사유에 깊이 작용하고 있다는 사실이다. 일찍이 김재준에게서 보였던 세계주의 지향은 한신으로 하여금 세계교회의 흐름에 민감하게 반응하게 했고 1960년대 제3세계의 진보적 탈식민운동의 한 흐름에 참여하도록 했다는 점이다.

다음으로 지적할 것은, 주지하듯이 '참여'라는 용어가 1960년대 문학뿐 아니라 지식인, 시민사회 일반에서 광범위하게 사용되었던 바, 흔히들 60년대 참여론은 추상성을 면하기 어려웠으며 70년대에 들어 민족, 민중론으로 발전, 구체화되었다고 하는 견해에 수정이 요구된다는 사실이다. 문학사의 영역에서는 가능한 이야기일지 모르나 지식사의 차원에서는 사정이 다르다. '대중'과 '민중'이 혼용되고는 있으나 '참여'의 내용은 명확히 '민중' 지향성을 띠고 있었다.

한 가지 더 언급할 점은, 1970년 전태일 분신 이전에 '민중운동'의 구체적인 플랜이 제시되고 있었다는 사실이다. '노조 강화', '노동자, 농민, 도시빈민 사회 침투' 등이 계획되는 바 전방위적 실행은 좀 더 기다려야 했지만 방향 설정은 이미 이루어지고 있었다는 점이다.

1970년대에 들어 강원용은 자신의 플랜을 '중간집단 교육'을 통해 실행하였다. 크리스찬아카데미에서 1974년에 시작한 '중간집단 교육'은 '힘없는 자에게 힘을 부여하고 억압자에게 압력을 가하는 압력집단을 만들어 가기 위한 교육'으로 성격 규정할 수 있는데,[13] 일종의 '활동가 양성' 교육이라고 할 수 있었다.

독일 크리스찬아카데미의 배경과 지원 하에 설립된 한국 크리스찬아카데미는 독일과는 그 활동방향이 비슷하면서도 달랐다. 크리스찬

13 여해에큐메니컬포럼 편, 『VOICES』, 대한기독교서회, 2013, 110쪽.

아카데미 활동은 크게 '대화 문화운동'과 '중간집단 교육'으로 구분할 수 있었는데, '대화 운동'은 계간지 『대화』를 발간하면서 지식인 중심의 '대화 모임'을 이끌어 나갔다(1965년 김승옥이 대학 졸업 후 크리스찬 아카데미에서 근무하면서 『대화』 1, 2호를 편집한 바 있다).

1974년에 시작하여 1979년 '크리스찬아카데미 반공법 사건'으로 정리되기까지 약 5년에 걸쳐 진행되었던 '중간집단 교육'은 노동자, 농민, 여성, 학생, 종교의 5개 분과로 운영되었다. 가장 주력한 영역은 노동자분과의 노조 강화 교육으로 교육담당자로 김세균, 신인령 등이, 교육참여자로 김근태, 천영세, 박노해 등이 있었으며, 농민분과 교육담당자로 이우재 등이(불교승려 법륜도 초기 농민 분과의 교육생으로 참여하여 강원용의 제자가 된다), 여성분과의 경우 한명숙, 윤후정 등이 교육담당자로 활동했는데, 한명숙, 김세균, 신인령, 이우재 등은 이후 크리스찬아카데미 간사로 활동하던 중 반공법 위반으로 구속되기도 했다.[14]

정권은 강원용에 대해서는 직접 건드리지 못했는데 그의 뒤에 WCC가 있었기 때문이다. 강원용은 국내외의 유명 인사들과 교분이 두터웠으며 정치계, 언론방송계, 학계에 두루 넓은 인맥을 가지고 있었다. 아카데미하우스가 재야인사들의 피신처가 될 수 있었던 것도 이 때문이었다.

강원용이 소위 '사회지도층'의 '마당발'이었다면, 한신의 인물들 중 대중에 가장 널리 알려진 인물은 문익환이라고 할 수 있다. 그는 대중에게 비교적 친근한 이미지를 주고 있었고, 문학적 감수성에다(이 때문에 친구 윤동주에게 콤플렉스를 가지고 있었고 끝내는 시집을 냈다. 시적 완성도를 떠나 그의 시집은 꽤 읽히기도 했다) 심지어 예인으로서의 풍모도 풍기고

---

14 강원용, 『역사의 언덕에서』 3, 한길사, 2003, 383~392쪽.

있었다. 잠시 문익환을 검토해 보기로 하자.

문익환의 통일론이 1980년대 말 이후 NL에 견인된 측면이 있다는 것을 부정하기는 힘들다. 그렇지만 그것은 후일의 일이고 그 전의 문익환은 '순수한' 운동가이자 무엇보다도 학자였다. 문익환이 한국 최고의 구약신학자였다는 사실은 그리 알려져 있지 않다. 그는 60년대 후반 신구교 성서 공동번역 프로젝트가 시작될 때 구약 파트의 최고책임자였다. 특히 그는 구약의 예언자 전승 연구의 최고 권위자였다.

문익환이 구약학을 전공하게 된 계기는 다음과 같다. 한신과 캐나다연합교회의 인연은 앞서 서술한 대로 만주 용정에서부터 시작되었다고 할 수 있는데, 장차 한국의 교회 지도자를 양성하고자 했던 캐나다선교부가 첫 해외유학 지원대상으로 선택한 이가 문익환의 부친 문재린 목사였다. 문익환에게 많은 영향을 준 부친 문재린은 김규식의 도움으로 북경 유학을 하고 『독립신문』 기자 활동을 한 바 있으며 이후 평양신학교를 통해 목회자의 길을 걷게 된 인물로, 문익환의 스승 김재준과는 은진중학교에서 함께 교편을 잡은 가까운 사이였다.[15] 문익환은 부친과 막역한, 흠모하는 스승 김재준이 조직신학자이자 구약학자였던 까닭에 자신도 그 길을 따라가고자 했던 것이다.

1950년대까지만 하더라도 구약의 예언서에 대한 해석글 정도를 『기독교사상』 등에 투고하던 문익환이 1960년대에 들어 기독교의 토착화에 대한 자신의 생각을 내놓게 되는데, 『사상계』 1964년 7월호에 기고한 「한국인의 '소슬한 종교'—기독교 토착화의 새로운 제창」이다. 한신이 『사상계』 인맥의 주요 축이었던 까닭에 김재준은 『사상계』 초기부터 수많은 글을 기고했고 강원용 전경연 박봉랑 등도 몇 차례씩

15 김형수, 『문익환 평전』, 실천문학사, 2004 참고.

글을 실었지만, 유독 문익환은 이 글 이전에는 1956년 7월호에 단 한 번 그것도 「히브리의 세계관」이라는 학술적인 해설을 실었을 뿐이었고 이후에도 대담에 한 번 정도 나갔을 뿐이었다. 말하자면 문익환은 1960년대까지도 학문적인 글들 외에 시사적인 입장 표명이나 '제창提唱'과 같은 이야기를 웬만하면 하지 않았던 터라 이 글은 특별히 주목을 요한다.

이 글에서 문익환은, 먼저 히브리와 그리스의 기질을 받아 태동하고 자란 기독교가 오늘날의 세계교회의 형식이자 내용이 되었다고 이야기한다. 우리 문화가 이와 같을 수 없으므로 한국 기독교의 토착화 운동이 필요하다고 이야기하면서, 그 또 하나의 근거로 제3세계 민족주의의 탈식민운동의 흐름을 들었다. 1950년대 중반 이후 이 흐름이 요원과 같이 일어나는 동안 한국은 공산주의와 대결하느라 정신이 없었으며, 기독교의 토착화 논의에도 최근에야 뒤늦게 뛰어들었다는 것이다. 이 글을 쓰던 당시 문익환은 새롭게 성서번역을 시작해야 할 입장에 있었고 '번역'이 가진 문화 간 문제를 상당히 고민하고 있었다. "성서 번역이야말로 기독교 토착화의 첫걸음"인 까닭에 번역 작업에는 어떤 사명감이 필요했다. "다만 기독교가 선교사들이 갖다 입혀 준 구제복이 아닌, 참 우리의 생리가 되어주기를 바랄 뿐이다"라고 글의 끝을 맺었다.[16]

이 글은 제3세계의 신민족주의의 흐름을 문익환이 그간 예민하게 주시하고 있었음을 보여준다. 강원용을 통해 한국 기독교계에 보고되고 있던 WCC의 움직임이 그 통로가 되었을 것이다. 후일 문익환이 통일에 있어 외세를 배제하고 '자주'를 강조할 때 밑바탕이 된 생각이 이

---

16 『사상계』, 1964년 7월호, 192~199쪽.

즈음부터 시작되고 있다고 봐야 할 듯하다. 그렇지만 이런 생각이 쉽사리 생각하듯이 '민족해방' 노선으로 환원되는 것은 아니다. 문익환의 통일 개념에는 남북의 통일뿐 아니라 지배와 피지배의 분열의 청산이라는 의미도 포함되어 있었다. 지배와 피지배의 청산, 이제 '민중'을 이야기해 보자.

4. 민중신학과 민중사회학

한신의 인물들은 대개 민중신학적 지향을 가지고 있었다. 그렇지만 세계 신학계에 알려진 '학문'으로서의 민중신학은 안병무가 수립한 것이다.[17] 안병무는 민중신학이 자기 삶의 주제가 된 계기를, 많은 사람들이 그러하듯 1970년 전태일 분신사건에 두었다. 전태일로 인하여 살아있는 민중을 보게 되었고, 이 민중 '사건' 안에 그리스도가 현존한다는 사실을 깨달았다는 것이다.[18] 안병무의 신학에서는 전태일을 통한 민중 사건의 체험이 일종의 '종교적 체험'이 되는데, 80년대 중후반 소위 '과학적' 사회주의의 시각에서 '비과학'으로 비판되던 70년대의 민중론은 한신에서 이렇게 '종교적 체험'론과 결부되어 있었다. 민중신학의 '민중'이 '체험', '사건'과 결부되는 한 사회학적 계급론으로 환원될 수 없는 것은 당연했고 이에 따라 안병무의 민중신학은 서구 신

---

17 민중신학의 태동에 남미 가톨릭의 해방신학이 영향을 주었다는 견해는 부분적으로만 수긍할 수 있다. G. 구티에레즈의 『해방신학』은 1971년에 출간된 것으로 안병무와 서남동의 민중신학 논문들에 불과 3~4년 앞선 것이다. 이것도 '학문'의 차원에 국한된 이야기이다.

18 안병무, 「삶에서 형성된 학문과정」, 『철학과 현실』 무크3호, 철학과현실사, 1989, 235~238쪽.

학계에 'MinJung Theology'로 소개되었다.

한완상이 사회를 본[19] 『기독교사상』 1977년 9월호의 좌담 「선교 백주년을 향한 한국교회」에서 안병무는, 원래 민중적 종교로 들어왔던 기독교가 미국 선교사들과 교회의 잘못된 대처로 인해 "공산당에 민중을 빼앗겼다"는 주장을 한다. 그는 '최근'에 와서 한국교회가 민중을 다시 찾아 올 기회를 맞이한 바, "앞으로는 그리스도와 더불어 이 민족과 민중을 위해서 고난을 당할 수 있도록 하는 신학적 자세"가 필요하다고 했다.[20]

한완상의 민중사회학이 등장한 것은 이러한 배경에서였다. 사회학자 한완상이 아닌 종교인 한완상에 주목하는 이들은 많지 않지만, 한완상이 『민중과 지식인』을 집필하던 시기, 그가 『기독교사상』의 편집고문으로서 가장 핵심적인 역할을 담당했다는 사실을 지적해 두어야겠다. 『기독교사상』은 한신의 지식사적 위치를 구명하기 위해서 반드시 참고해야 할 자료인데, 1957년 8월에 한신과 감신(감리교 신학대), 연신(연세대 신학원)이 연합하여 초교파 기독교잡지로 창간된 이 매체는 사실상 한신이 주도적으로 이끈 잡지였다. 한완상은 1970년대 후반 『기독교사상』의 편집위원으로서, 민중사회학을 정초하던 1977~1978년경 『기독교사상』 거의 매호의 권두언을 실명으로 집필했다.

1977년 11월호와 12월호의 권두언 「땀흘린 대가를 지불하라」, 「벌거벗은 예수를 맞이하자」에서 한완상은, "예수는 저 낮은 곳에 파묻혀 소외된 민중들과 어울리셨던 세속의 주님"인 까닭에 "교회가 정당한 대우를 받지 못하고 있는 근로자를 위해 기쁜 소식을 전하지 못한다면 예수의 마음을 품는 자가 아닐 것"이라고 했다. 한완상이 쓴 『기독교사상』의 권두언들을 보면, 그의 민중사회학이 매우 윤리적이고 종교

---

19 한완상은 논의 전반을 주도적으로 이끌어 가면서 교회사에 대한 깊은 이해를 보여준다.

20 『기독교사상』, 1977년 9월호, 100 · 110쪽.

적인 토대 위에 정초해 있음을 알 수 있다.

『민중과 지식인』이 출간되던 1978년 6월, 한완상은 『기독교사상』의 권두언을 통해 당시 기장 중심의 '산업선교'에 대한 용공 시비에 매우 공격적인 대응을 한다. 그는 우선 선교에 대한 개념 정의를 한다. "선교는 하나님의 자유, 하나님의 정의, 하나님의 평화가 강물처럼 흐르는 하나님의 나라를 이 땅에 건설하는 행동이다."[21] 이어서 용공론에 반격한다. 구약성서의 예언자 전통을 언급하면서 "예언자의 빛나는 전통은 예수에 이르러 절정을 이룬다." "이것은 맑스-레닌주의가 나오기 2000년 훨씬 전부터 있어온 유대교와 기독교의 전통"이며, "이 같은 기독교 본래의 전통에 입각한 선교활동을 용공으로 몰아치는 것은 결국 하나님 나라를 파괴하는 행위"라고 했다.[22]

용공 시비에 대한 한완상의 반박 논리는 한마디로 "기독교가 공산주의보다 훨씬 전에 존재했다"는 것이다. 이런 논리가 과연 정당한 것인가의 문제를 떠나, 한완상의 민중사회학이 정초되는 배경에 한신의 민중신학과 '하나님의 선교'론이 있었음을 재차 지적해 두면서 이제 한완상의 민중사회학을 살펴보기로 하자. 유명한 책 『민중과 지식인』은 논문과 조각글들을 모아놓은 책인 만큼, 민중사회학의 본색을 요약적으로 살피는 데는 그리 적절한 텍스트라 하기 힘들다. 『민중과 지식인』의 출간 직후 『문학과 지성』 1978년 가을호에 기고한 「민중사

---

21 한완상의 이런 주장은 당시 진보 신학계의 '하나님의 선교' 개념에서 온 것이다. 1970년대 초반 『기독교사상』을 통해 '하나님의 선교' 개념이 소개되는데, 일반적으로 선교의 대상이 비신자로 이해되는 데 반해 '하나님의 선교' 개념에서 선교의 대상은 신자와 비신자를 구분하지 않는 '세상' 자체가 된다. 선교란 '예수 믿고 천당'을 전파하는 게 아니라 "예수와 함께 가난한 자, 눌린 자, 병든 자, 옥에 갇힌 자와 함께 있고 그들 중의 하나가 되고 그들과 함께 죽고 부활하는 삶"을 사는 것이다(박형규, 「소외된 대중과 교회의 선교」, 『기독교사상』, 1973년 7월호, 33쪽).

22 『기독교사상』, 1978년 6월호, 18~20쪽.

회학 서설」을 통해 논의를 해 나가기로 한다.

한완상의 '민중'이 '억압과 지배에 놓인 자'라는 모호한 외연을 가지고 있음은 글의 여러 군데에서 입증된다. 프랑스 절대왕정 하에서는 "부르주아 민중"이 있었고 제국주의 시대에 식민 치하에 있던 국가들은 그 자체로 "민중의 국가"이다. "현대의 지배 집단이 사람을 부리고 조종하고 동원하고 억압하는 통치 수단을 장악한 집단으로 규정될 때 민중은 이러한 지배 집단에 의해 조종 당하고 동원되고 부려지고 눌리게 되는 피지배자이다."[23] 이러한 언술들에서 한완상의 '민중'이 그 자체로 규정할 수 있는 사회학적 개념이 아니라 지배 집단에 대한 규정 하에 종속되는, 다시 말해서 지배-피지배라는 관계성 속에서 개념화될 수 있는 용어라는 점을 알 수 있다.

한완상은 이 글에서 민중을 '즉자적 민중'('잠자는 민중')과 '대자적 민중'('잠에서 깨어난 민중')으로 구분하고, 다시 '대자적 민중'을 '자의식의 민중'(자기의 조건을 사회 구조적으로 사유할 수 있는 민중), '비판적 민중'(지배 집단의 허위를 꿰뚫어 보고 폭로할 수 있는 민중), '행동하는 민중'(기존의 질서를 바꾸기 위해 행동하는 민중)으로 단계화하였다. '즉자적 민중'으로부터 출발하여 대자적 민중의 세 번째 단계인 '행동하는 민중'까지 이르는 과정은 진화하고 발전하는 단계에 놓이는 것이라고 할 수 있는데, 특이한 것은 마지막 단계인 '행동하는 민중'을 행위자의 '자세'에 따라 다시 둘로 구분한다는 점이다. 이 부분은 직접 인용될 필요가 있다.

> 하나는 운동이 성공할 것으로 믿는 때만 행동하는 민중이다. 이 민중은 **전략적인 차원에서 사물을 평가하고 행동하는 수단적 민중**이다. (…중략…)

23 한완상, 「민중사회학 서설」, 『문학과 지성』, 1978 가을, 870~871·879쪽.

> 다른 하나는 희생을 각오하고 행동하는 민중이다. (…중략…) 그 운동이 옳다고 믿기 때문에 전략적으로 불리하다고 생각되더라도 이들은 행동한다. 이렇게 행동하는 사람은 일종의 **신앙적 민중이다. 이들은 종교적 신앙과 확신을 가지고 순교하는 마음으로 지배 질서에 도전한다.** (…중략…) 이렇게 볼 때 **가장 성숙하고 바람직한 대자적 민중은 종교적 확신에 기초하여 용기 있게 자기를 비울 수 있는 행동인**이다.[24]

객관적 상황과 무관하게 종교적 신앙을 가지고 순교하는 마음으로 기존 질서에 항거하는 삶을 살 수 있겠으나, 이런 종교윤리적 자세가 사회학적 집단 개념에 포섭된다는 것은 다소 의아하다. 한완상의 사회학이 신학의 영역으로 견인되는 것은 다음 진술에서 노골화된다.

> (아편의 종교와 누룩의 종교를 구분한 후—인용자) 기독교에는 예언자의 전통과 제사장의 전통이 있는데 이 중에 예언자의 전통은 바로 이 '누룩'의 전통이다. (…중략…) **예수도 바로 이 예언자의 전통 위에 굳건히 서서 민중의 하나로 민중과 더불어 민중의 구원과 해방을 위해 살다**가 (…중략…) 지배 구조에 의해 학살되고 말았다. 예수는 종교적 신념에 따라 행동한 대자적 민중의 본보기 (…중략…) **고난과 죽음을 종교적 축복으로 믿는 신념의 대자적 민중은 가장 성숙한 민중이 된다. 이러한 민중은 새 역사와 새 구조를 엮는 주역을 담당**하게 된다.[25]

한완상 사회학에서 지배—피지배는 선—악이라는 윤리적 이분법 하에 놓이는 것은 물론이고, '신의 구원사의 전개에 대적하는 자'와 '신

---

24 위의 글, 882~883쪽.
25 위의 글, 883~884쪽.

의 뜻을 이 땅에 이루려는 자'의 대결 관계로 의미화된다. 한완상은 구약성서의 예언자 전통의 연장에서 신약의 예수를 해석하고, 다시 이것을 사회집단론에, 다음으로 사회변혁론에 결부시켰다. 그렇다면 역사의 완성은 무엇을 의미하는가. "새 역사와 새 구조가 엮어져 민중이 진실로 주인이 될 때", 그래서 "민중이나 지배자가 없"이 "모두가 형제자매"가 된 "사랑의 세계"가 역사의 완성태이다. 일종의 종교적 이상주의, 신적 종말론의 영역으로 들어가 있음을 알 수 있다.

그런데 역사의 완성을 이루어 갈 주체가 민중이라면, 어떻게 즉자적 민중이 대자적 민중의 마지막 단계까지 진화할 수 있을 것인가의 문제가 따르게 되는데, 여기에서 '지식인'이 역할을 하게 된다. 민중을 의식화하는 지식인이란 성서신학의 '예언자'(신의 뜻을 전하는 자)에 대응한다.

그렇다면 지식인의 존재 조건은 무엇인가. 지식인은 민중인가 아닌가. 신이 이 땅에 내려와 '인간이 된 존재'가 예수이고, 그 예수가 예언자 전통의 절정에서 '민중의 하나'가 되었다면, 이 논리 전개에서 지식인이라고 민중이 될 수 없을 리는 만무하다. "누가 의식화를 추진하는데 중추적 역할을 담당하는가? 한마디로 지식인이라는 민중이다. 지식인은 그 자신이 의식화된 민중"이다.[26] 한완상에게는 민중이 그러하듯이, 지식인도 사회집단이나 계급의 범주로 환원되지 않는다. 지식인에게 있어서도 '자세'가 중요한 만큼, 따라서 '모든' 지식인이 민중이 될 수는 없다. 중요한 것은 '편'인데, 지식인이 민중의 편에 서게 되면 민중이 되는 것이고 지배집단의 편에 서게 되면 "지배집단의 귀여움과 관심을 얻으려는" '개'가 되는 것이다. 한완상은 지배집단의 '개'

---

26 위의 글, 886쪽.

가 된 사이비 지식인을 '지식인'과 구별하여 '지식기사技士'라 칭하면서, 과감하게도 실증주의 사회학, 정치학, 행정학, 경제학, 심리학, 미래학 일반을 이 범주에 포함시켰다.

요컨대 한완상의 민중사회학에서는 확고한 선-악의 양 진영만이 있으며 어느 누구도 이 그물에서 빠져나갈 수 없다. 한완상의 이 글이 어떤 계기로 『문학과 지성』에 실리게 된 것인지는 알 수 없으나, 『문학과 지성』의 편집자를 불편하게 했던 것은 분명해 보인다. 이 호의 편집자 서문에서 "본지에 수록된 글이 모두 본지의 동의를 받는 것은 물론 아니"며, "한완상씨의 「민중사회학서설」은 인간을 지배자와 피지배자로 거리낌없이 양분하고 그 각각이 악과 선을 표현한다는 식의 주장을 하"고 있는 바, "지나치게 단순하고 도식적이라는 우리의 회의를 피할 수 없다"[27]라고 특별히 언급된 것이다.[28] 이런 반응은 오히려 상식적이라 할 만한데, '너는 누구의 편인가'라고 묻는 방식은 종교적 문납 구조였던 까닭이다.

5. 남은 문제들-한신 노선의 기원

한신의 신학노선과 정치노선의 기원을 구명하는 문제가 남아 있다. 신학노선의 기원에 대해서는 비교적 자료가 많은 편이다. 그들의 배경, 유학한 학교들의 성향, 공부한 내용 등을 살필 수 있고 무엇보다 『기독교사상』에 그들이 기고한 논문들을 통해 어느 정도 뚜렷이 드러

---

27 『문학과 지성』, 1978 가을, 675~676쪽.

28 이 서문은 김병익이 쓴 것이다. 한완상은 서문의 이 언급에 대해 "두고두고 섭섭해" 했다고 한다. 「김병익 염무웅 대담」, 서은주 편, 『권력과 학술장』, 혜안, 2014, 359쪽.

난다.

한신의 핵심 인사들이 모두 캐나다선교회가 주관하던 함경도와 간도 출신이라는 것은 흥미로운 사실이다. 미국 북장로교의 선교 지역인 평안도와 황해도 출신들에 비해 상대적으로 진보적이고 자유로운 풍토 속에서 성장했다는 사실은 짚어두고 가야한다. 그들이 유학한 학교들도 캐나다의 신학교나, 미국에서도 프린스턴신학교나 유니언신학교와 같은 성서비평이 가능한 학교들이었다. 그들은 여기서 칼 바르트, 폴 틸리히 등의 신정통주의 신학(근본주의 입장에서는 이들도 자유주의 신학으로 분류하겠지만)을 공부하거나 라인홀드 니버와 같은 진보적 기독교 사회윤리학자를 사사했다.

잡지 『기독교사상』에 실린 글들은 이들의 신학적 입장이 어디에서 비롯되었는지를 상세히 보여 준다. 기본적으로 이들은 외국의 상황에 민감하였다. 창간호부터 한 호도 빠짐없이 "세계기독교뉴스"란을 통해 세계교회의 흐름에 촉각을 세우고 있었던 것을 알 수 있다. 창간호(1957년 8월호)에는 김재준의 전공인 칼 바르트가 소개되었으며 강원용이 사사한 라인홀드 니버의 글이 번역되었다. 제2호에서는, 실존주의 신학자 칼 바르트의 제자들과 라인홀드 니버 사이에 벌어진 '교회의 정치적 책임' 논쟁이 번역 소개되었고 에큐메니컬 운동에 대한 서적 소개가 있었다. 제3호에서는 '실존주의' 특집이 있었는데, 당대 지식사회 일반에 만연해 있던 실존주의와 이어지면서도 키에르케고르로부터 연원되는 유신론적 실존주의에 초점을 맞추고 있었다. 이들의 '실존'에 대한 이해는 이후 기독교의 토착화 논의로 발전한다는 데 특이점이 있다. 제4호의 권두언에서 언급되는 바, 한국 교회는 성서의 메시지가 "한국적 실존이 처해 있는 역사적 현실"과 대화할 수 있도록 역할을 해야 한다고 했다. '역사적 실존'으로서의 '한국적 상황'에 대한 이해를 촉구하고 있는 것인데, '실존'을 개별 인간의 차원 너머의 '역사'와 연결하고 '한국적 상황'과 결부하는 방식은 이후 기독교 토착화 논의로 이어지게 된다.

한신의 정치노선의 기원을 파헤치기란 참으로 어렵다. 2절에서 분석한 「기독교의 건국이념」은 어디에서 비롯된 것인가의 문제인데, 김재준 스스로 이 문제에 대해 언급한 바가 전혀 없으며 이와 관련해 참고할 만한 텍스트들도 찾을 수 없다. 본고는 강원용의 해방기 활동을[29] 근거로 이 문제에 대한 유추적 접근을 해 보는 것으로 우선 만족하고자 한다.

김규식을 회장으로 하여 1946년 3월에 발족한 교회청년연합회의 총무로 기독교청년운동을 펼쳤던 강원용은 중도 우익노선의 김규식 하에서 활동하게 된다. 이 시기 강원용은 공산주의와 자본주의 사이의 '제3의 이념으로서 사회주의'를 운위하면서, 1946년 봄 여운형 휘하에 있던 김용기(후일 가나안농군학교) 등 사회주의자 기독교인들과 함께 '기독교사회주의동맹'을 결성하여 위원장을 맡기도 했다(이 때문에 한때 '중도 좌익'으로 분류되었다). 1946년 7월 이후, 김규식과 여운형의 좌우합작위원회 활동을 하였으며, 여운형이 암살되기 직전인 1947년 6월, 좌우합작위원회 위원(청년대표)으로 선출되었다. 훗날 강원용은 해방기 정치가들 중에서 여운형에게서 가장 깊은 인상을 받았다고 회고한 바 있으며 2006년에 작고할 때까지 지속적으로 여운형 추도식 집행위원장을 맡았다.[30]

29 강원용, 『역사의 언덕에서』 1, 한길사, 2003 참고.

30 위의 책, 336~343쪽. 2003년경에 강원용은 이렇게 말했다. "앞으로 우리나라가 남북통일을 하고 세계 속의 한국이 될 경우 과거 인물 속에서 지도자 모델을 굳이 찾으려고 한다면 나는 단연코 "여운형이 그 모델감이다"라고 말할 것이다."

해방기 김재준의 글과 강원용의 활동은 한신의 초기 정치노선이 중도 노선에 있었음을 짐작하게 한다. 이는 평양을 중심으로 하는 서북 출신의 월남 기독교세력의 대다수가 1948년 5·10 남한 단독선거를 지지했던 것과 대조할 만한 것이다. 해방기 김재준은 남한 단독선거를 반대하였다.

강원용은 한신의 초기 정치적 입장을 방증하는 또 하나의 언급을 했다. 전쟁을 치른 후인 1950년대 중반 "진보당에는 해방 후 나와 함께 중간노선에서 활동한 사람들이 모두 관계하고 있었다. 조향록 목사도 초창기에 합세했던 것으로 기억하고 있다. (…중략…) 진보당에는 우선 내가 친하게 지낸 중도 우익계 사람들이 많이 있었고"라고 했다.[31] 김규식과 여운형이 없는 1950년대 정치구도에서 중도파들이 정치세력화 할 수 있는 진영은 진보당 정도였을 것이다. 민주당은 지주와 부르주아에 기반을 둔 한민당을 뿌리로 하는 보수 정당이었던 까닭에 창당과정에서부터 이미 해방기 좌우합작파를 배제했기 때문이다.

한신의 정치노선의 기원을 밝히는 문제와 관련하여 해방기의 '정세'가 일차적인 고려대상이 되어야 함은 분명하다.[32] 1946년 여름, 미군정청에서 실시한 여론조사에 따르면 '나라만들기'의 과제와 관련하여 자본주의 체제를 원한다는 응답자가 전체의 14%(1,189명), 공산주의 체제 선호자가 7%(574명)였음에 비해 사회주의 체제를 바란다는 응답자가 전체의 70%에 이르는 6,237명이었다고 한다.[33] 이러한 통계는 이

---

31 강원용, 『역사의 언덕에서』 2, 한길사, 2003, 298~301쪽.

32 학술대회에서 본고에 대한 토론을 맡은 한국학중앙연구원의 김원 선생이 이 문제를 적실하게 지적했다. 감사드린다.

33 서중석, 『조봉암과 1950년대』(상), 역사비평사, 1999, 337쪽. 이 시기 대중은, 해방기의 강원용이 이해했던 바와 같이 '사회주의'를 자본주의와 공산주의 사이의 제3이념으로 이해했던 듯하다.

시기 보수우익 정당인 한민당조차 사민주의적 정책을 일부 표방할 수 밖에 없었던 이유를 설명해 준다. 또한 이 통계는, 서중석의 다음과 같은 질문에 대한 해명이 되기도 한다. 제헌의회와 정당들의 정강, 정책이 결과적으로 '말 뿐이었다' 하더라도 "왜 해방 후 1950년대 초까지 각 정당이 비슷한 정치이념을 표방하여 우익과 좌익, 파시스트와 사회주의자를 구별하기가 쉽지 않게 되었을까."[34]

해방기 북을 선택하지 않은 '수많은' 중도파들의 존재는 1950년대 진보당의 정치세력화와 1960년 4·19국면에서 혁신세력의 등장 현상을 설명해 주기도 한다. 물론 이들은 모두 실패했다. 그렇지만 1960년대 중반으로부터 1970년대에 걸친 한신의 민주화운동은 정치적으로 중도노선의 입지가 완전히 사라지지 않았던 것으로 해석될 가능성을 보여준다. 말하자면, 1960~70년대 한국사회의 진보 이념의 뿌리가 해방기 중도파(중간파)에 있었던 것으로 해석될 여지가 있다는 것이다. 한국사회를 구상하는 이념적 입지에 있어 중도노선이 완전히 사라지지는 않았다는 것, 한신은 해방 후 역사의 주류가 실제로 보여주었던 것과는 '다른 방식'의 기획이 여전히 가능하다는 것을 입증하였다. 분단과 전쟁 이후 남과 북 모두에서 사라진 것처럼 보였던 '나라 만들기'의 기획 하나가 종교와 결합된 형태로 한신을 통해 전승되고 있었던 것이다.

34 위의 책, 332쪽.

1960년과 김구

추모·진상규명·통일론의 다이어그램

공임순

깃발과 만세 소리 진동하는 조국 땅에 돌아오신지 엊그제 같은 데 님이 가신 지 몇 해나이까. 동족의 흉탄에 쓰러져 억울하게 가신 지 몇 해나이까. 낯설은 이역에서 삼십여 성상星霜 그토록 몸 바치신 독립에의 염원이 이룩되지 못하시고 가셨나이까. 그토록 바라시던 **남북통일**도 이룩하지 못하시고 가셨나이까 …… 님이 남기신 고귀한 뜻 받들어 남북이 통일되는 여명의 언덕으로 저희들은 한데 뭉쳐 나아가리니.

— 장수철, 「거성 잃은 6월에 — 백범김구 11주기를 맞이하여」[1]

1 장수철, 「거성 잃은 6월에 — 백범김구 11주기를 맞이하여」, 『경향신문』, 1960.6.26.

1. '김구'라는 문제계問題界, 그를 둘러싼 기억 투쟁과 경합

이 글은 김구를 1960년대의 맥락에서 다시 보려 한다. 김구는 한국의 근현대사와 그 명맥을 같이 한 인물이다. 따라서 김구가 갖는 역사적 상징성은 어느 시대를 막론하고 적지 않은 것이 사실이다. 그럼에도 이 글이 1960년대의 맥락에서 김구를 되짚으려 하는 이유는 다음과 같은 점 때문이다.

첫째 김구의 공적 복권이 1960년 4·19를 맞아 비로소 활발하게 모색되기 시작했다는 점이다. 주지하다시피 1949년 6월 26일 암살된 이후, 그는 공적인 추모와 기념의 대상이 되지 못했다. 이는 한국전쟁과 이승만 정권에 의한 철저한 배제의 결과였다. 1949년 7월 5일의 '국민장' 이후 그의 공적인 추도식이 11주년이 되는 1960년 6월 26일에야 처음으로 열릴 수 있었다는 점은 이러한 저간의 사정과 상황을 반영하는 것이었다.

둘째 1960년 4·19를 맞아 열린 김구의 이러한 공적 복권의 움직임은 그러나 5·16 군정에 의해 재'전유'되면서 그 굴절과 변용의 양상을 드러낸다는 점이다. 5·16 군정은 김구에 대한 공적인 추모의 분위기를 재빠르게 체제(국가)화하는 행보를 보여주었다. 이는 김구의 공적 복권을 둘러싸고 벌어진 치열한 헤게모니 각축전을 한편으로 억누르면서 진행된 결과였다. 5·16 군정이 김구의 아들 김신을 앞세워 김구를 체제(국가)화하게 되는 양상은 4·19와 5·16의 달라지는 사회정치적·문화적인 현실을 매개한다. 따라서 이 시기 김구의 공적 복권을 둘러싼 유동적인 움직임을 살펴보는 일은 곧 1960년대 초의 급변하는 정세를 이해하는 하나의 바로미터가 되어줄 수 있을 것이다.

셋째 5・16 군정에 의한 김구의 체제(국가)화는 이후 김구를 소환하고 기술하는 주체들의 사유와 상상력을 규정하게 된다는 점이다. 5・16 군정에 의한 김구의 체제(국가)화는 김구를 애국선열로 기념하며 그를 '건국'선조로 재정위하는 것과 동시적이었다. 이는 해방기와 미군정 시기 동안 그가 이승만과 정권을 다툰 한 명의 주역이자, 48년 체제로 불리는 이른바 두 지역 정체(남과 북)의 인정 여부를 둘러싸고 첨예하게 대치했던 그의 특정한 역할과 위상을 지움으로써 가능했다.

그런데 이러한 김구의 '건국'선조로서의 계열화가 한일협정과 베트남파병의 충돌 국면을 지나 장준하가 1966년 『사상계』에 발표한 「백범김구선생을 모시고 6개월 1~4」와 최인훈이 1963~64년에 발표한 『회색인』(『세대』의 연재 제목은 「회색의 의자」)을 필두로 「서유기」, 「총독의 소리」와 1969년 「주석의 소리」에 이르기까지 이와 접합되면서도 갈라지는 일련의 대항적 기억서사들을 창출하게 했다는 점이다. 하지만 이러한 그에 대한 대항적 기억서사는 4・19의 국면에서 터져 나온 김구의 공적 복권을 향한 남북교류(협상)론의 갈등적 국면을 삭제해가는 움직임과도 무관하지 않았다는 점에서 문제적이다. 그는 오로지 상해 임정의 '주석'이라는 자리에서 때로 장준하의 실재하는 혹은 최인훈의 가공적인 인물로서 출현하게 되기 때문이다. 따라서 김구라는 특정한 형상이 당대적 맥락과 연관하여 어떻게 소환되고 기술되느냐가 중요해지며, 더불어 이것이 1970년대와 어떠한 의미망을 맺게 되는지가 문제시된다 하겠다.

이 글은 전술한 세 가지 문제의식에 입각하여 향후 논의를 이끌어 가고자 한다. 이를 위해 이 글은 위대한 인물들에 대해 항용 따라붙기 쉬운 생애사적 접근과 관점을 취하지 않는다. 그의 탄생에서부터 성장 및 죽음의 일대기형 서사는 대중신화로 굳어진 '김구'의 이미지를 답습하기가 쉽기 때문이다.[2] 대신 이 글은 김구라는 특정한 인물 형상이 그의 생존 당시의 활동과 업적에만 국한되지 않는 이른바 "어떠한 전달transmission도 재창조"[3]라고 했던 프라센지트 두아라Prasentjit Duara의 말을 참조하여 한국사회의 부단한 기억 투쟁과 항전의 산물이었음을 밝히고자 한다. 김구의 무엇은 '전달'되었고 그렇지 않았는지는 한국사회의 보수와 진보의 감각 및 지평을 아우르는 실현되지 않은 가능성과 연관해서도 중요한 문제일 것이기 때문이다. 이 글은 김구라는 문제계問題界, 즉 1960년대의 맥락에서 김구를 프레이밍framing하는 데 그 목적을 둔다. 4·19와 5·16을 거치면서 한국사회가 이 김구라는 문제계와 어떻게 대면하며 쟁투해갔는지를 밝히는 일은 현재까지도 이어지고 있는 김구에 대한 한국사회의 양가적인 시선을 탐구하는 데도 유용한 시사점을 제공해줄 수 있으리라 기대해 본다.

---

2 역사학계의 김구와 관련된 논의는 주로 임정시기와 해방기에 집중되어 있다. 이러한 역사학계의 연구 경향은 김구의 주요 활동 시기가 이 시기라는 점과 무관하지 않다. 이러한 역사학계의 연구 경향은 실증주의를 중시하는 역사학계의 분과학문적 시각이 투영된 결과이지만, 이는 역으로 김구를 둘러싼 한국사회의 다양한 역학에 관한 논의들을 가로막는 결과를 초래할 수 있다. 이에 반해 김구에 관한 대중연구서는 기왕의 인물'론'이 갖는 생애사적 위주의 기술을 벗어나지 못하고 있다. 그의 탄생에서부터 성장, 고난과 역경, 영웅적 투쟁과 극복이 하나의 사이클을 이루며 김구에 관한 정형화된 패턴을 만들어내게 된다. 여기에 더하여 이순신과 함께 그의 비극적 최후는 실현되지 못한 민족국가의 이상을 투영하며 김구에 관한 노스탤지어를 한편에서 추동하는 원인으로 작용한다. 이를테면 만약 그때 김구가 죽지 않았더라면 하는 역사의 가정법을 동반한 김구에 대한 이러한 노스탤지어는 다른 한편에서 그에 관한 과대평가를 비판하는 반발로 이어진다. 이러한 양상은 좌우파 진영 모두에서 관찰할 수 있는데, 김구를 바라보는 한국사회의 이 양가적인 시선과 관점은 김구의 생존시 못지않게 그를 사후에 불러내는 당대적 맥락이 중요하게 작용하고 있음을 말해준다. 즉 김구의 생전 당시의 삶과 행위뿐만 아니라 그를 소환하는 행위주체의 관점과 인식이 이러한 김구에 대한 사후적 평가와 기술에 반영되어 있다는 뜻이다.

3 프라센지트 두아라Prasentjit Duara, 문명기·손승희 역, 『민족으로부터 역사를 구출하기』, 삼인, 2004, 117쪽.

2. 김구의 11주기 추도식과 쫓는 자 / 쫓기는 자의 진상규명'투쟁'

김구선생과 조봉암 씨 사건의 배후 조종자는 이 전 대통령을 비롯한 여당간부 및 군 수사관계자라고 폭로한 고정훈 씨의 폭탄선언은 4·19혁명 이후 가장 큰 센세이션을 일으켰다. 그렇다면 그 발언의 신빙성은 어느 정도이며 앞으로 이 사건은 어떻게 될 것인가를 살펴보자.

'고선언'의 신빙성은 먼저 그가 ① 언론인이면서 학생 써클을 가진 정치인이라는 점 ② 국군과 유엔군의 정보기관에서 요직을 역임했다는 점 ③ 현재에 있어서도 내외정보기관에 사적인 광범한 정보망을 갖고 있다는 점 ④ 내외기자 앞에서 이 사건을 정식으로 폭로한 점 ⑤ 모든 인적 물적 증거가 있다고 공언한 점 ⑥ 사건 관계자가 대부분 살아 있다는 점 ⑦ 정식 고발코 법정투쟁을 하겠다고 선언한 점 등으로 미루어 의심의 여지는 적다. (…중략…) 이 두 사건은 두고두고 국내외적으로 지대한 관심을 집중케 한 바 있으며 많은 의혹을 남긴 채 이 폭정 아래에 종결되었던 만큼 이 기회에 철저히 흑백을 가려 모든 사람들의 의혹을 완전히 씻어주게 될는지의 여부는 미증유의 관심사가 아닐 수 없다.[4]

2절의 논의를 시작하기에 앞서 1960년 5월 26일자 『세계일보』의 신문기사내용부터 검토해 보자. 위의 신문기사는 「고폭탄선언의 문제점」이라는 제목으로 "4·19혁명 이후 가장 큰 센세이션"을 불러일으킨 고정훈의 발언을 상세하게 전하고 있다. "4·19혁명 이후 가장 큰 센세이션"이라고 불릴 만큼 한국사회에 커다란 충격을 안겨준 고정훈

4 「고폭탄선언의 문제점」, 『세계일보』, 1960.5.26.

의 폭탄선언이란 그렇다면 무엇이었던가.

가칭 구국청년당(실제 창당명은 사회혁신당-통일사회당) 당수임을 자처하며 "4·19혁명 이후 가장 큰 센세이션"을 불러일으킨 고정훈의 폭탄선언이란 다름 아닌 김구와 조봉암 사건의 배후 음모에 관한 것이었다. 위의 신문기사는 고정훈의 이 폭탄선언이 단순한 허언이 아니라는 점을 총 7가지의 사실을 들어가며 적시하고 있다. 그것도 일일이 숫자를 붙여가면서 그의 발언의 신빙성 유무를 따지고 있는 것이다. 이 서술 뒤에 이어지고 있는 것은 그의 폭탄선언이 남긴 한국사회의 과제이다. "많은 의혹을 남긴 채 이 폭정 아래에 종결"된 두 사건이 "이 기회에 철저히 흑백"을 가려 "모든 사람들의 의혹을 완전히 씻어주게 될는지의 여부"가 향후 관건이 될 것이라는 전망이 그러하다.

'고선언'으로 지칭된 이 폭탄선언이 한국사회에 끼친 파장은 실로 컸다. 위의 신문기사의 표현을 다시 빌리자면, "이 사건의 밑바닥까지 파헤치자면 아직도 많은 힘이 있는 사람들도 섞여 있다는" 현실을 무시할 수 없었기 때문이다. 이를 반영이라도 하듯이 배후인물로 거론된 핵심인물들은 하나 같이 "그 사건에 관련이 있다는 보도는 청천벽력과 같은 것"[5]이라며 자신의 연루설을 부정하거나 잘 몰랐다던가 하는 진술로 일관했다. 더 극적이게는 이 발언이 있은 지 딱 3일 만인 5월 29일에 이승만부처가 "하야 후 대통령재직 당시의 정치적인 범죄가 속속 폭로되고 국고금 부정 지출로 입건될까 두려워" "극비리에 미국대사관측과 교섭"하여 "상오 8시 30분 극비밀리에 CAT 전세기"[6]를

5 「고 씨를 고발 암살 관련 없다 임병직 씨의 말」, 『경향신문』, 1960.5.28.

6 「(국내의 움직임) 이승만부처의 탈출」, 『사상계』, 1960.7, 127쪽. 이승만의 하와이 망명과 관련된 또 하나의 믿을 만한 증언은 주한 미 대사관 문정관을 10년 이상 역임한 그레고리 앤더슨의 다음과 같은 언급이다. 그레고리 앤더슨은 1965년 미 국무부 초청으로 2개월간 미국 각지를 시찰한 이상돈과 만난 자리에서, "우남 이승만이 왜 하와이로 망명"

타고 하와이로 망명한 것이며, 나아가 전 국방부장관이었던 신성모는 "최근 지상에서 널리 보도된 신 씨 자신의 문제는 그에게는 적지 않은 쇼크"[7]를 주어 뇌일혈로 사망하는 등의 사건을 연이어 낳았다는 사실이다.

유족도 아닌 제3자가 고소인이 되어 법정투쟁도 불사하겠다고 한 그의 발언의 진위와 정체에 대한 논란도 가중되었다. 무엇보다 그가 터뜨린 이 메가톤급의 폭탄선언은 "정력이 좋은 것도 좋지만 좌충우돌격하는 연일 성명서만 내는 폭로당수"[8]라는 곱지 않은 별명을 그에게 선사하기도 했다. 덧붙여 7·29총선을 앞둔 한 정치인의 과장된 인기전술일 뿐이라는 그의 발언의 진위 여부와 연관된 격하도 이어졌다.[9] 고소를 자초한 셈이라는 비아냥거림 속에서, 그는 결국 김준연(현 통일당위원장)과 장인근(현 육군본부장) 등에 의해 명예훼손죄로 고소되어 결국 철창 신세를 져야 했지만, "위대한 애국자 김구선생과 혁신운동의 선구자 조봉암선생"[10] 사건의 진상과 그 배후를 밝혀야 한다는 그의 목소리는 4·19를 맞아 분출된 이승만 정권의 두 정적에 대한 공적인 복권의 움직임과 긴밀하게 맞물려 있는 것이었다. 한동안 한국사회를 떠들썩하게 했던 그의 폭탄선언을 한바탕의 해프닝으로만 되돌릴 수 없는 이유가 또한 여기에 있다.

했는지 아느냐고 물었다. 그는 "만약에 한국에서 백범 암살 사건 진상 규명 운동이 일어나지 않았으면 우남은 한국 땅을 떠나지 않았을 것"이라고 대답했다고 하는데, 그레고리 앤더슨의 이러한 발언은 4·19를 맞아 불거진 조봉암과 김구의 진상 규명 투쟁이 우파단정세력의 핵심부를 겨냥하고 있었음을 예증하는 것으로 볼 수 있다. 이와 관련해서는 이상돈, 「내가 겪은 체험, 내가 본 사건」, 『조선일보』, 1990년 5월 8일자를 참조했다.

7 「신성모 씨 위독 이대부속병원입원」, 『동아일보』, 1960.5.26.

8 「몸부림 같은 일장 토로, 감옥에 가서 흑백을 가리겠다」, 『경향신문』, 1960.5.26.

9 「이번에는 「고소자초」 인기전술은 정신적인 증회贈賄」, 『경향신문』, 1960.5.27.

10 「제시할 증거 있다」, 『경향신문』, 1960.5.25.

고정훈의 폭탄 발언이 있었던 것은 5월 24일이었다. 그런데 이 고정훈의 폭탄 발언을 전후로 하여 가장 활발하게 공적 복권을 추진했던 것이 5월 21일자로 발족한 김구추도(준비)위원회였다. 이 김구추도(준비)위원회는 5월 4일 첫 모임을 가진 후 5월 21일에 약 천여 명의 대표자들이 참석한 가운데 결성되었다. 이 김구추도(준비)위원회는 "고 백범 김구 선생의 11주기"를 맞아 "이때까지 당국의 지시로 제대로 제사도 지내지 못했던 과거 10년간을 생각"하여 "대대적으로 거행할 방침"[11]임을 표방하며, 김창숙을 위원장으로 한 (구)한독당 계열의 인물들을 대거 포진했다. 이 단체의 결성 시기는 고정훈의 폭탄 발언이 있었던 시기와 겹쳐진다. 이것은 김구를 비롯한 이승만 정권의 두 정적을 공적으로 복권하려는 움직임이 "숨은커녕 아주 깊숙이 동면 아니 가사 상태로 묻혀"[12] 산재해 있던 조직의 재정비와 결부된 것임을 말해주고도 남음이 있다.

"4·19혁명 직후였다. 백범김구선생 기념사업회가 결성된다는 발기회준비대회엘 잠시 참석했던 생각이 새삼스럽게 난다. 여기서도 어떤 주도권 문제 때문에 옥신각신 회는 좀처럼 진행되지 않고 여러 사람이 언성을 높이고 핏대를 올려가며 각자의 주장을 고집하고 떠들었다"[13]는 김광주의 회고는 김구의 11주기 추도식을 계기로 하여 흩어진 세력들이 규합되고 있었음을 시사한다. 이런 점에서 김구의 11주기 추도식이 갖는 의미는 각별했다. 조봉암 사건의 배후에 관한 꾸준한 의혹 제기에도 불구하고 그에 대한 추모나 기념이 집단적으로 행해지지 않은 것에 비해 김구의 11주기 추도식은 위원장과 부위원장

11 「백범 추도식 준비」, 『동아일보』, 1960.5.18.

12 「제2공화국에의 고동 2, 재야정당」, 『동아일보』, 1960.5.5.

13 김광주, 「보경리普慶里 24호와 백범」, 『사상계』, 1962.8, 205쪽.

및 상임위원들 그리고 총무 · 재무 · 전례 · 안내 · 섭외 · 의료의 각 부서가 갖추어진 추도(준비)위원회의 결성을 거쳐 11주기 추도식을 알리는 「공고」가 각 신문사에 일제히 게재되었기 때문이다.[14] 이러한 조직 정비와 체계 하에서, 1960년 6월 26일 "사실상 제1회 추도식"이 되는 김구의 11주기 추도식이 아래의 사진에서와 같이 수많은 내외 인사들과 시민들이 참여한 가운데 성대하게 거행되었던 것이다.

"줄기차게 내리는 비를 무릅쓰고 모여든 수천 명의 시민들"이 "선생을 잃은 11년 전의 슬픔"[15]을 되새겼다는 한결 같은 논조는 1960년 4 · 19의 시점에서 김구의 11주기 추도식이 갖는 효력과 의미를 새삼 확인시킨다. 그의 위대한 행적과 억울한 죽음은 "선생이 돌아가신 후 몇 해 동안은 선생 묘지로 되어 있는 효창공원에는 형사를 배치해 놓고 특별히 이름 있는 날이면 오고가는 사람까지 감시 대상"으로 삼았던 과

1960년 6월 22일에 열린 김구 11주기 추도식 장면

거 이승만 정권의 폭정을 상기시키기에 충분했기 때문이다.

"4 · 19학생의 피로써 민주혁명이 시작된 이 날, 선생의 추도행사"[16]

14 「공고」, 『동아일보』, 1960.6.1.

15 「풍우 속에 수천 시민이 오열」, 『동아일보』, 1960.6.27.

가 열리는 뜻 깊은 자리에서, 백범김구선생살해 진상규명투쟁위원회가 참석한 사람들의 만장일치로 새롭게 결성되었는데, 이로써 김구에 관한 공적인 '추모'는 진상규명'투쟁'으로 나아가는 한 발걸음을 더 내딛게 되었다고 할 수 있다.

추도식에 맞춰 재발간된 백범일지

백범김구선생살해 진상규명투쟁위원회는 "4 · 26혁명 이후" "24일자로 최초의 정당등록을 신청"[17]한 (신)한독당을 비롯하여 "광복동지회, 광복군정우회, 독립운동자협의회, 국민자주연맹, 혁신당, 사회대중당, 4월혁명유족회" 등 40여 개에 이르는 단체를 포함했다. 각종 의혹 사건에 대한 이승만 정권 하의 억눌린 진상 규명 요구가 4 · 19를 맞아 폭발적으로 증대되는 속에서, 그 대표적인 상징이라 할 김구의 암살 배후를 밝히려는 노력이 이 위원회의 결성을 통해 공식화된 셈이었다. 1960년 4 · 19를 맞아 사실상 처음으로 열린 김구의 11주기 추도식은 이처럼 공적인 '추모'가 그 배후를 밝히려는 진상규명'투쟁'으로 나아간 데서 알 수 있듯이, 김구에 관한 공적인 추모는 이미 그 의례와 예식의 차원을 넘어서고 있었던 것이다. 한국사회는 이승만 정권 하에서 해결을 보지 못했던 김구의 암살 배후를 둘러싸고 그것을 밝히려는 자와 숨기려는 자 간의, 혹은 쫓는 자와 쫓기는 자 간의 힘겨루기를 불가

16 김학규, 「혈루血淚의 고백」, 백범김구선생전집 편찬위원회, 『백범김구전집』 12, 대한매일신보사, 1999, 353~354쪽.

17 「한독당 등록 신청 혁명 후 최초로」, 『경향신문』, 1960.5.28.

피하게 했음을 위 사례는 여실히 드러내준다.

"한독당이 김구선생의 저격 경위를 만인 앞에 밝히라는 격문을 발표"한 데 이어 "8개 정당단체가 공동으로 백범김구선생을 살해한 진상을 만천하에 밝혀 달라는 건의서를 관계 요로"[18]에 제출하는 등, 김구 암살의 배후를 밝히려는 노력은 계속되었다. 김구의 암살자인 안두희에 대한 조속한 체포 요구는 그 배후의 핵심 인물들을 직접적으로 겨냥하고 있었다는 점에서, 한국사회의 정치 지형을 뒤흔드는 중핵이 될 수 있었다. 군과 검찰은 4·19의 혁명적 분위기 속에서 진상 규명을 요구하는 여론의 눈치를 살펴가며 수사에 착수하는 등의 제스처를 선보이기는 했지만, 한국사회의 주류집단인 이른바 남한의 우파단정세력은 이 진상 규명 요구에 일면 호응하면서도 일면 증거 인멸과 명예훼손죄로 맞서는 우회와 거부 전략을 되풀이했다.[19]

이의 한 정점이 되는 사건이 바로 진상규명투쟁위원회의 간사 김용희가 안두희를 종로에서 붙잡아 경찰에 넘긴 1961년 4월 17일의 사건

---

18 「김구선생 살해진상 밝히라」, 『동아일보』, 1960.6.29. 이뿐만 아니라 「안두희의 체포 15개 단체서 요구」, 『경향신문』, 1960년 7월 29일자는 조속한 해결을 촉구하는 정당단체들이 주로 혁신계열이었음을 보여준다. 따라서 김구 암살의 배후를 둘러싼 한국사회의 힘겨루기는 기득권자인 우파단정세력과 혁신진영 간의 대립으로 전이되었음을 알 수 있다.

19 1960년 4·19가 갖는 아래로부터의 혁명은 김구의 암살 배후를 밝히려는 진상규명투쟁에 있어서도 예외는 아니었다. 왜냐하면 4월 25일 경북 대구의 '백범 선생 살해를 규명하라'는 1인 시위가 촉발한 아래로부터의 진상 규명 요구는 4월 30일 법무부 연석회의에서 "애국지사 살해범으로서 형집행정지결정으로 석방된 자에 대한 재수사 여부를 토의"하게 했기 때문이다. 법무부와 검찰간의 연석회의로 열린 정치인 범죄에 대한 재수사는 당시의 여론에 쫓긴 결과였지만, 실제로 이루어진 것은 아무것도 없었다. 군과 검찰은 안두희에 대한 기록 분실과 형집행면제의 사유를 들어 안두희에 대한 재조사를 차일피일 미루다가 이마저도 5·16과 함께 완전히 중단되고 말았기 때문이다. 김구 암살 사건은 안두희라는 명확한 살해범의 존재에도 불구하고 5·16과 함께 영구 미제 사건으로 남고 만 셈인데, 이는 그만큼 우파단정세력들의 조직적 저항이 컸음을 의미하기도 한다. 이들은 군과 검찰뿐만 아니라 정계의 요직에 광범위하게 분포되어 있었고, 황공렬과 같은 일개 담당검사의 손에서 해결할 수 있는 사안이 아니었던 것이다.

이었다. 이 사건은 그동안 지지부진하게 끌어오던 김구 암살의 배후 음모에 관한 진상 규명 요구를 다시 불붙게 했다. 이 세간의 비상한 관심과 주목을 끈 안두희의 체포 사건은 "민족정기를 바로잡기 위해 백범김구 살해범 안(안두희)을 잡으려고 거듭 맹세"하고 "안을 국민의 이름 밑에 잡기까지에는 어려운 고비"가 많았음을 토로한 김용희의 「석 달 굶으며 가마니 덮고-흉한 안두희를 이렇게 잡았다」가 『민족일보』에 대서특필될 정도였다. 이 기사에 따르면 김용희를 포함한 진상규명투쟁위원회의 조사원들은 그야말로 집요한 추격전을 펼친 것으로 묘사되고 있다. 그의 소재와 행방을 찾기 위해 3개월에 걸친 잠복과 미행은 물론 "한 달 여 동안 처제의 집 마루 밑에서 교대로" 장기철야를 하는 수고로움을 아끼지 않았기 때문이다.

이러한 집요한 추격전의 결과 그의 소재와 행방을 알아낼 수 있었으며, 마치 한편의 영화에서나 봄직한 차량 추격전까지 벌여가며 "세 시간 차내에서 격론"[20]을 벌인 끝에 안두희를 생포하여 그를 경찰에 넘길 수 있었다. 마치 한편의 대 활극이 연상되는 이러한 쫓고 쫓기는 추격전은 그럼에도 안두희의 구속과 체포로 이어지지 않았다. 이에 진상규명투쟁위원회는 "각 정당사회단체의 이름으로 전 민족 앞에 호소하여 부정과 불의에 항거하고 이 사건의 진상을 규명코자 단호한 전 국민적 투쟁을 통하여 목적을 달성코자" 한다는 「호소문」을 1961년 5·16을 얼마 남겨두지 않은 시점인 1961년 4월 22일에 발표하게 된다.

"'이북동포도 내 동포요, 이남동포도 내 동포인데 분열하면 민족상잔의 유혈로 이 강산을 비참하게 만들 것이고 합하면 자유와 행복을

20 김용희, 「석 달 굶으며 가마니 덮고-흉한 안두희를 이렇게 잡았다」, 『민족일보』, 1961.5.1.

누릴 수 있다'고 하시던 그 말씀이 이제 우리들을 불러일으키고 있다"는 요지의 이 「호소문」은 "백범김구선생의 그 거룩한 이념과 고귀한 정신"을 살리기 위해서라도 "안두희 배후의 정치적 음모를 철저히 규명"[21]해야 할 것임을 천명했다. 김구 암살의 배후를 밝히려는 자 / 쫓는 자와 그렇지 않은 자 간에 놓인 한국사회의 이 간극과 단층은 「호소문」에서도 여실히 녹아난다. 그런데 이 「호소문」이 갖는 특별한 의미는 김구 암살의 배후에 관한 철저한 재조사 요구의 반복된 주장에 있다기보다 이 재조사를 요구하는 백범 김구의 이념과 대의에 대한 강조점에 있다. 즉 "백범김구선생의 그 거룩한 이념과 고귀한 정신"이 "이북동포와 이남동포가 분열"되지 않는 남북통일을 가리키고 있었기 때문이다. 이는 김구의 11주기 추도식을 앞둔 시점에서 『경향신문』이 「사설」로 "김구 선생의 추도식을 준비하는 문하인들에게 당부하고 싶은 것은 고인의 무덤을 새삼 정치무대화하지 말 것이며 한독당 등 일부파의 수령으로만 팔지 말 것이며 오로지 전 민족의 귀감으로 추존"[22]할 것을 경고했던 목소리와 상반되는 행보였다.

김구에 대한 '추모'가 진상규명'투쟁'으로 화하는 속에서, 한국사회의 이와 같은 쫓고 쫓기는 추격전은 여전히 해소되지 않은 한국사회의 잠재된 갈등과 균열을 가시화했다. 진상규명투쟁위원회의 1961년 4월 22일의 「호소문」은 그 이전의 건의문이나 진정서와 비교하여 김구의 이념과 노선을 남북통일로 명시하는 달라진 면모를 보여준다.[23]

---

21 백범김구선생살해 진상규명투쟁위원회, 「호소문」, 백범김구선생전집 편찬위원회, 앞의 책, 426쪽.

22 「서슴없는 평화통일론」, 『경향신문』, 1960.5.8.

23 진상규명투쟁위원회의 명의로 제출된 건의서나 진정서는 김구 암살의 배후 흑막을 밝히라는 요구가 주를 이루었다. 그런데 1961년 4월 22일의 이 「호소문」은 여기에 더해 김구의 정신과 이념이 남과 북의 화합과 통합에 있음을 부각시켰다는 점이 눈길을 끈다. 특히 이 「호소문」은 5·16을 얼마 앞둔 시점에서 발표되었다는 점에서 한국사회의 유동

이는 김구를 둘러싸고 전개된 공적인 추모와 진상규명'투쟁'이 이 시기를 맞아 한국사회의 뜨거운 통일론의 열기와 접합되고 있었음을 말해주는 증좌이다. 즉 4·19를 맞아 분출된 김구의 공적인 '추모'가 진상규명'투쟁'으로 나아가는 길목에서, 이 시기를 즈음하여 한국사회를 뜨겁게 달군 통일 운동의 열기와 만나 그의 정신과 노선을 반反단정 통일론에 맞추는 변화와 이행의 양상을 드러냈다는 말이다.

1961년 5·16을 얼마 남겨놓지 않은 시점에서, 한국사회가 보여준 이 요동치는 현실은 김구의 공적 복권을 둘러싼 또 한 차례의 격동을 예고했다. 다음 장의 주된 논점은 바로 이것이다. 5·16이 알려져 있다시피 4·19를 단지 억압하기만 한 것이 아니라 4·19의 논리와 테크닉을 자기화하며 그 통치기반을 확보해갔음을 떠올린다면, 김구의 공적 복권을 둘러싼 이 시기의 논란들은 어떤 식으로든 해소와 전이를 필요로 했기 때문이다. 4·19에서 5·16으로 이어지는 김구의 공적 복권을 둘러싼 한국사회의 이러한 달라지는 지형은 김구의 무엇이 '계승'되었고 그렇지 않았는지를 파악하는 단초가 된다는 점에서도 보다 면밀한 주의와 독해가 요구된다 하겠다.

하는 현실과 '김구'가 갖는 당대적 맥락과 의미를 반추하게 한다. 김구가 1948년의 국면에서 이승만 정권의 단선단정과 맞서 남북협상을 추진한 한 주역이었다는 사실은 한국의 주류집단인 우파단정세력들에게는 곤혹스러움 그 자체였을 것이다. 이와 관련해서는 이어지는 3절에서 다시 논하고자 한다.

3. 5·16에 의한 김구의 체제(국가)화와 억압되는 남북교류(협상)론

김용희가 안두희를 종로에서 붙잡아 경찰에 넘긴 1961년 4월 17일의 사건은 4월 22일의 「호소문」과 4월 27일의 진상규명투쟁위원회의 "13년 만에 폭로되는 김구선생 살해의 내막이라는 악의 진상"의 공개 및 28일에는 "백범김구선생 살해범 배후자 규탄대회"가 동同위원회의 주최로 "시내 효창공원에 있는 묘소 앞에서 수천 명의 시민들이 참여한 가운데"[24] 대규모로 개최되는 일련의 사태로 이어졌다. 이러한 연이은 투쟁 열기는 이 대회에 참석한 수천 명의 시민들 중 5백여 명의 사람들이 대회가 끝난 후 거리 행진에 나서서 장외투쟁을 이어가는 것으로 절정에 달했다. 이러한 장외 투쟁을 통한 정치권에 대한 압박은 안두희의 신변을 넘겨받은 수사당국이 "막상 '안'이 출현하자 적용 법조가 없어서 구속은 못하고 하루 동안 연금했다가 그것도 법적 근거가 없어 연금 상태를 풀어주려고 했으나 오히려 안 자신이 지금 나가면 맞아 죽을지도 모"[25]른다는 이유를 들어 역으로 그를 보호해준 격이 된 데 따른 결과였다. 수사당국의 공식적인 발표와 달리 그 수사 의지를 심히 의심케 하는 이러한 경찰의 거듭되는 처사는 안두희가 자신의 행위를 정당화하는 다음과 같은 신문기사의 논평으로 인해 더욱 악화되었다. 그는 자신의 행위를 우발적인 단독범행으로 되풀이하여 주장하며 자신의 행위가 정당한 것이었음을 아래와 같이 밝혔기 때문이다.

---

24 「백범암살사건 배후자 규탄 대회」, 『동아일보』, 1961.4.29.
25 「안두희 처리는 어떻게 될까」, 『경향신문』, 1961.4.20.

백범선생 살해범 안(안두희)은 20일 상호 경찰 심문에서 "김(김구)선생을 죽인 것은 그가 용공세력이기 때문에 살해한 것이며 현재의 심경도 국민의 입장으로서는 잘한 일로 생각한다"라고 진술했다. '안'은 백범선생이 용공세력이었기 때문에 우발적으로 살해한 것이며 사전 계획이나 살해와 관련된 또 다른 비밀은 없다고 잡아떼었다. 그러면서도 '안'은 인간적인 면에서 '김구'씨를 살해했다는 점은 무척 고통스럽다고 말했다. '안'은 이날 심문에서 백범 선생이 용공세력이라는 것은 현재의 한독당이 혁신계와 손을 잡는 것을 보아도 충분히 알 수 있지 않느냐는 진술까지 했다 한다.[26]

안두희의 경찰 심문 내용을 전하는 위의 신문기사내용에 따르면, 안두희는 김구 암살의 우발성과 그 배후 음모는 없다는 이전의 주장을 고수했다. 김구 암살에 대한 그의 이러한 주장은 실상 암살 직후부터 일관되어온 것이라 새삼스러울 것은 없다. 다만 여기서 주목되는 지점은 자신의 행위를 정당화하는 그의 발언이 갖는 현재적 파장과 무게이다. 그는 "백범 선생이 용공세력이라는 것은 현재의 한독당이 혁신계와 손을 잡는 것을 보아도 충분히 알 수 있"다고 주장하고 있기 때문이다. 이는 일차적으로 보자면, 김구 암살에 대한 자신의 과거 행적을 현재의 관점에서 정당화하는 알리바이에 가깝다. 말하자면 김구를 암살한 자신의 과거 행적을 현재 시점에서 정당화하기 위한 자기 방어의 차원이 크다는 뜻이다. 이러한 그의 자기 옹호 겸 변명은 그 방어기제로서 '용공세력'이라는 카테고리를 동원하는 것과 맞물린다. 이를 통해서 그는 과거의 김구뿐만 아니라 현재 그를 추적하는 세력 전체를 싸잡아 용공세력이라는 혐의를 덧씌우게 했던 것이다.

---

26 「김구선생 암살 잘한 일이다」, 『경향신문』, 1961.4.20.

그의 주장이 지닌 이러한 적반하장격의 설명에도 불구하고, 그의 발언은 한국사회의 잠재된 뇌관을 건드렸다. 왜냐하면 이 발언의 기저에는 김구의 공적 복권을 바라보는 한국사회의 편치만은 않은 속내와 시선들이 교차했기 때문이다. 김구는 이미 죽고 없지만, 그가 지닌 위상과 지위는 누가 어떤 방식으로 그를 소환하고 기억할 것인가에 따라 상이한 의미화가 가능했다. 이를테면 상해 임정의 '주석'이라는 자리는 조국 해방(국권 회복—건국)을 위한 해외독립운동가로서의 면모를 강조하는 것이었지만, 남북한의 두 지역 정체의 수립을 끝끝내 반대하다가 이승만 정권에 의해 살해되기까지 한 그의 비극적 최후는 대한민국의 (민족)국가성을 부정하는 소위 안두희가 말한 바의 용공세력으로 간주될 소지도 컸다. 안두희는 바로 이 지점을 파고듦으로써 김구를 암살한 자신의 과거 행적을 한편으로 정당화하며 다른 한편으로 자신을 쫓는 자들의 의심스러운 신원을 고발하기에 이른다. 그는 김구 암살의 배후를 밝히려고 하는 자들이야말로 김구의 공적 복권이라는 미명하에 대한민국의 존재를 부정하는 용공세력일 수 있음을 그야말로 한국사회의 주류집단인 우파단정세력을 향해 '시위' 내지 '과시'했던 셈이었다. 따라서 진정으로 고발되고 단죄되어야 할 자들은 자신이 아닌 자신을 그토록 끈질기게 추적하는 자들임을 알리는 방식으로 그는 김구의 공적 복권이 상징하는 바의 반反이승만 구도를 복잡한 셈법으로 한국사회에 되돌리게 된다.

김구의 공적 복권이 상징하는 반反이승만 구도의 양가성은 먼저 그것이 독재에 반하는 '자유'와 전체주의에 맞서는 '민주주의'인 한에서, 한국사회 특유의 '자유민주주의'라는 포괄적인 함의 아래에서 최소한의 지반 공유를 가능케 했다. 하지만 김구의 비극적 최후를 연상시키는 남과 북의 통일문제인 한에서 그 이야기는 달랐다. 독재와 전체주의가 아닌 '자유민주주의'라는 이념과 가치는 대한민국을 세계 냉전의 최전선에 위치시키는 자기 존립의 토대로서 4·19의 혁명적 국면에서 우파단정세력들과의 일정한 합의나 양보가 가능했다손 치더라도, 남과 북의 두 지역 정체에 대한 인정 여부가 걸린 통일문제는 그 차원을 달리했기 때문이다. 한국의 우파단정세력들은 대한민국만을 유일한 합법정부로 한 유엔의 결의를 금과옥조로 내세우며 남북한의 통일문제에 있어서만은 그 이니셔티브를 결코 놓치지 않으려 했던 것이다. 이것이 안두희가 4·19의 혁명적 국면에서도 자신의 신원을 좇는 자들을 용공세력으로 몰아붙이며 자신의 과거 행적을 정당화할 수 있었던 이유이기도 했다.[27] 따라서 김구 암살의 배후를 밝히려는 진상규명 요구와 투쟁은 이 지점에 번번이 가로막혀 실패와 좌절을 거듭할 수밖에 없었다. 다시 말해 반反이승만 구도에 내재된 이 반反독재와 빈反단정 통일론의 양가성이 김구의 공적 복권에도 여전히 그 어두운 그늘을 드리우고 있었던 것이다.

안두희가 김용희에게 붙잡혀 진상 규명 요구와 투쟁을 무력화하는 발언을 쏟아내고 있던 시기에, 김구의 공적 복권이 갖는 중요성을 설파한 아래의 논평은 그래서 주목을 끈다. 1961년 4월 29일자 『민족일

---

27 안두희는 김구 암살 이후 열린 군법회의에서 "공산당과 한독당이 같은 노선"임을 주장했는데, 이러한 그의 주장은 1955년 학예사에서 출판된 그의 자서전인 『시역의 고민』에서는 그 내용이 더 추가되어 제시되었다. 안두희의 이 『시역의 고민』에서는 김구와 그가 주고받은 대화가 마치 한편의 드라마 장면처럼 기술되어 있다. 그러나 이것은 사후에 재구성되었을 여지가 크다. 왜냐하면 그는 법정에서는 이 부분이 자세히 기억나지 않는다고 밝혔기 때문이다. 그럼에도 이 책에서는 의도적으로 이 부분이 강조되어 있어서 김구 암살을 정당화하기 위해 가필이 이루어졌음을 시사한다. 하지만 그는 이후 인터뷰에서 자신이 이 자서전의 필자가 아님을 고백하기도 했는데, 문제는 그가 이 자서전을 쓰고 안 썼는지의 여부와 무관하게 우파단정세력의 전위대로서 그가 활약했다는 점에 있을 것이다. 이 연장선상에서 그는 1961년의 경찰 심문 과정에서도 용공 발언을 서슴없이 할 수 있었다.

보』에 이상두가 쓴 「흑막을 왜 묻어두려는가—백범김구선생의 암살」은 김구의 공적 복권을 반反이승만 구도와 관련하여 다음과 같이 주장하고 있기 때문이다. 이 글에서 이상두는 "안과 고위당국자가 아무리 단독범행이라 해본들 이는 도무지 돼먹지 않은 수작"임을 전제한 후, "이승만이가 생존하는 한 안도 함께 무사할 수가 있었고 이승만적 체제가 존속하는 동안 백범선생암살사건의 흑막은 걷혀질 길이 없"었음을 지적한다. 이어 그는 이제 "이승만이는 쫓겨났고 혁명이 있어" "혁명정권을 자처하는 장정권이 들"어섰음에도 이 사건의 정확한 진실이 드러나지 않은 데 대해 장정권을 비난하며, "백범김구 선생의 암살 진상을 꼭 밝혀야" 하는 이유를 다음과 같은 다섯 가지로 들고 있다. 그가 꼽고 있는 다섯 가지 이유는 김구로 상징되는 반反이승만 구도의 양가성을 안두희와는 상반되는 지점에서 제출하는 것이었다.

> 첫째 혁명과업의 일환으로 마땅히 이루어져야 하겠다는 것이다 (…중략…) 둘째는 애국자에 대한 대접을 위해서도 해야 한다. 우리나라는 백범선생 등과 같은 혁명투사들의 희생적 항쟁이 있었기에 해방될 수가 있었다. 하길래 이분들을 정성껏 받드는 것이 우리들의 도리다 (…중략…) 셋째는 민족정기를 바로잡고 정치적 윤리의 정통성 확립을 위해서도 그렇다. 해방 후 오늘에 이르기까지 우리나라의 민족정기는 모든 가치체계는 전도되고 있다 (…중략…) 넷째는 백범선생의 유지를 살려 조국통일의 광장으로 나가야 하는 이유 때문이다. 백범 선생은 『백범일지』에서 '우리나라로 하여야 할 최고의 임무는 첫째로 남의 절제도 아니 받고 남에게 의뢰도 아니 하는 완전한 자주독립의 나랄 세우는 것이다'라고 하였다. 백범선생의 숭고한 뜻을 받들어 민족의 비원인 통일을 완수하기 위해 먼저 백범선생이 국가의 '방해물'이고 '남북협상론자는 공산당 앞잡이다'라는 그릇

된 인상을 깨끗이 벗겨야 한다. 다섯째 다시는 이런 비극적인 암살사건이 일어나지 않게끔 하기 위해서도 해야 한다.[28]

위 인용문의 필자인 이상두는 이승만 체제로 불리는 가장 큰 정적이 김구였음을 지적한다. 그리고 김구가 이 때문에 억울하게 희생되었음을 또한 강조하고 있다. 김구의 공적 복권이 반反이승만과 직결되는 이유를 그는 여기서 찾는다. 이 맥락에서 그는 김구의 암살 배후를 철저하게 규명하는 길만이 소위 이승만 체제라고 하는 한국사회의 잘못된 유산과 폐해를 극복하고 청산할 길임을 역설하게 되는데, 여기서 그가 이승만 체제라고 부른 바의 함의는 정확히 두 가지이다. 위 글에서는 인용되고 있지 않지만, "단독정부수립에 반대하는 백범이 최강의 적이며 일당독재를 확립하는 데 가장 방해되는 존재였기에 마침내 그의 추악한 정권욕에서 백범선생이 살해"되었음을 그는 피력하고 있기 때문이다. 이 발언에 따르자면, 이승만 체제란 한반도 분단(내지 세계 냉전)의 산물인 '단정'과 '일당독재'의 이중 결합체에 다름 아니다. 따라서 김구 암살의 배후를 밝히려는 진상규명투쟁은 이 이승만 체제로 일컬어지는 단정 타파와 독재 타도를 위해서 반드시 필요한 전제조건이 되고 있음을 그는 전술한 다섯 가지 이유를 들어 논파하고 있다 할 것이다.

이승만의 최대 정적으로 김구가 소환되고 있는 위 글에서, 김구는 반反단정과 반反독재를 동시적으로 매개한다. 이 글의 필자인 이상두가 혁명과업의 일환으로 "장 부통령의 피습사건을 규명 처리하고 반독재투사들의 복권조치까지도 취한 현 정부가 백범선생과 같은 애국

28 이상두, 「흑막을 왜 묻어두려 하는가—백범김구선생의 암살 하」, 『민족일보』, 1961.4.29.

자의 암살사건을 밝히지 않"는 것은 언어도단일 뿐이라고 주장한 이유였다. 반독재투사들이 혁명정권임을 자처하는 장 정권에 의해 속속 그 복권이 행해지고 있음에도, 정작 "김구선생과 같은 애국자의 암살사건을 밝히지 않"는 모순을 그는 반反독재와 달리 반反단정의 통일론이 억압되고 있는 현실과 유비시켜 비판하고 있는 셈이었다. 김구의 공적 복권은 첫 번째 혁명과업의 실현과 애국자의 정당한 대우 및 민족정기의 회복이라는 두 번째와 세 번째 이유를 거쳐 "조국통일의 광장으로 나가기" 위한 첩경이 된다는 네 번째의 반反단정 통일론으로 집약된다. "백범선생의 숭고한 뜻을 받들어 민족의 비원인 통일을 완수하기 위해 먼저 백범선생이 국가의 '방해물'이고 '남북협상론자는 공산당 앞잡이다'라는 그릇된 인상을 깨끗이 벗겨"내자는 그의 이와 같은 주장은 이 시기를 즈음한 한국사회의 뜨거운 반反단정 통일론의 현장에 김구를 어떤 식으로든 위치시킬 수밖에 없게 했던 것이다.

반독재투사들과 달리 김구의 공적 복권이 지체되고 있는 현실에 대한 위 글의 비판적 논조는 4·19의 국면에서 김구의 공적인 '추모'가 진상규명'투쟁'으로 나아가는데 있어서 치명적인 버퍼링이 일어나고 있음을 예증한다. 반反이승만 구도가 지닌 반反독재와 반反단정 통일론 사이에서 김구의 공적 복권은 이 시기를 즈음한 한국사회의 뜨거운 통일 운동의 열기 속에서 또 한 번의 논란을 초래했던 것이다. 김구의 공적인 복권을 둘러싸고 벌어진 한국사회의 이 해소되지 않는 갈등과 균열은 그것이 고양되는 통일 운동의 열기만큼이나 김구의 공적인 복권을 어렵게 만드는 원인이었다. 이는 김구의 추도(준비)위원회와 진상규명투쟁위원회의 위원장직을 맡았던 김창숙의 행보가 증명하는 바다. 김창숙은 1961년 2월 25일에 "민족자주평화를 기틀로 국토통일과 민족역량의 총집결을 강령"으로 한 민족자주통일중앙협의회(약칭 민자통)의 초대 수석의장으로 김구의 공적 복권을 반反단정 통일론의 맥락에다 위치시키는 주도적 역할을 수행했기 때문이다.

주지하다시피 민족자주통일중앙협의회(약칭 민자통)는 1월 15일의 준비위원회를 거쳐 2월 25일에 정식으로 결성된 "혁신 각 정파와 사회단체들"[29]의 연합전선협의체였다. 1961년 5·16이 일어나기 직전까지 한국사회의 통일운동을 이끈 민자통은 "사회당, 혁신당 일부, 사대당, 동학당 일부, 광복동지회 일부, 민족건양회, 민주민족청년동맹(민민청), 통일민주청년동맹(통민청) 준비위원회, 천도교 일부, 유도회 일부, 4월학생혁신연맹, 피학살자유족회, 출판노조 일부, 교원노조 일부, 교수협의회 일부, 사회문제연구회 일부, 학사회, 사회과학연구회 등"[30]의 진보(혁신)계 정파와 사회운동단체 및 개인들을 두루 포함하고 있었다. 여기에 김창숙이 초대 수석의장으로 합류했다는 사실은 안두희가 말한 혁신계와 손잡은 김구의 추종세력들의 용공성을 의심할 바 없는 사실로 만드는 것이자 김구를 한국사회의 뜨거운 통일 운동의 열기와 접속시킬 여지를 열어놓게 된다.

김창숙은 민자통 준비위원장의 명의로 발표한 「성명서」에서 "정부는 중대한 통일방안에 대해 갈팡질팡함으로써 국민을 현혹"케 하지 말고, "국제 대세는 조국통일을 가능하게 하는 방향으로 성숙해가고 있으며 그 첫 단계로서 서신왕래, 경제교류 등을 위한 남북협상에 나"[31]설 것을 주장했다. 이는 마치 김구의 마지막 유지를 잇는 듯한 행보였다. 김창숙의 이러한 행보와 아울러 "백범의 위대한 뜻을 받들어 이 목숨 다하도록 통일의 그날까지 싸울 것"을 맹세하며 "민주적이고

29 「민족자주통일협, 혁신계 각 정당단체들 결성」, 『동아일보』, 1961.2.25.
30 「(통일에의 고동 2) 민자통」, 『민족일보』, 1961.3.8.
31 「통일방안 명백히, 김창숙 씨가 성명」, 『경향신문』, 1961.1.6.

자주적인 민족세력의 굳건한 단결로 남북협상에 나설"[32] 것을 주창한 한독당 대표위원이며 진상규명투쟁위원회의 부위원장이기도 했던 김학규 역시 김구의 공적 복권을 반反단정 통일론과 결부시키기는 마찬가지였다. 김구의 공적 복권을 둘러싸고 전개된 이 엇갈리는 시선과 입장 속에서, 한국사회는 5·16 직전에 민자통 주최로 열린 5월 13일의 "남북학생회담환영 및 민족통일촉진궐기대회"의 뜨거운 통일 운동의 열기 속으로 휩쓸려 들어갔던 것이다.

5월 13일 민자통의 이 "남북학생회담환영 및 민족통일촉진궐기대회"는 "정부와 보수계의 통일방안은 의식적으로 통일을 기피하고 소小남한 영속화를 꾀하는 반민족적 흉계"임을 주장하며 우파단정세력과 날카로운 대치를 보였다. "남북이 통일하려면 남북협상이 필요하고 협상하려면 우선 남북학생들이 판문점에서 회담하여 의견을 교환"하는 남북교류와 협상의 길이 열려야 한다는 대회 참가자들의 주장은 "동포여! 형제여! 군인이여! 경찰관이여! 우리들이 사는 길은 자주적인 통일밖에 없다. 남과 북의 승패론이 아니라 민족으로서 사는 길이 통일밖에 더 있느냐"를 외치며 "모두 통일의 광장으로 나갈"[33] 것을 호소했다. 이 날 대회는 홍석률도 언급했듯이 한국사회의 통일론이 "남북협상론과 중립화통일론의 대치국면에서 1961년 5월에 이르러 급속히 남북협상론으로 기"[34]울어지고 있던 시점에서 열린 것이었다. 이는 곧 한국사회의 반反단정 통일론의 정점을 찍은 이 날 대회가 이승만 정권에 의한 김구 암살의 배경이기도 한 김구의 남북협상론과 상

---

32 김학규, 「민족정기가 통곡할 뿐—선건설 후통일론이란 궤변」, 『민족일보』, 1961.2.25.

33 「배고파 못 살겠다! 통일만이 살 길이다. 격!」, 사월혁명연구소 편, 『한국사회변혁운동과 4월혁명』 2, 한길사, 1990, 330~331쪽.

34 홍석률, 「사월민주항쟁기 중립화통일론」, 『역사와 현실』, 1993, 103쪽.

통하는 것이며, 이 대회의 참가자들이 주장한 "우리는 기어이 이북학생들을 만나고야 말 것이다. 이북학생들은 정부가 말하는 소위 공산당원이기 이전에 우리민족"[35]이라는 피(혈족)의 논리를 "북조선의 빨갱이도 김일성이도 다 우리들과 같은 조상의 피와 뼈를 가"[36]졌다는 김구의 남북협상론에 임하는 피(혈족)의 논리와 동일한 것으로 비춰지게 했다.

5월 13일의 대회를 정점으로 한 이러한 급격한 남북협상론으로의 경도는 이와 대응하여 우파단정세력들의 움직임을 가속화시켰다. 이승만정권의 북진통일론을 대신하여 4·19의 국면에서 우파단정세력은 유엔을 통한 남북한의 평화통일론을 주장하고 나섰고, 이것은 우파단정세력들 간의 유엔감시하의 남북한 총선거와 대한민국헌법 절차에 의한 유엔감시하의 남북한 총선거라는 미묘한 긴장과 알력을 빚어내긴 했지만, 이들은 그 이외의 모든 통일논의에 대해서는 일관되게 거부와 반대 의사를 밝혔다.

이러한 맥락에서 김구의 남북협상론은 한국사회의 반反단정 통일론이 중립화통일론에서 남북협상론으로 기울어지는 것과 발맞추어 실패한 시도와 기획이었음이 이들에 의해 집중적으로 부각되었다. 사민주의를 주장할 정도로 사회주의에 대해 열린 태도를 보여주었던 신상초도 "민자통이 주장하는 바 자주·평화·민주의 삼대 원칙에 입각한 통일론이 얼마나 현실과 거리가 먼 환상적인 통일론"인가를 지적하며, "군정시대 남한사회 안에서의 좌우합작의 실패와 대한민국 수립 직전에 있어서의 중간파에 의한 남북협상의 실패"[37]를 원용하고

35 「민족통일 전국학생연맹 선언」, 사월혁명연구소 편, 앞의 책, 334쪽.
36 백범사상연구소 편, 『백범어록』, 사상사, 1973, 274쪽.
37 신상초, 「혁신진영에 준다 2」, 『경향신문』, 1961.3.14. 신상초는 당시 민주당 대변인으

있기는 마찬가지였다.

"지나간 날 군정軍政 중의 남북협상, 그것이 두고두고 우리에게 따끔한 교훈"을 준다는 우려와 경고는 김구의 남북협상론을 바라보는 우파단정세력들의 공통된 시선이었다. 김구의 순진한 통일 의지에서이든 혹은 노쇠한 정권욕에서이든 김구의 남북협상론은 북한의 선전 도구로 화하며 실패하고 말았다는 역사의 전례로 이 국면에서 김구의 남북협상론은 빈번하게 차용되었다. 그의 실제 의도가 무엇이었든지 결과적으로 북한의 공산'독재'를 유리하게 만들었음을 강조하는 이적 내지 용공 혐의가 과거 김구의 남북협상론을 경유하여 현재의 남북교류(협상)론에도 그대로 덧씌워지고 투영되어진 셈이었다. "서로 만나서 부둥켜안고 울고 웃으면서" "그 핏줄기를 그리워하는 열렬한 동포애"가 눈물겹긴 하지만, "피는 꼭 같은 피"라 하나 "이쪽은 청혈 저쪽은 악혈"이라는 피의 양단은 김구의 피(혈족)의 논리를 해체하며, 이 피(혈족)에 앞서는 이른바 이념의 극복 불가능한 차이를 부각시키고 있었기 때문이다. "피는 꼭 같은 피"지만 "이쪽은 청혈 저쪽은 악혈"이라는 말에 담긴 이러한 피(혈족)의 논리를 압도하는 이념적 차이는 김구의 남북협상론을 비판하는 우파단정세력들의 보루가 되어 충돌과 대립을 거듭해갔던 것이다.

"적이 파놓은 붉은 함정에 빠질까 아슬아슬"[38]하다는 이 계속되는 경고음 속에서, 김구의 남북협상론은 현재의 남북협상론과 겹쳐져 치

로 사회민주주의에 대해 우호적인 인식을 갖고 있었다. 그의 이러한 태도는 『사상계』의 지면에서도 여러 번 피력되곤 했다. 그럼에도 불구하고 그는 통일문제에 있어서만은 민주당 주류의 의견을 대변했다. 그는 중립화통일론이든 남북협상론이든 그것은 모두 우리의 현실에 맞지 않는 환상적 통일론임을 반박하며, 혁신계의 통일논의에 대해 일축했다. 이는 사민주의가 적어도 유럽의 사민주의에 한해서 우파단정세력들에게 받아들여졌으며, 이를 초과하는 논의는 수용되지 않았음을 의미하는 것이다.

38 「횡설수설」, 『동아일보』, 1961.5.7.

열한 헤게모니 쟁투의 대상이 되고 있었다. 이를 반영이라도 하듯이, 장면은 "한국통일이 용공적인 각도에서 이루어진다면 나는 오히려 우리나라가 둘로 갈라져 있는 것이 낫"[39]겠다는 안팎의 논란을 불러일으킨 발언을 하기도 했다. 이처럼 4·19의 국면을 맞아 분출된 한국사회의 반反이승만 구도는 반反독재와 반反단정의 요동치는 현실 속에서, 김구의 공적 복권을 더욱 문제적인 것으로 만들며 민자통이 주최한 5월 13일의 대회를 끝으로 5·16쿠데타를 맞이하게 했다.

1961년 5·16쿠데타는 한국사회의 이와 같은 뜨거운 반反단정 통일론을 동면시켰음은 물론이다. 이 알려진 사실을 상술하는 대신 여기서 지적되어야 할 것은 5월 13일의 대회를 개최한 민자통 소속의 사회단체와 정당들이 모두 혁명재판의 대상이 되어 유죄판결을 받았다는 점에 있을 것이다. 5·16 군정은 깡패소탕에 대한 강력한 의지를 불태우며 소위 용공·공산분자들과 이들을 한 세트로 한 완전한 척결과 근절을 목표로 삼았다. "법의 미비와 기술 부족 등을 이 기회에 보완코자 하며 공산당과 용공분자가 없다는 인상을 갖게 하는 나라를 만들"[40]겠다는 목표 하에 5·16 군정은 특히 남북교류(협상)론을 주도한 혁신계를 그 타깃으로 삼았다.[41]

특히 남북교류(협상)론을 주도한 『민족일보』의 조용수와 사회당의 최백근이 1961년 12월 22일에 그 본보기로 사형된 것은 이의 단적인 실례이다. "일제시대 때도 없었던 전국적으로 3천여 명이 체포"되고

---

39 「용공적 통일은 배격」, 『경향신문』, 1961.4.27.

40 「혁명 축행逐行상 필요시 법원 영장 없이 체포·구금」, 『동아일보』, 1961.5.18.

41 5·16 군정의 깡패소탕에 대해서는 필자의 「빈곤의 포비아phobia, 순치되는 혁명과 깡패/여공의 젠더 분할」, 『한국여성문학연구』, 2014에서 기술했다. 깡패소탕은 용공·공산분자 소탕과 흔히 한 세트가 되어 검거 실적이 공표되곤 했는데, 이 깡패소탕은 한국사회의 국민화 문법을 '내핍의 근로/생산주체'에 맞추는 가시적 스펙터클로 기능했다.

"유죄판결을 받은 사람만 143명"[42]이라는 이 전례 없는 기록을 한국사회에 남긴 5·16 군정에 의한 통일 논의의 억압은 김구의 공적 복권을 지탱하던 한축이 완전히 봉쇄되었음을 의미하는 것이기도 했다. 5·16 군정은 김구의 공적 복권에 내재된 반反단정 통일론을 금지하는 대신 이를 다른 방식으로 해소·전이하게 되는데, 이것이 바로 1962년 3·1절을 맞아 5·16 군정이 대대적으로 펼친 건국공로훈장의 수여와 포상이었다.

건국공로훈장은 1949년 4월 27일 대통령령 건국공로훈장령이 제정·공포되면서 시행되었던 만큼, 이것이 5·16 군정의 작품이라고 보기는 힘들다. 그런데 이 건국공로훈장의 수여가 김구의 공적 복권과 관련해서 이 국면에서 각별한 중요성을 띠는 것은, 건국공로훈장이 이처럼 대대적으로 수여된 사례가 없었다는 점에 있다. 대한민국이 수립된 이래 최초라는 5·16 군정에 의한 건국공로훈장의 대대적인 수여와 포상은 이를 둘러싼 잡음을 끊이지 않게 했지만, 김구의 공적인 복권을 요구했던 4·19혁명의 미완된 과제를 해소·충족시키기에는 충분했다. 이로써 5·16 군정은 김구를 5·16 직전의 한국사회를 뜨겁게 달구었던 통일운동의 열기에서 떼어내는 체제(국가)화를 단행하게 되는데, 아래의 신문기사는 이를 다음과 같이 전한다.

> 第43회 3·1절 기념일을 앞두고 내각사무처에서는 23일 하오 독립유공자 208명에게 포상을 주기로 결정하였음을 발표(수여는 3월 1일 기념식전서)하였다. 이것은 정부 수립 후 최대 규모의 포상으로 문교부에서 1차 심의를 거친 5백 명으로 내각사무처에서 제2차 심의를 끝낸 다음 각의와 최

42 송남헌·정태영·서중석, 「해방 50주년 기념 대담—고초로 점철된 혁신계 50년」, 『역사비평』, 1995, 96~97쪽.

고회의 의결을 맡아 결정한 것이다. 심사기준은 무장독립운동사(대한민국공보처발행) 등 사료 12종에 근거를 두고 제외기준은 국시에 위반된 자, 정치적 과오가 있는 자, 납북자, 이북거주자, 변절자, 미확인자 등이다 (…중략…) 한편 독립유공자 유가족에 대한 적절한 원호대책(연금 지급 · 취업 등에 대한 입법조치)이 촉진할 것이라는데 김병삼 내각사무차장은 선열들의 위업을 찬양하고 독립운동자포상사업의 계속 및 유족들에 대한 대우개선에 관하여 "어떠한 민족도 번영하는 민족은 그 민족의 애국투사를 존경하고 기념한다"고 이 사업의 의의를 강조하였다. 건국공로훈장을 받을 208명 중 중장重章은 28명, 복장複章은 58명, 단장單章은 132명이다.[43]

문교부의 1차 심의를 거쳐 내각사무처에서 2차 심의를 통해 1962년 3 · 1절 기념행사의 일환으로 행해진 "정부 수립 후 최대 규모"의 건국공로훈장의 수여와 포상은 일등급에 해당하는 중장重章이 "의병대장으로서 일본 병사들을 일개 대대 이상 쳐부순 독립투사 등"이었고, 다음 복장複章은 "해외임시정부요인으로 항일운동이 나라 안팎에서 뛰어난 분", 마지막으로 단장單章은 "언론 · 책을 통해 민족의식을 높이 닦아 일본사람에게 체포되어 6년 이상의 옥살이를 겪은 분 등"이 기준이었다. "국시에 위반된 자, 정치적 과오가 있는 자, 납북자, 이북거주자, 변절자, 미확인자 등"을 제외한 이러한 건국공로훈장의 체제(국가)화는 건국공로훈장의 중장 · 복장 · 단장의 수여 기준이 의미하는 바 그대로 항일독립운동에 그 초점이 맞추어져 있었다.

항일독립운동을 중심으로 한 건국공로훈장의 대대적인 수여와 포상은 김구를 상해 임정의 '주석' 자리에 굳건하게 올려놓는 것이었다.

---

43 「독립운동유공자 208명에 건국공로훈장」, 『동아일보』, 1962.2.24.

건국공로훈장 중 최고 등급인 중장을 받은 28명의 인물들 중 김구는 "18세 때 동학당에 가입하고 19세 때 해주 동학군의 선봉이 되어 1896년 안악 치아포에서 일본 육군 중위 토전土田을 살해"[44] 한 시기를 제외하고는 임시 정부 활동이 주를 이루었기 때문이다. 더구나 중장 다음의 복장은 아예 해외임시정부요인이라는 카테고리가 설정되어 있음으로 해서 중장을 받은 김구를 뒷받침하는 후광 효과를 발휘했다. 이는 임정을 대한민국의 건국 기원으로 하는 3・1—4・19—5・16으로 이어지는 국가의 계통화이자 동질화였다. 대한민국의 수립 당초부터 임정은 대한민국의 전사前史로 간주되었던 만큼 이 동질적인 국가사가 유독 이 시기의 산물이라고만은 할 수 없겠지만, 그럼에도 임정의 명실상부한 대표자가 4・19의 청산의 대상인 이승만이 아니라 '김구'였다는 점은 5・16 군정에 의한 변모의 지점을 드러낸다.[45] 5・16 군

---

44 「건국공로훈장수상자 프로필, 길이 살아있는 선열의 얼」, 『동아일보』, 1962.2.26.

45 「중장엔 생존자 한 사람」, 『경향신문』, 1962년 2월 24일자는 5・16 군정에 의해 상해 임정의 '대표자'가 이승만이 아닌 김구로 대체되는 과정을 보여주는 흥미로운 기사이다. "독립운동유공자 명단을 발표하러 내려온 김병삼 내각사무처장은 수상자를 심의하는데 정치적 과오가 뚜렷하거나 국시에 위배된 행위가 현저한 일 등 6개 제외 기준에 해당"하는 사람은 배제했음을 밝히던 도중, "초대 대통령인 이승만 박사는 정치적 과오가 커서 빠졌습니까?"라는 기자의 질문에 "그것은 여러분이 적당히 해석"하라며 즉답을 피했다. 이 질의와 응답은 5・16 군정에 의해 부정과 부패의 일차적인 청산 대상이 된 이승만을 대신하여 김구가 상해 임정의 부동하는 위상을 점하게 된 과정을 말해준다. 여기에 대해서는 김상구, 『김구청문회』 2, 매직하우스, 2014를 참조할 수 있다. 다만 이 책에서는 5・16 군정에 의한 김구의 미화가 집중적으로 비판되고 있다면, 이 글에서는 5・16 군정에 의한 건국공로훈장의 대대적인 수여와 포상이 상해 임정의 대표자를 이승만이 아닌 김구로 대체해가는 과정에 주목했다. 이승만 정권 시 제정된 건국공로훈장령은 8월 15일에 수여 및 포상이 이루어졌는데, 5・16 군정은 이를 8월 15일이 아닌 3월 1일로 옮기게 된다. 8월 15일에서 3월 1일로 옮겨진 건국공로훈장의 수여와 포상이 이승만을 대신해 김구를 상해 임정의 부동의 지위에 올려놓는 것과 연관이 있었다면, 8월 15일을 광복절이 아닌 건국절로 부르며 이승만을 다시 격상시키려는 현 정권의 움직임은 김구의 위상과 연관하여 어떤 식으로든 그 격하가 이루어질 것임을 예고한다. 특히 김구를 대신하여 이승만을 격상하려는 국가적 개입과 관여가 소위 국정원을 중심으로 행해지고 있다는 세간의 설마저 그럴듯하게 들리는 형국인 것이다.

정은 김구를 대한민국의 건국선조로 하는 새로운 통치 기술과 전략으로 5·16 직전의 한국사회를 뜨겁게 달군 반反단정 통일론의 열기에서 그를 분리시켜 안전하게 체제(국가)로 연착륙시켰음을 위의 사례는 여실히 보여주고 있기 때문이다.

대한민국의 건국선조로 김구가 재정위되고 그의 애국선열로서의 위상이 임정의 '주석' 자리에 한정되는 5·16 군정에 의한 이러한 김구의 체제(국가)화는 그의 아들 김신의 행적이 뒷받침했다. 김신과 5·16 군정과의 깊숙한 유착 관계는 이 김구의 체제(국가)화에 어떤 식으로든 일조한 바가 크기 때문이다. 김구의 든든한 협력자로 남북협상의 길에도 동반했던 그는 김구의 죽음 이후에 그의 아들이라는 이유만으로 이승만 정권에 의해 지속적인 감시와 탄압을 받았다. 아마도 이것이 5·16 군정을 그가 지지하게 된 중요한 이유 중의 하나로 작용했을 것이다. 하지만 시각을 달리 하면, 군인이라는 그의 특정한 신분적 제약이 5·16 군정에 심리적인 경도를 낳았을 개연성 역시 무시하지 못하게 한다. 어쨌든 그는 자신의 회고록에서, "이승만 정권 시절에 끊임없이 감시당하고 중상모략에 시달"렸음을 밝히며 역으로 이것이 "혁명군에 반대"[46]하지 않으리라는 신임의 근거가 되었음을 이야기한다. 다시 말해 5·16 군정의 반反이승만 정서가 김신을 5·16 군정의 중요한 협력자 중의 한 사람으로 간주하게끔 했으며, 그도 5·16쿠데타를 거부하지 않는 것으로 이후 박정희 정권까지 긴밀한 협력 관계를 맺어갔음을 밝히고 있는 것이다.

5·16 군정 이후 박정희 정권 하에서 그는 주중(타이완)대사와 교통부장관의 요직을 두루 섭렵하며 출세 가도를 달렸다. 가히 박정희의

46 김신, 『조국의 하늘을 날다』, 돌베개, 2013, 215쪽. 이후 본문은 쪽수만 표시.

사람이라고 불러도 손색없는 면모였다. 박정희 정권에 대한 그의 이러한 친밀한 협력 관계가 무엇보다 "집권하면서부터 독립유공자를 돌보는데 힘"썼다는 사실에서 찾아지고 있는 점은, 1962년 3·1절에 행해진 건국공로훈장의 대대적인 국가 포상과 지원의 물질적·상징적 효력을 되짚게 한다. 그는 "박정희 대통령은 집권하면서부터 3·1절 기념식에서 독립운동을 한 사람들에게 훈장을 수여"했고, "유족들이 학교에 다니고 취직을 하는 데 도움"(304)을 준 사실을 박정희 정권의 가장 중요한 치적으로 꼽았기 때문이다. 이는 3·1절 「기념사」에서 박정희가 언급한 "독립유공자들의 후예를 부조하는 의도에서 유가족 여러분에 대하여 구호방책으로 연금 또는 취업을 위한 적절한 입법조치를 강구"[47]하겠다는 뜻에 따라 4월 6일 제정된 '국가유공자 및 월남귀순자 특별원호법'이 발효된 데 따른 결과였다. 5·16 군정은 건국공로훈장의 대대적인 수여 및 포상과 함께 이처럼 남겨진 유가족들에 대한 원호 사업을 강화해감으로써 이들의 국가 귀속과 충성을 이끌어낼 수 있었던 것이다. 이러한 5·16 군정에 의한 대대적인 국가 포상과 지원 사업은 남겨진 유가족들에게는 실질적인 경제 혜택으로 인식되며, 결과적으로 4·19 국면에서 김구가 지닌 치열한 헤게모니 투쟁과 갈등을 지우는 데 효과적으로 기여했음을 김신의 행보는 다시금 확언시켜주고 있다.

김구가 5·16 군정에 의해 대한민국의 건국선조로 위치되어지는 것과 동궤에서 김구의 공적 복권을 주도했던 김창숙과 김학규 역시 상해 임정의 인물로만 기억되는 굴절과 변용을 피할 수 없었다. 이들 또한 5·16 군정에 의해 건국공로훈장의 대상자로 각기 지정되어 중장

47 박정희, 「제43회 3·1절 기념사」, 『박정희대통령연설문집』 1, 대통령비서실, 1973, 201쪽.

과 복장을 수여받았다. 건국공로훈장 중장에 빛나는 유일한 생존자라는 점 때문에 신문지상을 화려하게 장식했던 김창숙은 그러나 곧이어 발표된 1962년 3월 31일의 "정치활동의 적격 심판을 받을 1,285명"의 2차 명단에 그 이름을 올리게 된다. 3월 30일의 제1차 명단에 이은 이 2차 명단에는 장준하와 양호민 등을 포함한 유수 언론인들과 혁신계의 대표적인 인물들이 포진되어 있었다.

"건국공로 중장을 받은 김창숙"과 "전前한독당 최고 간부 김학규"가 나란히 명단에 올랐음을 전하는 신문기사내용은 "「정정법 3조 1항 5호의 나」"에 해당하는 "군소정당 및 사회단체의 간부"[48]로 활동한 이들의 과거 전력과 지위를 문제 삼았다. "혁명과업 수행 상 장해가 되는 정치부패의 제 요인을 미연에 제거"하고 "새로운 부정부패로 재발될 염려가 있는 혁명을 예방"[49]한다는 입법 취지를 내건 이른바 5·16 군정에 의한 정치활동정화법(정정법)은 김창숙과 김학규를 이 정정법의 심판대에 서게 했던 것이다. 혁신계의 대표적인 인사들이 혁명재판에 회부되어 대부분 실형 내지 극형을 선고받았던 것과 비교하면 이들은 5·16 군정에 의한 직접적인 처벌은 면할 수 있었다고 해도, 정정법의 심사 대상자가 되는 것은 피할 수 없었던 셈이고, 이는 5·16 군정이 이들을 일면 포상과 일면 규제로 제어·통제하려 했음을 시사하는 부분이다.

1962년 5월 10일 83세로 세상을 떠난 김창숙은 이 정정법의 대상자에서 자동 탈락되었다지만,[50] 김학규는 정정법의 부분적인 해제가 있

48 「총수 4,192명」, 『동아일보』, 1962.4.1.

49 박일경, 「차기정권의 담당세력 정치활동정화법을 중심으로 정치 재부패를 방지, 정정법은 민정 후의 혁명예방법」, 『경향신문』, 1962.3.21.

50 김창숙은 정정법의 심사 대상자 명단에 오른 지 얼마 되지 않은 시점인 5월 10일에 83세를 일기로 사망했다. 따라서 그는 이 정정법의 심사 대상자에서 자동 탈락된 셈이었다.

기 전까지 모든 정치적 발언과 활동이 금지되었다. 김창숙과 김학규의 사례가 예증하는 5·16 군정에 의한 김구의 체제(국가)화는 한국사회의 급변하는 현실과 그 궤를 같이 하는 것이었다. 왜냐하면 4·19의 국면에서 김구의 공적 복권을 향한 한국사회의 치열한 대치와 갈등이 5·16 군정에 의한 김구의 체제(국가)화와 동반되어 반反단정 통일론을 철저하게 억압하고 배제하는 것으로 귀결되었기 때문이다. 1972년 남북한 정권에 의한 7·4남북공동성명의 깜짝 이벤트가 있기 전까지 한국사회는 김구를 오로지 상해 임정의 '주석' 자리에 한한 채 체제 내적이고 대항적인 담론을 오가는 부침을 보여주게 된다.

이어지는 4절에서는 김구의 이러한 체제(국가)화가 갖는 자장을 대항적 기억서사와 연관하여 다루어볼 예정이다. 이를 위해서 광복군 출신으로 박정희 정권의 최대 정적이었던 장준하와 한국 작가로는 드물게 김구를 소설 텍스트의 소재로 삼았던 최인훈을 주요하게 다룰 예정이다. 1963년 김구의 14주기 추도식에 참석하여 따로 「추념사」를 했을 정도로 김구에 대한 각별한 애정을 드러냈던 박정희는 1964년 한일회담의 대치 국면을 거치면서 더 이상 이와 같은 행보는 보여주지 않게 된다. 반면 박정희 정권과 대립각을 세웠던 장준하는 『돌베개』의 일부로 재수록된 「백범김구선생을 모시고 6개월 1~4」를 1966년 『사상계』에 발표했으며, 최인훈은 『세대』에 연재된 「회색인」을 필두로 1966년 『서유기』와 「총독의 소리」 및 「주석의 소리」에 이르기까지 김구로 상징되는 상해 임정을 지속적으로 호출하고 서사화

이에 반해 김학규는 정정법의 해당자가 되어 1963년 2월 1일에 허정, 백남훈, 신상초 등의 구정치인과 함께 해금되기 전까지 모든 정치적 활동과 운신이 제약되었다. 김학규의 정정법 해제와 관련해서는 「구정치인 275명 추가 구제」, 『동아일보』, 1963년 2월 1일자를 참조할 수 있다.

하게 된다.

이러한 상반되는 행보가 4절의 주된 논점이다. 따라서 4절은 장준하와 최인훈에 관한 본격적인 연구는 아니다. 오히려 김구라는 역사적 상징이 한일회담의 국면을 거치면서 겪게 되는 변화와 재구성이 4절의 중심적인 논점이 된다. 1960년 4·19의 국면에서 반反단정 통일론의 역사적 위상을 점했던 김구의 이러한 변모 양상은 그것이 김구의 체제(국가)화와 연동하여 이루어졌다는 점에서, 이 시기의 특수한 일면이 존재한다. 장준하와 최인훈이 그려가는 이 대항적 기억서사의 틀과 의미가 5·16 군정을 잇는 박정희 정권에 의한 김구의 체제(국가)화와 어떠한 길항 관계를 맺는지가 이어지는 4절의 주된 논점을 이루게 될 것이다.

4. 장준하와 최인훈, 한일회담의 국면과 대항적 기억서사

5·16 군정은 상술했듯이 김구를 체제(국가)화하는데 심혈을 기울였다. 건국공로훈장의 수여가 이승만 정권 하에서는 8월 15일이었지만 3월 1일로 옮겨졌다는 것도 이의 부정할 수 없는 한 방증이다. 5·16 군정의 박정희는 "이 정권 때에는 무엇 때문에 그랬는지 모를 일이지마는 선생의 묘소에는 관헌이 지키고 있다가 참여자를 죄인을 다루듯이 성명과 주소를 붙여 기록"하던 것과는 달리, "14년 추도회에는 국가원수가 그 명예회장이 되어 민족정기가 있는 곳을 온 겨레에게 밝히"[51]는 데 앞장서기도 했다. 1962년 건국공로훈장의 수여에 이은 1963년 14주기 김구의 추도식에서 보여준 박정희의 이 유별난 관심은 그

두달만에 褪變色 損壞까지
都市美觀害치고 藝術價値없어
차라리 撤去해야…市民의 소리

건립된 지 두 달 만에 깨어져나간 조각상들

가 직접 명예회장의 자격으로 따로 「추념사」를 마련했을 정도였던 것이다. 5·16 군정 기간 내내 이어진 박정희의 김구에 대한 이와 같은 애정과 관심은 몇 번의 번의 끝에 치러진 1963년 12월의 대통령선거 승리 이후에도 지속되었다. 이 대표적인 사업으로 들 수 있는 것이 태평로와 세종로의 주요 가로에 세워진 선열들의 석고 조상이다.

"5·16혁명 제3주년을 기념하는 뜻 깊은 날에 즈음하여 이곳 세종로 가도에 선현先賢 57위의 우람한 석고상을 건립"하게 되었음을 치하하며 박정희는 그 제막식에서 "석고상에 아로새겨진 선열들의 웅장한 기상 속에 연면히 이어온 민족의 정기를 되새기며 내일의 영광과 번영을 위한 분기의 결의"[52]를 다짐했다. 3월 20일경에 계획되어 5월 16일에 제막식을 갖기까지 채 두 달여의 시간이 걸리지 않은 그야말로 전광석화처럼 추진된 사업이 바로 석고상 건립 사업이었다. 문교부가 150만 원의 예산을 들여서 서울의 네 개 대학의 미대생들을 동원하여 만든 이 석고상들은 박정희가 57위라고 말했던 것과 달리 실상 37위였으며, 사명당이나 왕건과 같은 옛 성현들뿐만 아니라 안창호와 안중근 등의 최근세사의 인물들까지 두루 망라하고 있었다. 이

51 박영만, 「백범김구선생의 편모」, 『동아일보』, 1963.6.26.
52 박정희, 「치사」, 『박정희대통령연설문집』 2, 대통령비서실, 1973, 106쪽.

37위의 선현들 중에 가장 최근세사의 인물이 김구이고 보면, 5·16 군정 이후 박정희 정권 초기까지 이어진 김구의 체제(국가)화의 양상이 잘 드러난다.

하지만 이 사업은 추진 단계에서부터 많은 논란의 소지를 안고 출발한 것이었다. 전문가도 아닌 "각 대학 조각과 학생"들을 동원해 "한두 달 동안에 진행한 기획의 졸속성"도 그러하거니와 이 조상들이 "작품으로서 습작품에 불과하고 성격과 표정의 결핍, 의상 고증의 불충분과 해부학적인 고려가 전혀 없었다는 점과 선현들의 조상을 '쇼'처럼 무더기로 진열해놓아 도시 미관상 역효과를 내"[53]고 있었기 때문이었다. 결국 이 주요 가로에 설치된 조각상은 "두 달도 못돼 빗물로 인하여 생긴 흉한 자국"과 "곳곳이 파손되고 표면이 벗겨지는"[54] 등의 부작용으로 세워진 지 2년여 만에 철거되고 만다. "뜻 있는 인사들의 의분"[55]을 자아내기까지 한 이 조각상 건립 사업은 1964년 6·3 비상계엄령을 얼마 앞두지 않은 시점에서 추진된 것이라는 점에서 여러 모로 눈길을 끈다. 그것은 한일회담의 대치 국면을 "민족주의 선양"이라는 이름으로 "민족적 각본에 따라 움직인"[56] 전시성 이벤트로 돌파하려는 박정희 정권의 의도가 깔려 있었기 때문이었다.

"중앙청 앞길의 잔디 위에 학생들이 만든 치졸한 선열들의 동상이 세워"지고 "결국 그것은 철거의 운명을 맞"[57]고 말았음을 지적한 김수

53 「남대문―중앙청녹지대의 선현상 두 달 만에 퇴褪·변색·손괴까지」, 『동아일보』, 1964.7.14.

54 「선열들에 송구」, 『경향신문』, 1964.7.4.

55 「훼손된 선열상」, 『경향신문』, 1964.9.28. 이 기사에서는 문교부의 무책임한 계획과 관리 실태를 고발하며 "날치기 공사를 한 업자와 무책임하게 공사를 감독한 문교당국자"에 대한 "철저하고 엄중한 책임 추궁"을 요청하기도 했다. 그만큼 이 사업은 박정희 정권의 대표적인 졸속 사업으로 남게 된다.

56 「어설프고 유치한 '쇼'」, 『경향신문』, 1964.4.25.

57 김수영, 「로터리의 꽃의 노이로제」, 『김수영전집』 2, 민음사, 1981, 196쪽.

영은 박정희 정권의 군대식 차트 정책을 이 애국선열의 조각상 건립 해프닝에 빗대어 비판한 것이었지만, 이 애국선열들의 조각상 건립과 철거는 마치 한일회담의 대치 국면을 거치며 박정희 정권과 김구간의 밀월 관계가 깨어져나가는 전조처럼 보이게 했다. 1964년 6·3 비상계엄령 선포에 이은 1965년의 전격적인 한일국교정상화까지 한일회담의 대치 국면을 경과하면서 박정희 정권과 김구간의 이 밀월 관계는 더 이상 유지되지 않았기 때문이다. 1963년 명예회장의 자격으로 따로 추념사를 했을 정도였던 박정희 정권으로서는 거의 격세지감의 온도차라 할 만했다. 아래의 신문기사는 1965년 김구의 16주기 추도식의 광경을 아래와 같은 논평을 실어 전하고 있다.

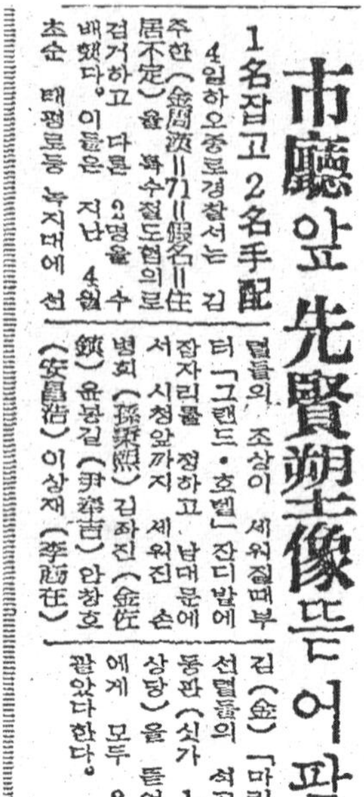
市廳앞 先賢塑像뜯어팔아

1名잡고 2名手配

4일하오종로경찰서는 김주한(金周漢=71=假名=住居不定)을 특수절도혐의로 검거하고 다른 2명을 수배했다。이들은 지난 4월초순 태평로등 녹지대에 선열들의 조상이 세워질때부터「그랜드·호텔」잔디밭에 잠자리를 정하고 남대문에서 시청앞까지 세워진 손병희(孫秉熙) 김좌진(金佐鎭) 윤봉길(尹奉吉) 안창호(安昌浩) 이상재(李商在) 김(金)「마리아」등 여섯선열들의 석고상밑에 붙은 동판(싯가 1개당 2천원상당)을 뜯어내어 엿장수에게 모두 2백20원을받고 팔았다한다。

엿장수에게 판 석고상 절도사건

여야가 각각 운명을 건 한일협정비준 동의를 앞두고 정국이 초긴장상태에 빠진 26일 고故백범 김구 선생의 16주기 추도식이 효창공원묘지에서 열려 이 자리에서 다시 한 번 고인의 유지를 되새겼다. 정부 측에서는 원용덕 무임소無任所, 국회 측에서는 장경순 부의장을 비롯, 민중당 이상철 의원 등 수많은 야당인사와 양주한梁駐韓 중국대사 등 각계인사 1천여 명이 나왔으나 특이한 것은 공화당에서는 차지철 의원 한 사람만 나와 여야가 좋은 대조. 경찰은 이날 추도식이 끝난 다음 '데모'가 있으리라는 정보 때문에 요소요소에 경찰관까지 배치했으나 별다른 사고는 없었지만 모某 야당인사는 "공화당 의원들이 이렇게 안 나와서야 어디 애기가 되겠냐?"고 개탄했다.[58]

김구의 16주기 추도식의 대조적인 풍경을 전하는 위 신문기사의 내용에 따르자면, 야당 인사들은 김구의 16주기 추도식에 대거 참여한 데 비해 집권당인 공화당 인사들은 거의 불참했다. 야당 인사들의 북적거림과 대비되는 집권당인 공화당의 이러한 김구 추도식에 대한 외면은 정부 측 참여자가 또한 원용덕 무임소장관이라는 점과 맞물려 소원해진 박정희 정권과 김구의 관계를 반영하고 있었다. 1963년 추도식의 명예회장을 박정희가 직접 맡았던 것과 대조되는 이 극명한 차이는 김구의 16주기 추도식 행사가 "끝난 다음 '데모'가 있으리라는 정보 때문에 요소요소에 경찰관을 배치"하는 살풍경한 광경으로 인해 더욱 가시화되었다. 이는 김구에 대한 박정희 정권의 각별한 애정이 한일회담의 대치 국면을 경과하면서 어떤 파열음을 빚어냈음을 의미하는 증좌일 것이다. 그런데 이 파열음이 박정희 정권에 의한 김구의 체제(국가)화와 직결된 것이었다는 점에서, 그 역설과 아이러니가 존재했다. 왜냐하면 5·16 군정은 반反이승만을 모토로 김구를 상해 임정의 '주석' 자리에 굳건하게 올려놓았고, 이것이 역으로 김구의 역사적 위상을 항일독립투쟁의 최고 선봉에 위치시키는 결과로 나타났기 때문이었다.

굴욕적이며 사대주의적인 외교로 그 철회를 끊임없이 요구받았던 한일협정은 박정희 정권의 강행 의사 속에서 1965년 6월 20일 가조인 체결과 6월 22일 정식 조인이 이루어졌고, 김구의 16주기 추도식이 거행된 6월 26일은 국회 상정 및 비준을 앞둔 시점이었다. 이 시점에서 개최된 김구의 16주기 추도식은 박정희 정권에게는 하나의 아킬레스건이 되고 있었음을 위 인용문은 잘 보여준다. 제2의 독립운동이 필요

---

58 「이래서야 집권당 체면이」, 『동아일보』, 1965.6.28.

하다는 반대 진영의 고양된 목소리는 친일과 항일의 지형을 양분하며, 집권세력에 대항하는 반대 진영의 구심적 상징으로 김구를 재'전유'하게 했다. 여기서 5 · 16 군정에 이은 박정희 정권의 김구에 대한 체제(국가)화가 한일회담의 대치 국면에서 갖는 예기치 않은 갈등과 대립의 양상을 엿볼 수 있다.

박정희는 주지하다시피 5 · 16 군정 당시부터 한일회담을 추진하게 된다. 하지만 비밀리에 진행된 이 협상은 여론의 강한 반대에 부딪히며 일단 선거 국면에서 보류되고 만다. 하지만 대통령 선거 승리 이후 출범한 제3공화국에서 박정희 정권은 사활을 걸고 한일회담을 추진했고, 여기에 맞서 졸속적인 협상 추진과 타결을 우려하는 목소리들이 1964년 3월 24일 학생들의 첫 반대 데모 이후 6월 3일 비상계엄령의 선포 및 6월 26일 시국수습을 위한 특별담화문의 발표까지 숨 가쁜 흐름을 이어가게 했다. 박정희는 비상계엄령 선포 이후에 발표한 「대통령교서」에서 "한일문제만 하더라도 급변해가는 국제정세에 대비하고 또 국가 이익을 위한 경제협력과 국제적 지위 향상을 위하여 빨리 타결되어야 한다는 신념 하에서 한일회담이 추진"되었음을 언명하며, "저자세니 굴욕외교니 사전수수니"[59]하는 말들로 한일회담을 비난하는 것에 대해 강한 불만과 거부감을 드러냈다. 그는 한일회담을 계속 강행할 것임을 천명하며, 반대 데모의 주동자로 학생과 언론들을 주타깃으로 삼았다. 학원보호법과 언론윤리위원회법이 한일회담의 대치 국면에서 입안된 것도 이 때문이었는데, 이 두 법은 모두 반대 시위를 주동한다고 여겨진 학생과 언론을 통제하기 위한 박정희 정권의 대응 수단이기도 했다.

---

59 박정희, 「대통령교서」, 『박정희대통령연설문집』 2, 대통령비서실, 1973, 131쪽.

하지만 학원보호법과 언론윤리위원회법은 "정국 불안의 주요 책임"을 "'일부 언론인과 일부 학생'에 있다고 단정하고는 일면에서는 언론을 규제"하기 위하여 그리고 "타면에서는 학원을 단속"하기 위한 탄압책에 지나지 않는다는 비판을 제기하게 했다. "뜻있는 사람들이면 누구나가 염려하였듯이 이대로 나가다가는 국가와 민족은 멸망하게 되지나 않을까 걱정이 되"어 "3·1운동과 4·19의거에 있어서와 마찬가지로 나라를 구하는 최후의 순간에 이르러 궐기"한 것임에도 불구하고 "학칙이나 변경하고 새로운 법률이나 만듦으로써 모든 종류의 반항을 막으려" 하는 것은 시대착오적 발상이라는 비판이었다. "'나치스' 시대에도 없었던 일"[60]로까지 치부된 이 두 법안은 관련자들의 격렬한 반대 속에서 결국 철폐되고 말았지만, 이 과정에서 박정희 정권과 대치를 이어간 반대 진영의 움직임도 가속화되고 있었다. 이 한가운데에 시상계사의 사장인 장준하가 자리했다.

장준하는 『사상계』의 대표적인 필진이었던 함석헌과 함께 한일회담의 대치 국면에서 학생들과 범야권을 매개하는 가교로서 역할했다. 그는 "민정·민주·자민·국민의 당 등 재야 전 야당과 사회·종교·문화 단체 대표 및 저명인사들 2백여 명"이 "정부·여당의 대일저자세 외교를 저지시키려는 투쟁기구"[61]로 결성한 '대일굴욕외교반대 범汎투쟁위원회'의 지도위원으로 참여하여 한일회담 반대투쟁을 공동으로 벌였으며, 『사상계』의 지면을 통해서도 그 부당함을 지속적으로 알렸다. 한일회담의 대치 국면에서 그가 보여준 이러한 활동들은 5·16 발발 직후 군부에 대해 그가 내비쳤던 기대감을 거두어들이는 것과 동시적이었다. 그는 '대일굴욕외교반대 범汎투쟁위원회'의 활동뿐

60 황산덕, 「아카데미즘의 위기」, 『청맥』, 1964.9, 25쪽.

61 「대일굴욕외교 분쇄 위해 "모든 수단 다하겠다"」, 『동아일보』, 1964.3.9.

만 아니라 언론윤리위원회법의 파동으로 인해 긴급하게 결성된 '자유언론수호연맹'의 부위원장도 맡아 박정희 정권과 맞서게 된다.

'자유언론수호연맹'은 "언론윤리위원회법의 철폐와 항구적인 언론자유를 수호"하려는 목적으로 함석헌을 위원장으로 하여 1964년 9월 10일에 결성된 조직이었다. 이 결성식에서 참석자들은 "언론윤리위원회법을 악법으로 단정하면서 이의 철폐를 요구하는 결의문, 선언서, 규약" 및 "박 대통령에게 보내는 메시지 등을 채택"하고 "정부나 그 밖의 어떤 집단과 개인을 막론하고 자유 언론을 침해·저상沮喪하는 행위를 끝까지 저지"[62]하겠다는 결의를 표방했다. '자유언론수호연맹'은 '대일굴욕외교반대 범汎투쟁위원회'에 이은 장준하의 현실정치에 대한 본격적인 개입을 가져왔다. 이로써 그는 『사상계』의 지면에 한정되지 않는 현실정치의 보폭을 넓혀가며 한일회담의 대치 국면을 또 다른 의미에서 주도한 셈이었다.

장준하의 이와 같은 행보는 광복군이라는 그의 과거 이력으로 인해 더욱 탄력을 받았다. 일제 말기 학병으로 징집되어 중경으로 탈출한 그의 과거 이력이 한일회담의 부당성을 알리는 효과적인 무기가 되어 주었기 때문이다. 그는 "중경을 찾아가는 대륙 횡단을 위해 중국 벌판을 황토 속으로 그 뜨거운 지열과 엄청난 비바람과 매서운 눈보라의 길, 6천리 길을 7개월 동안 도보"[63]한 자신의 경험을 이 한일회담의 대치 국면에서 적극적으로 활용하게 된다. 따라서 장준하는 자신의 이

---

62 「자유언론수호련 발족」, 『경향신문』, 1964.9.10.

63 장준하, 『돌베개』, 1985, 사상사, 5쪽. 장준하의 『돌베개』는 1971년 사상사에서 간행되었다. 장준하는 이 『돌베개』의 간행에 앞서 1960년 1월호에서 1960년 11월호까지 『사상계』에 「중경으로 가는 길」을 총 8회에 걸쳐 연재한 바 있다. 이것이 『돌베개』의 1장인 「탈출」에서 7장인 「파촉령 넘어 태극기」까지의 부분에 해당된다. 『돌베개』의 1장에서 7장이 1960년 『사상계』의 「중경으로 가는 길」을 바탕으로 했다면, 「백범 김구 선생을 모시고 6개월」은 『돌베개』의 「임시정부의 환국」에 재수록되었다.

러한 과거 일제 시기 항일투쟁을 밑바탕으로 박정희 정권의 한일회담 강행을 반反민족적인 것으로 규탄하고 김구를 이 임정의 부동의 상징으로 내세웠던 셈인데, 이는 박정희 정권에 의한 김구의 체제(국가)화가 한일회담의 대치 국면에서 후퇴한 것과는 좋은 대조를 이루는 것이었다.

박정희 정권은 한일회담의 대치 국면에서 김구와 일정한 거리두기를 하게 된다. 반면 장준하는 중경의 임정을 찾아 무려 6천리 길도 마다하지 않았던 자신의 과거 이력을 토대로 이에 대항하는 움직임을 가시화했다. 여기서 김구로 상징되는 임정은 "우리 혁명 선배들"이 "조국광복에 몸 받친" 항일독립투쟁의 거점이 되고, 임정의 '주석'으로서 김구는 항일독립운동가의 역사적 표본이자 상징이 된다. 김구로 표상되는 임정의 이와 같은 항일독립투쟁사는 박정희 정권에 의한 김구의 체제(국가)화와 길항하며 한일회담의 강행과 그 반대를 부르짖는 작용과 반작용의 역학을 한국사회에 그려갔다 할 것이다.

> 자유언론수호연맹결성대회에 상해로 중경으로 일본 제국주의에 항거하던 우리 선열들이 쓴 태극기가 등장하여 화제. 국기에 대한 배례가 있기 직전 사회자인 지명관 씨는 "연단 정면에 걸린 태극기는 40여 년 전부터 우리 임시정부에서 쓰던 피어린 태극기입니다"라고 말하자 장내는 금방 엄숙한 긴장에 휩싸였다. 이 태극기의 보관자인 장준하 씨의 말을 들으면, "김구 선생님께서 1944년 4월엔가 중경에서 잘 맡아두라"는 분부를 받고 지금까지 보관한 것"이라고. 1962년 '막사이사이' 언론상 수상자인 장준하 씨가 이 기를 바로 언론자유를 다짐하는 이 자리에 내놓은 것이 더욱 이채.[64]

64 「그게 왜 개인 '플레이요'」, 『동아일보』, 1964.9.10.

위의 짧은 신문기사를 보자. 위 기사는 '자유언론수호연맹' 결성식의 이색적인 풍경을 전한다. 위 신문기사에 따르면 "자유언론수호연맹결성대회에 상해로 중경으로 일본 제국주의에 항거하던 우리 선열들이 쓰던 태극기가 등장"하여 이채를 띠었음이 강조된다. 위 신문기사는 이 태극기가 "김구 선생님께서 1944년 4월엔가 중경에서 잘 맡아두라는 분부를 받고 지금까지 보관"해오던 것을 장준하가 '자유언론수호연맹' 결성식을 맞아 처음으로 공개한 것이라는 점도 언급한다. "언론자유를 다짐하는 이 자리"에 "1962년 '막사이사이' 언론상 수상자"인 장준하에 의해 연단 정면에 내걸린 태극기는 그것이 "일본 제국주의에 항거하던 우리 선열들이 쓰"던 것이었다는 점에서, 그 상징적인 의미는 더욱 배가될 수밖에 없었다.

'자유언론수호연맹'의 결성 과정에서 주도적인 역할을 담당했던 장준하는 이 결성식을 계기로 박정희 정권에 맞서는 역사적 상징으로 김구를 차용하는 일이 많아졌다. 위 신문기사에서 전한 '자유언론수호연맹'의 결성식뿐만 아니라 『사상계』에 1966년 8월에서 11월까지 연재한 「백범 김구 선생을 모시고 6개월 1~4」도 그 중 하나일 것이다. 총 4회에 걸쳐 연재된 이 글은 제목에서부터 그와 김구의 특별한 관계가 강조된다. 김구를 지근거리에서 보좌한 그의 생생한 경험담이 현재의 왜곡된 현실과 환국 직후의 불안정한 정세를 겹쳐놓게 했던 것이다. 실상 이 글은 박정희 정권에 의해 『사상계』가 고사 직전으로 몰리던 상황에서 연재되기 시작한 것이었다. 6~7월호의 결간 끝에 간신히 나온 8월호에 제1회가 실리기 시작한 이 글은 박정희 정권에 의한 김구의 체제(국가)화와 길항하며 김구로 상징되는 '임정'의 대항적 기억서사를 짜나가게 된다.

무엇보다 이 글은 장준하가 정치인으로서 본격적인 행보를 내딛는 시점과 맞물려 있어서 더욱 눈길을 끈다. 장준하는 1965년 5월 3일에 창당되어 한 차례 분당 소동을 겪은 민중당에 1966년 7월 13일 재야세력의 일원으로 합류하게 된다. 그는 민중당 입당 성명에서 "건전 단일 야당의 실현으로 군정의 재연장을 봉쇄하고 정권의 평화적 교체"[65]를 위해 힘쓰겠다는 포부를 밝혔다. 민중당에의 입당은 그가 사상계사 사장이라는 언론인으로서의 입지를 벗어나 정치인으로서 현실정치에 본격적으로 뛰어들었음을 의미했다. 민중당 입당에 앞서 그는 "정책정당"을 표방한 민중당의 정체성 강화에도 앞장섰는데, "한때 민중당을 결별한 강경파의 신당 운동"에 관여한 장준하가 "민중당의 정치훈련원생 교육프로그램의 강사로 나서 이채"[66]를 띤다는 신문기사의 보도는 이 민중당의 정치훈련원생 교육프로그램에 기울인 그의 남다른 노력을 보여준다. 그는 이 민중당의 정치훈련원생 교육프로그램의 마지막 날에 「박 정권의 경제정책」을 논한 부완혁과 함께 「임정시대의 김구 선생과 나」를 특강했다.[67] 이는 「백범 김구 선생을 모시고 6개월 1～4」가 그의 이 현실정치와 맺는 밀접한 관련성을 방증하는 것에 다름 아니다.

이 글이 다루고 있는 시기는 임정의 환국 초기이다. 임정의 제1진이 도착한 11월 23일부터 12월 말까지가 중심 무대를 이루는 이 글은 임정의 정통성이 해방 이후 한국사회에 제대로 실현되지 못한 원인을 일차적으로는 미군정과 다음으로는 임정 내부의 분열상에서 찾고 있다. 미군정의 임정에 대한 냉대와 이승만과 김구의 갈등 그리고 임정 요인들의 개별적인 세력화는 해방 이후 한국사회에 임정의 정통성을

65 「재야 민중당 입당 성명」, 『동아일보』, 1966.7.13.
66 「제스추어 이상의 큰 고민」, 『동아일보』, 1966.4.4.
67 「민중당 훈련생에 조직 특강, 냉담했던 당 간부도 청강」, 『동아일보』, 1966.5.14.

계승하지 못한 가장 큰 원인으로 그에 의해 지목된다. 그는 임정의 정통성을 실현하지 못한 한국사회의 잘못된 첫 단추가 현재의 박정희 정권으로 이어지는 단초가 되었으며, 따라서 대한민국의 정통성을 새롭게 재구축할 필요성을 아울러 제기한다. 그의 이러한 인식은 1966년 5월호에서 그가 주장한 「권두언」과도 일맥상통하는데, 여기서 그는 "이 땅에 또 다른 5·16은 없어야 한다. 뿐만 아니라 이 같이 민족에게 치명상을 입힌 그 5·16은 민족의 이름으로 민족의 정죄를 받고 민족의 뇌리에서 사라져야"[68] 할 것임을 강도 높게 비판하고 있기 때문이다.

1966년 5월호의 이 「권두언」은 이른바 민족사의 지평에서 5·16을 부정하는 것이었다. 5·16 군정에 이은 박정희 정권에 의한 김구의 체제(국가)화는 3·1—4·19—5·16의 동질적인 국가서사를 창출했음은 전술했던 바다. 하지만 장준하의 이 「권두언」은 "또 다른 5·16은 없어야" 할 것이라며 나아가 "민족의 이름으로 민족의 정죄를 받고 민족의 뇌리에서 사라져야" 할 부정적인 사건일 뿐이라며, 3·1—4·19—5·16로 이어지는 동질적인 국가서사에 균열을 낸다. 5·16에 대한 그의 이러한 철저한 부정과 비판의식은 『사상계』의 다른 지면을 통해서 꾸준히 제기된 5·16은 4·19의 연장이자 계승일 수 없다는 주장의 연속선상에 있었다. 그는 5·16을 민족사의 지평에서 철저히 부정하는 것으로 박정희 정권에 맞서는 한편, 김구를 대항 진영의 역사적 상징으로 삼는 또 다른 기억서사를 정초해갔던 셈이다. 이것이 그의 대항적 기억서사와 5·16 군정을 잇는 박정희 정권에 의한 김구의 체제(국가)화를 중첩되게 하는 지점이다. 그의 대항적 기억서사 역시 김

68 장준하, 「5·16의 유산」(권두언), 『사상계』, 1966.5, 17쪽.

구를 임정의 '주석' 자리에 한하는 동일한 기술을 보여주기는 마찬가지였기 때문이다. 다만 그는 자신의 실제 경험을 근거로 그 참된 계승의 유/무를 문제 삼고 있다는 점에서, 박정희 정권에 의한 김구의 체제(국가)화와는 대별되는 지점을 보여주었다 할 것이다.

장준하가 이처럼 한일회담의 대치 국면에서 1960년 한국사회를 뜨겁게 달군 반反단정 통일론의 구심적 상징으로 김구를 한 번도 소환하지 않았다는 사실은 일차적으로 한일회담의 대치 국면이 항일과 친일의 양 진영으로 나뉜 탓이 크다. 그는 한일회담을 "반反민족적·반反민주적·반反사회적"인 것으로 규탄하면서도, "공산독재"[69]에 대해서만은 예의 그 경계하는 태도를 고수했기 때문이었다. 하지만 그의 이러한 태도가 변한 것은 박정희가 김일성과의 비밀 협상 끝에 전격적으로 발표한 1972년 7·4남북공동성명을 통해서였다. 그는 7·4남북공동성명을 계기로 백기완의 주장에 따르면, '백범사상연구소'의 발족을 서두르는 한편 남북통일을 지상과제로 하는 이른바 1960년 4·19의 반反단정 통일론과 접속할 수 있는 새로운 인식 전환을 보여주게 된다.[70] '백범사상연구소'는 "백범 선생의 혁명사상을 연구"하기 위해 설립된 기관으로 "특히 백범의 자주적인 진보 지향과 민족 사상의 진원을 캐기 위해 그의 항일투쟁 및 전후 냉전체제 후 외세를 거부하는 그의 사상을 연구"[71]한다는 취지하에 설립되었다. '백범사상연구소'의 대표는 백기완이었지만 장준하는 이 '백범사상연구소'의 설립에 깊숙이 관여하는 것으로 그의 달라진 인식과 관점을 뚜렷이 드러내었던 것이다.

---

69 「해방 20년을 맞으면서」(권두언), 『사상계』, 1965.8, 27쪽.

70 백기완, 「민족주의자 장준하의 생애」, 『민족주의자의 죽음』, 학민사, 1993, 33쪽.

71 「민족문제 해결의 과제로 백범사상연구소 개설」, 『경향신문』, 1972.8.21.

5·16 직후 군부에 대한 기대감을 거두어들인 이후 장준하는 박정희 정권과 언제나 대립각을 세워왔다. 그런 그가 1972년 7·4남북공동성명에 대해서만은 절대적인 지지와 찬성을 표한 것은 예외적인 것으로 비춰질 수밖에 없게 했다. 주위의 우려와 만류에도 불구하고 그는 박정희 정권의 1972년 7·4남북공동성명을 적극 응원했는데, 그가 든 찬성의 이유는 다음과 같았다. "7·4성명의 문맥으로 보면 그것은 누가 해도 그 이상도 그 이하로도 만들 수 없는 민족통일의 대원칙"이 부각되어 있다는 것이었다. 따라서 "그 대원칙에서 한 발자국이라도 후퇴하지 못하도록 밀어주는 것이 옳은 것"이지 무조건 반대해서는 안 된다는 것이 그의 생각이었다. 그는 이 대원칙에 따라 "모든 굳어진 논리, 고집스러운 자세를 고"치는 전향적인 자세를 또한 요구하기도 했다. 이러한 견지에서 그는 박정희 정권의 7·4남북공동성명을 유일하다시피 지지했던 것인데, 그가 이 7·4남북공동성명의 대원칙이 "다시 짓밟혀 버리는 일이 되풀이되어서는 안 될"[72] 것이라고 밝힌 이유도 여기에 있었다.

장준하와 관련된 기존논의에서 빠지지 않고 회자되곤 하는 이러한 그의 통일지상주의는 7·4남북공동성명이 한국사회에 가져온 유무형의 충격파를 짐작케 한다. "모든 통일은 좋은가? 그렇다. 통일 이상의 지상명령은 없다. 통일로 갈라진 민족이 하나가 되는 것이며 그것이 민족사의 전진이라면 당연히 모든 가치 있는 것들은 그 속에 실현"(58~59)될 것이라는 민족통일에 대한 그의 절대적인 가치부여는 1948년 남북협상의 길에 올랐던 김구의 모습과 그를 겹쳐지게 한다.

"통일에의 길은 아직도 멀고 험하다. 그렇지만 그 길은 기필코 우리

---

72 장준하, 「민족주의자의 길」, 『씨알의 소리』, 1972.9, 58~60쪽.

가 가야 할 길"이라는 그의 민족통일에 대한 절대적 가치부여는 "백범 김구 선생이 민족통일의 혈로를 뚫기 위해 몸을 던질 때 이제 내가 가는 길은 뒷사람의 이정표가 될 것이라고 말했던 그 길을 이제야 우리는 다시 가야"(63) 한다는 김구의 못 다한 유지로서 재평가되었다. 김구를 임정의 '주석'이라는 자리에 고정시켰던 기존의 인식과 비교해보면, 그 달라진 변모가 확연하다. "민족적 양심에 살려는 사람"이라면 누구나 가야 할 길로 언급되는 이 민족통일의 지상과업은 1960년 4·19의 국면에서 반反단정 통일론의 구심적 상징으로 위치했던 김구를 다시 이 맥락에 불러들이는 것이었다. 장준하는 7·4남북공동성명을 부인하는 듯한 박정희 정권의 1973년 6·23선언을 맞아 「민족통일 전략의 현 단계」라는 강연 초안을 통해서 처음으로 김구를 '임정'과 분리된 백범 노선으로 정식화하게 되는데, 이 메모 형식의 글은 「백범 김구 선생을 모시고 1~4」와 관련하여 몇 가지 점에서 두드러진 차이를 보여주게 된다. 이는 다음과 같은 점들이다.

첫 번째로 몽양 여운형에 대한 달라진 평가이다. 그는 몽양 여운형을 "너무 현실에 치우치는 정치인으로 규정"하며 "극렬한 공산주의자들에게 완전 포위가 되"[73]어 있다고 부정적으로 평가한 바 있었다. 하지만 「민족통일 전략의 현 단계」에서는 몽양 여운형이 김구와 더불어 통일운동의 선구자였다는 새로운 위상을 부여받게 된다. 임정이 "새나라, 통일조국의 이념을 과감하게 제시"하지 못한 태생적인 한계를 안고 있었던 반면, "몽양 여운형과 우사 김규식의 합작운동은 효과적인 노력, 그 후 백범의 통일운동은 우리 민족이 가야 할 가장 순결하고 애국적인 길"로 고평되고 있는 것이다. 민족통일의 관점에서 여운형

---

73 장준하, 「백범 김구 선생을 모시고 6개월 3」, 『사상계』, 1966.10, 126쪽.

은 김구와 더불어 민족통일의 선구자로 거듭나는 데 비해, 임정의 '주석'이라는 김구의 변치 않는 위상은 깨어지고 대신 그는 임정과는 별개의 백범 노선으로 독자적인 의미화의 대상이 된다. 장준하는 백범 노선을 "민족 진로의 전형상을 제시, 민족 화해의 실태가 어떠해야 하는가를 보여"주었고, "통일운동의 긍지, 민족에게 자신감을 주"고 "사상 최초로 반反냉전, 동서 양극 체제에의 도전, 한국민족투쟁의 세계사적 사명을 제시"[74]한 것으로 규정했다.

장준하가 김구를 임정의 '주석'이라는 자리에서 분리시켜 임정과는 별개의 백범 노선으로 정식화할 수 있었던 데는 박정희 정권에 의한 7·4남북공동성명의 계기가 있어서였다. 7·4남북공동성명은 요컨대 박정희 정권에 의해 지금까지 억눌려온 반反단정 통일론을 다시금 표면에 부상시킬 수 있는 획기적 전기로 여겨진 것이다. 이는 박정희 정권 하에서 교통부장관을 역임하던 김구의 아들 김신의 다음과 같은 인터뷰로도 증명된다. 그는 "1948년 5월 27세 때 국민의 만세 속에 평화통일을 위해 남북협상문제로 부친(고 백범 김구 선생)을 모시고 평양을 다녀온 지 23년 만에 남북통일의 대화가 트여진다니 선친의 모습"[75]이 떠오른다는 소회를 밝히고 있기 때문이다.

이처럼 7·4남북공동성명은 김구의 남북협상론을 재조명할 환경과 정세를 조성했음에 틀림없다. 하지만 박정희 정권은 이 7·4남북공동성명의 해빙 무드를 유신체제로 봉쇄하고 마는데, 장준하는 박정희 정권이 열어놓은 7·4남북공동성명을 가장 발본적인 차원에서 문제 삼는 대항적 인식과 자세를 보여주게 된다. 7·4남북공동성명의 발표를 접한 그가 "통일을 진정으로 원하는 사람들이 한 짓인지, 아니

---

74 장준하, 「민족통일 전략의 현 단계」, 『민족주의자의 길』, 사상, 1985, 46~47쪽.
75 「각계 인사 반응 환영하지만 근심스러워」, 『매일경제』, 1972.7.4.

면 자기 정권을 유지하는 명분으로 한 짓인지 분명히 가려질 날"이 있을 것이라고 예견했던 것처럼, 박정희 정권은 정권 유지의 수단으로 이를 이용한 반면 그는 남북통일을 지상과제로 하는 구체적인 실천 방책을 모색하고 타진해갔던 것이다.

장준하가 집권세력의 움직임에 맞서 남북통일을 실체화할 수 있는 구체적인 방도로 제출했던 것이 바로 백범 노선이었다. 장준하의 이 극적인 변모는 『청맥』의 급진적인 남북통일론과 비교해 보면 때늦은 것이고, 박정희 정권에 의한 7·4남북공동성명을 계기로 해서야 비로소 이루어진다는 점에서 근본적인 한계를 내포하고 있었던 것이지만, 김구가 임정의 주석만이 아닌 백범 노선의 독자적 주체로 재구축되는 양상은 김구의 대항적 기억서사에서 중요한 의미를 지닌다고 하지 않을 수 없다. 장준하는 김구를 임정의 주석이라는 부동의 자리에서 떼어내 백범 노선이라는 독자적인 의미화를 추구해가면서, 그의 사상과 이념도 또한 변화시켜갔기 때문이다. 7·4남북공동성명을 계기로 한 이러한 장준하의 극적인 변모는 김구를 박정희 정권에 맞서는 소설 텍스트의 재료로 삼았던 최인훈과 관련하여 흥미로운 시사점을 제공해준다. 한국 작가로서는 드물게 김구를 서사화했던 최인훈은 이 김구의 대항적 기억서사에서 장준하와는 또 다른 면모를 드러내고 있다는 점에서 그러하다.

최인훈은 일련의 소리 시리즈를 통해서 한국문학사에서 드문 형식적 성취를 보여준 작가이기도 하다. 그는 1967년 「총독의 소리 1」을 시작으로 1976년 「총독의 소리 4」까지 총독의 소리 시리즈를 10여년에 걸쳐 연작했으며, 이 「총독의 소리」와 짝을 맞춰 「주석의 소리」를 1969년 『월간중앙』에 발표했다. 장준하가 1972년 7·4남북공동성명을 계기로 백범 노선이라고 하는 독자적 통일운동을 모색했던 것처럼,

최인훈 역시 7·4남북공동성명을 그와 또 다른 의미에서 획기적인 것으로 받아들였다. 그는 이 7·4남북공동성명의 획기적 국면을 이를테면 「주석의 소리」를 잇는 「주석의 소리 2」가 아닌 1976년 『한국문학』에 「총독의 소리 4」로 서사화하게 된다.

「총독의 소리 4」는 7·4남북공동성명이 발표되고 나서도 한참 지난 시점인 1976년에 발표되었다. 이는 연작이라는 형태가 무색하리만큼 1968년에 「총독의 소리 3」이 나온 이후 무려 8여 년 만에 발표된 작품이라는 점에서도 이채를 띠었다. 장준하가 7·4남북공동성명에 즉각적으로 반응하며 백범 노선을 구체화했던 것과 비교하면 최인훈은 「총독의 소리 4」를 통해서 이 7·4남북공동성명의 의미를 사후적으로 재구성하는 소설가로서의 면모를 보다 드러냈다고도 말할 수 있겠다.

「총독의 소리」와 짝을 이루는 「주석의 소리」는 '주석'이라는 독특한 호명법이 갖는 효력으로 인해 김구를 연상시키게 된다. 상해 임정의 '주석'이라는 김구의 불변하는 위상은 5·16 군정의 대대적인 국가 포상 이후 더욱 확고한 주류 서사가 되었기 때문이다. 따라서 '주석'의 소리 하면 자연스럽게 김구를 떠올릴 수밖에 없는데, 이는 물론 그가 소설의 매 장면마다 「주석의 소리」의 '주석'이 김구일 수 있음을 암시하는 부가장치들을 배치시킨 결과이기도 했다. 1963~4년 『세대』에 「회색의 의자」라는 제목으로 연재된 『회색인』은 김구를 이승만 정권 당시 김구의 묘소가 있는 효창공원의 출입만으로 감시를 받아야 했던 불편한 현실을 상기하는 에피소드로 등장시키고 있다면, 1966년의 『서유기』에서는 비록 가상의 '소리'이긴 하지만 이 작품의 주제의식을 함축하는 중요 장면마다 임정의 소리를 삽입하게 된다. 이 『서유기』의 다양한 소리들은 이후 「총독의 소리」와 「주석의 소리」로 이어지는 전

前텍스트로 기능했던 셈이다.

『서유기』에서 주석의 소리는 상해 임정의 '각하'의 소리로 표현되고, 이 각하의 소리는 다른 소리와 뒤섞여 툭 끊어지거나 오직 주인공의 귀에만 들리는 주관적 소리로 묘사되기도 한다. 주인공의 여정과 동반되는 이 소리들의 난무 속에서, 상해 임정의 소리는 다른 목소리들과 경합하거나 갈등한다. 비록 이 소리들은 육성이기는 하지만 오직 전화나 라디오를 통해서만 들리는 정체가 불분명한 소리들이기도 하다. 총독과 주석의 소리가 교차하는 이 『서유기』의 가상과 현실의 접점은 「총독의 소리」 연작 및 「주석의 소리」와 공명하며, 소리의 현실적 위력과 한계를 동시에 노정한다. 이 중에서 상해 임정의 소리가 갖는 소설적 효력이라면, 이미 현실적으로 무기력해진 임정이 그럼에도 수많은 소리들과 경합하며 힘겹게 전달하고자 하는 메시지에 있다.

"우리 상해임시정부는 정통의 연속과 옹호만이 민족의 살길이며 외세에 대한 자주적 용기를 가진 사람들이 이 정통을 계승하는 때가 민족의 문제가 해결되는 진정한 길이라고 믿는 것입니다 (…중략…) 세계는 새 역사를 향해 변환기에 놓여 있습니다. 이 시기를 당하여 상해임시정부는 현실을 똑똑히 볼 수 있는 유일한 민족적 시점입니다."[76]

이 소리에 담긴 의미는 명확하다. 상해 임정만이 정통성을 갖고 있으며, 현실을 똑똑히 볼 수 있는 유일한 민족적 시점이라는 것이다. 이 상해 임정의 소리와 대비되어 제시되고 있는 것이 "늙은이의 흐느끼는 소리"(38)로 말해지는 "조선의 소리", 즉 "총독 각하의 말씀"(34)이다. 그런데 이 총독의 소리는 주인공이 가는 곳 어디에서나 들려오는 데

76 최인훈, 『서유기』, 문학과지성사, 1977, 310~311쪽.

반해, 상해 임정의 소리는 그렇지 않다. 주인공의 귀에만 간헐적으로 들리는 이 상해 임정의 소리는 편재하는 총독의 소리와 비교하면 무기력하기 짝이 없다. 마치 주류와 비주류를 대변하는 듯한 총독의 소리와 주석의 소리는 당대의 한일회담의 대치 국면과 겹쳐져 한국사회의 현실을 꼬집는 역할을 한다. 더불어 「총독의 소리」가 총 4편에 걸쳐 연작되는 반면, 「주석의 소리」는 일회로 끝나고 마는 강렬함의 차이를 빚어내기도 한다.

> 7·4성명은 반도인들의 자주적 건국을 위한 초석을 놓는 것입니다. 이것은 데탕트에서 얻을 수 있는 최대의 과실입니다. 여기에는 오스트리아식 해결로 갈 수 있는 모든 포석이 마련돼 있습니다. 이 길로 가는 데서 가장 큰 장애물은 정통성의 주장입니다. 혁명적 전통성, 민족적 정통성 따위입니다. 아 제국의 국체 말고는 어떤 사회에도 정통성이라는 것은 없습니다. 그러나 7·4성명의 이념이 현실화되는 것을 막기 위해서는 반도 안에 이러한 정통성을 고집하는 세력이 있는 것이 필요합니다. 김일성 일당의 혁명적 정통성 주장은 우리에게 크게 도움되는 것임을 알아야 합니다. 물론 그에게는 아무 정통성도 없습니다만, 그가 그렇게 주장하면 할수록 기존 권력의 상대화는 어려워지며 따라서 반도의 남북이 공존하기는 어려워지고 분단이 경화하게 됩니다 (…중략…) 반도에서 7·4성명이 이런 넓은 저변으로까지 스며들고 구체적인 상식이 되기는 매우 어렵습니다. 그러나 대세라고 하는 것은 막기 어려운 것도 사실입니다. 대세란 사실은 여러 갈래 흐름이 어우러진 움직임입니다. 7·4성명에서 빛을 찾고 그것을 국민 자신의 기득권으로 삼으려는 움직임은 이르는 곳마다 있다고 봐야 하며, 한 개인 속에도 저도 모르게 숨어 있는 요소라고 보아야 합니다.[77]

위 인용문은 「총독의 소리 4」의 일부분이다. 위 인용문을 별다른 정보 없이 접하게 되면, 그것이 소위 재식민화를 꿈꾸는 총독의 지하방송으로 인지하기는 쉽지 않다. 7·4남북공동성명은 위 인용문의 화자인 총독의 소리에 따르면, "반도인들의 자주적 건국을 놓는 초석"이며 "데탕트 국면에서 얻을 수 있는 최대의 과실"이자 "오스트리아식 해결로 갈 수 있는 포석"이다. 그런데 이 7·4남북공동성명의 실현을 가로막는 가장 큰 장해물은 위 화자의 주장에 따르자면, 남북한의 '정통성' 주장이다. 그것이 "혁명적 정통성이건 민족적 정통성"이건 어떠한 정통성 주장도 남북 간의 화해와 통일을 가로막는 이념적이고 물리적인 장해물이 될 뿐이다. 재식민화를 꿈꾸는 지하의 유령조직인 총독의 소리를 빌어 최인훈은 인용문의 내용 그대로 북한의 김일성 정권에 의한 혁명적 정통성의 참칭을 우선적으로 비판하지만, 그 못지않게 남한 정권에 의한 정통성 주장도 "기존 권력의 상대화"를 어렵게 하기는 마찬가지라는 점을 부각시킨다. 따라서 "오스트리아식 해결로 갈 수 있는 포석"인 "반도의 남북이 공존하기 위"(195)해서는 일차적으로 남북한 정권에 의한 이 정통성 경쟁을 중지할 필요가 있음을 주장하고 있는 것이다.

정통성 경쟁의 중지라는 측면에서, 김구로 상징되는 임정은 어떤 식으로든 이 정통성의 중심에 서 있을 수밖에 없다. 박정희 정권에 의한 3·1—4·19—5·16으로 이어지는 동질적 국가서사이든 그렇지 않든 임정의 '주석'이라는 김구의 변치 않는 위상은 "좌우 정치 세력"이 "한 민족 속의 두 개의 권력"이 아니라 "한 국가 속의 두 개의 정치 당파"(192)로 존립할 수 있는 "오스트리아식 해결"과는 분명 배치되는

77 최인훈, 「총독의 소리 4」, 『총독의 소리』, 문학과지성사, 1976, 194~195쪽.

일면을 지닌다. 최인훈이 이 가능성까지도 염두에 둔 것 같지는 않다. 왜냐하면 그는 다른 지면을 통해서 "주권 상실 이후 우여곡절의 독립 투쟁의 아무튼 최종 형태가 임시정부"였으며, 따라서 해방 이후 정국에서 임시정부가 "독립 전선에 대한 통합력이 아무리 제한"된 것이었다 할지라도 "충분한 실적과 맥락을 가진"[78] 유일한 정치단체였음을 주장하고 있기 때문이다.

최인훈이 1969년의 「주석의 소리」에 이은 「주석의 소리 2」로 7·4남북공동성명의 의미를 맥락화하기보다 1976년이라는 뒤늦은 시점에서 「총독의 소리 4」로 이를 서사화했던 것은 김구로 대표되는 임정과 7·4남북공동성명을 별개의 장에 놓는 그의 이러한 인식과 관점이 투영되었을 소지를 크게 한다. 최인훈은 장준하처럼 7·4남북공동성명을 계기로 김구를 임정과 분리시켜 백범 노선이라는 대항적 기억서사의 틀을 다시 짜는 극적인 변모를 보여주지 않는다. 대신 그는 임정을 하나의 정치적 이상(유토피아)으로 남겨두는 쪽을 택했다고 할 수 있다. 그가 "빙적이아憑敵利我"라고 부른, 즉 "적의 입을 빌려 우리를 깨우치는"[79] 「총독의 소리 4」를 통해서 7·4남북공동성명의 당대적 의미망을 담아냄으로써 「주석의 소리」는 「총독의 소리」 연작과 달리 "여기는 환상의 상해임시정부가 보내는 주석의 소리입니다. 주석 각하의 3·1절 담화를 들려드리겠습니다"[80]라는 임정의 '주석'으로서 김구의 불변하는 위상을 재확인시키는 데 머물고 만다.

"정상적인 방법으로 개혁을 시도"하면 "남북대화를 뒷받침하고 급

---

78 최인훈, 「『광장』의 이명준, 좌절과 고뇌의 회고」, 『길에 관한 명상』, 문학과지성사, 2010, 178쪽.

79 최인훈, 「원시인이 되기 위한 문명한 의식」, 위의 책, 27쪽.

80 최인훈, 「주석의 소리」, 『총독의 소리』, 문학과지성사, 1976, 45쪽.

변하는 정세에 대응"해갈 수 없다는 이유를 들어 박정희 정권은 1972년 10월 17일 "새로운 체제로의 일대 유신적 개혁"[81]을 선포했다. 이것이 박정희 정권의 7·4남북공동성명의 유화 국면에 이은 유신체제의 확립이었다. 7·4남북공동성명에 뒤이어진 이러한 유신체제의 개막은 1948년 김구의 남북협상의 좌절 뒤에 밀어닥친 한반도의 양단과 한국전쟁의 뼈아픈 역사적 상흔을 떠올리기에 충분했다. 그럼에도 최인훈은 김구로 상징되는 임정을 이 7·4남북공동성명의 현장에다 불러들이는 소설적 위험을 끝내 감수하지 않았다. 그는 오로지 상해 임정의 주석 자리에 김구를 안전하게 올려놓는 일관된 태도를 고수했다. 장준하와 대별되는 최인훈의 이러한 김구에 대한 대항적 기억서사의 틀은 그가 오스트리아식의 중립화 통일론을 염두에 둔 것과 무관해 보이지 않는다. 왜냐하면 그는 김구의 남북협상론을 "참으로 이상한 정치적 환상"(182)이라고 언급한 바 있기 때문이다. 그는 "임정 인사들의 머리에 있는 좌익"이란 이미 남북한 누 지역 성제에 의해 소멸되거나 침묵한 좌익들이었을 뿐이라는 점을 들어 김구의 남북협상의 길이 실패가 예정된 환상의 길이었음을 시사한다. 그가 김구의 남북협상론에 대해 보이는 이러한 인식은 낯설지 않다. 그것은 한국사회의 우파단정세력들의 지배적인 인식과 상통하는 것이었기 때문이다.

최인훈과 장준하의 이러한 김구에 대한 대항적 기억서사들은 1960년과 1970년을 잇는 한국사회의 숨 가쁜 흐름과 길항하며, 박정희 정권에 의한 김구의 체제(국가)화와 조우와 충돌을 거듭했다. 김구를 둘러싸고 벌어진 이 체제 내적이면서 대항적인 한국사회의 잠재된 긴장과 갈등 관계를 살피는 일은 현재의 우리를 되돌아보기 위해서도 필

81 박정희, 「특별선언」, 『박정희대통령연설문집』 4, 대통령비서실, 1973, 299쪽.

일간베스트저장소 www.ilbe.com

정치 - 일간베스트

서북청년단이 김구를 살해했다는 주장에 대해

배성관

2014.09.30 12:49:26 (*.176.*.73)

서북청년단 재건준비위원회가 9.28 시청앞에 널브러져 있는 노란리본 철거시도를 한 후 언론과 정치권으로부터 비난과 주목을 받고 있다. 종북좌파가 장악하고 있는 언론이고 야당이기에 그러느니 하고 치부하지만 홍어까지 가세하고 있는 꼴을 보니 목불인견이다

홍어 한 마리가 준비위 대변인인 정함철씨에게 전화로 살해위협을 했다. 내용인즉 김구선생을 서북청년단원 안두희가 살해했는데 그런 애국자를 살해한 서북청년단을 무슨 낯짝으로 재건하려느냐 안두희가 맞아죽듯이 너도 죽고 싶으냐는 식이다.

이에 대한 재건준비위원장의 입장을 밝힌다.

안두희씨는 서북청년단원이었다. 그리고 김구를 살해했고 그후 택시기사에게 맞아 죽었다. 김구는 김일성의 꼭두각시였고 대한민국의 건국을 방해했다. 반공단체인 서북청년단원 안두희씨가 김구를 처단한 것은 의거이고 안두희씨가 맞아죽은 것은 종북좌익 정권시대이다. 김구는 자기의 남북합작 주장에 편을 들지 않는다고 송진우 장덕수씨 등 애국독립투사들도 암살한 것으로 전해지고 있다.

2014.9.30

서북청년단 재건준비위원장 배 성 관

일간베스트저장소에 실린 서북청년단 재건위의 김구 비판

수적인 작업이 된다. 김구에 대한 한국사회의 해소되지 않은 논란은 아직도 형태를 달리하며 여전히 진행 중에 있기 때문이다. 김구라는 문제계가 현재진행형의 형태로 2014년 한국사회에 출현하고 있음을 알려주는 것이 이어지는 5절의 서북청년단 재건위의 존재이다.

5. 김구는 왜 진보와 보수 모두를 점할 수 있었는가
—결론을 대신하며

현재 세간의 입에 오르내리는 사건이 하나 있다. 2014년 한국사회에 느닷없이 출현한 서북청년단 재건위원회가 그것이다. 해방 정국의 혼란을 틈타 반공의 전위대로 악명 높았던 서북청년단이 마치 세월을 거스르기나 한 듯이 그 이름 그대로 출현한 것이다. 이 단체의 구성과

임정 환국 60주년 기념식과 서북청년단 재건위 규탄대회 풍경 ⓒ 이계넉

활동에 대해서는 알려진 것이 많지 않다. 그리고 얼마나 많은 사람들이 이 단체에 가입하고 있는지도 미지수다. 그런데 이 단체의 대표라는 사람이 일베(일간베스트저장소) 게시판에 쓴 글이 또 말썽이다. "김구는 김일성의 꼭두각시였고 대한민국의 건국을 방해했다. 반공단체인 서북청년단원 안두희 씨가 김구를 처단한 것은 의거이고 안두희 씨가 맞아죽은 것은 종북좌익정권 시대이다. 김구는 자기의 남북합작 주장에 편을 들지 않는다고 송진우 장덕수 씨 등 애국독립투사들도 암살한 것으로 전해지고 있다."[82]

서북청년단 재건위의 대표가 일베(일간베스트저장소)에 쓴 이 글은 무엇보다 정확하지 않은 역사 지식에 기반해 있다. 주지하다시피 송진우와 장덕수는 탁치 국면에서 살해되었기 때문이다. 그는 이러한 역사적 사실의 여부와 상관없이 김구를 김일성의 꼭두각시라는 김구 암살 직후 우파단정세력들의 주장을 답습한다. 서북청년단 재건위 대표

82 배성관, 「서북청년단이 김구를 살해했다는 주장에 대해」, 일간베스트저장소, 2014년 9월 30일자 게시판(http://www.ilbe.com/4395529528).

의 이러한 주장은 즉각적인 반발과 고소를 불렀다. 백범사상실천운동연합에 의해 명예훼손죄로 고소된 것인데, 이 고소에 서북청년단 재건위의 대표도 맞고소로 대응했다. "서북청년단이 근거 없는 주장으로 한평생 조국 광복에 헌신한 김구 선생의 명예를 무참히 짓밟고 대한민국 임시정부에 참여한 선열들은 물론 헌법까지 능멸하는 파렴치한 반역사적 범죄"[83]를 저질렀다는 고소에 "백범은 남북정당 및 사회단체 연석회의에 참석해 김일성에게 이용당했다. 결과적으로 김일성이 그를 꼭두각시로 이용한 것은 사실"[84]이라고 맞서며 자신을 "정신병자"로 칭한 인터뷰 기사를 문제 삼았던 것이다.

김구를 둘러싸고 고소와 맞고소가 오가는 2014년 한국사회의 이 진풍경은 김구 암살 직후의 대립과 갈등을 재연한다. 김구 암살범인 안두희의 재판정 바깥에서 "정체불명의 청년 100여 명이 집결하여 '우국청년 안두희를 석방하라'는 내용의 삐라와 구호를 내걸고 데모행진을 감행한 사건"[85]이 법정 안 변호인들에 의한 안두희의 애국자 발언과 조응했던 1949년의 풍경을 떠올리게 하기 때문이다. 안두희가 가입한 서북청년단을 비롯하여 각종 우파청년단체가 조직적으로 행한 이 거리 시위와 데모는 김구=빨갱이, 안두희=애국자를 부각시키기 위한 바깥의 선전전에 다름 아니었다. 이러한 도식은 실상 안두희를 영웅으로 만드는 데 그 목적이 있었다기보다 김구=빨갱이로 그의 암살을 정당화하기 위한 목적이 더 컸다. 이를 방증이라도 하듯이 이승만은 김구 암살 직후 서울 AP 특파원과 가진 기자회견에서 "김구 씨를 살해한 전

83 「"김구는 김일성의 꼭두각시", 서북청년단 고발당해」, 『연합뉴스』, 2014.10.2.
84 「서북청년단 재건위원장, 백범운동연합 대표 고소」, 『쿠키뉴스』, 2014.10.8.
85 「대한청년단·대한국민당 등 7개 단체, 안두희 석방을 요구하는 진정서 제출」, 『서울신문』, 1949.8.12.

후에 관”해서 언젠가 발표할 때가 올 것이나 “지금 이때 모든 사실을 일반 앞에 공개해 놓는다는 것은 나의 생각으로는 그 생애를 조국독립에 바친 한국의 한 애국자에 대한 추도에 불리한 것이 아닐까”[86] 한다는 말로 김구 암살이 그의 용공 혐의에 있음을 넌지시 내비추기도 했다.

이승만 정권에 의한 김구의 배제와 억압은 최인훈의 『회색인』의 에피소드가 보여주듯이, 김구 묘소를 찾아 추모하는 행위 자체를 불온한 것으로 만들었다. 마치 장난처럼 묘사된 김구 묘소의 참배 장면은 “지사의 묘를 방문하면서 스릴을 느낀대서야”[87]라는 말로 적시될 수밖에 없는 씁쓸한 현실이었다. 김창숙과 함께 1960년 4·19 국면에서 진상규명투쟁위원회를 이끌었던 한독당의 김학규는 김구 암살의 공모자로 몰려 15년형을 선고받고 투옥 중에 인민군에 의해 풀려나 숨어살다가 1960년 4·19를 맞아서야 비로소 세상에 모습을 드러낼 수 있었다. 김구의 측근인 김학규의 사례는 암살범 안두희가 한국전쟁 중에 형집행정지를 받고 육군에 복귀되었던 것과 비교하면, 이승만 정권에 의한 김구의 배제 내지 억압의 정도를 짐작할 수 있게 한다. 김학규는 자신의 이 억울한 심경을 『혈루의 고백』에 토로하기도 했는데, 1960년 4·19가 갖는 의미는 바로 이 김구라는 배제된 혹은 죄악시된 인물을 공적으로 복권하는 데 있어서 중요한 전환점이 되었다는 사실이다.

김구의 추도위원회가 4·19의 국면에서 가장 발 빠르게 움직이며 11주기 추도식을 준비했음은 상술한 바다. 김구의 공적 복권이 4·19의 국면을 맞아 이처럼 발 빠르게 진행될 수 있었던 데는 임정 계열의 인사들이 아직도 많이 포진해 있었다는 점이 작용했겠지만, 그 못지않

---

86 「이승만 대통령, 김구 암살 동기는 때가 되면 공표될 것이라는 성명을 발표」, 『조선중앙일보』, 1949.6.30.

87 최인훈, 『회색인』, 문학과지성사, 1977, 108쪽.

게 김구가 한국사회의 대표적인 우익이었다는 점도 무시할 수 없다. 이승만 정권이 아무리 김구를 좌익 내지 좌익의 공모자로 몰아가려 했어도, 김구는 자타공인 한국사회의 대표적인 우익이었음은 부정할 수 없기 때문이다. 김구는 남북협상의 길에서도, "우리가 자칭 우익이라고 하는 말부터 재검토"해야 함을 주장했다. "이 땅의 소위 우익 중에는 왕왕 친일파 반역자의 집단까지 포함되어 있는 것이 큰 문제"라는 것이다. 그는 친일파 반역자의 집단들이 "우익을 더럽히는 「군더더기」 집단"일 뿐임을 강조하며 이들 "「군더더기」들이 정당이니 단체니 하고 혁명세력에 붙어서 거불"거리는 현실을 꼬집는다. 따라서 그가 "혁명 세력과 반역 집단이 합작"할 수 없음에도 지난날 합작을 시도하려 했던 자신의 과오를 "오늘날 내가 반성하는 지점"[88]으로 삼았던 것도 우익의 부정이나 거부가 아닌 우익의 재규정을 통한 남북한 적대의 새로운 활로를 모색하기 위한 것이었음을 이 주장은 드러내고 있다.

김구는 적어도 1948년 단정 수립이 가시화되기까지 이승만과의 합작을 포기하지 않았다. 하지만 1948년 5·10의 단선단정이 가시화되자 그는 비로소 이승만과의 합작 시도를 포기하고 우파단정세력들과의 결별 및 남북협상을 추진하게 된다. 이것은 김구와 이승만이라는 두 거두를 중심으로 한 우파간의 대립과 분열을 초래했다. 김구는 피(혈족)의 논리를 내세워 민족주의를 전면화하는 것으로 이승만 정권의 단선단정이 이 민족주의의 대의와 이념에 어긋나는 것임을 비판하고 남북협상을 정당화하려 했다. 이는 김구의 남북협상이 우익 진영의 분할과 재편성이었으며 민족주의의 선명성 경쟁이기도 했음을 알려준다.

김구는 "외국의 간섭이 없고 분열 없는 자주독립을 쟁취하는 것은

---

88 김구, 「혁명운동 재출발의 신新결심」, 백범사상연구소 편, 앞의 책, 241쪽.

민족의 지상명령이니 이 지상명령에 순종할 뿐"이라는 주장으로 "외세에 아부하여 반쪽 정부의 요인이라도 되어보려고 하는 자"(240)들의 반민족적이고 비애국적인 행위를 비판했다. 그의 이러한 반反외세 · 반反단정 통일론은 1960년 4 · 19의 국면에서 혁신계가 그를 역사적 구심점으로 삼을 수 있게 했던 동력이었다. "자주 · 민주 · 평화"를 슬로건으로 한 민자통의 출범은 남북협상론에 임한 김구의 이념과 상통하는 것이었다는 점에서, 1960년 4 · 19가 열어놓은 김구의 공적인 추도와 진상규명투쟁이 당대의 통일론과 결부하여 한국 사회에 던진 파장의 크기를 짐작케 한다. 김구의 공적 복권과 맞물린 한국사회의 이 뜨거운 반反단정 통일론의 열기는 5 · 16 직전인 5월 13일의 "남북학생회담환영 및 민족통일촉진결의대회"로 그 정점을 찍었다.

"가자 북으로, 오라 남으로, 만나자 판문점에서", "이 땅이 뉘 땅인데 오도가도 못하느냐", "배고파 못 살겠다 통일만이 살 길이다"라는 이 대회의 구호와 플래카드들은 "민속자결정신에 의하여 우리끼리 단결하여 우리의 정성과 우리의 노력으로써 우리의 독립 문제를 완성"(261)하자는 김구의 남북협상론을 상기하며 한국사회의 주류집단인 우파단정세력들의 광범위한 위기의식과 불안감을 부추기게 된다. 이 반응과 역공세가 김구의 남북협상론의 관념적 낭만성과 무용성에 대한 비판이었다. 김구의 남북협상론을 바라보는 우파단정세력의 이러한 일관된 레퍼토리는 1948년을 거쳐 1960년 4 · 19의 국면에서 재생산되었고 이는 현재까지도 이어지고 있는 중이다.

그럼에도 김구로 상징되는 반反단정 통일론의 자주적 통일독립국가의 이상은 해방 이후 한국사회가 한 번도 갖지 못한 어떤 결여와 지향을 내포하고 있는 것이었다는 점에서, 1960년 4 · 19의 혁명적 분위기에 편승한 반反단정 통일론의 운동 열기는 대중들의 폭넓은 공감과 호응을 얻을 수 있었다. 외세를 배격한 혁명세력끼리의 합작이나 협상을 피(혈족)의 논리로 정당화한 김구의 강력한 민족주의와 자주적 통일독립국가의 이상은 4·19에서 5·16으로 이어지는 한국사회의 급변하는 정세 속에서, 김구의 공적 복권을 주도한 임정 계열의 우파 인사들과 급진적 혁신계가 만날 수 있는 접점을 이루었다. 이들은 11주기 추도식뿐만 아니라 김구 암살의 배후 음모를 밝히려는 진상규명 '투쟁'에 공동전선을 폈고, 이 과정에서 한국사회를 뒤흔든 뜨거운 통일운동의 열기를 공유할 수 있었다. 한독당 대표위원인 김학규가 남북교류(협상)론을 지지한 것이나 진상규명투쟁위원회의 위원장이었던 김창숙이 민자통의 초대 수석의장을 역임한 것 등은 모두 1960년 4·19의 국면에서 김구가 지녔던 반反단정 통일론의 시대사적 의미를 매개한다.

하지만 5·16의 발발은 이러한 흐름에 제동을 걸게 된다. 그리고 김구는 반反단정 통일론의 역사적 상징이 아닌 오직 임정의 '주석'이라는 자리에서, 3·1—4·19—5·16로 이어지는 동질적 국가서사를 정초하는 건국선조로 재정위되었다. 반反이승만을 표방한 5·16 군정에 의해 김구는 항일독립투쟁의 위대한 애국선열로 그 어느 때보다 높은 위상을 부여받았지만, 이것은 역으로 4·19의 국면에서 그가 지녔던 반反단정 통일론의 역사적 상징성을 지운 대가로 가능한 것이었다. 4·19에서 5·16으로 이어지는 한국사회의 이러한 숨 가쁜 흐름은 한일회담의 국면을 거치면서 장준하와 최인훈의 대항적 기억서사를 창출하게 했다. 이것이 1972년 7·4남북공동성명을 계기로 하여 또 한 번의 변전을 겪게 됨은 한국사회에서 김구가 갖는 문제적 위상을 다시금 상기하게 한다. 김구는 분명 해방 정국의 대표적인 우익 인사였고, 더구나 그는 이승만과 따로 또 같이 좌익의 배제 및 때로 섬멸까지 주도한 우익 진영의 핵심 거두였음에도, 그가 대한민국의 주류집단인 우익 진영 내에 자리를 잡지 못하고 결국 제거되었다는 사실은 한국사회가 지닌 협소한 정치 지형과 더불어 한국적 보수와 진보의 역사적 생성과 전개를 되짚는 바로미터가 바로 김구임을 알려주는 것이기도 하다.

한반도의 두 지역 정체가 38선을 경계로 배타적 공존을 거듭하는 사이, 김구는 한국적 보수와 진보의 가능성과 한계를 시험하는 척도가 되어 1960년에서 1970년을 잇는 변화의 흐름을 함께 했고, 이는 2014년 현재까지도 지속되고 있다. 김구가 한국적 보수와 진보의 경계선상에서 여전히 논란의 대상이 되고 있다는 사실은 그로 상징되는 반反단정 통일론의 해소되지 않은 한반도의 현실을 반영하는 것이자 유일하게 냉전 이후를 살아가고 있는 지역이 또한 한반도라는 점과 무관하지 않다. 2014년 서북청년단 재건위의 출현과 이들이 제일 먼저 김구를 타깃으로 자신의 존재를 선명하게 부각시키고 있는 것은 소위 한국적 보수와 진보가 이 우익의 바운더리를 뛰어넘기가 얼마나 힘든지를 단적으로 예증해준다. 한반도의 두 지역 정체가 자신의 정권 유지를 이러한 한반도의 분단 체제에서 구하는 한, 김구는 한국사회의 변치 않는 논란의 대상으로 칭송과 거부의 양 극단을 오갈 것이다. 따라서 한국사회가 이 김구를 둘러싼 반복적 논란의 악순환에서 벗어날 수 있을 때, 한국적 보수와 진보의 스펙트럼도 더욱 넓어질 수 있으리라는 것은 두말할 나위가 없다.

이 글은 1960년대의 맥락에서 김구를 살펴보는 것으로 이 한 발짝을 내딛고자 했다. 한국적 보수와 진보가 단순히 주어진 것이 아니라 끊임없이 재구축되는 것이라면, 김구라는 문제계는 한국사회가 반드시 대면하고 넘어가야 할 자기상의 일부이기 때문이다. 김구가 한국사회에 던지는 이러한 도전과 과제를 어떻게 대면하고 풀어갈지는 남겨진 자들의 몫이다. 힘들겠지만 김구의 일대기나 위인전만이 아니라 김구를 당대의 역사적 문맥과 관점에서 좀 더 섬세하고 정치하게 다루어야 할 이유가 여기에 있다. 이 글은 김구라는 문제계를 통해서 한국사회가 어떠한 역사적 전개 과정을 거쳐 왔으며, 향후 남겨진 과제는 무엇인지를 거칠게나마 논해보고자 했다. 김구가 과거의 인물이 아닌 현재의 우리와 교섭하는 새롭게 쓰여지는 역사의 한 장임을 인식할 수 있을 때, 비로소 김구와 한국사회가 맺어온 이 부단한 관계 양상도 새로운 지평을 우리들에게 열어줄 수 있을 터이다.[89]

89 마지막으로 첨언해두고 싶은 말이 있다. 이 글의 시작과 관련된 것이다. 이 글은 김구를 둘러싼 한국 사회의 대치와 긴장의 양상을 일차적으로 다룬 것이지만, 추모와 진상규명이라는 것이 한국 사회에서 갖는 뿌리 깊은 해결 불/가능성과 연관되어 있다. '세월호'에 대한 추모와 진상규명이 반체제 적대집단으로 몰리면서, 일베 및 서북청년단 재건위의 타깃이 된다는 사실은 일종의 블랙홀로 작용하는 한반도의 포스트post냉전의 씁쓸한 현실을 자꾸만 되돌아보게 한다. 김구라는 문제계가 오늘의 현실과 오마주되어 내 안에 존재하는 다양한 김구들을 불러내는 형국이다. 추모와 애도의 대상이 될 만한(되는) 자는 누구인지, 천안함의 소위 용사들과 '세월호' 희생자들의 과잉애도와 과소애도의 차이는 어디에서 만들어지는지 그리고 도대체 누가 이를 양분하며 차별하는지, 나아가 조봉암과 여운형과 박헌영의 항일독립투사들은 어째서 한국 사회에서 추모와 기념의 대상이 되지 못하는지 이 글은 다음 논의를 기약하는 것으로 광복 70년을 맞는 성찰의 자리를 대신한다.

신여성과 일본군 위안부라는 문지방들

목가적 자본주의의 폐허에서 식민지 섹슈얼리티 연구를 돌아보며

이혜령

1. 신자유주의 한국의 1990년대 노스탤지어와 성 정치

이 글의 목적은 1990년대 본격화된 식민지 섹슈얼리티 연구[1]에 내한 역사화를 시도하고, 앞으로의 과제를 도출하는 데 있다. 여기서 역사화란 특정한 지식생산에 개입되거나 내재된 시간성과 규범, 감정구조 등이 무엇이었는지 등을 파악하고, 그것들을 통해 생산된 지식의 제한들limits을 부조해내는 것을 의미한다. 그 제한은 한계나 결함을 뜻

1 1990년대부터 여성학과 국문학, 사회학 등 여러 분과학문에서 섹슈얼리티 연구가 다기하게 전개된 추이를 RISS의 검색데이터를 대상으로 통해 보여준 다음의 글을 참조. 박이은실, 「급진적 섹슈얼리티 연구sexuality study 재 / 구축을 제안하며」, 『여성이론』 25, 여성이론연구소, 2011. 한편 한국의 식민지 시대 여성문학, 젠더 · 섹슈얼리티 관련 연구사 검토로는 다음을 참조. 김주리, 「여성주의 연구방법과 한국 근대소설 속 새로운 자아의 탐색」, 『현대문학연구』, 한국현대문학학회, 2008; 이영아, 「식민지 근대 여성문학 연구의 현황과 전망」, 『여성문학연구』 26, 한국여성문학학회, 2011. 주지하듯이, 일제 말 동원의 프로파간다이자 기록이기도 했던 『국민문학』에서 징병과 학병, 징용을 다루어져도 일본군 '위안부' 동원은 다뤄지지 않는다. 따라서 식민지 시대 섹슈얼리티 연구에서 문학이 시사하는 바는 제한적인 것이라는 사실을 밝혀둔다.

한다기보다는 들고나는 행위가 겹쳐지고 다른 장소로 인도하고, 잠시 멈춰설 수도 있는 문지방을 뜻한다고 말해두겠다. 우선, 지금-여기에서 식민지 섹슈얼리티 연구를 논한다는 것은 현재와 1990년대, 식민지 시대라는 시간성을 의식적으로 서로 교차시키고 연관된 것으로 제시할 것을 요청한다. 그 연관이 진부하게도 연속이나, 아날로지 같은 것으로 판명되더라도 말이다. 개인적으로는 이런 물음들을 떠올려보며 이 글을 쓰기로 했다. 근대성이 한국학의 주요한 화두가 되었던 1990년대에 대학원 학위과정을 시작하여 이천년대 초반 '한국 근대소설의 섹슈얼리티'라는 주제로 박사논문을 쓰기까지의 과정은 한국 근대문학 연구 분야에서 '근대성'의 화두와 함께 각각 그 기원과 근대성의 파국적인 주체화과정을 밝힌 근대계몽기연구와 일제 말 국민문학에 대한 연구, 1930년대 경성의 모더니티와 관련한 모더니즘에 대한 연구가 활발해진 대신 프로문학 연구가 뒤로 밀려나는 과정과 나란했다. 또한 1990년대 여성주의 문화운동의 흐름과 함께 성장한 여성문학 연구자들은 2000년 한국여성문학학회를 발족하기에 이른다. 돌이켜보니 내 논문의 주제는 무엇보다 서구 사회주의권의 해체라는 배경 속에서 80년대 폭발했던 정치투쟁이나 이론투쟁이 이완되면서 대두된 (식민지) 근대성 연구 붐 속에 있었다. 그 당시 섹슈얼리티는 근대의 정체성(주체성)과 서사의 문제로 접근되었다면, 오늘날 이 문제에 대한 접근은 섹슈얼리티의 '정치경제'[2]에서 주목되어야 할 필요를 느낀다.

2 이는 포스트모던 이론의 영향에 따라 섹슈얼리티에 대한 이론이 종종 물질적인 현실보다 담론, 재현, 정체성 문제에만 강조점을 두는 경향에 대한 데니스 올트먼의 지적을 받아들인 것이다. 그는 섹슈얼리티에 대한 광범한 논의를 위해 '정치경제'라는 용어를 사용하여 섹슈얼리티에 대한 정치-경제적 재구조화와 더불어 문화적 · 상징적 변화를 고려하고자 했다. 이는 '세계화'가 막대한 영향력을 끼치는 영역이 섹슈얼리티라는 것을 환기한다면, 그 의미가 분명해질 것이다. 데니스 올트먼, 이수영 역, 「제3장 성과 정치경제」, 『글로벌 섹스』, 이소출판사, 2003, 85~118쪽 참조.

왜냐하면 세상이 나빠진 것 같기 때문이다. 이는 나만의 생각이 아닌 것 같은데, 1990년대가 노스탤지어의 시간으로 상상되는 문화텍스트들의 출현이 간접적으로 증명한다.

최근 케이블 TV의 드라마로 높은 시청률과 화제를 낳았던 〈응답하라 1997〉(이우정 극본, 신원호 연출, 2012), 〈응답하라 1994〉(이우정 극본, 신원호 연출, 2013)는 1990년대에 대한 노스탤지어를 불러일으켰다. 짧았던 여름밤의 꿈이겠지만 아마도 1990년대 한국사회가 근대 이후 가장 목가적인 시대로 회고되고 있다는 데서 연유할 것이다. 자본주의적 목가, 목가적 자본주의는 형용모순이다. 목가가 자연과 조화를 이루며 소박한 전원생활을 하는 것을 노래하는 것이라면, 목가적 자본주의란 자본주의라는 삶을 에워싼 장막이 목가에서처럼 사람과 충분히 조화를 이룰 만한, 비적대적이고 포용력 있는 자연인 것처럼 펼쳐지는 것이라 할 수 있다. 이러한 세계상은 드라마 제작자들의 특정한 계층적, 세대적 경험에 기초한 것만은 아니다. 유럽 사회주의권의 해체라는 탈냉전의 상황은 한국의 민주화의 과정 속에서 분출했던 정치투쟁과 이념투쟁의 장을 사회적 시계 밖으로 밀어내는 효과를 낳았으며, 그 사이 뚜렷하게 부상한 자본주의의 소비문화가 개인성과 정체성의 형성과 표현 기제로 이해되는 담론이 부상하였기 때문이다.[3]

---

3 조한혜정은 당시 소비문화를 정체성의 표현 문제로 유연하게 바라보았지만, 돌이켜보면 88년 즈음부터 시장이 사회와 삶을 장악하는 신자유주의의 문화가 들어와 있었다고 지적한다(김항・이혜령, 「조한혜정과의 인터뷰」, 『인터뷰—한국 인문학의 지각변동』, 그린비, 2011, 136~137쪽). 여성주의에 대한 조한혜정의 이러한 회고는 새삼 문화를 키워드로 정체성정치를 주창한 여성주의 제2의 물결에 대한 낸시 프레이저의 통찰을 환기시킨다. 낸시 프레이저에 따르면, 여성주의 제2의 물결은 정치적 관심을 계급 간 분배 문제에만 국한시켰던 경제주의적인 정치적 상상력을 변형시키기 위한 폭넓은 노력의 일환으로 발생한 것이나 문화에 몰두한 이 국면은 지구적 차원의 신자유의의 압력하에서 국민국가에 기초한 사회민주주의가 해체되어 나가는 보다 폭넓은 역사적 상황에 부합한 것이었다. 낸시 프레이저, 김원식 역, 「6장 여성주의 상상력에 대한 지도 그리기」,

이들 드라마에서 상품의 성격이 또렷해진 대중문화의 산물인 아이돌 팬덤은 학교와 가정이라는 사회적이고 일상적 영역의 규범을 초과한 열정 혹인 일탈의 성격을 띠긴 하지만 성장서사를 교란시키지는 않으며 그것을 보충하는 기제, 즉 사회화의 기제인 문화의 자격을 얻는다. 여성 인물을 중심으로 보았을 때, 성장서사는 대학입학과 졸업, 취업, 그리고 낭만적 사랑의 성취로 이어진다. 〈응답하라 1994〉는 전작보다 성장서사의 세속적인 기반을 더욱 분명히 하고 있는데, 이 드라마에서 주인공 남녀의 사랑의 성취는 아파트 집들이로 표상되는 안정적인 중산층으로의 진입을 시사하기 때문이다. 이 집들이에는 하숙집에서 처음 인연을 맺은 대학 친구들이 촌놈 티를 벗은 말쑥한 옷차림의 샐러리맨으로 등장하여 이들 모두 서울의 삶에 안착한 것으로 제시된다. 어쨌든 어린 아들을 사이에 두고 추억을 이야기하며 잠드는 부부의 침실 장면에서 끝나는 드라마는 이상과 현실 — 여기서 이상과 현실은 친밀성의 영역인 가정으로 수축된 것이기는 하지만 — 이 행복한 일치를 이룬, 중산층 가정의 우아한 세계를 보여준다. 그들이 친구들과 함께 시청한 TV프로그램이 월드컵 축구경기라는 것과 이 침실을 오버랩시켜 본다면, 경쟁의 세계에서 물러나 휴식을 취하는 친밀성의 영역에서 고려되어야 할 것 중 하나에 인종이 추가되어 있음을 추론케 한다. 이 드라마가 대한민국의 지역성을 고려하여 골고루 배치한 지방색이란 진정 배타적으로 민족적인 것이었다. 목가적 자본주의라는 상상의 조건이 그것의 불가능성에 있다면, 이 세계는 소원성취적인 꿈의 세계이다. 이 드라마가 유발시킨 노스탤지어는 지금-여기의 세계상에 반 넘어 기대어 있다. 1997년 IMF위기로 한국정

『지구화 시대의 정의』, 그린비, 2010, 176~183쪽.

부가 받아들이게 된 신자유주의적 변환 프로젝트는 경제적 과정과 가치를 중심으로 사회적 삶 전반을 전면적으로 재구축하게 만들었다. 그 결과 개개인의 나날의 삶만이 아니라 정치적 상상력은 진보와 성장의 비전이 아니라 전락과 파국의 공포, 미래의 불확실함에서 출현한다.[4]

한 세대가 평균적으로 벌어들이는 소득으로 셈해진 세대의 출현 — 더불어 X세대, N세대니 하는 규정과는 달리 아무런 상징성 없는 세대 규정 — 은 처음이었던 것 같은데, 2007년 우석훈과 박권일에 의해 정의된 의해 '88만 원 세대'는 얼마안가 연애와 결혼, 출산을 포기하는 삶을 살고 있는 상태로 설명되었다.[5] 이처럼 전적으로 섹슈얼리티로 성격이 규정된 세대 또한 처음이라는 점이 기록될 만하지만, '별 탈 없이' 연애하여 결혼을 하고 아이를 낳아 키운다는 생애사를 대표하게 된 섹슈얼리티의 서사가 정상성 이상의 초정상성, 그러니까 도달하기 어려운 하나의 이상idea으로 간주되고 있다는 것 또한 의미심장한 일이나. 소득수준과 직업의 상태(정규직이냐 비정규직) 등은 많은 부분 학력과 학벌이 규정적인 요소이며 학력과 학벌은 부모들의 사회경제적 지위가 상당한 영향 요소임을 고려할 때, 이는 이상이 실현 가능한 계급적 집단의 실재reality를 공공연하게 암시한다. 그런데 그것보다 중요하게

---

4 그 징후 중 하나를 아감벤의 '호모 사케르'가 과거 역사와 현재를 진단하는 데 유용한 개념으로 쓰이고 있는 현상이다.

5 우석훈 · 박권일, 『88만 원 세대』, 레디앙, 2007. 책의 첫 장을 「첫 섹스의 경제학—동거를 상상하지 못하는 한국의 10대」로 삼은 이 책의 저자들 또한 10~20대 세대에 대한 사회적, 경제적 상태를 효과적으로 보여주기 위해 섹슈얼리티 장치에서 그 세대의 위상을 제시한 바 있다. 이 장의 서술에서 부모에게 연인과 동거를 하겠노라고 말하는 10대의 젠더는 남성이라 명시되지는 않았지만 남성인 것으로 추정될 수밖에 없다. 10대 여자가 동거를 하겠다고 부모에게 말한다면 이 책에 제시된 것과는 다른 반응을 얻을 것이기 때문이다.

보아야 할 것은 연애와 결혼과 같은 관계적 행위와 그 관계를 구매 가능한 것=소유 가능한 것(나아가 처분할 수 있는 것)이라는 사회적 무의식의 구조화 내지 제도화를 드러낸다는 점이다. 대졸, 정규직에 연봉 2,500만~3,500만 원 정도 되어야 연애(와 결혼)의 가능성이 높다는 분석결과[6]가 아니라 하더라도, 사회적 무의식이 그 범주에 들지 않는 개개인에게도 어떤 수행 — 몸값을 높이기 위한 '자기계발'이나 그렇지 않으면 그 관계들을 '포기'할 것 — 을 강제하는 효과로 나타났다. 이에 '삼포세대'라는 규정은 그 범주를 실정화하고 자연화하지 않으면 안 될 정도에 이르렀다는 사회적·정치적 담합(?)의 소산일 수도 있다는 의심마저 든다. 비정상을 정상적인 것으로 받아들이는 일종의 사실수리事實受理 효과를 발휘하고 있지 않는가 하는 것이다. 여하튼 역사적 장치로서의 섹슈얼리티를 구성하는 혼인관계의 장치와 성생활의 장치[7]는 다른 어느 때보다 소유적 개인주의에 침윤되어 있으며 혼인관

---

6 한국보건사회연구원은 2013년 11~12월, 18~49세 미혼남녀 1,500명을 대상으로 결혼과 출산에 관한 국민의식조사를 벌인 후 지난 7월 보고서 「최근 미혼 인구 특성과 동향-이성교제를 중심으로」를 발표했다. 이 보고서의 내용은 거의 모든 일간지와 포털 사이트 뉴스에 삼포세대에 대한 통계적 입증을 한 보고서로 대서특필되었다. 보고서에 따르면, '25~29세, 대졸, 연봉은 2,500만~3,500만 원, 정규직.' 남녀 모두 이 정도 조건을 갖추고 있을 때 연애를 많이 하고 있는 것으로 조사됐다. 이 경우의 남성은 45.5%, 여성은 43.1%가 이성교제를 하고 있었다. 그런데 흥미로운 것은 학력별 이성교제 비율의 상관성이다. 학력별로는 초대졸과 대졸 미혼 인구의 이성교제비율 차이는 남성이 약 1%, 여성이 약 2%로 큰 차이가 없지만, 고졸과 초대졸의 사이의 차이는 남녀 모두 약 14%로 그 차이가 매우 크다는 것이다. 이 보고서는 사상초유의 저출산율에 대한 인구정책적 고려에 의해 쓰였다. 출산율이 여성의 '출산행동'에 달려있지만 한국의 경우 결혼을 하지 않으면 출산을 기피하고, 또 결혼연령이 늦어짐에 따라 출산율에 영향을 미쳐왔다. 따라서 결혼하지 않은 미혼인구를 출산율 회복의 중심 열쇠로 간주하여 결혼의 관문인 이성교제를 중심으로 인구 특성을 규명하려는 시도에서 작성되었다. 조성호, 「최근 미혼 인구 특성과 동향-이성교제를 중심으로」, 『월간 보건복지포럼』, 한국보건사회연구원, 2014.7.

7 푸코적 의미에서 섹슈얼리티는 하나의 역사적 장치로, 육체에 대한 자극·쾌락의 증대·담론에의 선동·지식의 형성 그리고 통제 및 저항의 강화가 지식과 권력의 몇몇 중요한 전략에 따라서 서로 연관되는 거대한 표면 조직망이며, '혼인 장치'와 '성생활의 장

계의 장치를 더욱 강화하는 방식으로 작용하고 있다.[8] 언뜻 성별의 구분이 없어 보이는 88만 원 세대, 삼포세대라는 규정은 특히 남성성에 관한 토픽으로 운위된 루저 담론의 증가, 그리고 동시적인 여성혐오의 증가와 관련하여 본다면 다른 어떤 세대론보다 남성 젠더적이다.

최근 진지한 분석의 대상이 된 소위 '일베'의 내용 중 가장 큰 비중을 차지하는 여성혐오는 그 용어사용의 노골성과 선정성에서, 그리고 그것이 젊은 여성들에 대한 총체적 혐오라는 면에서 특기할 만하지만, 윤보라는 1990년대 후반부터 현재까지의 여성혐오 담론과 그 원인적 배경이 누적된 담론의 형태라고 지적한다. 루저 문화는 신자유주의의 논리 속에서 사회적, 경제적 지위 불안이 가중되고 지속되는 젊은 남성의 정체성에 기반하여 생겨났는데, 이것이 여성혐오라는 특징을 띠게 된 데에는 다음과 같은 조건이 있었다. 즉, 신자유주의적 질서가 성

치'로 구성된다. 모든 사회에서 성적 관계가 산출하는 '혼인관계의 장치'는, 결혼, 친속관계의 고정과 전개, 성씨 및 재산 상속에 관련한 제도이다. '혼인관계의 장치'는 허가된 것과 금지된 것, 규정된 것과 비합법적인 것을 확정짓는 규칙체계를 중심으로 작동한다. 반면에 '성생활 장치'란 혼인 장치에서처럼 성적으로 맺어지는 상대들의 회로에 연결되지만 유동적이고 동질이상적이며 정세에 의해 좌우되는 권력의 기술에 따라 기능한다는 점에서 '혼인관계의 장치'와 다르다. '혼인관계의 장치'는 사회체의 항상성을 유지하는 데 그 기능이 있으며 여기서 혼인장치와 법 사이에 특권적 관련성이 생기며, 그것의 중요성은 '생식'이란 사실에서 유래한다. '성생활 장치'는 '생식'이 아니라 점점 더 세밀하게 인구를 통제하는 데 존재이유가 있다. '성생활 장치'는 '혼인 장치'와 관련하여 그것에 기댐으로써 기능했는데, 18세기 동안 가치를 부여받게 된 가족에 기초하여 남편-아내 축과 부모-자식 축이란 두 가지 요소 위에서 전개되었다. 미셸 푸코, 이규현 역, 『성의 역사 Ⅰ-지식의 의지』, 나남, 2004, 115~125쪽 참조.

8 관련 없는 듯하지만, 거의 남성들에 의해 자행되는 '이별범죄'는 연인이나 배우자에 투사된 극단적 소유관념의 소산이다. 연인이나 배우자의 이별 의사를 소유권의 침해로 간주하여 폭력을 가하거나 살인을 함으로써 연인이나 배우자의 신체와 생명을 처분할 권리가 자신에게 있는 것을 드러낸 것이 아닐까? 이것은 또한 사회적, 상징적으로 박탈된 남성의 상태나 콤플렉스에 대한 역설적인 표출이기도 하다. 이별을 하느냐 마느냐가 그토록 중대사지만 이별을 만류하며 여성에게 행사할 수 있는 영향력이란 신체를 상해하고 죽음에 이르게 하는 물리력 밖에 없다는 점을 드러내기 때문이다. 사흘에 한 건 꼴로 일어난다는 '이별살인'은 '대한민국'에 만연해 있는 여성혐오의 극단적 사례일 것이다.

별분업에 대한 보상체계를 해체하고 있는 상황 속에서 알파 걸 현상이나 여풍 담론, 골드미스 담론 등이 결합하여 여성을 남성의 경쟁자이자 남성을 착취하는 존재로 여기게 되면서 경쟁에서의 박탈과 불안의 원인과 분노를 여성에게 투사하는 논리 속에서 산출되었다는 것이다.[9] 특히 윤보라의 분석에서 흥미로운 것은 일베의 여성혐오 담론이 소비지향적인 여성을 가리키는 된장녀에서 한국의 젊은 여성 전체에 대한 총체적 거부를 의미하는 '김치녀' 담론으로 전화하면서, 정작 자신들의 이성애적 욕망은 여성회원을 허용치 않는 일베의 친밀성의 규칙에 의해서 자신들에게 금지된 것으로 받아들여야 하거나 '탈김치' — 한국 여자의 '나쁜 습성'을 버린 여성 예컨대, 온순하고 더치페이를 하는 '스시녀'라 불리는 일본여성 — 라는 불가능한 것을 꿈꾸게 하는 자가당착의 상황에 빠져있다는 것이다.[10]

그렇다고 여기에 억압가설을 도입하고 싶지는 않다. 여성을 제유하고 성 관계를 연상시키는 여성'성기'로 집중된 다설多說의 배설 자체가 동성사회체의 집단화된 성적 욕망의 일부이자 남성지배의 표상적인 실천을 구성하고 있기 때문이다.[11] 이는 일베가 추구하는–아마도 '우연찮게' 추구하게 된 대의cause가 있다면 그것은 결코 '금욕'이나 '금욕주의'를 전략으로 삼지 않는다는 것을 시사한다. 아니나 다를까, 세월호 단식농성에 맞서 지난 8, 9월 광화문 광장에서 벌인 두 번의 폭식투쟁이 이를 보여준다. 이것은 어떤 의미에서 일하고 먹고 마시고 섹스

9 윤보라, 「일베와 여성혐오-일베는 어디에나 있고 어디에도 없다」, 『진보평론』 57, 2013, 36~37쪽.
10 위의 글, 52쪽.
11 이십여 년 전에 최윤은 소설 「하나코는 없다」(1994)에서 여성들이 공유되고 사라지도록 만드는 남성 동성사회의 메커니즘을 예리하게 묘파하였다. 이에 대해서는 이혜령, 「쓰여진 혹은 유예된 광기-최윤 론」, 『한국소설과 골상학적 타자들』, 소명출판, 2007, 278~280쪽 참조.

하는 '평범한 나날'들의 유예나 단절을 통해 특히 남성 주체들에게 (혁명이라는) '비범한 나날'[12]들을 선사했던 지난 세기 모든 대의에 대한 분노를 표하는 퍼포먼스였는지도 모른다. 자식을 비롯하여 수백의 사람들이 바다 속에 잠겨 죽어가는 것을 목 놓은 채 지켜보아야 했던 평범한 아버지의 단식투쟁조차 대의를 모방하는 형식인 한 참을 수 없다는. 하지만 먹어치울 수 있다면 닥치는 대로 먹어치우는 것이 대의인 신자유주의를 우연치 않게 모방하게 된 이 퍼포먼스를 가능하게 한 현실, 즉 제 앞에 먹을 것이 독지가가 기증했을 피자나 초코바밖에 없다는 현실이 위선 없는, 달리 말하자면 염치없는 남성주의와 내셔널리즘(또는 국가주의)을 지속하게 만들 것이다.

2. 근대성의 총아로서의 신여성 연구와 딜레마

이러한 시대의 이미지들은 그것과 동시에 대거 산출된 일본군 위안부 문제와 신여성에 대한 연구를 되돌아보게 만든 문지방이자 프리즘이 되어줄 것이라 기대한다. 이 연구들은 두 여성 집단이 여성혐오와 내셔널리즘의 교직 속에서 각각 침묵의 장소가 되거나 다설의 장이 되어왔음을 지각해야 할 역사적 문화정치적 사건으로 부상시켰다(신여성에 대한 다설의 담론과 위안부에 대한 긴 침묵이라는 비대칭성이 관련 연구에 충분히 의식된 것은 아니었다). 그 과정은 여성에 대해 말하고 쓰는, 일군의

12 테리 이글턴은 자본주의의 문학 형식을 자본주의적 일상성을 의미하는 '평범한 나날'과 정치적 혁명의 시간들인 '비범한 나날'의 조합이자, 경향적으로 후자의 퇴락을 승인하는 형식으로 바라본 바 있다. 테리 이글턴, 이택광 역, 「자본주의와 형식(*Capitalism and Form*)」(*New Left Review* 14, 2002.3~4), 백승욱 · 진태원 · 홍기빈 편, 『뉴레프트리뷰』 1(한국어판), 길, 2009.

여성운동가들, 그리고 여성 연구자들의 연이은 등장을 수반했다. 이 현상은 대학도서관에서 여성들에 대한 책은 온통 남성들에 의해서 쓰였으며, 온통 여성들은 동물과 인간의 중간 쯤 되는 기상천외한 존재로 그려져 있음을 발견하고 탄식한 『자기만의 방』의 화자가 간절히 기원했던 여성 고등교육과 그 결실이 20세기를 식민지화로 시작하여 세기 말(1996)에는 OECD에 가입하게 된 극동의 위치한 나라에서도 맺어졌음을 뜻한다.

여성에 말하고 쓰게 된 여성 연구자들이 자신들의 어머니이자 할머니뻘이었던 식민지 시대 여성들의 삶에 대해서 방법과 체계를 요구하는 학술적 언어로 썼음에도 분노와 슬픔이 표현되어 있었다. 제목만으로도 생산적인 분노를 자극했던 『위험한 여성—젠더와 한국의 민족주의』[13]의 편자인 최정무는 미국 태평양 연안의 고속도로에서 미군이 몰고 오는 군용차량을 보자 자신도 모르게 옷매무새를 매만지고 등을 꼿꼿이 세우려는 자신을 발견하고 당혹스러웠다고 고백한다. 이 행동이 미군의 점령지가 된 해방 후의 한국에서 성장기를 보낸 자신의 몸에 베인 습관이 저절로 살아나온 것임을 깨닫고서는 뭐라 형언할 수 없는 분노가 치밀었다고 쓴다. 이 분노는 자신의 의식 깊은 곳에도 한국 여성에게 강요된 순결이데올로기 때문이라는 데서, 난잡함의 상징이라는 오명을 뒤집어쓸까봐 침묵할 수밖에 없었던 '수십만 명에 달하는 일제하 및 현재의 '군 위안부 여성들'을 불러낸다.[14] 한편 이번 세기 벽두에 출간된 『인간으로 살고 싶다』의 저자 이상경은 머리말 끝

---

13 일레인 김 · 최정무 편저, 박은미 역 『위험한 여성—젠더와 한국의 민족주의(*Dangerous Women*)』(by Elaine H. Kim and Chungmoo Choi. eds., New York : Routledge Press, 1998), 삼인, 2001.

14 최정무, 「한국의 민족주의와 성(차)별 구조」, 위의 책, 23~29쪽.

부분에서 낙백한 나혜석의 목소리를 인용한 후에 "이러한 운명 같은 삶의 궤적을 따라가면서 그 화려하고 비장한 삶의 끝에 이르는 것. 식민지 조선의 사회적 의미망 속에서 나혜석의 선택의 의미를 읽어내는 것. 그렇게 시대를 앞서 살아갔던 나혜석이 이제 새로운 세기를 맞이한 우리에게 여성이 인간으로 산다는 것이 무엇인가라고 묻는 물음에 답하는 것. 이것이 이 책의 목적이다"[15]라고 쓴다. 여기서 '인간'은 질적 시간으로서의 근대성의 시작을 알렸던 인권선언의 인간에 가까운 것이겠지만, 한국어 화법에서 이 말이 운위될 때의 어떤 울림과 떨림이 들어 있다. 이 경련은 "여성의 몸과 감성을 지닌 여성 / 인간"으로서의 경험과 깊숙이 관련되어 있음은 물론이다.

가부장제, 식민주의, 민족주의 등에 의해 사회적 배제와 억압, 성적 폭력을 겪었던 여성 정체성이 90년대 이후 여성 섹슈얼리티에 관한 연구와 운동들이 수렴해낸 여성 정체성일 수도 있다. 조주현은 이것을 90년대 이후 여성운동을 통해 논한 바 있는데, 1980년대의 시대 상황이 마련해 준 '진보성'의 특권이 90년대에 이완되면서 당대 여성운동은 성문화와 성폭력에 대한 관심을 통해, 80년대 민족민주운동과의 관련 문제로 분열과 대립을 겪었던 여성운동단체들이 '여성의 이름'으로 연대하여, '여성일반'의 정체성을 구성하는 운동을 전개할 수 있었고, 민족과 국가를 넘어 국제적으로 '여성'의 이름으로 연대하게 되었다고 지적한다.[16] 그녀는 한국여성의 정체성은 각 시대의 주도적 담

15 이상경, 「인형과 인간 사이」, 『인간으로 살고 싶다』, 한길사, 2000, 40쪽.

16 조주현, 「여성 정체성의 정치학」, 『진보평론』 7, 진보평론, 2001, 141~144쪽. 조주현이 든 90년대 여성운동 중에서 성문화와 성폭력에 관련된 운동으로는 다음과 같은 것이 있다. 일본군 위안부운동(1990.11, 정대협 발족), 김부남사건과 김보은·김진관사건 및 그에 대한 노력, 한국성폭력상담소개소(1991), 성폭력특별법 제정운동과 시행(1992~1994), 94년의 용모 등 신체적 조건을 채용기준으로 제시한 기업체 고발 및 여론화, 유급생리휴가 폐지안에 대한 대응, 서울대 조교 성희롱사건과 그에 대한 대응(1996), 가정폭

론들의 경합의 효과로서 구현되었다고 주장하며, 전통 대 근대 담론의 경합에서는 '신여성'과 '구여성'이, 식민 대 민족 담론의 경합에서는 '현모양처'의 정체성이, 민족민주운동의 담론에서는 '노동자여성'이, 근대성의 주체성의 경합에서는 '피해자 여성'의 정체성이 등장했다고 말한다.[17]

그런데 이러한 모든 여성 정체성에 대한 연구가 1990년대 이후 한국의 '근대성'이라는 화두와 관련하여 이루어졌다는 사실을 환기할 필요가 있다. 이 시기 한국의 학계와 지식인들 사이에 근대성이란 무엇인가를 묻는 시도가 공감을 이루게 된 현상은 "변혁과 진보의 이념이 퇴장하면서 이념의 공백 속에서 자기 시대의 문화를 묘사하고 기획하려는 지적 노력이 다발적으로 진행되고 있음을 시사하고 있다"[18]고 지적된 바 있다. 백 년 전으로 거슬러 올라가서 우리 시대의 기원을 밝히는 것을 목표로 한 근대성의 촘촘한 묘사description, 그리고 그 성격에 대한 규명이 이루어졌음은 주지의 사실이다. 특히 그 주요한 대상은 김진송의 『서울에 딴스홀을 허하라』(1999)에서부터 (경성의) 신여성이었다. 김경일은 『여성의 근대, 근대의 여성』(2004)에서 '20세기 전반기' "근대 학교 제도나 도시, 소비문화 혹은 스포츠와 같이 신여성은 근대와의 밀접한 관련에서 등장하였으며, 근대의 표상과 관련된 모든 것이 곧 신여성의 표지로 인식되었다는 점에서 이 시기의 신여성은 근대성의 문제의식과 밀접히 연관되어 있다."[19] 그 중 나혜석은 신여성의 대표 / 표상으로, 논문은 물론 전기적인 단행본, 다큐멘터리, 기

력방지법 제정 운동과 시행(1996~1998), 직장 내 성희롱을 사업주 책임으로 규정한 남녀고용평등법(1999), 운동사회 성폭력 가해자명단 공개(2000).

17 위의 글, 147쪽.

18 황종연, 「근대성을 둘러싼 모험」, 『창작과 비평』 93, 1996 겨울, 215쪽.

19 김경일, 「책을 읽기 전에」, 『여성의 근대, 근대의 여성』, 푸른역사, 2004, 7~8쪽.

념관, 거리, 학회, 학회지 등 다양한 문화콘텐츠 산업과 공공 문화사업의 대상이 되었다. 이러한 붐은 현대의 여성들에게도 그 유례를 찾기 힘든, 예술에서의 성취와 파격적인 연애와 결혼, 이혼, 이주와 여행, 전락 등 그녀의 역동적인 삶이 매력적이기 때문일 터일 것이다. 특히 나혜석 자신이 자신의 섹슈얼리티를 사회적 이목과 판단을 요구하는 사건으로 만들었으며, 결과적으로는 아무도 임종을 지키는 이 없는 삶을 살았다는 데에 관심의 집중적인 대상이 될 수 있었다.

굴곡이 없었던 것은 아니지만 결혼과 가정생활 등 비교적 안정적인 삶을 살았던 제2세대 여성작가들이나 기독교계 신여성들에 대한 관심보다 나혜석을 필두로 한 제1세대 여성작가들에 대한 관심이 더 큰 것은 아마도 그녀들이 더 '위험한 여성'들이었기 때문이다.[20] 그녀들의 근대적 개인과 삶의 방식에 대한 추구는, 가부장제의 젠더적, 성적 규범을 위반한 것이자 문화적 '혼혈'로서 민족 동일성을 헤친 '위험한 여성'들이었다.[21] 신여성이 처하게 된 섹슈얼리티의 상대나 곤경은 당대에는 그녀들에게 사회적 관심을 끌게 한 계기이자 그녀들을 사라지게 만드는 주요한 원인이기도 했던 것이다. 근대적 제도의 수혜와 상품소비로 가시화된 자본주의적 삶의 양식이 기존의 삶의 터전과 양식,

---

20 '여성문학' 형성기의 작가들인 나혜석, 김일엽, 김명순의 문학은 백철, 조연현, 권영민 등의 문학사에서 계몽주의적 단계를 넘어서지 못하거나 문제가 될 만한 작품을 거의 남기지 못한 것으로 취급된 반면, 제2세대 작가들은 '문학사'에 상대적으로 안정적인 대상으로 등재되었다. 여기에 대해서는 다음을 참조. 김양선, 「여성문학사와 여성문학 제도 연구를 위한 시론」, 『한국 근 · 현대 여성문학장의 형성』, 소명출판, 2012, 16~18쪽. 특히 제2세대 여성 작가들 중 몇몇 사회주의계열의 여성 작가들의 안정적인 문단 진입에 대해서는 전희진, 「식민지시기 문학의 장에서의 여성 작가들-2세대 여성 작가들의 작품과 삶의 경로를 중심으로」, 『사회와 역사』 93, 한국사회사학회, 2012 참조.

21 오늘날 같은 분위기에서 신여성은 원조 된장녀로 인식될 수도 있겠다는 생각이 들어, 실제 포털사이트에서 검색어를 넣어 그 결과를 보니, 원조 된장녀로 가장 많이 언급된 사람은 마리 앙투아네트이고, 신여성이 원조 된장녀 아니냐는 어느 대학생의 질문이 소속대학 학생들의 사이트에 질문으로 올라와 있었다.

규범을 해체하면서 극도로 불균등하게 배분되는 식민지 사회의 축도가 신여성의 섹슈얼리티에 응축된 것으로 표상되었다. 무엇보다도 그녀들의 섹슈얼리티는 거래와 교환이 가능한 것으로 담론화, 서사화되었으며 그 거래와 교환에 그녀들 자신의 지극히 개인적이고 사적인 욕망이 개입되어 있다는 이유에서였다.[22] 이러한 비난은 꼭 실존한 인물의 개인사나 스캔들만을 통해 이루어진 것은 아니다. 그것이 얼마나 반복 강박적이었는지는 신여성이 특정한 사회적 실체를 지닌 집단이거나 그 집단에 속한 신원증명이 가능한 인물들이라기보다 아예 정체성을 정의, 유포를 독점, 전유하려는 지식-권력을 산출하는 담론적 현상이자 효과로 바라보는 시각[23] 또한 어느 정도 정당하다. 그러나 그 비난은 비난의 주체를 즐겁게 하는 비난이었다는 것을 지적해둘 필요가 있겠다. 신여성 담론은 말함으로써 소유하고 정복하는 — 그녀의 새로움과 사치와 섹슈얼리티 — 즐거움과 함께 그 즐김에 대한 징벌로서의 민족주의, 사회주의 같은 대의의 표명이 결합된 것이었다. 권명아가 『역사적 파시즘』에서 잘 보여주었듯이 신여성은 '총후부인'이라는 총력전 체제 하의 여성 정체성을 재구성하려는, 제국의 황민화 이데올로기에서도 반정립의 대상으로서 유용하게 소환되었다.[24]

이러한 메커니즘은 1920~30년대를 배경으로 삼은 이천년대의 대중문화에서도 구조화되어 있다는 점이다. 예컨대, 2007년 방영된 KBS

---

22 여기에 대해서는 이혜령, 「한국 근대소설의 섹슈얼리티 연구」, 성균관대 박사논문, 2002 참조.

23 잡지 『신여성』 등 매체를 주요한 대상으로 이루어진 신여성 연구는 명시적이든 그렇지 않든 이러한 시각을 지닌다고 할 수 있다. 연구공간 수유+너머 근대매체연구팀, 『신여성 – 매체로 본 근대 여성 풍속사』, 한겨레신문사, 2005; 김수진, 『신여성, 근대의 과잉』, 소명출판, 2007.

24 권명아, 「제2부 제국의 판타지와 젠더 정치」, 『역사적 파시즘』, 책세상, 2005, 157~290쪽 참조.

드라마 〈경성스캔들〉(극본 진수완, 연출 한준서)은 당시까지의 연구를 한껏 참조하여 만든 것 같았다. 경성의 모던걸과, 모던보이가 모여드는 카페와 스캔들을 제조하는 삼류잡지회사를 중심으로 식민지 조선에 대한 다른 초상을 그리면서 시작한 이 드라마는 후반부에는 친일적 기원을 가진 두 남자 주인공이 총독부 담장을 사이에 두고 일제 경찰과 총격전을 벌이는, 전반부가 무색할 정도의 과잉된 민족주의 파토스를 보여주었다. 결국에 이 텍스트는 민족주의적인 것이 되어버렸지만 드라마의 즐거움은 비동시성의 문화와 인물이 만화경처럼 펼쳐진 경성의 근대성이었으며, 거기에도 속하고 비밀결사에도 속하게 된 여성 인물들이 처하게 된 성적 위험이었다. 이러한 즐거움이 민족주의적인 서사로 봉인되지 않았다면 허용될 수 없었던 것 또한 사회적 무의식일 것이다.

비근한 예로, 한국 최초의 여성 비행사로 알려진 박경원을 모델로 한 영화 〈청연〉(2005년 개봉, 감독 윤종찬)을 둘러싸고 개봉 전에 이미 '최초'와 '친일파 영화'라는 논란이 빚어졌다. 권은선은 실제 영화에서는 식민지 현실을 지워내는 탈역사화의 서사로 비행장면의 스펙터클과 로맨스를 주요한 서사적, 시각적 장치로 사용했으며, 첨단의 근대적 테크놀로지에 도전한 식민지의 신여성이 겪었음직한 젠더 억압은 생략되어 있다는 것이다. 게다가 기베라는 허구적인 일본 여성인물에게 극중인물인 외무대신으로 연인인데, 이는 사실 박경원에게 들러붙은 친일의 표지였던 체신대신 고이즈미의 애인이라는 것에 대한 전치인 것이다. 게다가 기베는 경원을 음양으로 도와주는 역할을 맡고 있다. 이러한 설정을 통해 친일(영화)논란을 벗어나게 하려 했다는 것이다.[25]

---

25 권은선, 「〈청연〉—'신여성' 재현에서의 민족주의와 페미니즘의 경합」, 『영상예술연구』 11, 2007 참조.

이는 "무의식적 차원에서 당대의 저항 민족주의 담론에 깊게 침윤되었"거나 "지배적 담론인 저항 민족주의에 대한 무의식적인 자기 검열의 결과이다. 절대적 범주로서 민족주의적 담론이 억압처럼 텍스트에 작용할 때, 텍스트에서 억압된 것은 역사적 주체인 신여성 박경원의 행위 주체성이다", "동시대의 민족주의 담론의 시선 하에서, 반민족적인 함의를 벗어나기 위해 탈역사적인 공간을 상상할 때, 욕망과 시대적 조건이 충돌하는 갈등에서 취한 그녀의 협상, 선택, 행위는 사라지고, 따라서 저항의 지점까지도 함께 억압되고 만다"[26]고 비판한다.

'신여성'은 이처럼 "민족주의와 페미니즘의 경합"의 장소였다. 그런데 이러한 비평이 민족주의가 지배적 담론으로 억압적 기능을 하고 있다는 언설, 즉 민족주의 비판 담론의 출현에 의해 가능해졌다는 것에 주목해야 한다. 『민족주의는 반역이다』(임지현, 1997), 『우리 안의 파시즘』(임지현 외, 2000), 그리고 일본을 경유하여 들어온 국민국가론은 과거에서 현재까지 정치 이데올로기일 뿐만 아니라 일상적인 삶에 파고든 근대적 주체성의 지배적 형식으로서 '민족', '국민'에 의한 동일성의 폭력을 광범하게 비판하는 효과를 산출했다. 소위 저항적 민족주의 즉, 민족해방운동에서부터 1980년대 변혁운동까지 비판의 심문에서 자유롭지 않았다는 점에서 큰 파장을 일으켰다. 민족주의가 여성에 대한 가시적 비가시적 폭력과 그것을 은폐하거나 정당화하는 담론을 수반한다고 비판되었다.[27] 앞에서 언급한 『위험한 여성』은 민족주

---

26 위의 글, 17쪽.

27 페미니즘, 젠더 이론과의 관련 속에서 한국의 '포스트' 담론을 비판적으로 검토한 권명아는 한국에서의 '포스트'담론 — 특히 포스트 콜로니얼리즘 — 의 반향이 민족주의 비판이 중심적 의제였으며, 그에 따라 연구영역은 식민지 시대로 집중되는 역사로의 후퇴 현상을 보였음을 지적한다. 그 결과 젠더 연구는 현실 개입의 실천적 의제와 무관할 수 없는 주체성 정치로서가 아니라 역사 연구의 새로운 소비항목으로 소비하게 되었으며, 포스트 콜로니얼리즘 이론에 기반한 민족주의 논쟁이 한국문학 영역에서는 '정전'읽기

의 비판 담론이 비등해진 시점에 도착한 책이었던 것이다.

그런데 '여성학' 측에 의해 제기된 민족주의 비판에 대해서는 광범위한 호응만 있었던 것은 아니다. 정진성은 1990년대 이후 민족담론에 비판적인 여성학의 경향이 가부장적 민족주의의 강압에 대항한 주체로서 신여성을 적극적으로 재평가하는 연구로 이어졌음을 지적한 바 있다.[28] 송연옥은 「민족주의와 페미니즘의 불행한 결렬—1930년대의 한국 '신여성'」이란 글에서 신여성을 근대성의 표지이자 페미니즘의 선구로 추켜세우는 것에 당대의 연구풍토에 대한 일침을 가한다. 그녀는 1930년대 신여성과 87년 민주화 이후의 페미니즘의 아날로지를 읽어낸다.

> 식민지 하에서 저항의 민족주의를 결여한 페미니즘이 근대 가정의 환상에 사로잡혀 제국의 민족주의에 회수되어 간 1930년대. 민주화가 어느 정도 달성되고 경제적으로도 풍부해져, 미국을 정점으로 한 중층적인 정치 구조 속에 있다는 사실을 생활 차원에서 느끼기 어려운 오늘날 한국의 현실[29]

붐으로 나타나 경계를 넘나드는 연대가 아닌 한국문학의 제도화를 공고히 하는 데 기여했다고 주장한다. 권명아, 「연대solidarity와 전유appropriation의 갈등적 역학」, 『상허학보』 19, 상허학회, 2007.2 참조.

28 정진성, 「제13장 일본군성노예문제에 있어서의 민족주의와 페미니즘」, 『일본군성노예제—일본군위안부문제의 실상과 그 해결을 위한 운동』, 한울, 2000, 302~304쪽 참조.

29 송연옥, 「민족주의와 페미니즘의 불행한 결렬—1930년대의 한국 '신여성'」, 『페미니즘연구』 1, 한국여성연구소, 2001, 67쪽. 이 글의 모두에서 송연옥은 한국의 민족주의가 유독 미국은 비켜가고 있는 반면 일본 쪽을 향해 있었으며, 87년 민주화 이후 가부장적 민족주의에 억압되어온 페미니즘은 민족주의 자체가 그 역할을 끝냈다고 인식이 대두되었다고 쓴다. 이러한 현상을 페미니즘을 논하는 여성 연구자 대다수가 미국 유학 귀국자이며, 미국의 이론에 의존해 있는 점과도 관련이 있을 것이라고 지적한 바 있다. 한편, 한국의 민족주의가 다른 제3세계 국가과 달리 격렬한 반미 민족주의 성격을 띠지 않은 것에 대한 지적은 경청할 만하다. 최근 후지이 다케시는 그 근원적 이유에는 대한민국이라는 국가 자체가 탈식민 국가이기도 하지만 냉전국가라는 점이 작용하며, 이는 특히 미국적인 것이자 보편적인 문명으로 내세워진 자본주의에 대한 근원적 부정의 불가

위의 인용문에서, 페미니즘은 연대기적 개념이 아닌 질적 시간의 개념인 근대성의 총화로 바꿔 읽어도 좋을 것이다. 그러나 이십세기 말 한국의 페미니즘이 민주화와 경제적 풍요라는 분위기에 휩싸여 사회주의 해체 이후 미국 중심의 단극화된 세계 질서의 억압성을 보고 있지 못함을 비판한다. 신여성 연구 붐에 비판적이었던 정진성과 송연옥이 공히 식민지 시대의 여성의 삶 중 관심에 두었던 것은 일제말기 전쟁에 동원된 일본군 위안부였으며, 그리고 이 문제를 해결하고자 한 한국정신대문제대책협의회(이하 정대협) 운동 또한 신여성 연구 붐과 같은 시기에 전개되었음을 떠올릴 필요가 있다. 식민지 조선의 신여성과 일본군 위안부는 당대 문제적인 화두였던 근대성과 민족주의를 각각 할당 받게 되는 담론적 지형을 이루게 되었다.

3. 일본군 '위안부'와 그 증언을 둘러싼 해석의 임계

일본군 위안부의 정체성을 어떻게 규정할 것인가와 관련하여, 민족주의는 정대협 운동의 전개과정 속에서 누적적으로 불거진 논쟁적 문제로 제기되었다. 정대협에 가해진 비판의 핵심은 강제 / 자발, 처녀 / 매춘부이란 구도가 각각 조선인 위안부 / 일본인 위안부로 이분화여 일본인 위안부를 문제의 시계에서 배제한 것, 위안부 문제를 여성의 성폭력이 아니라 추상화된 민족에 대한 일본의 겁탈로 상징화한 것, 일본의 '국민기금' 수령 문제를 두고 생존 피해자 할머니들을 위계화하고 배제한 것 등이 결국에는 가부장적 민족주의를 강화하고 말았다

능성에 기인한다고 할 것이다. 藤井たけし, 「ある『政治學槪論』の運命」, 紅野謙介・高榮蘭・鄭根埴・韓基亨・李惠鈴 編, 『檢閱の帝國』, 新曜社, 2014 참조.

는 것으로 요약된다. 그럼으로써 투쟁의 대상을 일본(정부)으로 한정하여 당대적이고 세계적인 차원의 여성 인권침해로서의 성폭력이나 전시강간 문제 등 현안과 충분히 연계되지 못했고, 연대의 대상을 배타적으로 한정하게 되는 편협함을 보였다는 것이다.[30] 그 논쟁적인 과정을 정리하고 평가하는 것은 필자로서는 감당하기에 어려운 일이지만, 그 결과 그 결과 '민족주의'라는 용어는 정대협 운동과 관련하여 그 운동의 대의와 명예를 실추시킨 말로 간주되기에 이르렀다는 사실은 음미해볼 필요가 있다. 정대협 20년사 편찬위원회는 정대협 운동을 여성인권운동으로 정의하면서 다음과 같이 언급한다.

> 정대협은 지난 20년 동안 정대협의 운동이 민족주의를 지향한다는 비판을 '폭력'처럼 받아왔다. 하지만 정대협이 전개해온 역사적 사실 규명은 식민주의의 폭압, 전쟁의 피해, 여성비하의 잔혹함이 상호교차하면서 형성된 억압적 모습을 드러내고 포착하는 과정이었다. 식민지, 점령지와 일본의 여성을 차별적으로 대우한 것을 밝히는 것은 역사적 사실 규명이지 민족주의의 표현이 아니다. 피해자들의 뇌리에 가득 찬 '나쁜 일본 놈'은 사회적으로 구성된 의식이지 민족주의적 허구가 아니다. 이러한 '폭력적'인 비판은 정대협 운동을 슬프게 했지만 약화시키지는 못했다.[31]

정대협 운동을 추동한 것은 성폭력 등에 대한 여성운동의 당대적 관심의 일환으로서만은 아니었으며 그 모든 이슈를 정대협 운동이 감당해야 할 필요는 없다고 생각하는 바이다. 80년대 성장해 온 여성운

30 여기에 대해서는 김정란, 「일본군 '위안부' 운동의 전개와 문제인식에 대한 연구—정대협의 활동을 중심으로」, 이화여대 여성학과 박사논문, 2004 참조.

31 한국정신대문제대책협의회 20년사 편찬위원회 편, 『한국정신대문제대책협의회 20년사』, 한울, 2014, 21쪽.

동 없이 이 운동은 결코 촉발될 수 없었지만, 일본군 위안부 문제 해결을 위한 운동은 87년 민주화 이후 폭발적으로 제기된 과거 청산 과제 중 하나인 식민지 유제 청산의 연장선상이었다는 것 또한 그에 못지않게 고려되어야 하기 때문이다. 김학순의 증언으로 획기적인 시작을 알린 정대협 운동은 탈식민화의 실천이며, 따라서 탈식민화 실천이 지닐 수밖에 없는 성격이 고스란히 투영되어 있다고 생각한다.

탈식민화의 실천은 제 동족의 이름을 호명하며, 그 이름이 살아간 피식민의 경험과 역사를 서술하는 자기언급적 성격을 지니고 있다. 예컨대, 한국에서 가장 유력했던 탈식민 실천 중 하나인 친일파청산에서 친일파를 적시하는 일은 단지 그들만이 아니라, 일본인 식민자들, 식민화의 기구, 정책, 실천의 대체물 혹은 상징으로 기능했다. 이러한 자기언급적 성격은 식민–피식민 관계의 경험의 비대칭성에서 비롯된다. 식민지지배는 국가기구와 제도, 정책, 무엇보다 폭력을 독점하여 이루어지는 반면, 피식민자들은 가진 것 없는 맨 몸의 상태로 그것을 경험한다. 피식민 상황이란, 해당 민족 전체가 이민족의 식민지지배기구, 정책, 식민자와의 관계 속에서 재구성된다는 생활경험 속에서 직접적으로 피식민자라는 구속적인 정체성을 부여받으면서 형성되며, 이 경험은 단지 의식의 차원에서가 아니라 물리적, 신체적 지각경험에 의해 구성된다. 피해의 기억이 별도의 정치적, 윤리적 실천이 아니라면 가해의 기억으로 쉽게 전이되지 않는데, 옛 식민지 모국의 민족이나 국민은 자신을 일상적 생활경험 속에서 자신을 가해자이거나 지배자로 인지되지 않기 때문이다. 따라서 피식민 개인 하나하나는 식민지 경험과 관련하여 자신이 민족을 대표할 수 있다고 생각되지만, 식민지 모국의 개인 하나하나가 지배를 지배의 경험으로 인지하기는 어려우며 따라서 지배민족을 대표한다는 인식 또한 어렵다. 식민지에 주재하며 식민지 원주민과 대면적인 관계에 있으면서 업무를 수행했던 경찰이나 식민지 관리들은 해방 이후 자신들을 징치하려는 조선인들이나 인민위원회와 같은 기구가 벌인 재판에서, 자신들은 국가의 직무를 했을 뿐이라고 응수했던 것이다. 일본인들은 패전 후 자국의 법에 의해서만, 패전국 국민으로서 승전국들이 차린 법정 하에서만 원고 — 그것도 식민지지배가 아니라 전쟁범죄에 관해서만 — 로 설 수 있다고 강변하였던 것이다. 이런 식의 비대칭성은 '해방' 이후에도 지속된다. 즉, 1945년 8월 15일은 피식민자들에게는 식민자와의 관계의 극적이고 전복적인 변화를 의미하는 해방을 의미하지만, 식민자가 이 사건과 자신의 운명을 두고 마주보아야 할 대상은 피식민 민족이 아닌 승전국과 연합군이었던 것이다. 결국 식민자의 명단 작성은 불가능하며 그러할 때 탈식민화의 실천을 위해 책임을 묻고, 진싱을 규명하기 위해 가리켜야 할 대상은 제 동족이자, 일본정부일 수밖에 없다.[32]

생존 피해자들의 극적인 등장만이 아니라 그들의 명부의 작성, 구술 증언의 집적에 의해 일본군 위안부의 모집시기와 방법, 그 규모, 전장으로의 이동과 인원의 배치 방식, 위안소의 운영 방식 어느 정도까지 추정 가능한 자료로서 활용되고 있다. 이 글에서 좀 더 중요하게 고려하고 싶은 것은 그들의 구술 증언이 마치 신여성 나혜석의 글쓰기와 마찬가지로 "여성의 몸과 감성을 지닌 여성 / 인간"으로서의 자신의 주체성을 서술하고 그것에 입각하여 자신을 둘러싼 세계를 자신과 연관하여 인식하고 해석하는 지식의 구성 행위[33]라는 것이다. "여성의

32 이 단락의 내용은 이혜령, 「친일파인 자의 이름—탈식민화와 고유명의 정치」, 『민족문화연구』 54, 고려대 민족문화연구원, 2011, 1~19쪽 참조.

33 김은실, 「조선의 식민지 지식인 나혜석의 근대성을 질문한다」, 『한국여성학』 제24권 2

몸과 감성을 지닌 여성 / 인간"으로서의 경험을 세상과 관계 속에서 다르게 등록시키는 것이 여성주의적 지식 산출이라고 한다면, 일본군 위안부의 첫 증언자 김학순의 증언, 나아가 다른 생존 피해자들의 증언 또한 지식 산출 행위였다. 김학순은 자기 언급적self-referential 실천을 통해, 익숙한 통념의 세계를 낯설게 만드는 지식을 산출하였다. 그런데 그녀들이 여성 / 인간으로서의 자신의 주체성을 서술하는 데 '민족'을 불가피하게 경유해야 했었음을 강조하고 싶다.

거의 반세기 가까이 지난 자신의 생애 이야기를 대신할 섹슈얼리티를 고백하는 장소나 대상이 고해소의 신부 앞이나 의사 앞도 아닌, 또한 (남성) 보호자의 동반도 없이 신문지상이거나 카메라와 기자들이 모여든 기자 회견장이었다는 사실은 스쳐지나갈 수 없는 사안이다. "상상의 공동체들"[34]이 그녀들이 최초로 택한 고백의 장소이자 대상,

---

호, 2008 참조. 김은실은 나혜석의 근대적 개인, 자아의 주체성 구성의 과정에 주의를 기울이면서 나혜석은 초기에 보편적인 인간 / 사람을 자신이 추구해야 할 주체성으로 보았지만 결혼 이후 성차를 지닌 채인 여성으로 인간이 될 수 있다는 경험론적 인식론적 실천을 추구했다고 결론을 내린다. 나도 인간으로 살고 싶다는 선언보다 주목받지 못한 '나는 여자다'라는 선언은, '회의되어질 수 없는 궁극적인 조건인 몸을 지닌 여성 / 인간'이라는 것에 대한 자각이라는 것이다.

34 노태우 대통령의 방일을 앞둔 1991년 8월 14일 행해진 김학순의 증언은 공히 한국만이 아니라 과거 한국의 주권을 침해하여 위안부를 만들어낸 일본을 향하고 있었다는 점에서 복수이다. 잘 알려졌듯이, 베네딕트 앤더슨의 개념이다. 『상상의 공동체(*Imagined Communities*)』는 "사람들이 마치 그런 표현이 만들어지기를 기다렸던 듯한 책이었다"(Josep Llobera, *The God of Modernity : the Development of Nationalism in Western Europe*, Berg, 1994, p.103, 닐 데이비슨, 「민족주의의 기원과 전파—베네딕트 앤더슨 『상상의 공동체』 비평」, 『마르크스21』 7, 책갈피, 2010, 279~278쪽에서 재인용). 이는 한국에서 마찬가지였는데, 특히 민족 형성에 있어 근대 인쇄자본주의의 산물인 신문과 소설을 언급한 주장은, 문학연구자들에게 널리 인용되었다. 여기서는 베네딕트 앤더슨의 간명한 정의, 즉 민족은 자체로 제한되어 있으면서 주권을 갖춘 것으로 상상되는, 상상의 정치적 공동체에 덧붙인 설명을 제시한다. 즉 경계가 제한되어 있다는 것–어느 민족도 전 세계를 포괄할 수 없다는 것, 왕이나 귀족과 같은 신성한 정통성이 국민의 주권으로 대체되었을 때 민족은 생겨나며, 민족은 그 내부에 수직적이고 불평한 관계가 있지만 원칙적으로 수평적인 연대를 전제한다. 베네딕트 앤더슨, 윤형숙 역, 『상상의 공동체』, 나남, 2004, 19~28쪽.

고백의 조건이었다. 많은 이들의 지적처럼 가부장제와 민족주의 때문에 침묵을 강요당한 것이기는 하지만 바로 그 때문에 고백의 대상을 '민족'으로 삼을 수밖에 없었으며 그녀들은 증언행위에 의해 민족을 스스로 형성하게 되었다. '민족'이란 가족이나 친지, 이웃, 친구와 같은 어느 정도 직접적인 관계를 초월한, 그런 관계들보다 우선한 것으로 인식되었을 때 그 소속됨을 선언할 수 있다. 증언자들은 고향에 돌아가지 않거나 돌아간다고 하더라도 가족들에게 자신의 경험을 말하지 않는 경우가 많았으며, 평생을 독신으로 살다 증언 당시에도 독신인 상태가 많았다. 즉 오랫동안 가족이나 친지 등의 관계들과 절연하거나 소외되어 있었던 상황이 역설적으로 증언을 결심하고 수행할 수 있는 유리한 조건이 되었다. 다른 한편 증언 행위는, 위안부 경험 때문에 가족적 유대의 절연과 함께 결혼에 제약을 받아 많은 경우 사회적으로 하층 계급적 삶을 살아야 했던 이들에게 수평적 동료관계라고 상정된 공동체의 일원이 되는 것으로 경험되었다.

증언의 내용들이 민족담론으로만 포섭되지 않는 진술이 뒤엉킨 것이라는 시각 또한 제시된다. 민족담론으로만 포섭되지 않는다는 진술의 내용은 주로 집안의 어려운 형편을 모면하기 위해 딸을 팔았던 가부장적 통념에 빠져 있던 식민지 조선인들, 위안부 모집에 앞장섰던 조선인 업자들과 면장이나 이장, 경찰과 같은 식민지 행정권력의 말단들의 공모 행위, 귀국 후 개별적인 삶의 과정 속에서 드러나는 다기한 섹슈얼리티 등이 그것이다.[35] 그러나 식민–피식민 관계로만 설명되지 않는 위안부가 된 계기나 원인, 그리고 귀국 후의 삶의 양상을 모

35 위안부가 된 동기나 원인에 있어 피식민 조선인의 '협력'에 대해서는 박유하, 『제국의 위안부』, 뿌리와이파리, 2013 참조; 귀국 후 다양한 섹슈얼리티와 주체성에 대해서는 양현아, 「증언과 역사쓰기–한국인 '군 위안부'의 주체성 재현」, 『사회와 역사』 60, 2001 참조.

두 설명할 수 없는, 그 진술의 다기한 내용들은 모두 위안부 경험의 증언 요청을 받아들인 결과 진술된 것이다. 공동체를 향한 증언, 증언을 통한 공동체로의 소속됨이라는 왕복적인 실천이 그 모든 진술을 가능케 한 것이 아닌가? 상상의 공동체를 향한 왕복적 실천이기에 기생학교에 자신을 판 의붓아버지, 일본인보다 더했던 조선인 업자들, 자궁이 썩어나간 몹쓸 병과 유산, 불임의 경험, 일본군 아이를 낳은 것, 일본군 장교와의 사랑, 위안부였다는 사실을 숨기고 한 결혼과 그것이 소문이 돌아 남편에게 모진 학대를 당한 것 등까지를 말할 수 있었던 것이다. 혹자들은 그녀들의 증언이 민족주의적으로 유도된 채 이루어졌거나 어떤 할머니의 경우 민족주의 프레임에 정향되도록 진술이 번복되고 있다는 지적을 하곤 한다. 이러한 주장은 증언의 다양성에 대한 주목을 넘어 마치 증언자들을 누군가에 의해 조종되는 존재로 취급함으로써, 오히려 주체성을 스스로 정립할 수 없는 주체로 간주하는 시각이라고 할 수 있다.[36] 여하튼 증언자들의 증언에 공통된 것은 일본군 위안소에서의 무참한 경험이 자리 잡고 있다는 것이며 이는 강조되어야 할 것이다.

이러한 경험이 민족담론이나 민족주의로 포섭될 수 없다는 주장은 이렇게 고쳐 써야 할 것이다. 위안부 증언자들은 '상상의 공동체들'이 오랫동안 망각하거나 부인한 것을 기억하는 여성의 몸과 감성을 지닌 여성 / 인간의 출현이었다. 그녀들의 증언은 민족주의의 임계를 시험하

36 이와 관련하여 최근 논란을 낳은 박유하의 『제국의 위안부』가 정대협이 간행한 증언집을 구석구석 섬세하게 인용하고 있지만, '위안소'에서의 군인에 의한 성적 침해에 대한 피해자들의 진술만큼은 좀처럼 인용하지 않은 채 쓰였다는 것을 지적해두고자 한다. 책의 저자는 그 경험을 무의식적이든 의식적이든 괄호 친 한에서 '위안'이란 말을 사전적인 의미로 쓸 수 있었던 것이다. '대동아공영권'과 같은 과잉 도덕화된 일본 제국주의의 명명법에서 알 수 있듯이, '위안부'나 '위안소' 또한 마찬가지로 폭력과 잔혹함, 전쟁동원 명분의 허구성을 은폐하고자 하는 위선적 명명이었다.

고 있지만, 이 뒤늦은 시험과 관련하여서 규명되고 추적되어야 할 것은 식민주의가 섹슈얼리티에 어떻게 작동하고 있었는가에 대한 것이다.

예컨대, 정대협의 민족주의 경향에 대한 비판 중 같은 민족의 남성에 의한 성폭력이나 성매매보다 이민족 남성에 의한 그것 중 후자를 더욱 심각한 문제로 받아들인다는 주장[37]은 좀 더 역사적 맥락화에 입각해야 할 필요가 있다. 정대협의 식민지 지배와 피지배의 관계가 제국의 남성에 의한 식민지 여성의 성적 침해로 상징되거나 표상된다는 것은 이제 기본적인 상식이 되었다. 그러나 실제로 식민화가 식민자—피식민자 간의 성적 침해나 성적 관계를 필연적으로 포함하고 있다는 사실이 한국의 식민지 경험 속에서는 충분히 추적되어야 한다는 제언은 좀처럼 제기되지 않았다. 공창제의 이식이나 전개과정, 그것에 의한 사창의 만연에 대한 탁월한 연구 성과가 제시되었지만,[38] 여전히 '매춘' 또는 '성매매'라는 카테고리 속에서만 연구되고 이해되는 제약이 있다. 일본군 위안부를 둘러싸고 그 역사적 연원으로서의 공창제를 어느 정도까지 인정할 것인가. 위안부 제도를 성매매 제도로 이해할 것인가는 위안부 모집의 주된 시기, 그 대상과 방법에 있어 식민지 조선과 일본의 차이를 고려할 때 중요한 사안이다. 그러나 이 문제가 조선인 위안부와 매춘의 관련성 여부에 대한 민감한 반응이라면, 공창제 연구도 일본군 위안부 연구도 식민지 섹슈얼리티 연구의 지평을 확장하는 데 기여하는 데는 한계가 있을 것이다. 이에 식민지 섹슈얼리티 연구는 어떻게 진전되어야 하는가에 대한 한 가지 제언을 하는 것으로 이 글을 맺고자 한다.

---

37 구체적인 논쟁의 과정에 대해서는 김정란, 앞의 글, 95~96쪽 참조.

38 대표적으로는 송연옥, 「일제 식민지화와 공창제 도입」, 서울대 국사학과 석사논문, 1998; 박정애, 「일제의 공창제 시행과 사창 관리 연구」, 숙명여대 사학과 박사논문, 2009.

4. 식민지 섹슈얼리티 연구에 대한 제언

식민지 국가의 개입 없이 진행될 수 없었던 이러한 지배의 실천[39]이 시사하는 바는 식민지 조선의 여성은 식민자인 일본인과 관련하여 성 생활 장치로 유입되었으나 조선인 여성은 혼인관계 장치에서는 주의 깊게, 암묵적으로 배제되었다는 것이다. 이는 식민화의 상징으로 홍보되거나 내선일체의 권장할 만한 실천으로 정책적 뒷받침을 받았던 내선결혼의 양상은, 이은의 결혼이 상징하듯 조선인 남성과 일본인 여성과의 결혼이 압도적으로 우세했다는 사실을 고려해볼 때 더욱 확연해진다.[40] 역사적 장치로서의 식민지 섹슈얼리티는 식민지-제국이 창출한, 종족적 구성이 불가피하게 이원적인 사회의 생활세계의 인종화된 배치로 재인식될 필요가 있다. 다른 말로 하자면, 친밀성을 둘러싼 인종화된 언설과 정치의 차원에서 식민지 섹슈얼리티의 전체적인 밑그림을 그려볼 수 있을 시기에 이른 것 같다.

---

39 위안부 모집과 위안소 설립 및 운영에 대한 식민지 국가와 일본군의 다양한 개입 양상에 대해서는 강정숙, 「일본군 '위안부' 제도의 식민성 연구—조선인 '위안부'를 중심으로」, 성균관대 박사논문, 2010 참조. 강정숙은 군관의 총칼에 잡혀가는 조선인 위안부 상은 역사적인 진상에 맞지 않지만, 위안부의 모집과 운송수단에 의해 국경을 넘는 것이 필요했던 전장으로의 배치, 위안소의 운영에는 일본 정부와 식민지 정부, 군의 실제적인 개입이 필요했으며, 개입이 이루어졌음을 다양한 논거를 통해 입증하고 있다.

40 1920년 4월에 거행된 영친왕 이은과 일본 황족 이방자의 내선결혼 다음 해인 1921년 6월에 '내선인통혼법안內鮮人通婚法案'이 총독부령 99호로 성립된다. 내선결혼 건수는 1912년에 116건이던 것이 1925년에는 404건이었다. 善生永助 편, 『朝鮮の人口現象』, 朝鮮總督府, 1929, 314쪽. 그러던 것이 1928년에는 40건, 1931년에는 52건 등 100건을 넘지 않다가 황국신민화 정책이 절정에 이르던 때인 1940년에는 137건으로 조사되었다. 한편 일본으로 이주하여 살던 조선인과 일본인 사이의 결혼 건수는 이보다 훨씬 많아 1938년에는 811건, 1941년에는 1,258건, 1942년에는 1,418건이었다. 내선결혼의 절대 다수는 조선인 남성과 일본인 여성간의 결혼이었다. 카세타니 토모오綛谷智雄, 「재한일본인처의 형성과 생활적응에 관한 연구」, 고려대 석사논문, 1994, 26~27쪽. 물론 이러한 결혼이라는 법적 계약을 통해 등록된 관계 이외에 다양한 형태의 성적 관계가 있을 것이다.

예컨대, 신분제의 해체와 자본주의적 양식과 문화의 이식을 수반했던 식민화의 심화 속에서 새롭게 도입된 제도를 통해 이루어진 매춘의 확대가 혼인과 가족, 성적 욕망 등 섹슈얼리티에 어떤 변동을 야기했는가와 같은 물음을 던져보자는 것이다. 그 핵심에는 일본인과 조선인 간의 성적 접촉이란 문제가 놓여 있었다. 갈수록 많은 조선인 여성이 공창과 사창에 유입되었다. 식민지 조선에 거주하던 일본인 남성은 '내지' 일본인 남성보다 평균 2배 가까운 비용을 대좌부貸座敷 이용에 썼다.[41] 신여성의 조건으로 간주된 중등교육을 받고 있던 조선인 여성들보다 더 많은 수의 조선인 여성들이 광범위한 성산업에 종사하고 있었다.[42] 어쩌면 생활세계에서 만나거나 소식을 접해 들을 수 있는 이들은 신여성들이라기보다는 고향과 집을 떠나 성산업에 종사하게 된 이웃이나 친지의 딸들이었다.

시린 M. 라이는 식민지에서 "생존을 위한 성매매 때문에 그 여성들은 취약하고 잊혀진 그리고 지속적으로 학대당하는 사회의 회색 영역으로 내쳐졌으며, 이에 대해서 아무도 책임지지 않"다가 "성매매 여성들이 반드시 민족주의 엘리트 남성들의 즉각적인 관심 대상이 되지 않았던 것은, 그 여성들이 대개 하층계급이거나 신분의 출신이었기

---

41 박정애, 앞의 글, 123~127쪽 참조. 박정애의 분석에 따르면, 일본인 등루객은 조선인에 비해 4배 정도 많았는데, 이를 인구비율로 따져보면 1917년 현재 재조 일본인 남성 3.38명 가운데 1명이, 조선 남성 0.24명 가운데 1명, 1929년에는 재조 일본인 남성 1.77명 가운데 1명이, 조선남성 0.012명 가운데 1명이 대좌부를 이용하였다. 206쪽.

42 여기에 대해서는 김경일의 책, 54쪽, 〈표 1〉 전체 여성 인구에 대한 고등여학교 재학생 수의 비율과 박정애의 논문(2009)의 124쪽, 165쪽에 각각 〈표 4-2〉 1916~1935 사이 접객여성 추이, 〈표 5-3〉 전시체제기 접객여성 추이 비교해 볼 것. 예컨대 1920년 고등여학교 학생 수는 709명이었으며, 조선인 창기 수는 그 수의 두 배인 1,400명이었다. 전시체제기의 초기인 1937년 고등여학교 학생 수는 7,168명(전체 여성인구의 6.71%, 1937년 조선인 여자인구는 10,685,423명)이었는데, 해당 시기 조선인 창기 / 예기 / 작부 / 카페 여급 수는 총독부가 집계한 인원은 9,621명이었다.

때문일 것이다. 아마도 그 여성들에게 그들이 보인 관심은 민족적 정서의 형성 과정을 나타내는 징표일 수 있을 것"[43]이라고 지적한다. 이는 식민지 조선의 경우에도 해당된다. 예컨대, 한국 근대문학의 시작을 알린 이광수의 『무정』은 식민지화의 과정 속에서 식민지 법에 의해 성매매 여성으로 재범주화된 '기생' 영채의 이야기를 통해 민족 서사를 창출한다.

이광수가 기생을 관통해서야 상상의 공동체를 제시하는 대중적인 민족주의 이데올로그가 될 수 있었던 사정에 대해서 충분히 논구된 것은 아니었다. 그것은 '기생'이 오래도록 식민지 여성 섹슈얼리티를 상징하는 대표적인 여성 집단으로 재현되었는가의 문제와 관련 있을 터인데 그녀들은 조선의 전통과 그 퇴락을 상징하는 존재이어서도 그러했지만, 그녀들은 식민지 국가에 의해서 식민지화 이전부터 존재해온 재래의 '매춘' 여성으로 간주된 집단이었기 때문에 손쉬운 표현의 영역으로 취급될 수 있었던 것이다. 즉 식민주의자에 의해서도 '기생'은 식민지 원주민을 둘러싼 재현의 정치에 있어 해롭지 않은 이들이었다.[44] 식민지 시대의 많은 한글매체들과 문학작품을 읽어온 연구자들이라면 잘 알 것이다. 기생에 비해 식민화에 그 발생적 기원을 유곽의 여성은 좀처럼 서술성을 부여되지 않았으며, 더욱이 누가 그녀들의 성적 대상이었는가는 모호하게 처리되어 왔다는 것을. 간단히, 일본인과 조선인의 성적 접촉을 그리는 것은 극도로 금기시되었다. 그것은 '추문'을 꺼려하는 식민주의 때문이기도 했다. 신여성에 대한 다설

43 시린 M. 라이, 이진옥 역, 『젠더와 발전의 정치경제－페미니즘 관점에서 본 민족주의와 지구화』, 후마니타스, 2014, 52~53쪽 참조.

44 이혜령, 「『무정』의 그 많은 기생들－이광수의 민족 또는 식민지적 평등주의」, 『상허학보』 44, 상허학회, 2015.

多說과 요철凹凸을 이루고 있던 것은 이 영역이 아니었을까? 이는 더 파헤쳐야 할 사회적 실제가 있음은 물론 사회적 실제들이 각기 할당받은 표현의 영역과의 관계에 대한 이해가 필요함을 말해준다.[45]

자주 비교가 되는 인도나 중국의 신여성 담론[46]에서보다 식민지 조선의 신여성 담론에서 신여성은 지나치다 싶을 정도로 그녀들을 성적으로 문란한 것으로 재현되었으며 그녀들은 일본에서 건너온 서양문물에 열광하는 문화적 혼혈아로 그녀들의 섹슈얼리티는 언제나 환금성을 띤 것으로 재현되었다. 이러한 신여성의 표상은 그 표현이 금기시된 영역까지 덮어쓴 표상이지 않았을까 하는 것이다. 특히 환금성이야말로 서로 다른 종족 간의 성적 접촉을 간접화하는 상징적인 매개물은 아니었을까? 나는 1920년대 초중반 소설에 등장하는 하층민 요부형 여성이 베일을 벗은 신여성이라는 주장을 한 바 있는데, 다음의 가정을 덧붙일 수 있을 것 같다. 문화적 혼혈아인 신여성은 식민자와의 성적 접촉을 암시하는 환유였는지도 모른다. 그것을 그녀들이 갈구했던 자본주의 '상품'에 대한 구매력과 향유로 표현하고, 그 원인을 식민화나 가난이 아니라 그녀들이 그릇되게 수용한 근대적 지식과 의식의 탓이나 나아가 유전적 소인으로 돌리는 장치, 즉 간접화의 방식이나 식민주의를 민족주의적으로 전유하는 방식을 통해서만이 일본인과의 성적 접촉을 환유할 수 있었다. 이처럼 신여성이 식민지 자본주의의 총아로 표상되었던 사정에는 1990년대 이후 본격적으로 이

---

45 필자는 식민지 원주민이 포르노그래피의 제작자일 수 있었는가라는 물음을 던진 바 있는데, 식민지 검열기록은 식민지 원주민이 사회주의자가 되는 것보다 포르노그라피의 제작자가 되는 것이 더욱 어려웠음을 보여준다. 이혜령, 「식민지 섹슈얼리티와 검열」, 『동방학지』 164, 연세대 국학연구원, 2013.12.

46 여기에 대한 개괄적인 정리는 김수진, 앞의 책, 「7장 신여성 현상의 역사유형론적 비교」, 401~449쪽 참조.

루어진 신여성 연구를 통해 우리가 알게 된 것 이상의 속내가 있을지도 모른다. 이 속내는 종족적으로 이원화된 식민지 사회에서, 또한 해외로의 이주와 이민이 새로운 삶의 양식으로 자리 잡아가던 시대에서 친밀성의 영역이 어떻게 재편되어 갔는지에 대한 진전된 연구를 통해 추적될 수 있다. 이러한 탐문은 또 다른 세계화의 시대인 오늘날 시민권을 얻은 가족만을 포섭하는 담론인 '다문화' 한국사회에서 섹슈얼리티의 인종적, 계급적 정치경제를 되묻는 과제와도 무관치 않을 것이다.

북한의 주체 사회주의와 계몽의 기획

진보와 두 얼굴의 민족주의

강진웅

1. 들어가며

경제난으로 공장의 국가재산을 빼돌리고 탈북 후 중국에서 송환되어 강제노역에 처해지거나 성경책을 소지하거나 탈북한 가족과 접촉한 후 공개처형에 처해지는 북한의 폭력은 이제 그리 낯선 모습만은 아니다. 여기에 더해 연이은 핵실험으로 세계를 긴장시키고 김일성, 김정일, 김정은으로 이어진 3대 세습은 서구 언론의 비난과 조롱의 표적이 되어 왔다. 수많은 아사자를 낳으며 전근대적인 처벌로 공포정치를 감행하고 있는 현대 북한은 '악의 축'이라는 불명예 속에서도 핵실험으로 남한과 미국을 위협하며 '선군정치'를 강행하고 있다. 여전히 많은 이들은 주민들이 죽어 나가는 위기에도 고모부마저 하루아침에 숙청하고 벼랑끝 외교로 위태로운 정권을 이어가는 북한의 모습을 쉽게 이해하지 못한다. 그러나 박한식(Park, 2002)이 지적했듯이 북한의 비상식적 체제는 그들 나름의 상식과 지혜에서 관철되고 있는 것이기도 하다. 북한 고유의 역사와 전통을 따라가다 보면 내외의 비판을 무릅쓰고 벌이는 북한의 몸부림이 북한 나름의 정치 논리와 정당성 속에서 펼쳐지고 있음을 간파할 수 있다. 20세기 말 북한의 모습은 '총폭탄정신'을 다짐하는 핵심계층의 주민들의 함성과 식량난에 허덕이며 지상낙원을 이탈하는 탈북자들의 행렬 그리고 선군정치의 깃발 아래 반제반식민투쟁의 전통을 되새기는 북한 여전사의 모습과 공개처형된 가족의 주검 앞에서 오열하는 누더기 차림의 한 소년의 모습이 오버랩되는 장면 속에서 그려진다. 만주 빨치산의 투쟁에서 민족해방과 한국전쟁을 거쳐 분단 반세기 동안 근대 사회주의 국가 건설과 자립적 경제발전을 통해 미제와 꼭두각시 남조선과 싸워 온 북한은 소련, 동유럽 사회주의권이 붕괴된 21세기에서조차도 '우리식 사회주의'와 '조선민족제일주의'라는 복고적 형태의 민족주의로 그 생명력을 유지하고 있는 것이다.

20세기 분단체제에서 남한과는 다른 경로를 걸어 온 북한의 체제는 또 다른 모습에서 근대를 지향했던 진보의 명암을 드리운다. 또한 한반도와 북한에서의 근대와 진보의 경로는 제국주의적 식민주의로 발전하여 제3세계 국가와 인민을 억압한 서구의 진보적 근대주의의 또 다른 폭력의 결과라는 복합성 속에서 해명되어야 한다. 어두운 중세의 신의 섭리에서 벗어나 인간의 이성과 역사의 진보에 대한 서구의 믿음은 산업화, 경제성장, 과학기술의 눈부신 발전 등을 근대적 선으로 정당화하고 이러한 문명으로의 전환을 제3세계 약소민족들에게 폭력적으로 이식, 전파하고자 했다. 근대성의 또 다른 측면에서 자본주의가 낳은 계급착취를 혁명을 통해 극복하고자 했던 맑스의 공산주의에 대한 희망은 인간 이성과 역사의 진보에 대한 믿음의 측면에서 여전히 계몽의 기획을 담고 있었지만 서구의 다른 한편에서 근대성이 낳았던 사회적 모순을 해결할 수 있는 하나의 대안으로 인식되었다. 레닌의 러시아 혁명에 이어 스탈린의 일국사회주의를 거쳐 북한에서는 김일성의 주체 노선이 사회주의라는 이름으로 발전했고 다수 제3세계의 신생독립국들 역시 직간접으로 민족 독립과 자생의 대안으로 사회주의를 수용하게 되었다. 그러나 루소가 말했듯이 근대의 문명체제가 자연을 황폐화시키고 사회 속의 인간성 그 자체를 왜곡시키는 것이었을 때 서구가 만들어낸 진보는 이미 폭력과 반진보의 모습을 하고 있었다.[1] 특히 제국주의와 식민주의의 폭력으로 얼룩진 근대 서구의 진보의 이면은 서구 밖의 식민지 국가들에서 식민주의에 대항하는 민족주의적 사회주의라는 대항 이념을 형성하게 했고 이로써 북한과 같은 제3세계의 국가들에서는 식민주의의 억압과 포스트식민주의의 굴레에서 벗어나는 것이 곧 역사적 선이자 진보로서 규정되었던 것이다. 그러나 문제는 반제투쟁을 통한 이들의 진보의 역사 역시 하나의 계몽된 기획이었고 도그마화된 권력의 폭력성에서 자유로울 수 없었다는 것이며 근대 서구가 배태한 진보의 야누스를 극복하지 못했다는 것이다.

일제 강점기로부터 해방정국과 한국전쟁에 이르기까지 북한의 정치 엘리트들은 반일, 반미 민족주의와 소비에트 사회주의를 결합하는 전략으로, 해방정국, 한국전쟁, 전후복구건설을 거쳐 제도적 국가형성을 도모한 시기에는 생산력 우선주의의 스탈린 노선을 추종하면서도 정치적으로는 외세의 힘을 배격하는 주체 노선을 지향하며 근대적 사회주의 체제를 정비해 나갔다. 명목적으로는 맑스-레닌주의의 사회주의 체제를 지향한 북한의 근대성 역시 근대 서구의 계몽주의와 맑스의 진화론적 공산주의에서 드러나는 인간 주체의 실천과 역사적

1 Rousseau, Jean-Jacques, 이재형 역, 『사회계약론』, 문예출판사, 2013.

진보에 대한 믿음에서 벗어나지 못했다. 맑스의 사적 유물론에서 유적 존재로서의 인간의 본성 즉 진정한 자유와 평등을 되찾는 길은 공산주의로 가는 혁명의 길이었고 이것이 곧 진보의 길이었다. 그러나 공산주의의 길에는 자본주의와 민족주의가 낳은 많은 현실적 난관이 있었고 이러한 난관 속에서 스탈린, 마오, 호치민, 김일성 등이 추구한 진보의 역사는 현실적 괴리와 함께 폭력적으로 전도되거나 과거로 퇴행하는 역설로 귀결되었다.

결국, 맑스가 '부르주아 이데올로기'로 경멸했던 민족주의는 제3세계의 사회주의와 빈번히 결합되었다.[2] 레닌은 제국주의에 대항하는 제3세계의 대항 담론으로 민족주의를 옹호했고 스탈린은 일국사회주의를 기치로 러시아의 영향력 확대의 수단으로 민족주의를 활용했다. 김일성 역시 반제 민족주의의 정당성과 함께 전후 중소분쟁의 와중에서 주체사상을 제기하고 외세의 강압에서 벗어나 독립적인 노선을 구축하는데서 민족주의를 적극 도모했다. 이런 맥락에서 김일성은 죽기 전 남긴 회고록 『세기와 더불어』에서 "나는 한평생 민족의 존엄을 위하여 싸워왔다. 나의 일생은 민족의 존엄과 자주성을 지키기 위한 투쟁 력사였다고 말할 수 있다"고 주장하고 자신을 공산주의자이자 민족주의자라고 당당히 규정했던 것이다.[3] 이러한 김일성의 회고는 제3세계 한반도의 작은 사회주의 국가 북한이 직면하고 감수해야 했던 모순된 진보의 길을 암시해 준다. 사회주의를 민족주의로 옹호하고자 했던 북한은 분단 반세기를 외세에 저항하면서 주민들을 통제해야 했던 딜레마에서 벗어나지 못했다. 네언이 주장했듯이, '민족주의의 야누스'는 외적에 저항하는 정당성을 갖는 '진보'의 얼굴을 가졌던 반면

---

2 Marx, Karl and Frederick Engels, *The Communist Manifesto*, London : Penguin Books, 1967.
3 김일성, 『세기와 더불어』 4, 조선로동당출판사, 1993, 115 · 464쪽.

내적 타자를 배제하는 '억압'의 얼굴을 가졌던 것이다.[4] 민족주의가 서구 자본주의 국가의 지배 이데올로기이면서 동시에 제3세계 식민국가의 대항 헤게모니로도 기능했던 양면성[5]은 다시 그 식민국가가 독립 이후 식민주의의 지배 이데올로기를 독재 권력으로 변질시킨 과정이기도 했다. 이것은 식민주의가 제3세계 사회주의 혁명의 발전에 양가적인 방식에서 기능할 수 있다고 한 맑스의 논리가 제3세계의 탈식민주의적 민족주의의 명암에 역설적으로 다시 전개될 수 있었던 과정을 보여준 것이었다.[6]

민족의 얼굴을 한 사회주의 국가를 형성한 북한은 전후 분단체제의 국면을 자립적 정치노선과 양적 경제성장으로 극복하고자 했고 이러한 목표를 '주체 사회주의'의 역사적 진보로 규정하고 이에 올인하는 자세로 일관해 왔다. 일제 강점기 조선의 엘리트들이 식민지 근대화와 혁명적 민족주의 사이에서 이합집산하며 갈등했듯이 근대성, 식민주의, 민족주의가 얽힌 '식민지 근대성'[7]의 유산은 어떤 식으로든 남북한의 분단정치에 영향을 주었다. 남한 정권이 친일 잔재와 군부독재라는 정통성의 굴레에서 경제성장을 이루었던 반면, 북한 정권은 혁명적 민족주의로 정치적 정당성을 얻었지만 1970년대 이후로는 경제성장과 근대화의 과제에서 남한에 뒤지게 되었고 급기야는 21세기를 목전에 둔 시점에서 식량난으로 수많은 아사자들을 보게 되었다. 21세기를 넘어선 지금 남한은 경제적 부와 함께 젊은이들의 희생을 거

---

4 Nairn, Tom, "The Modern Janus", *New Left Review* I / 94, 1975.

5 Chatterjee, Partha, *Nationalist Thought and the Colonial World : A Derivative Discourse*, Minneapolis : University of Minnesota Press, 1986.

6 Young, Robert, 김택현 역, 『포스트식민주의 또는 트리컨티넨탈리즘』, 박종철출판사, 2005, 198~199쪽.

7 Shin, Gi-Wook and Michael Robinson, *Colonial Modernity in Korea*, Cambridge and London : Harvard University Press, 1999.

쳐 제한되지만 값진 민주주의를 성취한 반면 북한은 항일유산의 자랑스러운 혁명전통에도 불구하고 아사, 이탈하는 신민들의 반란이란 굴욕을 감수하며 체제의 위기를 맞고 있다. 식민경험, 민족해방과 한국전쟁, 근대화와 분단정치 및 탈냉전과 세계화의 시대로 이어지는 20세기 근대 속에서 북한은 '민족적 사회주의'를 표방하며 자신만의 진보를 추구해 왔다. 포스트모더니즘의 비판적 사유가 드러냈듯이, 진보의 이념과 가치란 시대에 따라, 주장하는 세력의 지향과 힘의 논리에 따라 그리고 권력의 향배에 따라 가변적인 것일 수밖에 없다. 그럼에도 불구하고 이러한 진보의 이념은 근대의 시기에 근대성이란 이름으로 투시되고 경합하며 재구성되어 왔다. 그렇다면 20세기 북한의 주체 사회주의에서 진보는 어떻게 기획되고 실천되었는가 그리고 이것은 21세기인 현재에 있어서 어떠한 역사적, 사회적 의미를 갖는 것인가? 사회주의와 민족주의를 가로지르며 분단정치 속에서 정치적 자주와 독재, 경제적 자립과 고립의 양가적 진화를 보여 준 근현대 북한의 자화상에서 진보란 어떤 의미를 가지며 어떻게 해석되어야 하는가? 이 글은 주체 사회주의라는 근대의 기획 속에서 민족주의를 통해 사회주의적 진보를 실천하고자 했지만 오히려 복고적 퇴행의 결과를 맞게 된 북한의 역사와 정치를 탐색하며 야누스적 민족주의를 통해 주체 사회주의가 변화, 굴절되는 역사적, 사회적 과정을 분석한다.

2. 역사적 진보와 야누스적 민족주의

터 …… ㄹ썩, 터 …… ㄹ썩, 턱 쏴 …… 아.
따린다, 부순다, 문허바린다,

泰山갓흔 놉흔뫼, 딥태갓흔 바위ㅅ돌이나
요것이 무어야, 요게 무어야,
나의 큰 힘, 아나냐, 모르나냐, 호통까디하면서,
따린다, 부슨다, 문허바린다,
텨 …… ㄹ썩, 텨 …… ㄹ썩, 턱 튜르릉 콱.

— 최남선, 「해에게서 소년에게」, 『소년』, 1908.11.

최초의 신체시로 불리는 최남선의 1908년 작품 「해에게서 소년에게」는 '문명개화'를 상징하는 거대한 바다의 힘을 거스를 수 없는 시대적 요청으로 묘사하며 근대화의 역군으로서 소년을 개화, 계몽하여 문명개화를 이룩할 것을 주문했다. 이러한 문명개화론은 서구 문물을 적극적으로 수용하여 문명의 진보를 이루는 것이 쓰러져 가는 조선을 구하는 길이라 믿었던 구한말 유길준, 김옥균 등 개화파들의 사상을 계승한 것이기도 했다. 그러나 문명개화의 진보론은 서구의 것을 그대로 답습한 것이나 다름없었다. 근대 서구에서는 르네상스를 거쳐 계몽사상의 발흥을 통해 인간 이성의 합리적 능력과 이를 통한 역사적 진보를 성취하려는 믿음이 어두운 중세의 세계를 뚫고 근대라는 격변의 시기의 세계관으로 자리 잡았다. 17세기 이래로 인간사회가 진보한다는 자신감은 계몽주의의 근대적 사유체계 속에서 다윈의 진화론과 과학기술의 비약적 발전과 함께 영국에서 산업혁명을 통해 자본주의가 성장하고 프랑스에서는 대혁명이 일어나 인권과 민주주의가 빛을 발하기 시작한 역사적 흐름과 맥을 같이 했다. 계몽사상에 입각한 근대 문명의 찬가는 전근대 봉건주의의 사슬을 끊고 근대 광명의 시대를 여는 것이 시대적 과제이자 역사적 진보라는 담론을 주조했다. "나는 생각한다, 고로 존재한다"는 데카르트의 자율적이고 합리적인 주체에 관한 계몽주의적 원리는 인간 이성의 사유 속에서 '합리적인 자기결정'을 정당화한 칸트의 사상으로 이어졌고 이로써 1789년 프랑스 대혁명을 기폭제로 하여 개인의 권리와 자유를 민족국가의 자기결정의 산물로 통합하려는 민족주의의 시대가 열렸던 것이다.[8] 이러한 의미에서 민족주의는 서유럽의 계몽주의가 낳은 '이념의 힘'이자 중세의 신민을 역사적 진보를 개척하는 근대국가로 통합시키는 일반의지의 산물로 인식되기도 했다.[9] 그러나 계몽주의의 근대적 산물로 등장한 민족주의가 진보의 얼굴만을 드러냈던 것은 아니다. 자본주의와 결합한 서구에서는 계급지배의 도구로 활용되었고 비서구에서는 제국주의적 식민주의로 발전하여 억압의 얼굴을 드러내며 식민지를 수탈했던 것이다.

일찍이 루소와 맑스에게서 사회계약과 자본주의의 독이 비판되기는 했지만 근대적 자본주의를 기치로 한 서구 유럽의 발전과 식민경영의 논리는 일제의 침탈에 국운의 위기를 맞았던 구한말 조선의 신진 엘리트와 식민지 근대화를 부르짖은 일제의 문명개화론자들에게 적극적으로 수용되었다. 이들에게 '근대=문명=진보'라는 등식이 성립되었고 따라서 일제 강점기 문명개화론자들에게 친일의 문제는 죄악시되지 않았거나 필요악으로 인식되었던 것이다. 이러한 논리는 탈식민국가 건설 과정에서 이승만의 '문명과 야만'의 이분법과 박정희의 '조국근대화론'으로 계승되어 극단화되었다. 이승만에게서는 문명개화가 반공으로 확장되어 북한을 악마화하는 논리로 발전했고,[10] 박정

---

8 Kedourie, Elie, *Nationalism*(fourth expanded edition), Oxford and Cambridge : Blackwell, 1993.

9 Kohn, Hans, *The Idea of Nationalism : A Study in Its Origins and Background*, New York : Macmillan Company, 1944.

10 김광섭 편, 『이대통령 훈화록』, 중앙문화협회, 1950, 114~115쪽.

희 역시 경제성장의 근대화가 반공애국의 길이라 강변했다.[11] 문제는 이러한 편협한 진보관을 고수함으로써 분단정치가 고착되고 한 측면의 진보가 국가의 이념과 사회의 통치를 좌우하며 내부의 이단자를 탄압하는 폭력으로 변질되었다는 것이다. 이러한 왜곡된 진보의 논리는 민족주의를 사상적 무기로 한 구한말 민족주의자들에게서도 그리고 일제에 저항하여 한반도의 북반부를 사회주의화한 김일성 그룹에게서도 또 다른 형태에서 예견된 것이었다. 일제에 대항해 비타협적 민족주의 노선을 걸은 신채호와 같은 민족주의자들은 기본적으로 진보의 가치를 '배타적인 민족주의'의 철옹성을 쌓는 것에 두었다. 신채호는 '단일민족'의 한국사를 창조하며 일제에 대항했고 일제의 인종적 식민주의에 대항해 또 다른 '종족적 민족주의'라는 굴레에 집착했으며[12] 이것의 변형된 유산은 남북간 냉전적 분단체제의 기제로 이어졌다.[13] 김일성 역시 '고난의 행군'을 벌이며 고립된 항일투쟁을 벌였고 정권을 획득한 이후에도 항일유격대의 전통을 국가이념화하여 주체사상을 내세우며 '김일성민족'의 신화를 창조했다. 그러나 이들의 배타적 민족주의의 이면에는 문명개화나 경제발전과 같은 민족 내의 문제가 희생되어야 했다.

이러한 딜레마는 맑스의 공산주의와 이후 계승자들의 정치에서도 쉽게 발견될 수 있는 것이었다. "고타강령 초안 비판"에서 맑스는 자본주의에서 공산주의로 이행하면 계급과 국가가 소멸하고 '각자는 능력에 따라 일하고 필요한 만큼 가져갈 수 있는' 이상적인 사회가 도래

11 박정희, 『박정희대통령선집』 6, 지문각, 1969, 335쪽.

12 신채호, 『조선상고사』, 비봉출판사, 2006.

13 Shin, Gi-Wook, James Freda, and Gihong Yi, "The Politics of Ethnic Nationalism in Divided Korea", *Nations and Nationalism*, Vol.5, No.4, 1999.

할 것이라고 예언했다.[14] 맑스의 이러한 예측에는 무한한 기술의 발전 속에서 생산력이 끊임없이 증대되고 혁명을 통해 생산관계가 혁신될 것이라는 믿음이 깔려 있었다. 따라서 소련은 물론 중국, 북한 등 민족주의적 기치를 내건 신생 사회주의 국가들은 자본주의와 경쟁하면서 '생산력 우선주의'의 발전 노선에 집착했다. 1930년대 스탈린과 볼셰비키는 철강단지 육성에 남다른 집착을 드러내면서 '철강단지'가 곧 '문명'이라고 주장했다.[15] 김일성 역시 크게 다르지 않았다. 해방직후부터 남한 과학자들의 월북 프로젝트를 주도했고 소련의 문물을 수용하면서 자본주의적 테일러주의까지 도입하여 노동통제 전략으로 적극 활용했다. 그러나 "이밥에 고깃국을 먹으며 비단옷을 입고 기와집에 살게 될 것"이라는 김일성의 약속은 끝내 지켜지지 못했다. 북한의 '생산력 콤플렉스'는 식량난을 거치면서 '쌀이 곧 사회주의'라는 논리로까지 발전했고 과학기술의 발전을 통한 '단번도약'과 '강성대국'의 꿈으로까지 이어졌다.[16]

결국, 근대 북한의 사회주의가 지향해 온 여정은 항일투쟁의 정치적 정당성을 양적 경제성장과 연계시켜 '사회주의 문명국'을 완성하는 것이었다. 스탈린의 꿈이자 김일성의 꿈이었던 사회주의 문명국가의 실현은 근대 서구의 왜곡된 진보관의 또 다른 닮은꼴이었고 이마저도 실패함으로써 건국 초기의 정당성마저 훼손당하며 무너지거나 위기에 처하게 된 것이다. 20세기 한반도와 분단정치 속에서 북한이 걸어온 지난한 역사와 정치는 반식민적 민족주의를 바탕으로 한 정치적

---

14 Marx, Karl, 「고타 강령 초안 비판」, 『칼 맑스 프리드리히 엥겔스 저작 선집』, 박종철출판사, 1991, 377쪽.

15 Kotkin, Stephen, *Magnetic Mountain : Stalinism as a Civilization*, Berkeley, Los Angeles, and London : University of California Press, 1995, p.123.

16 『로동신문』, 2001.1.7.

진보의 논리가 경제적 근대화의 장애물에 가로막혀 독재와 폭력을 정당화하며 사회를 퇴행시킨 모순적인 과정이었다. 이것은 민족주의 그 자체가 진보적이면서도 반동적이고 합리적이면서도 비합리적인 양면성을 갖고 있는 속성과 무관한 것이 아니었다.[17] 그동안 민족주의에 대한 논쟁은 '원초론'[18]과 '근대론'[19]의 대립 속에서 이루어졌다. 이러한 논쟁에서 민족이 하나의 정치적 구성물 즉 '정치적 신화'[20]로 받아들여졌고 따라서 민족주의는 국가 폭력을 정당화하는 '반역'[21]으로 규정되기도 했다. 민족이 역사적으로 지속되어 온 자연적 실체인가에 관한 물음을 뒤로 하고 우리가 명백히 인정할 수 있는 것은 신채호가 그랬듯이 근대에 접어들면서 민족주의를 통해 '우리'라는 담론을 주조하고 이것을 통해 식민화된 민족의 개인들을 강력히 동원해 갔다는 사실이다. 이러한 역사적, 사회적 과정은 필히 권력과 연관되며 권력화될 수밖에 없는 것이다. 혁명적 전통을 구성, 재구성하며 권력을 정당화하는 민족주의의 기제는 정치가 문화를 지배하고 변형시키는 과정이면서[22] 동시에 국가 권력이 사회 속으로 침투하여 개인들을 지배하는 과정이기도 했다.[23] 북한의 역사와 정치에서 칼훈이 지적했듯이

---

17 Nairn, op.cit., p.17.

18 Armstrong, John A., *Nations Before Nationalism*, Chapel Hill, NC : The University of North Carolina Press, 1982; Smith, Anthony, *The Ethnic Origins of Nations*, Cambridge and Oxford : Blackwell, 1986.

19 Anderson, Benedict, *Imagined Communities : Reflections on the Origin and Spread of Nationalism* (revised edition), London and New York : Verso, 1991; Gellner, Ernest, *Nations and Nationalism*, Ithaca, NY : Cornell University Press, 1983; Hobsbawm, Eric and Terence Ranger, eds., *The Invention of Tradition*, Cambridge : Cambridge University Press, 1983.

20 Em, Henry H., "Minjok as a Modern and Democratic Construct : Sin Ch'aeho's Historiography", Gi-Wook Shin and Michael Robinson eds., *Colonial Modernity in Korea*, Cambridge and London : Harvard University Press, 1999; Grinker, Roy Richard, *Korea and its Future : Unification and the Unfinished War*, New York : St. Martin's Press, 1998.

21 임지현, 『민족주의는 반역이다』, 소나무, 1999.

22 Hobsbawm and Ranger, op.cit.

민족주의는 정권의 '헤게모니'로 행사되거나 '규율권력'의 얼굴로 개인 주체의 정체성을 변화시키기도 했다.[24] 주민들의 일상에서 주체사상이 신념화되는 규율화의 과정은 베버가 주장했듯이 '카리스마적 권력의 일상화'에서 권력이 제도화, 관습화되며 그 정당성이 변용되는 과정이었다.[25] 그러나 이상향으로 간직되었던 진보는 사라지고 권력만 남겨진 현실에서 진보를 향한 권력은 폭력으로 전화되고 폭력을 지탱하는 전통에 집착함으로써 현대 북한의 체제는 과거로 회귀하는 역설을 보여주고 있는 것이다. 20세기 북한의 민족주의는 로버트 영이 말했듯이 제3세계의 민족주의가 서구의 제국주의적 식민주의를 넘어서지 못하고 그 안에서 또 다른 얼굴의 식민주의를 만들어 낸 다양한 포스트식민주의의 한 형태를 통해 굴절되는 과정이었다.[26]

3. 항일무장투쟁과 진보를 향한 역사

유격대의 식사를 보장해 주는 작식대원이 밥을 설군 것도 민생단으로 몰릴 수 있는 리유가 되었다. 밥에 돌이 섞이거나 물에 밥을 말아 먹어도 그것은 곧 유격구의 인민들을 병들게 한 증거로 되고 민생단의 작용이라는 어마어마한 감투를 쓰는 조건으로 되었다. 설사를 하면 전투력을 약화시킨다고 민생단, 한숨을 쉬면 혁명의식을 마비시킨다고 민생단, 오발을

23 Kang, Jin Woong, "Understanding the Dynamics of State Power in North Korea : Militant Nationalism and People's Everyday Lives", Ph.D. Dissertation, University of Minnesota, 2011.

24 Calhoun, Craig, *Nationalism*, Minneapolis : University of Minnesota Press, 1997.

25 Weber, Max, *Economy and Society*, Vol. Ⅰ·Ⅱ, Berkeley : University of California Press, 1978.

26 Young, Robert, 앞의 책.

> 하면 적들에게 유격대의 위치를 알려주는 신호라고 민생단, 고향이 그립다는 말을 하면 민족주의를 고취한다고 민생단, 일을 잘하면 정체를 숨기려는 수작이라고 민생단 …… 그야말로 코에 걸면 코걸이, 귀에 걸면 귀걸이식이었다. 이런 기준에서 보면 민생단으로 걸려들지 않을 사람이 한명도 없었다.[27]

『세기와 더불어』 4권 「사나운 회오리」에서 김일성은 1930년대 중반 자신의 목숨까지 위협했던 '민생단 사건'의 비극을 이와 같이 술회했다. 일제가 아니라 혁명 동지였던 중국 공산당에게 희생된 한인 게릴라와 가족의 수는 약 2,000명으로까지 추산되었고,[28] 훗날 이 사건은 중소의 외압에서 벗어나 김일성이 자주적인 정치노선을 확립하는 역사심리적 기원이 되었다.[29]

역사적 진위와 평가의 시비를 떠나서 김일성의 항일무장투쟁사는 현대 북한의 정체성의 핵이자 살아있는 근거이다. 항일투쟁의 정치적 정통성에서 항상 기죽어 있었던 박정희가 북한의 김일성을 가짜로 몰며 그 정당성을 깎아 내리려 했던 것도 민생단 사건에서 목숨을 위협받기까지 했던 김일성의 항일 경험을 두려워했기 때문이었다. 정치적 신화로 과장되었지만 일말의 진실이 포함된 것이었기에 그것은 북한에게는 자랑스러운 역사였고 남한에게는 질시의 대상이었다. 물론, 과거 냉전의 시대엔 가짜 김일성설의 원인이 되었을 정도로 김일성의 항일무장투쟁사는 정치적 신화로 가공된 것이 사실이다. 실증주의적

27 김일성, 앞의 책, 18쪽.
28 위의 책, 22쪽.
29 Han, Hongkoo, "Wounded Nationalism : the Minsaengdan Incident and Kim Il Sung in Eastern Manchuria", Ph.D. Dissertation, University of Washington, 1999.

맥락에서 김일성의 항일의 역사는 부분적 사실을 제외하고 실제로 과장과 허구에 가까울 수 있다.[30] 그러나 역사를 쓰고 평가하는 것은 진리 담론을 추구하는 것과 마찬가지로 권력의 속성과 밀접히 연동되어 있다.[31] 역사와 정치를 담론화하며 진리를 내세우는 것이 곧 권력이며 따라서 권력 그 자체는 여러 진리 담론이 경합하는 가운데 해명될 수 있다. 이러한 이유로 객관적 사실을 허구적 주장으로 확장시키려는 욕망은 물론 사실과 허구를 명백히 가리며 객관적 사실 그 자체에만 매달리는 것에서도 진리에의 욕망은 또 다른 허구를 낳을 수 있다. 여기서 중요한 것은 사실과 신화를 구분하며 권력의 선악적 가치평가를 내리는 것이 아니라 사실과 신화를 연계시키는 권력의 행사과정과 이러한 권력이 확장되는 사실적 측면을 분석하는 것에 있다. 그렇다면 과장과 허구라는 맥락에서 과장과 허구가 만들어지게 된 역사적 사실은 무엇이고 이러한 사실을 만들어내고 수용한 것은 누구이며 어떻게 활용되었는가를 검토하는 것이 중요한 작업이 될 것이다.[32]

실증주의적 사실의 맥락을 넘어 상징권력의 차원을 고려하면 김일성의 항일무장투쟁은 새로운 역사쓰기와 국가형성을 가능하게 해 준 역사적 모티브였다.[33] 북한 정권은 김일성의 항일유격투쟁의 최고봉으로 '보천보 전투'를 대대적으로 선전해 왔다. 각종 국가 기념비와 홍보 영상물 및 교과서 등에 보천보 전투의 위용은 북한의 역사적, 정치

---

30 Scalapino, Robert A. and Chong-Sik Lee, *Communism in Korea* Part Ⅰ·Ⅱ, Berkeley : University of California Press, 1972; Suh, Dae-Sook, *Kim Il Sung : The North Korean Leader*, New York : Columbia University Press, 1988.

31 Foucault, Michel, "The Ethic of Care for the Self as a Practice of Freedom", *The Final Foucault*, The MIT Press, 1994.

32 강진웅, 「북한연구와 질적 방법론의 활용」, 『아세아연구』 58권 1호, 2015.

33 한홍구, 『대한민국사』 2, 한겨레신문사, 2003; Armstrong, Charles, "Centering the Periphery : Manchurian Exile(s) and the North Korean State", *Korean Studies*, No.19, 1995.

적 정당성을 상징하는 핵을 이룬다. 보천보 전투는 1937년 6월 4일 동북항일연군 소속의 김일성 부대가 함경남도 보천보를 일시적으로 점령하고 퇴각한 사건이다. 그러나 북한 정권이 과장하여 설명하는 만큼 현상적 규모에서 이 전투가 대단한 것은 아니었다. 김일성 스스로도 '일본 놈 몇 명을 죽인' 것으로 시인한 바 있다.[34] 그러나 중요한 것은 전투의 규모가 아니라 조선인 무장단체가 조선 땅으로 진공했다는 데 있었고 더욱 중요한 것은 민간에서 '순사돼지 꿀꿀'이란 노래가 불리어져 일제를 조롱했을 정도로 이 사건이 당시 나라 잃은 조선 민중들에게 한 가닥 희망을 안겨다 주고 김일성을 전설적인 영웅으로 급상승시킨 격변이었다는데 있었다.[35] 악랄한 일제의 탄압과 토벌에도 불구하고 끝까지 항복하지 않고 살아남은 한인 유격대 지도자로서 김일성의 이야기는 신화와 전설이 되어 민중들의 입에 회자되었던 것이다.[36] 몇 명이 몇만 명이 되고 청년 김일성이 백발 노장군으로 둔갑하여 가랑잎을 타고 다니는 허구가 민중들의 입에서 만들어져 진파되었던 것이다. 즉, 민중에 의한 김일성의 신화탄생 과정은 중요한 역사적 사실이었다.[37] 이것은 국가건설 이후 북한의 아동문학 등에서 더욱 과장되어 정치적 신화로 가공되었고 급기야는 '구호나무' 발견 등 김정일에 의해 그야말로 역사적 허구로 발전했던 것이다.

1930년대 고난의 시절 김일성 장군에 관한 과장된 사실이 만들어져 전파된 것이 아래로부터의 민족주의의 힘이었다면, 정권 창출 이후 전통의 발명을 통해 역사적 허구를 민중들과 괴리된 정치적 상식으로

---

34 김일성, 「량강도 당단체들의 과업」, 『김일성 저작집』 12, 조선로동당출판사, 1981, 288쪽.
35 강진웅, 「북한의 항일무장투쟁 전통과 민족 만들기－민족주의와 권력, 담론, 주체」, 『한국사회학』 46집 1호, 2012, 36쪽.
36 스즈끼 마사유끼, 유영구 역, 『김정일과 수령제 사회주의』, 중앙일보사, 1994, 211쪽.
37 한홍구, 앞의 책.

만든 것은 위로부터의 민족주의의 힘이었다. 일제 강점기 민족 독립을 염원하는 아래로부터의 희망이 자연스러운 신화를 만들어 냈고 이러한 신화는 첨삭, 가공되어 해방 이후 국가 권력의 정치적 정당성으로 활용되었다. 만주라는 '주변부'의 역사가 북한의 역사와 정치의 중심에 자리를 잡게 된 것은 정치권력의 작동과 사실 왜곡의 측면도 있지만 민족정체성의 소실을 구제하는 '반종교적인 서사' 속에서 김일성이 민족의 메시아로 추앙받고 국가 그 자체는 정당한 진리의 구현체가 되는 사회적 과정에 있었다.[38] 이러한 반종교적인 서사 속에서 김일성 장군의 신화는 식민지, 해방정국 그리고 한국전쟁 이후에 다시 쓰이고 각색될 수 있었다. 장군, 원수, 수상의 칭호에서 '민족의 태양', '어버이 수령' 등으로 이어지는 각색의 현란함에도 불구하고 김일성의 항일유격대의 경험과 신화는 정권 획득과 국가 형성을 위한 정치적 정당성을 구축해 주었고 주체사상의 규율화는 물론 경제성장과 군사동원 등 사회의 모든 것에서 진리 담론의 중심축으로 자리 잡았다. 정치적 정당성의 근원이자 북한식 역사발전의 원동력으로서 항일무장투쟁사는 분단정치와 북미갈등, 식량난과 핵위기의 국면에서도 항시 동원되는 역사적 아젠다이자 배고픈 주민들을 달래며 미래의 역사에 재생시킬 정치적 청사진이었다. 항일무장투쟁으로부터 주체사상으로 그리고 21세기 선군정치로 이어지는 북한의 역사와 정치는 커밍스의 표현대로 사회주의와 민족주의를 용해시킨 김일성의 '혁명적 민족주의'의 소산이었고,[39] 따라서 북한의 체제변화는 '소비에트 공산주의의 북한화'로 설명될 수 있었다.[40]

---

38 Armstrong, op.cit.

39 Cumings, Bruce, *The Origin of the Korean War : Liberation and the Emergence of Separate Regimes 1945~1947*, Vol. Ⅰ, Princeton : Princeton University Press, 1981, pp.401~402.

이렇듯 태생부터 현재에 이르기까지 북한의 근대 사회주의 체제를 설명해 주는 핵심은 민족주의이다. 이러한 민족주의는 앞서 지적했듯이 진보와 억압의 두 얼굴을 하고 있다. 북한의 정치 엘리트들은 만주 항일투쟁 과정에서 일제의 잔악한 만행에 몸서리치며 민생단 사건에서 중국 공산당의 인종적 차별과 억압까지 감수해야 했고 이러한 과정 속에서 민족주의적 주체 노선이 자연스럽게 태동했다. 그러나 한홍구도 강조했듯이 북한 정권은 과거의 역사적 트라우마를 미래에까지 연계시키면서 그것을 치유하기보다는 그것에 집착하여 현실을 유지하려는데 급급했다.[41] 이러한 과정에서 민족 자립이라는 진보의 정치는 외부와의 문을 닫고 사회를 통제하는 것으로 나아갔다. 항일투쟁의 역사는 가랑잎을 타고 외적을 무찌르는 장군님을 칭송한 전래동요와 민담을 넘어 이제 '정일봉'과 함께 티지털화된 구호나무의 이미지 속에서 정권의 선전물로 허구화되고 있다. 사실을 왜곡하면서까지 정당화되는 역사 다시쓰기는 바로 국가 권력을 정당화하는 민족주의의 역기능에서 비롯된 것이다. 이런 의미에서 민족주의는 계급과 같은 여타 정체성을 압도할 수 있는 가장 강력한 포괄적 정체성인 것이다.[42] 또한 민족주의의 두 얼굴 속에서 표출되는 어두운 그림자는 북한의 고난사를 반영하는 현재의 자화상이다. 항일무장투쟁의 정당성에 기반을 둔 민족주의는 반식민투쟁의 정당성뿐만 아니라 포스트식민주의적 국가형성의 과정에서 국가통치와 체제유지의 수단으로 적극적으로 활용되었다.[43] 이러한 굴절의 과정에서 전후 유격대국가

---

40 Armstrong, Charles, *The North Korean Revolution, 1945 ~1950*, Ithaca and London : Cornell University Press, 2003, p.241.

41 Han, op.cit., p.367.

42 Calhoun, op.cit., p.28.

43 Kwon, Heonik, "North Korea's Politics of Longing", *Critical Asian Studies*, Vol.42, No.1,

체제가 성립되고 항일무장투쟁의 이념적 구현체인 주체사상이 사회와 주민들의 일상으로 침투하여 규율화된 변용을 낳았던 것이다.

4. 유격대국가의 제도화와 주체사상의 규율화

> 베버의 시각을 빌어 말하자면 북한의(인용자 주) 체제의 힘과 안정성은 김일성의 독특한 카리스마와 함께 전통적 형태의 정당성을 현대의 관료제적 구조와 결합시키는데 의존하고 둘 사이의 이행과 접합을 추구해 왔다는데서 찾아져야 한다. 앙시앙 레짐이든 오늘날의 북한이든 그러한 체제의 아킬레스건은 그 체제가 위대한 지도자나 현자의 왕들을 가졌던 것이 문제가 아니라 주체성을 지닌 인간들을 가졌다는 것에 있는 것이다.[44]

커밍스는 '신사회주의적 조합주의'의 개념을 통해 20세기 사회주의의 붕괴 속에서도 살아남은 북한의 체제 안정성과 내구력을 설명하고자 했다.[45] 실로 커밍스가 제시했던 신사회주의적 조합주의 체제는 스탈린주의와 파시즘을 넘어 동아시아의 제3세계 국가에서 사회주의, 민족주의, 유교문화가 복합적으로 구현되었던 역사적 산물이었다. '전체주의 국가',[46] '가족국가',[47] '유격대국가 / 정규군국가',[48] '유일체

2010.

44 Cumings, Bruce, *Korea's Place in the Sun : A Modern History*, New York and London : W. W. Norton & Company, Inc, 1997, p.433.

45 Cumings, Bruce, "The Corporate State in North Korea", Ha-gen Koo ed., *State and Society in Contemporary Korea*, Ithaca and London : Cornell University Press, 1993.

46 Scalapino and Lee, op.cit.; McCormack, Gavan, "Kim Country : Hard Times in North Korea", *New Left Review*, No.198, 1993.

47 Cumings, op.cit., 1993; Lee, Mun-Woong, "Rural North Korea under Communism : A

제',[49] '수령제 국가',[50] '극장국가'[51] 등 다양한 기존의 접근들 역시 이러한 복합적인 북한 체제의 특성을 보여 주었고 각기 상이하고 때론 대조적인 접근 방식에도 불구하고 공통된 것은 북한 체제의 내구성과 이에서 비롯된 독특한 내적 동학에 집중했다는 것이다. 따라서 민족주의의 두 얼굴에서 외적 강압에 대항하는 민족주의를 통해 정당성을 부여받고 이것을 사회주의를 유지하는 내구력의 기반으로 삼았던 북한의 근대 체제에서 항일유산의 민족주의와 이를 제도화한 유격대국가 그리고 유격대국가의 지도이념인 주체사상이 사회화되는 과정에 주목해야 하는 것은 이러한 배경에서이다.

1945년 8월 15일 일제로부터 해방된 한반도는 미소의 냉전구조 하에서 남과 북으로 분단되었고 소련의 지원을 받은 김일성 그룹이 남한의 토착 공산주의들과 소련, 중국에서 활동했던 좌파들과 연합하여 1948년 조선민주주의인민공화국을 수립했다. 해방공간에서도 스탈린의 이념과 정책이 북한 선어과 인쇄매체를 뒤덮는 동안 김일성의 민족주의적 리더십 역시 작지 않게 발휘되었다. 소련의 구조 하에서 김일성은 자유로운 행위자로서 항일무장투쟁의 역사적 정당성을 배경으로 민족주의적 색채를 유감없이 드러내며 자신과 민족을 정당화했다.[52] 1948년 방북한 김구와의 회동에서 김일성은 "진정한 공산주

Study of Sociocultural Change", Ph.D. Dissertation, Rice University Press, 1975.

48 와다 하루끼, 서동만 · 남기정 역, 『북조선－유격대 국가에서 정규군 국가로』, 돌베개, 2002.

49 이종석, 『새로 쓴 현대북한의 이해』, 역사비평사, 2000.

50 스즈끼 마사유끼, 앞의 책; 김연철, 「북한의 산업화과정과 공장관리의 정치, 1953~1970－'수령제' 정치체제의 사회경제적 기원」, 성균관대 박사논문, 1996; 이태섭, 『김일성 리더십연구』, 들녘, 2001.

51 권헌익 · 정병호, 『극장국가 북한－카리스카 권력은 어떻게 세습되는가』, 창비, 2013.

52 Armstrong, op.cit., 2003; Paik, Hak Soon, "North Korean State Formation, 1945~1950", Ph.D. Dissertation, University of Pennsylvania, 1993.

의자들은 자기 조국과 민족을 열렬히 사랑하는 진정한 애국자"라고 말하고 민족이 가장 소중한 이념이라고 주장했다.[53] 해방정국에서 등장하여 전후 중소갈등의 와중에서 강조된 김일성의 '사회주의적 애국주의'는 형식적으로는 사회주의의 국제주의적 연대라는 틀에서 강조되었지만 근본적으로는 김일성의 강력한 민족주의 노선과 주체사상을 암시하는 것이었다.

잘 알려져 있듯이, 한국전쟁 중후로 박헌형의 국내파를 숙청한 만주파는 1956년 8월 종파사건에서 소련파와 연안파를 척결했고 1967년에는 갑산파마저 숙청함으로써 김일성의 유일체제를 확립했다. 이른바 '수령제 체제'로도 불리는 1960년대 말, 1970년대 초에 성립한 '유격대국가 체제'는 와다의 주장에 따르면 스탈린의 국가사회주의 체제 위에 이차적으로 형성된 김일성의 유격대 구조의 체제를 의미하는 것이다.[54] 실제 정권의 인사들도 김일성을 위시하여 최용건, 최현, 김일, 임춘추, 오진우, 오백룡 등 만주파로 구성되었고 만주파 원로들의 후원하에 김정일이 후계자로 옹립될 수 있었다. 1972년 사회주의 신헌법을 제정하여 주석제를 신설하고 1974년 김정일을 김일성의 후계자로 추대한 북한은 사회 전방위의 개혁과 동원의 핵심적 기제로서 항일유격대의 역사적 경험을 적극적으로 활용했다. 1956년 천리마운동, 1959년 천리마작업반운동, 1960년 청산리정신 / 방법, 1961년 대안의 사업체계 등 모든 군중노선과 군중운동은 김일성 수령의 어버이다운 리더십과 현지지도를 통해 지도자와 대중의 혈연적 단결로서 보장되었고 위로부터의 국가 권력은 아래로부터의 대중의 자발성과 창의성으로 지지되는 것으로 설명되었다.[55] 이러한 가버넌스의 원리는

---

53 김일성, 「김구와 한 담화」, 『김일성 저작집』 4, 조선로동당출판사, 1979, 299~300쪽.
54 와다 하루끼, 앞의 책.

정치적 레토릭으로 표현되었지만 실제로 김일성과 만주파의 항일투쟁의 경험에서 비롯된 것이기도 했다.

1974년 김일성의 후계자로 등장한 김정일은 아버지가 세운 유격대국가를 제도적으로 발전시키고 주체사상을 하나의 반종교화된 신념체계로 확장시킨 장본인이었다. 김일성이 유격대국가의 정당성을 마련하고 주체사상의 기초를 제시했다면 김정일은 유격대국가를 제도적으로 확립하고 주체사상을 체계화하며 주민들의 일상의 삶으로 확대시켰다.[56] 주체사상은 정치적으로는 1950년대부터 시작되었던 중소갈등의 와중에서 김일성이 주체 노선을 제기하면서 형성된 것이었지만, 역사심리적 기원에서는 1930년대 항일투쟁과 민생단 사건에서 경험한 역사적 트라우마에서 비롯된 것이었다. 일제의 탄압 못지않게 사회주의 강대국의 간섭에 민감했던 김일성은 해방정국과 전후복구기간 스탈린의 후광 아래에서도 사회주의적 애국주의와 혁명적 민족주의를 견지하고 있었고 1956년 8월 종파사건을 계기로 본격적으로 반외세 주체 노선을 강화해 나갔다. 1955년 김일성은 "사상사업에서 교조주의와 형식주의를 퇴치하고 주체를 확립할데 대하여"라는 연설에서 처음 '주체'를 강조했고 1956년 소련의 반스탈린 노선과 8월 종파사건 이후에는 소련을 '수정주의'로, 중국을 '교조주의'로 비판하면서 독자 노선을 모색했다. 이어서 1965년에 김일성은 "조선민주주의인민공화국에서의 사회주의 건설과 남조선 혁명에 대하여"라는 연설에서 '사상에서의 주체', '정치에서의 자주', '경제에서의 자립', '국방에서의 자위'라는 주체사상의 4대 기본 원리를 제시하기에 이르렀다. 중소갈

---

55 조선로동당, 『조선로동당력사교재』, 조선로동당출판사, 1964, 375쪽.

56 Kim, Sung Chull, *North Korea under Kim Jong Il : From Consolidation to Systemic Dissonance*, Albany, NY : State University of New York Press, Albany, 2006.

등이 고조된 1960년대 후반에는 중국에서 문화대혁명이 일어나 홍위병들이 김일성을 '봉건 독재자'로 비난했고 박금철과 이효순 등은 함경도를 거점으로 지역주의를 모색하며 김일성의 권위에 도전했다. 이에 김일성과 김정일은 밖으로는 중소와 등거리 외교를 유지하면서 사회주의적 애국주의를 더욱 강화해 나갔고 안으로는 갑산파를 숙청하고 유일지배 체제를 확립했던 것이다.

이러한 정치적 리더십의 확립 속에서 북한은 1972년 헌법에서 김일성을 명실공이 국가의 최고지도자로 옹립했다. 헌법 제4조는 "조선민주주의인민공화국은 맑스-레닌주의를 우리나라의 현실에 창조적으로 적용한 조선로동당의 주체사상을 자기 활동의 지침으로 삼는다"고 명시했고 이로써 그동안 김일성의 정치적 레토릭으로 활용된 주체사상이 맑스-레닌주의와 등가의 위치를 갖는 국가이념으로 공식화되었다. 이제 김일성의 후계자로 지명된 김정일에게 남겨진 과제는 아버지 세대의 항일무장투쟁의 역사와 전통을 주체사상이라는 이름으로 제도화시키며 주민들의 신념체계로 전환시키는 것이었다. 이러한 배경에서 김정일은 '생산도 학습도 생활도 항일유격대식으로'라는 유명한 국가적 담론을 주창하며 항일무장투쟁의 전통을 당대의 정치적 리더십으로 적극 내세웠고 이와 함께 '온 사회의 김일성주의화'를 선언하며 '유일사상체계 확립의 10대 원칙'을 제정했다. 1970년대부터 황장엽과 함께 주체사상을 이론적으로 체계화하는 것에 공을 들인 김정일은 주체사상을 신념화하면서 주민들의 일상의 삶으로 파고드는데 주력했다. 주체사상을 '김일성주의'로 부른 것도, 이러한 유일사상을 주민들의 신념체계로 교조화한 것도 김정일이었다. 1974년 4월 공포된 10대 원칙은 북한 주민들이 절대무오류의 최고지도자에게 충성해야 한다는 내용을 골자로 한다. 이것은 "모든 당원과 근로자들은 경애하는 수령님을 영원히 높이 모시고 수령님께 끝까지 충성을 다하며 전당과 온 사회를 위대한 김일성 동지의 혁명사상으로 일색화하는 역사적 위업을 빛나게 수행해 나가기 위하여 다음과 같은 당의 유일사상체계 확립의 10대 원칙을 철저히 지켜야 한다"는 서문과 함께 했다.

1조 위대한 수령 김일성 동지의 혁명사상으로 온 사회를 일색화하기 위하여 몸 바쳐 투쟁하여야 한다.

2조 위대한 수령 김일성 동지를 충심으로 높이 우러러 모셔야 한다.

3조 위대한 수령 김일성 동지의 권위를 절대화하여야 한다.

4조 위대한 수령 김일성 동지의 혁명 사상을 신념으로 삼고 수령님의 교시를 신조화하여야 한다.

5조 위대한 수령 김일성 동지의 교시 집행에서 무조건성의 원칙을 철저히 지켜야 한다.

6조 위대한 수령 김일성 동지를 중심으로 하는 전당의 사상 의지적 통일과 혁명적 단결을 강화하여야 한다.

7조 위대한 수령 김일성 동지를 따라 배워 공산주의적 풍모와 혁명적 사업 방법, 인민적 사업 작풍을 소유하여야 한다.

8조 위대한 수령 김일성 동지께서 안겨 주신 정치적 생명을 귀중히 간직하며 수령님의 크나큰 정치적 신임과 배려에 높은 정치적 자각과 기술로써 충성으로 보답하여야 한다.

9조 위대한 수령 김일성 동지의 유일적 령도 밑에 전당, 전국, 전군이 한결같이 움직이는 강한 조직 규율을 세워야 한다.

10조 위대한 수령 김일성 동지께서 개척하신 혁명 위업을 대를 이어 끝까지 계승하며 완성하여 나가야 한다.

1974년 10조 65항에서 2013년 10조 60항으로 개정된 10대 원칙은 탈북자들에 따르면 북한사회에서 헌법과 형법 이상의 가치와 구속력을 갖는다고 한다. 실제 내용을 보더라도 1조 김일성주의로부터 2조 충성심, 3조 절대화, 4조 신조화, 5조 무조건성, 6조 통일과 단결, 7조 풍모와 사업작풍, 8조 정치적 생명, 9조 조직 규율 및 10조 계승의 원칙을 담고 있다. 헌법이 주체사상을 포함하는 국가 체제와 제도의 총체적 규정을 담는다면 10대 원칙은 주체사상 즉 김일성주의의 신념체계와 규율화를 강조한다. 이 원칙들은 남녀노소 주민들 모두가 항상 숙지해야 하는 삶의 지표이며 항시 점검받는 규율의 방식인 것이다.

실제로 10대 원칙의 세부 내용은 주체사상의 사회적 규율을 반영하고 있다. 구체적으로 3조의 하위 내용에서 "경애하는 수령 김일성 동지의 초상화, 석고상, 동상, 초상 휘장, 수령님의 초상화를 모신 출판물, 수령님을 형상한 미술 작품, 수령님의 현지 교시판, 당의 기본 구호들을 정중히 모시고 다루며 철저히 보위하여야 한다"고 명시된 것은 김일성을 절대적인 지도자로 옹립하면서 그의 권력을 신성화하는 기제를 보여 준다. 이러한 권력의 신성화는 항일무장투쟁의 역사를 신성화하는 것으로부터 이미 시작되었다. 유일체제가 굳어지는 1960년대 말부터 『항일빨치산참가자들의 회상기』가 널리 보급되어 성경처럼 읽혀졌고 보천보, 백두산밀영, 만경대 등 혁명전적지 조성사업이 본격화되었다. 김정일의 주도하에 1972년 김일성 동상, 1975년 대성산 혁명열사릉, 1982년 주체탑 건립을 통해 김일성의 권력은 절대적인 것이면서 신성한 것으로 찬양, 보존되었다. 이것은 문화적 상징을 통해 권력을 신성화하는 작업이면서[57] 과거의 전통을 현대에 계승

---

57 Geertz, Clifford, *Local Knowledge : Further Essays in Interpretive Anthropology*, Basic Books, 1983.

하며 새롭게 창조하는 과정이기도 했다.[58]

항일 유산을 계승하고 전통을 창조하는 과정에서 권력의 신성화와 함께 한 주체사상의 원칙 4조의 세부 내용은 "위대한 수령 김일성 동지의 혁명 사상을 배우는 학습회, 강연회, 강습을 비롯한 집체 학습에 빠짐없이 성실히 참가하여 매일 2시간 이상 학습하는 규율을 철저히 세우고 학습을 생활화, 습성화하며 학습을 게을리 하거나 방해하는 현상을 반대하여 적극 투쟁하여야 한다"고 명시했다. 김일성은 갑산파를 숙청한 직후인 1967년 10월 창립 20주년을 맞아 만경대 혁명학원 교직원, 학생 및 졸업생들 앞에서 한 연설에서 『항일빨찌산참가자들의 회상기』를 정독하면서 빨치산 혁명가들의 풍모와 사업작풍을 따라 배울 것을 역설했다.[59] 1958년부터 전국의 공장 기업소, 협동농장, 학교에 '조선로동당 역사연구실'이 설치되었고 혁명전통과 관련된 김일성의 노작에 대한 학습이 광범히 조직되었으며 회상기 등의 독서와 강연회, 토론회 및 만경대 등 혁명유적지 견학과 배움의 천리길 답사 행군 등의 사업들이 조직되었다.[60] 이러한 유격대국가의 사회화 즉 아래로부터의 항일유산 전통의 확산은 주체사상이 주민들의 삶 속에서 규율화되는 과정과 함께 했다. '배움의 천리길' 답사 행군대 등에서 행군 전 학습은 물론 행군 중에는 감상문, 참관기, 기행문 쓰기와 사진 촬영 등의 창작활동이, 행군 후에는 감상문 및 귀환 보고서 발표회 등이 개최됨으로써 참여자들은 직접적인 체험으로, 일반 학생 및 주민들은 간접 경험을 통해 신성한 권력을 향유할 수 있었다.[61]

---

58 Hobsbawm and Ranger, op.cit.

59 김일성, 「혁명가유자녀들은 아버지, 어머니들의 뜻을 이어 혁명의 꽃을 계속 피워야 한다」, 『김일성 저작집』 21, 조선로동당출판사, 1983.

60 강진웅, 「북한의 항일무장투쟁 전통과 민족 만들기–민족주의와 권력, 담론, 주체」, 『한국사회학』 46집 1호, 2012, 47쪽.

무엇보다도 탈북자들에 따르면 김일성이 지나가는 현지지도의 현장마다 사회주의의 열정이 솟아올랐고 '천리마를 탄 기수들'이 자발적으로 생겨났다. 천리마 시대엔 정권의 구호대로 공장에서의 노동도, 학교에서의 학습도, 생활총화에서의 성찰도 모두 '항일유격대식'으로 관철되었다는 것이다. 북한의 공식 문헌과 언론매체에서 선전하고 있는 '노력영웅들'은 모두 항일유격대원이거나 항일유격대의 유산을 계승한 인물들이다. 김일성의 충직한 부하이자 유격대 간부였던 오중흡 7연대장으로부터 에너지난에 대한 타개책으로 항일유격 경험을 교훈삼아 채탄 공격대 운동을 발기한 김일회, 항일투쟁시 폭탄을 제조하고 '연길폭탄'이란 책을 출판한 박영순, 한국전쟁시 간호병으로 활약하고 혁명가극 '당의 참된 딸'의 소재가 된 안영애, 맨몸으로 적의 화구를 막고 '1211 고지'를 사수한 전쟁 영웅 리수복, 강선 제강소에서 작업반 단위의 생산성을 고도로 증가시킨 천리마 영웅 진응원, 23세에 노력영웅이 되고 40대에 2중 노력영웅 및 최고인민회의 대의원이 된 평범한 여성 출신의 정춘실 등 북한의 숨은 영웅들은 언론매체와 교과서에서 충실한 모범으로 교육되고 전파되어 왔다. 북한의 학교교육이 절대자 우상화와 교조화되고 유치한 주입식 교육의 폐단을 가졌던 반면 이와 같은 숨은 영웅들의 생생한 경험을 학생과 주민들로 하여금 직접 체화하게 함으로써 강력한 열정을 발산시키는 힘을 가졌던 것이다. 각 생활전선에서 새끼 수령들이 김일성을 따르고 또 주변의 주민들이 따라 배움으로써 항일유산의 주체 이념은 대중들의 정신과 육체 속으로 스며들게 되었다. 이러한 관점에서 1970~1980년대 북한의 주체사상은 항일유산의 전통 속에서 주민들의 신념체계이자 삶의 방식

---

61 조은희, 「북한의 답사행군을 통해 본 혁명전통의 의례 만들기」, 『현대북한연구』 10권 2호, 2007.

으로 재구성될 수 있었다. 하나의 반종교화된 신념 및 가치체계로서 주체사상은 주체교육, 주체음악, 주체건축, 주체문학, 주체스포츠, 주체의학 등 사회의 전영역과 주민들의 삶 곳곳으로 침투, 발전했던 것이다.[62]

지도자의 이념이 이렇듯 대중들의 삶의 방식이자 신념체계로 굳어지는 과정은 국가와 개인의 내재적 순응관계에서 만들어질 수 있는 것이었다. 대다수의 탈북자들도 동의하듯이, 주체사상의 사회적 확장에서 적어도 김일성 시대에는 이른바 가정의 효가 국가의 충으로 확대되는 '가족국가'의 일면이 관찰될 수 있었다.[63] 한 탈북자 역시 전쟁고아인 '주석의 딸'로서 성장하여 민족을 위해 헌신하는 삶을 살았다.[64] 탈북 후에도 다른 이들과 달리 민족에 대한 애정은 변치 않았다고 한다. 국가와 가족, 국가와 개인의 순응관계를 바탕으로 한 이러한 가족국가적 에너지 역시 유기체와 세포의 통합 메타포를 실천하는 유격대국가의 주체 노선과 민족주의적 힘에 의한 결실이었다. 1972년 헌법 제4장 '공민의 기본 권리와 의무'는 제49조 "조선민주주의인민공화국에서 공민의 권리와 의무는 '하나는 전체를 위하여, 전체는 하나를 위하여'라는 집단주의 원칙에 기초한다"와 제63조 "국가는 사회의 세포인 가정을 공고히 하는데 깊은 배려를 돌린다"를 명문화했다. '하나는 전체를 위하여, 전체는 하나를 위하여'는 북한의 대표적 군중운동이며 사회주의총건설 노선인 천리마운동의 상징적 구호이다. 사상동원이자 경제증산 운동인 천리마운동 역시 항일무장투쟁의 '자력갱생'의 혁

62 Park, Han S., *North Korea : The Politics of Unconventional Wisdom*, Boulder and London : Lynne Rienner Publishers, 2002, pp.75~84.

63 Lee, op.cit.

64 여성한국사회연구소 편, 『북한 여성들의 삶과 꿈』, 여성한국사회연구소, 2001, 5~37쪽.

명 전통을 계승한 것으로서 개인주의, 이기주의를 배격하고 생산과 생활에 있어 상호동지적 협조와 단결에 기초한 집단주의를 추구하는 대중운동이었다.[65] 이러한 집단주의의 원천은 항일투쟁에서 성장한 민족주의를 반영하는 것이었고 민족주의적 유기체 속에서 개인과 가정은 국가와 사회의 세포로서 존재하게 되는 것이다.

주체사상을 체계화한 김정일은 1986년 「주체사상에서 제기되는 몇 가지 문제에 대하여」라는 연설에서 "수령은 사회정치적 생명체의 최고뇌수로서 집단의 생명을 대표하고 있기 때문에 수령에 대한 충실성과 동지애는 절대적이고 무조건적인 것으로 됩니다"라고 주장하고 "혁명의 주체는 수령, 당, 대중의 통일체"이며 "영생하는 사회정치적 생명은 수령, 당, 대중의 통일체인 사회정치적 집단을 떠나서는 생각할 수 없습니다"라고 강조했다.[66] 이러한 사회정치적 생명체론은 유기체-세포의 메타포 속에서 국가와 개인을 하나의 혈연적 통합체로 묘사한다. 북한은 이러한 민족주의를 통해 전체주의적 가버넌스의 토대를 구축한 것이다.[67] 그러나 김일성 시대의 가버넌스에서는 '전체주의의 미시정치' 속에서 민족주의가 주민들의 삶 속으로 깊숙이 파고들었다.[68] 이것은 민족주의가 하나의 권력으로서 제도화되어 헤게모니를 확장하는 과정이면서 동시에 아래로부터 규율적으로 확장되어 개인들의 정체성을 확립해 가는 과정이었다.

집단과 개인을 한 몸으로 잇는 이러한 민족주의의 미시적 확장 속에서 주체사상 역시 사회 속으로 침투하여 하나의 규율문화를 이루게 되

65 백봉, 『민족의 태양 김일성 장군』 4, 인문과학사, 1987.

66 김정일, 『친애하는 지도자 김정일동지 문헌집』, 조선로동당출판사, 1992, 160 · 163쪽.

67 Shin, Gi-Wook, *Ethnic Nationalism in Korea : Genealogy, Politics, and Legacy*, Stanford : Stanford University Press, 2006, p.95.

68 Kang, op.cit.

었다. 김정일에 의해 일찍부터 '조선의 어머니이자 항일여전사'로 추앙된 김정숙의 아이콘은 여성을 동원하는 군사적 규율문화의 대표적 기제로 작동했다.[69] 대다수 탈북자들이 진술하듯이, 인민학교 학생들로부터 대학생 그리고 일반 주민들에 이르기까지 항일유격대식이란 구호와 주체사상의 10대 원칙은 정치적 수사가 아니라 일상의 삶의 원칙이자 방식으로 작동했다. 이것은 항일유산을 정치화하고 주체사상을 일상화하는 과정이면서도 생활총화 등에서 주민들의 사상을 통제하고 프라이버시를 침해하는 과정이기도 했다.[70] 더욱이 핵전쟁의 전투준비 태세 속에서 북한 정권은 주민들의 사상 무장을 위해 제2의 한국전쟁을 방불케하는 반미동원을 남용해 왔다.[71] 이처럼 민족주의적 주체사회주의의 권력이 국가에서 개인으로 확장되고 유기체와 세포의 통합을 이룬 긍정성 이면에는 개인이 국가에 종속, 희생되는 또 다른 억압의 얼굴이 도사리고 있었던 것이다. 또 다른 민족주의의 얼굴 속에서 주체 사회주의의 권력은 이른바 '은둔의 왕국' 속에서 통제된 사회를 조성하고 주민들의 삶을 과거로 회귀시키는 역설을 드러낸 것이다.

5. 복고적 사회와 민족주의의 뒤안길

우리는 쏘련에서 사회주의가 붕괴된 것을 일시적인 현상으로 보고 있습니다. 사회주의가 인류의 리상이고 력사발전의 응당한 로정인 것만큼 그

69 Kim, Suk-Young, "Dressed to Kill : Women's Fashion and Body Politics in North Korean Visual Media (1960s~1970s)", *Positions : East Asia Cultures Critique*, Vol.19, No.1, 2011.

70 여성한국사회연구소, 앞의 책, 90쪽.

71 위의 책, 340 · 346쪽.

> 재생이 불가피하다는 것은 너무나도 명백한 것입니다. 사회주의는 부정의가 아니라 정의입니다.[72]

> 주체의 사회주의 리론의 과학성, 진리성은 우리 혁명의 실천적 경험에 의하여 확증되었다.[73]

『세기와 더불어』 7권 계승본에서 김일성은 사회주의 붕괴라는 위기 속에서도 여전히 사회주의의 원칙을 고수하고자 했고 김정일은 「사회주의는 과학이다」라는 『로동신문』 기고 논문에서 주체 사회주의가 과학이자 진리의 담론임을 역설했다. 이러한 진리 담론 속에서 진보에 대한 희원은 수많은 인명살상과 민족분단을 낳았던 한국전쟁을 '정의의 전쟁'으로 미화시켰다.[74] 근대 계몽의 기획이 인간과 과학이라는 이름으로 전쟁과 학살을 정당화한 것과 같은 방식이었다. '정의와 진리의 사회주의'는 맑스의 공산주의도, 스탈린의 일국사회주의도 아닌 주체 사회주의의 길이었고 이것은 현실 사회주의의 붕괴 속에서 '우리식 사회주의'로 포장되었다. 소련과 동구 사회주의권이 붕괴한 직후인 1992년 헌법 개정에서 북한은 맑스-레닌주의를 공식적으로 폐기함으로써 '사회주의 없는 사회주의 국가'로서 온전한 민족주의 체제를 드러냈다.[75] 그러나 맑스-레닌주의를 공식적인 레토릭에서 부정하면서도 사회주의 계몽의 기획을 포기하지 않는 북한의 모순적인 행보는 주체 사회주의가 담고 있는 민족주의 그 자체의 야누스를

---

72 김일성, 『세기와 더불어』 7, 조선로동당출판사, 1996, 387쪽.
73 『로동신문』, 1994.11.1.
74 조선로동당, 앞의 책, 260쪽.
75 Shin, op.cit., p.93.

드러낸 것이었다.

1989년 베를린 장벽의 붕괴와 1991년 소련 연방의 해체를 목격하면서 북한은 체제의 위기 속에서 외부와의 벽을 더 높게 쌓으면서 내부 통제를 강화해 나갔다. 항독영웅으로 추대되었지만 결국엔 인민들의 돌에 맞아 죽었던 김일성의 절친 차우셰스쿠의 운명은 북한의 폐쇄적 통제정치를 가속화했다. '우리식대로 살자'는 구호는 이미 1980년대 초부터 등장했었고 항일유산의 주체 노선은 규율화가 아닌 교조화의 통제 수단으로 변화해 갔다. 현실 사회주의의 붕괴와 강대한 미국의 위협 속에서 북한의 민족주의는 더욱 강한 통제의 정치에 몰입하게 되었던 것이다. 더욱이 1980년대부터 북한의 경제는 남한에 크게 뒤쳐졌고 1990년대 중반에는 전대미문의 식량난에 수많은 주민들이 아사하고 지상낙원을 탈출하기에 이르렀다. 고깃국에 비단옷은 차치하더라도 적어도 제때 받을 수 있었던 배급이 끊기고 공장 가동이 중단되면서 국가는 개인의 생계를 가정에 떠넘겼고 직상을 잃은 세대주의 한숨 속에서 주부들이 보따리 장사로 가족의 생계를 떠안게 되었다. 경제적 파탄은 유격대국가의 정치적 자존심을 훼손시켰고 급기야는 두만강을 건너는 자신의 백성들을 사살해야만 하는 상황으로 치닫게 된 것이다. 장마당, 꽃제비, 매춘, 인신매매, 강간, 절도, 비리, 영아살해, 강제노역, 공개처형 등은 남한과 서구 언론매체에 오르내리는 북한의 대표적인 수식어구들이 되어 버렸다. 이와 함께 북한이 체제의 위기 속에서 1980년대부터 비밀리에 개발해 온 핵 문제가 북미간, 남북간 군사적 긴장과 외교적 마찰을 빚어 왔고 이러한 갈등 속에서 북한은 더욱 고립되며 경제 붕괴의 위험 속에서 불법적인 아편 재배와 외화 위조도 서슴없이 벌였던 것이다.

이러한 위기 속에서 김정일은 군대가 당 위에 존재하여 수령－당－

대중의 혈연적 단결을 보장하는 선군정치를 내세우고 내외의 위기를 극복해 왔다. 선군정치 속에서 유격대국가는 점차 전체주의의 폭력성을 노출시키며 때때로 공포정치를 감행하기도 했다. 또한 기울어가는 유격대국가의 자존감을 지키기 위해 수많은 인력과 자원을 동원해 '아리랑 축제'를 여는 등 21세기 '극장국가'의 면모도 과시했다.[76] 이러한 모순적 상황에서 김정일이 고안해 낸 전통의 창조는 조선의 충효사상을 적극적으로 호명하는 것이었다. '어버이 수령' 담론과 가족국가적 수사는 이미 1960년대부터 활성화된 것이었고 이런 맥락에서 문화적 접근의 논자들이 1970년대 김일성의 북한 체제를 '가족국가'라 언명했던 것이다. 그러나 김일성 시대의 가족국가가 유기체와 세포간의 유기적 관계와 대중적 공감을 바탕으로 한 것이었다면 김정일 시대의 가족국가는 유기체에 대한 세포의 희생만을 강요한 체제였다고 할 수 있다. 가족국가의 해체는 주체 사회주의가 실천하고자 했던 민족의 위기를 보여 주었고 곧 개인 주체의 위기를 반영하는 것이었다. 이에 김정일은 "당과 수령의 품 속에서 혁명의 새 세대로 자라나는 청년들이 가장 고귀한 정치적 생명을 안겨주고 빛내여 주는 당과 수령에게 충성과 효성을 다하는 것은 응당한 본분이며 도리"라며 당대의 정치적 위기를 충효사상으로 봉합하고자 했다.[77] 이러한 김정일의 수사는 조선의 삼강오륜의 원리와 다를 바가 없는 것인데, 차이가 있다면 조선의 충효의 근간이 효인 반면 북한의 충효의 기본은 충이라는 것이다. 수령에 대한 충은 육친적 부모에 대한 효 이상의 절대적이고 숭고한 것이며 따라서 부모가 반혁명분자로 의심될 때에는 당에 고발해야 하는 것이 북한의 사회적 윤리가 된 것이다.

---

76 권헌익 · 정병호, 앞의 책.
77 김정일, 앞의 책, 382쪽.

이로써 북한의 체제는 전통적 유교 담론의 정치적 확장과 보수적 사회 분위기 속에서 복고화되어 갔다. 「사회주의는 과학이다」라고 주장한 김정일의 언설은 맑스-레닌주의를 넘어 선 항일유산의 주체사상이 과학성과 진리성을 담은 진정한 사회주의 노선임을 강조했다. 근대 계몽의 기획에서 맑스와 레닌이 꿈꾸었던 사회주의의 진보는 생산력의 무한한 발전과 이와 결합되어 인간의 자유와 평등이 보장되는 생산관계의 혁신에 있었고 이것은 곧 공산주의로 지향되었다. 그러나 김정일의 주체 사회주의에서의 진보는 '사람중심의 세계관'을 중심으로 한 민족 주체의 사회주의 노선이었고 이것이 과학이자 진리로 강변되었고 이러한 노선은 이제 사회정치적 생명체란 이름하에 충효, 인덕정치, 이민위천의 정신으로 정당화되었다.[78] 과학이란 계몽주의를 확산시킨 대표적인 근대의 유산이지만 20세기 말 북한에서는 충효가 과학이자 진보로 둔갑했고 전통을 진보로 호명한 민족주의는 '조선민족제일주의'로 극단화되었다. 김정일은 "조선민족제일주의 정신을 높이 발양시키는데서 혁명전통을 빛나게 계승하고 민족적 전통을 잘 살려나가는 것이 중요합니다"라고 주장하면서 복고적 민족주의와 전통의 활용간의 선택적 친화성을 부인하지 않았다.[79] '은둔의 왕국'이란 이국적 별칭 역시 이러한 북한의 모습을 드러낸 것이라 할 수 있다.[80] 따라서 주체 사회주의의 계몽의 기획은 전통적 가치를 호명하는 민족주의의 수구 논리에 따라 과거로 회귀하는 모순을 낳았고 현대 북한의 복고화는 궁극적으로는 폐쇄적인 민족주의가 보수적 전통

---

78 『로동신문』, 1994.11.1.

79 김정일, 앞의 책, 267쪽.

80 Hassig, Ralph C. and Kongdan Oh, *The Hidden People of North Korea : Everyday Life in the Hermit Kingdom*, Lanham, Boulder, New York, Toronto, and Plymouth : Rowman and Little Field Publishers, Inc, 2009.

을 적극적으로 호명하고 발명한 사회적 결과였다. 커밍스도 밝혔듯이 세계체제에서 이탈한 현대 은둔의 왕국 북한은 진보적 역사를 역행하는 민족주의의 뒤안길을 상징하는 것일지도 모른다.[81]

현재 총폭탄정신으로 무장한 은둔의 왕국의 사회에서 북한 주민들의 삶은 과거로 회귀하고 있다. 전체주의적 폭력의 기제가 강화되고 있는 것은 물론 주민들의 경제적 삶 역시 1960년대의 것에도 따라가지 못하고 있는 것이 사실이다. 한 탈북자는 거리에 엿기름이 넘쳐나던 1960년대의 삶을 그리워했고 또 다른 탈북자는 천리마 기수로서 우등생으로 반을 이끌었던 열정의 시대를 회고했다. 이런 맥락에서 김정일을 욕하는 다수의 탈북자들이 남한에 와서조차도 김일성을 존경하는 것은 그리 이상한 현상이 아닐 수 있다. 그러나 이러한 열정과 공감의 시대는 경제적 후퇴와 정치적 퇴행으로 변화되었고 주민들은 닫힌 체제 속에서 과거로 회귀하게 되었다. 치마와 저고리를 즐겨 입는 다수의 북한 여성들은 남성과 겸상을 하거나 벤취 앞의 남성들을 가로질러 걸어가는 것을 금기시 했고 길거리에서 담배 피는 여성이 노동단련의 처벌을 받기도 했다.[82] 또한 북한 여성들 스스로 여성이 집안일을 하고 가사와 노동의 이중고에 시달리면서도 남성 세대주를 위해 봉사하는 것을 당연하고 자연스러운 것으로 받아들였다.[83] 이러한 복고적 사회문화는 현대 평양에 양장 차림의 신여성이 등장하고 식량난으로 기센 여성 세대주가 가족을 지배해도 변화하지 않았다. 식량난과 가족해체에도 불구하고 다수 북한의 여성들은 '집안 멍멍이'로

---

81 Cumings, op.cit., 1993.
82 Halliday, Jon, "The North Korean Enigma", *New Left Review*, No.127, 1981, p.48.
83 Halliday, Jon, "Women in North Korea : An Interview with the Korean Democratic Women's Union", *Bulletin of Concerned Asian Scholars*, Vol.17, No.3, 1985, p.53.

불리는 고개 숙인 세대주를 위해 살고 있는 것이다.[84] 물론, 이러한 북한사회의 변동을 모두 부정적으로만 평가할 수는 없다. 그러나 근대의 기획에서 주체 사회주의가 남긴 민족주의의 뒤안길은 사회의 복고화로 극명하게 드러나고 있고 이 속에서 북한 사회주의가 추구하고자 했던 진보의 퇴행이 관찰되고 있다. 수령을 위해 부모를 고발해야 하고 국가를 위해 총폭탄이 되어야 하며 가부장의 세대주를 주인으로 섬겨야 하는 현대 북한의 모습은 계몽주의자들은 물론 맑스, 레닌, 스탈린이 약속했고 김일성이 실천하려 했던 근대의 진보적 기획과는 거리가 먼 것이었다. 사회주의적 이상을 주체 사회주의로 실천하고 조선민족제일주의로 급상승시킨 현대 북한의 체제에서 민족주의는 과거 진보의 얼굴을 거두고 복고와 퇴행의 얼굴을 하고 있는 것이다.

6. 나오며

칼 폴라니는 근대가 낳은 자본주의적 시장경제를 거대한 변환의 '악마의 맷돌'로 묘사하고 이것이 파시즘과 스탈린주의의 양극으로 극단화되었다고 지적했다.[85] 커밍스는 자본주의의 닮은 꼴 이단아인 파시즘과 스탈린주의를 넘어서 북한의 신사회주의적 조합주의가 근대 자본주의에서 왜곡된 병리적 파시즘과 소비에트 국가사회주의를 넘어 새로운 대안적 체제를 이루었다고 자평했다.[86] 유격대국가, 가족국

84 구수미 · 오유석, 「북한 도시 여성의 삶과 의식 – 청진, 신의주, 혜산을 중심으로」, 『사회와 역사』 65집, 2004.

85 Polanyi, Karl, *The Great Transformation : The Political and Economic Origins of Our Time*, Boston : Beacon Press, 2001.

86 Cumings, op.cit., 1993.

가, 극장국가 등의 성격을 포괄하는 20세기 북한의 체제는 사회주의, 민족주의, 유교문화가 얽힌 복합적인 근대성의 산물이었다. 이러한 복합성 속에서도 근현대 북한의 체제를 규정하는 기원과 생명력은 민족주의에서 찾아져야 한다. 고난의 행군과 민생단 사건으로 얼룩진 김일성의 유격대 경험은 그를 항일영웅이자 민족의 메시아로 만들어 주었고 민족과 자주의 가치를 절대화한 이념의 힘을 근대의 가치이자 사회주의의 진보로 추동했다. 김일성에게 있어 근대 계몽의 기획은 민족의 얼굴을 한 주체 사회주의로 관철되었고 이는 소비에트 사회주의 체제가 무너진 1990년대 초 사회주의 없는 사회주의, 조선민족제일주의로 변화되었다.

진보의 이념과 가치는 변화하는 것이며 권력에 의해 재구성될 수 있다. 구한말, 일제 강점기 근대화론을 수용한 민족주의자들에게는 일제의 의한 문명개화가 곧 조선의 선이자 진보였지만, 김일성에게 정의와 진보는 제국주의와 목숨을 걸고 맞서 싸우는 무장투쟁이었고 이것을 권력화하는 것이었다. 현실 사회주의의 역설은 스탈린과 김일성이 그랬듯이 제국주의와 자본주의가 자랑했던 근대 문명을 자신들의 것으로 만들려 했다 실패했다는데 있다. 생산관계에서의 혁명의 과제를 배제한 채 성취할 수 없는 생산력의 혁명에 집착한 소련과 북한 모두 사회주의 문명국 건설의 꿈을 포기하고 자신의 방식으로 변화를 모색하게 되었다. 하나는 체제를 무너뜨리고 자본주의로 탈바꿈하는 것이었고 다른 하나는 과거의 전통을 호명하며 체제를 수호하는 것이었다. 북한의 주체 사회주의의 어두운 그림자는 항일무장투쟁에 기원을 둔 민족주의에서 이미 예견된 것이었고 현대의 복고적 퇴행 역시 암시된 것이었다. 따라서 진보와 반역의 두 얼굴을 한 민족주의의 야누스는 20세기로부터 21세기로 이어지는 북한의 역사와 정치에 반영되었다고 할 수 있다. 다수의 제3세계 신생독립국가들에서처럼 북한의 민족주의는 독립을 위한 진보의 길을 제시해 준 반면 독립 이후에는 민족의 가치를 절대화하며 내부의 이단자들을 탄압하는 독재의 길로 권력화되었다. 물론, 북한의 독특한 체제의 동학과 내구성은 또 다른 평가와 접근이 필요할 수도 있다. 또한 권력으로서의 민족주의에 대한 평가 역시 진보에 대한 성찰과 마찬가지로 복합적이고 다면적이어야 할지도 모른다. 그러나 김일성이 형성했고 김정일과 김정은이 계승했던 주체 사회주의와 계몽의 기획은 민족주의의 두 얼굴을 드러내며 진보에서 역행하고 있다.

식민경험, 근대화와 분단정치, 탈냉전 세계화의 시대로 이어지는 20세기 근대의 물결 속에서 북한은 민족적 사회주의를 표방하며 외골수의 진보 노선을 걸어왔다. 그러나 자주와 독재의 양가적 진화와 세계체제에서의 고립이라는 자충수를 두며 독선적인 진보 노선에 집착한 현대 북한의 체제는 총대철학의 옹호 속에서 체제의 이단자들을 처형하는 폭력의 정치를 정당화하고 있다. 이러한 극단의 정치를 두고 상대주의적 양비론으로 평가를 유보하거나 회피하는 것은 더욱 옹색해 보인다. 인권과 진보의 이념, 가치 역시 권력적인 것이며 권력에 의해 끊임없이 만들어지는 것이라 할지라도 역사와 사회를 평가하는 데 있어서 간과하지 말아야 할 중요한 원칙이 하나 있다. 그것은 그 권력을 수용하는 인민 주체들 스스로의 평가이다. 과연 그들은 북한의 체제와 그 체제가 고수하는 이념과 가치를 믿고 따르고 있는가 그리고 북한 정권은 이러한 인민들의 안전과 더 나은 삶을 위해 충실히 실천하고 있는가? 필자는 이러한 질문들에 대한 만족할만한 답변도 또한 명확한 진단도 갖고 있지 않다. 그러나 북한이 '상처받은 민족주의'의 뒤안길에서 과거의 트라우마를 치유하고 건설적인 사회비전과 함께 주민들의 삶을 보듬어 준다면 현재의 위기도 극복 불가능한 것은 아니며 그들의 삶이 서구 언론이 묘사하는 것만큼 생지옥의 삶이 되지 않을 수도 있다. 현대 북한의 위정자들에게 남겨진 과제는 민족주의의 두 얼굴을 극복하고 보다 인간적인 얼굴을 한 진보의 사회주의로 돌아가는 길뿐이다.

3부

문학'으로' 진보

시는 어떻게 진보에 기여하는가?*

후진성 · 진보 · 새로움 · 시

강웅식

1. 상황 1 - 파국

진보를 주제로 이루어지는 논의의 마당에서 시와 연관된 문제를 제기하는 일은 무모하거나 심지어 무의미한 것처럼 보일 수도 있을 것이다. 시(작품) 자체를 대상으로 하든 혹은 시에 관한 성찰(시론)을 대상으로 하든, 애초에 역사철학의 맥락에서 비롯한 진보 개념을 매개로 어떤 문제들을 상정하여 풀어보려는 작업은 정작 시에 관한 핵심적 문제들과는 무관한 것이 될 수도 있을 것이기 때문이다. 그러한 작업이, 그 나름의 의미 있는 결과를 산출할 수 있기 위해서는, 시에 관한 일반적인 성찰에서는 제기되기 어려운 성질의 것이면서도 시(와 시론)에 중요한 문제들을 포섭할 수 있어야 할 것이다. 그 출발부터 썩 자연스러워 보이지 않는 시와 진보의 만남을 통하여 시에 관한 새로운 성찰의 장

* 이 글은 『한국학연구』(인하대 한국학연구소) 제33집에 실렸던 글을 부분 수정한 것이다.

을 마련해 보기 위해서는 어떤 우회로가 필요할 것 같다. 그런 우회로의 경유에서 피할 수 없는 과제가 있다. 그것은 '진보란 무엇인가?'와 '시란 무엇인가?'라는 두 가지 질문에 대한 탐색이다.

진보란 무엇인가? 그리고 시란 무엇인가? 문학의 종언이니 역사의 종언이니 하는 다양한 종류의 종언 담론이 판을 치고 있는 오늘날의 상황을 고려할 때, 그 질문들은 대단히 곤혹스런 것일 수 있다. 사전의 정의에 따르면, '종언'이라는 낱말은 '없어지거나 죽어서 존재가 사라짐' 혹은 '계속하던 일이 끝장 남'을 가리킨다. '없어짐', '사라짐', 그리고 '끝장 남'의 의미계열은 우리로 하여금 '일이나 사태가 잘못되어 결딴 남'이라는 뜻을 가진 '파국'이라는 낱말을 떠올리게 한다. 요컨대 '종언' 담론에 휘말리게 된 영역은 그것과 관련하여 제기될 수 있는 '~란 무엇인가?'라는 형식의 질문들을 위태롭게 하거나 무의미하게 만들 수 있다. 가령 "시란 무엇인가?"라는 질문은 한편으로 시에 대한 정의를 요구하는 것이면서, 동시에 '시는 어떤 종류의 대상 또는 활동인가?', '시는 무엇을 하는가?', '시는 어떤 목적에 봉사하는가?' 등과 같은 일련의 파생 질문들을 유발함으로써 시에 대한 분석을 요구하는 것일 수 있다. 그런데 종언 담론이 유행하는 상황 속에서 그 질문은 여전히 시에 관심을 가져야 하는 이유에 대한 논쟁을 유발하게 된다. 더 나아가 그것은, 데리다의 말처럼, 시의 소멸이라는 또 하나의 파국을 한탄하면서, 시의 그런 상황 자체를 알림으로써 산문의 탄생에 경의를 표하는 것일 수 있다.[1] '진보란 무엇인가?'라는 질문의 경우에도 그러한 사정은 크게 다르지 않을 것이다.

이제 어떤 주제를 '~란 무엇인가?'라는 질문의 형식으로 포섭하여

---

1 Jacques Derrida, "Che cos'è la poesia?", in Elisabeth Weber, eds., *Points*, Stanford : Stanford University Press, 1995, p.298.

논의를 진행하고자 할 때, 우리는 가치중립적인 관점에서 그것을 정의하거나 분석할 수 없게 되어버렸다. 왜냐하면 파국의 상황에 대한 인식은 절대적으로 부정적인 것과 대면하기를 요구하기 때문이다. 제2차 세계대전이 끝난 시점에서 아도르노는 서구가 이룬 성취에 내재하는 절대적 부정성의 표지로서의 아우슈비츠 이후 시를 쓰는 것은 불가능하리라는 문제를 처음으로 제기하였다. 나중에 『부정 변증법』에서 그는 그런 문제제기 자체가 잘못된 것일 수 있다는 자기반성을 통하여 문제를 변형시킨다. 거기에서 그는 "아우슈비츠 이후에는 시를 쓸 수 없으리라고 한 말은 잘못이었을 것이다. 그러나 그보다 덜 문화적인 물음, 즉 아우슈비츠 이후에도 살아갈 수 있겠는가, 우연히 그것을 모면했지만 합법적으로 살해될 뻔했던 자가 제대로 살아갈 수 있는가 하는 물음은 잘못이 아니다"[2]라고 말한다. 그와 같은 문제의 변형, 즉 아우슈비츠 이후에도 가능한 시가 아니라 존재(의 가능성) 자체가 의문에 붙여지게 됨에 따라 문제는 더욱 포괄적인 것이 되었고, 그리하여 예술 일반에, 그리고 예술이 존재와 맺는 관계에 그 초점이 맞추어지게 되었다.[3] 요컨대 파국에 대한 인식은 모든 특수한 문제들을 우리의 삶 자체의 가능성 여부라는 더욱 본질적인 문제의 토대 위에서 다루도록 강요한다.

파국의 상황은 그 속에 놓여 있는 사람들, 특히 그것을 감지한 사람들에게 피해갈 수 없는 선택을 강요한다. 그 선택지는 외면하기와 개입하기 두 가지다. 외면하기의 태도와 관련하여 지젝은 제1차 세계대전이 한창일 때 독일군 사령부와 오스트리아군 사령부 사이에 주고받은 전통電通에 관한 일화를 소개함으로써 그것이 파국의 상황과 관계

---

2 테오도르 아도르노, 홍승용 역, 『부정 변증법』, 한길사, 1999, 469쪽.
3 알랭 바디우, 김성호 역, 『바그너는 위험한가』, 북인더갭, 2012, 75쪽.

맺는 방식의 특징을 묘파한다.[4] 사실 여부는 확인되지 않은 그 일화에 따르면, 독일군이 '여기, 전선의 이쪽 상황은 심각하지만 파국적이지 않음'이라는 통신문을 보내자 오스트리아군은 '이쪽 상황은 파국적이지만 심각하지 않음'이라는 답전을 보내왔다. 외면하기의 태도는 당연히 '이쪽 상황은 파국적이지만 심각하지 않음' 쪽이다. 오늘날의 상황은 파국적이다. 우리 역시 그것을 잘 알고 있다. 그렇지만 우리는 상황이 파국적임에도 불구하고 전혀 심각하지 않기라도 하다는 듯이 오늘의 일을 하고 미래를 설계하고 어떤 성공과 행복을 꿈꾼다. 우리는 상황이 파국적임을 지식으로는 알지만 실제 생활에서는 그것을 믿지 않는다. 그에 반해 개입하기의 태도는 상황이 파국적이라는 것을 알고 있고 심각하다는 것을 믿으며, 그리하여 그 상황에 개입하고자 한다. 그러나 거기에도 난점이 있다. 그것은 그런 개입에도 상황이 극복되지 않는다는 점이다. 아마도 그 어떤 종류의 것이든 개입에 의해 쉽사리 상황이 바뀔 수 있다면 그것은 파국에 해당하지 않을 것이다.

2. 상황 2 – 한반도의 시간과 세계의 시간 그리고 '후진성'

1945년 8월 6일 히로시마에, 그로부터 3일 뒤인 8월 9일 나가사키에 각각 한 발씩 원자폭탄이 투하되었다. 그것들의 가공할 폭발력과 파괴력 그리고 파급력은 하나나 둘이라는 숫자로는 결코 담아낼 수 없는 것이었음은 물론이다. 1945년 8월 15일 일본은 항복을 선언하였고, 바로 그 날은 우리가 광복절로 기념하는 날이 되었다. 정지용은 그 날의 기쁨을 이렇게 노래한 바 있다.

4 슬라보예 지젝, 조형준 역, 『라캉 카페–less than nothing』 2, 새물결, 2013, 1743쪽.

백성과 나라가
夷狄에 팔리우고
國祠에 邪神이
傲然히 앉은지
죽음보다 어두은
嗚呼 三十六年!

그대들 돌아오시니
피 흘리신 보람 燦然히 돌아오시니!

허울 벗기우고
외로 돌아섰던
山河! 이제 바로 돌아지라.[5]

―「그대들 돌아오시니」 부분

1945년 8월 이후 한반도의 시간은 왜곡된 것을 정상화하기, 더 나아가 새롭게 생성하기라는 과제 수행의 방향으로 흘러가기 시작했다. 그 과정에서 우리는 해방공간의 갈등과 혼란을 거쳐 분단, 동족상잔, 독재와 맞서 민주화를 이룩하기 위한 힘겹고 고통스러웠던 투쟁 등을 겪어야 했다. 그런데 한반도라는 국지적 범위를 넘어선 범세계적 시간이란 것을 상정해 볼 수 있지 않을까? 히로시마에 대한 귄터 안더스의 성찰을 요약하고 있는 뒤피의 다음과 같은 발언은 그런 범세계적 시간과 관련하여 참조할 만하다.

5 정지용, 『정지용전집 1―시』(수정증보 4판), 민음사, 1990, 164쪽.

그 날, 더 이상의 역사는 '쓸모없게' 되었다. 인류는 자신을 파괴할 수 있게 되었으며, 어떤 것도 이러한 '부정의 전능함'을 잃어버리게 할 수 없다. 심지어 전 지구적 군축도 또는 세계의 완전한 비핵화도 말이다. **종말은 우리의 미래의 운명으로 새겨졌으며, 우리가 할 수 있는 것이라곤 고작 그것의 발생을 무한히 연기하는 것뿐이다.** 우리는 초과 상태에 있다. 1945년 8월, 우리는 존재했던 모든 것의 '꼼짝 마'와 '제2의 죽음'의 역사적 시기에 들어섰다. 과거의 의미는 미래의 행위에 달려 있으므로 미래가 더 이상 쓸모없어지는 것, 프로그램된 종말은 과거가 더 이상 어떤 의미도 없음이 아니라 그것은 결코 어떤 의미도 가진 적이 없음을 의미한다.[6]

1945년 8월의 '그 날'은 그리니치 표준시와는 전혀 성격이 다른 또 하나의 표준시가 탄생한 날이었다. 기필코 다가올 필멸의 사건인 죽음을 향하여 개인들의 삶이 진행해가듯 '그 날' 이후 인간은 개인의 죽음과 맞먹는 필멸의 사건인 세계의 종말이라는 '제2의 죽음'을 향하는 존재가 되었다. 이제 인간은 개인의 사멸과 세계의 파국이라는 이중적 죽음에 의하여 규정되는 필멸의 존재가 되었다. 파국의 원인이 인간 자신에게 있다면, 인간의 모든 과거는 '더 이상 어떤 의미도 없음'이 아니라 '결코 어떤 의미도 가진 적이 없음'을 의미하게 된다. 과거의 모든 것들이 바로 그 파국의 원료가 되어 버리기 때문이다. 종말의 파국이 인류의 운명으로 세계사에 기입되는 순간, 인간이 할 수 있는 일은 그것의 발생을 무한히 연기하는 것뿐이라는 사실과 연관된 문제들을 다루기 위하여 지젝은 위의 인용문을 참조하고 있다. 그런데 우리가 눈여겨보아야 할 것은, 인류사에 파국이 미래의 운명으로 기입된

---

6 Jean-Pierre Duppy, *La marque du sacré*, Paris : Carnets Nord, 2008, p.240. 본문의 인용은 지젝의 다음 책에서 재인용. 슬라보예 지젝, 앞의 책, 1718쪽.

시점이 우리가 해방의 감격과 신생의 희망 속에서 근대적 민족국가 만들기의 과제를 놓고 고민하기 시작하던 1945년 8월이라는 사실이다. 1945년 8월의 '그 날' 이후에 발생한 두 가지 시간 층위의 균열을 우리가 여전히 극복하지 못하고 있는 '후진성'의 문제와 연결시켜 볼 수 있지 않을까?

우리 근대사에서 후진성의 문제가 제기되는 것은 1945년 8월의 '그 날'보다 훨씬 이전의 시점임은 두말할 나위도 없다. 우리의 근대는 19세기 말에서 20세기 초에 일본을 매개로 한 서구의 충격에서 비롯되었으며, 그 출발부터 우리는 앞선 서구를 따라잡아야 한다는 과제를 숙명처럼 짊어지게 되었기 때문이다. 1935년 『조선중앙일보』에 30회를 목표로 연재하던 「오감도」를 15회로 중단하게 된 이상이 남겼다는 '오감도 작자의 말'은 우리 근대사에 기입된 후진성에 대한 지식인의 강박을 매우 선명하게 보여준다.

> 왜 미쳤다고들 그러는지 대체 우리는 남보다 수십 년씩 떨어지고도 마음 놓고 지낼 작정이냐. 모르는 것은 내 재주도 모자랐겠지만 게을러빠지게 놀고만 지내던 일도 좀 뉘우쳐 봐야 아니 하느냐. 여남은 개쯤 써 보고서 시 만들 줄 안다고 잔뜩 믿고 굴러다니는 패들과는 물건이 다르다. 이천 점에서 삼천 점을 고르는 데 땀을 흘렸다.[7]

이미 잘 알려져 있다시피 이상이 연재를 그만둘 수밖에 없었던 것은 '웬 미친놈의 잠꼬대냐'와 같은 독자들의 격렬한 항의 때문이었다. 1930년대 중반 무렵의 일반 독자들이 광기에 따른 추문으로 받아들였

---

7 이상, 「산문집散墨集－오감도 작자의 말」, 김윤식 편, 『이상문학전집 3－수필』, 문학사상사, 1993, 353쪽.

던 것에 대하여 이상은 '후진성'을 극복하기 위해 나름으로 땀 흘린 노력의 결과라고 강변한다. 여기서 이상의 「오감도」 실험의 성취가 보여주는 '후진성' 극복의 수준에 대한 검토는 우리의 과제가 아니다. 우리의 관심은 '후진성'에 대한 강박적 의식 그 자체에 있다. 이상은 문학의 영역에 한정하고 있지만, 모든 영역에서 서구(와 일본)보다 수십 년씩이나 뒤떨어졌다는 인식에 기인한 열패감과 어서 뒤따라 잡아야 한다는 강박에 기인한 초조감은 개화기 이후부터 현재까지 우리 지식인들의 내면풍경의 중핵을 이루는 것이었다. 그런 점에서 이상이 죽은 지 30년 정도가 지난 무렵에도 김수영이 다음과 같이 이상의 강박의식을 반복해서 보여주는 것도 결코 이상한 일은 아니다.

> 문화가 얕은 민족의 특징인지 무엇인지 모르지만 우리 겨레는 원래 고집이 세다 (…중략…) (20) / 인제는 **후진성**이라는 것이 너무나 골수에 박혀서 (…중략…) (42) / 우리의 시와 소설은 아직껏 **후진성**을 탈피하지 못하고 있다 (…중략…) (88) / 생각해 보라. 우리는 얼마나 **뒤떨어졌는가** (…중략…) (150) / 우리나라와 같은 **뒤떨어진 미숙한** 사회 (…중략…) (516) / **뒤떨어진** 현대시의 거리를 단축시키려는 노력(521)[8](강조는 인용자)

아마 모르긴 해도 1945년 해방 이후 김수영만큼 우리 사회의 전반적인 후진성에 대하여 몸부림치며 괴로워하면서 그것을 극복하기 위해 고투한 시인(이자 지식인)도 드물 것이다. 그런데 김수영이 죽은 지도 이미 50년이 넘게 지난 이 시점에서 우리는 과연 이상이나 김수영

---

8 위의 인용문 가운데 괄호 안의 숫자는 민음사에서 나온 『김수영전집 2－산문』(개정판), 2003의 쪽수이다. 본문에서 앞으로 이 책의 내용을 인용하는 경우에는 이와 같은 방법에 따르기로 한다.

을 괴롭혔던 '후진성'에 대한 강박의식에서 충분히 자유로워졌다고 말할 수 있을까? 이 질문에 자신 있게 대답할 수 있는 사람은 거의 없다고 보아도 무방할 것이다. 김수영은 1968년에 쓴 「반시론」에서 다음과 같은 말을 하였다.

> 우리의 시의 과거는 성서와 불경과 그 이전에까지도 곧잘 소급되지만 미래는 기껏 남북통일에서 그치고 있다. 그 후에 무엇이 올 것이냐를 모른다. 그러니까 편협한 민족주의의 둘레바퀴 속에서 벗어나지를 못한다. 우리의 미래에도 과학을 놓아야 한다.(415)

위의 인용문에서 '기껏 남북통일'이라는 표현의 의도가 그것이 중요하지 않다는 것을 말하려는 데 있지는 않을 것이다. 남북통일 이후의 우리나라와 세계의 모습에 대한 비전이 전제가 될 때 비로소 편협한 민족주의에서 벗어난 시각에서 통일의 문제를 제대로 다룰 수 있으리라는 데에 그 표현의 의도가 있을 것이다. 아무튼 위에 인용한 김수영의 발언에는 우리의 과거를 돌아보고 현재를 점검하게 하는 힘이 들어 있다. 너나없이 모두 '후진성'의 강박에 시달리면서 이제까지 형성해온 우리의 모습은 어떤 것인가? 한편으로 우리는 1945년 이후 70여 년 동안 자부심을 가져도 좋을 만큼 전 분야에 걸쳐 눈부신 고속 성장을 이룩하였다. 그러나 다른 한편 우리는 그런 고속 성장과 함께 그 배후에 언제라도 커다란 재앙의 모습으로 우리에게 나타날 수 있는 후유증의 괴물을 만들어 놓았다. 가장 최근의 '세월호' 참사에 이르기까지 그런 후유증의 괴물들과 대면할 때마다 우리가 느끼는 자괴감은 '후진성'에 따른 열패감보다 훨씬 더 참담하다. 그리고 그런 자괴감은 우리가 여전히 '후진성'을 극복하지 못하고 있다는 사실의 증좌라 할 수 있다.

그렇다면 우리가 '후진성'을 제대로 극복하지 못하고 있는 실패의 원인은 무엇일까? 1945년 해방의 기쁨과 미래의 희망 속에서, 1950년대 3년간의 동족상잔이라는 참화의 절망과 상처로부터 한시바삐 벗어나려는 조급함 속에서, 우리는 1945년 8월의 '그 날'이 세계사에 우리 자신의 미래이기도 한 인류의 미래로서 파국이 기입된 시점이라는 사실을 적어도 그 당시는 전혀 깨닫지 못하였던 것은 아닐까? 그리고 현재까지도 그런 사실을 깨닫지 못하고 있거나, 아니면 그 사실을 우리의 사실로 받아들이지 않고 있거나, 또는, 이미 알고 있고 받아들이고도 있지만 실제로는 믿지 않고 있는 것은 아닐까? 바로 그렇기 때문에, 우리는 서구적인 모델을 이상적인 것으로 설정해 놓고 추수하려고만 함으로써, 양적 팽창과 확장에만 혈안이 되어 그 모든 양적 성장에 대한 질적 규정의 반성에는 지나치게 소홀했던 것이 아닐까? 이러한 일련의 질문들이 환기하는 문제들을 참작할 때, 어쩌면 '후진성'의 극복을 위해 우리가 해야 할 가장 근본적인 일은, '우리의 미래에도 과학을 놓아야 한다'는 김수영의 문장을 '우리의 미래에도 파국을 놓아야 한다'로 고쳐야 하는 것인지도 모른다.

지난 70여 년 동안 서구의 근대가 이룩한 성취를 우리는 우리의 삶의 세계를 구성하는 모든 부분 계기들의 수준을 가늠하는 준거로 삼아왔다. '후진성'이란 우리의 현 단계의 수준이 그러한 준거에 비추어 뒤지거나 뒤떨어져 있음을 가리키는 이름일 것이다. '후진성'의 극복을 위한 모든 기획은 그러한 준거를 목표로 상정해 놓고 그것과의 동일시를 강박적으로 추구하게 된다. 문제는 그런 기획이 추구하는 목표가 긍정성과 부정성을 정확히 동시에 포함하고 있다는 사실이다. 다시 말해 서구적 근대의 성취가 약속하는 그 모든 긍정적인 것들에 근접할수록 무슨 수를 써서라도 우리가 피해야 할 부정적인 것의 힘도 함께 강화된다는 데에 문제의 어려움이 있다. 모든 긍정적인 것들의 가능 근거가 바로 모든 부정적인 것들의 원인이라는 일종의 이율배반의 상태를 가리키는 표지가 바로 '파국'이다. 따라서 파국에 대한 인식은 '후진성'을 극복하기 위한 우리의 모든 기획에서 제1의 참조 항목으로 놓았어야만 하는 것이었다. 그러나 우리는 그 모든 기획의 목표 자체에 기입돼 있는 파국의 문제를 무시했거나 그것에 무지했다. 그런 무지 혹은 무시야말로 우리가 이제까지 이룩한 눈부신 고속 성장의 배후에 앞으로 언제 어떤 모습의 재앙으로 나타날지 모를 후유증의 괴물을 배태하게 된 원인이라 할 수 있다. '우리의 미래에도 과학을 놓아야 한다'는 김수영의 문장을 '우리의 미래에도 파국을 놓아야 한다'로 고쳐야 하는 이유가 바로 여기에 있다. 그리고 진보라는 개념을 매개로 하여 지난 100년 동안의 우리 과거사를 성찰하는 작업에서 토대로 놓아야 할 것도 바로 '우리의 미래에도 파국을 놓아야 한다'는 문장이 촉발하는 문제의식일 것이다.

3. 진보와 새로움

'후진성'의 극복을 위한 기획에는 자연스럽게 '진보'의 개념과 연관된 계기가 기입되게 마련이다. '진보'의 개념에는 시간성의 계기가 내재해 있다. 사전에 따르면, '진보'라는 개념은 가장 기초적인 맥락에서 시간의 계기가 수용될 때 '정도나 수준이 차츰 향상하여 감'이라는 의미 내용을 포섭하게 되고, 다시 더욱 확대된 맥락에서 규정된 시간의 계기인 역사와 만나게 될 때 '역사 발전의 합법칙성에 따라 사회의 변화, 발전을 추구함'이라는 의미 내용을 포섭하게 된다. '진보'의 기호 내용과 연관된 시간의 계기는 '변화'나 '향상' 그리고 '발전'이라는 낱말들의 개념과 연계되는데, 헤겔은 그것을 좀 더 구체적이고 세련된 규정을 통해 정립한다. 헤겔에 따르면, 진보는, 배아가 자기 속에 식물 전체를 포함하고 있는 것처럼 완전한 것을 그 맹아로 지니는 '불완전한 것이 자연성과 자기 자신의 외재성이라는 껍데기를 타파하고 자기 자신에 도달하고자 하는 충동'이며, '좀 더 나중의 것이 좀 더 앞선 것을 지양된 것으로서 자기 안에 포함하는 관계'를 이루어 추상적인 것으로부터 구체적인 것으로 나아가는 진전이다.[9] 완전한 것과 불완전한 것, 구체적인 것과 추상적인 것이 내용을 복잡하게 하지만, '진보'의 개념과 연관된 헤겔의 규정에서 추출할 수 있는 그것의 최소 형식은 '좀 더 나중의 것이 좀 더 앞선 것을 지양된 것으로서 자기 안에 포함하는 관계'라는 대목에서 포착되는 '연속'과 '단절'의 계기들이다. 하나의 사태가 시간 흐름상의 어떤 시점에서 '진보'라는 의미 내용의 규정을 얻기 위해서는 그것이 그 이전 시점의 존재 양태와 단절되는 동시에 그것에 연속되는 것이어야 하며, 그런 단절과 연속의 계기는 동시성 속에서 이른바 '지양'이라는 질적 고양의 작용에 수렴되어야 한다.

'진보'의 개념은 그 내용의 차원에서 '변화'나 '향상' 그리고 '발전'이라는 계기를 포함한다. 그러나 그러한 계기들이 실용주의적으로 기형화될 때, '진보'를 매개로 하는 기획은 지구의 표면에 폭력을 가하는 것을 정당화하는 쪽으로 향하게 된다.[10] 그러한 폭력의 부정적 결과들은 이루 다 헤아릴 수 없을 정도이며, 지난 70여 년간 이루어진 '후진

---

9 가토 히사타케 외, 이신철 역, 『헤겔사전』, b, 2009, 400쪽.

10 Theodor W. Adorno, *Aesthetic Theory*, Newly translated, edited, and with a translator's introduction by Robert Hullot-Kentor, Minneapolis : Universty of Mnnesota Press, p.64.

성' 극복을 위한 기획 역시 그런 폭력과 직간접적으로 연결돼 왔다. 그러나 그것 자체가 더 이상 쓸모없게 되었으며 19세기의 나쁜 유물로서만 지속된다고 습관적으로 주장하는 보수적인 문화철학에 동조하여 진보 개념을 폐기하는 것도 올바른 반성의 태도는 아닐 것이다.[11] 아마도 어떤 유토피아라는 목적지를 향하여 작동하고 있는 이른바 '역사 발전의 합법칙성'이란 존재하지 않을 것이다. 그럼에도 진보 개념을 고수해야 하는 것은 이 세상에는 그 어떤 진보도 존재한 적이 없기 때문이다. 진보 개념은 아무런 비약도 없는 완만한 발전의 연속을 가리키지 않는다. 새로운 시작을 통하여 이미 존재하는 것들을 부정하는 것이 진보 개념의 핵심적 의미 내용을 이룬다.[12] 진보 개념에서 새로움의 계기는 본질 구성 요인이라 할 수 있다. 여기서 우리는 '진보'의 개념을 규정해주는 그런 새로움의 계기를 '새롭다'는 낱말의 의미, 즉 '(무엇이) 지금까지 있었던 적이 없다'라는 것과 연관시켜 볼 수 있다. 아도르노가 '우리를 구속하는 새로움의 힘'이라고 부른 것 속에 존재하는 역사성의 최소 구조에 대한 지젝의 다음과 같은 주석이 '새로움'의 계기가 포섭된 '진보'의 개념에 관한 우리의 이해에 어느 정도 도움을 줄 것이다.

> 진실로 새로운 어떤 것이 출현할 때 우리는 더 이상 그런 일이 없었던 것처럼 할 수 없다. 왜냐하면 이 새로움 자체가 모든 좌표들을 바꿔버리기 때문이다. 쇤베르크 이후의 작곡가는 더 이상 낭만주의적인 양식으로 작곡할 수 없으며, 칸딘스키와 피카소 이후의 화가들은 더 이상 이전의 낡은 형상 모사적 방법으로 작업할 수 없다. 마찬가지로 카프카와 조이스 이후의

11 테오도르 아도르노, 앞의 책, 207쪽.
12 위의 책, 209쪽.

작가들은 더 이상 과거의 사실주의적 방법으로 소설을 쓸 수 없다. 보다 정확히, 물론 그들은 그렇게 할 수 있다. 하지만 그렇게 했을 때 낡은 형식들은 더 이상 이전의 것과 동일하지 않다. 그것들은 원래의 순수함을 잃고 과거에 대한 향수 어린 모조품처럼 보이게 된다.[13]

우리가 살아가는 이 세계에는 의미작용이 이루어지게 하는 다양한 형태의 의미론적 지평이 존재한다. 그것을 가리켜 소쉬르의 '랑그'라고 부르든, 아니면 라캉의 '대타자'라고 부르든, 그러한 의미론적 지평 내부에 귀속되고 또 그것의 강제적 제약을 자연스러운 것으로 받아들이게 될 때 비로소 우리는 어떤 의미의 초점을 마련할 수 있게 된다. 그런 지평이 대조와 대립에 의한 차이의 체계로 구성돼 있다는 것은 잘 알려져 있다. 어떤 새로운 것의 출현은, 그것이 진정으로 새로운 것이라면, 기존의 그와 같은 의미론적 지평 내부에 들어와 있지만 그 안에서 특정한 자리를 결여하고 있는 것의 발생을 가리킨다. 새롭게 출현한 것은 기존의 의미론적 지평의 짜임관계를 이루는 계기들과 대립하지만 그런 차이의 체계 속에서 어떤 의미도 부여받지 못한다. 그것은 어떤 의미론적 지평 내부에서 존재하는 것이면서 동시에 존재하지 않는 것, 혹은 '비-존재'의 모습으로 존재하는 것이라 말할 수 있다. 1930년대 중반에 한국 근대 시단에 등장했던 이상의 '오감도' 시편들이 가지는 존재론적 지위도 바로 그와 같은 것이었다. 『조선중앙일보』라는 일간지의 문예면에 15회나 연재되었다는 점에서 그것은 그 당시의 의미론적 지평에 속한 제도 안으로 들어온 것이었다. 그러나 외국 시단에서는 그런 형태의 시들이 이미 오래 전에 존재했을 뿐만

13 슬라보예 지젝, 박정수 역, 『그들은 자기가 하는 일을 알지 못 하나이다』, 인간사랑, 2004, 111쪽.

아니라 그 나름의 문학적 가치를 가지고 있었다는 사실을 알 리 없는 일반 독자들에게 '오감도' 시편은 '미친놈의 잠꼬대'와 같은 것에 불과할 뿐이었다. 다시 말해 그 당시 독자들에게 '오감도' 시편은 분명히 존재하는 것이면서도 동시에 어떤 의미를 가진 것으로서는 존재하지 않는 것이기도 하였다. 이상이 '오감도' 시편들에서 보여준 형태 실험의 가치는, 적어도 그 당시 한국문단의 제도 내부에서는 그와 같은 것이 전연 존재하지 않았다는 이유만으로 긍정되어야 하는 것도 아니고, 또한 서구와 일본 시단에 이미 그런 실험들이 존재했다는 이유만으로 부정되어야 하는 것도 아니다. 중요한 것은 한국 근대시문학사라는 의미론적 지평 내부에서 이상의 실험이 가지는 "독특한 위치와 세계사적 가치"[14]일 것이다. 이상의 실험이 우리에게는 없지만 외국에는 이미 있었던 것의 단순한 모방에 불과한 것이었는지, 이상 나름의 독특한 그 무엇을 표현할 방법이 우리 내부에는 존재하지 않았기에 바깥에 있는 것을 도입할 수밖에 없었던 불가피한 기술 도입이었는지, 그리고 그렇게 도입된 것이 다른 방식으로는 표현해낼 수 없는 이상만의 독특한 그 무엇을 표현 가능하게 하였을 뿐만 아니라 그것이 애초에 있었던 의미론적 지평에까지 영향을 역으로 미칠 수 있을 만한 것이었는지 여부를 판단할 수 있을 때 우리는 '오감도'의 '독특한 위치와 세계사적 가치'를 정확하고 정당하게 평가할 수 있을 것이다.

그러한 판단과 평가가 이 글의 과제는 아니지만, 여기서 우리가 관심을 기울이고 있는 문제인 '우리를 구속하는 새로움의 힘'과 관련하여 이상의 '오감도'에 대해 조금 더 언급해볼 필요가 있다. 비록 전면

---

14 '독특한 위치와 세계사적 가치'라는 구절은 김수영의 시 「조국에 돌아오신 상병포로傷兵捕虜 동지들에게」에 나오는 것이다. 김수영, 『김수영전집 1—시』(개정판), 민음사, 2003, 42쪽.

적이라고 말할 수는 없지만 이상의 '오감도' 시편들에는 '우리를 구속하는 새로움의 힘'이 들어 있다. 이상의 '오감도' 시편들 이후에 시의 형태의 측면에서 실험을 하려는 시인은 누구든지 그것이 구속하는 힘으로부터 자유로울 수는 없다. 1950년대 조향의 초현실주의 실험이 보여준 시의 형태는 전통적 서정시의 형태와 비교한다면 분명히 새로운 것이지만 이상의 '오감도' 시편들의 그것과 비교한다면 결코 새롭다고 보기 어려운 것이다. 시의 새로운 형태가 전체로서의 시 자체의 새로움을 보증하는 것은 아니듯이 시의 낡은 형태가 전체로서의 시 자체의 낡음으로 귀결되는 것만도 아니라는 점에서, 이상 시의 새로움과 조향 시의 새로움의 비교는 전체로서의 시의 성취를 놓고 이루어져야 하는 것임은 물론이다. 다만 여기서 강조하고 싶은 것은 이상의 '오감도' 시편들의 출현으로 인해 적어도 시의 형태의 측면에서는 그 이전까지 존재하던 것과는 전혀 다른 지평이 구축되었다는 점만큼은 부정하기 어렵다는 사실이다. 요컨대 진정으로 새로운 것의 출현은 그로 인해 그것이 발생하기 이전까지 존재하던 장 전체의 구조적 짜임 관계 자체가 바뀌게 한다. 다시 말해 진정으로 새로운 것은 그 이전의 조건으로 환원 불가능하며, 소급적으로 자신의 조건 자체를 정립한다.

이제까지 살펴본, '진보' 개념의 본질 구성 요인인 '새로움'의 의미는 지난 70여 년 동안 진행돼온 '후진성' 극복을 위한 우리의 기획들을 반성해볼 수는 시각을 제공해 준다. 우리는 그 동안 서구를 이상적 목표로 설정하고 부단히 그것에 근접해 가는 과정을 진보로 생각해 왔다. 서구의 성취가 분명히 우리보다 앞서 있는 것은 사실이지만, 그러한 성취의 배후에는 이 글에서 '파국'이라고 부른 절대적 부정성의 요인도 함께 있다. 우리는 서구를 궁극적으로 도달해야 할 이상적 목표가 아니라 최소한의 방향 설정을 위한 참조점으로 상정해야 했다. 우리의 기획에서 목표로 놓아야 했던 것은 진정한 새로움의 출현이었다. 새로움의 출현은 기존의 것의 모방이나 남의 것의 추수로는 이루어질 수 없다. 우리는 서구가 이룩한 성취와 그것 자체에 기입돼 있는 파국의 근본 원인이자 토대인 자본주의에 대한 철저한 반성도 함께 수행해야 했다. 우리는 기술 문명의 수준과 물질적 풍요로움에서의 '앞서 있음'과 연관된 기술 도입뿐만 아니라 그것들 자체에 기입된 잠재적이지만 절대적인 위험(파국)에 대한 반성 수준에서의 '앞서 있음'과 연관된 기술 도입도 함께 고려해야 했다. 이러한 일련의 반성은 우리의 '후진성'을 극복하기 위한 기획들이 서구와는 전혀 다른 경제 체제나 정치 제체를 구축할 수 있었으리라는 허황된 기대에서 비롯한 것이 아니다. 현실적이고 실정적인 맥락에서 우리의 기획은 서구의 성취를 부단히 우리의 성취로 만들어 가는 방향으로 이루어질 수밖에 없었다. 그러나 진정한 새로움의 출현을 궁극적인 목표로 설성했을 때 수행해야만 했던 반성의 절차들은 적어도 우리가 오늘날 성취한 고속 성장의 배후에 만들어 놓은 후유증의 괴물을 최소화할 수는 있었을 것이다.

진보라는 개념을 매개로 하여 우리의 과거사를 성찰하는 작업에서 포섭돼야 하는 중요한 질문 가운데 하나는 '어떤 형태의 사회조직이 지금 현실적으로 존재하는 자본주의를 대체할 수 있을까?' 하는 것이다. 왜냐하면, 오늘날의 현실 상황에서, 가장 근본적이고 궁극적인 의미에서 진실로 새로운 것의 출현이란 바로 지금 현실적으로 존재하는 자본주의를 대체할 수 있는 어떤 사회조직의 출현일 것이기 때문이다. 아마도 사이비 메시아라면 그러한 출현, 즉 새로운 세계의 출현을 약속할 것이다. 그러나 실제로 자본주의 메커니즘의 작동을 교란시키거나 중지시키는 일은 즉각적으로 시장의 동요나 경제적 혼란 등으로 인한 치명적 효과, 그 유형들을 예상할 수 있지만 그 파괴력의 정도는 결코 가늠할 수 없는 그런 파국적 효과를 초래하게 될 것이다. 그런 의미의 맥락에서 반자본주의가 정치적 행동의 직접적 목표가 될 수는 없을 것이다. 그럼에도 그 질문을 전제로 놓지 않으면, 진보와 연관된 논의는 그 시작부터 공염불에 가까운 것이 될 수 있다. 여기서 우리는 지젝이 제안하는, '목표goal'와 '목적aim'을 구분하는 라캉의 방법에 대해 고민해볼 필요가 있다. 지젝에 따르면, "반자본주의는 해방정치의 즉각적인 목표는 아니지만 궁극적인 목적이, 모든 행위의 지평이 되어야 한다."[15] 지젝은 그러한 전략과 관련하여 '정치 경제학 비판'이라는 마르크스의 개념이 주는 교훈을 참조한다.[16] "비록 경제 영역은 '비정치적인 것'처럼 보이겠지만 그것은 정치 투쟁의 비밀스러운 참조점이자 구조화의 원리이기도 하다"[17]는 것이 지젝이 참조하는 교훈의 구체적 내용이다.

지젝의 그런 제안은 특히 문학(예술)의 장을 검토의 대상으로 삼으려는 경우에 많은 것을 시사해준다. 심미적 자율성이라는 예술 제도의 고유함의 조건을 강조할 경우 예술에 관한 논의에서 정치와 연관된 문제의식은 배제되기 십상이다. 그러나 어떤 예술 창작 행위가 심미적 자율성의 영역 안에서 부단한 자기 변용을 수행한다고 하더라도, 그것이 이전보다 더 민주적이고 더 정의로운 사회의 진정한 유토피아적 가능성과 연계되지 않는다면, 그것이 도대체 무슨 소용이란 말인

---

15 슬라보예 지젝, 조형준 역, 『라캉 카페—less than nothing』 2, 새물결, 2013, 1757쪽.
16 잘 알려져 있다시피 '정치경제학 비판'은 마르크스의 저작 가운데 하나의 이름이며 『자본』에 첨부된 부제이기도 하다.
17 슬라보예 지젝, 조형준 역, 『라캉 카페—less than nothing』 2, 앞의 책, 1757쪽.

가? 따라서 우리는, 지젝이 제안하는 '정치 경제학 비판'이라는 개념이 주는 교훈을 참조하고 전유함으로써, 그의 문장을 다음과 같은 형태로 변주할 필요가 있다. '비록 예술의 자율적 영역은 비정치적인 것처럼 보이겠지만 그것은 정치 투쟁의 비밀스런 참조점이자 구조화의 원리이기도 하다.'

4. 김수영의 '순간을 다투는 윤리'와 시인 그리고 시

김수영의 자전적 기록에 따르면 그는 연극에 뜻을 두었다가 해방과 함께 시쓰기를 업으로 삼는 시인이 되기로 결심한다.[18] 그런 점에서 김수영의 시쓰기는 해방 이후의 우리 역사와 함께 시작된 것이라 할 수 있다. 주위의 문학 친구들보다 문학 입문의 시기가 늦은 탓에 동료 시인에게 낡았다는 수모를 받는 등 김수영은 일종의 '후진성' 극복을 자신이 수행해야 할 과제로 안고 자신만의 문학 수업을 시작해야 했던 시인이다. 더 나아가 1968년에 그가 세상을 달리할 때까지 그의 삶과 문학은 우리 사회와 문화의 모든 '후진성'을 극복하기 위한 부단한 투쟁이었다. 그런 투쟁의 생생한 기록이라고 할 수 있는 그의 시와 산문을 읽다 보면, 지난 70여 년 동안 우리의 '후진성'을 극복하기 위해 입안하고 실행에 옮겼던 그 모든 기획들에 결여돼 있는 핵심적인 문제들을 가장 분명히 파악하고 있었던 사람이 바로 김수영이 아닌가 하는 생각을 우리는 하게 된다. 그리고 그런 문제들과 연관된 김수영의

18 김수영, 「연극 하다가 시로 전향—나의 처녀작」, 『김수영전집 2—산문』(개정판), 민음사, 2003, 332~337쪽.

인식과 실천이 무슨 대단한 명제나 논리에 근거한 것이 아니라는 사실에 우리는 놀라게 된다. 정치든 문화든 문학이든 생활 현실이든 우리 사회의 모든 부면에 걸쳐 김수영이 강조한 것을 한마디로 요약하면 그것은 바로 원칙이다.[19] 이를 테면 '시인다운 시인'에 대하여 김수영이 내린 다음과 같은 정의를 보라.

> 간단히 말해서 정의와 자유와 평화를 사랑하고 인류의 운명에 적극 관심을 가진, 이 시대의 지성을 갖춘 시정신의 새로운 육성을 발할 수 있는 사람을 오늘날 우리 사회가 요청하는 '시인다운 시인'이라고 생각하면서 (183)

시인에 대하여 김수영이 내린 정의의 내용을 구성하고 있는 낱말들, 즉 정의, 자유, 평화, 사랑, 지성 등에 함의돼 있는 평범함과 원론적인 성격을 주목하라. 김수영이 말하는 원칙은 무슨 까다로운 세부 규칙

---

19 1945년 8월의 '그 날' 이후로 우리 민족은 근대적 민족국가의 건립을 제1의적인 목표로 모든 기획을 수립해왔다. 그 기획에서 가장 핵심적이어야 하는 것은 국가 체제의 정상적인 작동의 근간을 이루는 다양한 원칙들의 수립이다. '후진성'의 가장 큰 특징은 바로 그런 원칙들의 부재 혹은 미비에 있으며, 그런 미비 상태의 원칙조차 제대로 지켜지지 않는다는 데에 있다. 원칙의 역설은 반드시 지켜져야 하는 원칙을 지키기가 어렵다는 것이다. 한 사회의 문화 수준을 가늠하는 척도는 지켜지기 어려운 그 원칙을 지키는 준수 능력의 수준에 있다. 그런데 해방 후 지난 70여 년 동안 우리 사회는 국가 권력조차 원칙을 지키지 않는 경우가 허다했다. 제1공화국에서 제6공화국에 이르기까지 여러 독재 정권은 '원칙상 안 되는데, 예외 상황에서 요구된다면 그럴 수 있다'는 논리로써 원칙 자체(헌법)를 훼손하거나 원칙적인 '안 된다'가 예외적으로 실현되는 것을 허용하게 하는 단서들을 통하여 원칙을 위반했다. 타락한 정권이 원칙 위반의 단서로 삼은 그런 예외적 상황이 분단 상황이었다는 것은 이미 우리가 주지하고 있는 바다. 국가 권력의 원칙 훼손과 위반이 일상사인 사회에서는 다른 모든 부면에서도 그와 같은 훼손과 위반이 일상사가 된다. 지난 70여 년 동안 물질적 풍요와 기술 문명의 수준에서는 서구의 성취에 육박하는 성취를 이룩했음에도 불구하고 우리 사회가 근본적인 차원에서는 '후진성'을 극복하지 못한 이유도 바로 그와 같은 사정에 있을 것이다.

들로 이루어진 복잡한 것이 아니다. 그가 제시하는 원칙은 언제나 대단히 단순하고 느슨한 규정일 뿐이다. '정의와 자유와 평화를 사랑하고 인류의 운명에 적극 관심을 가'지지 않은 시인을, '이 시대의 지성을 갖춘 시정신의 새로운 육성을 발할 수' 없는 사람을 우리는 시인이라고 부를 수 있겠는가? 당연히 우리는 그런 사람들을 시인이라고 부를 수 없다. 그렇지만 시인 치고 시인이 그렇게 해야 하는 사람이란 것을 모르는 시인이 있을까? 아마도 거의 모든 시인이 그것을 다 알 것이다. 그렇지만 실제로 자신의 시작 과정에서 그런 앎을 정말로 진지하게 실천하는 시인이 얼마나 될까? 모르긴 해도 결코 그렇게 많다고 할 수 없을 것이다. 원칙이란 원래가 지극히 단순하고 원론적인 것이다. 문제는 그런 원칙을 자발적으로 수용할 때 생겨나는 실천의 의무와 윤리다. 어떤 것을 원칙으로 받아들인 사람은 그것을 지켜야만 한다. 칸트의 용어로 말하자면 그런 것이 바로 정언 명령이다. 자유 의지에 따라 자발적으로 받아들인 정언 명령으로서의 원칙은 지켜야만 하는 것이지만 정확히 그리고 제대로 지키기가 하늘의 별따기만큼이나 어려운 것이기도 하다. 신이 아닌 인간인 우리는 원칙을 지키지 못하는 경우가 허다하다. 김수영이라고 해서 예외는 아닐 것이다. 위의 인용문이 들어 있는 글에서 김수영은 원칙을 위반하는 "심각한 병상이 우리 주위와 내 자신의 생활 속에 뿌리 깊이 박혀 있다"(185)고 고백한다. 이어서 그는 인간이기 때문에 원칙을 위반하는 죄를 지을 수밖에 없는 너무나 인간적인 허물과 관련하여 다음과 같이 주장한다.

> 우리들 중에 죄 없는 사람이 누가 있겠는가. 인간은 신도 아니고 악마도 아니다. 그러나 건강한 개인도 그렇고 건강한 사회도 그렇고 적어도 자기의 죄에 대해서 몸부림은 쳐야 한다. 몸부림은 칠 줄 알아야 한다. 그리고

> 가장 민감하고 세차고 진지하게 몸부림을 쳐야 하는 것이 지식인이다.(185~186)

위의 인용문에서 반복적으로 제시되고 있는 '몸부림'은 어떤 일을 이루기 위하여, 또는 저항이나 고통 따위를 견디기 위하여 온갖 수단과 방법으로 애씀을 비유적으로 이르는 말이다. 원칙을 원칙으로 받아들이지 않는 사람들에게는 애초에 그것의 위반이나 준수 자체가 문제가 되지 않는다. 원칙을 원칙으로 받아들이는 자만이 그것의 이행과 연관된 성공과 실패의 운산 속에서 몸부림 칠 수 있다. 김수영에게 몸부림은 인식론적 차원이나 윤리적 차원에서 이루어지는 수용적 반성의 실천이 아니라 종교적 차원에서 이루어지는 회개의 실천과도 같다. 살아온 삶이 잘못되었음을 자각하여 죄임을 반성하고 그로부터 벗어나려는 뜻을 세워 새로운 생활로 들어가는 일을 이르는 말이 종교적 실천의 맥락에서 말하는 회개다. 그것을 매개로 하여 그 이전과 이후가 달라져야 한다는 말이다. 김수영이 말하는 시의 정의는 단순히 문학 장르로서의 시에 한정되지 않는다. 그에게 시는 '제정신을 갖고' 살아가는 삶 자체의 실천이다. 그는 그러한 실천에서 요구되는 윤리를 다음과 같이 '순간을 다투는 어떤 윤리'라고 부른다.

> '제정신'을 갖고 산다는 것은, 어떤 정지된 상태로서의 '남'을 생각할 수도 없고, 정지된 '나'를 생각할 수도 없는 일이다. 엄격히 말하자면 '제정신을 갖고 사는' '남'도 그렇고 '나도' 그렇고, 그것이 '제정신을 가진' 비평의 객체나 주체가 되기 위해서는 창조생활(넓은 의미의 창조생활)을 한다는 전제가 필요하다. 그리고 이러한 모든 창조생활은 유동적인 것이고 발전적인 것이다. 여기에는 순간을 다투는 어떤 윤리가 있다. 이것이 현대의

> 양심이다. (…중략…) 그러니까 쉽게 말하자면 제정신을 갖고 사는 사람이란 끊임없는 창조의 향상을 하면서 순간 속에 진리와 미의 전신全身의 이행을 위탁하는 사람이다. 다시 말해 두지만 제정신을 갖고 사는 사람이란 어느 특정된 인물이 될 수도 없고, 어떤 특정된 시간이 될 수도 없다. 우리는 일순간도 마음을 못 놓는다.(187)

위의 인용문에서 무엇보다 먼저 주목해야 하는 대목은 '넓은 의미의 창조생활'이다. '창조'란 이전에 없던 것을 처음으로 만드는 것, 진실로 새로운 것을 출현시키는 것이다. 김수영은 '창조생활'을 전제로 살아가는 사람은 어느 특정한 인물이 될 수 없다고 말한다. 그런 사람은 어떤 고정된 의미 내용으로 미리 규정돼 있는 실체가 아니라, 말 그대로 주체다. 주체는 '자기와 관계 맺는 부정성self-relating negativity' 그 자체의 이름이다. 김수영은 그러한 부정성으로서의 주체의 부단한 운동을 다음과 같이 진술하기도 하였다.

> 시인은 영원한 배반자다. 촌초寸秒의 배반자다. 그 자신을 배반하고, 그 자신을 배반한 그 자신을 배반하고, 그 자신을 배반한 그 자신을 배반한 그 자신을 배반하고 …… 이렇게 무한히 배반하는 배반자. 배반을 배반하는 배반자 …… 이렇게 무한히 배반하는 배반자다.(255)

'유동적'이고 '발전적'인 '창조생활'에 '전신의 이행한 위탁한 사람'은 시간의 흐름 속에서 매순간마다 단절과 향상이라는 자기 변용의 리듬을 만들어냄으로써, 어떤 시점에 고정된 실체로 머무르는 것에 저항('배반')한다. 부단한 자기 변용의 운동에 요구되는 윤리가 바로 김수영이 말하는 '순간을 다투는 어떤 윤리'다. 그러한 윤리에 따라 살아가는 사람에게 시간은 '어떤 특정한 시간이 될 수도 없다.' 그에게 시간은 모든 것을 부식시키는 절대적 부정성으로서의 시간성으로 다가오기 때문이다. 시간의 시간성은 모든 것을 변질시키는 힘이다. 그 힘 아래에서 모든 것은 부정된다. '순간을 다투는 윤리'의 이행은 완료되지 않고 종료되지 않으며 끝없이 이어진다. 그런 이행의 반복 속에서 '순간을 다투는 윤리'의 주체는 부정성의 힘으로서의 시간에 저항하지 않는다. 그 주체는 그것을 온전히 받아들인다. 다시 말해 그 주체는 매순간 죽는다. 그러나 그 죽음은 어떤 과정의 완료나 종결을 의미하지 않는다. 그것은 오히려 그 과정의 지속과 반복을 의미하며, 따라서 그것 자체가 탄생(창조)의 다른 이름이 된다.

'넓은 의미의 창조생활(시)', 즉 넓은 의미의 시를 실천하는, '순간을 다투는 윤리'를 매개로 하여 이루어지는 상호주체성에 의하여 구축되는 공동체의 세계에 대한 비전을 김수영은 다음과 같이 제시하였다.

> 제정신을 갖고 지은 집이나, 제정신을 갖고 경영하는 극장이나, 제정신을 갖고 방송하는 방송국이나, 제정신을 갖고 제작하는 신문이나 잡지나, 제정신을 갖고 가르치는 교육자를 생각해 볼 때 그것은 양식을 가진 건물이며 극장이며 방송국이며 신문이며 잡지이며 교육자를 연상할 수 있는데, 아직은 시단의 경우처럼 제 나름의 양식을 가진 것이 지극히 드물다. 균형과 색조의 조화가 없는 부정의 건물이 너무 많이 신축되고, 서부영화나 그것을 본딴 국산영화로 관객을 타락시키는 극장이 너무 많이 장을 치고, 약광고의 선전에 미친 방송국이 너무 많고, 신문과 잡지는 보수주의와 상업주의의 탈을 벗지 못하고, 교육자는 '6학년 담임 헌장'이라는 기괴한 운동까지 벌이게 되었다.(189)

위의 인용문에서 주목되는 대목은 '제 나름의 양식'이다. 예술과 연관된 의미에서의 양식樣式은 시대나 부류에 따라 각기 독특하게 지닌 형식을 뜻한다. 그처럼 독특하다는 의미에서 '제 나름의 양식을 가진' '건물이며 극장이며 방송국이며 신문이며 잡지이며 교육자를' 상상해 보는 것은 대단히 즐거운 일이다.[20] 제정신을 가진 선박회사, 제정신을 가진 선장과 승무원, 제정신을 가진 해운조합, 제정신을 가진 신문과 방송, 제정신을 가진 공무원, 제정신을 가진 해양경찰이 '순간을 다투는 윤리'의 이행을 매개로 하여 가지게 된 '제 나름의 양식'들은 '세월호' 참사 자체를 막을 수 있었거나 적어도 인명 피해를 최소화할 수는 있었을 것이다.

이제까지 살펴 본 바와 같은, 김수영이 말하는 '순간을 다투는 윤리'의 이행에 의하여 이루어지는 '넓은 의미의 창조생활'이 시인의 시쓰기에 전제되어야 한다는 것에 동의하면서도, 우리는 그것이 지나치게 크거나 느슨한 규정은 아닌가 하는 의문을 가지게 된다. 우리의 그런 의문과 관련하여 김수영은 여전히 느슨하긴 하지만 '넓은 의미의 창조생활'보다는 훨씬 더 구체적으로 시와 시인에 대해 말하기도 한다. 김수영은 "무릇 모든 예술을 지향하는 사람은 하고많은 직업 중에서 유독 예술을 업으로 택한 이유는-자기 나름의 독특한 개성을 살려보기 위해서 독특한 생활방식을 갖지 않을 수 없었기 때문에 시를 쓰고 소설을 쓰고 그림을 그리게 된 것이다"(190)라고 주장한 바 있다. 우리는

---

20 본문의 인용문에서 관심을 끄는 또 다른 대목은 '제 나름의 양식'을 가지지 못한 사례들로서 김수영이 열거하고 있는 것들이다. 김수영이 위의 인용문이 들어 있는 글을 썼던 시점인 1966년에서 무려 50여 년이나 지난 오늘날의 상황이 그 때보다 더 악화되었으면 악화되었지 결코 더 나아지지 않았다는 사실에 우리는 놀라지 않을 수 없다. 폭압적인 독재 정권을 몰아내고 이룩한 정치적 민주화의 성취에도 불구하고, 우리가 더 악화시킨 상황들이 바로 '세월호' 참사와 같은 재앙이 반복되고 있는 사태의 배경을 이룬다고 볼 수 있을 것이다.

그의 주장의 내용 가운데 '독특한 개성'과 '독특한 생활방식'이라는 표현들에서 두 번 반복되고 있는 '독특하다'라는 형용사의 의미를 이해하는 데 각별한 주의를 기울여야 한다. 김수영이 말하는 '독특함'은 들뢰즈가 『차이와 반복』에서 부각시키고 있는 유일무이함으로서의 "단독성sigularité"[21]이라는 개념의 의미 맥락에서 파악될 필요가 있다.[22] 들뢰즈가 말하는 '단독성'은 '특수성particularité'이 아니다. '특수성'은 일반성généralité을 분유하고 있는, 그것의 양적 질적 결여이다. 그것은 일반성을 어떤 공간으로 표시했을 때 그것의 분할된 부분들 가운데 하나로 표시될 수 있다. 유사성들이라는 질적 질서와 등가성들이라는 양적 질서를 두 개의 중심축으로 하는 '일반성'의 영역 내에서 '특수성'들은 서로 교환될 수 있고 대체될 수 있다. 그에 비해 '단독성'은 그 어떤 것과도 대체될 수도 없고 교환될 수 없는 유일무이함을 가리킨다. 그러나 '단독성'은 어떤 실체적 내용으로 규정될 수 없는 것이다. 그것은 그 자체로의 무한한 회귀의 반복을 낳는 힘이자 강도intensité이다. '단독성'은 부단한 반복의 과정에서 어떤 구체적인 형상으로 현시되기도 하지만 그러한 형상이 '단독성' 자체인 것은 아니다. 그렇게 현시된 형상을 통해서 그것은 소급적으로만 확인될 수 있을 뿐이다. 김수영이 말하는 '단독성'으로서의 예술가의 '독특한 개성'은 예술가가 산출한 예술작품의 기원이라 할 수 있다. 여기서 주의할 것은 예술가의 '독특한 개성'과 예술작품의 관계는 '일반성'과 '특수성'의 관계와 같은 것이 아니라는 사실이다. '독특한 개성'은 예술작품의 생성(출현)을 가능

---

21 질 들뢰즈, 김상환 역, 『차이와 반복』, 민음사, 2004, 25~78쪽.

22 강신주는 김수영의 삶과 문학 전반을 들뢰즈의 '단독성' 개념에 근거하여 해석하는 작업을 수행하였다. 그런 그의 작업은 충분히 설득력이 있어 참조할 만하다. 강신주의 견해는 아래의 책 참조.
강신주, 『김수영을 위하여』, 천년의상상, 2012.

하게 한 잠재적 근거이지만, 동시에 그러한 생성에 의하여 소급적으로 구성되는 것이기도 하다.

그렇다면 시인의 '단독성'이 무한한 반복을 통해서 운동하게 될 시의 공간은 어떤 성격의 것이어야 할까? 시인의 '단독성'이 절대적 자유를 요구할 수밖에 없듯이 시의 공간은 절대적 자유가 보장되어야 한다. 한 인터뷰에서 데리다는 "모든 것을 모든 방식으로 말할 수 있게 해주는 제도"[23]로서 문학이라는 제도를 규정한다. '단독성'의 실현이 시인이 된 이유인 김수영에게 걸맞은 시는, 비록 '원칙적으로는'이라는 단서를 달긴 했지만 데리다가 말하는, 시인의 절대적인 자유를 허용하는 그런 제도여야 할 것이다.

> 우리나라의 시단은 자고로 완전한 자유를 누려본 일이 없다. 자유가 없는 곳에 무슨 시가 있는가! 이것은 너무나도 평범한 진리이지만 이 사실을 도외시하고 우리나라의 시단을 평할 수는 없다. 그리고 오늘날 이 사실은 개별적인 시인의 무력과 무재주와 심지어는 무성의까지도 탓하기 전에 먼저 강조되어야 할 중요한 문제이다.(181)

위의 인용문에서 김수영이 말하는 자유는, 모름지기 정상적인 사회라면 당연히 갖추어야 할 원칙으로서의 언론의 자유이기도 하지만, 동시에 시인의 '단독성'이 뿌리를 내리고 자라서 결실을 맺을 수 있는 근본적 조건으로서의 창작의 자유이기도 하다. 아래의 인용문에서 볼 수 있는 것과 같이, 그런 김수영에게 자유의 추구가 시(인)의 '신앙'이어야 하는 것은 필연적인 귀결일 것이다.

---

23 자크 데리다, 데릭 애트리지 편, 정승훈 · 진주영 역, 『문학의 행위』, 문학과지성사, 2013, 55쪽.

> 그런데 문제는 한국 시단에 '자유의 회복'에 둔감한 시인이 너무 많다는 사실이다. 내가 시를 보는 기준은 이 '자유의 회복'의 신앙이다. 작품이 좀 미흡한 데가 있어도, 그 시인이 시인으로서의 자유의 신앙을 갖고 있는 사람이라는 것을 알 때는 좋게 보이고 또 좋게 보려고 한다. 아무리 작품이 짜임새가 있고 말솜씨가 좋고 명확하더라도, 그가 보수적인 맹꽁이라는 것을 알 때는 환멸이다.(182)

시인이 된 이유, 즉 시를 쓰는 근거가 '단독성'에 있게 될 경우, 자유의 추구는 시(인)의 신앙이 되어야 한다. 그런 신앙을 갖고 있는 시인의 시에서 발견되는 '미흡한 데'는 '단독성'의 운동이 수반하는 자연스런 과정의 계기이다. 아무리 '짜임새'와 '말솜씨'와 '명확함'을 훌륭하게 갖춘 작품이라 하더라도 거기에 '단독성'에 기원을 둔 자유의 추구가 부재한다면, 그것은 다른 것으로 교환될 수 있고 대체될 수 있는 일반성의 한 사례로서의 특수성의 현시에 불과할 뿐이다. 김수영이 작품의 평가와 연관된 제1의적인 판단의 근거로서 시인의 '자유의 신앙'의 유무를 놓는 이유도 바로 그와 같은 사정에서 말미암은 것이다. 그런데, 아래의 인용문에서도 볼 수 있는 것처럼, 시인은 절대적 자유에 대한 '신앙'을 시(작품)로써 추구할 수 있을 뿐이다.

> 언어에 있어서 더 큰 주는 시다. 언어는 원래가 최고의 상상력이지만 언어가 이 주권을 잃을 때는 시가 나서서 그 시대의 언어의 주권을 회수해 주어야 한다. 그런 의미에서 모든 시간의 언어는 언어가 아니다. 그것은 잠정적 과오다. 수정될 과오. 이 수정의 작업을 시인이 해야 하는 것이다.(378)

> 그(시인–인용자)는 언어를 통해서 자유를 읊고, 또 자유를 산다. 여기에 시의 새로움이 있고, 또 그 새로움이 문제되어야 한다. (…중략…) 새로

움은 자유다. 자유는 새로움이다.(264)

정상적인 사회가 갖추어야 할 자유의 원칙이 억압될 때, 그 사회의 언어는 창조적 상상력이라는 근원 동력을 상실하게 된다. 그런 언어는 어떤 의미론적 지평 내부에서 미리 규정돼 있고 고정돼 있는 것들을 그저 답습할 뿐인 노예의 언어에 불과하다. '단독성'을 기원이자 목적으로 하는 시, 진실로 새로운 것의 출현을 이념으로 하는 시만이 '그 시대의 언어의 주권을 회수해' 줄 수 있다는 것이 김수영의 신념이었다. 따라서 시와 시인의 자유는 진실로 새로운 것의 출현을 담보하는 작품을 생성해냄으로써만 가능하게 된다. 시에 절대적 자유의 계기를 포섭하고자 했던 김수영이 시의 질료인 '언어'와 관련하여 '자유'와 '새로움'을 등가로 놓게 되는 이유도 바로 그 점에 있을 것이다.

5. 진실로 새로운 것의 출현-「눈」과 「풀」

김수영의 시와 산문은 '순간을 다투는 윤리'의 이행을 제대로 하지 못하는, 진실로 새로운 것을 출현해내지 못하는 세상과 자신에 대한 처절한 반성과 회개의 몸부림을 보여준다. 그것들은 읽는 우리로 하여금 이른바 '순간을 다투는 윤리'에 대해서 생각하게 하고 그런 윤리를 제대로 이행하지 못하고 있는 우리 자신에 대하여 반성하게 하는 힘이 있다. 하지만 이른바 '김수영 신화'라는 수사적 표현이 포괄하고 있는 그의 시와 산문의 모든 미덕에도 불구하고 정작 그의 시는 진정한 새로움의 출현 자체를 성취하고 있지 못한 것은 아닌가 하는 질문을 우리는 여기서 제기해 볼 필요가 있다. "선이 아닌 모든 것이 악이라는 도덕적 급진주의는 자유에의 갈망과 바싹 다가 있지만 한편으로 그의 완벽성의 미학에 대한 의도적인 무관심을 더욱 조장하였다"[24]와 같은, 그리고 "이러한 행위의 지속은 그를 부패에서 이끌어내는 날쌤의 방식이기는 하나, 생성에로의 질적 비약을 하는 초월의 단계로 나아가기에는 미흡하였다"[25]와 같은 주장들이 바로 그러한 질문에 대한 나름의 대답이자 평가가 될 것이다. 그러한 사정과 관련하여 검토해 봐야만 하는 작품들이 바로 「눈」(1966)[26]과 「풀」(1968)이다. 먼저 「눈」을 보자.

> 눈이 온 뒤에도 또 내린다
>
> 생각하고 난 뒤에도 또 내린다
>
> 응아 하고 운 뒤에도 또 내릴까
>
> 한꺼번에 생각하고 또 내린다
>
> 한줄 건너 두줄 건너 또 내릴까
>
> 廢墟에 廢墟에 눈이 내릴까
>
> —김수영, 「눈」 전문[27]

---

24 유종호, 「시의 자유와 관습의 굴레」, 황동규 편, 『김수영전집 별권—김수영의 문학』, 민음사, 1983, 253쪽. 앞으로 이 책에서 인용할 경우 『전집별권』이라 약칭하기로 한다.

25 김윤식, 「김수영 변증법의 표정」, 『전집별권』, 312쪽.

26 김수영에게는 '눈'이라는 제목의 작품이 모두 세 편 있다. 본문에서 다루고 있는 작품 이외에 「눈」(1956)과 「눈」(1961)이 그것들이다.

「눈」은 눈이 내리는 풍경을 묘사한 시이다. 이 시에서 '눈'은 그것을 어떤 관념으로의 치환을 가능하게 해주는 우의적 함의를 가지고 있지 않다. 따라서 이 시의 해석에서 관건은 시에서 묘사된 풍경이 말하고자 하는 어떤 의미의 이해가 아니라 풍경 자체의 의미에 대한 이해다. 다시 말해, 이 시에서 중요한 것은 눈이 내리고 있는 풍경이라는 오브제와 어떤 비전의 관계이다. 우리의 응시는 공간의 차원에서든 시간의 차원에서든 하나의 풍경 전체를 볼 수는 없다. 응시의 결과는 무수한 조각들이고 무수한 시점들이다. 그것들을 하나의 전체로 볼 수 있는 절대 시점을 확보하는 순간이 시인과 언어가 밀착되는 순간이다. 이 시에서 제시되는 것은 풍경의 조각들이다. 그런데 그 조각들의 몽타주가 갑자기 어떤 비전 아래 통합됨으로써 그 부분 조각들을 아우르는 어떤 하나의 풍경으로 변화한다. 김수영은 이 시에 관한 「시작노트」에서 자코메티를 언급하면서 다음과 같이 말한다.

> 이 시는 '폐허에 눈이 내린다'의 여덟 글자로 충분하다. 그것이, 쓰고 있는 중에 자코메티적 변모를 이루어 6행으로 되었다. 만세! 만세! 나는 언어에 밀착했다. 언어와 나 사이에는 한 치의 틈서리도 없다. '폐허에 폐허에 눈이 내릴까'로 충분히 '폐허에 눈이 내린다'의 숙망을 달했다. 낡은 형의 시다. 그러나 낡은 것이라도 좋다. 혼용되어도 좋다는 용기를 얻었다.(452)

위의 인용문에서도 「시작노트」의 다른 부분에서도 김수영은 '자코메티적 변모'가 무엇을 의미하는지 자세하게 설명하지 않았다.[28] 우선

27 김수영, 『김수영전집 1—시』(개정판), 민음사, 2003, 322쪽.
28 김수영의 「눈」과 자코메티의 영향관계를 고찰한 논문으로 조강석의 아래의 논문이 있다. 조강석, 「김수영의 시의식 변모 과정 연구—'시적 연극성'과 '자코메티적 전환'을 중심으

그것의 의미를 이해하기 위해 우리는 블랑쇼의 다음과 같은 견해를 살펴 볼 필요가 있다.

> 우리가 자코메티의 조각들을 바라볼 때, 조각들이 외양apparence의 변동이나 관점의 변화에 순종하지 않게 되는 지점이 있다. 우리는 그것들을 절대적으로, 즉 [어떤 것으로] 환원된 것이 아니라 환원에서 벗어난 것, 환원할 수 없는 것으로 보며, 공간 속에 있는 공간의 지배자들로 본다. 조각들이 공간의 지배자가 되는 것은, 그것들이 다루기 쉽지 않은, 살아 있지 않은 깊이, 상상적인 것[이미지]의 깊이로 공간을 바꾸어 놓는 역량에 의해서다. [그곳으로부터 바라볼 때] 우리가 조각들을 환원할 수 없는 것으로 바라보게 되는, 우리를 무한에 위치하게 하는 이 지점은, [지금-]여기가 그 어느 곳과도 일치하지 않는 지점이다. 글을 쓴다는 것, 그것은 이러한 지점을 찾는 것이다. 언어로 하여금 이 지점과의 접촉을 유지하거나 불러일으킬 수 있는 고유한 것이 되게 하지 못하는 자는, 그 누구도 글을 쓰는 것이 아니다.[29](대괄호의 삽입 내용은 인용자에 의한 것임)

블랑쇼는 위에서 말한 어떤 '지점'을 "중심점"[30]이라고도 부른다. 그가 그 지점을 '우리를 무한에 위치하게 하는 지점'이라고 말하는 것도 그 '중심점'의 어떤 성격 때문이다. 헤겔의 '구체적 보편성'을 공간위상학으로 나타낸다면 블랑쇼처럼 말할 수도 있을 것이다.[31] 모든 특수

로」, 『한국시학연구』 제28집, 2010, 361~386쪽.

29 Maurice Blanchot, *L'espace littéraire*, Paris : Gallimar, 1955, p.52. 본문의 인용문 번역은 박혜영과 이달승의 번역을 참조하여 필자가 한 것임. 박혜영과 이달승의 번역은 아래의 책 참조.
모리스 블랑쇼, 박혜영 역, 『문학의 공간』(2판), 책세상, 1998, 57~58쪽.
__________, 이달승 역, 『문학의 공간』, 그린비, 2010, 56쪽.

30 Maurice Blanchot, *L'espace littéraire*, Paris : Gallimar, 1955, p.46.

한 시점들을 아우르는 절대 시점, 그러면서 그것 자체가 그 모든 특수한 시점들과 일대 일의 형식으로 대응할 수 있는 시점. 그 지점을 찾는 것, 그것이 어떤 비전의 확립일 텐데, 그 비전은 관찰의 주체에게 있으면서도 또한 있지 않고 대상에게 있으면서도 또한 있지 않은, 주체와 대상의 사이-공간에 존재하는 것이라 할 수 있다. 자코메티가 그토록 천천히 조금씩 작업을 하다가 하던 것을 버리고는 처음부터 다시 시작하는 것도 그 비전을 확보하기 위한 지난한 과정이다.[32] 그 과정은 머릿속에 이미 어떤 완성된 형상으로 준비되어 있는 것에 대상을 환원하는 과정이 아니다. 자코메티조차도 자신의 작업이 어떤 형상으로 귀결될지 모른다. 결과물은 우연이지만 마치 필연의 과정을 따른 것처럼 이루어진다. 이를테면, 피카소의 입체파 화법의 그림을 구성하고 있는 부분들이 합쳐져, 그 각각의 고유함을 간직하면서도 하나의 전체를 유지하는 형상이 가능하다면, 아마도 그것을 가리켜 블랑쇼가 말하는 '중심점'에서 바라본 오브제의 형상(혹은 이미지)라고 할 수 있을 것이다.

그렇다면 어째서 「눈」을 이해하는 데에 '자코메티적 변모'라는 표현에 대한 이해가 요구되는가? 그것은 「눈」이 바로 그러한 변모를 실현시켰기 때문이다. '한 줄 건너 두 줄 건너'라는 대목에서 확인할 수 있듯이 눈이 내리는 풍경을 바라보고 있는 사람은 무언가를 쓰고 있다. 그는 무엇을 쓰고 있는가? 그는 바로 눈 내리는 풍경을 서술하고 있다. 그 풍경을 어떤 다른 것으로 번역해 내려는 의도 없이 마치 그것을 단

---

31 헤겔의 '구체적 보편성'에 대한 필자의 이해는 지젝의 다음 책에 근거한 것임. 슬라보예 지젝, 이성민 역, 『까다로운 주체』, b, 2005, 117~202쪽.

32 자코메티의 작업과정에 대해서는 다음 책 참조. 제임스 로드, 오귀원 역, 『작업실의 자코메티』, 을유문화사, 2008.

지 받아 적으려는 것처럼 그렇게 서술하고 있다. 여기서 흥미로운 것은, 눈 내리는 풍경을 서술하는 행위가 그것의 대상인 풍경 자체 안에 있으면서 동시에 그 바깥에 있는 것처럼 여겨진다는 사실이다. 그처럼 두 개의 장소에 걸쳐 있는 서술 행위에 의하여 눈이 내리는 풍경은 두 개의 풍경으로 분열된다. 눈이 내리는 것은 자연(사물)의 정상적인 경로, 즉 물질적 현실의 어리석은 관성에 포획돼 있는 정상적인 과정이라 할 수 있다. 이 시에서 끝 행을 제외한 나머지 다섯 행들에 포섭돼 있는 장면 혹은 풍경들은 바로 그런 정상적인 과정에 포획돼 있다. 그런데 그 다섯 행의 분절이 정상적인 연속 과정에 어떤 틈을 만들고 눈이 내리는 풍경에 반복의 리듬을 부여한다. 그리고 무한히 지속될 것 같았던 반복이 끝 행의 개입에 의하여 매우 짧은 순간 정지된 것 같은 느낌과 함께 애초의 풍경을 이제까지와는 전혀 다른 풍경으로 만들어 놓는다. 이제 우리는 이 시와 함께 두 개의 풍경을, 즉 사물의 정상적인 과정에 포획돼 있는 풍경(공간)과, 그것과는 전혀 다른, 자연의 물리적 법칙에서 벗어난 것 같은 또 하나의 풍경(공간)을 갖게 된다. 물론 「눈」에서 구축된 풍경은 우리 눈에 실제로 보이는 그 풍경에 의하여 그리고 그것을 넘어서 그것과 함께 존재하는 풍경이다. 따라서 그 풍경들은 서로 각기 다른 둘이면서 하나인 그런 풍경이라 할 수 있다. 하나이면서 둘인 그런 풍경의 이중성은 인사人事와는 무관하게 자연의 물리적 순환 법칙에 따를 뿐인 작은 얼음 알갱이를 인간의 정상적인 삶의 터전으로서 기능을 상실한 대지의 상처이자 세계의 상처인 폐허를 덮는(치유하는) 신의 선물과도 같은 것이 되게 한다.[33] 그리고

33 「눈」의 힘은, 눈이 내리는 풍경이 신의 선물과 같다고 말하지 않고 현실의 풍경 자체로써 그와 같은 느낌을 불러일으킨다는 데 있다. 그런 점에서 다음과 같은 황현산의 주장, 즉 "벤야민 같은 사람이 보들레르의 시에서 발견해내는 또 다른 개념의 알레고리처럼,

단순한 자연 현상을 신의 은총으로 전환시키는 것은 겉보기에는 그저 단순히 받아 적기만 하는 것처럼 보일 뿐인 수동적인 서술의 이면에서 그 무엇보다 강력하고 능동적으로 이루어지고 있는 시인의 정신의 노동이다.

김수영은, 위에서 인용했던 「시작노트」의 한 대목에서, 「눈」을 가리켜 "낡은 형의 시"라고 하고, 그렇게 "낡은 것"이 "혼용되어도 좋다는 용기를 얻었다"고 말한다. 김수영이 「눈」을 '낡은 형'이라 규정한 이유는, 그것이 "표준형의 한국시들이 누리고 있는 절제와 압축의 단시형의 미학"[34]을 수용했기 때문일 것이다. 시의 본질이 자유와 새로움에 있다고 믿었던 김수영이 그와 같이 기존의, 그것도 거의 표준화되다시피 한 '낡은 형'을 수용했음에도 스스로에게 너그러울 수 있었던 이유는, 「눈」이 전통적인 단형의 시형을 수용하여 풍경을 담아내는 가운데 이제까지 존재하지 않았던 어떤 새로움의 차원을 열었다는 자신감 때문이었을 것이다. 적어도 나는 「눈」에서 구축된 풍경의 새로움은 김수영 이전에도 이후에도 없었다고 단언한다. 「눈」을 「폭포」와 비교해 보면 그것에서 성취된 새로움의 차원을 분명하게 확인할 수 있다.

> 폭포는 곧은 절벽을 무서운 기색도 없이 떨어진다
>
> 규정할 수 없는 물결이

김수영에게서 논리가 불충분하게만 표현되는 자리는 부동한 현실의 설명할 수 없는 운동을 포착하고, 다른 삶, 그러나 오직 이 삶 속에 벌써 존재하면서도, 그 존재를 믿게 할 수도 보여 줄 수도 없을 정도로 다른 삶의 미진한 상징이며, 미래에만 확연하게 설명될 수 있는 역사적 진실의 알레고리이다"는 참조할 만하다. 황현산의 주장은 다음 논문 참조. 황현산, 「김수영의 현대성 또는 현재성」, 박덕규 · 이은정 편, 『김수영의 온몸의 시학』, 푸른사상, 2013, 21~36쪽.

34 유종호, 앞의 글, 245쪽.

무엇을 향하여 떨어진다는 의미도 없이
계절과 주야를 가리지 않고
고매한 정신처럼 쉴 사이 없이 떨어진다

금잔화도 인가도 보이지 않는 밤이 되면
폭포는 곧은 소리를 내며 떨어진다

곧은 소리는 소리이다
곧은 소리는 곧은
소리를 부른다

번개와 같이 떨어지는 물방울은
취할 순간조차 마음에 주지 않고
나타와 안정을 뒤집어 놓은 듯이
높이도 폭도 없이
떨어진다

—김수영, 「폭포」 전문[35]

「폭포」 역시 풍경을 다룬 시다. 이 시의 핵심은 지형의 특수성 때문에 아래로 급격히 떨어지는 물의 움직임을 마치 그것의 본성과 자발성에 의한 것으로 전환하려는 데에 있다. 그러한 본성과 자발성의 근거를 시인은 움직임의 반복에서 찾으려 한 것으로 보인다. 그러나 그런 반복 자체가 지형의 구조에서 비롯하는 것이라서 현실의 풍경 자

35 김수영, 『김수영전집 1—시』(개정판), 민음사, 2003, 129쪽.

체를 고수하는 한 타율적인 움직임을 자율적인 움직임으로 전화시키는 데에는 난점이 있다. 시인은 그런 난점을 해결하기 위해 두 가지 전략을 마련한다. 하나는 '고매한 정신'이라는 관념을 매개시키는 것이고, 다른 하나는 낮에서 밤으로의 시간 전환을 통하여 지형의 구조에 따른 타율적 움직임의 형상을 지우는 것이다. 첫 번째 전략은 문제를 해결하지 못해 오히려 사태를 악화시키고, 두 번째 전략은 절반의 성공만을 이룬다. 첫 번째 전략이 실패인 이유는 '고매한 정신'이라는 관념의 개입으로 인해 폭포의 형상은 자율성과 단독성을 상실해 버리고 어떤 추상적 일반성의 특수한 사례로 전락하게 되기 때문이다. 다시 말해, 스스로 반복적으로 떨어지는 움직임의 힘과 능력이 폭포 자체의 내적 본성에 의한 것이 아니라 '고매한 정신'이라는 타자의 힘과 능력의 분유에 의한 것이 되기 때문이다. 두 번째 전략이 절반의 성공인 이유는, 지형의 구조에 따른 타율적 움직임의 형상은 사라지고 "곧은 소리는 곧은 / 소리를 부른다"에서 볼 수 있는 것처럼 곧게 떨어지는 폭포의 형상이 내적 본성과 자율성에 의한 것으로 전환되기는 하지만, 그런 전환의 대가로 낮에 볼 수 있는 폭포의 형상이 갖는 감각적 생생함 자체가 사라져 버리기 때문이다.

「폭포」와 비교할 때, 「눈」에서 눈 내리는 현실의 풍경은 그 어떤 타자(관념)의 매개 없이 그리고 그 자체의 훼손 없이 '사실'(현실) 자체가 '비사실'(환상)을 개방한다. 김수영은 위에서 인용한 「시작노트」의 다른 대목에서 "사실주의적 문체를 터득했을 때 비로소 비사실에로 해방된다"(450)고도 하였는데, 「눈」에서는 실제로 '사실'의 수용 자체가 '비사실'로 해방된다. '낡은 형'을 부정하는, 그것과 대립관계에 있는 '새로운 형'은 그런 관계의 형식 자체 때문에 진실로 새로운 것이 되지 못한다. '낡은 형'에 대립되는 '새로운 형'(부정)의 상대적인 새로움이

'낡은 형' 자체로 귀환(부정)하는 '부정의 부정'에 의하여 '낡은 형' 자체를 전혀 다른 것으로 바꾸어 버릴 때 비로소 새로움은 상대적인 것이 아니라 절대적인 것으로서의 새로움 자체가 될 수 있다. 「눈」에서 성취된 새로움은 「풀」에서 더욱 강화되고 세공된다.

풀이 눕는다
비를 몰아오는 동풍에 나부껴
풀은 눕고
드디어 울었다
날이 흐려서 더 울다가
다시 누웠다

풀이 눕는다
바람보다도 더 빨리 눕는다
바람보다도 더 빨리 울고
바람보다 먼저 일어난다

날이 흐리고 풀이 눕는다
발목까지
발밑까지 눕는다
바람보다 늦게 누워도
바람보다 먼저 일어나고
바람보다 늦게 울어도
바람보다 먼저 웃는다
날이 흐리고 풀뿌리가 눕는다

—「풀」 전문[36]

「풀」 역시 「눈」과 마찬가지로 "그가 그렇게도 기피하였던 한국 근대시의 표준적 단형의 뼈대를 가지고 있다."[37] 이미 「눈」을 통과한 김수영에게 그것은 하등의 문제가 될 수 없음은 물론이다. 이 시에서 '풀'과 '바람'의 관계를 '민중'과 '억압세력'의 대립이라는 구도로 놓고 작품을 이해하는 것도 하나의 관점이겠지만, 그것은 「풀」에서 정작 중요하게 다루어야 할 핵심을 놓치게 된다.[38] 「눈」에서 눈이 내리는 풍경 자체가 중요했던 것과 마찬가지로, 「풀」에서도 중요한 것은 풀이 바람에 나부끼는 풍경 그 자체이다. 「눈」에서 화자는 풀이 바람에 나부끼는 모습을 어떤 관념적 의미로 환원하려 하지 않고 단지 그것을 받아 적는 것처럼 서술할 뿐이다.[39] 「풀」에는 모두 세 개의 풍경이 중첩돼 있다. 「눈」에서 눈이 내리는 풍경이 둘이면서 하나인 것에 반해, 「풀」에서 풀이 움직이는 풍경은 셋이면서 하나이다. 「풀」에 중첩돼 있는 세 개의 풍경들을 열거해 보면, 하나는 바람이 불어야만 움직일 수 있는 현실의 타율적 움직임의 풍경이고, 다른 하나는 바람이 불지 않는데도 마치 사람이 눕고 일어나는 것처럼 스스로 움직이는 환상(상상)의 자율적 움직임의 풍경이며, 나머지 하나는 풀뿌리의 움직임이라는 그 어떤 구체적 풍경의 형상으로도 번역할 수 없는 또 다른 환상의 '실재적'[40] 움직임의 풍경이다.

---

36 위의 책, 375쪽.

37 유종호, 앞의 글, 256쪽.

38 「풀」의 해석과 연관된 다양한 관점들의 갈등 양상에 대해서는 필자의 다음 책 참조. 강웅식, 『해석의 갈등—김수영의 「풀」 다시 읽기』, 청동거울, 2004.

39 이광호는 이 글의 문제의식과는 다른 방향에서 「풀」의 화자의 수동성을 적절하게 지적한 바 있다. 이광호의 견해는 그의 다음 글 참조. 이광호, 「김수영 시에 나타난 시선의 정치학」, 박덕규 · 이은정 편, 『김수영의 온몸의 시학』, 푸른사상, 2013, 204~229쪽.

40 '실재적'이라는 표현은 라캉의 "실재réel" 개념을 염두에 둔 것이다. 라캉 학파에서 '실재'는 '현실'이 아니다. 그것은, 또한, 칸트의 "물자체das Ding an sich"를 가리키지도 않는다. '실재'는 '물자체'처럼 현상 너머의 어떤 것이지만, 그렇다고 '물자체'와 같은 어떤 실체는

앞에서 「눈」을 분석하면서, 우리는 자연(사물)의 정상적인 경로, 즉 물질적 현실의 어리석은 관성에 포획돼 있은 정상적인 과정이 짧은 순간 동안 정지되는 문제를 다룬 바 있다. 동일한 사건이 「풀」에서도 발생한다. 그것이 발생하는 지점은 "비를 몰아오는 동풍에 나부껴"와 "풀은 눕고" 사이이다. 바람에 타율적으로 몸을 맡기고 나부끼는 '풀'의 움직임의 배경을 이루는 시간의 선형적 진행은, 의인화와 함께 능동적으로 바뀐 '풀'의 움직임의 분절된 두 계기들인 '눕다'와 '일어나다'의 반복적 원환의 리듬 속에서 정지된다. 그리고 물질적 현실의 어리석은 관성에 포획돼 있는 정상적인 과정으로서의 풀의 타율적 움직임은 마치 그 자체의 본성과 자발성에 근거한 것과 같은 자율적 움직임으로 바뀐다. 그 자율적 움직임이 현실의 타율적 움직임에서 비롯한 가상(환상)임은 물론이다. 그러나 그런 환상이 시 안에 구축되는 순간 현실과 가상의 위치가 뒤바뀌게 된다. 다시 말해, 애초에 가상이었던 환상은 그 허구의 형식을 통하여 '풀'에 내재한 잠재적 가능성(자율적 움직임)을 현시함으로써 현실이 되고, 애초에 현실이었던 풀의 타율적 움직임이 오히려 '풀'의 내적 본질을 제대로 현시하지 못한 가상의 위치로 떨어지게 되는 것이다. '풀뿌리'의 움직임은 현실에서 바람에 나부끼는 '풀'의 타율적 움직임이 자율적으로 변용된 움직임을 가리키는

아니다. 그것은 현상의 배후에서 그것을 실체적인 것으로 고정되지 않게 하는 그 무엇이다. 상징화의 과정 속에서 사물로부터 잘려나간 것이지만 동시에 그런 상징화의 과정에 의해서만 소급적으로 확인될 수 있는 것이 바로 '실재'이다. 「풀」에서 '풀뿌리의 움직임'은 작품에서 현시된 두 가지 움직임의 형상을 그 배후에서 가능하게 하는 잠재적인 것이면서, 동시에 현시된 그 형상들에 의해서만 소급적으로 확인할 수 있는 그 어떤 형상이다. 바람에 나부끼는 풀의 타율적 움직임의 형상이 '상징적인 것'이라면, 바람도 불지 않는데 스스로 움직이는 풀의 자율적인 움직임의 형상은 '상상적인 것'이라 할 수 있고, '풀뿌리의 움직임'은 상상적 실재의 그것이라 할 수 있다. 본질적인 의미에서 '실재'는 어떤 형상으로 재현할 수 없는 재현 불가능한 것이라 할 수 있다.

'눕는다'라는 동사에 의하여 규정되고 있지만, 그것은 그 어떤 구체적인 형상으로도 환원하거나 번역할 수 없는 성질의 것이다.[41] 그런 점에서 '풀뿌리'의 움직임은 이제 막 의미론적 지평의 내부로 포섭되었지만 아직 그 어떤 특정한 자리도 결여하고 있는, 단지 현존 자체만을 가리키는 움직임의 순수 형식이라 할 수 있다. 그와 같은 움직임의 순수 형식이야말로 현실의 타율적인 움직임과 환상의 자율적 움직임 모두를 가능하게 하면서, 또한 그것들이 어떤 계기에 의하여 다시 다른 것으로 변용될 수 있는 가능성의 잠재적 토대로서 기능하는 것이라 할 수 있다.

이제까지의 분석 과정에서 확인되었듯이 김수영은 풍경을 다루는(혹은 수용하는) 방식(형식)에서 전혀 다른 차원을 보여준다. 풍경을 다룬 시들은 눈에 보이는 풍경 자체를 수용하는 것이 아니라 그것으로부터 촉발된 어떤 현전을 포착하여 수용한다. 풍경을 다룬 좋은 시에 우리가 쉽사리 다가갈 수 없고 또 거기에 풀 수 없는 수수께끼가 상존하는 것은 그런 현전의 밀도 때문이다. 그런데 풍경(혹은 사물)을 다룬 많은 시들의 경우, 이를테면 유치환의 「바위」나 「깃발」의 경우처럼, 시의 대상은 그 어떤 관념이나 다른 형상으로("소리 없는 아우성") 대치되기 일쑤이다.[42] 또 다른 대부분의 경우는 풍경을 어떤 정서 촉발의 매개로 삼거나 하는 정도다. 그런데 「눈」과 「풀」의 경우는 그런 대체 없이도 하나의 풍경이 다른 풍경을 이끌어온다는 점에서 대단히 특이하다.

---

41 「풀」에 중첩돼 있는, 풀의 움직임과 연관된 세 가지 풍경들 가운데에서 세 번째의 것이 없다면, 「풀」은 「눈」과 다르면서도 본질적으로는 다르지 않은 작품이 되고 말았을 것이다. 만약 「풀」이 그와 같은 수준에 머물렀다면, 그것은 '시인은 촌초의 배반자여야 한다'는 자신의 좌우명을 김수영 스스로 저버린 사례가 되었을 것이다.

42 심지어 김수영의 「폭포」조차도 다른 시들의 경우와 많이 다르기는 하지만 부분적으로는 "고매한 정신"의 감각적 가상으로 되어버리는 측면이 있다

요컨대 김수영의 「눈」과 「풀」은 진정으로 새로운 것의 출현에 걸맞은 시적 성취를 보여준다. 그것들에는 적어도 한국 근대시문학사의 맥락에서 풍경을 다룬 모든 시들에 의하여 이루어지는 짜임관계 자체를 바꾸도록 강요하는 힘이 들어 있다.

6. 시의 진보와 세계의 진보

김수영은 「시여, 침을 뱉어라」에서 다음과 같이 명백한 이율배반처럼 보이는 주장을 한 바 있다.

> 시는 온몸으로, 바로 온몸으로 밀고 나가는 것이다. 그것은 그림자를 의식하지 않는다. 그림자에조차도 의지하지 않는다. 시의 형식은 내용에 의지하지 않고 그 내용은 형식에 의지하지 않는다. 시는 문화를 염두에 두지 않고, 민족을 염두에 두지 않고, 인류를 염두에 두지 않는다. 그러면서도 그것은 문화와 민족과 인류에 공헌하고 평화에 공헌한다. 바로 그처럼 형식은 내용이 되고 내용은 형식이 된다. 시는 온몸으로, 바로 온몸을 밀고 나가는 것이다.(403)

김수영은, 문화와 민족과 인류와 연관된 현실의 문제를 염두에 두지 않는 시가 '그러면서도' 현실의 문제에 공헌한다고 주장한다. 예술작품의 형상화에서 현실의 문제에 결코 관심을 두지 않는 것을 우리는 '순수시'의 지향이라 할 수 있고, 현실의 문제에 적극적인 관심을 두는 것을 우리는 '참여시'의 지향이라 할 수 있을 것이다. '그러면서도'라는 접속사로 연결된 문장은 '순수시'의 지향과 '참여시'의 지향을 종합하려는 의도에서 구성된 것으로 보인다. 여기서 중요한 것은 종합이 단순한 절충을 넘어선 어떤 수준을 의도하고 있다는 점이다. 상극적인 것들로 규정해온 두 가지 지향이 시에서 모두 필요하다고 진술하지 않고, '순수시'의 지향 자체에 이미 '참여시'의 지향이 내재해 있다고 진술한 데에 김수영이 주장하는 바의 특별함이 있다. 위에서 '그러면서도'라는 접속의 맥락을 보충해주는 것은 '시는 온몸으로, 바로 온몸으로 밀고 나가는 것이다'라는, 이른바 '온몸시론'이라 불리는 김수영 시론의 핵심 문장이다. 그런데 위의 인용문을 구성하는 문장들은 거의 모두가 규정적인 기능을 하는 것들인데, 정작 문맥 속에서 실제로 규정되는 것은 거의 없다. 뒷문장의 규정이 앞문장의 그것을 부정하고, 동시에 앞문장의 규정이 뒷문장의 그것을 부정한다. 그렇게 상호 부정의 반복에 의하여 구축된 문맥은 독자들에게 어떤 시의 내재적 운동을 환기시킨다. '내용'과 '형식' 양쪽 모두에 겹쳐 있는 "의지하지 않는다"는 진술이 연상시키듯이 아마도 그러한 내재적 운동은 자율적인 것이리라. 자율적인 내재적 운동이 "문화를 염두에 두지 않고, 민족을 염두에 두지 않고, 인류를 염두에 두지 않"는 것은 당연하다. 그런데 문제는 "그러면서도 그것은 문화와 민족과 인류에 공헌하고 평화에 공헌한다"는 사실이다. 김수영은 시의 자율성 안에 이미 시의 사회성이 있다고 주장하지만, 자율성이 사회성으로 전이되는 과정에는 논리상의 명백한 단절이 있다. 그러나 그러한 단절은 김수영이 포섭한 낱말들이 그가 구축한 문맥 속에서 가지게 되는 진정한 의미를 제대로 파악하지 못했기 때문에 빚어지는 논리적 착시에 불과하다. 그런 착시에서 벗어날 수 있어야 우리는 김수영이 「시여, 침을 뱉어라」에서 말하고자 한 바를 제대로 이해할 수 있다.

'민족'과 '문화'와 '인류'는 모두 세계 안에 포함된 것들이다. 세계는 그 안에 포함된 모든 것들에 의미를 규정해 주는 의미론적 지평이다. 그것은 그것의 구성 요소들에게 안정성을 제공해주지만 동시에 고정성을 강요하는 폭력을 행사한다. 김수영에게 시를 택한 이유가 되는 '단독성'은 시인으로 하여금 세계의 의미론적 지평 내부에서 고정된 어떤 자리와 의미가 부여되는 것을 거절할 수밖에 없게 한다. 그러한 거절의 대가는 불안과 공포일 것이다. 어떤 의미론적 지평에서 벗어나는 것은 고정성에서 벗어나 자유를 누릴 수 있는 대신에 안정성을 박탈당하기 때문이다. 그럼에도 시와 시인은 자기 존재의 근거인 '단독성'의 자유를 위해 의미론적 지평으로부터 부단히 벗어나려는 모험을 감행할 수밖에 없다. 그렇지 않으면 시와 시인의 '단독성' 자체가 파괴될 것이기 때문이다. 그 어떤 것과도 대체될 수 없고 교환될 수 없는 '단독성'의 자리는 항상적인 모험의 자리이기 때문에 언제나 불확정성과 미결정성으로 인한 공포와 불안에 휩싸일 수밖에 없다. 자유의 이행에는 용기가 필요하다고 한 김수영의 말도 그와 같은 사정과 연관돼 있다.[43] 김수영이 말하는 용기는 바디우가 설명하는 용기의 의미로 읽어야 한다.

> 만약 영웅주의가 불가능한 것을 받아들이기라는 주체의 형상이라면, 용기는 불가능한 것 속에서 견딤의 덕virtue이다. 용기는 지점the point 자체가 아니다. 그것은 지점을 계속해서 고수한다. 용기를 필요로 하는 어떤 것은, 세계의 법칙에 의하여 부과된 것과는 다른 지속 속에서, 계속해서 고수한다.[44]

---

43 「시여, 침을 뱉어라」에서 김수영은 "새로운 문학에의 용기"(401)에 대해서 말한다. '순간을 다투는 어떤 윤리'와 연관된 분석에서도 확인되었듯이 김수영에게 '새로움'은 '단독성'이다.

바디우에 따르면, '영웅주의'와 '용기'의 차이는 일회성과 지속성의 차이이다. 용기 없는 '영웅주의'는 자살과도 같은 일시적인 몸짓에 그칠 뿐이다. 좌절을 겪게 될 경우 그것은 곧바로 세계의 의미론적 지평이 보장하는 일상적 삶의 상식으로 돌아갈 뿐만 아니라 심지어 순응주의나 허무주의에 빠져들게 된다. 위의 인용문에서 '지점'은 세계 안에서 '단독성'이 출현하는 자리, '단독성'을 '단독성'이 되게 하는 자리이다. 그것은 세계의 법칙(의미론적 지평)이 부여하는 위치와 의미를 지속하는 것들과는 다른 지속을 고수하는 '단독성'의 자리이다. 따라서 그것은 부단한 실패의 자리이며 불가능성의 자리이지만, 그 실패 자체가 무한한 반복과 함께 스스로를 지속하게 하는 불가능성의 가능성의 자리이다. 용기는 바로 그런 '지점'을 고수하는 것, 그것의 불확정성과 미결정성에 따른 불안과 공포 속에서 지속을 견뎌내는 것이다.

이제 김수영의 문장으로 다시 돌아가 보자. "시는 문화를 염두에 두지 않고, 민족을 염두에 두지 않고, 인류를 염두에 두지 않는다"라는 문장의 의미를 우리는 앞에서 '순수시'의 지향과 연관된 것으로 이해했다. 그러나 김수영이 말하는 시는 심미적인 문제 바깥의 정치나 현실 문제를 '염두에 두지 않는'다는 의미의 '순수시'가 아니다. 그것은 그냥 '시' 그 자체다. 진정으로 새로운 것의 출현을 이념으로 하는, 다른 그 어떤 것과도 대체될 수 없고 교환될 수 없는 '단독성'이 그것의 기원이자 목표가 되는, 따라서 세계의 의미론적 지평으로부터 부단히 벗어나려는 자유의 모험을 감행해야 하는, 그 때문에 세계 안에서 규정된 자리와 의미에 의하여 보호받지 못하는 불안과 공포 속에서도 세계의 법칙에 의하여 보호받고 있는 것들과는 다른 지속을 계속해서

---

44 Alain Badiou, *The Meaning of Sarkozy*, London : Verso Books, 2008, pp.72~73.

고수하기 위하여 견딤으로서의 용기가 요구되는 시, 그것이 김수영이 말하는 '시'다. 따라서 그런 '시'가 "문화를 염두에 두지 않고, 민족을 염두에 두지 않고, 인류를 염두에 두지 않는" 것은 지극히 당연하다. 세계의 의미론적 지평에 속한 그 어떤 것도 '염두에 두지 않는' 것이기에, '시'는 심미적인 영역에 한정해서는 모든 방식으로 모든 것에 대해 말해도 좋다는 식의 제한된 자유의 허용을 모욕으로 받아들일 수밖에 없다. "정치적 금기에만 다치지 않는 한 얼마든지 '새로운' 문학을 할 수 있다는 말을 할 수 있겠는가"(401)라는 김수영의 질문이 의도하는 바도 그러한 모욕의 환기이다.

'시'는 이미 규정된 것으로서의 세계 안에 속한 모든 것들도 '염두에 두지 않'지만, 동시에 '시' 자체 안에 이미 규정돼 있는 '내용'과 '형식'의 요소조차도 '염두에 두지 않는다'. 예술작품의 형성이라는 차원에서 볼 때, 형식은 규정하는 계기이고 내용은 규정되는 계기라 할 수 있다.[45] 규정하려는 형식에 내용은 저항할 수밖에 없고, 규정되기를 저항하는 내용에 형식은 규정되도록 하는 방식으로 저항할 수밖에 없다. 하나의 작품의 '단독성' 안에서 형식과 내용은 모두 그 나름의 '단독성'이다. 그런 의미에서, 김수영의 말대로, "시의 형식은 내용에 의지하지 않고 그 내용은 형식에 의지하지 않는다"(403). '시'는 세계 안에 규정된 모든 것들에 대한 절대적 거절이면서(시는 세계 안의 그 어떤 것도 염두에 두지 않는다), 동시에 그 자체에 대한 절대적 거절이다(시는 자체의 '그림자에조차도 의지하지 않는다'). 그러면서도 어떻게 '시'는 문화와 민족과 인류에 공헌하고 평화에 공헌하는 것일까? 그 질문과 관련하여 우리는 시의 형식이 전체적인 사회 질서 내에서 '기인'이나 '집시'나 '바보

45 테오도르 아도르노, 앞의 책, 145쪽.

멍텅구리'가 차지하는 자리에 해당한다고 한 김수영의 말을 기억할 필요가 있다.[46] 내가 볼 때, 기인, 집시, 바보 멍텅구리는 랑시에르가 말한 '몫 없는 부분part of no-part'의 자리를 차지하는 존재들이라 할 수 있다. 세계(사회)의 전체적인 체제 안에서 한 부분을 차지하고 있지만 셈해지지 않는 어떤 부분이 '몫 없는 부분'이다. 그런 자리를 차지하고 있는 존재들은 세계의 질서 내부에 존재하는 자들이면서 동시에 존재하지 않는 자들, 혹은 '비-존재'의 양태로 존재하는 자들이라 할 수 있다. 그런 존재들이 사회 체제 안에서 셈해질 수 있기 위해서는, 또는 의미를 갖기 위해서는, 또는 그들의 진정한 해방이 이루어지기 위해서는, 기존 체제의 보편적 짜임관계 자체가 바뀜으로써 인간의 인간-됨을 평가하는 셈법(척도)이 바뀌어야 한다. 다시 말해 기존의 세계가 다른 세계로 이행돼야 한다. '단독성'으로서의 '시'의 자리는 기존의 의미론적 지평에서 '몫 없는 부분'의 그것과 같다. 진정한 새로움의 출현으로서 '시'의 '단독성'의 실현은 기존의 의미론적 지평에서 한 자리를 차지하게 되지만 그 어떤 의미값도 가지지 못한다. 그것이 의미로 셈해질 수 있기 위해서는 세계의 질서 자체가 바뀜으로써 시(작품)를 평가하는 셈법 자체가 바뀌어야 한다. '시'의 '단독성'의 실현은 세계 자체가 다른 세계로 이행될 것을 요구한다. "시는 문화를 염두에 두지 않고, 민족을 염두에 두지 않고, 인류를 염두에 두지 않는다. 그러면서도 그것은 문화와 민족과 인류에 공헌하고 평화에 공헌한다"(403). 비록 '시'의 '단독성'의 실현이 그 자체로는 비정치적인 것처럼 보이겠지만 정치 투쟁의 비밀스런 참조점이자 구조화의 원리가 될 수 있는 이유가 바로 거기에 있다.

---

46 김수영, 『김수영전집 2-산문』, 민음사, 2003, 402쪽.

여기서 우리는 그런 생각이 지나치게 확대된 이상은 아닌가 하는 질문을 던져 볼 수 있다. 그러한 의문에 맞서 '시'가 할 수 있는 일은 오로지 '온몸으로 바로 온몸을 밀고 나가는' 노동의 반복뿐이다. 그러한 노동은 철저하게 윤리적이다. 그것은 우리가 앞에서 살펴본 바 있는 '순간을 다투는 윤리'의 부단한 이행을 수반하기 때문이다. 그렇지만, 다시, 우리는 그러한 윤리적 노동의 부단한 반복은 불가능한 이상을 실현하기 위한 분투임에도 불구하고 바로 그 불가능성 때문에 헛된 분투에 불과하게 되는 것은 아닌가 하는 질문을 제기해 볼 수 있다. 그렇다. '진정한 새로움의 출현'(진보)으로서, '단독성'의 실현으로서 시의 진보와 그에 따른 세계의 짜임 관계의 변화로서, 다른 세계로의 이행으로서 세계의 진보는 불가능한 이상일지도 모른다. 그리고 현행의 세계 질서 내에서 그러한 이상을 실현하기 위하여 반복되는 윤리적 노동은 '헛소리'와 같은 것일 수 있다. 그러나 그 모든 회의에 맞서 시(인)은 김수영처럼 이렇게 말해야 한다.

> 낙숫물로 바위를 뚫을 수 있듯이, 이런 시인의 헛소리가 헛소리가 아닐 때가 온다. 헛소리다! 헛소리다! 헛소리다! 하고 외우다 보니 헛소리가 참말이 될 때의 경이. 그것이 나무아미타불의 기적이고 시의 기적이다. 이런 기적이 한 편의 시를 이루고, 그러한 시의 축적이 진정한 민족의 역사의 기점이 된다.(400)

그렇다. 지금 당장에는 헛된 분투로 비칠 수밖에 없는 윤리적 노동의 부단한 반복에 의하여 결국에는 '헛소리가 참말이 될 때의 경이', '기적'. 지형의 구조 때문이 아니라 내적 본성과 자발성 때문에 반복해서 떨어지는 '폭포', 자연의 물리적 순환 법칙에 따를 뿐인 작은 얼음 알갱이가 아니라 대지의 상처이자 세계의 상처인 폐허를 덮는(치유하는) '눈', 바람에 나부끼는 것이 아니라 그 자체의 본성과 자발성에 근거하여 스스로 눕고 일어나는 '풀', 그 모든 '헛소리가 참말이 될 때의 경이', '기적'. 그것이 시가 거는 내기이자, 우리의 후진성을 극복하기 위하여 그리고 세계의 파국을 지연시키기 위하여 '순간을 다투는 윤리'의 이행에 헌신하는 모든 사람들이 거는 내기이다.

프롤레타리아 문학과 대중화

또는 문학운동과 외부성의 문제

차승기

1. 사막과 화원 사이에서

> 인간 사회는 사장沙場인가 화원花園인가. 정치, 법률, 도덕, 종교가 유有하나 그러하나 대중에게는 자유와 평등이 무無하도다. 그리하여 환희를 득得치 못하며 행복을 향享치 못하는도다.[1]

3・1운동에 주도적으로 참여했던 박희도가 창간하고 김명식, 신일용 등이 주요 필진으로 참여한 『신생활』은, 아나키즘과 사회주의가 공존하는 초기 노동운동의 이념을 형성해가며 '생활개조', '인간개조', '사회개조'의 언설을 실천하고 있었다. 이 시기 동시대적인 '인류 공통의 표어'로 떠오른 '개조'는, 지배와 착취와 폭력으로 얼룩진 기존 세계와는 '다른 세계'를 만들어내고자 하는 의지를 반영한 것이었다. 제1

1 「신생활사 취지서」, 『동아일보』, 1922.1.19. 이하 모든 인용문은 현대표기법에 따라 수정.

차 세계대전은 서구적 의미의 문명주의, 물질주의, 자본주의, 제국주의가 추한 맨 얼굴을 드러낸 사건으로 이해되었고, 역설적이게도 전쟁이 초래한 폐허 위에서 비로소 다른 원리와 다른 질서를 만들어낼 수 있다는 희망을 생성시키기도 했다.

때마침 식민지 조선은 3・1저항운동을 통해 대중의 저력을 확인한 바 있었다. 파리회의와 워싱턴회의를 거치면서 3・1운동을 촉발한 계기 중 하나였던 '민족자결의 원칙'은 결국 강대국들의 허울 좋은 슬로건에 불과했음이 밝혀졌음에도 불구하고, 수개월에 걸쳐 한반도와 그 주변에까지 확산되어갔던 대중의 광범한 저항운동은 다양한 의미에서 기존 세계를 변혁할 수 있는 대중의 잠재력을 드러낸 사건이었다. 3・1운동 중에 그들의 입에서 터져 나온 '대한 독립 만세'라는 외침은 이른바 '민족 지도자'라고 하는 식민지 조선의 엘리트들이 던져준 구호였지만, 대중은 그 구호에 다양한 열망과 감정을 부가하고 있었다. '대한독립'이라는 기표는 그 일차적인 기의로 온전히 환원될 수 없는, 금지되었던 말과 몸짓 그 자체였다고 해도 좋을 것이다. 다시 말해 '대한독립'과 '만세'는 일사불란한 '국민-국가' 수립에의 의지라기보다는, 부당한 폭력과 차별과 착취에 저항하며 그로부터 해방되고자 하는 대중이 스스로의 존재를 증명하는 선언에 가까웠다. 좁은 의미에서의 '독립'으로 환원되지 않는 이 대중의 흐름은 3・1운동의 기획자들조차 예측하지 못한 다양한 방향으로 범람했다. 그런 의미에서도 이들의 목소리는 "신神의 성聲"[2]이었다. 그것은 식민지로부터의 해방은 물론, 일체의 부자유와 불평등과 통제로부터 해방되고자 하는 생명의 목소리였기 때문이다. 그러나 3・1운동은 무력으로 진압되었고, 총독부

---

2 「창간사」, 『개벽』, 1920.6, 2쪽.

식민통치의 '문화통치'로의 전환은 이 저항의 기세에 찬물을 끼얹으며 다른 방향으로 흐름을 바꿔놓았다.

'문화통치'는 헌병경찰제를 보통경찰제로 바꿈으로써 골목에서 군인의 모습이 눈에 띄지 않도록 했지만 실제로는 경찰 인원과 예산을 대폭 증가시켰고, 고등경찰제를 신설하는 등 치안을 보다 강화하는 방향으로 나아갔다. 또한 『조선일보』, 『동아일보』, 『개벽』 등 조선인이 발행하는 조선어 신문과 잡지의 간행이 허가되었으나, 그 안으로는 촘촘한 검열과 규제의 시선이 드리워졌다. 신문은 정간 및 휴간을 반복했다. 단적으로 『신생활』은 창간호부터 발매금지 처분을 받아야 했다. 따라서 "정치, 법률, 도덕, 종교가 유有하나 그러하나 대중에게는 자유와 평등이 무無"하다는 진술은 이른바 '문화통치'의 기만성을 폭로하는 것처럼 보인다.

하지만 이 문장을 다시 음미해보면 조금 다른 차원이 보인다. 정치, 법률, 도덕, 종교 등 사회의 상부구조를 형성하는 제도들이 존재함**에도 불구하고** 대중에게는 자유와 평등이 부재한다는 진술은, 공공선公共善을 목적으로 하는 듯한 제도들과 대중의 부자유·불평등의 현실 사이의 대조를 통해 의미를 발생시킨다. "사장"과 "화원"의 대조, 그리고 "환희"와 "행복"에 대한 기대는, 부자유하고 불평등한 현실("사장")로부터 자유와 평등이 보장되는 다른 현실("화원")에로 '개조'가 이루어져야 한다는 주장을 함축하고 있는데, 이러한 '개조' 과정에 정치, 법률, 도덕, 종교 등의 영역이 필연적으로 관련되어 있음을 암시한다. 요컨대 대중이 환희와 행복을 얻고 향유할 수 있으려면 정치·법률 등의 제도가 대중의 현실적 자유와 평등을 보장하는 방향으로 개조되어야 한다는 것을 뜻할 뿐만이 아니라, 대중의 자유와 평등은 정치, 법률, 도덕, 종교를 **통함으로써만** 보장될 수 있음을 암시하기도 하는 것이다. 다시 말해 대중이 환희와 행복의 "화원"을 향유하기 위해서는 정치·법률 등의 제도의 영역에 진입하지 않을 수 없다는 인식이 깔려 있다. 물론 이러한 대중의 진입은 정치·법률 등에 기존의 그것들과는 다른 위상을 부여하겠지만 말이다.

3·1운동은 바야흐로 대중(또는 민중)[3]의 시대를 개시했다. "현대는 민중본위적 시대요 또 민중중심시대"[4]였고, 때로는 선전·선동에 쉽게 휩쓸리는 "대중의 이 우愚야말로 곧 엄폐掩蔽치 못할 총명이며 위대한 위력의 소유자"[5]라고까지 여겨졌다. 사설의 필자는, 인구로 파악된 산술적 집합과는 질적으로 다른 이 대중은 "이미 각성하였으며 이미 동요"[6]된 존재라고 서술하고 있지만, 정작 각성한 것은 대중이라기보다 지식인 자신이었다. 근대문명, 문자, 지식과 연결된 상징자본이 권위를 갖는 세계에서 볼 때는 어리석어 보이기만 하는 저 대중이, 실은 지식인들이 분할=공유하고 있는 상징자본과는 전혀 다른 성질의 지혜와 위력을 가진 존재임을 깨닫게 되었다고 해야 옳을 것이다. 식민지의 지식인들은 이렇게 대중의 힘을 발견했지만, 그 힘과 대면하는 것은 전혀 별개의 문제였다. 대중에게 가공할 힘이 잠재하고 있음에는 틀림없으나 그 힘이 언제 어디에서 가시화될지, 어느 방향으로 흘러갈지는 예측하거나 계획할 수 없기 때문이다. 게다가 그 힘은 상징자본이 통용되는 세계의 문법과는 전혀 다른 규칙에 따라 생성·소멸

---

3 1920년대에는 대중, 민중, 인민 등의 용어가 불명료하게 혼용되고 있었다. 이곳은 엄밀한 개념사적 고찰을 하는 자리가 아니며, 애당초 '대중'이란 "생각할 수 있는 모든 방향으로 구부러지고 잡아 늘여진 단어"(스테판 욘손, 양진비 역, 『대중의 역사』, 그린비, 2013, 13쪽)이기도 하기 때문에 특별한 한정이 있는 문맥을 제외하고는 대중으로 통일해 사용하고자 한다.

4 「민중의 권위 오직 단결」, 『동아일보』, 1924.1.13.

5 「대중의 총명」, 『동아일보』, 1924.4.24.

6 위의 글.

하는 것으로 보인다. 따라서 실재하는real 대중의 힘이 현실적인actual 것으로 되기 위해서는 어떤 코드전환이 필수적이며, 아마도 저 정치, 법률, 도덕, 종교 등의 영역이란 이렇게 전환되어야 할 코드의 형식들이었으리라.

한편 이렇듯 위력적인 대중의 존재를 발견한 것은 식민지 지식인들만이 아니었다. '문화통치'야말로 저 대중을 식민지 / 제국 체제 내부로 끌어들여 그들을 관리가능한 대상으로 전환시키고 그들의 예측불가능한 위력을 순치시키고자 하는 장치의 총체에 다름 아니었다. 이렇게 보자면 통치방식의 수정을 통해 식민지 지배를 지속시키고자 하는 일제 및 총독부와 '다른' 세계를 지향하는 세력은 서로 대중을 획득하고자 하는 경쟁관계에 놓여 있었다고 말할 수 있을 것이다. 한쪽은 충량한 신민으로, 다른 한쪽은 혁명적 역량으로 전환시키기 위해.

이 글은 1920년대 후반 프롤레타리아 문학운동 진영에서 떠올랐던 '대중화' 논의를 통해, 프롤레타리아 문학의 대중 획득 시도 또는 프롤레타리아 문학 자체의 대중적 전환이 환기시키는 '외부성'의 문제를 숙고하고자 한다. 프롤레타리아 문학을 대중적으로 확장시키거나 대중을 프롤레타리아 문학에 접근시키는 실천은 필연적으로 프롤레타리아 문학의 안과 바깥에 대한 감각 또는 의식을 생성시키기 때문이다.

프롤레타리아 문학의 대중화 문제에 대한 연구는 카프 자체에 대한 연구가 본격화된 1980년대 후반 이후 꾸준히 그 성과가 축적되어 왔다.[7] 대체로 그 연구의 초기에는 김기진 등을 중심으로 이루어진 대중

---

7 이영미, 「1920년대 대중화논쟁 연구」, 고려대 석사논문, 1985; 류보선, 「1920~30년대 예술대중화론 연구」, 서울대 석사논문, 1987; 이강수, 「김기진의 대중화론에 대한 커뮤니케이션학적 접근」, 『관악어문연구』 25집, 2000; 한강희, 「팔봉 예술대중화론의 변모 과정과 그 의미」, 『한국문예비평연구』 8집, 2001; 박정선, 「카프 목적의식기의 프로시 대중화론 연구」, 『어문론총』 40호, 2004; 한기형, 「선전과 시장—'문예대중화론'과 식민

화 논쟁의 공과功過를 프롤레타리아 문학론 및 조직론의 틀 내에서 평가하는 방식의 접근이 일반적이었다. 물론 그 후로도 대중화 논쟁의 논자들이 견지했던 관점을 마르크스주의적 '원칙' 또는 예상가능한 '효과'를 기준으로 삼아 비판적으로 평가하는 연구들이 간헐적으로 이루어졌지만, 대체로 2000년대 이후에는 프롤레타리아 문학의 대중화 문제를 전체 사회운동, 검열, 매체 등의 차원과 관련시켜 역사적으로 평가하는 다양한 연구들이 시도되고 있다.

하지만 이 글은 카프의 대중화 논의를 문학사적 · 운동사적 · 지성사적으로 고찰하기보다는, 진보적 문학운동이 그 자신의 '외부'와 어떻게 관계 맺었는가를 묻는 방식으로 그 운동의 진보성을 심문하는 데 목적을 두고 있다. 생각해보면 '프롤레타리아 문학의 대중화'란 이상한 슬로건이다. 프롤레타리아 또는 노동자 · 농민을 위한 문학은 왜 다시금 대중적으로 될 필요가 있는가? 이런 의문은 프롤레타리아 문학의 자리가 생각보다 불안정하다는 사실과 관련되어 있다. 프롤레타리아 문학은 프롤레타리아 또는 노동자 · 농민이 역사의 주체임을 전제하면서도 현실을 그 역사적 발전의 관점에서 전체로서 파악할 것을 요구한다는 점에서 '대중'과의 모호한 거리를 유지해 왔다. 단적으로 프롤레타리아 문학은 프롤레타리아 자신의 경험적 세계보다 프롤레타리아 전위가 선취한 역사적 원근법perspective을 통해 바라본 세계를 요구했기 때문이다. 따라서 프롤레타리아 문학은, 무산대중을 그 존재론적 기반으로 하면서도 자각된 프롤레타리아의 계급의식을 그 발화의 조건으로 하는 난처한 긴장 위에 놓여 있다.[8] 게다가 프롤레타리

지 검열의 교착」, 『대동문화연구』 79집, 2012; 최병구, 「1920년대 사회주의 대중화 전략과 『조선문예』」, 『반교어문연구』 37집, 2014 등.

8 이 같은 프롤레타리아 문학의 '불안정성'과 긴장은, 혁명을 통해 자기 계급의 승리와 '계

아 문학은 '문화통치'로 대표되는 식민지 / 제국의 언설-법-미디어의 표상체제 아래에서 조직된 운동으로 출발했다는 점에서, 프롤레타리아 문학이 발화하는 언어의 수신자는 이 표상체제의 안과 밖에 모호하게 걸쳐 있기도 하다. 달리 말하자면, 프롤레타리아 문학은 수신자를 합법성의 영역으로 끌어들이는 효과와 합법성의 한계를 초과하는 실천을 동시에 포함하고 있다. 그러므로 '대중화'는 독자의 차원에서도, 개념의 차원에서도, 나아가 제도적 조건의 차원에서도 이 불안정한 프롤레타리아 문학의 외부성을 환기시킨다.

이러한 맥락에서 이 글은, 카프로 대표되는 프롤레타리아 문학운동의 '대중화' 논의를 검토함으로써, 즉 진보적 문학운동이 대중적 역량을 획득하려 하면서 그 자신의 '외부'를 감각하거나 의식하지 않을 수 없을 때 발생한 사태를 검토함으로써, 진보적 운동과 외부성의 문제를 숙고하고자 한다.

2. "대중의 움직임을 파악하라"—문학의 대중성과 형식

프롤레타리아 문학 진영에서 대중화의 문제를 이른 시기부터 반복적으로 제기해 온 인물은 팔봉 김기진이었다. 그는 이른바 '목적의식적 방향전환'이 시도되던 시기, 즉 계급의식의 선명한 표출뿐만 아니라 프롤레타리아 전위의 눈에 의해 선취된 역사적·총체적 인식이 강조되던 무렵, 과연 프롤레타리아 문학을 '누가 읽고 있는가' 하는 질문을 던진다.

급 자체의 철폐'를 동시에 수행해야 할 보편적 계급으로서의 (마르크스주의적) 프롤레타리아의 개념 그 자체가 애당초 함축하고 있는 것이기도 하다.

> 아무리 우수한 작품이라고 자신이 혹은 약간 전문적 지식분자가 인정한다 할지라도 그것이 일반 독자에게 보이기 위한 문학이요 예술품인 이상 도저히 독자의 문제는 허술히 볼 수 없는 것이다. 사회생활에 있어서 대중의 지도자는 천재라 일컫고 그 사람은 그 시대의 사회적 환경보다 훨씬 앞선 사회관을 가졌다고 말하나 다시 말하면 지도자는 민중보다 선행하고 민중은 그를 다만 따라갈 뿐이라고 하나 실상인즉 지도자는 소위 천재는 민중 전체의 속에서 어떠한 방향으로 움직인다는 **그 움직임이 먼저 있은 다음에** 그것을 누구보다도 먼저 감득하고 인식하고 그 방향으로 향해서 민중을 조직하고 통일하고 지도한다는 것뿐이다. 다시 말하면 천재를 지도자를 만들어내는 것은 민중의 '움직임'이라는 것이다.[9]

지도자와 대중의 관계에 대한 그의 견해는 기존의 이상주의적이고 계몽주의적인 언설이 상정하고 있던 그것과는 분명히 다른 것이었다. 이 부분을 봤을 때, 김기진은 지향해야 할 바 — 그것이 근내적 문명화든 독립국가든 사회주의적 개조든 — 의 진리성에 입각해 대중을 조직하고자 하기보다는, 대중의 흐름("움직임") 자체에서 역사적 변혁의 방향을 찾고자 하는 것으로 보인다. 요컨대 도래할 사회에 대한 비전이나 프로그램에 앞서 대중의 움직임이 있다. 물론 움직임이라는 동사형 명사의 형태가 암시하듯, 이 유동적인 흐름은 단수도 아니며 손쉽게 대상화 또는 개념화하기 어려운 것이리라. 그럼에도 불구하고 이곳에서 주목할 것은 대중의 움직임의 선행성이 인식되고 있다는 사실이다.

사태가 이렇다고 할 때 프롤레타리아 문학은 어디에서 어떻게 기능하는가. 역사적 유물론 또는 계급투쟁의 역사관을 통해 사회를 재해

---

9 팔봉, 「감상을 그대로—약간의 문제에 대하여」, 『동아일보』, 1927.12.10. 강조는 인용자.

석한 위에서 계급의식의 문학적 형상화를 통해 노동자 · 농민을 **계급으로서** 각성시키고자 하는 '무기로서의 예술'은 어떻게 되는가. 프롤레타리아 문학은 대중을 이끄는 것인가, 아니면 대중의 움직임을 포착하는 것인가.

카프가 표방한 "'무기로서의 예술'은 대중을 붙잡는 데"에서 그 역할을 다할 것이나, 김기진의 말처럼 "농민과 노동자의 대다수는 어떤 사회에서든지 지금까지 그들이 문학 독자였던 적이 없다."[10] 김기진은 프롤레타리아 문학의 독자대중을 "농민 급及 노동자 출신의 급진분자 — 아직 무산계급 의식을 갖지 못한 — 와 청년학생과 실직군失職群 등"[11]으로 파악하고 있지만, 현실적으로 문자해득력을 가진 프롤레타리아 문학의 잠재적 독자는 1만도 채 되지 않으리라 짐작된다. 따라서 '무기로서의 예술'이 성립될 수 있으려면, 그리고 프롤레타리아 문학이 현실적인 위력을 가질 수 있으려면 우선적으로 대중을 획득하는 것이 필수적이다. 여기서 대중의 움직임의 선행성에 주목한 그는 독자대중의 실제의 감각에서 출발하려는 관점을 취한다. 그가 볼 때 일반 노동자 · 농민들은 프롤레타리아 문학은커녕 『춘향전』, 『심청전』, 『구운몽』 등 전통적 이야기에 친근함을 느끼는 감각을 가지고 있다. 따라서 조선의 문학적 전통에 대해 파악하는 것이 중요해진다.

> 오늘날 우리들의 문예에 있어서 조선적 문학적 전통은 있는가 없는가? 있으면 어떠한 점이 우리의 문학적 전통인가? 첫째로 그것은 우리의 고유한 언어의 '리듬'이요 둘째로 단순한 감격성 다시 말하면 센티멘털리즘이요 기교에 있어서 간결한 묘사의 수법 등을 헤아릴 수 있다.[12]

---

10 위의 글, 1927.12.11.

11 위의 글.

그가 파악하기에 문학적 대중성은 곧 전통성과 이어져 있으며, 전통성의 핵심은 조선어 고유의 리듬과 센티멘털리즘, 그리고 간결한 묘사와 사건 중심의 흥미로운 서사에 있다.[13] 이곳에서 중요한 점은 전근대적 독물讀物에 빠져있는 대중을 이데올로기적으로 계몽하기보다 그들의 감성적 특징을 접근의 통로로 삼으려 한다는 데 있다. 대중은 단순히 낡은 이데올로기에 사로잡혀 있는 것이 아니라 친숙한 형식과 감각에 사로잡혀 있는 것이다. 이를 설명하기 위해 김기진은 그리스 예술의 '영원히 도달하지 못할 모범성'을 언급한 마르크스를 인용한다. 그리스 예술의 영원한 매력은 그 미적 형식이 전통을 형성했기 때문이며, 따라서 노동자・농민들의 '움직임'의 방향을 파악하고 그 운동을 가속화시키기 위해서는 그들이 친숙하게 느끼는 미적 형식을 통해 접근해야 한다는 것이다.[14]

이렇게 볼 때, '무기로서의 예술'이 다름 아닌 무기로서 '효력'을 발휘하기 위해서는 작품 속에 선명한 계급의식을 관철시키기에 앞서, 그리고 프롤레타리아 전위의 눈으로 본 총체적 현실을 제시하기에 앞서 노동자・농민의 대중적 감수성을 형성해 온 조선의 문학적 전통의

---

12 위의 글, 1927.12.13.

13 김기진은 이광수의 문학이 대중적으로 흡입력이 있었던 이유를 "사랑하고, 탄식하고, 감사하고, 슬퍼하고, 기도하고, 원망하는 것의 연쇄인 센티멘털리즘"에서 찾는다. 김기진, 「통속소설소고－시대관 단편」, 『조선일보』, 1928.11.9.
그리고 행동과 사건 중심의 서사를 대중성과 흥미성의 형식으로 설명하는 부분은 같은 글, 11.17; 또한 김기진, 「예술의 대중화에 대하여」, 『조선일보』, 1930.1.3 참조.

14 이 글을 발표한 1927년 초에 김기진은 동료 박영희와의 이른바 '내용－형식' 논쟁에서 '투쟁기'라는 상황에 굴복하며 '무기로서의 문학'이라는 명제를 수용한 바 있다. 즉 박영희의 소설이 문학으로서의 기본적인 형식적 요건을 갖추지 못했다는 자신의 비판을 철회하고 '투쟁 도구로서의 문학'에서 문학 그 자체의 완결성은 중요하지 않다는 관점을 받아들일 수밖에 없었다. 이렇게 볼 때, 프롤레타리아 문학의 '대중성'에 대한 김기진의 문제제기는, 문학의 기본 요건을 무시하면서까지 외쳤던 '무기로서의 문학'은 과연 무기로서 제대로 역할을 하고 있는가를 되묻는 것이기도 하다. 아울러 문학에서 형식이 갖는 중요성을 강조했던 자신의 지론을 재확인하는 것이기도 하다.

형식을 탐구해야 할 일이다. 문학적 전통의 형식은 "심리적 효과의 축적"[15]에 다름 아니며, 장구한 역사 속에서 축적되어 온 형식의 심리적 효과를 고려하지 않는다면 '무기'는 무력해지고 말 것이기 때문이다.

전통적 형식에 친숙한 "대중의 기호嗜好"로 "강하降下"[16]한다는 것은, 프롤레타리아 소설이 예컨대 고전소설의 가정비극과 같은 구조를 채택한다는 것을 의미한다. 물론 프롤레타리아 대중소설인 한, 가정비극 구조에 따르더라도 "유물사관"의 입장에서 갈등의 "역사적・사회적・물질적 제 원인과 동기를 짚어보면서 설명"해야 한다.[17] 요컨대 가정비극에서 작동하는 계급대립의 동력학을 드러내는 방식을 취해야 한다는 것이다. 하지만 그렇다 하더라도 그 설명은 단순하고 쉬워야 하며 흥미를 떨어뜨려선 안 된다. 이러한 입장은 시의 대중화를 위한 제언에서도 반복된다. 특히 시와 관련해서는 두 가지 방향을 고려하고 있었던 것으로 보인다. 하나가 소설과 유사하게 사건 중심의 서사를 함축하는 '단편서사시'의 길[18]이라면, 다른 하나는 아리랑의 변형[19]에서 나타나는 것과 같은 노래의 길이다. 사건 중심의 서사와 전통적 노래의 형식은 대중의 흥미와 만나기 위한 가장 효과적인 접근로로 여겨졌다.

김기진의 대중화론에서 흥미로운 점은, 대중의 움직임의 선행성을 인정하는 그의 태도가 주관적 의식과 무관하게 존재하는 객관적 세계의 선행성에 대한 인정과 이어지고 있다는 것이다. 이것이 그가 프롤

---

15 팔봉, 「감상을 그대로－약간의 문제에 대하여」, 『동아일보』, 1927.12.15.
16 김기진, 「통속소설소고」, 『조선일보』, 1928.11.14.
17 위의 글, 1928.11.16.
18 김기진, 「단편서사시의 길로」, 『조선문예』, 1929.5.
19 김기진은 카프 수원지부의 공석정이 만든 「아리랑」을 사례로 제시하고 있다. 김기진, 「예술의 대중화에 대하여」, 『조선일보』, 1930.1.7 참조.

레타리아 문학의 대중화를 위한 방법으로 리얼리즘(사실주의)을 제기하는 이유이다.

> 프로작가는 첫째 현실 사물을 있는 그대로 객관적으로 현실적으로 보는 태도를 가져야 한다.[20]

그는 예컨대 대표적인 프롤레타리아 문학 작가라고 할 수 있는 최서해와 이기영의 소설에조차 "로맨틱한 요소"가 적지 않다고 보며, 오히려 "소부르조아적 작가 염상섭 · 김동인 양 씨의 작품이 조선에 있어서 대표적 리얼리즘의 작품이었다"[21]고 평가한다. 물론 김동인과 염상섭의 리얼리즘이 "비사회적 · 비전체적 · 개인적 · 국한적 관찰"[22]에 그쳤음을 지적하는 일을 잊지 않지만, 그는 현실을 있는 그대로 객관적으로 포착하는 문학적 리얼리즘을 대중화의 과제와 동일선상에서 사고한다. 그가 볼 때, 계급의식의 표출에 무게를 두었던 기존의 프롤레타리아 문학은 대중의 움직임과 객관적 현실로부터 거리를 둔 이상적이고 낭만적인 환상에 적잖이 의존한 것이었다. 대중 독자의 현재 상태를 있는 그대로 인정하고자 하는 시선은 객관 세계를 있는 그대로 인식하려는 시선과 동일하다. 이렇게 대중화와 리얼리즘을 동일선상에서 사고했다는 점에서도 김기진의 대중화론은 프롤레타리아 문학이 '외부'와 어떻게 관계 맺어야 하는가에 대한 사유를 내포하고 있다. 요컨대 현실과 만나기 위해서는 계급의식 '외부'로 나가야 한다는 의식 또는 감각을 가지고 있었던 것이다.

---

20 김기진, 「변증적 사실주의」, 『동아일보』, 1929.3.7.
21 위의 글, 1929.3.3.
22 위의 글, 1929.3.4.

그런데 대중화에 대한 그의 사유는 기본적으로 '작품'을 중심으로 맴돌고 있다. 그 자신 '마르크스주의적 통속문학' 또는 '프롤레타리아 대중소설'의 소재를 열거하거나, 표현 기술 등을 제시하며 일종의 '창작론'을 서술하고 있기도 하지만, 그의 대중화론은 철저하게 **작품 실천**과 관련되어 있었던 것이다. 그에게 문학운동이란 무엇보다도 '문학'운동, 즉 작품을 통해 독자와 만나고 작품의 내용과 형식을 통해 독자의 의식 및 정서에 작용하는 데 집중하는 운동이었기 때문이다. 그래서 그는 프롤레타리아 문학이라는 기존의 개념을 해체하기보다는, 그것을 보충하는 방향으로 나아간다. 마르크스주의적 통속문학은 본격적인 마르크스주의 문학을 전제하며, 본격적인 마르크스주의 문학의 '여백'을 채운다. 그는 프롤레타리아 문학을 '본격 / 통속(대중)'으로 이원화하는 방식으로, 즉 기술적 분할을 통해 대중화의 문제를 해결하고자 했던 것이다.

> 그것은 프롤레타리아 계급을 위하여 제작되는 것임에 있어서 그 이데올로기에 있어서 그 목적과 정신에 있어서 동일하다. 다만 종래의 프롤레타리아 소설은 제재와 문장이 고등하고 논리적이어도 무관할 것이고 대중소설은 제재와 문장이 평범하고 통속적이어야 할 것이고 논리적이어서는 적당치 못할 것이다.
>
> 그리고 전자의 독자는 다소 교양 있는 노동자와 농민의 극소수와 실업자와 급진적인 청년 학생층에 국한될 것이고 바꾸어 말하면 그들을 목표로 하고서 제작되어야 할 것이며 후자의 독자는 일반으로 무지한 농민과 노동자, 그들의 부녀자에 국한될 것이다. …… 이 두 개의 소설은 하나가 왼손이면 하나는 바른손과 같이 **동일한 목적과 정신** 하에서 밀접한 관계를 가질 것이다.[23]

이곳에서는 김기진의 '대중관'이 엿보이기도 하지만, 그보다 우선 본격적인 프롤레타리아 소설과 프롤레타리아 대중소설이 동일한 정신에 의해 통제되는 동일한 신체의 '왼손'과 '오른손'처럼 작동하리라 기대되고 있다는 점을 주목할 필요가 있다. 즉 프롤레타리아 전위의 눈 아래에서 양자는 동일한 신체적 연장성을 갖는다. 마치 삼위일체의 비의秘義처럼, 본격적인 형식과 대중적인 형식은 그 위상과 양태에 있어서는 상이하지만 동일한 프롤레타리아 전위의 눈에 의해 동일한 실체성에 함께 속한다. 이로써 김기진은 '외부'로 향한 사유를 다시금 프롤레타리아 문학의 개념 내부로 회수한다. 하나의 신체적 경계 내부로 들어와 단일한 시선에 의해 통제되는 '대중문학'이란, 프롤레타리아 문학을 변신시키기보다는 보충하면서 완수하려는 방향으로 나아간다. 이곳에서 대중은 다만 독자 — 또는 잠재적인 독자 — 로 제한되고 말며, 프롤레타리아 문학은 독자로서의 노동자 · 농민 대중을 두고 부르주아 문학과 경쟁관계에 놓이게 된다.

3. 두 가지 위기와 대중의 조직화 — 볼셰비키적 대중화

김기진의 대중화론은 목적의식적 방향전환 이후 카프에서 새롭게 주도권을 장악하기 시작한 이른바 '제3전선파' 등 카프 동경지부를 중심으로 활동하던 이들에게 격렬한 비판을 받았다. 특히 "극도로 재미없는 정세에 있어서 우리들의 '연장으로서의 문학'은 그 정도를 수그려야 한다"[24]는 진술이 총독부 당국의 부당한 검열을 불가피한 현실

23 김기진, 「대중소설론」, 『동아일보』, 1929.4.16. 강조는 인용자.

로 인정하고 그에 굴복하려는 태도를 보여주는 것으로서 비판받았음은 잘 알려져 있다.

> 불행히도 우리는 언제나 주의하여 오던 …… **원칙의 치명적 무장해제적 오류**를 발견하게 된 것이다.
>
> 그것은 싸움에 임하는 우리들의 작품의 수준을 현행 검열제도하로 다시 말하면 **합법성의 추수**를 말한 것이다.
>
> 즉 중언을 요할 것이 없이 합법성의 ×취가 아니고 …… **의식적인 퇴각**을 말하는 것이다.[25]

김기진의 대중화를 검열과 합법성에의 굴복이라고 비판하는 이 입장은 프롤레타리아 문학의 독자층을 확대하는 데 몰두하기보다는, 노동자·농민 등을 현실적으로 조직하는 문제와 대중화를 연결시킨다. 임화, 안막, 권환 등에게 프롤레타리아 문학의 대중화란 "중요 산업의 대공장 노동자, 빈농"[26]을 대상으로 하여 그들을 "××(혁명)적 대중"[27]으로 조직하는 과제에 종속된 기술적 문제였다. 따라서 기존의 문학장文學場과 그 효과에 의해 형성된 독자들을 부르주아 문학의 이데올로기로부터 분리시켜 프롤레타리아 '문학'쪽으로 끌어들이는 것이 대중화의 목적이 될 수는 없었다. 김기진은 대중의 교양 수준의 차이에 입각해 프롤레타리아 문학의 '본격 / 통속'을 전술적으로 구별하고자 했지만, 이들은 노동자·농민을 투쟁조직으로 결합시키고자 하는 명확한 목적 하에 대중화의 필요성을 역설하고 있었다.

---

24 김기진, 「변증적 사실주의」, 『동아일보』, 1929.2.25.
25 임화, 「탁류에 항하여－문예적인 시평」, 『조선지광』, 1929.8. 강조는 인용자.
26 안막, 「조선 프로예술가의 당면의 긴급한 임무」, 『중외일보』, 1930.8.22.
27 위의 글, 1930.8.16.

> 우리의 투쟁은 이상에 말한 것 같이 결코 부르조아 예술만이 아니고 부르조아 사회 전체일 것이다. 그러나 우리의 예술작품의 독자대상은 부르조아도 아니고 소부르조아도 아니다. 물론 다소는 반동적 소부르조아와 중간에서 동요하는 소부르조아들을 아지 프로하여 우리 진영으로 유도시키는 효과도 없지 않지마는 그것은 아주 적은 부목적이다. 유일한 주요목적은 우리 노동자 농민계급을 아지 프로하여 미조직된 그이들을 조직시키고 조직된 그 조직을 더 강화케 하는 데 있다.[28]

이들이 대중화의 대상을 협소하게 설정한 것은 코민테른의 1928년 12월 테제(「조선 농민 및 노동자의 임무에 관한 테제」)와 그에 이어진 일련의 정세판단의 영향으로 보인다. 12월 테제에 따라 조선의 사회주의자들은 민족 부르주아지와의 통일전선을 해체하고(신간회 해체), 노동자와 농민을 밑으로부터 조직하는 적색노조 및 농조 운동으로 방향을 선회하게 되었다. 더욱이 1929년의 세계대공황, 1928~1929년에 걸친 원산총파업 등을 전후해 혁명적 분위기가 고조되어 간다는 판단 하에 합법공간에서의 타협적인 운동보다 비합법적이고 직접적인 투쟁 방식이 독려되었다. 이 과정에 이른바 '자본주의의 전반적 위기' 또는 '제3기' 등의 개념으로 당대 자본주의 사회의 위기를 규정했던 국제 공산주의의 정세판단이 작용했음은 물론이다.[29]

사실, 김기진이 "극도로 재미없는 정세"라고 판단하기까지에는, 1928년 두 차례에 걸쳐 진행된 공산당 운동에 대한 괴멸적인 검거와 사회운동 및 사회주의 사상에 대한 탄압과 검열의 강화라는 현상이 있었

---

28 권환, 「무산예술운동의 별고와 장래의 전개책」, 『중외일보』, 1930.1.18.

29 예술운동의 볼셰비키화는 "제3기의 일반적 X세에 응하여 모든 국가의 프롤레타리아 예술진영에서도 일어나고 있는 것"이었다. 안막, 앞의 글, 1930.8.16.

다. 하지만 제3전선파를 중심으로 떠오른 카프의 새로운 소장파들은 이른바 '볼셰비키적 대중화'를 통해 탄압국면을 돌파할 수 있다고 생각했던 것으로 보인다. 운동과 사상에 대한 강도 높은 탄압은 자본주의 — 및 제국주의 — 의 위기와 계급투쟁의 격화를 반증하는 것으로 인식되었기 때문이다. 바야흐로 '혁명적 위기'의 시간을 지나고 있다는 판단이, 볼셰비키적 대중화 등장의 주요 배경이 되었다고 할 수 있다.

이 시기 '위기'는 두 가지 의미를 함축하고 있었다. 한편에 세계적 차원에서 자본주의의 구조적 모순이 심화되어 가면서 그에 따라 식민 본국과 식민지에서 머지않은 장래에 계급투쟁이 격화되리라는 전망이 있었다면, 다른 한편에는 총독부와 내지 정부가 위기의 원인을 은폐하고 지배를 연장하기 위해 통제적 관리를 정교화해 가는 현실이 있었다. 이 통제적 관리는 제국주의의 식민지 통치와 착취에 대한 피식민지 인민들의 적대를 내적으로 심화시키는 한편 그 적대가 확산되는 경로를 차단하고 혁명운동을 고립시키는 방식으로 이루어졌다. 따라서 한편에 '혁명적 위기'가 있었다면, 동시에 '혁명운동의 위기'도 공존하고 있었다. 물론 지하에서 적색노조 및 농조 운동이 부단히 전개되어 갔지만, 그 활동은 식민지 / 제국의 언설-법-미디어의 표상체제에 의해 언제나 '일부의 고립된 행동'으로 포획되곤 했다.

이때 조선 전체의 사회운동과 결합해 노동자·농민 조직 사업에 조력하고자 하는 볼셰비키적 대중화는 '문학으로부터 탈피'하여 대중과 만나는 다른 경로를 개척하려고 한다.

> 우리가 과거에 가지고 있던 오견誤見, 주로 부르신문과 부르잡지를 통하여서만 행하던 운동(주로 작품) 경향 즉 우리들 자신의 기관의 강대화보다도 다른 기관의 이용을 과중평가한 그것을 단연히 극복하여야 한다는 것이다.[30]

임화는 노동자·농민에게 다가가기 위한 배포망의 문제를 거론하고 있지만, 이곳에서는 부르주아 신문·잡지에 프롤레타리아적 '문학작품'을 게재해 그 독자들의 의식에 영향을 미치는 방식을 취해 왔던 운동의 기본틀을 비판하고 있다는 사실에 주목할 필요가 있다. 이 입장은 다만 출판법이나 신문지법의 검열 제도 내부에서 벌여왔던 운동을 비판하는 데 그치지 않으며, 또한 부르주아 저널리즘에 한쪽 발을 들여놓은 채 부르주아 문학과 경쟁하고 있었다는 모순된 상황을 타개하려는 데 그치지도 않는다. 중요한 것은 '문학작품'이 관련되어 있는 제도적 연관, 즉 식민지 / 제국의 언설-법-미디어의 표상체제를 넘어서 노동자·농민 대중과 만나야 한다는 지향성에 있다.

볼셰비키적 대중화의 방침에 따라 카프는 1930년 4월 조직개편을 단행한다. 이때 영화, 연극, 음악, 미술 등 다양한 예술 분야를 포괄하는 '기술단체'로서의 성격을 강화하는 한편으로, 전 조선의 사회운동과 연계해 노동자·농민의 조직화를 도모하는 '대중단체'로서의 성격도 분명히 하게 된다.

> 우리 카프는 기술단체이다. 구성원은 물론 기술가로 할 것이다. 그러나 재래와 같이 언제든지 창작적 기술의 숙조熟組만을 표준하는 것은 마치 사회운동 초기의 모든 투쟁단체가 이론 정도만을 표준하여 구성한 것과 같은 묵은 조직방법일 것이다. 그래서 소설이나 시 등의 창작기술이 숙련하더라도 비겁성, 인텔리성, 타협성이 많은 이보다도 오히려 창작적 기술은 비록 조졸粗拙하더라도 타협성 적고 희생심 많고 직업적 운동가의 소질 가진 예술운동가에게 중임을 담당시켜야 할 것이다. 따라서 지금와서의 모

30 임화, 「김기진 군에게 답함」, 『조선지광』, 1929.11.

든 투쟁단체가 이론 본위보다도 투쟁역량 본위로 조직함과 같이 우리 카프도 창작적 기술 본위보다도 투쟁역량 본위로 조직해야 할 것이다.[31]

예술운동 조직을 창작역량보다 투쟁역량에 입각해 구성하고자 하는 운동의 지향은 이미 '문학작품'의 개념을 넘어선 곳으로 나아간다. 영화, 연극, 음악, 미술 등의 다양한 예술분야를 포괄하게 되었다는 점에서도 카프가 더 이상 문학운동 중심의 조직으로 국한되지 않는다는 것이 명백해졌지만, 중요한 것은 영화, 연극, 음악, 미술 등의 분야 역시 '예술'로서 이해된 것은 아니었다는 점이다. 그것은 무엇보다도 문자를 읽지 못하는 대부분의 노동자·농민 대중을 대상으로 선전·선동 활동을 전개하기 위해 선택된 것이며, 따라서 '예술'로서의 구성요건이나 형식은 중요한 것이 아니었다. 효과적인 선전·선동을 위해서는 "예술적으로 형상화되지 않은 소재 그대로의 사회의 실재적 제 재료(예하면 투쟁리포트—세계정세 등)를 모집 또 설명하여 대중 아지 프로의 재료로 아니 삼을 수 없다"[32]는 사고는 '문학'(또는 '예술') 개념 바깥에서 대중과 '직접' 만날 수 있다는 기대를 함축하고 있다.

4. 문학과 직접성

김기진의 대중화와 볼셰비키적 대중화는 각각 다른 방식으로 '외부'와 만나는 계기를 내포하고 있었다. 양측 모두 기존의 프롤레타리아

---

31 권환, 「조선예술운동의 당면한 구체적 과정」, 『중외일보』, 1930.9.2.
32 위의 글, 1930.9.12.

문학에 대한 반성에서 출발한다. 김기진은 프롤레타리아 문학이 막연하게 상정하고 있던 프롤레타리아 독자가 거의 부재함을 일깨우며, 역설적이게도 프롤레타리아 문학의 '세속화'의 길을 제시한다. 프롤레타리아 문학이 '그러해야 할 바'로서 가지고 있는 개념과 현실 대중의 '문학적 취미' 사이의 간극을 좁히기 위해 그는 본격 프롤레타리아 문학 이외에 통속적 또는 대중적 프롤레타리아 문학을 설정하고자 했다.

기존 프롤레타리아 문학이 대중으로부터 격리되어 있다는 인식은 볼셰비키적 대중화를 주장하는 입장에서도 공유되고 있었다. 권환이 말하듯이, 과거 카프의 문학운동은 "연극배우의 관중 없이 하는 연습흥행에 불과"[33]했던 것이다. 그러나 혁명적 프롤레타리아를 조직해야 한다는 목적 하에 주창된 볼셰비키적 대중화는 프롤레타리아 문학의 세속화가 아니라 오히려 '문학'(또는 '예술') 바깥으로 나가고자 했다. 조직 개편을 통해 확장시킨 다양한 예술 분야도 예술 자체의 가치가 아니라 노동자·농민의 '감각'과 '신체'에 직접 접근하고자 하는 목적에 입각해 채택된 것이었다.

물론 양측이 염두에 두고 있는 대중의 개념 자체에 큰 차이가 존재하는 것은 사실이다. 그러나 대중화의 시도는 양측 모두에게서 '프롤레타리아 문학'의 경계와 부딪치거나 그것을 가로지르는 경험을 수반했다.

김기진은 부르주아 문학, 통속문학을 비판하기보다 그것들이 뿌리내리고 있는 '낡았지만 그렇기 때문에 친숙한' 형식을 전유하고자 했다. 이를 통해 그가 제시한 프롤레타리아 대중문학은 낯익은 갈등구조에 자연주의적 폭로의 시각을 가미한 듯하다. 그렇다면 어떻게 이

---

33 위의 글, 1930.9.7.

'프롤레타리아 대중문학'은 여전히 프롤레타리아 문학일 수 있는가? 김기진은 프롤레타리아 문학의 '본격 / 통속'을 이원화 하여 다시 프롤레타리아 문학에 환원시키는 방식으로 이 물음을 회피한다.

김기진에게 대중화란 독서 과정에서 대중 독자의 '의식적 전환'을 이끌어내는 것에 가깝다. 즉 엄밀하게 말해서, 프롤레타리아 문학(자)이 대중에게로 가는 것이 아니라 대중을 이편으로 '고양'시키는 것에 궁극적인 목적이 있다. 이러한 관점은 그의 문제적인 대중관에서도 드러난다.

> 대중의식의 앙양·결정은 일조일석에 가능한 것이 아니다. 그 이유를 듣건대, 그들은 첫째 무지하다. 둘째 둔감하다. 셋째 장구한 세월의 간난신고艱難辛苦의 경험은 그들로 하여금 장래에 대한 희망과 용기를 마비케 하였다. 요약하여 말하면, 그들은 의식의 상실자다. 넷째 그들은 장구한 세월을 두고 ××의 계획적 수단으로 말미암아 저급한 향락과 노예적 봉사의 정신의 주입을 받아서 근치根治하기 곤란한 중독자가 되어 있다.[34]

대중의 '현상태'를 기술하고 있는 부분이지만, 대중으로부터 '무지', '둔감', '의식 상실', '노예적 정신' 등을 발견하는 시선은 철저하게 근대적 주체의 개념을 규범적으로 가진 자의 그것이다. 대중의 '움직임'의 선행성에 대한 의식을 무색하게 할 만큼, 대중으로부터 결핍의 지표만을 읽고 있다. 물론 이러한 결핍을 충족시킴으로써 대중을 주체로 전환시키고자 하는 것이 대중화의 목적이지만, 이 충족의 방향은 역사적으로 규정된 계급의식 내부로 향해 있다. 이 무지하고 둔감한 대

---

34 김기진, 「대중소설론」, 『동아일보』, 1929.4.17.

중들의 노예적 "의식을 진정한 의식에까지 앙양·결정結晶하게"[35] 한다는 대중화의 작업은, 흐릿한 상태에 명확한 언어를 부여하고, 무정형적인 흐름에 형태를 부여하는 작업에 다름 아니다. 대중의 움직임의 선행성을 인정했음에도 불구하고, 김기진은 그 앞선 움직임이 지향해갈 방향으로 먼저 달려가 저 예측불가능한 힘들에 부여할 단단한 언어들을 들고 기다리고 있었다.

김기진의 대중화를 '합법성에의 추수'로 비판할 수 있다면, 그것은 그의 입장이 단지 일제와 총독부의 검열을 정당화하는 법적 규제를 문학운동의 불가피한 조건으로 수락하고 있기 때문만은 아닐 것이다. 그것은 근대적 주체의 규범을 내면화하고, 그 주체의 언어적·의식적 자기표현으로서의 '근대문학'의 개념을 완성하는 작업을 문학운동 속에서 진행시키고 있기 때문일 것이다. 따라서 역설적이게도 김기진의 대중화는 식민지 / 제국의 언설-법-미디어의 표상체제 — 쓰기·읽기·듣기·말하기의 근대적 제도들과 뒤얽혀 있는 — 내부로 대중을 순치하는 방향성을 갖는다. 설혹 패배당한 전근대의 문학 형식들을 차용하고 대중의 문화적 취향에 접근하고자 했을지라도, 기술적으로 분할된 '본격 / 통속'을 전위의 눈으로 관통시키면서 그는 결코 프롤레타리아 문학의 개념 '외부'로 나가지 않았다.[36]

김기진과 달리 임화, 안막 등이 이끌어 간 이른바 볼셰비키적 대중화는 분명히 혁명적 프롤레타리아를 조직하고 투쟁역량을 강화하고

---

35 김기진, 「프로시가의 대중화」, 『문예공론』, 1929.6.

36 김기진 역시 문학만이 아니라 연극, 영화, 음악 등을 통해 대중에 접근해야 한다고 주장한 바도 있고, 공장이나 농촌으로 직접 들어가 대중과 만날 필요성도 역설한 바 있다. 그러나 그때조차도 "그렇게 함에 있어서는 가지고 갈 만한 **작품 그 물건이 먼저 있어야 한다**"는 말을 잊지 않는다. 김기진, 「예술운동에 대하여」, 『동아일보』, 1929.9.22. 강조는 인용자.

자 하는 목적, 즉 조선 전체 사회주의 운동의 과제를 수행하는 일환으로 제기된 것이었다. 따라서 이곳에서는 반드시 '문학'(또는 '예술')을 고수해야만 하는 필연성이 부재한다. 이는 영화, 연극, 음악, 미술 등 여타의 예술 장르를 다양하게 활용한다는 것을 뜻할 뿐만 아니라, '문학'(또는 '예술')이라는 개념을 형성・유지해 온 문학예술 내외의 다양한 실정성들의 경계를 넘어선다는 것을 의미한다. 볼셰비키적 대중화는 이러한 방식으로 프롤레타리아 '문학'('예술')의 외부에 대한 감각을 보유한다. '문학'('예술')의 경계를 넘어서는 실천은 식민지 / 제국의 언설-법-미디어의 표상체제 바깥을 지향하는 활동으로 나타난다. 즉 기존의 문학 개념, 문학 (재)생산제도, 출판・언론 매체, 검열 등을 넘어서 노동자・농민 대중에게 접근하고자 하는 지향성은, 식민지 / 제국의 언설-법-미디어의 표상체제에 포획될 수 없고 그것에 의해 번역될 수 없는 대중의 움직임과 접촉할 수 있는 가능성을 내포하고 있다. 이러한 지향성 속에서 '벽시', '벽소설' 등 새로운 문학적 대중화의 실천이 개발되기도 했으며,[37] 영화・연극・음악・미술 등 문자를 알지 못하는 노동자・농민 대중들에게도 전달가능한 예술 미디어들을 적극적으로 활용하는 다양한 시도가 이루어졌다. 예컨대 이동연극 등을 통해 노동자・농민의 현장에서 선전・선동을 수행하고자 했던 실천들은 알려진 바와 같다.[38]

그러나 '외부성'과 관련해 다시 볼 때, 볼셰비키적 대중화는 어떤 변신을 통해 외부에 대한 감각을 실천적으로 전유했는가. 볼셰비키적 대중화가 '문학'('예술')의 경계를 어떤 극단에까지 몰고 갔음에는 틀림

---

37 현인, 「문예시평—두 가지의 이야기」, 『비판』, 1932.3.

38 1930년대 초 '소형극장'을 중심으로 이루어진 이동연극 운동에 대해서는 김용관, 「카프의 연극 대중화 과정 연구」, 『비평문학』 25집, 2007 참조.

없다. "예술의 역할은 프롤레타리아트의 조직사업을 조력함에 있다"[39] 고 하는 볼셰비키적 대중화의 기본 방침에 따른다면, 노동자·농민에 대한 사상적·정치적 영향을 촉진하고 그들에게 혁명적 의식을 형성하게 하여 계급투쟁과 결합되도록 정서적으로 호소할 수 있는 도구라면 원칙적으로 무엇이든 사용 가능하다. 그러므로 문학은 물론이고, 영화·연극·음악 등의 예술 장르도 그것이 사용되는 이유와 목적은 노동자·농민 대중을 '움직이게' 하는 데 있다. 따라서 문자의 매개를 최소화 해 그들의 감각에 직접 가닿는 다양한 실천을 권고한다. 이러한 실천은 대중의 감각에 호소함으로써 보다 직접적으로 그들 내부에 어떤 변화를 가져올 수 있으리라는 가정을 전제한다.

노동자·농민을 대상으로 그들의 감각에 보다 직접적으로 접근하고자 하는 볼셰비키적 대중화는 식민지 / 제국의 언설-법-미디어의 표상체제 바깥에서 다양한 조직화의 경로를 모색했다는 점에서 '외부'에 대한 감각을 운동과정에 전유하는 한 방식을 보여준다. 그러나 '문학'('예술'), 그리고 '문학'('예술')을 성립시키는 근대적 제도들과 뒤얽혀 있는 체제 바깥에서 소통의 다양한 경로를 모색하고자 했음에도 불구하고, 볼셰비키적 대중화는 그 대상을 중요산업의 대공장 노동자와 빈농으로 명확히 제한하면서 혁명적 주체로서의 프롤레타리아의 개념을 재강화시킨다. 1920년대 초반 프롤레타리아라는 말이 엄밀한 개념으로서보다 식민지 조선에 존재하는 억압받고 착취당하고 핍박받는 모든 약자들의 이름으로 떠올랐을 때만 해도 그 말 속에 흔적을 남기고 있던 계급 개념의 '외부'[40]가, 볼셰비키적 대중화에서는 차단되고 만다.

---

39 김두용, 「우리는 어떻게 싸울 것인가?」, 『무산자』, 1929.7.

40 특히 김기진의 초기 에세이에서 프롤레타리아 개념이 모호하게 확장되어 사용된 측면에 대해서는 차승기, 「프롤레타리아란 무엇이었는가—카프 초기의 프롤레타리아 개념

더욱이 노동자・농민의 감각에 직접 다가가고자 하는 시도는 직접성의 가상을 강화할 수 있다. 보다 엄밀하게 정의된 프롤레타리아를 선전・선동하고 조직화하기 위해 '문학' 바깥으로 나가고자 하는 기획은, 한편으로는 제도화된 문학예술의 형식을 넘어 다양한 소통의 경로를 발굴할 가능성을 내포한 것으로 보이기도 한다. 그러나 이미 혁명적 주체로 가정된 프롤레타리아에게, 그것도 문자를 매개하기보다 감각에 직접 호소하는 방식으로 이루어지는 소통은, 그것이 가장 효과적으로 이루어지고 있다고 생각되는 순간에 오히려 주체화를 저해하는 결과를 낳을 수 있고, 이 소통을 통해 조직할 수 있으리라 여겨지는 '혁명적 프롤레타리아'는 스스로 사고하기를 멈춘 힘으로 대상화될 수 있다. 볼셰비키적 대중화의 핵심적 대상인 대공장 노동자와 빈농은 본질주의적 계급 개념에 따라 혁명적 프롤레타리아로 규정되었기 때문에, 언제나-이미 '주체의 내부'로서 이해된다.[41] 그러므로 역설적이게도, 이 '내부'에서 직접 만나는 것은 살아 있는 '대중'의 움직임이 아니라 혁명적 프롤레타리아라는 개념이다.

5. 보편적 외부성 – 맺음말을 대신하여

카프로 대표되는 프롤레타리아 문학운동은 문학을 통해 인간과 사회의 변혁을 도모하고자 하는 대표적인 진보적 문화운동의 하나였다.

의 변모」, 『한국문학연구』 47집, 2014 참조.

41 이강수는 볼셰비키적 대중화론이 "카프 작가와 대중 사이에 의식의 동질성을 전제로 하고 있다"(이강수, 앞의 글, 76쪽)고 지적한 바 있는데, '직접성'의 가상이야말로 이 '의식의 동질성'을 전제로 하고 있다고 말할 수 있을 것이다.

그런데 이 운동이 '운동'으로 전개되기 위해서는 그 자체가 일종의 모순된 상태를 유지해야만 했다. 운동을 지속하는 자기동일적 실체를 가져야 하는 동시에 부단히 그 동일성을 파괴하는 '외부'에 대한 감각을 가져야만 했다. 이 '외부'란 식민지 / 제국의 언설-법-미디어의 표상체제 바깥인 동시에 운동을 자기동일적으로 지속하게 하는 조건의 바깥이기도 하다. 나아가서 이 바깥은 '운동'이 활성화시키고자 하는 대중의 실재이기도 하다. 대중의 실재는 운동의 논리대로 있어주지 않는다는 점에서 '외부'이다.

운동이 현실적으로 전개되기 위해서는 이념, 목적, 조직, 프로그램 등을 필요로 하지만, 동시에 운동의 자기동일적 지속성을 파괴할 수 있는 '외부'를 삭제할 경우 운동은 앞으로 나아가는 것조차 불가능하다. 운동이 어떤 법칙이나 체계성 내부에서 이루어진다면 더 이상 혁명적 의의를 가질 수 없는 것은 물론 운동으로 존립할 수도 없다. 따라서 운동이 가능하기 위해서는 역설적이게도 언제나 **보편적 외부성**의 감각이 요청된다고 할 수 있다.

김기진의 대중화도 볼셰비키적 대중화도 '위기'의 산물이라는 점에서 프롤레타리아 문학운동이 드물게 '외부성'을 감각하는 계기였다. 계급협동노선을 철회하고 밑으로부터 혁명적 대중운동을 조직해야 할 자본주의의 전반적 위기이든, 일제와 총독부의 통치적 관리가 강화됨으로써 합법성의 울타리 안에서 이루어지던 문학운동이 맞은 위기이든, 이 위기는 기존의 프롤레타리아 문학 개념을 어떤 형태로든 넘어설 것을 요청했다. 그러나 단순히 대비시켜 말하자면, 김기진 식의 대중화는 프롤레타리아를 넘어 '문학'으로, 볼셰비키적 대중화는 문학을 넘어 '프롤레타리아'로 회귀했고, 따라서 위기 속에서 떠오른 '외부성'의 계기를 각자 다른 방식으로 닫아버린 것으로 보인다. 그럼에도 불구하고 프롤레타리아 문학의 대중화는, 프롤레타리아 문학이 그 계급성과 당파성을 유지하면서, 그리고 세계를 번역하는 고유의 언어적 형식을 유지하면서, 동시에 어떻게 그 자신이 아닌 것으로 변형될 수 있는가 하는 어려운 문제를 제기한다.

대중화란 프롤레타리아 문학의 본질은 그대로 유지한 채 보다 쉬운 전달을 위한 기술적 처리를 통해 달성할 수 있는 과제가 아니다. 예컨대 그것은 조밀한 것을 희박하게 만드는 류의 문제가 아니다. 대중화에는 자기부정과 변신의 계기가 내포되어 있기 때문이다. 그것은 운동의 자기동일성을 유지시켜 왔던 언어적 형식과 약호의 바깥에서 실재와 만나는 사건과 분리될 수 없다. 따라서 자기부정과 변신은 프롤레타리아 문학의 자기동일성을 생산적으로 파괴하게 만든다. 하지만 계급성과 당파성의 측면에서든 문학성의 측면에서든 프롤레타리아 문학이 단일한 신체성을 연장하는 한, 자신의 외부와 만나는 사건은 발생하지 않는다.

물론 자기부정과 변신만으로는 운동이 불가능하다. 공통의 이념과 지향성을 중심으로 역량이 결집되지 않는다면 운동이 현실적인 흐름을 구성할 수 없기 때문이다. 따라서 보편적 외부성이란 실로 "불가능한 것의 경험"[42]에 가깝다. '지금'이 아닌 다른 시간, '여기'가 아닌 다른 장소에 대한 지향이야말로 모든 진보적 운동을 출발시키는 근본적 충동과 관련된 것이지만, 다른 시간과 장소, 또는 환원불가능한 외부를 향해 보편적으로 개방하고 끊임없이 변신을 거듭한다면 반대로 운동의 자립적 활동성 자체가 무화되고 만다. 그럼에도 불구하고 이 불가능한 것의 경험의 한계지점에 다가가려는 움직임이 부재한다면 진보

---

42 가야트리 스피박, 태혜숙 · 박미선 역, 『포스트식민 이성 비판』, 갈무리, 2005; 冨山一郎, 『流着の思想』, インパクト出版會, 2013, 182쪽 참조.

적 운동은 다른 이름의 권력적 형태로 귀착될 것이다. 불가능한 것의 경험으로서의 외부성이라는 아포리아를 포기하지 않을 때에만 진보적 운동은 해방의 순간을 지속시킬 수 있을 것이다.

‘생활’하는 ‘주의자’들

〈‘김병화’傳〉으로 읽는 『삼대』

박헌호

1. 시작하며

식민지 조선에서 ‘主義者’[1]로 산다는 것은 ‘무엇’을 의미하는 것일까? ‘어떻게’ 산다는 것을 뜻하는 것일까? 역사철학적 무게를 지닐 수밖에 없는 이 질문에 짧게 답하는 일은 불가능할 터, 주의자를 바라보던 ‘바깥’의 시선으로부터 이야기를 시작해보자.

> S군, 나의 존경하는 위대한 남아여!
> 과연 그대의 팔 다리는 우람하기 기중기 같소.
> 과연 그대의 가슴은 큰 화륜선의 기관실같이 지나기만 하여도 화끈화끈

1 ‘주의자’란 공산주의자, 사회주의자를 일컫는 당대적 표현이다. 넓게 보아 ‘사회주의자’로 통칭될 수 있는데 이는 공산주의나 사회민주주의, 그리고 아나키즘 사이의 사상적 차이를 무시하는 언표가 아니라, 이를 대중적으로 통칭하는 용어로 당시에 널리 쓰이던 명명법이었다.

뜨겁소.

위대한 남아여!

무서운 짐승이여!

그러나 S군, S군이여.

군은 왜 여태 우리에게 짜증만 주는가.

왜 활동사진장이처럼 예고만 하는가.

왜 당치않게 나 같은 사람처럼 붓장난만 하는가.

우리는 한낱 로맨티스트 그대는 영웅.

우리는 그대의 이름을 ××표로 찬 논설 아래에서 보고 싶지 않네.

그대는 그대 이름을 쓰지 않아도 상관없네.

좀 그대 이름은 신문사 윤전기에서 벽돌만큼씩 한 활자로 굴러져 나오려마.

S군, 나는 그대를 존경하오.

그러나 그대의 그 기중기 같은 손아귀가 펜 꼬투리를 잡고 '××'나 그리고 앉았다면 나는 그대를 우리 같은 한낱 로맨티스트만 차라리 못하게 여겨 눈을 흘기겠소.

예고 또 예고 '××' 또 '××' ……

오— 향락도 없는 권태여![2]

조롱기 어린 편지형식의 인용문은, '주의자'에 대한, 주의자가 아닌 당대 지식인의 어떤 시선과 입장들이 제시돼 있다. 적어도 세 가지 지점에서 흥미를 유발하는데, 식민지 조선에서 대중매체에 글을 쓰는 행위의 의미에 대한 질문을 던지게 만드는 것이 하나라면, 사회주의

2 이태준, 「편지—나의 존경하는 S군에게」, 『여인』, 1932.10(여기서는 이태준, 『무서록』, 깊은샘, 1994, 218~219쪽에서 인용).

적 '실천'의 층위들이 위계화 돼있었다는 것이 두 번째로 제시될 수 있는 논점이다. 마지막으로 '그대 이름이 신문사 윤전기에서 벽돌만큼씩 한 활자로 굴러져 나오'게 하라는 냉소적인 표현에서 드러나듯, 사회주의 운동이 '사건'으로 현상할 수밖에 없었던 식민지 조선의 현실은, 그곳에서 '주의자'로 산다는 것의 의미가 다층적일 수밖에 없다는 사실을 암시하고 있다.

요컨대 식민지의 언론매체에 사회주의적 성향의 글을 발표하는 것은 진정한 '실천'이 될 수 없다는 것, '벽돌만큼 한 활자'로, 예컨대 '제×차 공산당 사건' 피검자로 이름이 보도되지 않는다면 그를 사회적 차원에서 사회주의자로 '인준(?)'하기 어렵다는 생각이다. 이러한 사유의 밑바닥에는 '글쓰기'란 간접적인 것이요 직접행동으로 나아가지 못하는 자의 자기위안이거나 일종의 기만이라는 질책이 배어있다. '한낱 로맨티스트'가 아닌 '혁명'을 꿈꾼다는 주의자들조차 '언어'에 붙들려 있는 것은 '향락'없는 '권태'에 불과하다는 조롱.

인용문에서 냉소와 조롱의 냄새를 휘발시키고 보면, 거기에는 식민지 조선에서 사회주의(자)가 존재했던 양태가, 또 그것을 응시하는 지식인/대중들의 소실점이 드러난다. 그것은 '사건성'으로 현상하는 '직접행동에의 강박'으로 모아진다. 이는 어쩌면 당연한 말처럼 보인다. 사회주의가 민족해방과 계급해방을 추구하는 혁명이론이라 했을 때 혁명운동에 기투하는 개인의 실존적 결단 없이 혁명의 수레바퀴가 저절로 굴러갈 수는 없는 법이다. 혁명은 복자('××표')로 가득 찬 논설 따위를 쓰는 일로 다가오지 않는다는 인식, 적어도 그것은 간접적인 것이며 행동의 직접성에 비해 열등하거나 최소한 부차적이라는 생각.

이러한 인식은 마르크스주의에 내재한 것임과 동시에 조선의 '식민지-임'을 보여주는 증좌 중 하나이다. 마르크스주의가 또한 '실천철학'

이라는 사실을 여기서 재론할 필요는 없겠다. 마르크스 자신 「포이에르바하에 관한 테제」에서 "인간의 사유가 객관적인 진리를 포착할 수 있느냐 없느냐 하는 것은, 이론의 문제가 아니라 '실천'의 문제다. 인간은 실천을 통해서 진리를, 즉 그의 사유의 현실성과 힘을, 그 現世性을 증명해야 한다"[3]고 말했다. 물론 이때의 '실천'이 '직접행동'에 국한되는 것이 아니라는 점도 상식에 속한다. 그것은 '실천주의'라 불리는, 비판의 대상이다. 이론과 실천, 사유와 행위 사이의 변증법적 관계에 대한 무지에서 비롯된 일차원적 사고인 것이다. 하지만 식민지 조선에서의 실천이란 무엇보다 행위의 즉자성과 효과의 직접성을 요청하는 것이었다. 신채호가 「조선혁명선언」(1923)에서 공표했던 '문화운동'에 대한 일정한 경멸은, 그 맥락상의 의미에도 불구하고, '실천'을 위계화하고 직접행동을 절대화하는 식민지적 강박을 노정한 사례로 읽힐 수 있다.[4]

식민지 검열 역시 이러한 인식의 형성에 중요한 일조를 했다. 일본 공산당과 그 추종자들이 누렸던 최소한의 발표의 자유와 논쟁의 공간조차[5] 허락받지 못한 조선의 사회주의자들에게 대중매체를 통한 이론적 공방과 투쟁노선의 점검은 꿈꿀 수 없는 욕망이었다. 일본에서는 허락되는 일이 왜 조선에서는 안 되느냐는 질문에는 늘 '民度의 차이'

3 칼 마르크스, 박재희 역, 「포이에르바하에 관한 테제」, 『독일이데올로기』 1, 청년사, 1988, 185쪽.

4 신채호의 이러한 언급에 대한 간략한 논평으로 임형택, 「염상섭의 작가정신과 한국 근대—『삼대』를 중심으로」, 『창작과 비평』 166, 2014 겨울, 67쪽 참조.

5 일본의 사회주의자 역시 가혹한 검열에 시달렸다. 그러나 그들은 일본 공산당 창건 이전의 매체는 물론이고 1923년 창간된 당 기관지 『赤旗』를 비롯하여 『마르크스주의』, 『노농』 등의 다양한 발표공간을 가졌다. 이를 통해 '후쿠모토주의' 논쟁이나 '노농논쟁' 등 지속적인 논쟁을 벌였다. 이에 대해서는 小山弘健, 한상구・조경란 역, 『일본 마르크스주의사 개설』, 이론과실천, 1991 참조.

라는 말이 전가의 보도로 사용되었다. 사상은 현실에 의해 검증받고 주체의 경험을 통해 재구성될 때, 교조주의로부터 벗어날 가능성을 높이고 수용자들의 역사와 현실 속으로 더욱 밀착할 수 있다. 그런데 검열에 의한 사상 탄압의 결과, 식민지 조선의 사회주의는 공론장에서 완전히 배제됨으로써 자신을 성숙시키고 오류를 수정할 기회를 박탈당했다.[6] 조선 사회주의 운동사에 가로새겨진 코민테른에 대한 과도한 집착과 사상 그 자체를 절대화하는 태도는 이와 맞물려 숙고되어야 한다.[7] 이는 비단 사회주의만의 불행이 아니다. 한국 보수 우익의 사상적 빈곤은[8] 사회주의가 공론장에서 추방됐다는 역사적 사실과 역설적인 관계를 맺고 있다. 사상적 대립자의 실종은 보수 우익으로 하여금 스스로를 현실화하고 이론화하며 보편화해야 할 필요성을 격감시켰다. 사회주의적 '실천'이 '직접행동에의 강박'으로 초점화된 것은 이러한 역사적 상황과 연관하여 이해돼야 할 것이다.

인용문은 1932년의 시점에, 당시 카프문학에 대항하는 소위 순수문학단체로 평가받던 '구인회'의 좌장 이태준 — 그가 해방 이후 북한 체제를 선택했다는 사실은 주지하는바 — 의 글이다. 1932년이라면 이미 1925년의 제1차 공산당 사건으로부터 시작하여 굵직한 것만으로도 6차례 이상 공산당 관련사건 검거선풍이 지나간 뒤였다.[9] 이태준

---

6 박헌호, 「문화정치기 신문의 위상과 반검열의 내적 논리」, 검열연구회 편, 『식민지 검열, 제도·텍스트·실천』, 소명출판, 2011, 3장 참조.

7 이러한 경향의 역설적 연계로서 60년대 중반 이후 북한에서 등장한 '주체사상'을 숙고해 볼 수 있다.

8 김동춘, 「사상의 전개를 통해 본 한국의 '근대'모습」, 『한국의 '근대'와 '근대성' 비판』, 역사비평사, 1996 참조.

9 '조선공산당'사건으로 지칭된 것만도 1925년 11월의 1차당, 26년 6월의 2차당, 28년 4~6월의 3차당, 그리고 7월에 4차당 사건이 있다. 간도에서도 1927년 10월에 소위 '제1차 간도공산당사건'이, 1928년 9월에 '2차 간도공산당 사건'이 발생했다. 이에 대해서는 장신, 「1920년대 민족해방운동과 치안유지법」, 『학림』 19호, 연세대 사학연구회, 1998 참조.

의 말대로 사회주의자들의 이름이 '신문사 윤전기에서 벽돌만큼씩 한 활자로 굴러져 나오'기를 수차례 반복한 뒤였다. 달리 말하면 그렇게 벽돌만한 활자로 이름이 굴러 나오기 전까지는 누가 사회주의자인지 확증할 수 없다는 말이기도 하다. 사상이 정신의 영역에 속하는 한, 언표와 실행을 통하지 않고는 그의 사상을 헤아리기 어렵다. 언표로는 부족하다는 게 인용문에서 드러나는 당대의 인식이었으니, "사회주의자가 그 신원이 가시화되는 경우란 예외적인 역사적, 정치적 상황이 아니라면 대체로 체포와 구금 등을 계기로 이루어진다"[10]는 기존 연구의 지적이 당대의 언어에서도 확인된다.

그렇다면 '가시화'되기 이전, 즉 '체포'되기 이전의 주의자들은 어떻게 살았을까? 『삼대』의 '피혁(이우삼)'처럼 돈이나 무기 그리고 지령을 가지고 조선에 잠입한 주의자가 아니라면, 『무화과』의 '원태섭'처럼 운동을 위해 국경을 넘는 망명자가 아니라면, 즉 조선에 거주하며 조선 안에서 신념을 실천해야 했던 주의자들은 어떻게 살았을까? 요행히 '線'을 잡아 '산해진'이라는 반찬가게를 차리고 '다음'을 모색했던 『삼대』의 '김병화'도 있었을 것이고, 도무지 씻기지 않는 자신의 '인텔리 근성'에 진저리치고 의지와 신념의 박약함을 수시로 자학하면서, 그럼에도 봉건과 무지의 바다에서 익사하지 않기 위해 발버둥 치던 『고향』의 '김희준'과 같은 인물들도 있었을 것이다.

그들도 '생활'인이다.[11] 생물학적 현존을 위해 의식주를 필요로 하

---

10 이혜령, 「감옥 혹은 부재의 시간들—식민지 조선에서 사회주의자를 재현한다는 것, 그 가능성의 조건」, 『대동문화연구』 64집, 성균관대 대동문화연구원, 2008.12, 76쪽. 본고는 이혜령의 이 연구에서 계발 받은 바 크다. 그 논지를 수용하면서 관점과 영역을 확장하려고 노력하였다.

11 '생활'은 식민지 조선의 프롤레타리아 문학운동의 역사에서 예사로운 개념이 아니다. '신경향파'의 자기정립에 이 용어가 기여한 바가 크며, 이른바 '전향' 이후의 문학사에서도 '생활의 발견'이란 개념으로 강력한 반사광을 형성한 바 있다. 이철호, 『영혼의 계보』,

는 한편, 보다 가치 있는 세계를 향해 들려져 있어야 했다. 말하자면 '주의자'에게 '생활'이란 '객관적 주체로서의 인간이 지니는 주관적으로 현상하는 현실'이다. 그는 일상인으로서 생활을 영위하지만 동시에 주의자로서 생활을 객관화해야 한다. 생활이란 주체속의 세계이지만 주의자 자신이 세계에 대해 가지는 객관적 태도로 말미암아 주체에게 '보여지는', 주체를 초월한 세계에 해당하기도 한다. 사회적 개인으로서 그는 '생활' 속에서 자신의 관계맺음과 관여를 통해 의식을 현실화해야 하는가 하면, '생활'의 무차별성과 익명성에 거주하면서 동시에 그에 저항해야 하는 '배반의 당위'속에 놓여진다. 혁명은 삶으로부터 비롯되는 것이지만 삶으로부터의 거리를 요청하는 것이기도 하므로. 하여 주의자에게 생활이란 실천의 육체화를 요구하거나 실천에의 거리감을 환기시키는 이중의 소여일 수 있다.[12]

'생활'하는 '주의자'들을 살펴보려는 이 글의 문제의식은 '사건성'으로 현상할 수밖에 없었던 식민지 조선의 사회주의를, '사건'의 '안팎'으로 축소 / 확장하려는 관심의 소산이다. 생활하는 주의자는 '사건'을 준비하거나 각오한 자이겠으나, 생활의 주관성에 의해 자신의 객관성을 세계로부터 질문 받는 자이기도 하다. 익숙한 표현으로 하자면 이러한 시도는 사회주의 연구를 일상사와 감성사의 영역에서 다루어보려는 것이다. 한국 사회주의 연구사의 흐름에 '운동사' 연구와 더불어 "그것을 사상으로서, 지식과 담론으로서 혹은 멘탈리티Mentality의 형

창비, 2013, 제3부 9장 참조.

12 '생활'에 대한 논의는 한스게오르크 가다머, 임홍배 역, 『진리와 방법』 2, 문학동네, 2014, 제2부의 2장 3절과 카렐 코지크, 박정호 역, 『구체성의 변증법』, 거름, 1985, 2장의 1, 2절의 내용으로부터 촉발되었다. 다만 이 글들에서는 '생활'이 논의된 것이 아니다. '관심Sorge'과 '경험'에 대한 철학적 논의가 중심이다. 이로부터 촉발된 사유를 나의 문제의식으로 재구성한 것이므로, 위의 진술에 드러난, 착상의 어긋남과 논지의 그릇됨은 전적으로 나의 몫이다.

성원리로서 연구하는 경험"[13]을 보태고자 하는 것이다.

여기에 염상섭만큼 적절한 대상작가가 없다는 것이 나의 판단이다. 그는 한때 아나키즘에 심취[14]했으며, 카프초기의 맹장이었던 박영희에게 '나도 박 군만 한 계급의식은 가지고 있다'[15]고 호언할 정도로 사회주의에 대한 식견을 지녔다. 문학으로서의 카프문학에는 반대했으나 해방운동 노선으로서의 사회주의에 대한 호감은 쉽게 버리지 않았던 '경계인'이기도 했다. 사회주의 문학운동에 참여하지 않으면서 '사회주의'를 그처럼 많이 다룬 작가는 없다. 이른바 '심퍼사이저 3부작'을 통해 식민지 조선의 사상적 스펙트럼을 광범위하게 재현하면서 '주의자'의 내면 역시 비교적 풍부하게 보여주었다. 그럴 수 있었던 것은 그가 사회주의의 안에도 또한 밖에도 居在하지 않았다는 사실과 무관하지 않을 것이다.

이 글은 식민지 문학과 사회주의의 일상성, 내면화라는 문제를 설정하면서 염상섭의 대표작인 『삼대』를 대상으로 논의를 풀어보았다. '사회주의'를 논하기보다는 '주의자'의 일상과 내면을 스케치하는 데 중점을 두었다. 자연, 그간의 『삼대』 논의에서 중심이 되었던 주인공 '조덕기'보다는 주의자 '김병화'의 궤적을 더듬게 되었다. 그 궤적을 추적하다 보면 이 작품이 '1, 2차 공산당 사건'을 통해 드러난 '주의자'들

---

13 박헌호, 「'계급'개념의 근대 지식적 역학」, 『상허학보』 22호, 상허학회, 2008, 14쪽.

14 염상섭과 아나키즘의 관계에 대해서는 조남현, 「한국 근대문학의 아나키즘 체험연구」, 『한국문화』 12, 1991; 한기형, 「초기 염상섭의 아나키즘 수용과 탈식민적 태도」, 『한민족어문학』 43, 2003; 이종호, 「일제시대 아나키즘 문학 형성연구」, 성균관대 석사논문, 2005; 최인숙, 「염상섭 문학의 개인주의」, 인하대 박사논문, 2013; 황종연, 「과학과 반항」, 한기형·이혜령 편저, 『저수하의 시간, 염상섭을 읽다』, 소명출판, 2014 등을 참조할 수 있다.

15 염상섭, 「계급문학을 논하여 소위 신경향파에 여함」, 『조선일보』, 1926.1.22~2.6(여기서는 한기형·이혜령 편, 『염상섭 문장전집』 1, 소명출판, 2013, 454쪽에서 인용).

의 행동양태에 대한 비판의 의미를 지님과 동시에 주의자들 간에 파벌을 넘어서 연대하고 협력해야 한다는 경계도 담고 있다는 사실이 드러날 것이라 믿는다.[16] 염상섭은 『삼대』를 통해 당대 사회주의 운동의 문제점과 해결방안에 대한 나름의 해법을 제시했던 것이다. 아울러 혁명사에 깊이 새겨진 '행복에의 요청'과 '역사적 결단' 사이의 간극에 대해서도 진지한 문제를 제기하고 있다. 이를 묻고 따지는 일이 현재의 우리에게도 손쉬운 일은 아닌 것으로 보인다.

2. 생활—보여지는 것과 말해지는 것

님 웨일즈가 채록한, 김산(장지락)이라는 공산주의자가 전해준 아래와 같은 장면은 비극의 反語인양, 혁명적 로맨티시즘의 '슬픈 서정'을 자극하며 오랫동안 우리의 뇌리에 남아있다.

> 그들의 생활은 명랑함과 심각함이 기묘하게 혼합됐다. 언제나 죽음을 눈앞에 두고 있었으므로 생명이 지속되는 한 마음껏 생활하였던 것이다. 그들은 기막히게 멋진 친구들이었다. 의열단원들은 스포티한 멋진 양복을 입었고, 머리를 잘 손질하였으며, 어떤 경우에도 결벽할 정도로 말쑥하게 차려입었다. 그들은 사진 찍기를 아주 좋아했는데 언제나 이번이 죽기 전에 마지막으로 찍는 것이라 생각했다.[17]

16 '우정과 동지애'를 중심으로 『삼대』와 『무화과』를 바라본 기존 논의로 김경수, 「식민지의 집과 사회, 우정과 동지애」, 『염상섭 장편소설 연구』, 일조각, 1999 참조.

17 님 웨일즈・김산, 송영인 역, 『아리랑』, 동녘, (1984;2013), 165쪽.

그들은 상해 조계의 프랑스 공원을 산책하기를 즐겼고, 블라디보스토크에서 온 '러시아인과 조선인의 혼혈'인 매우 아름답고 지적인 아가씨와 "짧으면서도 열렬"한 연애를 즐겼다. 그곳이 서구열강에 의해 조성된 '국제도시' 상해요, 따라서 '일제'로부터 한 발짝 떨어져 있는 곳이요, 그들이 죽음을 각오한 '테러리스트'였기에, 그들은 인용문에 보이는 것처럼, 더 격렬하고 절실하게 '생활'을 '생명'으로서 즐겼다. 그러나 그들의 동지요, 같은 세대라 할 우리의 '김병화'는『삼대』의 유명한 첫 장면처럼, 등장부터가 '대가리 꼴'에 '양복 꼴'만 보고도 "무어나 뜯으러 다니는 위인"(9)[18]임을 광고하며 나타난다. 병화만이 아니다. 주의자들은 대체로 머리가 길고 덥수룩하며, 단벌 양복에 '부옇게 먼지가 앉은 외투'(8)차림으로 등장한다.

> 마루 꼴하고 움 속 같은 방 안에 들어갈 생각은 안 났다.
>
> "어서 들어오게. 에 추워!"
>
> 하며 병화는 입고 자던 양복 주머니에 손을 찌르고 어깨통을 흔든다. 입고 자던 양복이 아니라 출입벌이고 무어고 단벌이다. 덕기는 먼지가 뿌옇게 앉은 그 양복바지를 비참하다는 눈으로 한참 바라보고 섰다.(54)

'산해진'을 차린 병화를 응징하러 온 '장훈이네 패'들도 "구지레한 양복쟁이"(483)들로 압축되면서 서술자는 "前日의 병화가 다시 온 것 같"다는 말로 그들이 같은 이념의 존재라는 사실을 설명한다. 이를테면 식민지 경성에서 '생활'하는 주의자들은 한 눈에도 척하니 알아볼 법한 차림새로 현상한다. 그들에게는 '의열단원'들이 보여주었던 혁명적

18 이 글의 텍스트는 '신문연재본'을 저본으로 한『삼대』(정호웅 편, 문학과지성사, (2004; 2011))이다. 앞으로 이 책에서 인용할 경우에는 괄호 안에 쪽수만을 표기한다.

로맨티시즘의 슬픈 서정이나 폭죽처럼 작열하는 생의 향유와 그에 수반하는 '결벽할 정도의 말쑥한 차림새'가 없다. 구질구질한 궁핍과 지속으로서의 일상이 선사하는 삶의 남루함들이 그들 옷을 덮은 먼지보다 더 두꺼운 두께로 덕지덕지 앉아있다. '작열하는 혁명적 로맨티시즘'과 '생활하는 주의자'들은 그렇게, 옷차림부터가 달랐다.

염상섭이 주의자를 '옷'으로 압축묘사한 데서 보이듯이, '옷'이란 늘 '상징'이다. 인간 영혼의 가장자리 외표를 덮으며 그 속에 다른 일체의 정신을 가리고 있는 것처럼 보이는 옷은, 또한 그 옷을 입은 이의 '결핍'과 "결핍에 대한 승리"를 모두 상징한다. "인간은 권위・美・저주, 그 밖의 것으로 옷을 입었다"[19]고 했을 때 '주의자'들이 걸친 '구지레한 양복'은 그 자체로 결핍과 저주의 상징이다. 그들은 비록 더럽고 먼지 쌓이고 꾸깃꾸깃하긴 하지만 '양복'을 입었다. 두말 할 것도 없이 '모던 보이'라는[20] 표시이며, "앉아서 일하는 데서 생겨나는 권력을 이상적인 것으로 만들기 위해 최초의 지배계급에 속하던 사람들이 착용하던 복장"이다. 과거 유럽의 귀족들이 승마나 사냥, 파티나 결투의 동작에 상응하는 옷을 입은 것과 대조하여 '양복(신사복)'이란 "토론이나 추상적인 평가의 동작을 편하게 하기 위해"[21] 만들어진 옷이다. 그러나 먼지가 켜켜이 앉은 구지레한 단벌양복에서 권력과 권위를 떠올릴 순 없다. 그럼에도 그들이 '토론이나 추상적인 평가'에 능한 존재라는 사실도 배제할 수 없다. 하여 그것은 그들이 (과거형으로서)지식인 출신이라는 것, 그러나 현실에선 '부랑자'요[22] 룸펜에 불과하다는 것을 동시

---

19 토마스 칼라일, 「의상철학」, 박지은 역, 『영웅숭배론 / 의상철학』, 동서문화사, 2009, 305쪽.

20 신명직, 『모던 보이, 경성을 거닐다』, 현실문화연구, 2003, 2장 참조.

21 존 버거, 박범수 역, 『본다는 것의 의미』, 동문선, 2000, 54쪽.

22 '부랑자', '떠돌이'로서의 주의자 형상이 지닌 의미에 대해서는 이보영, 『난세의 문학』,

에 표상했다.

홍경애의 집에서 병화가 처음으로 피혁과 대면할 때도 옷은 그 자체로 기호가 된다.

> 그 청년의 신은 구두 본새가 조선에서 보기 드문 서양제나 상해 다녀온 친구가 신은 것을 많이 본 것 같은 점과, 양복을 모양 낸 것은 아니나 몸에 턱 어울리는 것이 어딘지 외국 갔다 온 사람 같은 인상을 주었던 것이다.(281)

'피혁'이 모종의 지령을 수행하기 위해 '해외'에서 잠입한 주의자라는 암시는 이로써 충분하다. 그런 만큼 노골적이어서, 병화가 "구두를 봐도 그렇고 양복 스타일을 봐두 그렇지 않소. 여보! 내 눈에 그렇게 띌 제야 나보다 더 밝은 눈이 얼마든지 있으니까 주의를 하라"(290)고 주의를 줘야 했다. 이런 디테일들이 주의자를 검거하는데 실마리가 되곤 했다는 사실은 일제 경찰이 자랑스럽게 작성한 보고서에서 손쉽게 발견할 수 있다.[23] 제1차 공산당 사건의 검거경위가 결혼축하연에서의 난투극이었고 변호사와 순사에 대한 집단폭행을 주도한 인물이 자기 팔에 감겨 있는 '붉은 완장(토시)'를 가리키며 "이것이 성공했다"고 외치면서 시작됐다는 것은 잘 알려진 사실이다.[24] 결국 피혁이 신고 왔던 구두가 장훈일파를 검거할 때 증거로 제시되는 데(628), 그것은 '로서아'제였다.

예림기획, 2001, 24 · 442쪽 참조.

23 지중세 역편, 『조선 사상범 검거 실화집』, 돌베개, 1984 참조. 이 '실화집'은 해방을 맞아, 엮은이가 일본 경찰의 취조문을 엮어놓은 것이다. '일본 경찰'의 자랑과 과장이 섞여 있는 자료이므로 사료 비판이 필요하지만, 오늘날의 관점에서도 시사하는 바가 크다.

24 스칼라피노 · 이정식, 한홍구 역, 『한국 공산주의 운동사』 1, 돌베개, 1986, 106~107쪽 참조. 이와 비슷한 보고는 지중세 역편의 앞의 책이나 서대숙, 현대사연구회 역, 『한국 공산주의 운동사 연구』, 이론과실천, 1985에서도 반복되고 있다.

> 비밀운동에 종사하는 사람으로서의 주의가 부족하였다는 것이다. 酒肆에서 酒◯으로 인하야 일어난 투쟁으로 인하야 그들이 그리도 엄중히 비밀히 지키려고 하던 조직이 綻露나게 되었다는 것은 이 사건을 관찰하는 자의 주목되는 점일 것이다.[25]

'비밀운동에 종사하는 사람으로서의 주의가 부족하였다!' 인용문은 조선공산당 사건의 보도제한이 부분적으로 풀리면서 『조선일보』가 '사설'을 통해 밝힌 감상의 일부이다. 사소한 분노와 과시욕에 찬 혈기가 1, 2차 공산당 조직을 적발 / 체포하는데 기여했다. 횡보가 '피혁'이 신고 온 '로서아제 구두'에 각별히 의미를 둔 이유가 헤아려지는 대목이다. 달리 말하면 식민지 조선이란 일제의 전일적 지배체제가 작동하는 공간으로서, 일상의 세부 하나에 그 의미가 부여되고 해석되는 총체적 감시의 영역이었던 셈이다.

세련된 스타일, 잘 다듬은 머리와 멋진 수염 혹은 고급스러운 구두 등은 그 자체로 자신이 식민지의 '내부인'이 아니라는 사실을 증명하는 기호였다. 하여 피혁은 조선에 들어올 때의 차림새로 떠나지 못한다. 그는 병화의 제안으로 두루마기를 입고 머리를 밀고 수염도 깎는다. 이때 '조선옷'이란 '위장된 대중성'인데, 병화를 응징했던 '장훈'이 "검정 수목두루마기에 꾀죄죄한 목도리를 비틀어 끼우고 흰 고무신에 중같이 덧버선목이 대님 위로 올라오게 신은"(515) 차림으로 나타나는 것도 이와 무관치 않다. 그는 병화와 더불어 '무리 중의 두목급'으로 묘사되는데 나름의 작전을 수행한 뒤에 그러한 차림으로 현실을 점검한다. '조선옷'은 주체가 익명성에 숨고 싶을 때 채택되는 패션전략이

25 「조선공산당 사건」(사설), 『조선일보』, 1927.4.3.

지만[26] 일시적일 따름이요, 효과도 늘 확실한 것은 아니었다. 장훈이 검거되어 고문당할 때의 복장이 다시 '양복'이며, 그 양복 조끼의 터진 주머니 깊은 곳에 떠돌던, 그 자신도 잊고 있었던 "만주 방면에서 들어왔다가 나간 친구에게 실없이 얻어두었던 코카인"(657)이 자살의 도구였다는 것은, 옷으로 표상되는 관계의 실제상을 드러내는 장치이기도 하다. 그러니 부랑자 같은 차림새만이 아니라 말쑥하게 차려입는 것도 '비일상적'이었다.

> "어쨌든 돈을 쓰고 다니거나 하면 그것도 의심받기 쉬우니까 주의를 해야 해요."
>
> 경애는 병화가 요새의 마르크스 보이처럼 돈푼 생기면 금시로 헌털뱅이를 벗어버리고 말쑥이 거들고 다니는 그럴 사람이라고는 생각지 않으나 또 한 번 주의를 해두는 것이었다.(389)

이러한 언급이 당시의 부박한 '마르크스 보이'의 행동양태에 대한 비판의 의미가 있는 만큼 일상을 살아가는 주의자들에게 옷이 지녔던 다중적 의미를 드러내주는 장치이기도 하다. '옷'의 상징성은 '산해진'을 연 뒤의 병화의 복장에서 극점에 도달한다. "일본 반찬 장수나 생선 장수 같이 천으로 만든 정강이에 올라오는 덧옷 위에 혁대를 띠고 진흙투성이의 고무장화를 신은 것이라든지 방한모를 눌러 쓰고 까맣게 더러운 병정 장갑을 낀"(469) 모습으로 출현한 병화는, 덕기에게도 "여러 가지 의혹이 창졸간에 들"(472)게 하는 것이었다. 병화는 놀라는 원삼에게 태연하게 "우리는 일본 사람 아니오"(470)라고 반문한다. '일본'

26 2차 공산당 사건으로 검거된 '권오설'은 6·10만세 운동 기간 중 '喪服'을 입고 피신하려고 하였지만 검거되고 만다. 지중세 역편, 앞의 책, 44쪽.

반찬가게를 차리고 배달원 복장으로 배달을 하며 덕기에게도 '합쇼'체를 천연히 구사하는 병화의 변신은 그 자신의 말대로 "보호색"(521)이다. 그러한 '僞裝'에는 위엄과 고독이 동시에 배어 있다. 위장이 운동의 비밀을 지키고 "동지의 쌀자루 밥통"(606)이자 "우리들의 공동기관을 만들 작정"으로 하는 것이기에 위엄을 지닐 수 있는 것이라면, 그로 말미암아 동지들에게 '변절한'으로 낙인찍히고 테러를 당했다는 점에서 고독한 것이기도 했다.

『삼대』에는 주의자와 관련하여 네 가지 유형의 옷차림새가 등장한다. '부옇게 먼지가 앉은 구지레한 양복' 곧 일상을 살아가는 부랑자로서의 기본 복장은 하나의 잠재성을 표상한다. 지식인 출신의 과거형과 부랑자로서의 현재형, 근대(양복)에 속한 자이나 근대 안에 자신의 위치가 주어지지 않은 자. 따라서 浮動하는 존재이니, 운동의 대의를 잠식하는 존재가 되거나(병화를 테러한 얼치기 주의자들처럼) 혹은 체제를 위협하는 '폭탄'으로 전환될 가능성도 잠재돼 있다.

피혁으로 대변되는 '外來'한 자로서의 멋진 차림새가 경계 밖에 놓이며, 장혁이 입었던 '위장된 대중성'으로서의 조선옷이 경계 안에 놓인다. 멋진 차림새로 현상하는 '외래성'은 식민지 조선의 사회주의 운동이 지닌 국제적 연계를 보여줌과 동시에 운동의 주요 동력이 외부에서 주어지는 '격발'과 연동돼 있다는 사실도 암시한다. '외부'와의 연계, 도움에 의해 전면화됐던 당대 조선 공산주의 운동의 현실이 이러한 양상으로 그려졌다. 그러므로 외래성의 물질적, 운동적 우월성은 식민지 조선에 들어오는 순간부터 은폐되어야 할 것으로 전환된다. 식민지 조선에서의 사회주의 운동이 지닌 외래성과 내재성의 긴장관계가 이로써 분명해진다.[27] 조선옷은 친밀성의 세계로서의 조선과 전통을 상징하지만 그러한 패션전략이 늘 성공하지는 못했다. 이는 일본 경찰이 옷의 외피성과 주체의 내면성 사이의 간극을 이미 파악하고 있었다는 뜻일 터이다.[28] 주의자란 전통으로 현현되는 친밀성의 세계에서도 낯선 존재로 부각될 수밖에 없었다.

병화의 일본식 복장도 내부이면서 동시에 외부인데, 그것은 공간적 내부이면서 민족적 외부를 현현하기 때문이다. 이것은 하나의 극단을 표상하는데 그렇기에 성공하지 못하는 것으로 그려진다. 극단적 위장이란 오히려 위장의 익명성을 저해한다. 따라서 이 작품에서 표상되는 주의자의 옷차림새란, 근대의 안과 밖, 친밀성의 세계와 이질성의 세계, 제국의 내부와 외부 모두에 속하기 어려웠던 당대 사회주의자의 위치와 존재를 단적으로 표상하는 상징물로 작용한다.

염상섭은 이처럼 옷의 일상성과 상징성을 사용해 그것을 입고 있는 주체의 사상과 감각을 표상하는 동시에 은폐하는 이중적 의미를 드러냈다.[29] '부랑자'로 현상하는 주의자의 차림새 자체가 이미 이념의 표시였다. 이를 통해 그들의 가족관계, 생계수단, 활동방식이 드러나기 때문이다. 작품에서 '김병화'는 '가족'과 절연한 자로 그려진다. 아들을 목사로 만들고 싶어 했던 아버지와의 사상적 격차가 절연의 이유다.

---

27 30년대 중후반 '이재유 그룹'으로 대표되는 '재건그룹'이 '외부'에서 파견된 인물에 의해 주도되는 '중앙당 건설중심'의 기존 전략을 비판하고 철저하게 현장 중심의 토대조직을 건설하는 것으로 전환된 것은 이러한 현실의 반성과 밀접한 연관이 있다. 이에 대해서는 김경일, 『1930년대 서울의 혁명운동, 이재유—나의 시대, 나의 혁명』, 푸른역사, 2007 참조.

28 제2차 공산당의 책임비서였던 강달영은 명동에서 체포됐다. 체포 당시 '바나나행상'으로 위장하고 있었는데 자금을 맡겨둔 주식 중개점에 그러한 복장으로 찾으러 갔다가 이를 수상히 여긴 경찰에 의해 체포된다. 경찰은 이렇게 되뇐다. "바나나장수와 주식의 중매점. 너무도 기묘한 일이 아닌가." 지중세 역편, 앞의 책, 48~49쪽 참조.

29 '옷'의 문제는 결국 실천의 공간을 어디에 두는가의 문제다. 공산당이 궤멸된 뒤에 '이재유 그룹'이 도시에서의, 중앙당 위주의 당 창간 방식을 비판하고 현장 중심의 조직을 구성했을 때, '부랑자'로서의 주의자들은 존재공간과 존재방식을 변화하게 된다. 김경일, 앞의 책 참조.

당시 ‘주의자’의 상황을 고려하면 이러한 설정이 당연한 것처럼 보이지만, 다른 소설들에 드러나는 현실을 보면 꼭 그렇지도 않다.

> 『삼대』가 연재되는 동안 같은 신문 학예면에 발표되었던 소설들에는 소신있는 주의자들이 많이 등장한다. 그런데 그들은 대개 가족에 대해서만큼은 주의자의 입장에서 생각하지 않는다. 가족은 그들의 이념 ‘너머’에 존재한다. 즉 그들은 가족을 변혁의 대상으로 인식하지 않는다. 왜냐하면 그들은 돈이 필요하고 가족은 돈의 출처이기 때문이다.[30]

『삼대』가 연재되던 시기에 같은 『조선일보』 지상에 연재됐던 카프 계열의 작품들을 전부 분석한 위의 연구는 다른 결론을 말해준다. ‘주의자’라 해서 ‘가족’과의 절연이 일반적인 것은 아니었다고. 보다 일반적으로는 가족은 주인공을 ‘주의’로 나아가지 못하게 하는 족쇄이자, 차마 버릴 수 없는 의무요, 삶의 근원으로 현상하기 일쑤였다. 주인공들은 ‘사회’를 바라볼 때의 ‘주의’적 시선을 ‘가족’에게는 투영하지 못한다. 가난한 가족의 희망이 ‘배운’ 자신에게 쏠릴 수밖에 없는 상황에서, 지식으로서 사회주의를 신념화했다 해도 이를 박차고 나와 운동에 헌신하는 것이 손쉬운 결정일 수 없었다. 그리고 그 이유가 ‘가족이 돈의 출처이기 때문’이라는 인용문의 분석도 본고의 논지와 관련하여 되새길 필요가 있다. ‘주의’와 ‘생활’ 사이의 팽팽한 긴장관계를 질문하기 때문이다. 그럼에도 우리의 김병화는 떠났다.[31] 덕기로 하여금 “궁극

---

30 현순영, 「염상섭의 『삼대』, ‘주의자에 대한 담론’의 반영과 해부」, 『현대소설연구』 19, 2003, 248쪽.

31 ‘주의자’로서의 ‘김병화’나 ‘장훈’이 ‘가족’을 떠난 자로서 지니는 의미에 대해서는 일찍이 이보영이 논한 바 있다. 이보영, 앞의 책, 9장 참조.

에 달한 생활을 하면서도 남에게 굽히지 않고 자기 주의를 위하여 싸우는 것이 말하자면 수난자의 굳건한 정신이 있기 때문"이라고 짐작하게 하면서, "나 같으면 하루도 못 배기겠다. 벌써 집으로 기어들어가 부모의 밥을 먹었을 것"(56)이라 되새기게 하면서.

모두 알듯 『삼대』의 주요 서사 중 하나가 조부 '조의관'의 재산이 아들 대를 건너 뛰어 손자인 '조덕기'에게 상속되는 과정이다. 왜 그랬던가? 아들 '조상훈'이 기독교 신자요 조상제사를 받들지 않기 때문이다. 이것은 단지 종교적 신념과 연관되는 것만이 아니다. 조의관이 아들의 행위 진반을 통해 읽어낸 것은 '계승으로서의 家'에 대한 무시와 무책임함이라고 해야 할 것이다. 여기서 족보를 꾸며 '돈으로 양반을 사'는 조의관의 허위의식을 새삼 비판할 필요는 없겠다. 문제는 그러한 허영으로'조차' 드러나는 '계승으로서의 家'의 의식이다. 조의관의 유서가 이를 보여준다.

> 지어 덕기 하여는 장래 조씨 집의 門長이라 덕기 자신에게 줌이 아니라 조씨 일문에 대대로 물려내려갈 생활의 자료를 위탁함이니 덕기 된 자 모름지기 일푼이라도 임의로 하지 못할지니라(447)

그러니까 '덕기'는 '조씨 일문'을 위해 선택된 자일 따름이다. '덕기 자신에게 줌이 아니다.' 결과적으로 덕기가 '계승으로서의 家'를 수락한 것이라면, 병화는 가출을 통해 스스로를 '家'와 단절시켰으며 계승되어야 할 것으로서 이념을 선택한 자이다. "내가 산다는 것은 내가 가진 사상이 산다는 말"(402)이다. 작품에서 병화의 집은 부자로 그려지지 않는다. 그러나 병화가 경성제대 법문과나 동지사대의 신학부에 입학한다면 학비를 대주겠노라는 아버지의 제안(63)에서 드러나듯 절대적 궁핍은 아니었다.[32] 병화의 '부랑자'임은 이념을 선택한 자의 식민지적 결과인 셈이다. 그러기에 그는 덕기가 수차례 귀가를 종용할 때도 단호하게 거절한다. 이념에의 헌신은 익숙한 것들로부터의 단절을 요구했다. 병화의 가출과 독립이 그것이다. 가난은 '주의'의 후렴구요 '단절'의 이자이다.

그렇다면 그의 '생활'은 어떻게 구성되는가? "마치 김칫독을 거적으로 싸듯이 꺼멓게 썩은 거적으로 빙 둘러싼 집"(53)에 "들엎디어서 게다가 외상밥을 먹"는 게 병화의 기본 생활이다. 고무신 공장에 다니며 매삭 십 몇 원을 벌어오는 필순의 돈을 그 부모와 함께 뜯어먹고 있다. 병화가 거처하는 필순의 집은 그 부친이 "병화들의 선배격이요 한때는 칠팔 년 전에 감옥에도 다녀 나온 사람"(240)이다. 또 "동지가 모이는 데는 난로불도 못 피우는 먼지구덩이"(253)다. 즉 자신과 '같은 이념'을 지닌 사람들과의 '관계내부'에서 의지하고 기식하는 것이다.

이것은 하나의 난제를 제시한다. 주의자란 민중 혹은 프롤레타리아로의 '스며듦'을 목표로 해야 하기 때문이다. 익숙한 것으로부터의 단절은 '새로운 세계'로의 습합과 혼융을 위한 전제일 뿐이기 때문이다. 새로운 세계로의 스며듦이 없다면 단절은 고립일 뿐이다. 그런 점에서 피혁을 만나기 이전의 병화는 아직 '스며듦'의 단계로는 나아가지 못했다고 할 수 있다. 그러니 "지금 무얼 하세요?" 라고 묻는 경애에게 "낮잠 자고 술집 가서 쌈이나 하고!"(266)라고 대답하는 것이 괜한 너스레만은 아니다. 이념은 장착되었으나 실천의 과녁이 몽롱한 상태였다

---

32 '궁핍'이 공산주의를 선택한 계기였다는 인식은 몇몇 유보를 거쳐야 한다. 공산당 사건 관련 피검자들의 직업과 학력을 분석한 연구에 따르면 당원의 10%정도가 상류층이고 47%이상이 중학교 이상, 20%는 전문학교 이상의 교육을 받았다. 스칼라피노 · 이정식, 앞의 책, 184~186쪽 참조.

고 한다면 과한 표현일까? 병화로서는 새로운 동지를 찾아 이념을 확산하거나 "한 모퉁이"(235)라도 해보고 신문에 굵은 활자로 이름이 나오든 말든 해야 할 것이었다. '먼지가 덕지덕지 앉은 구지레한 양복'을 걸친 주의자의 모습이 하나의 '잠재성'을 표상한다는 말은 예서도 증명된다. 이렇게 보면 『삼대』는 '같은 이념'의 공간 안에서 부랑자로서의 삶을 살던 김병화가 '생활' 속에서 새로운 동지를 찾고 '線'을 잡아 일을 찾아나가는 과정의 기록으로 볼 수 있다.

「밀담」이라는 장은 홍경애가 김병화를 이리저리 테스트하다 결국 피혁을 소개해주는 내용이다. 병화에게 외투를 찾아준 경애는 그를 끌고 남산으로 올라간다.

> "어디 취직이라도 하면 어떠슈? 총독부 속은 어를 수도 없겠지만 허다못해 군 서기고 군속이고 ……" 경애가 시치미 떼고 이런 소리를 한다.
>
> "그 애기 하려고 끌고 나왔소?"
>
> "그래요. 나 아는 총독부 관리를 소개해드릴까 하고 이렇게 외투까지 찾아 입혀가지고 나왔지."
>
> "고맙소, 시켜준답니까?"(266)

두 사람은 서로에게 '속'을 내비치지 않는다. 경애는 총독부 군속 자리로라도 취직하라 어르고, 병화는 그렇게 소개해주면 구문으로 얼마나 생기냐며 어깃장을 놓는다. 서로를 시험하는 냉소와 반어는 서로를 의심하는 내면과 함께 오후의 남산 길을 떠돈다. 서로가 서로에게 쏘아대는 반어법의 화살들은 '비껴가는 것들 속에서의 빈틈'을 형성한다. 자신이 틀리기를 바라기에 상대방을 더욱 헐뜯는다. 의심하는 주관성 속에서 — 실제로는 열망하고 있는 — 공감에의 지향을 왜곡의 형식으로 제시한다. 서로가 서로에게 가면을 쓰지만 그 가면 뒤에 자신이 기대하는 공감의 사유들이 화장기 없는 맨얼굴로 존재하기를 바라는 것이다.

이러한 대화는 매우 이데올로기적인데, 비유의 빈틈을[33] 지시의 공간으로 설정하기 때문이다. 그것은 말해지는 것과 비유하는 것 사이의 빈틈을 통해 상대방의 인식과 지적 능력, 속일 수 있는 능력과 속일 수 없는 진실을 동시에 간파하고자 한다. '빈틈'이기에 그곳은 허위의 무덤일 수도, 진실의 아지트일 수도 있다. 냉소와 반어가 서로의 진심을 확인하는 언어전략으로 채택된다는 것은 언어의 뒤편에 탈출구를 마련해두겠다는 것이다. 동지가 될 수 없다면 의미는 표현된 것의 표면적 층위에서 정지될 것이다. 달리 말해 식민지에서의 공감이란 늘 두려움을 동반한 불투명한 빈틈으로서나 얼핏 시험해볼 수 있는 감성의 공간이라는 뜻일 것이다. "이죽이죽하는 병화의 말을 경애는 가로막으며, "비꼬지 말아요. 내가 기생인 줄 아슈?"하고 나무란다"(269). 이때의 이죽거림은 진실을 알고 있다는 자의 오만과 그럼에도 정면으로 발화하지 못하는 두려움을 동시에 내포한다. 그런 점에서 우월하고 그런 점에서 열등하다. 대화는 그런 방식으로 '식민지적인 것의 일상'을 드러낸다.

이들의 대화는 공간의 漸降的 축소를 통해 점차 내면으로 좁혀진다. 트인 곳에서 폐쇄된 곳으로 진입할수록 대화가 내면의 직접성과 폐쇄성을 닮아간다. 남산의 광활한 공간은 서로를 시험하는 무대였다. 그러다 오후의 태양마저 지고 저녁이 다가온다. 정신의 시간, 내면의 시간이 찾아온 것이다. 전차정류장을 거쳐 집에 들어오고 그리고도 방

33 올리비에 르불, 홍재성 · 권오룡 역, 『언어와 이데올로기』, 역사비평사, 1994, 171~172쪽 참조.

에 앉아서야, 경애는 병화에게 당신이 "××동맹 중앙본부 집행위원이 아니"(276)냐며 들이댄다. "제2차 ××당 사건"이 "당신네 회가 중심이 아니었던 것"까지 말하는 순간 언어의 칼날은 이미 병화의 목에 꽂혔다. 심지어는 "들어간 사람의 뒤를 받아서 제3 ××당을 조직해 놓은 것을 뻔히 아는데?"라며 사정없이 메다꽂는다.[34] 사적 공간의 은밀함 안에서야 주체의 언어가 비로소 직진한다. 식민지 조선에서의 이념적 대화란 사적 공간에서만 나눌 수 있는 고백이요 추궁이요 확인이라는 것. 비아냥의 정도는 인격을 무시하는 경지에까지 다다른다. 말할 수 없는 것들까지 다 알고 있는 존재 앞에서의 대화란, 궁색할 수밖에 없다. 한쪽이 궁하니 대화의 '상대성'이 실종되고 일방적인 윽박지름과 훈계가 자리를 차지한다. 대화의 형식은 여전히 이죽거림이요 냉소다.

"책임비서 노릇이나 할 자격이 웬걸 있기에! 그런 기미만 채면 겁이 나 벌벌 떨면서 꽁무니를 슬슬 빼고 배돌면서 ……" (…중략…)

"그런 사람일수록 잡아다가 족치면 중정이 허하니까 물 쏟아지듯 하지 말라는 소리까지 분단 말이지! 불기만 하면 당장 놓여나올 거니까. 몇십 명이 옭혀 들어가도 자기만 어서 모면하고 빠져나오려고 ……" (…중략…)

"애초에 당신 같은 사람이 사회 운동이니 무어니 하고 나돌아 다니는 것이 잘못이지."(279)

---

34 『삼대』의 작품내적 시간이 제2차 공산당 사건에서 제3차 공산당 사건 사이의 겨울, 그러니까 1927년 12월~1928년 2월 사이의 어느 시점이란 것을 짐작하게 해주는 설정이다. 작품의 진술을 믿는다면 김병화는 '서울파(서상회)'나 '일월회'의 구성원일 것으로 이해된다. 병화의 일본 체류 경험과 더불어 제3차 공산당의 주요세력을 고려할 때 그러하다는 것이다. 제1, 2차 공산당 사건은 '화요회' 중심이었다. 스칼라피노 · 이정식, 앞의 책, 제2장 3절 참조.

냉소이되, 당시 주의자의 허약함에 대한 비판이요 실천의지의 강도를 점검하려는 최후의 확인이기도 하다. 제2차 공산당의 책임비서였던 강달영은 잡힌 지 불과 이틀 만에 암호화된 문서들을 해독해주는 등 "가장 많은 비밀들을 자백해 버렸"[35]다고 한다. 자백을 받기까지 필요했던 고문이 많지 않았다는 것이 기존연구의 서술이지만, 이것을 일본 경찰의 고문의 강도나 이를 이겨내는 개인적 강인성의 문제로만 바라볼 필요는 없다.[36] 그리함에도 당대 공산주의 운동의 허약함과 잦은 피검 사태를 바라보는 염상섭의 비판적 시선이 깔려 있는 것은 사실일 터, "단 세 사람이 한 이야기도 벌써 날만 새면 흘러나가는 세상에 …… 당신네들의 실패가 모두 그런 데서 생긴 일"(332)이라는 지적이 차디차다.

몰리다 못해 병화가 "김병화도 쫄딱 망했구나. 그러나 대관절 내가 무슨 짓을 했기에 이렇게 깔뵈는 건가?"(285)하며 자탄한다. 확인이 끝나자 공간은 다시 집밖으로 열려진다. (식민지)외부인으로서의 피혁은 남겨지고 내부인인 경애와 병화가 나란히 길을 나선다.

> "자, 여기서 나는 실례!"
>
> 조선은행 앞까지 와서 경애는 장갑을 빼고 하얀 손을 내밀어 악수를 청

---

35 서대숙은 일본 경찰이 강달영을 자백시키기 위해 "대나무 막대기와 바늘침에 의한 일본 경찰의 기초적인 고문밖에 필요치 않았"다고 서술했다. 서대숙, 앞의 책, 85쪽.

36 박헌영은 당시 공산주의자들이 검거되면 일반적으로 당하게 되는 고문들을 직접 거론한 적이 있다. 그에 따르면 고춧가루를 탄 뜨거운 물을 코와 입으로 들이붓고, 손가락을 묶어 천장에 매달고 가죽 채찍으로 때리거나, 긴 의자에 무릎을 꿇어앉힌 다음 막대기로 관절을 때리고, 7~8명이 둘러서서 한 사람을 돌려가며 패는 이른바 '축구공놀이'라는 고문방식이 횡행했다 한다. 박헌영, 「죽음의 집에서」, 『모쁘르의 길』 제17호, 1929(여기서는 이정 박헌영 전집간행위원회 편, 『이정 박헌영 전집』 1, 역사비평사, 2004, 110쪽에서 인용).

한다. 경애는 웬일인지 힘을 주어 흔들면서,

"아까 그 편지 꼭 물어다 주세요. 내일두 그맘때 오세요."(291)

'웬일인지 힘을 주어 흔드는' 악수. 시험을 통과한 자에게, 이제는 운명공동체가 돼버린 자에게 전하는 육체의 발신. 장갑을 빼는 행위는 예의를 갖추려는 문화적 관습이다. 그러면서 자기에게 치욕일 수밖에 없는 '김의경'의 편지를 전해 달라 부탁한다. 내일도 오란다. 냉소와 반어로 점철됐던 '구술시험'이 끝나자 태도가 일변하여 예의를 갖추는 것으로, 자신의 치욕을 공유하는 형태로 전환됐다. 공적 가치를 공유한 이들에게 사적 공유 공간 또한 더 넓어지고 깊어질 가능성이 있음을 보여주는 장면이다.[37] 이념은 『자본론』의 책갈피에서만 자라는 게 아니다.

병화가 대화를 나누는 상대는 크게 보아 세 부류로 나뉜다. 피혁이나 필순 부, 그리고 장훈 같은 주의자 그룹이 하나요, 경애나 덕기처럼 이른바 '심퍼' 그룹이 둘이요, 필순이나 원삼과 같은 프롤레타리아 그룹이 셋이다. 상대가 다르니 대화의 문맥이 다른 것도 당연, 학력이나 출신을 봤을 때 가장 동떨어진 것이 바로 덕기네 집에서 행랑아범을 하는 '원삼'일 것이다. 원삼과는 '외투'사건으로 알게 돼 '屛門'의 친구로 삼으면서 그에게 자기 '會'에서 발간한 팜프렛도 갖다 주었다. 물론 "이러한 사람이 자기의 동지가 되리라고 믿는 것도 아니요, 또 동지로 끌어넣자는 것도 아니다." 그 자신이 "프롤레타리아 의식"을 가지고

37 스칼라피노와 이정식은 공산당 사건 피검자의 40%가 '개인적, 집단적 교제를 가입동기'로 지적했다는 사실을 제시하면서 이것을 이념적 비주체성보다는 '모든 문화의 공통된 사회적 행위의 특질'로 파악했다. 특히 개인적, 소집단적 유대관계가 강한 한국사회에서 이런 경향이 더욱 두드러지게 나타날 수 있다고 보았다. 스칼라피노 · 이정식, 앞의 책, 186~187쪽 참조.

동무들에게 "전도"를 하는 정도, 혹은 "그 자식을 잘 길러줄 만큼 그 아비를 교양시키는 한도에 만족"하는 것이다. "정말 일꾼은 그 자식들 가운데서 구할 것이라는 비교적 원대한 생각을 가지고 있"(315)기 때문이다. 그렇기에 '교화'의 욕망도 작동한다.

> "허, 알고 보니 우리 종씨로군! 하지만 꼴이 이렇다니 어때서 말이오. 청풍 김가면 또 어떻단 말이오?" 하고 병화는 웃었다.
>
> "일자무식으로 남의 행랑살이나 다니니 말씀입죠."
>
> "구차하면 글 못 읽고 글 못 읽으면 무식하지 별 수 있소. 하지만 청풍 김가라는 것이 자랑이 아닌 것처럼 무식한 것도 흉이 아니오. 남의 행랑살이를 하기로 내 노력 팔아먹는 데 부끄러울 거 있소. 놀고 먹고 내가 바르지 못하면 부끄럽겠지만……"
>
> 병화는 평범한 말이나 힘을 주어서 가르치듯이 말하였다. 그 언성이 매우 친절한 데에 원삼이는 감동되었다느니보다도 고마웠다.(313)

한 눈에 보아도 경애와 나누던 대화방식이 아니다. 원삼이 지닌 자긍의 바닥, '이래봬도 내가 청풍 김가의 자손'이라는 사실을 수용하고 '우리 종씨'라고 수를 내며 말머리를 잡는다. 그가 덕기에게 보내는 편지에서 "양반계급은 관념으로 봉건을 지키고 있게 되는 한편에 전일의 상민 상공계급은 그 형식으로 봉건을 지키자는 것"(401)이라 비판했던 것들을 들먹이지 않는다. 공감을 전제하지 않는다면 대화의 빗장이 열리지 않는다는 것을 잘 아는 것이다.

병화는 원삼의 사유체계 안으로 들어서서 '그의 언어'로 그의 사유에 빈틈을 만들어냈다. 병화의 언어전략은 서로 상이한 내용을 나란히 배치하면서, 둘을 상승과 하강의 급격한 전환으로 대비하는 수사법[38]인데, '청풍 김가라는 것이 자랑이 아닌 것처럼'이 'V'자의 왼쪽 직선, 위에서 아래로의 하강 '↘'을 형성한다면 '무식한 것도 흉이 아니오'라는 말은, 오른쪽 직선, 아래로부터 위로의 상승 '↗'을 그려낸다. 다음 문장은 거꾸로의 방향성, 즉 'Λ'의 의미방향을 띠는데, '내 노력을 팔아먹는 게 부끄러울 게 없다'는 말은 아래로부터 상승하는 화살표 '↗'로 의미화 되고, '놀고먹으면서 바르지 못한 게 부끄럽다'는 말은 위로부터 하강하는 화살표 '↘'로 구현된다. 원삼의 삶, 원삼의 언어들을 가지고 단지 배치를 바꾸는 것만으로 강력한 사유의 빈 공간을 창출해내는 것이다. 원삼이 자랑했던 것(청풍 김가)은 의심받는데 그가 부끄러워했던 것(무식함)은 옹호된다. 그가 벗어나고 싶었던 생활방식(내 노력을 팔아먹는)은 긍정되고 그가 부러워하던 것(놀고먹는)은 폄하된다. 짧은 대화에서 정신은 자신을 뒤틀어 올릴 수 있는 공간을 찾아내는 한편, 그 친절한 '언성'에서 자기 같은 존재를 인격으로 대우해주는 이념의 품격을 맛본다. '주의자'의 인성과 민중지향성 내지는 존재의 층위에 따른 언어적 다층성의 필요와 같은 묵직한 주제들이 이 한 장면을 통해 간결하게 제시되었다.

염상섭은 『삼대』의 김병화를 통해-그의 일상과 갈등과 문제점을 보여주는 한편 이에 대한 나름의 해결방안들을 제시했다. 자잘한 생활 속의 양태들을 통해 횡보는 식민지 조선의 사회주의 운동이 처한 역사적 좌표와 그 浮動性의 실상을 의미화했다. '주의자'들은 조선의 과거와 현재에서, 근대의 안과 너머에서, 제국의 내부와 외부에서-시공간적으로나 현실적으로 '떠돌아다니는 자'[39]라는 것, 따라서 그들은

38 이를 '교차배어법chiasme'이라 부르기도 한다. 올리비에 르불, 앞의 책, 163~164쪽 참조.

39 염상섭은 홍경애의 입을 통해 김병화를 '룸펜'이라 지칭하면서 특별히 '떠돌아다니는 자'라는 말을 괄호 안에 병기해두었다. 정호웅 편, 앞의 책, 335쪽.

덕기나 경애가 표상하는 바, 내부에 뿌리를 박은 자와의 연대 없이는 스스로를 구현할 기회를 찾기가 어렵다는 것이 이 작품이 표출하는 의미의 하나일 것이다.

3. 지향—행복에의 요청과 '역사'

원삼과의 대화가 원삼의 언어로 진행된 것이라면 주의자 간의 대화 또한 주의의 언어로 진행될 터, 날이 서고 피가 튀길 것은 정한 이치다. 다만 '필순의 아버지'는 운동선배요 병화가 의거하는 집의 가장이니 의견이 다르다고 막 대할 수는 없는 노릇이다.

> "…… 적이 주는 군량을 먹고는 못 싸우란 법이 있나. 그따위 조그만 결벽도 역시 소시민성이지" 병화가 잠자코 있는 것은 불찬성의 뜻인 줄 알고 주인은 이런 주장을 한 것이다.
>
> "그렇지만 문제가 표면에 나타나면 일반 민중의 유치한 의식이 흐려질 것이요, 또 돈 내놓는 사람은 그 점을 노리고 하는 일이니까 정책상 받지 않는 것도 옳은 일이지요."
>
> 병화가 한 마디 대꾸를 하였다.
>
> "그야 물론이지만, 조선 같이 조직적 기반이 없고 부득이 비합법적으로 나가는 경우에는 그런 결백성은 불필요하단 말이야"
>
> "하지만 덕기 따위 어린애야 이용하고 무어고 있나요. 그집 영감이 미구불원간 죽으면 덕기 부친이 상속을 하니까 얼러본다면 덕기보다 한 대 올라가서 얼러봐야죠."(238~239)

덕기가 드밀어준 돈으로 차린 밥상을 앞에 두고 나누는 덤덤한 대화지만 쟁점만은 날카롭다. 받아먹는 밥의 성격이 그러하니, 운동에 부르주아의 자금을 기부 받을 것인가 말 것인가가 화두인데, 본고가 누가 옳은 지를 따져야 할 필요는 없겠다.[40] 염상섭의 입장이라면 '필순부'의 입장에 가까울 것이라 예상할 수는 있다. '심퍼사이저'를 설정한 것부터가 그럴뿐더러, '비합법적' 상황에서의 '결벽성'은 '소시민성'에 불과하며, '생산과 해방의 동시적 전망'을 위해서 '민족운동'과 '사회운동'이 결합해야 한다는 것은 횡보가 논설 등을 통해 줄기차게 주장한[41] 바이기 때문이다. 이 글의 관심사로 본다면, 덕기를 '덕기 따위 어린애'라 부르는 병화의 턱없는 자신감이 궁금하고, 그러면서도 줄기차게 "돈 원간 돌려"(75)달라 요구하는-통상의 염치관념을 뛰어넘는 떳떳함의 동력이 궁금할 수는 있겠다. 궁색한 이에게 야멸차게 도덕의 칼날을 들이밀자는 게 아니다. 그에게 거의 하나밖에 없다고 할 친구를 '덕기 따위 어린애'라 지칭할 수 있는 위계의 근거가 궁금한 것이다.

아마도 그것은 병화가 오만해서가 아니며 덕기를 무시해서도 아닐 것이다. 그것은 병화를 떠받치는 정신의 위엄, 즉 그는 대문자 '역사'를 발견한 자이며, 자신이 그 '역사'의 앞에 선 자이고, 뒤에 선 자들을 끌고 가야 할 의무가 있는 존재라는 사실에 들려있었기 때문이리라. "나와 및 나의 동지는 시대라는 큰 수레에 타기를 꺼려하는 자네네와 자네네 이하 사람에게 어서 올라타라고 군호하고 재촉하는 임무를 우

40 이 문제가 덕기와 관련해 그리고 이른바 '심퍼사이저' 3부작과 관련해 염상섭 문학의 중심적인 화두인 것은 주지의 사실이다. 박헌호, 「소모로서의 식민지, (불임)자본의 운명-염상섭의 『무화과』를 중심으로」, 『외국문학연구』 48호, 2012.11; 오혜진, 「'심퍼사이저'라는 필터-저항의 자원과 그 양식들」, 『상허학보』 38호, 상허학회, 2013.6 참조.

41 특히 1927년에 발표한 「민족, 사회운동의 유심적 고찰」을 참조할 수 있겠다. 한기형·이혜령 편, 『염상섭 문장전집』 1, 소명출판, 2013 참조.

선 맡았다는 말"(402)이다. 그는 이미 자신의 모든 것을 '시대'에 주었으므로 시대가 어떠한 방식으로 그를 먹여 살리든 부채의식을 가져야 할 이유는 없었을 터였다. 덕기의 인품을 인정하면서도 그가 '시대'에 미달한 존재이며 시대에 의해 배척받을 존재이므로, 덕기에 대하여 병화는 병화에 대하여 덕기가 그렇듯, 공존하되 공유할 수 없는 보완물로 남아 있어야 했을 것이다.

> 아무리 정치적 해결이 단독히 성취된다 할지라도 현재의 조선이 가진 부르주아의 미약한 역량으로서는 자본주의적일망정 경제적 해결을 주지 못하리라는 이유, 환언하면 '사회운동적' 경제정책에 의하지 않으면 경제적 해결 그 자체뿐만 아니라 정치적 해결도 완성키가 어려우리라는 예상하에서 인식될 것이다.[42]

인용문은, 아무리 독립이 된다(정치적 해결이 단독히 성취된다)고 해도 현재 조선 부르주아의 수준과 산업의 발달 정도로 보건대 자본주의 체제로는 경제적 해결이 어렵다는 것, 따라서 '사회운동적' 곧 사회주의적 경제정책을 도입하는 것이 문제의 정치적, 경제적 해결책이 되리라는 주장이다. 이를 위해 '일시적 權道'로서 민족 부르주아지를 운동의 우익으로 세워야 하는데, 당시 조선의 민족 부르주아는 "제국주의적 발달의 과정 또는 그 귀결에 도달할 만한 하등의 필연성이 없는 동시에 '민족적 피착취'라는 현실의 사실만을 인식하고 또 민족주의의 권도 정책을 묵인하면 양자는 실제 운동선상에서 충분히 협동"[43]가능

42 염상섭, 「민족, 사회운동의 유심적 고찰」, 『조선일보』, 1927.1.4~1.16(여기서는 한기형·이혜령 편, 『염상섭 문장전집』 1, 소명출판, 2013, 537쪽에서 인용).
43 위의 글.

하기 때문이다. 여기서 主는 '사회주의'에 있으며, 민족 부르주아지의 동원 혹은 자본주의적 발달이 '권도'의 일환으로 從의 위치를 점유한다는 것은 명백하다. 그럼에도 그것이 일반적인 의미의 상하관계일 수 없는 것은 "'현실생활의 유지'라는 긴박한 조건"[44]에 의해 민족 부르주아의 협력이 절대적으로 요청되기 때문이다. '덕기'없는 병화란 '현실생활의 유지라는 긴박한 조건'을 감당치 못하며, '병화'없는 덕기란 역사의 흐름 속에서 패퇴할 존재이기에 둘은 미래를 공유할 수는 없다 하더라도 현실 속에서 공존-협력해야 하는 것이다. 덕기와 병화의 관계가 상호의존적, 상호보완물인 이유가 이것이다.[45]

병화의 생각이 이러할진대, 필순이 덕기를 처음 본 자리에서 몹시 수줍어하는 것이 못마땅했으리라. 다른 남자에게는 첫 대면이라도 과똑똑이란 별명을 들을 만큼 매섭게 굴던 필순이 덕기 앞에서 별안간 구식 처자처럼 몸 둘 곳을 몰라 하는 게 보기 싫었다.

> '돈 있는 남자라니까? 조촐한 미남자이니까?'
>
> 병화는 공연히 소개를 하지나 않았나? 하는 엷은 후회도 났다. 결코 질투심이 아니다. 어린애 마음을 뒤숭숭하게 만들어 놓거나 모처럼 공들여서 길러가는 사상의 토대가 흔들려서는 안 되니까 걱정이 된다고 병화는 자기의 심중을 홀로 살펴보고 스스로 변명을 했다.(72)

---

44 위의 글.

45 나는 『무화과』를 다룬 글에서 이 문제를 '자본에 의지하여 운동하다', '해방과 생산의 동시적 전망'이라는 정식으로 제출한 바 있으며, 사회주의적 혁명과 자본주의적 생산력 사이의 간극에 대한 식민지 지식인 염상섭의 문제의식으로 의미화한 바 있다. 박헌호, 「소모로서의 식민지, (불임)자본의 운명-염상섭의 『무화과』를 중심으로」, 『외국문학연구』 48호, 2012.11 참조.

'필순'은 『삼대』에서 덕기와 병화에게 윤리와 사상의 리트머스 시험지 같은 존재이다. 덕기와 필순의 관계에 대해서는 이미 많은 연구들이 언급했다. 그것은 덕기의 윤리의식을 극단까지 몰고 갈 수 있는 관계이다. 조상훈과 홍경애의 관계가 예시한 것처럼, 그것은 타인을 향한 인간적 연민이 초래할 수 있는— 진정성과 허위의식 사이에 놓인 평형저울이다. 그런 점에서 필순은 덕기를 내면의 바닥으로 끌어내리고 스스로를 다잡게끔 만드는 유혹과 각성의 현시물이다. 횡보는 두 사람의 관계 설정을 통해 소유욕으로 전환되지 않을 건강한 厚意의 가능성을 묻고 그것이 계급적 격차 안에서도 가능할 수 있는지를 실험해보았던 것이다.

그렇다면 병화에게 필순은 어떤 존재인가? 그가 기거하는 운동선배의 딸이자 고무신 공장에 다니며 부모와 그를 부양하는 존재다. 혈연은 아니로되, 스스로도 '동기'라 생각하는 사람이다. 그런 필순이 덕기를 처음 만나고 보이는 태도를 보고 병화는 인용문에 보이는 것처럼 '엷은 후회'도 하고 '걱정'도 한다. '모처럼 공들여서 길러가는 사상의 토대가 흔들려서는 안 되니까' 이를테면 필순은 병화에게 설득과 감화의 대상으로 존재하는 '최초의 프롤레타리아'다. 그녀는 고무공장에 다니는 진짜 프롤레타리아지만 "고등과 2년"(240)까지 다녀 그리 무식한 편도 아니고 "부친과 병화들의 감화를 받아서 구차라는 것을 창피한 것, 부끄러운 일이라고는 생각지 않"(70)을 만큼은 생각이 나아갔다. 게다가 한 집에 기거하니 포섭과 의식화의 대상으로서는 가장 밀접한 거리를 지닌 셈이다. 그러기에 공부를 더 시켜주겠다는 덕기의 제안이 초래할 비극적 결말을 예상하고 이를 차단하고자 노력한다.

> 그 애 자신은 세상의 모든 소녀들과 같이 제 본능과 이 사회가 가르쳐주고 보여주는 갖은 욕망을 공상하고 있을지 모르나 그 욕망을 채울 기회가

절대로 없기를 나는 축수하는 것일세. 후일 그 애의 배우자를 선택한다면 나 같은 무능력자도 못쓰겠지만 자네 같은 유의의 청년도 거절해야 할 것일세. 고무공장에 보내는 것도 안 되었으나 그래도 자네 댁 같은 유산계급이나 중산계급의 가정에 며느리로 들여보내는 것보다는 낫다고 생각하네. 공장 안에서는 그대로 제 생활이 있으나 중산계급 가정에 들어가서는 마네킹 걸이 되니까 말일세.(229)

이러한 주장의 논거는 덕기가 유부남이라는 사실에 있다. 그것은 윤리의 문제이므로 병화의 입장이 옳다. 더하여 '제 생활'과 '마네킹 걸'로 대비되는 주체적 생활에의 바람도 있다. 물론 이러한 사유의 바닥에는 자본주의적 욕망에 대한 비판적 사고가 깔려 있다. 필순이 그러한 '욕망을 채울 기회가 절대로 없기를 축수'한다는 것은 자본주의적 욕망이 계급의식의 최대의 적이라는 사실을 알고 있기 때문이다. 문제는 필순을 붙드는 것이 자본주의적 유혹이라기보다는 평범한 일상, 안존한 생활에 있다는 것이다.

필순이는 아무래도 그런 일생의 무거운 짐을 지고 유랑의 생애를 보낼 생각은 없었다. 부잣집 며느리가 되어가지고 호강하자는 것은 아니나, 벌어서 부모나 봉양하다가 시집을 가게 되면 가리라는 생각밖에 그리 큰 생각은 없는 것이다. 공부를 하겠다는 것도 직공 생활보다는 좀 더 수입 있는 직업을 얻자는 수단이다. 평소에 부친이나 병화에게 감화를 받기는 받았으나 그것은 자기만이 가지는 사상의 토대를 만들어두는 정도에 그치는 것이었다.(396)

"붉은 나라 서울 모스크바로 공부하러 가지 않겠느냐는"(393) 병화의 말에 필순은 놀라움과 실망을 동시에 느낀다. "자기 집 사정을 번연히 알면서 왜 그런 소리를 하는가 진의를 알 수가 없었다"(394). 병화가 단행했던 가족과의 단절을 통한 '역사'로의 비약이, 주의자의 딸인 필순에게조차 선택하기 쉽지 않은 선택지였다는 사실이 이로써 확연하다.[46] 뒤집어 말하면 이것은 식민지 조선에서 주의자란 정치적, 윤리적 정당성의 근거로 작용했다는 사실의 반증이다.[47] '주의'의 역사적 정당성은 그를 '부랑자'로부터 구출해내는 근거이다. "병화에게서 그런 일을 빼놓으면 무에 남는가? 다만 룸펜(떠돌아다니는 자)이다"(335). 그러기에 병화는 필순이 "의외로 가정적 보통 여자와 다름없는 것을 보고 실망"(396)한다. 하지만 『삼대』가 지닌 다중성의 미학은 상황을 이분법적 단순성에 머물지 않게 한다.

> 병화는 자네 알아 할 일은 자네가 알아 하라 하였다. 그렇다고 덕기더러 데려가라는 것은 아니면서 필순이는 부모까지 먹여 살릴 만한 사람에게 보내야 하겠다고 하였다. 사실 그래야 하기는 할 처지이다. 그러나 데려가지는 말라면서 알아 하라는 뜻은 결국에 먹을 걱정 없는 집 자식을 골라서 중매를 하라는 말인가? 도시 필순에게 대한 병화는 비마르크스주의자다. ……'마네킹 걸'은 안 만들겠다고 하던 병화로서는 너무 모순이다.(610)

필순이 동지가 될 만한 깜냥이 못된다고 판단한 순간, 병화는 그녀에게 '불간섭주의'를 취하며 일반적으로 '가족'들이 보일 법한 태도를

46 실제로 1, 2차 공산당의 주요활동 중 하나가 모스크바에 학생을 파견하는 것이었다. 당시 21명의 학생들이 조선공산당의 지원과 보증 아래 모스크바로 비밀리에 보내졌다. 자세한 내용은 박헌영, 「피의자 신문조서」, 『이정 박헌영 전집』 1, 역사비평사, 2004 참조.

47 물론 염상섭은 김병화를 테러한 '얼치기 주의자'들을 형상화하고 이를 병화의 입을 통해 비판함으로써 '주의자'라는 사실 자체가 정당성의 근거는 아니라는 점도 면밀하게 적시하였다.

보인다. 인용문에 보이듯 덕기는 필순에게 대해서는 '비마르크스주의자'가 돼버리는 병화를 보며 모순을 느낀다. 덕기가 느끼는 모순을 회의의 시선으로 바라볼 수도 있겠다. 투사가 될 수 없다면 평범한 일상의 안존을 누리며 살기를 바라는 마음은 인지상정 아닐까? 그렇다 끄덕여도 여기에 '과정으로서의 의식'이 상정되지 않은 것은 미심쩍다. 주의자와 생활인 사이에 '결단'여하로 갈라서는 홍해 바다가 놓인 셈이다. 그 간극에서 부각되는 것이 생활이며 소멸하는 것도 생활이다. 가족과의 안존한 생활을 염원하는 소시민적 사유는 이념에 대하여 생활을 절대화하며, 결단을 통해 생활로부터 초월한 주의자는 생활에 쩌들은 민중과 소통할 기제를 찾지 못한다. 필순에 대한 병화의 태도를 통해 염상섭이 강조하고자 했던 바가 이것이다. 생활에 쩌들은 민중을 역사적 결단의 홍해바다로 나아가게 하는 힘 / 계기는 무엇인가? 어떻게 가능한가? 병화의 달라진 태도는, 심지어는 원삼을 교화하면서 했던 다음과 같은 생각과도 충돌한다.

> 당장 아쉽다고 비루먹은 당나귀 한 마리까지 앞에 내세우려고 욕심을 부리다가 그 새끼까지 굶겨 죽이느니보다는 그 자식을 잘 길러줄 만큼 그 아비를 교양시키는 한도에 만족하자는 것이다.(315)

전술한 것처럼, 병화는 원삼을 대하며 원삼보다는 자식 대에서 동지를 구하겠다는 "비교적 원대한 생각"을 피력하지 않았던가? 그러므로 덕기가 느끼는 모순은 식민지 조선에서 운동과 생활 사이에 존재했던 간극을 상징한다. 그것은 현실에 존재하는 간극이자 주의자의 내면에 존재하는 간극이다. 비합법운동으로서, 목숨을 내건 비밀로서 가동되던 당대 운동의 양상들이 노정하는 간극이다 : '운동은 생활(민중) 속으로 스며들어야 한다. 그러나 생활(민중) 속에서는 운동이 산출되지 않는다.' 이러한 정식은 前衛와 프롤레타리아의 관계에 대한, 그리고 현실을 장악한 지배계급의 이데올로기에 맞서는 역사적 유물론의 필연성에 대한 오래된 논의들을 떠올리게 만든다. 그런 만큼 본질적이다.

생활과 이념 사이의 간극은 또한 개인적 친밀도에 따라 객관성의 거리화가 재조정되는 양상을 보여주기도 한다. 앞서 부르주아의 기부금 문제를 두고 병화와 필순 부가 토론을 벌였을 때도 비슷한 양상이 노출됐었다. 덕기가 필순을 공부시켜주고 싶어 한다고 전언하니,

> "글쎄, 조그만 셈이 피면 공부를 시켜서 제 손으로 벌어라도 먹게 만들어 주고 싶지만, 그런 젊은 애를 믿을 수가 있나?"
>
> "아까 이용한다는 말씀과는 다릅니다그려?"
>
> 하고 병화는 웃었으나 믿을 수 없다는 의미가 아까 말과는 딴 의사인 것을 짐작 못하는 것도 아니었다.(239)

부르주아의 기부를 거부하는 게 '소시민성'이요 '결벽증'에 불과하다고 역설하던 필순 부가 덕기가 자기 딸을 공부시켜준다 할 때는 뒷걸음질을 친다. 병화가 걱정하는 것과 같은 걱정을 하는 것이다. 각자 상이한 상황과 조건 아래 놓인 실존적 개인들 사이에서의 선택과 이용이란 이념의 문제로 환원되지 않는 개인적 윤리의 문제를 초래할 수밖에 없다는 것! 필순에 대한 덕기의 호의는 누가 조정할 수 있는가? 그것이 공공적 · 이념적 의미라고 성격을 부여할 수 있는 자는 누구인가? 식민지 조선에서 그런 의미화의 주체, 규정이 설정 가능한가? 그것은 오로지 욕망하는 실재로서의 개인과 윤리라는 이름 아래 부채의

식을 지녀야 하는 또 다른 개인 사이에서 발생, 갈등, 조정될 수밖에 없는 문제가 아닌가?

'운동'과 '기부'는, 만일 서로가 인준한다면 공적인 관계로 정립될 수 있다. '임시정부'에서 기약할 수 없는 일일망정 '공채'를 발행하고 기부금에 영수증을 써주는 일 등이 그러한 표현일 것이다. 그러나 개별자 A에 대한 개별자 B의 호의가 공공성의 영역 안에만 깃들기는 쉽지 않다. 사적인 것이 공적인 관계로 확장되고 공적인 것이 사적인 관계내부로까지 현상하는 것, 그것이 혁명의 인간화 과정이요 개인의 혁명적 전변일 것이다. 파농은 알제리 혁명과정에서 '종교'와 '식민자'와 '봉건적 전통' 아래 신음하던 알제리 여성들이 어떻게 주체성을 획득하고 종교, 식민자, 봉건성을 뚫고 주체성의 바다로 흘러나오게 됐는지를 보고했었다.[48] 과정으로서의 혁명은 언제나 이러한 변화를 동반하며 나타난다. 그러나 결단과 단절을 통해, 그러면서도 프롤레타리아와의 접점을 '생활'속에서 찾기 어렵던 식민지 조선에서의 운동은 늘 주의자의 존재론적 기투에 의한 '사건'으로 출몰할 수밖에 없었다. '혁명의 불꽃'이 아직 꺼지지 않았다는 것을 '사건'을 통해 비명처럼 외치는 일만으로도 우리의 주의자들은 전부를 잃었다.

다른 각도에서 보자면 우리는 '주의'와 '생활' 앞에서 '행복을 진지하게 사유하는 태도'[49]를 폭넓게 가져보지 못한 것일 수도 있다. 그것은 거의 대부분 '소시민성'으로 호명되거나 '역사' 앞에서 부차화 된다. 개인으로부터 바로 '역사'로 비월하는 것은 어떻게 가능한 것일까?

---

48 프란츠 파농, 홍지화 역, 『알제리 혁명 5년』, 인간사랑, 2008, 특히 1장과 3장 참조.

49 이 표현은 '행복을 진지하게 여기는 사유'라는 아도르노의 말을 원용한 것이다. 테오도르 W. 아도르노, 이순예 역, 『부정변증법 강의』, 세창출판사, 2012, 228쪽.

> 병화는 기위 내놓은 발길이면야 갈 데까지 가고야 말겠다고 생각했다. 그리고 요 김을 놓치고 미끄러져버리면 안 되겠다고도 생각했다. 설사 그 남자와 무슨 일을 하게 된다 하더라도 경애와의 관계가 두 사람을 맞붙여 주는 데 그치고 경애는 발을 쑥 내빼버리든지 하면 아무 흥미가 없어지는 것이다. 일을 팔아서 사랑을 살 수는 없으나 일은 일이고 사랑은 사랑이다. 사랑까지 얻고야 말겠다는 욕심이다.(289~290)

피혁을 만나고 나오면서, 경애와 따뜻한 악수를 나누고 헤어진 뒤 병화는 이런 생각을 하며 집에 간다. 경애 역시 병화에 대한 호감을 키워간다. 운동이 사랑으로 확장되는 빛나는 순간들이다. 상황이 발전하여 병화가 장훈이 일파에게 테러를 당한 날 밤, 경애가 '산해진'에 머문다. 피혁을 소개해주기 위해 그녀의 집으로 불러들였을 때처럼 사적인 공간에 들어온 것이지만, 이번에는 사적인 관계를 구현한다. 상처를 치료하고 국수 국물을 데워주며 이곳저곳에 전화를 걸어 병화가 할 일을 대신해준다. 병화는 "살림이나 하는 부부 같은 재미도 있지만 이십 몇 년 만에 난생 처음으로 남의 따뜻한 정에 싸이는 것이 위없이 행복하였다"(510).

뒤이어 병화가 서술자로 등장해 내면을 털어놓는 두 페이지 분량에는 '감사하다', '가련하다', '고맙다', '미안하다', '애처롭다', '가엾고 딱하다'와 같은 단어들이 행을 갈아가며 넘쳐흐른다. 그것은 주의자로 살아 처자식을 평생 굶주리게 하다가 그나마 가게를 열어 '생활'다운 생활을 해보겠다며 나섰다가 함께 뭇매를 맞은 필순의 부친, 인력거꾼까지 대동해 병화가 테러를 당하는 곳을 찾아다녔을 뿐만 아니라 갈비뼈가 부러진 필순 부친을 병원으로 모시고 간 덕기의 후의, 자신도 청요리집에 갇혀 따귀를 맞고 봉변을 당했으면서도 곁에 남아 수족이 되어 돌보는 경애에 대한 감사와 미안함이 굽이굽이 사무쳤던 것이다. (테러)사건은 이념 / 운동과 관련된 일이다. 그런데 그 파장은 삶과 인간에 대한 더할 나위 없는 신뢰와 애정의 강물로 병화의 내면을 물들인다. 이념은 언제나 인간의 내면에 '대'하여 대화를 청한다. 인간의 내면을 '향'하여 의미를 묻는다. 마치 이념의 궁극적 정당성이란 병화의 내면을 물들이는 이러한 사랑과 공감에 있다는 듯 서슴없이 감성화 된다. 그렇게 이념은 인간의 정신에 흔적을 남긴다.

경애가 병화에게 음식을 먹이다가, 병원에 간 덕기와 필순 모녀의 끼니가 걱정되어 또 전화로 배달을 요청한다. 그 전화소리를 들으며, "필순이네를 언제 친하였다고 저렇게 다정히 하나 생각"을 하다가, 강철 같던 병화의 눈에 "눈물이 글썽글썽하여졌다"(511). 이것이 한낱 '감상'이며 테러를 당해 몸과 마음이 약해진 병화의 상태를 의미하는 것일 수도 있다. 하지만 또한, 그것은 '주의'로 환원되지 않는 '인간'에의 헌사이며, '주의'가 깃들어야 할 원천으로서의 '인간'을 현상하는 것으로 해석될 수 있다. 마르크스주의의 위대함은 인류의 역사를 '과학화' 했다는 점에 있다. 하지만 또한 마르크스주의의 위대함은 '인류의 인간화'를 궁극의 목표로 삼아 '과학'과 '인간애'의 결합가능성을 深重하게 사유했다는 점에 있을 것이다.

그리하여 동지들에게 테러를 당했으니 배신감에 떨어야할 그의 내면에 "모든 사람을 사랑하는 마음이 가슴에 넘쳤다"(512) 인간존재의 존엄을 사랑으로 느끼면서 자기를 테러한 '장훈'의 의도도 적극적으로 해석한다. 그것이 결국 자기를 보호하기 위한 안전판의 하나였다고 경애 앞에서 그를 옹호한다. 장훈에 대한 병화의 옹호는 작품의 대미를 장식하는 장훈의 자살과 관련하여 의미심장한 암시를 던져준다. 장훈과 병화는 "우리 편과는 또 다른 ××파"(489)다. 둘의 반목과 테러가 당대의 파벌투쟁을 엿보게 하는 대목인데, 작품 내에서 강조되는 실제 의미는–장훈이 행동하고 병화가 해석하는 것처럼 전혀 다른 맥락에 존재한다. 장훈은 의도적인 테러를 통해 피혁과 병화 사이에 방어벽을 형성함과 동시에 자살을 통해 동지들을 발설하지 않는 희생을 감행했다. 이것은 목숨을 바쳐 민족해방운동에 종사했던 주의자들에 대해 횡보가 祭文으로 봉헌한 역사적 헌사임과 동시에 파벌투쟁에 대한 일정한 비판으로 읽혀진다. 현실 운동 속에서 큰 문제로 존재했던 파벌투쟁이, 작품에서는 병화의 (장훈에 대한)옹호와 장훈의 (비밀을 엄수하는)자살로 장엄하게 결합한다. 파벌 간의 연대와 협력도 '인간'에 대한 신뢰와 우애 속에서 싹트는 것으로 그려지는 것이다.

'행복을 진지하게 사유하는 태도'란 일차적으로 이러한 돌봄과 배려와 관여와 관계맺음의 내용들을 소시민성의 발현이나 현실타협적인 것의 구현으로 규정하지 않는 것을 의미한다. 일상을 지나치게 사물화하거나 거꾸로 지나치게 추상화하여 그것의 이데올로기적 이미를 즉각적으로 추출하려는 것은, 실제로는 세태의 흐름일 뿐인 것을 주관적으로 형이상학적인 것으로 전환시키려는 욕망일 수 있다.[50] 그런 점에서 그것은 관념의 자기운동이거나 '실천'개념으로부터의 일탈로 작용할 수 있다. '행복에의 요청'은 자신의 한계를 한계대로 점검해야 하는 것이지만, 그것이 인간성의 정당한 발현양태라는 사실을 전제하고 적극적으로 옹호하는 한에서 그러해야 할 필요가 있다.

---

50 아도르노는 독일 철학의 전통으로서 '비극적인 것'에 대한 비판을 수행하면서 그것이 '고통의 신정론'으로 귀결되는 맥락을 분석하고 있다. 이런 맥락에서, 그로부터 탈피하는데 결정적인 기여를 한 쇼펜하우어의 신정론 비판을 되새기고 있는데, 이는 대문자 '역사'에 대한 열망과 패배한 혁명의 기록들로 가득한 우리의 역사와 그러한 역사를 해석하는 우리들의 심리기제를 들여다보는 데에도 중요한 참조점을 제기하고 있다. 위의 책, 226~236쪽 참조.

염상섭이 '계승으로서의 家'라는 의식을 이 작품의 또 다른 축으로 삼은 것도 그 한계와 대등하게, 가족과 가정을 — 사회에서는 가치를 인정받기 어려운 비루한 존재들의 그나마의 터전이요, 지속되어야 할 것들의 온실이란 점에서 — 긍정과 부정이 共居하는 공간으로 바라봤기 때문일 것이다. 혁명이란 궁극적으로 행복에의 요청인 것이지, '행복을 경건과 교환하는 것은 아니'라는 것을 인정하는 일, 혁명으로 단절되지 않는 것들이 인간 세상에는 또한 많다는 깨달음! 그것이 덕기를 심퍼사이저로, 온후한 자로, 그리하여 "제일선에 나서서 싸울 성격"은 아니지만 "차라리 일 간호졸 격으로 변호사나 되어서 뒷일이나 보면 좋겠다는 생각"(157)을 가진 인물로 형상화해놓은 까닭일지도 모른다.[51] 혁명의 정당성은 마땅히 옹호되어야 하는 것이지만 그것이 '장엄한 비극성으로의 결단'으로서만 자신을 현현하지는 않아야 한다. 고통으로서의 삶을 종식시키기 위한 혁명이 또 다른 '비극성'으로만 현현된다면, 그것은 역설적으로 '고통' 그 자체의 본실적 불가피성을 수락하게 만듦으로써, 민중이 현실의 고통을 감내하게 만드는 의도하지 않은 결과를 초래할 수 있기 때문이다. 역사적 비극에의 몰입이 진정성과 깊이에의 증거로 인식되는 패러다임이 존속하는 한 '생활'은 늘 그렇게 결단하지 못한 자들의 의심스러운 은닉처로 팽개쳐져 있을 터이니까.

결국 병화조차 "홍경애로 말해도 다만 이대로 우정관계를 계속할 뿐이지 더 다시 발전될 것도 아니요, 결코 오래가리라고도 생각지 않네"(607)라고 말하며 한 발을 뺀다. 그것이 단지 지나가는 말로만 들리

---

51 '조선 공산당 사건' 재판 당시 '李仁', '金炳魯'와 같은 조선인 변호사의 활약은 연일 신문 지상을 통해 상세히 보도되었다. 『조선일보』 및 『동아일보』, 1927.9.13~24 등의 일면 기사 참조.

지 않는다. 현실로 말하자면, 그 스스로도 말했던 것처럼, 결혼하는 순간, 필순 부친의 삶을 반복하게 될 테니까. 운동과 사랑의 동반가능성은 이렇게 문을 닫는다. 작품 말미를 무겁게 채우는 '장훈'의 내면서사는 주의자의 정당성과 그가 우리의 역사에 요구할 사상의 품격을 보여준다. 우리는 이를 애도하는 일과 혁명이 '과정화' 되지 못하고 '인간화'되지 못했던 저간의 문제들을 혼동할 필요는 없겠다. '생활'하는 '주의자'들은 자신의 생활을 통해 혁명의 일상화와 일상의 혁명화가 어떻게 가능하고 가능해야 했었는지를 질문했던 것이니까. 염상섭은 주의자를 생활의 공간으로 끌고 내려와 식민지 조선의 '운동사'와 '혁명함의 곤궁'에 대해 보편의 언어로 질문했던 것이니까.

4. 맺음말

이보영은 『삼대』가 해방 후의 수정을 통해 "김병화의 정의를 위한 비극적 투쟁을 취급한 정치소설에서 조의관 집의 가족사를 취급한 보다 서사시적인 소설로 후퇴하였다"[52]고 말했다. 그가 보기에 그 이유는 얄궂게도 "8 · 15이후의 해방감과 사회적 안정에의 기대"였다. 해방으로 연재본이 지녔던 '그늘'로서의 정치성과 비극성보다는 '연속성'으로서의 '조의관 집'이 '양지'로 돋보이게 된 것인데 이로 말미암아 『삼대』의 이념적 긴장감과 정치적 성격이 퇴행되고 김병화가 아닌 조덕기가 중심인물로 자리 잡게 됐다는 것이다. 이러한 평가의 타당성과 무관하게, 김병화와 조덕기의 시선 중 누구의 시선을 따라 작품을

52 이보영, 앞의 책, 376쪽.

쫓아갈 것인가에 따라 해석의 공간들이 조금씩 달라질 수밖에 없다는 사실은 인정될 수 있다.

본고의 관심사는 작품에 드러난 '주의자'의 '생활상'이었다. 하여 김병화를 중심에 두고 그를 통해 나타난 식민지 조선 내부에 사는 사회주의자의 형상을 재구성해보았다. '의식주'로서의 생활을 통해 존재의 외적형상이 존재의 존재성과 어떤 관계를 맺는지를 살펴보았고, '대화'를 통해 드러나는 식민지적 정치성의 현상 형태를 가늠해보았다. '옷'의 상징성에 관한 분석을 통해 당대 주의자들의 시공간적 '浮動性'과 內外的 관계성을 드러냈고, 대화의 층위를 통해 이념적 행위와 관련된 언어의 다층적 공간들을 예시하였다.

특히 지속으로서의 일상과 결단으로서의 운동이라는 두 극단 사이의 요동을 병화와 필순, 병화와 경애의 관계를 통해 살펴보았다. 운동과 생활 사이에 존재하는 간극은 이 작품에서는 제시될 뿐 해결의 전망을 유보하고 있다. 오늘날이라고 해서 '행복에의 요청'을 운동의 대의명분 속에 손쉽게 결합시킬 수 있는 것은 아닐 것이다. 이른바 '이재유 그룹'으로 불리는 30년대 중반의 운동세력에 의해 이러한 문제들이 전면화 되었다는 것도 하나의 참조대상일 뿐이다. 다만 여기서는 염상섭이 이 1, 2차 공산당 사건에서 보여졌던 다양한 문제들을 작품 안으로 끌고 들어옴으로써 이를 예비했다는 점을 지적함으로써 그 의미를 되새길 수는 있겠다. 『삼대』는 20년대 중후반 식민지 조선을 뒤흔들었던 '조선공산당' 사건에 대한 염상섭 나름의 생산적 응답이었다는 점에서도 다시 읽을 필요가 있다.

『삼대』와 '김병화'는 식민지 조선인들에게 혁명이라는 역사적 비약과 생활이라는 무정형의 현실 사이의 간극에 대해 많은 것들을 질문하고 있다. 그것이 비단 식민지 조선인들에게만 국한된 질문은 아닐 것이다. 삶을 '주어진 것으로 받아들이지 않으려는 모든 자'들에게 이러한 문제는 계속 발신될 수밖에 없기 때문이다. 『삼대』가 정치소설인 것은 거기에 사회주의자와 그들의 활동과 죽음이 묻어 있기 때문만은 아니다. 거기에는 일상으로 하강한 정치가, 정치의 일상적 범람이 흠뻑 녹아있다. 이 작품에 드러난, 남루한 일상을 지배하는 무정형의 정치와 지배에 대한 저항은 우리의 역사책에 흥건한 패배의 기록들로 남게 되었지만 병화의 결단과 필순의 고뇌, 경애의 나아감과 덕기의 안존함은, 그것들 자체로써 미래를 향해 열려진 삶의 형식들로 우리 앞에 고스란히 남아 있다. 미래란 늘 과거를 자신의 육체 속에 삽입한 채 현시하는 법이며, 인간적 현실은 새로운 것의 생산일 뿐만 아니라 또한 낡은 것의 비판적이고 변증법적인 재생산이라는 사실은, 무엇보다 염상섭의 이후 작품들이 스스로 증명하는 바다.

무대 위의 러시아, 번역된 고리키

고리키의 〈나 드네На дне〉에서 함대훈의 〈밤酒幕〉까지

문경연

1. 한국 근대문학과 러시아문학의 조우

> 十二月의 麥酒는 선뜩선뜩하다. 밤이나 낮이나 監房은 어둡나는 이것은 꼬-리키의 〈나드네〉 구슬픈노래, 이노래를 나는 모른다.[1]

소설가 이상李箱이 자신의 내면을 반영한 소설 「失花」(『文章』, 1939.3)의 6장 마지막에 쓴 문장이다. 12월의 동경에서 법정대학 유학 중인 친구 Y와 맥주를 마시던 이상이 고리키의 연극 〈나 드네На дне(밑바닥)〉에 삽입된 노래를 떠올렸을 때, "구슬픈노래, 이노래를 나는 모른다"는 말을 한 것은 반어적인 표현이다. 러시아어로 '밑바닥'이라는 의미를 가진 단어 '나 드네На дне'는 고리키가 1902년에 발표한 희곡이다. 모스크바예술극장은 1902년 12월 스타니슬랍스키, 네미로비치 단

1 이상, 「失花」, 『文章』, 1939년 3월호, 62쪽.

〈그림 1〉 모스크바 예술좌에서 상연한
『고리키』作『룸펜窟』의 一場面
(「명연출가순례 (2) 스타니스랍흐스키(中)」,
『동아일보』 1935.4.17)

첸코 연출의 고리키 작 〈나 드네〉[2] 를 무대에 올렸고, 체홉의 〈갈매기〉와 함께 러시아 근대연극사의 의미 있는 한 장을 장식하게 된다. 〈나 드네〉는 〈소시민〉에 이은 고리키의 두 번째 희곡작품이었다.[3] 제목에서 짐작할 수 있듯 가장 '밑바닥'을 사는 하층민들의 삶의 공간, 싸구려 여인숙을 배경으로 그곳 사람들의 빈곤하고 비참한 삶을 그린 작품이다. 〈나 드네〉는 당시 독일을 비롯하여 프랑스, 미국, 영국에서 러시아와 큰 시차를 두지 않고 공연되었다. 특히 1902년에 먼저 〈소시민〉을 올리고 고리키의 저력을 확인했던 독일 연극계는 고리키 작품에 지대한 관심을 표명했고, 1903년부터 1904년까지 무려 500일 이상 〈나 드네〉를 베를린에서 무대화했다.[4] 이는 모스크바예술극장의 연극사적 위상을 보여주는 것이면서 동시에 고리키에 대한 세계적 주목을 확인시켜 주는 대목이라 하겠다. 이름에서 이미 추앙의 태도를 갖게 만드는 러시아 문호 '막심 고리키Maxim Gorky(1868~1936)'.[5] '가장 고통스러운'[6]이라는 의미의 이름 자체만으로도 조선을 포함하여 혁명을 꿈꾸던 20세

---

2 〈나 드네На дне〉라는 원제를 쓰는 이유는 한국 연극사에서 작품 제목과 관련된 오해들이 있었고, 문인과 연구자마다 다른 식의 번역과 표기를 하면서 혼란을 만들어냈기 때문이다. 이는 일본 근대 연출가인 오사나이 가오루의 영향이기도 한데, 이후 서술의 과정에서 다시 설명하기로 한다.

3 니나 구르핀켈, 홍성광 역, 『고리키』, 한길사, 1998, 34쪽.

4 D. S. 미르스키, 이항재 역, 『러시아문학사』, 문원출판, 2001, 453쪽.

5 막심 고리키의 본명은 알렉세이 페시코프이다.

6 孤月, 「露文豪 고르키-의 略傳」, 『新民公論』 제2권 6호, 1921.5, 66쪽.

기 초반 전세계의 시대적 상징이자 문학의 대변이 될 수밖에 없었다. 이런 흐름 속에서 소설가 이상이 문득 생의 심연深淵(나 드네)에 치달은 듯한 느낌을 받고 연극 〈나 드네〉에 삽입된 노래 "해가 뜨나 해가 지나 감옥은 어둡네"를 상기하는 것이 "동경에서 느낀 이상의 방향상실감의 정직한 반영"이자 "체념적 어조"라는 해석[7]은 그래서 합당하다. '러시아', '고리키', '밑바닥' 그리고 〈나 드네〉가 하나의 계열을 만들며 이상李箱의 머릿속에 떠올랐던 것과 흡사하게, 본고의 시작도 이 열쇳말들의 나열에서 시작되었다.

1909년 최남선이 『소년』에 '톨스토이'를 소개한 이래 한국 근대문학 형성기에 러시아문학이 미친 파급력은 상당했다. 1920년대 번역된 러시아의 문학작품과 비평의 숫자는 영국 다음으로 많았고, 미국이나 독일문학보다 거의 두 배에 달했다.[8] 양적 공세가 영향력의 모든 것을 보여주는 지표가 될 수는 없으나 근대문학에 탐닉하기 시작한 조선의 문학자들이 가졌음직한 러시아 문학에 대한 동경과 호기심, 문학적 실천의 계기 등을 상상하기에는 충분한 근거가 된다. 한국 근대문학 형성에 미친 러시아문학의 영향력은 주지하다시피 최남선, 이광수, 조명희, 이무영 등의 사상론·예술론과 작품 연구를 통해 충분히 밝혀졌다. 이 구도는 한국 근대 극예술의 영역으로 그 범위를 좁혀보아도 다르지 않다. 톨스토이, 투르게네프, 도스토예프스키, 체홉, 고리키 등의 희곡 작품이 1910년대 이후 소개되고 번역,[9] 공연되었다.[10] 선행연구에 기대보자면 1920년대 조선에서 톨스토이 다음으로 가장

7 신형철, 『이상문학의 역사철학적 연구』, 서울대 박사논문, 2012, 122쪽.

8 김병철, 『한국 근대 번역문학사 연구』, 을유문화사, 1975, 414쪽.

9 단막극 중심으로 번역되었고, 장막극은 축약번역·부분번역 되었으며 각색되는 경우도 있었다.

10 김병철, 앞의 책; 신정옥, 『한국신극과 서양연극』, 새문사, 1994.

많이 수용된 작가는 고리키였다.[11] 그리고 1930년대가 되면 고리키의 '문단활동 40주년 기념'과 1936년 고리키의 '죽음'을 계기로 그에 대한 조선문단 내의 평문 발표 회수와 평가가 최고조에 달했다. 이 시기 조선에는 일본 내 러시아문학붐의 후미後尾에서 러시아 문학자들과 조우하고 러시아 작가를 사숙하는 작가군들이 등장했다. 그 중에서도 고리키의 영향을 받은 작가들은 상당했다.[12]

그러나 해방 이후 냉전 체제하 한국에서 소수의 문학작품을 제외한 대부분의 러시아발 서적들은 공식적인 출간이 불가능해졌고, 긴 공백 이후 러시아의 사상과 문학이 다시 조명받은 것은 1980년대 중반 이후였다.[13] 1990년에 발간된 김송본의 『고리키와 조선문학』은 1920년대부터 해방기까지 발표된 고리키 관련 연구논문, 생애와 작품론, 회고와 단상, 단편적 기록 등을 수집하고 해설을 실은 단행본으로, 고리키의 한국 유입 양상을 그려보게 한다. 자료 유형의 구분이 모호하고 다수 누락된 자료들이 있다는 아쉬움이 있지만 고리키 연구의 1차 자료가 되어주고 한국문학사에서 고리키의 위치를 가늠케 하는데 도움이 된다.[14] 이 책에 실린 한설야, 김온, 이상화, 홍효민, 한식, 이효석, 송영, 이기영, 김남천, 임화, 함대훈 등의 논문과 평문을 통해 고리키

---

11 신정옥, 위의 책, 93쪽.

12 대표적으로 최서해, 이기영, 이익상, 김기진, 임화, 이무영, 현진건 등을 들 수 있다. 이승원, 「한국문학의 막심 고리키 수용」, 『국어국문학』 제88호, 1982; 김용희, 「최서해에 끼친 고리키와 알치 바세푸의 영향」, 『국어국문학』 제88호, 1982; 김동환, 「러시아 소설과 이기영 소설의 상관성」, 『이기영』, 새미, 1995; 문석우, 「투르게네프 및 고리키 문학의 수용과 한국적 변용」, 『서구문학의 수용과 한국적 변용』, 한국학술정보, 2004; 조진기, 「고리키의 수용과 그 영향」, 『비교문학의 이론과 실천』, 새문사, 2006.

13 해방 이후 한국문학계에서 고리키의 문학작품연구가 다시 시작된 계기는 『어머니』(최민영 역, 석탑, 1985)의 출간이었다. 이강은, 「막심 고리키 문학의 수용양상 연구」, 『러시아소비에트문학』 제3권 제1호, 한국러시아문학회, 1992, 116~117쪽.

14 김송본 편, 『고리끼와 조선문학』, 좋은책, 1990.

에 대한 소개가 1920~30년대에 동시대적이었다는 시차적 민감성과 조선 작가들에게 생존하는 최고의 문호로 받아들여졌던 분위기를 확인할 수 있다. 이 시기의 '고리키론'들을 보면 당시 조선의 문인과 연극인들은 고리키 문학의 특징을 거의 정확하게 간파하고 있었다. 이는 조선 문학자들이 작품뿐만 아니라 러시아 문단의 연구와 비평들을 발빠르게 흡수하고 있었음을 보여주는 것이다.[15] 조선문학자들에게 고리키는 프롤레타리아 문학의 대표자 혹은 사회주의 리얼리즘의 창시자로 숭앙되고, 1930년대 프로문학 진영의 논쟁과 사회주의 리얼리즘으로의 전향에 원용되는 동시대의 가장 진보적인 작가였다. 고리키가 한국에 수용된 양상과 관련한 담론 연구는 1990년대 이후 몇 편의 논문을 통해 축적되었다.[16]

소설과 문학론에서 뿐만 아니라 조선의 근대연극 형성에서 러시아 희곡과 연극은 지대한 기여를 했고 영향력을 미쳤다.[17] 서양 근대연극으로서의 러시아 연극과 스타니슬랍스키로 대표되는 모스크바예술극장의 근대극 운동이 일본을 경유하여 조선연극계에 미친 영향력 중에서 고리키가 차지하는 지분은 상당했다. 이에 본고는 조선 연극계

---

15 하지만 유감스럽게도 그 과정에서 '번역'과 '창작'이 제대로 표명되지 않은 채 발표되는 경우도 많았다.
조시정은 「한국 근대문학 속에 나타난 고리끼 신화의 해체와 재구성」(서울대 석사논문, 2009)에서 함대훈이 『조선일보』에 무려 한 달 이상에 걸쳐 24회 연재한 「노농문단의 기린아 막심 고리끼」(『조선일보』, 1932.11.23~12.27)라는 연구논문이 노보리 쇼무昇曙夢의 「고리끼의 생애와 예술」을 번역한 것임을 밝혀냈다. 그리고 노보리 쇼무의 글은 쇼무가 「고리끼의 생애와 예술」 서문에서 밝히고 있듯이 러시아 문학비평가 코간의 저서 『고리끼』의 일부를 번역한 것이었다.

16 이강은, 앞의 글; 이강은, 「막심 고리키의 〈밑바닥에서〉의 작품 이념 연구」, 『러시아소비에트문학』 제8권 제1호, 한국러시아문학회, 1997; 조시정, 「한국 근대문학 속에 나타난 고리끼 신화의 해체와 재구성」, 서울대 석사논문, 2009.

17 김연수, 「러시아 사회주의 리얼리즘이 한국 근대극에 끼친 영향에 관한 연구」, 단국대 석사논문, 1994; 안숙현, 「한국 근대극에 미친 러시아문학과 연극의 영향에 관한 연구—19세기 러시아문학과 연극의 수용을 중심으로」, 단국대 석사논문, 1994.

와 문단이 고리키를 환대했던 상황들을 살펴보고자 하는데, 이번에 처음 연구되는 함대훈의 번역 텍스트 〈밤酒幕〉(1933)[18]을 중심으로 당대 문화적 상황과 작품의 수용 과정을 고찰할 것이다. 그런데 식민지 시기 연구가 대부분 그러하듯이 자료 접근의 어려움이 극예술연구에도 큰 걸림돌이 되는 것이 사실이다. 매체에 발표되거나 단행본으로 출간된 극소수의 작품을 제외한 대부분의 공연대본은 남아있지 않은 실정이다. 최근에 톨스토이의 희곡 〈어둠의 힘〉(이광수 역, 중앙서림, 1923)에 대한 이광수 번역 연구[19]와 역시 톨스토이의 희곡 〈산송장〉(조명희 역, 평문관, 1924)에 대한 연구[20]가 이루어졌다. 이는 창작이 아닌 번역 작품을 저평가하는 연구자들의 시각과 문학 범주 안에서도 희곡이 갖는 낮은 위상 때문에, 톨스토이, 이광수, 조명희라는 문학사 대표선수들의 결합이었음에도 연구가 비교적 늦게 이루어진 축에 속한다. 한편 톨스토이의 〈부활〉이 조선에서 〈카츄샤〉(예성좌, 1915)라는 예제로 공연되고 '카츄샤'가 대중적인 아이콘이 되는 맥락과 번역(번안, 각색)의 과정을 추적한 연구[21]는 확인 가능한 '대본'이 없는 관계로, 원작인 앙리 바타이유Henry Bataille의 〈부활The Resurrection〉(1902)과 시마무

18 함대훈은 「노농문단의 기린아 막심 고리끼 연구—문단생활 40년을 기념하여」(『조선일보』, 1932.11.23)에서, 소비에트 문단에서 1932년 9월 '막심 고리끼 문단생활 40년제'가 거행되었다는 소식을 듣고 조선문단에서도 기념제를 계획했지만 제사정에 의해 중지되었다 한다. 기념제와 동시에 고리키의 희곡 〈나 드네〉를 상연하기 위해 "번역을 완전히 종료"했지만 그 공연마저 극단 사정으로 중지되었다는 것이다. 이 글을 쓴 시기가 1932년임을 감안할 때 번역 탈고 시점을 1932년으로 삼을 수 있다. 그리고 1932년에 번역된 〈밤酒幕〉이 무대에 오른 것은 1933년 보성전문 연극부 공연을 통해서이며, 책으로 발행된 것은 1949년이다. 저간의 사정과 맥락은 후술하기로 한다.

19 우수영, 「〈어둠의 힘〉에 나타난 이광수의 번역 의도」, 『어문론총』 제58호, 한국문학언어학회, 2013.

20 김미연, 「이광수의 톨스토이 수용과 번역 양상 연구」, 고려대 석사논문, 2012.

21 우수진, 「무대에 선 카츄샤와 번역극의 등장—〈부활〉 연극의 수용 경로와 그 문화 계보학」, 『한국근대문학연구』 제28호, 한국근대문학회, 2013.

라 호게츠島村抱月의 〈부활〉(1908) 번역을 통해 이것이 조선에 유입되는 방식을 우회하여 연구하였다. 그러므로 〈어둠의 힘〉과 〈산송장〉을 제외하고 식민지 시대에 번역·공연된 러시아 희곡 중에서 작품(대본)이 확인된 경우는 현재로서는 없다고 하겠다.[22] 본고가 텍스트로 삼은 〈밤酒幕〉이 그 틈을 조금이라도 메울 수 있을 것이라고 기대하며, 고리키와 함대훈 사이에는 일본 연극계 혹은 오사나이 가오루小山內薰이라는 중요한 필터가 가로놓여 있는 바, 그 영향관계를 함께 검토하고자 한다.

2. 〈나 드네На дне〉(1902), 〈夜の宿〉(1910), 〈밤酒幕〉(1933 / 1949)[23]

1) 함대훈과 〈밤酒幕〉

식민시기 러시아문학 소개에 스스로 소명을 삼았던 자가 있으니 바로 일보一步 함대훈咸大薰(1907~1949)이다. 조선 문단의 고리키 수용에 있어 함대훈의 공은 누구보다도 탁월했다. 당대 매체에 기고한 고리키 작가론과 작품론의 수(45편 정도)는 타의 추종을 불허했다. 함대훈이 발표한 러시아문학 비평 중에서 가장 많은 비중을 차지하는 것은 톨스토이론과 고리키론이며,[24] 그는 고리키를 비롯하여 고골리, 톨스

22 러시아희곡 뿐만 아니라, 〈인형의 집〉 정도를 제외한 대다수의 식민시기 공연된 장막 번역극 대본을 확인할 수 없는 실정이다.

23 1933년 초연, 1949년 단행본 출간을 의미한다.

24 러시아문학 관련 함대훈의 작가별 비평글 편수와 목록은 김병철 앞의 책(1975)과 이강은의 논문(1992)에 정리되어 있다.

토이, 체홉 등 러시아 문학작품을 번역했다. 함대훈이 졸업한 동경외국어학교 러시아어과는 일본에 러시아문학이 이입되는데 가장 많은 역량을 발휘한 지식장이었다. 함대훈이 이곳에서 러시아문학을 전공하고 이후 러시아문학 전문가가 된 것은 다행한 일이지만, 한편으로는 러시아문학의 일본적 이입과 조선적 이입 사이에서 번역의 풍토성이라는 민감한 문제를 해결해야하는 문제적 포지션에 그가 놓이게 됨을 의미하는 것이기도 했다. 그는 1931년 동경외국어학교를 졸업하고 귀국하여 그 해에 '해외문학연구회' 동료들인 김진섭, 이하윤, 정인섭, 유치진 등과 함께 '극예술연구회'를 조직하였다. 극연 활동에 깊이 개입하면서 러시아 희곡 작품을 주로 번역·소개했는데, 극연의 창단 공연작은 함대훈이 번역한 고골리의 풍자극 〈검찰관〉이었다. 귀국 후 『조선일보』 학예부에 재직하면서 극연 활동에 참여하던 시절 함대훈은 "극예술연구회란 연극단체를 만들어 가지고 동인 10인이서 지도하고 있던 때이니만치 낮에는 사무를 보고 저녁이면 劇硏에 나아가서 혹은 會에 참석도 하고 연극 연습하는 것을 구경도 하고 會의 금후 방침에 대한 토의도 하고 세계연극운동에 대한 이론전개도 있어 그야말로 아침에 나아가면 대개 밤 열두시가 지나서야 하숙에 돌아"왔고, "그뿐인가 그때 돌아와서는 또 상연희곡의 번역, 상연목록에 대한 해설, 그 작가의 예술관 비평 등, 신문잡지에 실리고 원고쓰기에 새벽 두시 세시까지 지내는 때가 많았"[25]다고 한다. 함대훈은 1932년 〈밤酒幕〉의 번역을 끝내고 고리키의 생애와 문학세계를 소개하는 데 열중했다.[26] 함대훈은 고리키가 쓴 「나는 글쓰기를 어떻게 배웠는가」를 번

25 함대훈, 「踏步」, 『박문』 12호, 1939.10, 24쪽.

26 함대훈, 「노동문단의 기린아—막심 고리끼 연구」, 『조선일보』, 1932.11.23~12.27(총 24회 연재).

역하면서 러시아와 전세계 노동자계급을 대표했던 고리키의 사회주의 사상과 창작방법, 고리키적 휴머니즘과 작가정신에 깊은 감화를 받았다.[27] 이런 저간의 사정 속에서 이루어진 함대훈의 번역 실천들은 가히 고리키에 대한 '언어적 환대'[28]라고 할 수 있다. 사숙하던 고리키가 독살로 죽었을 것이라는 소문에 가슴 아파하거나 사숙私淑한 노문호에 대한 추모의 정을 표현했던 점에서도 고리키에 대한 함대훈의 존경과 흠모를 가늠할 수 있다.

함대훈은 1930년대에 가장 활발하게 활동한 언론인이면서 1934년 장편 소설 〈폭풍전야〉를 발표한 이래 다수의 소설을 창작한 소설가였다. 1940년대에는 정인섭, 유치진과 '현대극장' 및 '국민연극연구소'를 이끌었고, 조선문인보국회 활동을 하며 친일의 광풍 한 가운데 있기도 했다. 그는 해방 이후 안재홍이 창간한 『한성일보』(1946)에 편집국장으로 입사한 이후 군정과 민정 하에서 경무부장, 공보부장, 공안국장을 거치며 공직에서 활약했다. 1948년 대한민국 정부가 수립된 후에는 경찰전문학교 교장이 되었는데, 행정부 관료가 되지 못하고 한직에 앉은 것을 한탄하며 술에 의존했다고 한다. 그 때문이었는지 1949년 3월 21일 경찰전문학교 조회시간에 훈시를 하던 도중 쓰러져 42세로 세상을 떠났다.[29] 그러니까 함대훈은 1949년 2월 7일에 『밤酒

---

27 "나는 최근 外誌에서 고리끼가 작가가 되기까지의 지내온 경험에 대한 글을 읽었다. 문학 연구에 어느 때나 등한히 하지 않고 더구나 수년 내로 창작에 욕망을 갖고 무슨 큰 것을 하나 써보려던 내게 이 글은 크게 감격을 주었다. 이제사 느낀 것은 아니지만 우수한 외국 문학의 영향, 생활 체험의 영향, 언어와 어휘가 작품에 미치는 영향, 국민, 민화가 끼치는 영향 등의 내용을 가진 고리키의 논문은 내게 계시하는 것이 많았다." 함대훈, 『막심 고리끼의 문학수업의 도정』, 『조선일보』, 1943.9.26.

28 폴 리쾨르, 윤성우 외역, 『번역론—번역에 관한 철학적 성찰』, 철학과현실사, 2006, 88~89쪽.

29 이상의 함대훈에 대한 간단한 이력은 이헌구, 「인물론——步 咸大勳」, 『신문과 방송』 1972년 10월호, 한국언론진흥재단, 66~70쪽을 참고했다.

幕』(조선공업문화사)의 서문을 써놓고, 10월 15일 발행된 책을 보지 못한 채 죽음을 맞은 것이다. 유치진은 '극연'에서 상연하려고 함대훈이 번역했지만 공연이 중지된 "막심 고리키의 〈밤주막〉 4막은 6·25 후에야 단행본으로 양문사에서 출판"(유치진, 「一步 함대훈형」, 『동랑 유치진 전집』 6, 서울예대 출판부, 1993, 222쪽)되었다고 회고한 바 있다. 이 기록에 근거하여 1954년 양문사판을 최초의 발행본으로 착오한 연구자들이 있으나 『밤酒幕』은 6·25 이전인 1949년에 '조선공업문화사'에서 이미 출간되었다.

〈밤酒幕〉(1949)의 러시아 원작인 〈나 드네На дне〉는 식민지 시대에 그것을 언급하는 기자나 문인에 따라 '나 드네', '夜宿夜の宿', '貧民窟', '맨밋바닥'(한설야), '룸펜굴(이무영)', '밤酒幕' 등으로 달리 명명되었다. 일본 문단 혹은 일역본을 통해 원전을 접했을 것으로 보이는 문인들은 제목 옆에 '일역 どん低 혹은 夜の宿'이라는 부기를 달기도 했다. 해방 이전에 고리키의 작품은 단편소설 위주로 10편 정도가 번역되어 매체에 게재되었고,[30] 희곡 〈밤酒幕〉의 경우 공연 사실만 확인될 뿐 그 대본은 전하지 않는 상황이었다. 그리고 해방 이후인 1949년에 함대훈 번역의 『밤酒幕』이 단행본으로 출간된 것이다.[31] 1954년에는 양문사陽文社에서 다시 함대훈 번역의 『밤酒幕』을 발행했다. 두 판본을 비교해보니 1949년판과 1954년판은 출판사가 다르고 책 표지가 달라졌지만, 판형은 물론이고 책의 전체 편집(지면 수)이 동일하다는 사실을 확인할 수 있었다. 이것은 앞선 출판사에서 지형紙型을 다음 출판사에 넘

---

30 〈의중지심意中至心〉, 〈가을의 하룻밤〉, 〈첼까쉬〉, 〈반역자의 母〉, 〈솔개〉, 〈악마〉, 〈그의 애인〉, 〈인간〉, 〈행복〉 등이 있다. 발표시기와 발표면, 번역자 등에 정보는 김병철, 『한국 근대번역문학사 연구』, 을유문화사, 1988을 참조할 것.

31 막심 고-리키 작, 함대훈 역, 『밤酒幕』, 조선공업문화사출판부, 1949.

긴 경우로 볼 수 있는데, 판권지를 대조해 보니 발행자가 邊庚傑에서 邊浩成으로 바뀌었지만 출판사 주소는 '서울 종로구 중학동 12'로 동일했다. 이는 동일 출판사가 사명社名을 바꾸고 출판업을 재정비한 후 1954년에 재출간한 것으로 보이며, 양문사는 1957년에 『밤酒幕』 재판再版을 찍기도 했다. 1949년판과 1954년판의 차이를 꼽자면 전자에는 표지 다음 면에 '고리키'의 반신사진이 실려 있는데 후자에는 사진이 빠졌고, 첨부된 고리키의 약력 부분에 '소비에트작가동맹 의장'이 된 사실이 삭제되었다는 점이다. 이는 함대훈이 1949년판 서문에 "『고-리키-』를 '푸로레타리아'문학 창건자라고만 할 수 없나니 그것은 너무나 인생의 '밑바닥'의 가지가지 생활을 그렷고 정치와 경제의 인생기록을 그렸고 환멸과 불안의 세계에서 새로운 시대의 광명을 찾는 생활을 그렸기 때문이"[32]라며 고리키 문학의 보편성을 강조한 맥락과도 상통한 것으로, 냉전 체제 하에서 러시아발 출판물의 자발적 내적 검열을 드러낸 대목이라 하겠다. 박지영은 해방기의 번역에 대한 인식과 번역 현황을 연구하면서, 해방 직후 검열의 자유가 가져다 준 자유의 최대 수혜자가 좌파 원전과 좌파 성향 작가들의 문학이었다고 본다. 물론 단정 수립 이후 반공주의 검열정책이 보다 확고해지면서 문학 역시 검열의 전방으로 떠오르게 되지만, 한국 전쟁 이전에는 느슨한 구석이 존재했었다는 것이다.[33] 이러한 분위기에서 『밤酒幕』의 출판도 가능했던 것으로 보인다. 한편 양문사는 1959년에 100권으로 기획한 '양문문고' 시리즈에 『밤酒幕』을 별다른 부기없이 『貧民窟』로 개제改題하여 발행했다.[34] 식민지 시대에 이 작품은 단일한 제목으로 명

32 「서문」, 위의 책, 1쪽.

33 박지영, 「해방기 지식 場의 재편과 '번역'의 정치학」, 『대동문화연구』 제68집, 성균관대 대동문화연구원, 2009, 454~464쪽.

명되지 못했었는데, 해방 이후에도 〈밤酒幕〉이 〈貧民窟〉로 바뀌어 출간되면서 이후 연구자들이 〈밤酒幕〉과 〈貧民窟〉을 별개 작품으로 인식하는 오해가 생기기도 했다. 그리고 2000년대 이후에는 〈나 드네〉라는 러시아어의 원래 의미에 가까운 〈밑바닥에서〉[35]로 번역, 공연되면서 제목이 단일화되는 양상을 보이고 있다.

이 글에서 텍스트로 삼은 1949년판 함대훈 번역의 〈밤酒幕〉은 함대훈이 '서문'에서도 밝히고 있듯이 1930년대에 번역되어 무대화된 공연 대본이며 당시에 출간되지 못하고 해방 이후에 출간된 것이다. 앞서 언급했듯이 〈밤酒幕〉은 1932년에 함대훈에 의해 번역되어, 1933년에 초연무대에 올려졌다. 1949년 출간 당시 번역 수정이 가해졌을 가능성도 없지는 않으나, 보성전문 연극부의 공연을 앞두고 1933년 11월 21일자 『조선중앙일보』에 실린 「밤酒幕 解題」에서 인용하는 일부 대사와 삽입 노래의 가사가 1949년판본과 동일함을 확인할 수 있다. 때문에 1949년에 발간된 단행본의 번역시점을 1930년대로 삼아도 큰 문제는 없을 듯하다.

2) 오사나이 가오루와 〈夜の宿〉(1910)

일본에서 고리키의 〈나 드네На дне〉가 처음 번역된 것은 러일전쟁 이전에 모리 오가이를 통해서였다. 오사나이 가오루[36]는 모리 오가이

---

34 막심 고리키 작, 함대훈 역, 『貧民窟』, 양문사, 1959.

35 막심 고리키 작, 최윤락 역, 『밑바닥에서』, 지식을만드는지식, 2011.

36 일본 신극운동의 선구자로 평가받는 오사나이 가오루(1881~1928)는 연출가이자 극작가이며 소설가였다. 1909년 자유 극장을 세우고 1924년 쓰키지소극장을 설립하였다. 오사나이는 서구 근대극을 적극적으로 번역하고, 유럽의 극장 순회를 통해 서구 근대극

森鷗外가 〈萬年草〉(1903)를 발표했던 시기에 『오사카마이니치신문大阪朝日新聞』에 〈여인숙木賃宿〉이라는 제목으로 희곡을 번역해서 연재했음을 기억하고 있었다. 오사나이는 자신이 읽어보지는 못했지만 이것이 일본의 최초 번역이라고 밝혀둔 바 있다.[37] 모리 오가이는 〈Nachtasyl(나락)〉으로 번역된 〈나 드네〉의 독일어 대본을 저본으로 삼아 1903년에 일역했다고 한다. 그리고 두 번째로 성사된 번역은 1909년 9월부터 『無名通信』 3~4호에 걸쳐 연재된 노보리 쇼무昇曙夢[38]의 〈나락奈落〉이었다. 연재본은 〈나 드네〉의 1막과 2막만을 번역한 것인데 〈나락〉은 'どん底(밑바닥)'이라는 원작의 의미를 살린 제목이었고, 노보리 쇼무는 완역한 후 〈どん底〉라는 제목으로 출간했다. 그의 〈どん底〉는 일본에서 처음으로 러시아 원전을 번역한 것이었다. 비슷한 시기 오사나이가 자유극장 제3회 시연(1910)을 위해 〈나 드네〉를 〈夜の宿〉로 번역했을 때 오사나이는 독일어본을 가지고 1차 번역을 한 후 지인들이 소장한 영어본과 프랑스어본을 빌려다가 대소하면서 수정했다고 한다.[39] 자유극장 시연이 끝난 후 이 대본은 『미타문학三田文學』 1910년 11월호에 게재되었다.[40] 오사나이는 1913년에 〈夜の宿〉을 재공연할 당시 러시아 원전을 번역한 앞서 노보리 쇼무의 번역본을 참고

을 관람한 후 자유극장과 쓰키지소극장에서 서구극을 비롯한 창작극을 무대화하면서 일본 근대극이 형성되는 데 혁혁한 공을 세웠다. 1924년부터 1929년까지 홍해성이 쓰키지소극장에 입소하여 오사나이 가오루의 연기 및 무대연출 지도를 받은 바 있다.

37 小山內薰, 和田利彦 編, 「自由劇場 第三回試演」, 『小山內薰全集－第6卷』, 春陽堂, 1929, 58面.

38 노보리 쇼무昇曙夢는 동경에 있는 러시아정교 신학교 출신으로 일본의 러시아문학 수용에 큰 역할을 한 번역가이자 문학연구자이다. 고리키의 희곡 〈どん底〉(1921)와 장편소설 〈포마 고르제예프〉(1929)를 번역했고, 1921년부터 일본평론사에서 〈고리키 전집〉(전9권)을 편집, 발간했다.

39 小山內薰, 앞의 글, 59~60面.

40 『明治飜譯文學全集 翻譯家編 20－小山內薰集』(大空社, 2003)에 재수록.

하여 대본을 다시 수정했고, 1925년 금성당金星堂에서 자신의 번역희곡집 『近代劇五曲』[41]을 출간할 때는 이 수정본을 실었다고 한다.[42] 오사나이는 1903년에 처음 번역작업을 할 당시, 독일본과 영국본, 미국본 사이에 어휘와 뉘앙스의 차이 때문에 고민했고[43] 러시아본을 확인하고 싶었지만 러시아어에 무지해서 어쩔 수 없었다고 고백했다. 또 오사나이도 〈どん底(밑바닥)〉라는 제목이 원작의 의미에 근접한 제목이라고 판단했지만 노보리가 먼저 이 제목으로 번역본을 발표했기 때문에 자신은 〈夜の宿〉으로 발표했다고 밝혔다. 영국에서 〈나 드네На дне〉가 번역출간될 때 제목이 〈The Lower Depths〉로 번역된 판본도 있었지만 〈A Night's Lodging〉으로 번역된 판본도 있고, 미국에서는 〈The Night Refuge〉로 번역되었던 사례가 〈夜の宿〉으로 낙착을 보게 한 근거가 되어주었다.[44] 1928년 죽음 직전까지 쓰키지소극장에서 일본의 신극운동에 투신했던 오사나이에게 〈夜の宿〉은 다른 어떤 작품보다도 애착이 큰 작품이었고 그래서 가장 많이 재연再演된 쓰키지의 대표작 중 하나였다.

1920년대 후반이 되면 일본 내의 좌익영화인이자 번역가였던 마츠자키 게이지松崎啓次[45]가 다시 〈나 드네〉를 번역했다. 『고리키전집 제8

41 小山內薫, 『近代劇五曲』, 金星堂, 1925. 〈夜の宿〉은 小山內薫, 『世界近代劇叢書 第二輯 ―夜の宿』(金星堂, 1925)에도 실렸다.

42 小山內薫, 和田利彦 編, 「『夜の宿』の回顧」, 『小山內薫全集―第6卷』, 春陽堂, 1929, 367面.

43 오사나이 가오루는 1910년 〈夜の宿〉을 번역하여 『미타문학』에 발표하면서, 독일, 프랑스, 미국 공연의 리플렛을 첨부하였다. 小山內薫, 「夜の宿」, 『三田文學』 明治43年11月號. 『明治飜譯文學全集 翻譯家編 20―小山內薫集』(大空社, 2003)에 재수록되어 있음.

44 小山內薫, 和田利彦 編, 「自由劇場 第三回試演」, 『小山內薫全集―第6卷』, 春陽堂, 1929, 63面.

45 松崎啓次(1905~1974)는 1929년 결성된 프로키노プロキノ(일본프롤레타리아영화동맹)에 가입하여 활발하게 활동한 영화 기획자 겸 시나리오작가, 러시아문학 번역가였다. 그는 『勞農ロシヤ文學叢書 第1輯』(マルクス書房), 『ゴルキー全集』(共生閣), 『プロレタリア移動劇場脚本集 第1輯』(共生閣)발간에 참여했다.

권－세 편의 희곡』[46](共生閣, 1929)에 고리키의 희곡 3편이 실려 있는데, 그 중 한편이 바로 〈夜の宿〉이었다. 마쓰자키는 "〈夜の宿〉은 이미 우리나라의 우수한 여러 선배들에 의해 몇 차례 번역 출판되었다는 점에서 역자로서 다시 번역하는 것이 마음에 걸리는 일이지만, 마음의 부담을 가지고서 굳이 번역을 한 것은 공생각共生閣이 세 차례나 권유하며 '세 편의 희곡'을 한 권에 묶고 싶어 했고, 이 전집 발행의 계급적 의의를 고려하고 있기 때문"[47]이라는 입장을 표명했다. '이해하기 쉽게 번역하겠'다는 번역태도를 설정한 마츠자키는 번역작업에 프롤레타리아영화동맹의 회원에게 도움을 받았다. 이 책에 실린 세 작품은 모두 1902년에 창작된 고리키의 희곡인데, 마츠자키는 서문에서 고리키가 이 작품을 쓴 직후 프롤레타리아해방운동으로 돌진해갔음을 강조했다.

이상 일본에서 번역된 〈나 드네〉의 번역사를 살펴보았다. 일본의 번역자들은 대체로 자신들이 번역한 원본과 원작사, 출판사 등을 밝혀가며 번역의 과정을 기록해 두거나, 서문을 통해 그 과정을 공개했다. 특히 오사나이의 경우 '연출노트'와 비슷한 글쓰기 작업을 계속하면서 무대 구현과 연기, 의상, 음악 등에 대한 당시 정황들을 기록[48]해 둠으로써 후대 연극작업과 일본연극사연구에 기여하고 있다.

그렇다면 이 대목에서 함대훈은 어떤 판본을 가지고 번역을 했을지 혹은 도움을 받았을지 궁금해진다. 조선 연극계에서 단순한 언급이 아니라 공연 예제藝題로 고리키의 〈나 드네〉가 호출된 것은 1930년이

---

46 1929년 도쿄 공생각에서 발간된 『고리키전집』은 총11권으로 기획되었다.

47 松崎啓次, 『ゴルキー全集 第八巻－三つの戯曲』, 共生閣, 1929, 4面.

48 공연 기록 글쓰기 안에 당대 번역극 공연의 실증적 자료 뿐만 아니라 오사나이가 서구연극에 가지고 있었던 거리낌 없는 모방 욕구와 신극 정착에의 의지를 확인할 수 있는데, 이에 대한 연구는 일본연극학자의 몫으로 돌리고자 한다.

었다. 일본유학 중이었던 연출가 홍해성은 스승인 오사나이가 죽은 후 쓰키지소극장에서의 활동을 정리하고 귀국한 직후 '신흥극장'을 창단했다. 이때 창단작으로 공연하려 했던 작품에 바로 '酒幕의 밤(막심 꼴키 작)'이 포함되어 있었다. 홍해성은 1924년 10월 쓰키지소극장의 제13회 공연물이었던 〈夜の宿〉에 '타타르인'으로 출연한 적이 있었고, 1929년 3월 쓰키지 제84회 공연이자 오사나이 가오루 추모공연이었던 〈夜の宿〉 공연에서 마지막 연기를 한 바 있다. 홍해성은 쓰키지소극장과 〈夜の宿〉에 대한 각별한 마음이 있어서 귀국 후 첫 공연목록에 〈夜の宿〉을 넣었던 것 같다. 하지만 현실적인 문제에 부딪혔음인지 신흥극단은 후지모리 세이키치藤森成吉의 〈상련기〉를 〈목단등기牧丹燈記〉로 개제한 한 편의 작품만 창단무대에 올렸다.[49] 결국 1930년 조선에서 〈나 드네〉의 공연은 무산되었다. 1933년 9월에는 '극예술연구회 제5회 공연'으로 '고리키의 "룸펜窟(일역 どん低 혹은 夜の宿)"'이 공연될 것이라는 기사가 실렸다.[50] 그러나 이 계획 역시 무산되면서, 극연 5회 공연에는 〈버드나무 선 동리의 풍경〉(유치진 작), 〈바보〉(피란델로 작), 〈베니스의 상인〉(셰익스피어 작) 세 편만 무대에 올려졌다. 함대훈은 1932년 소비에트 문단에서 거행된 '고리키 문단생활 40년제'에 맞추어 조선에서도 기념제를 거행하고 고리키의 희곡 〈나 드네〉(일명 룸펜窟)[51]를 올리려고 번역을 마쳤지만 무산되어 아쉬워했었다.[52] 무

---

49 "금번에 서울에 극단 신흥극장이 창립되어 오는 십일월 중순에는 제일회 공연을 하게 되리라는바 상연목록은 (1) 相戀記(藤森成吉 作) (2) 酒幕의 밤(막심 꼴키 작) (3) 무엇이 그녀자를 그토록 시키엿느냐?(藤森成吉 作) 등이라 하며 또 남녀연구생을 모집한다는데 응모자는 리력서를 지참하고 예지동 일백칠십일번지 홍해성 방으로 가야한다는 바." 「촉망되는 신극단 『신흥극장』 출현」, 『동아일보』, 1930.10.23.

50 「문단풍문」, 『동아일보』, 1933.9.9.

51 함대훈은 공연 전인 1932년에 발표한 글에서 "「나 드네」(나의 번역은 룸펜굴이라 하였다)" 라고 밝히고 있다. 「노농문단의 기린아 막심 고리키 연구—문단생활 40년을 기념하여」,

산된 그 공연이 바로 극예술연구회의 5회 공연이었고, 이렇게 조선에서 〈밤酒幕〉이 초연되기까지 공연이 두 번이나 무산되는 곡절이 있었던 것이다. 게다가 초역 당시 함대훈은 고리키의 〈나 드네〉를 〈룸펜窟〉로 번역했지만 보성전문 연극부 공연 때는 〈밤酒幕〉으로 제목이 변경되었다. 보전 연극부는 『조선중앙일보』 학예부의 후원을 받아 1933년 11월25일 배재고보 대강당에서 고리키의 〈밤酒幕〉을 공연했다. 〈나 드네〉가 〈밑바닥どん低〉이나 〈룸펜窟〉이 아닌 〈밤酒幕〉으로 제목의 낙착을 보게 된 것은 쓰키지소극장의 〈夜の宿〉 공연이 성취한 권위와 후광 때문이었을 것임을 추론할 수 있다.

3) 〈나 드네〉의 번역 비교

이 절에서는 앞서 거론한 〈나 드네〉의 번역본 4종 (① 오사나이 가오루, 「夜の宿」, 1910년 자유극장 시연용 대본(1925년 수정 후 단행본발간) ② 마츠자키 게이지, 『夜の宿』, 1929년 공생각 출간본 ③ 함대훈, 『밤酒幕』, 1933년 보전연극부 공연 대본(1949년 단행본 발간) ④ 최윤락, 『밑바닥에서』, 지식을만드는지식, 2011)에서 눈에 띄는 표본을 추출하여 번역 양상을 살펴보고, 가능하다면 함대훈 번역이 여타의 번역본과 어떤 연관성을 띄는지, 특이점이 발견된다면 무엇인지 살펴보고자 한다.

일단 먼저 비교해 볼 부분은 연극에서 아주 인상적인 장면을 연출하는 삽입가요 부분이다.

『조선일보』, 1932.12.26.

52 함대훈, 「노농문단의 기린아 막심 고리키 연구—문단생활 40년을 기념하여」, 『조선일보』, 1932.11.23.

* 〈나 드네(Ha дне)의 삽입가요 번역 부분

① 오사나이 가오루 (1910(초연) / 1925(발간))	晝が來よとて夜が來ようとて。 (夜でも晝でも)[53] わしの牢屋は無間の地獄。(牢獄は暗い) 夜晝わかたず鬼めが覗く。よいやさ。(いつでも鬼めが、ああ、ああ) わしが牢獄の小窓から。(窓から覗く。) 覗こと儘よ。(いかに鬼めが覗こと儘よ。) 塀は越されず。 自由に焦れても、ああ、ああ。(おかに自由を戀ひ焦りよとて。) 鎖は切れぬ。(錝や鎖が切れはせぬ。よいたさ。壁は九重飛べせぬ。)
② 마츠자키 게이지 (1929)	太陽は登りもた沈むが。 ここへ光はささぬ。 晝も夜も監守がアーアー！ 監房の窓を見張る。 見張れ勝手に どんなに自由を望んだとて こんな鐵鎖をぶつきれやうか こんあ壁が飛越せやうか
③ 함대훈 (1933(초연) / 1949(발간))	해가뜨나 해가지나 감옥속은 어둡네 아귀놈의 저 눈깔이 아아아아 아아아아 철창으로 엿보네 멋대로 넘겨다보렴 어찌 넘나 저담을 자유가 그리우나 아아아아 아아아아 쇠사술을 못끊어
④ 최윤락 (2011)	해는 뜨고 또 지니 감옥은 어두워 밤이나 낮이나 나의 창을 지키네 지키려면 지켜라 도망치진 않을테야 자유를 원하지만, 제기랄 쇠사슬이 끊어지지 않네

이상은 4편의 번역본에서 확인한 삽입가요의 가사인데, ①~④ 사이에서 동일한 문장구조나 특정 어휘의 반복적 사용은 확인되지 않으

며 전체적인 의미 전달에는 차이가 없어 보인다. 오사나이가 빈민굴 같은 여인숙을 '무간지옥無間地獄'과 '옥獄'으로 비유했다면 마츠자키는 '감방監房'으로, 함대훈은 '감옥監獄'으로 표현했다. 마츠자키는 감방을 지키는 감시의 눈으로 '간수'를 분명히 지시했지만, 최윤락은 감시하는 주체를 언급하지 않은 차이를 발견할 수 있다. 하지만 오사나이와 마츠자키, 함대훈 본에만 노래가요의 구음(아아~)이 사용되었고, 감옥의 '간수'를 오사나이는 '귀신鬼'으로 함대훈은 '아귀'로 표현한 것이 두 판본 사이의 참조가능성을 예상케 한다.

〈그림 2〉는 오사나이가 번역의 원전으로 선택한 1910년 자유극장 시연용 대본 〈夜の宿〉 중에, 2막 앞면에 수록되었던 악보이다. 즉 〈나 드네〉의 삽입가요 악보인데 연극에서는 2막과 4막에서 불렸고, 당대에는 일종의 연극주제가로 인식되어 대중들에게 불리워졌다. 악보에는 러시아어 가사와 프랑스어 가사가 함께 표기되어 있는데, 이 악보는 프랑스어 번역본에 수록된 것을 오사나이가 옮겨온 것이라고 한다. 오사나이는 이 러시아 민요 곡조에 어울리는 일본어 가사를 붙여 공연에 활용했다. 함대훈의 번역본을 보자면 1933년 보전 연극부 공

〈그림 2〉 〈夜の宿〉 삽입노래 악보

연에서도 분명 삽입가요를 활용했을 것으로 판단된다. 이 공연에서도 동일한 러시아 민요의 곡조를 사용했을 가능성이 크다고 예상하지만 현재로서는 확인할 수 없다. 작품에서 인상적으로 활용된 삽입 가요 외에 극적 전개에서 눈에 띄는 대사 몇 개와 지시문의 번역 사례를 좀 더 살펴보면 다음과 같다. ① 오사나이 판본과 ② 마츠자키 판본은 논문의 가독을 위해 우리말로 옮겼다. 여기에 작품 전체를 비교할 수 없는 소논문의 분량적 제약상 각 판본의 번역 양상을 샘플링의 방식으로 간파하고 그 차이를 변별하고자 했음을 밝혀둔다.

만두장사 크바시냐의 대사

① 구운 새우 백 마리를 가져다 준대도 누가 다시 시집을 갈 것 같아

② 열 마리 말을 준다고 누가 다시 시집을 가는 일이 있겠어

③ 떡시루를 쪄놓구 빌어봐 다신 서방을 얻나

④ 이젠 기름에 튀긴 새우 백 마리를 준대도 그 사람에게 시집을 가지는 않을거야

나스챠가 읽고 있는 책 제목 번역

① 악연悪縁

② 불행한 사랑因果な戀

③ 시들은 사랑

④ 운명적인 사랑

루카의 대사

① 사민평등이란 말이네

② 사민평등이란 말이네

③ 사민평등이란 말이로군

④ 그렇다면 모두가 매 한가지란 말인데

루카의 대사

① 인간이란 …… 인간으로서의 가치에 변화가 없는 거니까.

② 인간이란 어떻든 간에 그에 상응하는 가치値打가 있지.

③ 사람이란 …… 설사 그것이 어떠한 놈이라도 …… 언제나 그 상당한 가버치는 가지고 있는 것이니까.

④ 사람은 …… 상태가 어떻든 언제나 자신만의 가치가 있는 거야.

조프의 대사

① 정직하게 산다면 사흘 안에 굶어 죽을거야.

② 정직하게 산다면 사흘도 안 되서 아사餓死하고 말거야.

③ 만일 이 친구들이 정직한 생활을 시작한다면 그야말로 사흘노 못가서 굶어 죽을게아냐.

④ 이 친구들은 사흘만 정직하게 살면 굶어죽어.

알료시카의 대사

① 난 이래봬두 노동자職人야

② 난 이래봬두 노동자職人야

③ 난 이래봬두 노동자야

④ 난 그래도 일을 하고 있어

부브노프의 대사

① 양심, 그게 뭐야? 부자도 아닌데

② 양심, 그게 뭐야? 부자도 아닌데

③ 양심이 다 뭐야? 난 뿌르죠아가 아냐.

④ 양심이 있으면 뭣에 쓰게? 나는 부자도 아니고

4막의 지시문

① 몸을 숙이고 천천히 나간다. 이삼분간 불안한 정적. 조금 후 길쪽에서 착종하는 소리. 시끄러운 사람들 소리가 난다. 사람들 소리는 점점 높아가고 점점 가까워진다. 얼마 안되어 한사람 한사람의 소리가 들려온다.

② 몸을 구부리고 조용히 퇴장. 무대 조용해진다. 조금 있다가 도로 쪽 어디에선가 여러 사람의 시끄러운 소리. 그 소리가 점점 가까워졌다가 점점 커진다. 조금 있다가 무대 뒤쪽에서 각각의 소리들이 들려온다.

③ 고개를 숙으리고 천천히 나간다. 이삼분간 불안스러운 정적. 공장의 기적소리. 좀 있다가 길가편에서 錯綜한 소리. 요란한 소리 일어난다. 사람소리는 점점 높아가고 점점 가까워온다. 얼마 안되어서 한사람 한사람씩의 목소리가 들린다.

④ 클레시가 몸을 구부리고 천천히 자리를 뜬다. 불길한 정적이 잠깐. 이윽고 도로의 어디선가 웅성거리는 분명하지 않은 여러 소리가 들린다. 점점 소리가 커지며 가까워진다. 목소리가 또렷하게 들린다.

우선 이상 번역의 몇 군데를 추출하여 제시한 것이 필자의 심증에 기대어 어떤 결과를 유도하기 위한 자의적 선택일 수 있음을 스스로 경계하였지만 그럼에도 한계가 있을 수밖에 없음을 밝혀둔다. 하지만 일본어 대사(오나사이, 마츠자키 번역본)의 한국어 번역에 있어 필자의 언어적 습관과 어투가 작용할 수밖에 없고, 함대훈의 번역이 러시아원전의 번역인지, 오사나이 본의 전면적 중역은 아니지만 그것을 참조한 의역은 아닌지, 혹은 함대훈이 러시아본과 오사나이본을 상호참조하며 번역한 것인지 분별하는 문제가 결코 간단치 않음을 절감할 수 있었다. 이처럼 쉽지 않은 작업이기는 하지만 4편의 번역본을 독해하는 과정에서 필자는 전체적으로 번역의 양상을 비교하여 함대훈이 러시아 원전을 번역했을 가능성(직역)을 점치고, 오사나이 가오루의 번역본이나 일본 내 여러 종의 번역 중 어느 하나를 번역했을(중역)의 가능성을 가늠해 보고자 했다. 그런데 위에서 대략적으로 보았듯이 함대훈이 대본으로서의 권위가 보장된 오사나이 일역본을 그대로 중역한 것은 아니라는 사실을 확인할 수 있었다.[53] 함대훈의 번역은 상당히 구어적인 번역을 지향하고 있으며 조선어 특유의 어휘와 관용어, 속담 등이 적극적으로 활용된 것도 확인할 수 있다. 또 나프 소속 프롤레타리아 작가였던 마츠자키의 번역본을 조선어로 번역한 것도 아님을 확인했다. 마츠자키 번역본의 경우 번역자의 좌파 이력과 사상이 번역에 반영되었을 것으로 예상했으나 어휘 선택이나 논조에서 그런 점을 발견하기 어려웠던 점은 의외였다. 마쓰자키는 그 스스로 서문에서 '쉬운 번역'을 지향했음을 밝혀두었는데, 그래서인지 사회주의 사상을 부각시키는 개념이나 어휘를 오히려 함대훈보다 덜 사용했고 있음을 확인할 수 있었다.

물론 함대훈이 필자가 확인하지 못한 다른 일본어 판본 중에서 어

53 물론 이 함대훈본이 일본어 본의 '중역'이었다고 해서, 번역본의 의의가 훼손되는 것은 아니다. 조재룡은 ""모방'에서 '다시쓰기', 작품의 '조작'과 '변형'에서 전면적인 수정을 가한 개작改作에 이르기까지, 아니 "원전의 재-영토화 과정" 전반을 의미하는 '번안飜案' 역시도 중역의 범주" 안에서 논의하면서, 원전에서 번역본으로 변이하는 과정에서 영향을 끼치는 특정 문화권의 문학과 언어의 작동 방식, 생산과 수용의 차이, 역사성에 기반한 작품의 가치 등 다양한 변수들을 살필 때 중역의 의미는 유효할 수 있다고 본다. 본고 역시 이 의견에 동의하는 입장이다. 조재룡, 「중역重譯의 인식론-그 모든 중역들의 중역과 근대 한국어」, 『아세아연구』 54, 고려대 아세아문제연구소, 2011.

느 하나를 특정해서 중역했을 가능성도 있다. 그러나 일단 오사나이 번역본과 마쓰자키 번역본, 그리고 "모스크바 나우카 출판사에서 발간한 25권의 고리키 전집 중에서 1970년에 나온 7권을 저본"으로 삼아 번역했다는 최윤락 본(2011)을 비교한 결과, 모교 은사에게 원전을 빌려다가 러시아본을 번역했다는 함대훈의 말은 신빙성이 있는 것으로 판단된다. 그렇다면 러시아 원전을 번역한 ④ 최윤락 번역과 함대훈 번역의 유사성을 통해 러시아 원전 번역의 가능성을 타진해 볼 수 있는데, 두 판본의 경우 대사의 의미전달과 중요 내용에는 차이가 거의 없다. 다만 소소한 어휘선택의 차이가 있음을 발견할 수 있다. 이 경우 1930년대와 2010년대의 시차에서 비롯한 어휘 감각과 어투의 차이로 해석할 수 있겠다. 동시대 번역본이라고 할 수 있는 ①, ②, ③의 판본들은 ①－②, ①－③, ①－②－③ 사이의 부분적인 유사점을 발견할 수 있었다. 이상의 결과들을 거칠게나마 통합해 본다면 결과적으로 함대훈이 번역작업을 할 때 러시아 원본을 중심으로 번역하되 필요에 따라 오사나이의 번역본이나 다른 일본어 번역본을 참조했을 가능성에 무게를 둘 수 있다. 원전을 번역한 다양한 판본의 번역이 있을 수 있고, 오사나이가 「夜の宿」을 번역함에 있어 최초에는 독일어본을 중심으로 번역하되 영어본과 프랑스어본을 참조했고, 후에 다시 러시아 번역본을 참조했듯이, 번역자의 입장에서는 선행 번역본들을 참고할 수 있기 때문이다. 또 함대훈이 러시아문학 서적 외에도 '露'자나 '蘇'자가 붙은 것이면 露文, 日文 가리지 않고 다 사서 모았고, 또 그것과 관련된 책도 거의 다 사서 모으면서 독서에 심취했다[54]고 하는 말도, 여러 판본 사이에서 중첩적인 번역이 이루어졌을 가능성을 점치게 한

54 함대훈, 「노서아문학의 시대성」, 『백민』 제5권 2호, 1949.3, 42쪽.

다. 한편 번역본을 대조하는 과정에서 함대훈 번역이 당대 조선인들의 일상적인 언어 관습을 활용하고 하층민이 사용했음직한 어휘 사용과 문장 구사를 구사함으로써 조선어의 뉘앙스를 살리려고 애쓴 점을 발견할 수 있었다. 오사나이와 최윤락이 "구운 새우 백 마리를 준대도 다시 시집을 가지 않을 것"이라고 번역한 부분을 함대훈은 "떡시루를 쪄놓구 빌어봐 다신 서방을 얻나"라는 당대인들의 언어적 관습을 재현하여 번역했고, '튀전(도박)', '구리귀신', '쌔빈거야', '마마자죽' 등의 일상 어휘들을 구사한 대목들이 그 예가 된다. 또 함대훈은 오사나이나 마츠자키가 '부사', '일꾼', '영혼' 등으로 번역한 어휘를 '뿌르죠아', '노동자', '붉은 영혼' 등과 같은 어휘로 번역하면서 프롤레타리아문학자로 수용되었던 고리키의 사상적 흔적을 미약하게나마 남겨놓으려는 노력을 하기도 했다. 번역자가 원전의 단어를 옮기는데 있어 자국어의 어휘 집합Set of vocabulary 안에서 적합한 단어를 선택하여 구문을 안착시키는 방법은 번역자의 수만큼이나 다양할 것이고 다양한 단어 선택과 구문 조합이 만들어지기 마련이다. 이 과정에서 함대훈은 러시아 원전과도 다르며 여러 일역본과도 다른 중층적 텍스트를 생산했다고 본다.

3. 〈밤酒幕〉과 무대의 진보 혹은 조선적 반향들

이번 절에서는 〈밤酒幕〉의 무대 서사와 연극적 특징을 살펴보고 이 작품이 조선 문화계에서 발생시킨 파장을 추적해보고자 한다. 고리키가 1902년에 발표한 〈밤酒幕〉은 고리키 초기문학의 특징인 휴머니즘이 잘 투영된 희곡이다. 4막극 〈밤酒幕〉은 빈민들이 거주하는 여인숙을 배경으로 한다. 탐욕적인 여인숙 주인과 그의 젊은 부인 그리고 여인숙에 세들어 사는 자물쇠공과 죽음을 목전에 둔 그의 아내, 만두장수, 모자장수, 신기려장수, 남작, 배우, 가난한 몽상가 처녀, 무직의 부랑자들이 등장한다. 함대훈이 설명하고 있듯이 "극의 인물로서는 군중이 출현하여 있으면서도 그 중 주요한 인물이 비교적 명료히 나타나있지 않"아서 이들 중에 딱히 주인공을 꼽을 수 없다. 단일 인물에 극적 서사가 집중되지 않는 대신 참담하고 비인간적인 상황에서 희망도 없이 살아가는 집합적 주인공이 있을 뿐이다. 게다가 "이 극의 카타스트로피는 3막에서도 4막에서도 일어나지 않"으며 "전편을 통하여 계속적 스토리가 없"[55]기 때문에 플롯이 없는 작품이라 할 수 있다. 그런 점에서 "그러면서도 支離하지 않게 볼 수 있는 이 희곡의 위대성"[56]을 간파한 함대훈의 평가가 1930년대 대중관객들과 공유되었을지에 대해서는 회의적일 수밖에 없다.

연극은 동굴과도 같은 지하 빈민 여인숙에 '순례자 루카'가 나타나면서 시작되는데, 루카는 죽음에 임박한 '안나'(자물쇠공 부인)를 위로하고, 알콜 중독자인 '배우'에게 병을 고치는 자선병원을 소개하며 새로운 삶을 권유한다. 가난한 처녀 '나스쨔'가 대학생과의 연애를 추억할 때 다른 모든 사람들이 거짓이라고 비웃지만 루카는 스스로 진실이라고 믿는다면 진실일 것이라고 믿어준다. 또 안주인의 여동생 나타샤와 사랑에 빠진 베벨에게는 함께 도망을 가라고 용기를 준다(베벨은 안주인의 정부였다). 루카의 등장으로 여인숙 사람들은 '위로'를 받지만 '사틴'의 말에 따르면 그것은 이들을 전혀 구제하지 못하는 '거짓된 위로'일 뿐이다. 실제로 작품 세계에서 루카의 위로는 무력했으며 극적 서

55 함대훈, 「노서아문학의 시대성」, 『조선일보』, 1932.12.24.
56 함대훈 역, 「서문」, 『밤酒幕』, 조선공업문화사, 1949.

사에 어떤 효과도 내지 못했다. 안나는 두려움 속에 죽음을 맞았고, 베벨은 치정관계였던 나타샤 언니의 모함으로 여인숙 주인을 죽였다는 살인죄를 뒤집어쓴다. 심지어 루카의 말에 늘 감탄하고 수긍하던 배우는 마지막 장면에서 목을 맨 채 발견된다.

작품 안에서 가장 문제적인 장면들은 '순례자 루카'와 예전에는 전신국 기사였지만 지금은 트럼프 판에서 사기를 쳐서 돈을 뜯어내는 '사틴'이 나누는 논쟁에 있다. 루카는 "진실이 인간의 병을 항상 치료할 수 있는 것은 아니"며, 어떤 사람에게 위로가 된다면 설사 그것이 '거짓말'일지라도 필요하다는 입장이다. 사틴은 루카의 위로의 말들이 '진실'이 아니라고 공박한다. 〈밤酒幕〉은 '진실'과 '거짓'이 충돌하는 공간으로 형상화되지만, 루카는 홀연히 사라져버리고 그가 떠나버린 종막(4막)에는 예전의 사람들만 남아있을 뿐이다.

> 사–친 : 그야 영감은 거짓말을 했지. 허지만 그 거짓말은 우릴 불상히 여기기 때문이야. 남을 동정해주기 때문에 거짓말 하는 사람은 이 세상에 얼마든지 있거던. 난 그런걸 잘 알아. 책에두 써 있어. (…중략…) 노동자가 손을 다쳣을 때에 그 아픔을 호소하는 거짓말도 잇을 것이요 …… 굶주려 죽어가는 자를 질책한는 때의 거짓말도 있거던. 거윈 말에야 내 환하지! 마음이 약헌놈과 남의 생피를 빨은 그따위놈들에게 용기를 나게하고 …… 편들어주고 …… 또 따듯이 껴안어 주거던 …… 그러나 제 스스로 제몸을 지배할 수 있는 사람이나 남의 이마에 흐르는 땀에 의지하지 않고 독립할 수 있는 사람에게는 거짓말이란 전혀 소용없는거야. 그러니까 거짓말이란 노예와 군주의 종교야 …… 진실은 …… 자유로운 인간의 神이지.[57]

57 위의 책, 118~119쪽.

4막에서 사틴이 역설하는 자유로운 인간에게는 동정의 거짓말이 필요하지 않다. 자유로운 인간은 오직 진실만으로 충분하기 때문이다.

> 사-친 : 인간은 진실이야. 그러나 대체 인간이란 뭐야. 그건 너라든지 나라든지 또는 저것들이라든지, 이런 손톱만한 게 아냐. 그건 너두, 저것들두, 루카 영감두, 나폴레옹두, 모하메트두, 모-두를 함께 모은 거야. (공중에 사람 형체의 윤곽을 그린다) 알겠나? 인간이란 이렇게 큰 거야. 모-든 것의 시초와 모-든 것의 종말이 이 속에 포함돼 있거던. 모-든 것이 다 인간 속에 있는 거야, 모-든 것이 다 사람을 위해서 있는 거야, 이 세상에 있는 것이라고는 오즉 인간이 있을 뿐이고 …… 그 밖의 것들은 모두 인간의 손이나 머리로 만들어진 거야. 인-간!, 굉장하지! 제법 거만하게 들리지 않느냐 말이야, 인-간! 인간이란 본래부터가 가엾게 생각할 것이 아니라 존경해야 할 성질의 것이야. 가장 동정합네 하구 남에게 모욕을 줘서는 안 돼. 어때 남작! 인간의 건강을 위해서 축배를 들자! 자기 자신이 인간이라는 것을 느꼈을 때의 마음이란 참으로 유쾌하거던.[58]

인간은 결코 '동정의 대상'이 아닌 '존중의 대상'이라고 말하는 사틴[59]은 어떤 구속이나 억압에서도 '자유로운' '인간'에 대한 이념을 설파한다. "가장 중요한 것은 인간"(함, 127)이라는 대사는 고리키의 휴머니즘을 극명하게 드러내는 말이다. 함대훈이 "眞理의 放浪者, 不義의 人"으로 그려진 방랑자들이 "누덕이를 입고 먹을 것이 업는 거지들"이

58 위의 책, 126~127쪽.

59 이강은(「막심 고리키의 〈밑바닥에서〉의 작품 이념 연구」, 『러시아소비에트문학』 제8권 제1호, 한국러시아문학회, 1997, 60쪽)은 사틴에게서 고리키의 '작가적 개입'을 읽어내기도 한다. 사틴이 고리키의 사상을 대변한다는 것이다.

지만 "有産階級에서는 구할 수업는 인간적 따뜻한 감정과 황금이나 폭력 아래서도 굽힐 수업는 사나이다운 氣槪를 가지고 잇"[60]다고 평가할 때, 그 인간은 분명 '사틴'으로 수렴된다. 이때 사틴은 프롤레타리아 의식의 각성을 구현하는 미래적 인물로 해석할 수 있다. 하지만 무대는 '사틴'의 태도와 무관하게 손을 쓸 수 없을 만큼 절망적인 상태에서 봉합된다. 작품의 마지막에 여주인 '바실리사'는 자기 동생과 사랑에 빠진 정부 베벨에게 자신의 살인죄를 뒤집어 씌우고, 배우는 자살한다. 무엇보다 배우의 죽음은 루카의 거짓말이 현실에서 패배했음을 보여주는 문제적 장면인데, 바로 거기서 연극은 막을 내린다. 〈밤酒幕〉은 자유에 대한 믿음과 현실적인 절망 사이에서 진자처럼 움직이는 인간을 형상화했다고 할 수 있다. 즉 삶의 억압에서 벗어날 수 있다는 자유에 대한 믿음과 현실 개혁의 가능성을 발견하지 못하는 인간의 절망, 죽음으로 치닫게 되는 패배주의 사이에서 고통받는 인생 구도를 그려냈다. 그래서인지 〈밤酒幕〉에 대한 해석, 특히 루카와 사틴에 대한 해석은 초연 당시부터 오늘날까지 다양한 논쟁을 불러일으켰다.[61] 식민지 시기 조선에서도 〈밤酒幕〉은 "고-리키의 심각한 작품의 하나로써 이는 奴隷의 哲學이오 弱子의 시 그것이오 無望한 노래"[62]로 받아들여지거나 "예술적 형상으로써는 훌륭하지마는 또 그와 같은 반동시대의 일면의 반영이라고는 할지라도 여하튼 일시적으로 후퇴하여 헤매이는 암중모색의 정직한 고리끼의 심정을 여실하게 표현"[63]한 작품으로 분분하게 받아들여졌다.

---

60 「밤주막 해제」, 『조선중앙일보』, 1933.11.21.
61 조시정, 앞의 글, 32~42쪽.
62 함대훈, 「노동문단의 기린아-막심 고리끼 연구」, 『조선일보』, 1932.12.27.
63 한식, 「문호 막심 고리기의 문학사상의 공헌-위대한 작가, 교사로서의 그의 訃報를 들으며」, 『동아일보』, 1936.6.20~26.

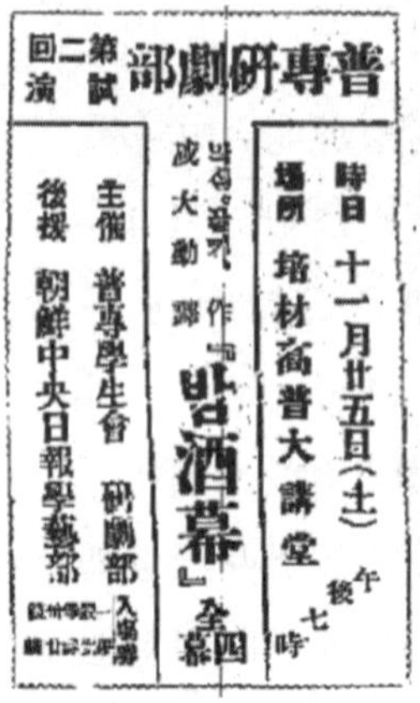

〈그림 3〉「밤주막 해제」, 『조선중앙일보』, 1933.11.21.

〈그림 4〉「普專演劇二會 공연을 압두고」, 『조선중앙일보』, 1933.11.24.

〈그림 5〉「本社 學藝部後援 普專演劇大盛況」, 『조선중앙일보』, 1933.11.27.

〈밤酒幕〉의 조선 초연은 김승일이 연출을 맡아 1933년 11월 25일 보성전문 연극부 제2회 공연으로 배재 대강당 무대에 올려졌다.[64] 공연에 참여했던 주영섭은 보성전문 연극부 정규 제1회 공연(1932년 12월 8일)으로 올린 오토 뮬러의 〈하차荷車〉(1막)와 타프렛 타링의 〈삼등수병三等水兵 마틴〉(10장)이 작품선정의 부적절함과 미숙한 무대로 실패했던 것을 상기하며, 제2회 공연에의 두려움과 의지를 피력했었다.[65] 주영섭은 〈밤酒幕〉을 끝으로 일본 법정대학으로 유학을 떠났고 1934년 '동경학생예술좌'를 창단했으며 기관지 『막幕』의 발간을 주도하기도 했다. "社會階級의 不合理와 矛盾이 個性을 壓迫함을 力說"[66]한 고리키 문학 제1기의 특징을 드러낸 작품으로 소개된 〈밤주막〉 공연은 "원작 그대로 하고 십헛지만은 시간문제상 부득이 3막의 군데군데 세리푸를 생략한 곳"[67]이 있었음에도 "천이백명이 군집"[68]하는 대성공

---

64 「普專演劇 이십오일밤 칠시 培材大講堂에서」, 『동아일보』, 1933.11.25.
65 朱永涉, 「普專演劇二會 공연을 압두고」, 『조선중앙일보』, 1933.11.24.
66 「밤주막 해제」, 『조선중앙일보』, 1933.11.21.
67 朱永涉, 앞의 글.

을 거두었다. 공연 성공은 보전 연극부에게 유례없는 재공연을 가능케 했고, 이들의 평양 공연이 성사되었다. 보전의 제2회 공연작품 〈밤酒幕〉은 평양 금천대좌에서 재상연되었다.[69]

〈밤酒幕〉의 초연은 흥행에서는 일단 성공한 것으로 보였지만, 공연 자체에는 비판이 뒤따랐다. 김광섭[70]은 무대 조명의 부자연스러움, 러시아 부랑자들의 특색을 살리지 못한 의상, 그리고 연기 등을 하나하나 지적하며 전체적으로 비판적인 논조의 글을 발표했다. 연출가 김승일은 이 의견에 즉각 반론을 표했는데, 김광섭이 자신을 가리켜 〈밤酒幕〉에 대한 지식과 이해가 없다고 비판한 것에 대한 응답이었다.[71] 하지만 김승일[72]의 글은 감정적 언사가 과잉적으로 사용되면서 명료한 반박에 기반한 전문적 연극비평으로서의 논조를 만들어내지는 못했다.

〈밤酒幕〉 공연이 식민지 시기에 단발적으로 끝난 것은 아쉽지만, 〈밤酒幕〉은 연극장을 뛰어 너머 조선의 문단 상황을 비판적으로 성찰하는 논자들에게 일종의 메나포로 호출되었다. 유진오가 「沈痛한 文學」에서 "조선은 일반 자본주의 국가와 달라 식민지이기 때문에 대규모의 대중적 투쟁은 거의 전부 반일적 색채를 띠우고 있다. 그러므로 문학작품에 있어서도 이 정세는 반영되어야 할 것"[73]인데 문단현실은 그러하지 못함을 비판했던 것처럼 1930년대 조선문단의 상황을 집약하는 단어는 '침통沈痛'이었다. 현민은 문학이 '침통'한 조선의 상황을

---

68 「本社 學藝部後援 普專演劇大盛況」, 『조선중앙일보』, 1933.11.27.

69 「보전연극부, 평양에서 공연」, 『조선중앙일보』, 1933.12.1.

70 김광섭, 「普專 第二回公演 『밤酒幕』을 보고」, 『조선중앙일보』, 1933.12.01.

71 김승일, 「연출자로서 일언」, 『조선중앙일보』, 1933.12.8~9.

72 연출을 맡은 김승일은 추적양, 유진오, 이상춘, 신찬 등과 함께 '극단 메가폰'을 창단했던 창단멤버로 '메가폰'에서 무대감독을 맡았었다. 1933년 당시 보성전문 예과 강사였으며 연극부의 지도를 맡고 있던 유진오의 주선으로 〈밤酒幕〉 연출을 맡았을 것으로 보인다.

73 유진오, 「沈痛한 文學」, 『동방평론』 제1호, 1932.4, 107쪽.

반영한 침통한 문학이 되어야 함을 역설하기도 했다.

> 조선의 현실은 여러 가지 의미에 잇서서 世界大戰前 십년간의 露西亞에 비할수잇지 안흘가. 그리고 조선사람의 성질도 집착력이 세인 점에서 잇서서는 스라브민족에 비할바 못되건만 忍苦 耐難하야 아모리 심각한 역경에서도 쓰러지지 안코 견디어나가는데는 피차 상통하는 점이 잇지안흘까. 이러한 성질은 북방의 혹렬한 자연과 차리슴의 압제가 로서아농민에게 너어준것이며 조선의 농민이 또한 누백년 단련받어온바다. 만일 이러한 前提가 시인된다면 앞으로 수년간 조선문학이 보여줄 특질은 沈痛의 一色이 아닐가 생각된다. (…중략…) 지금 "로서아의 어머니"로 세계좌익문학의 최고수준에 서잇으며 사회주의건설에 정력적으로 참가하고 잇는 막심 꼴키까지도 그 당시에는 허무주의적 색채가 농후한 작품을 발표하엿엇다. 일례로 頻頻히 상연되고잇는 그의 "밤酒幕"(日譯名 どん低)을 들어 생각해보라. 밤酒幕 일편을 꾀뚤코 잇는 굵은 실은 실로 처참한 너무나 처참한 절망적 암흑이 아닌가. 낙오와 범죄와 알콜과 도박과 애욕과 빈곤과 질병과 자살과 최후의 지둥차듯부는 뼈를 에이는 바람! 관명을 멀리 등진 무리들이 그 곳에서 간신이 蠢動하고 잇음을 우리는 보는 것이다.[74]

현민은 제1차 세계대전 이전의 로서아 현실이 지금의 조선 현실과 흡사하다고 보고 조선사회 전체를 바로 '빈민굴=밑바닥'으로 인식했다. 그렇다면 조선문학 역시 '침통'의 정조와 색채를 띤 문학일 수 밖에 없다고 본 것이다. 한편 이서향에게는 조선문단의 당시 상황이야말로 '루카가 떠난 밤주막'이었다.

---

74 玄民, 「당래문학의 특징은 침통의 일색일까」, 『동아일보』, 1935.1.1.

'루카'는 도망갓다. 루카를 비평하는 '사친'은 그러나 루카보다도 오히려 아모런 창조도 가진 사람이 아니엇다. 알콜중독의 하물렡배우는 그래도 어느때가지 '루카'를 따라 살엇다. 그러나 '루카'가 떠난 뒤 그는 자살하고 말엇다. '사친'은 '피지카'이엇다. 그는 자기를 존재시킬수는 잇엇으나 남을 구제할 수는 없엇다. 루카는 거짓말쟁이엿고 몽상가엿다. 그러나 그는 헤겔이 가르키는 한사람이엇다. 즉 그는 형이상학자이엇다. 그는 物理를 가지지 안헛으나 물리의 모태를 가진 사람이엇다. '사친'은 현재이고 존재이엇으나 '루카'는 미래이고 가능이엇다. 그러나 루카는 떠나고 말엇다.

조선문단이 흡사 이 루카가 떠난 '밤酒幕'같다. 사친들이 남엇다. 거즛말이 없어지고 몽상이 없어젓다. 따라서 손톱끝만한 형이상학도 없어지고 말엇다. 휴매니티의 탐구. 어서 밥뻬 더 깊어야 할 것이고 지성 역시 풍부히 가저야 할 것이며 또 '告發의 정신', 그런 것도 잇어서 나쁠 것이 없다. 그러나 그것을 웨치는 사람이 모든 사친일 때 모든 루카에 대한 비방적 흉내일 뿐이다.[75]

1930년대 문단에서 〈밤酒幕〉이 조선사회를 표상하는 음울한 기호로 해석되었다면, 희곡계에서 〈밤酒幕〉은 창작의 기준이자 평가의 척도로 언급되기도 했다. 『동아일보』 주최 1938년 제2회연극경연대회 실시 이후 심사위원들이 모인 좌담회에서 안석영, 송석하 등은 낭만좌의 〈상하의 집〉이 구성과 기교, 배우들의 연기가 가장 좋았다고 평가했다. 그런데 임화는 "〈상하의 집〉은 고리키의 '밤주막'의 모방인데 처음 장면의 장기두는 것이라든지 마즈막 장면 가까이 배우가 자살했다는 것이라든지 아조 그대로 꾸어왔"다고 지적했다. 그리고 중앙무

75 이서향, 「신인은 말한다(2) – 문단과 신인, 나의 문단타개책 (상)」, 『동아일보』, 1938.9.10.

〈그림 6〉「밤酒幕 원명 Les Bas-Fonds」, 『동아일보』, 1938.1.12.

대의 〈이상향〉 역시 "'밤주막'을 모방한 것이 확실"하다고 비판했다. 안석영도 "문학이 남루를 벗지 안흐면 즉 미학을 가지지 못하면 예술이라고 할 수 없"다며 임화의 발언에 동의했다.[76] 1939년도『동아일보』신춘문예에서 함세덕을 재치고 여여헌麗麗軒의 〈방군房軍〉이 뽑힌 이유는 "과장도 미화도 되지 않은 그들(동경 노동자)의 생활적 분위기가 마치 우리로 하여금 고리키의 〈밤주막〉에서 느끼는 것과 같은 박진력을 체득케"[77]했기 때문이었다. 〈밤酒幕〉이라는 작품을 배우들도 분명히 인지하고 있었던 것인지 '낭만좌'의 여배우 권서추는 1920~30년대의 많은 조선 여배우들이 '카츄샤' 연기를 욕심냈던 것과 달리 "〈밤酒幕〉의 '나타샤'역을 하고 십"[78]어했다. 이러한 일련의 문단 장면들이 단편적인 사례이기는 하지만 여기서 확인할 수 있는 것은 〈밤酒幕〉이 식민지 조선의 사실주의 연극에 상당한 영향력을 끼치면서 극연 계열의 지식인 연극인들이 작품을 창작하고 평가하는 기축으로 작용했다는 점이다.

한편 〈밤酒幕〉이 다양한 문화 현장에서 회자된 데는 1937년에 조선에서도 개봉한 장 르느와르 감독의 프랑스 영화 〈밤酒幕〉도 한 몫 했다. 영화는 "데류크賞의 제일회 수상작품으로 선출된 영화"[79]라는 명성과 함께 "이것이 人民戰線의 손에 의하야 만드러진 작품이라는 것을

76 「연극경연 심사를 마치고 3」, 『동아일보』, 1939.3.11.
77 일기자, 「新春文藝選評」, 『동아일보』, 1939.1.13.
78 「극단의 여배우들은 무엇을 생각하나」, 『동아일보』, 1939.3.24.
79 「밤酒幕 원명 Les Bas-Fonds」, 『동아일보』, 1938.1.12.

생각해보면 〈루노와-르〉의 獨自性은 〈콤뮤니스트〉적인 〈휴-매니즘〉에 잇다"[80]는 평가가 없어졌다. 주영섭은 감독 르느와르가 고리키의 걸작 〈밤주막〉을 가져다가 현대 불란서의 고통을 표현해냈다고 소개하고 "그 속에서 침통하게 울려나오는 것은 시대를 상징하는 "밤酒幕의 노래"뿐"[81]이라 평했다. 신문은 1937~38년 조선에서 개봉된 영화 중에 가장 인기 있는 외화 2위로 영화 〈밤酒幕〉을 꼽았다. 한편 소설가 이무영은 소설 〈지축을 돌리는 사람들〉에서 극연의 제3회 공연작인 카이저의 〈유아나〉관극 장면을 묘사하고, 주인공의 입을 통해 극연 3회 공연작이었던 유치진의 〈토막〉을 "고리키의 〈룸펜굴〉을 연상시키는 생생한 조선의 싸늘한 현실을 그대로 커트한 것 같은 보기 드믄 작품"이었다고 말하게 함으로써 미디어 혼용과 메타적 논평을 시도하기도 했다. 이처럼 조선 문단에서 〈밤酒幕〉은 문학작품은 물론이고 당대 현실을 논평하는 문화코드로 적극 활용되었던 것이다.

4. 나오며

지금까지 본고는 막심 고리키의 〈나 드네На дне〉를 함대훈이 〈밤酒幕〉으로 번역하여 1933년 조선에서 공연했던 연극사적 사실에 주목하고, 당대 연극계와 문단이 고리키를 환대했던 문화적 상황과 작품의 번역 과정을 고찰하였다. 그 과정에서 본고는 함대훈의 1933년도 번역본이 1949년에 『밤酒幕』(조선공업문화사출판부, 1949)으로 출간되었

80 「試寫室－짠 루노와-르 감독 〈밤酒幕〉」, 『동아일보』, 1938.1.18.
81 주영섭, 「짱 루노와아르의 영화 〈밤酒幕〉 연구(상·하)」, 『동아일보』, 1937.12.28·12.31.

음을 확인하고 〈밤酒幕〉의 실제 번역과 작품의 문화번역 과정을 재구하였다. 함대훈의 번역 작업에는 일본 연극계와 오사나이 가오루小山內薰이라는 중요한 필터가 가로놓여 있었기에, 〈나 드네На дне〉(1902), 〈夜の宿〉(1910), 〈밤酒幕〉(1932 / 1949)의 영향 관계를 추적하였다. 그 결과 일어본의 중역에서 벗어나 원본 번역의 의미를 의식하는 단계였던 1930년대에 러시아문학 전공자였던 함대훈이 러시아 원본을 번역하되 일역본을 참조했을 가능성이 크다는 잠정적 결론을 도출했다.

고리키는 조선의 프롤레타리아문학인들과 리얼리즘 작가들에게 진보적 문학의 상징으로 수용되었다. 1933년에 초연된 〈밤酒幕〉 공연 이후, 1930년대 문단에서 〈밤酒幕〉은 조선사회를 표상하는 음울한 기호로 해석되기도 했고 희곡계에서 〈밤酒幕〉은 근대 사실주의 희곡 창작의 기준이자 평가의 척도로 인용되기도 했다. 또 〈밤酒幕〉의 번역과 공연을 전후하여 조선의 문화계에서는 문학작품, 연극공연, 영화 상영, 평단의 언설들이 충돌하고 협업하며 〈밤酒幕〉의 조선적 반향을 만들어낸 정황을 확인할 수 있었다. 특히 고리키의 〈나 드네〉는 유럽과 아메리카에서는 물론이고 일본, 조선에서도 번역되어 무대에 올려졌으며, 당대 세계적으로 유명한 코뮤니스트 작가 장 르누와르가 영화를 통해 고리키에 대한 오마주를 표현하면서 그 파장이 더욱 확산되었다. 조선의 문학자들은 조선의 상황과 문단의 부진을 〈밤酒幕〉에 대입하면서 불안과 침울의 심정을 드러내기도 했고, 고리키가 프롤레타리아문학의 선구자이자 그 스스로 처참하고 빈곤한 삶의 내력을 거친 작가였다는 점에서 전인격적인 감응을 주는 진보적 작가로 받아들였다. 때문에 "일국의 문호나 위인으로 숭앙할 것이 아니라" "실로 만인의 사표로 삼을 세계적인 위인"[82]이라는 평가를 내리기도 했다. 그러나 조선적 수용 과정에서 고리키의 작품세계와 사상이 제대로 검토되고 이해되지 않은 것을 지적하고 이 시기 고리키에 대한 조선 문학계의 수용 태도가 거의 무비판적이었다는 러시아문학연구자의 비판도 염두에 둘 필요가 있다.[83] 이상 〈밤酒幕〉이라는 작품을 통해 러시아문화가 조선에 수용되고 문화적 파장을 만들어낸 상황을 추적해 보면, 연극 〈밤주막〉이 공연되고 그 이후 다른 미디어와 연동되는 효과를 발생시키면서 일종의 문화적 메타포로 자리잡는 조선적 추이를 그려볼 수 있었다. 러시아연극에 대한 당대 관객들의 반응을 찾기가 어려워 수용자 연구가 이루어지지 못한 것은 아쉽지만, 러시아문학에 대한 근대 문학자들의 요구는 강렬했고 러시아 연극이 조선 연극계에 만들어낸 파급력을 충분히 확인할 수 있었다는 점에서 번역의 의미와 더불어 본고의 의미를 찾고자 한다.

---

82 이기영, 「막심 고리키 1주년제」, 『조광』 제3권 제6호, 1937.

83 이강은, 「막심 고리키 문학의 수용양상 연구」, 『러시아소비에트문학』 제3권 제1호, 한국러시아문학회, 1992, 127쪽.

백낙청의 민족문학론을 통해 본 1970년대식 진보의 한 양상*

손유경

1. 기원의 기원

이 글은 백낙청의 민족문학론이 어디에 닿아 있는가라는 소박한 질문에서 출발한다. 해방 이후 우리 사회에서 진보적 문학담론의 형성과 전개에 핵심적 역할을 수행한 백낙청은 1970~80년대 우리 문단을 풍미한 민족문학론의 한 '기원'으로 여겨지고 있다. 이 기원의 기원을 묻는다는 점에서 이 글은 민족문학론의 내용을 정리하거나 그 영향력을 살펴보는 작업과는 거리가 멀다. 그보다는 민족문학론 자체가 당대 진보적 문학담론의 구심점 역할을 도맡게 되는 과정에서 어떠한 특권화나 포함 또는 배제가 일어났는지를 추적해보는 작업에 가깝다. 기원의 기원을 탐색한다는 것은 기원 뒤에 숨은 진짜 기원을 찾아내려

* 이 연구는 서울대학교 신임교수 연구정착금으로 지원되는 연구비에 의하여 수행되었음. This work was supported by Research Resettlement Fund for the new faculty of SNU.

는 것이 아니라 지금껏 기원으로 간주되어 왔던 지점 바깥의 어떤 조건과 계기들에 주목함으로써 그 기원의 자리를 조금 낯설게 만들어 바라보려는 시도의 일환이다. 민족문학이라는 범주가 설정되고 민족문학론이 주류 담론이 되어 가는 당대의 맥락을 짚어보되 그것을 보편과 특수의 관계에 대한 백낙청 특유의 인식 틀에 비추어 평가해보는 것이 이 글의 주안점이라고 할 수 있다.

사실 백낙청의 민족문학론은 이론적 정합성을 추구한 비평담론으로뿐 아니라 대중적 호소력을 지닌 운동의 한 전략으로 제출된 측면도 컸던 만큼, 그 자체의 논리와 담론 구조에 집중하는 작업이 민족문학론의 역동성을 소거할지 모른다는 우려도 제기됨직하다. 그러나 백낙청 개인이 1970년대 한국의 실천적 지성을 대표하는 시대의 양심으로 우뚝 설 수 있었던 것은 다름 아닌 그의 이론가 · 비평가적 면모 덕택이었음에 주의해야 한다. 1970년대는 역설적으로 지식인이 참으로 '행복한' 시절이었다고 얘기되곤 하는데, 그것은 말과 글(비평)이 이론인 동시에 실천일 수 있었기 때문이다. 백낙청의 민족문학론도 거듭된 이론화 과정과 더불어 아니 그것에 힘입어 그 특유의 운동성을 확보할 수 있었던 셈이다. 백낙청 민족문학론 자체의 논리와 배경에 대한 미시적 관찰과 분석은 따라서 민족문학론의 실천적 파급을 부차화하는 것이 아니라 본격적으로 문제화problematize하려는 문제의식의 소산이다.

민족문학론을 자신의 이론과 비평의 화두로 삼기 시작했을 무렵 백낙청은 1970년대 한국 사회를 정치 · 문화적으로 매우 낙후된 지역으로 인식하고 있었다. 흥미로운 것은, 그가 우리를 포함한 제3세계를 "후진 민족들"[1]의 "문화식민지"[2]로 규정하면서도 "비록 우리가 경제적으로나 정치적 · 군사적으로는 제1세계나 제2세계에 뒤떨어져 있을망정 도덕적으로나 문화적으로는 **오히려**(강조는 인용자) 더 떳떳한 위치에서서 세계 역사에 올바르게 기여"[3]할 수 있다는 신념을 일관되게 피력했다는 점이다. 이러한 인식은 "한국과 같은 후진국에서 **오히려**(강조는 인용자) 좋은 문학이 나올 수 있"[4]다고 했던 김현의 발상과 놀라우리만큼 흡사했다.

백낙청의 위 발언에서 눈에 띄는 '오히려'라는 부사에는 어떤 수수께끼가 숨어 있었던 것일까? 그는 무엇을 근거로 정치·경제적으로 낙후된 한국이 정신·문화적으로는 '오히려' 진보했다고 주장할 수 있었을까? 이에 답하기 위해서는 우선 백낙청이 당시 세계를 어떠한 관점에서 파악하고 있었는지를 알아볼 필요가 있다. 널리 알려진 「시민문학론」(1969)을 징검다리 삼아 1960년대를 지나 1970년대로 넘어온 백낙청의 사유는, 우리에게는 받아들일 만한 전통이 태무하다던 관점에서 한국이라는 후진국에도 쓸 만한 전통은 있다는 것으로 변화되어 있었다.[5] 그렇게 주장할 수 있는 유력한 근거로 그가 내세운 것은 선진 사회와 후진 사회 간의 간극이 기형화하거나 모호해졌다는 사실이었다. "온 지구가 하나의 세계가 되고 물질적 궁핍이 점차 극복됨으로써 후진국에서도 시민과 촌민, 시민과 신민, 세계시민과 국민의 차이가 혹은 더욱 모호해지고 혹은 더욱 기형화되어, 가장 앞선 시민의식

1 백낙청, 「한국문학과 제3세계 문학의 사명」, 명동 가톨릭문화관 강연, 1978.11.7; 백낙청, 『민족문학과 세계문학』 II, 창작과비평사, 1985, 286쪽(이하 『민족문학과 세계문학』 II로 표기).

2 백낙청, 「역사적 인간과 시적 인간—민족문학론의 창조적 지평」, 『창작과비평』 12권 2호, 1977 여름, 581쪽.

3 「한국문학과 제3세계 문학의 사명」, 『민족문학과 세계문학』 II, 264쪽; 백낙청, 「역사적 인간과 시적 인간—민족문학론의 창조적 지평」, 『창작과비평』, 1977.3, 601·606쪽.

4 김현, 「한국문학의 전개와 좌표 4」, 『문학과지성』 7권 3호, 1976 가을, 706쪽.

5 「새로운 창작과 비평의 자세」와 「시민문학론」 간의 간극에 관해서는 김건우, 「국학, 국문학, 국사학과 세계사적 보편성」, 『한국현대문학연구』 37, 2012를 참고할 것.

의 소재지가 반드시 농촌이 아닌 도시라거나 약소국 아닌 강대국이어야 한다고 못 박을 수가 없게 되"[6]었다는 것이다. 도시적 감수성을 지닌 김승옥이 아니라 토속적 체취 물씬 풍기는 방영웅의 소설이 보다 큰 "시민문학적 의의"를 갖는다는 주장은 그런 관점에 입각해 있었다. 시민의식을, 실재하는 시민계급의 상태라기보다는 '사랑'이나 '자유'의 동의어로 넓게 해석하게 되면 서양에서는 시민의식이 제대로 이해조차 된 적 없다고 말할 수 있고 따라서 우리의 과거 전통에서 진정한 시민사회 건설의 기반을 찾는 일은 "세계사적 과제"[7]가 될 수밖에 없다고 그는 주장했다. 범박하게 말하자면 누가 일등인지 꼴찌인지 가늠하기 어려울 만큼 세계가 혼란스러워졌다는 진단이었다. '민족문학'이라는 『창작과 비평』(이하 『창비』)의 아젠다는 백낙청의 이러한 현실 진단을 밑그림으로 삼고 있었다.

보편적 세계문화의 어디쯤에 한국(적 전통)을 위치지울 수 있을까라는 질문에 결부된 위와 같은 고민을 1970년대 지식인 고유의 것이라거나 백낙청 혹은 『창비』만의 것이라고 말하기는 어렵다. 조금 과장하여 말한다면 한국 근대문학 100여 년 동안 이 문제를 놓고 한 번이라도 겨뤄보지 않은 지식인-문인이 오히려 드물지 모른다. 다만 궁금한 것은 비슷한 문제에 대한 백낙청식 진단과 해법이다. 우선 위에서 언급된 '오히려'라는 부사의 용법만 놓고 본다면, 백낙청의 그런 발상은 당시 지성계를 풍미했던 내재적 발전론에 그가 깊이 공명했음을 짐작케 한다.[8] 그러나 내재적 발전론에 대한 학계의 논란[9]이 거듭되

6 백낙청, 「시민문학론」, 『창작과비평』 14호, 1969 여름, 509쪽.

7 위의 글, 480쪽.

8 실제로 1970년대 초 『창비』 편집진은 다음과 같은 연재물을 기획한다. "우리나라의 **주체적인 근대화**가 어떻게 진행되어 왔느냐 하는 문제는 수년래 사학계를 중심으로 여러 분야에서 진지하게 연구・토론되었습니다. 실증적으로나 이론적으로나 그 방면에서

고 있는 최근까지도 왜 백낙청 민족문학론에 대한 전면적 고찰은 지지부진한가 하는 점은 큰 의문이다. 주체적이고 자율적인 사관을 수립하겠다던 1970년대 초반의 내발론에 침윤되어 있던 그의 민족문학론은 이후에도 환골탈태를 거듭하며 갱생했다. 이러한 생명력은 어디서 기인하는 것일까? 보편적 세계문학과 특수한 민족문학의 관계에 대한 그의 사유에는 (내발론 이외의 다른) 어떤 계기들이 포함되어 있었는가? 이러한 질문에 답하기 위한 첫 걸음으로 이 글은 기원의 기원을 탐색하는 방향을 취해보려 한다.

최근 몇 년간 초창기에 해당되는 1960~70년대 『창비』 또는 그것을 대표하는 백낙청의 비평담론을 학술·지성·문화사적 관점에 따라 논한 작업들이 두드러진 성과를 보이고 있다.[10] 이러한 흐름에 힘입

상당한 업적이 나타난 것으로 알려지고 있습니다. 일찍이 「實學의 古典」 시리즈와 기타의 여러 논문으로 우리 민족의 역사와 사상을 탐구하는 데 관심을 보였던 본지는, 이에서 한걸음 더 나아가 **이조 봉건체제와 일제 식민주의를 청산·극복하고 참된 시민적 근대사회를 형성**하고자 했던 노력의 과정을 좀 더 본격적으로 다루어보기로 했습니다. ① **민중운동사** ② **경제사** ③ **사회사상사** ④ **문학사**의 네 분야에 걸쳐서 앞으로 약 3년 동안 계속될 이 야심적인 기획의 목적은"(강조는 인용자)(『창작과비평』 24호, 1972 여름, 206쪽).

9 대표적 예로 박찬승, 「한국학 연구 패러다임을 둘러싼 논의–내재적 발전론을 중심으로」, 『한국학논집』 35, 2007; 김정인, 「내재적 발전론과 민족주의」, 『역사와현실』 77, 2010; 윤해동, 「에피고넨의 시대, '내재적 발전론'을 다시 묻는다」, 『민족문화논총』 47, 2011 등을 꼽을 수 있다.

10 다음 등의 논의가 대표적이다. 임영광, 「백낙청·김현 문학담론의 논리구조 비교연구–백낙청의 「시민문학론」과 김현의 「한국소설의 가능성」을 중심으로」, 『한국어문연구』 18, 2009; 김건우, 「국학, 국문학, 국사학과 세계사적 보편성」, 『한국현대문학연구』 37, 2012; 박필현, 「백낙청 초기 비평 연구–그 연속성 및 비평적 특성을 중심으로」, 『한국문예비평연구』 35, 2011; 이현석, 「4·19혁명과 60년대 말 문학담론에 나타난 비정치의 감각과 논리–소시민 논쟁과 리얼리즘 논쟁을 중심으로」, 『한국현대문학연구』 35, 2011; 김현주, 「1960년대 후반 '자유'의 인식론적·정치적 전망–『창작과비평』을 중심으로」, 『현대문학의 연구』 48, 2012; 김현주, 「『창작과비평』의 근대사 담론–후발자본주의 사회의 역사적 사회과학」, 『상허학보』 36, 2012; 김수림, 「4·19혁명의 유산과 궁핍한 시대의 리얼리즘–1960~70년대 백낙청의 비평과 역사의식」, 『상허학보』 35, 2012; 박지영, 「1960년대 『창작과비평』과 번역의 문화사」, 『한국문학연구』 45, 2013; 이혜령, 「소시민, 레드콤플렉스의 양각–1960~70년대 염상섭과 한국 리얼리즘론의 사정」, 『대동문화연구』 82, 2013.

어 형성된 위의 문제의식에 따라 이 글은 1970~80년대 백낙청 민족문학론을 재론함으로써 당대 진보적 문학담론이 보편과 특수의 관계를 사유하는 방식의 일단을 드러내고자 한다. 제3세계에 속한 우리가 '오히려' 더 나을 수 있다는 믿음이 심정적 차원에 머물지 않고 이론의 힘에 의해 뒷받침될 필요가 있을 때 등장한 것이 다름 아닌 백낙청의 민족문학론이라고 할 때, 중요한 것은 이 안에 숨은 보편적 세계문학과 특수한 민족문학의 관계에 대한 백낙청 특유의 사유를 비판적으로 점검해보는 데에 있을 것이다. 백낙청이라는 상징적 존재를 경유하여 이 관계 맺음의 방식이 구체적으로 밝혀질 수 있다면 1970년대식 진보의 한 양상을 구성해보려는 이 글의 궁극적 의도가 어느 정도는 충족될 수 있지 않을까 기대해 본다.

2. 민족문학'과' 세계문학

백낙청의 비평 세계 전반을 꿰뚫고 있는 민족문학론은 그 자체로 주장되기보다 다른 비평적 화두와의 관계 속에서 생생한 의미를 띠게 된다는 점이 독특하다. 민족문학론이 본격화할 무렵이었던 1970년대 초중반 그가 내세운 화제는 '민족문학과 세계문학의 관계'라는 것이었다. 초창기 민족문학론에서 민족문학은 세계문학과의 관계로 존재해야만 그 의의를 인정받게 되는 구조였다.

> '민족문학' 개념의 타당성 문제는 흔히 '세계문학'과의 연관성 속에서 제기되고, 또 그렇게 하는 것이 매우 적절한 방법인 것 같다. 이런 경우 민족문학이라는 용어를 달갑지 않게 여기는 입장은 대충 다음과 같이 요약될

수 있겠다. 즉 '한국민족이 생산한 문학'이라는 의미로 민족문학을 말하면 모르되, '한국문학' 혹은 한국의 '국민문학'과 구별되는 민족문학의 개념을 고집한다는 것은, 무엇보다도 '문학'으로서 훌륭하냐 그렇지 못하냐를 따져야 할 문학 본연의 자세에 어긋나며 우리 문학의 발전을 저해하고 한국문학이 세계문학에 떳떳이 참여할 기회를 놓치는 결과가 되기 쉽지 않겠냐는 것이다. (…중략…) 사학계에서도 이 문제는 한국사 내지 한국학 연구의 '특수성'과 '보편성'이라는 문제를 중심으로 논의가 제기되고 잇는 것으로 알거니와 (…중략…) 우리의 민족문학론이 우리 민족이 낳을 수 있는 최선의 문학을 낳고 그리하여 세계문학에 떳떳한 공헌을 하는 데 이바지하는 것이 아니라면, 그것을 그냥 무해무익한 이야기 정도로 그치지 않고 민족의 고난과 전인류의 불행을 적극적으로 조장하는 일이 될 것이기 때문이다.[11]

민족문학론의 근저에 있는 민족주의가 자칫하면 국수주의로 흘러가 세계사 발전에 역행하고 말지 모른다는 항간의 우려에 대하여, 백낙청은 우리가 만든 최선의 문학이 세계문학에 '떳떳이 이바지'하도록 만들 때 비로소 민족문학이라는 개념의 타당성이 획득될 것이라고 주장한다. 즉, 민족문학이라는 개념이 이치에 맞는지 아닌지를 결정하는 것은 세계문학에의 공헌 여부였다. 정치・군사적으로는 후진적일망정 문화적으로는 오히려 더 당당한 입장에 서서 세계 역사에 올바르게 '기여'하자는 뜻에서 "'한국문학'이라는 좋은 용어가 있음에도 불구하고 '민족문학'이란 개념을 추가해서 사용"[12]한다는 것이다. 세계

11 백낙청, 「민족문학이념의 신전개」, 『월간중앙』 1974.7; 백낙청, 『민족문학과 세계문학』, 창작과비평사, 1979(2011), 153쪽.

12 「한국문학과 제3세계 문학의 사명」, 『민족문학과 세계문학』 II, 264쪽.

문학 또는 세계역사라는 말로써 무엇 / 어디 / 누구를 의미하는가는 해명되지 않은 채였다.

구중서는 아예 세계문학=서양문학을 '아는' 것이 바람직한 민족문학론의 전제에 해당된다고 했다. "이 세계문학 속의 민족문학이라는 것은 우리가 세계문학 또는 서양문학을 알고 그것을 아는 데서 쟁취된 인식으로서의 민족문학"이라는 것이다. "20세기에 들어오면서 반역사적 · 반민중적이고 기교에 치중하여, 크게 보면 모더니즘 계열의 불건전한 문학이 된 한계성을 비판 · 극복하는 입장에서 민족문학을 생각[13]해보자는 취지인데, 타락한 서구 부르주아의 병든 모더니즘 대신 건강한 제3세계 문학으로서의 민족문학을 우리 힘으로 건설하자는 의미였다. 백낙청의 민족문학론을 고평하는 자리에서 그는 1970년대의 '민족문학'이 일본 제국의 헤게모니를 상기시키는 '국민문학'이나 카프의 사회주의문학과 대결한 '민족주의문학', 그리고 해방 후 밀려들어온 세계문학의 홍수 속에서 고안된 상대적 개념인 '한국문학'과 엄밀히 구별되는 새로운 개념임을 강조한다.[14] 그에 따르면 민족문학론이 국가주의나 국수주의, 혹은 상대주의로 흐를 수 있다는 염려는 모두 잘못 제기된 것인데 그 이유는 민족문학론이 세계문학을 '아는' 사람들에 의해 전개되기 때문이다. 이 논법대로라면 세계문학을 '모르는' 사람들의 민족문학론은 국가주의나 국수주의 혹은 상대주의적 경향을 노정할 가능성이 높다.

세계문학을 알아야 민족문학을 논할 수 있다는 명제는 주장에 그치지 않고 실제 글쓰기 과정에서 적극적으로 실천되었다. 먼저 1970년

13 고은 · 유종호 · 구중서 · 이부영 · 백낙청, 「좌담—내가 생각하는 민족문학」, 『창작과비평』 49호, 1978 가을, 5쪽.

14 위의 글, 4쪽.

대 민족문학론의 전사前史로 부를 법한 백낙청의 「시민문학론」은 그 한 전형을 보여준다. 이 글에서 그는 프랑스문학과 독일문학, 그리고 영국문학에 이르는 서구 시민문학의 전통을 개괄한 '연후에야' "한국의 전통과 시민의식"이라는 별도의 장chapter을 마련할 수 있었다. 그가 여기서 주목한 점은 "시민적 전통이 빈약한 후진적 상황"에 있었던 독일문학이 "국외자 내지 낙오자 특유의 날카로운 통찰"[15]을 보여줬다는 사실과, "서양역사의 변방에 속하던 러시아와 미국에서, 개인적으로도 도시생활에 완전히 흡수되지 않았던 작가와 시인에 의해 위대한 시민문학의 전통이 계승"[16]되었다는 사실이다. 이들이야말로 그가 그토록 강조했던 '오히려'의 증인들이었다. 즉, 서양 문화권 안에서 가장 후진적이거나 그 변방에 자리 잡은 나라들에서, 그것도 도시가 아닌 농촌을 주된 생활권으로 삼았던 작가들에 의해 위대한 시민문학의 전통이 계승된다는 주장은, 한국 같은 후진국 농촌이 '오히려' 가장 떳떳한 민족문학의 산실이 될 수 있다는 민족문학론의 요체와 정확히 닮은꼴임을 알 수 있다. 시민문학론의 골격을 고스란히 물려받은 민족문학론이 "현 단계 세계문학의 가장 선진적 흐름"을 '아는' 이들의 논의임을 여러 차례 환기하는 방식으로 서술되는 것은 당연했다.

위의 논의를 정리하면 첫째, 『창비』 초창기 백낙청이 내세운 민족문학은 세계문학과의 관계로만 존재하며 둘째, 그는 민족문학이 세계문학에 참여하고 공헌하는 것을 민족문학론의 주요 의제로 삼았음을 알 수 있다. 무엇보다도 이러한 사명감의 배면에 서양문학을 알아야 민족문학을 잘 논할 수 있다는 믿음이 자리 잡고 있었음을 간과해서는 안 된다. 발전된 서양문학을 미리 접한 선구자로서 백낙청이 남다른

15 백낙청, 「시민문학론」, 『창작과비평』 14호, 1969 여름, 470쪽.
16 위의 글, 477쪽.

사명감을 갖고 문학을 대했으리라는 것은 쉽게 짐작이 가는 일이다.[17] 백낙청의 초기 글에 유독 자주 등장하는 '사명감', '임무', '기여', '공헌', '과업' 등과 같은 용어가 이를 방증한다.[18] 「시민문학론」을 발표할 당시부터 그는 "항상 사회의 모순과 사회의 부정 (…중략…) 을 적발하여서 새로운 전환을 위한 (…중략…) 일인으로서 행동하는 것이 그 첫째 임무"라고 했던 식민지시기 '해외문학파' 이헌구의 글을 새삼 인용하면서 깊은 공감을 표했다. 서양문학 연구자들은 "남보다 유리해지기 위해서"라든가 "이웃이 모르는 것을 혼자만 아는 쾌감"을 위해서가 아니라 "그 본래의 사명"을 다하기 위해 애써야 한다는 말이다.[19] 그는 "진보가 있도록 하는" 예술(가)의 사명을 "목숨 자체와 동의어"[20]가 되는 수준으로까지 끌어올리고자 했다. 그러나 문면에 드러난 그의 사명감만으로는 왜 백낙청 민족문학론에서 민족문학은 세계문학과의 관계로 존재할 수밖에 없었는가라는 질문에 충분히 답했다고 보기 어렵다. 이제 각도를 조금 달리하여 이 문제를 검토해 볼 필요가 있다.

---

17 김현이 쓴 「한 외국문학도의 고백」을 분석하면서 외국문학 전공자로서 그가 어떠한 비평적 자의식과 문학관을 키우게 되었는가를 살펴본 박연희의 「1960년대 외국문학 전공자 그룹과 김현 비평」(『국제어문』 40, 2007)이나 영문학 전공자 유종호가 어떻게 하여 어문민족주의자가 되었는지 묻고 있는 한형구의 「초기 유종호 비평의 어문민족주의적 정향성에 관하여」(『한국현대문학연구』 27, 2009), 외국문학 전공자로서 외국이론의 수용에 유리한 위치에 있었던 지식인들이 비평계를 주도했던 사정을 밝힌 서은주의 「1970년대 문학사회학의 담론 지형」(『현대문학의 연구』 45, 2011), 그리고 비평가의 원어(외국어) 능력이 야기한 비평사적 충격과 단절을 파헤친 김건우의 「'조연현-정명환 논쟁' 재론」(『대동문화연구』 83, 2013) 등의 논문이 이에 해당된다.

18 이를 두고 김윤식은 '초근목피'의 한국적 현실이 혜택 받은 계층이자 지식인으로서 백낙청의 죄의식과 사명감을 북돋우었다고 평했다. 김윤식, 『문학사의 라이벌 의식』, 그린비, 2013, 165~178쪽.

19 백낙청, 「시민문학론」, 『창작과비평』 14호, 1969 여름, 474쪽.

20 백낙청, 「문학적인 것과 인간적인 것」, 『창작과비평』 28호, 1973 여름, 450쪽.

3. 번역飜譯과 대역代役, 혹은 유비類比의 메커니즘

기원의 기원을 탐문해 보겠다는 이 글의 의도에 따라 여기서는 잠시 민족문학론이라는 테두리 바깥으로 논의의 초점을 옮겨보도록 하겠다. 백낙청 민족문학론이 보편적 세계문학과 특수한 민족문학의 관계에 대한 그의 지속적 고민에서 싹텄다는 점을 다시 한 번 상기한다면, 그가 상정한 보편적 세계문학이란 과연 구체적으로 누구 / 무엇 / 어디를 가리키고 있었는지를 묻지 않을 수 없다.

백낙청의 비평문에서 세계문학이라는 이름에 값하고 있는 수많은 인물들로는 '영국소설의 위대한 전통'의 저자 리비스F. R. Leavis(1895~1978)와 리비스가 사랑한 19세기 영국 작가 로렌스D. H. Lawrence를 꼽지 않을 수 없다. 백낙청 비평의 숨은 주역인 리비스가 그의 비평문에서 호출되는 방식 속에는 이 글의 서두에서 던졌던 '오히려'의 수수께끼를 풀 단서가 숨어 있을지 모른다.

우리에게 리비스는 매슈 아놀드Matthew Arnold, T. S. 엘리엇Eliot 등과 함께 19세기 말 20세기 초 영국의 '문화와 문명' 전통에 속하는 영향력 있는 보수주의적 문화예술비평가로 알려져 있다. 제3세계 민족·민중문학론을 열정적으로 개진한 한국의 진보적 지식인이 20세기 초 영국의 대표적인 보수주의 문학비평가를 지속적으로 참조해 왔다는 사실을 어떻게 이해해야 할까? 여기서 핵심은 백낙청이 리비스의 '무엇'을 인용하고 있느냐가 아니라 그가 리비스와 자기 자신을 '어떻게' 관련짓고 있느냐에 놓여 있다. 즉 리비스와 백낙청의 관계를 기원-파생의 영향관계가 아니라 상관성과 유사성을 본질로 하는 '유비관계'에 놓는 관점의 도입이 필요하다. 리비스의 작업이 영미문학 분야에서 차지하는 위상과 의미를 이곳에서 세세하게 다루지 않으려는 것은 이 때문이다. 우리의 주된 관심은 백낙청이 리비스를 호출하는 전형적인 어떤 상황들에 있다. 이를테면 서구 시민문학 전통의 참다운 의의를 이해하기 위해서는 D. H. 로렌스의 중요성을 언급하지 않을 수 없다고 주장할 때 그는 왜 그러한지에 대해 "긴 설명을 요하지 않는다"라고 말한다. 왜 그럴까? "영국의 평론가 리이비스가(F. R. Leavis, *The Great Tradition*, 1948 및 *D. H. Lawrence : Novelist*, 1955 참조) 영국소설의 '위대한 전통'의 최근·최대의 대표자로 로오렌스를 꼽고 있"[21]다는 점만큼 확실한 근거는 없기 때문이다. 한용운—이상—김수영으로 이어지는 한국적 시민문학의 위대한 전통을 세우고자 한 「시민문학론」의 골격이 영국소설의 위대한 전통을 세웠던 리비스의 서술과 유비관계를 형성하고 있다는 점도 아울러 기억해야 한다.

리비스와의 유비관계가 기저에 깔린 백낙청의 논법은 명시적으로 그를 언급하기도 하고 암시만 한 후 지나치기도 하는 등의 여러 유형을 취했다. 중요한 것은 리비스의 내용이 아니라 리비스로 환기되는 어떤 자리(위상)이었기 때문이다. 리비스가 *The Great Tradition*에서 로렌스와 더불어 주요하게 언급하고 있는 또 한 명의 작가인 조셉 콘래드에 관한 평가를 내릴 때라든가[22] 로렌스를 언급하는 거의 대부분의 경우[23]에 리비스는 빠짐없이 인용되는 편이었다. 모더니즘을 공격하거나 리얼리즘을 변호하는 자리에서도 리비스는 주요하게 거론됐다.[24] 전후 맥락을 짚어주지 않은 채 에두르는 경우도 꽤 있었다. "그의 '반철학주의' 자체를 문학주의라거나 전형적인 영국적 경험주의로

---

21 백낙청, 「시민문학론」, 『창작과비평』 14호, 1969 여름, 478쪽.

22 백낙청, 「콘래드문학과 식민지주의」, 『월간문학』, 1969.4; 『민족문학과 세계문학』, 244쪽.

23 백낙청, 「리얼리즘에 관하여」, 『한국문학의 현단계』 Ⅰ, 창작과비평사, 1982; 『민족문학과 세계문학』 Ⅱ, 368~392쪽.

24 백낙청, 「모더니즘 논의에 덧붙여」, 『민족문학과 세계문학』 Ⅱ, 452~456쪽.

일소에 붙이는 태도야말로 서양철학 및 서양문명 전체가 안고 있는 문제점을 망각하는 자세이다. 실제로 윌리엄즈나 이글턴 같은 비평가들은 기성체제에 대한 급진적 비판을 시도하면서도 리비스의 '기술공학적 · 벤삼적 문명' 및 그 대표자로서의 미국문명의 전지구적 범람에 대해서는 오히려 둔감한 편이며, 제3세계의 역사창조 능력에 대해 리비스보다 본질적으로 다른 차원의 신뢰를 품고 있는 것 같지도 않다"[25]라는 구절을 일례로 들 수 있겠다. 위 대목이 포함된 글의 요지는 제3세계 입장에서 볼 때의 모더니즘이란 기껏해야 역사 창조에 대한 신념을 잃어버린 기득권자들의 정신적 고뇌의 표현밖에 되지 않는다는 것이다. 이에 덧붙여, 따지고 보면 리비스'도' 제3세계에 대한 정당한 인식과 통찰력을 지닌 "정직하고 헌신적인 전통주의자"라는 점이 새삼 강조되고 있다.[26] 비교적 최근까지도 백낙청은 인문학의 미래를 점치는 자리에서 리비스가 과학주의 / 문학주의라는 상이한 '두 개의 문화'를 실질적으로 극복할 수 있는 인식론을 마련했다면서 인문학의 혁신을 꿈꾸는 우리에게 적지 않은 기여를 한 비평가임을 강조하였다.[27]

제3세계 문학론과 관련된 백낙청의 리비스 해석이 실제로 얼마나

---

25 백낙청, 「모더니즘에 관하여」, 『리얼리즘과 모더니즘』, 창작과비평사, 1984; 『민족문학과 세계문학』 II, 440쪽.

26 국가 간 빈부격차를 줄이기 위해 서구의 응용과학과 기술을 제3세계에 적용하는 산업혁명과 '과학혁명'을 확산시켜야 한다고 주장한 스노우C. P. Snow가 비과학자들의 과학적 소양 함양을 강조하자, 고급 인문 문화를 대변하던 F. R. 리비스는 스노우가 값싼 물질주의의 대변자 노릇을 하고 있다면서 그를 공격했다(김명진, 「두 문화 논쟁의 현재적 의미」, 『포항공대신문』, 2002.12.4). 이러한 이해만으로는 과연 리비스가 백낙청의 표현대로 제3세계적 시야를 갖추고 있었는지를 단언하기는 어렵다. 차후 더 살펴봐야 할 문제이다.

27 백낙청, 「근대, 세계체제, 인문정신, 그리고 한국의 대학」, 『대동문화연구』 63, 2008, 16~24쪽.

타당한가를 밝히는 것도 풀어야 할 과제의 하나임은 분명하다. 그러나 여기서는 리비스에 대한 그의 변치 않는 신뢰를 확인하는 선에서 그치도록 하겠다. 이 글이 던지려는 질문의 핵심은 해석의 타당성 여부가 아니기 때문이다. 다만, 백낙청 비평에 등장하는 빈도와 비중, 그리고 백낙청이 그에게 보내 왔던 전폭적 지지를 감안할 때 왜 그가 리비스에 대한 본격적인 소개 글 한 편 쓰지 않았는가 하는 점이 궁금할 따름이다. 리비스를 본격적으로 조명한 것은 백낙청과의 대화에서 많은 암시를 얻었다고 밝힌 김영희의 책이었고[28] 2007년에 이르러서야 '전설의 리비스'로 통했던 F. R. 리비스의 *The Great Tradition*이 김영희에 의해 『영국소설의 위대한 전통』(나남출판)으로 번역됐다.

지금껏 논의된 이 문제를 민족문학과 세계문학의 관계라는 구도에 대입해 본다면 어떨까? 혹시 백낙청이라는 존재야말로 리비스와의 '관계'로 존재했던 것이 아닐까? 즉 백낙청은 F. R. 리비스의 성실한 번역가라기보다 리비스와 유비관계를 맺은 일종의 대역이었던 것은 아닌가? 리비스가 무대에 등장하기까지 그토록 오랜 시간이 걸린 데는 그만한 이유가 있었을 것이다. '리비스 : 영문학=( ) : 국문학'이라는 비례식을 만들기도 하고 그 괄호 안을 채울 줄도 아는 것은 '영국소설의 위대한 전통'뿐 아니라 그것을 세운 리비스를 알고 그와 유비관계를 형성할 수 있는 자신들뿐이다. 국문학 전공자, 예컨대 『한국 근대 문예비평사 연구』(1973)의 저자 김윤식은 여기 해당되지 않는다. 리비스 쪽을 모르거나 그와 어떤 관계도 형성하지 못한 경우에는 비어 있는

---

28 김영희, 『비평의 객관성과 실천적 지평』, 창작과비평사, 1993. 이 책에서 김영희는 스노우-리비스 논쟁에서 드러난 리비스 특유의 인간관과 문학비평관, 로렌스에 대한 리비스의 애정, 그리고 리비스의 사유와 리얼리즘 간의 친연성 등에 관해 상세히 서술하고 있다.

괄호를 채울 수 없기 때문이다. 김윤식이 새삼 강조했듯이 『창비』 창간호에는 "단 한명의 국문학자도 끼지 못했"다. "국문학 전공자들이 워낙 폐쇄적이고 또 자기 울타리를 뛰어넘을 만한 문제적 개인이 없었다고 주간(백낙청—인용자)이 판단한 결과"[29]라는 김윤식의 지적에서 우리가 주목할 점은 국문학계의 폐쇄성 그 자체가 아니라 국문학계를 폐쇄적이라고 평가할 수 있는 저 유비의 메커니즘이다. 케임브리지 학파의 구심점으로 거듭났던 리비스의 계간지 *Scrutiny*(1932~1953)를 '알아야' 계간지 『창비』를 발간하고 운영할 수 있는 구조 안의 그 자리 말이다.

리비스와 백낙청의 관계를 이렇게 이해할 때 우리는 비로소 다음과 같은 질문들을 던져볼 수 있다. 첫째, 초창기 『창비』의 민족문학론은 왜 '토속'이라는 이름의 한국적 특수성 발굴로 집중되었는가? 둘째, 백낙청이 세운 민족문학의 위대한 전통에서 왜 식민지시기의 주요 리얼리스트들은 배제되어 있는가? 순서대로 살펴보도록 하자. 먼저, "토속성이란 민족적 저항의 최후 거점"[30]이라고 말했던 백낙청을 필두로 염무웅, 김병걸, 구중서, 신경림 등이 1970년대 초중반에 개진했던 민족문학론의 핵심은 토속적인 것들에 대한 일관된 애착에 놓여 있었다. "흙 속에 파묻힌 무지렁이들의 몸때어린 체취"를 풍김으로써 "한국의 토속성을 짙게 발산"[31]하는 김정한의 소설이 우리 문학에서 가장 뚜렷한 리얼리즘의 산맥을 이룬다고 본 김병걸이나 소외된 농촌 현실을 정직하게 그려낸 이문구와 방영웅의 작품을 참다운 농민문학의 놀라운 성과로 꼽은 염무웅 등이 대표적 필진이라 할 수 있다. 이들의

---

29 김윤식, 앞의 책, 169쪽.
30 백낙청, 「민족문학의 현단계」, 『창작과비평』 35호, 1975 봄, 62쪽.
31 김병걸, 「김정한 문학과 리얼리즘」, 『창작과비평』 23호, 1972 봄, 113쪽.

비평문에서, 가난하지만 건강하고 거칠지만 순수한 농촌은 방영웅, 이문구, 김정한을 빛나는 민족문학 작가로 만들어주는 현실적 삶의 공간으로 격상됐다. 백낙청의 글에서, '삶에 대한 관심'이라는 지극히 추상적 기준으로 영국소설의 위대한 전통에 속하는 작가들을 펜 리비스의 작업이 상기된다는 점은 일단 차치하고, "(제3세계 민족문학의 과업을 수행하는 데 있어) 토속적 정취가 몸에 배어 있다는 것은 큰 강점이 된다"[32]라고 한 그의 입장에 새삼 주목할 필요가 있다. 천승세에 대한 백낙청의 평가도 이와 결부된 것이었다. "토속적 어촌이라는 소재가 이 작가의 폭넓고 철저히 근대적인 작가 정신과 특히 걸맞"[33]다는 지적이었다. 물론 여기서 백낙청의 방점은 천승세 소설이 '근대적 작가 정신'의 소산이라는 사실, 따라서 소재에 대한 작가의 지성적 통제가 훌륭히 수행되고 있다는 사실에 찍혀 있었다. 그러나 아무래도 백낙청의 눈에 비친 천승세의 독보적 영역은 그가 농어촌의 토속적 세계를 취급하고 있다는 점이었는데, 그것은 농어촌 현실을 다룸으로써 비로소 그가 서구 전위소설들의 불모성을 야기한 '자의식 과잉' 경향에서 벗어날 수 있었다고 진단했기 때문이다. "한국적 현실에 뿌리박은 세계성"을 찾아 나선 그를 사로잡은 것은 방영웅이나 이문구, 김정한, 천승세처럼 도시가 아닌 '농촌'을 주 무대로 삼는 작가들의 존재였다.

식민지 또는 반半식민지의 농촌이야말로 "제국주의에 의해 왜곡된 개발의식으로부터 민족의 주체성과 삶의 건강성을 지키는 마지막 보루"[34]라는 것이 토속성을 강조하는 표면적 근거였지만, 우리가 지금

---

32 백낙청, 「민족문학의 현단계」, 『창작과비평』 35호, 1975 봄, 61쪽.

33 백낙청, 「토속세계와 근대적 작가의식」, 『한국현대문학전집 천승세편』, 1978; 『민족문학과 세계문학』 II, 284~286쪽.

34 백낙청, 「민족문학의 현단계」, 『창작과비평』 35호, 1975 봄, 55쪽.

던져야 할 질문은 과연 분뇨가 내뿜는 악취나 땀내를 '토속적 체취'로 명명하고 그것에 '민족(문학)적 가치'를 투사하는 것은 누구의 관점인가 하는 점이다. '리비스 : 영문학=( ) : 국문학'이라는 비례관계에 머물지 않고 '오히려' 우리가 더 나을 수 있음을 증명하는 단계로 나아가기 위해 백낙청과 『창비』 필진들은 '토속'이라는 이름의 한국적 특수성 발굴에 공을 들인다. 리비스 — 굳이 리비스가 아니어도 좋을 것이다 — 의 자리를 추월하려면 기준을 바꿀 수밖에 없다. 이 바뀐 기준에 따라 "토속의 냄새를 짙게 간직한"[35] 이문구 · 방영웅이 "대자연의 웅장하고 신비스러운 힘에 대한 건강한 의식"[36]의 소유자로 인식될 수 있었던 게 아닐까?

둘째, 백낙청이 적극적으로 수용한 한국사의 내재적 발전론과 여기에 기반을 두고 1990년대 초까지도 이어져 내려온 그의 민족문학론[37]에서 가장 눈에 띄는 지점은, 그것이 박지원이나 정약용이라는 먼 과거까지를 '민족문학의 위대한 전통'으로 호명하면서 정작 이기영이나 김남천 같은 가까운 과거는 제외하고 있다는 사실이다. 제3세계 문학론 혹은 리얼리즘론으로 통하게 될 민족문학론을 전개하는 데에 있어 식민지시기의 임화나 김남천 혹은 그를 발굴한 김윤식을 아는 것보다 더 중요한 것은 리비스가 상찬한 로렌스를 아는 것이었다. 리비스의 로렌스는 백낙청의 시민문학론 · 민족문학론 · 리얼리즘론 전체를 관통하는 비평무대의 주역으로서, 언급조차 안 된 식민지시기 작가 10명 20명 이상의 노릇을 해내고 있었다.

---

35 위의 글, 58쪽.

36 위의 글, 60쪽.

37 백낙청 · 반성완 · 임형택 · 임규찬, 「좌담—국문학연구와 서양문학 인식」, 『민족문학사연구』 2권 1호, 1992, 6~64쪽. 위 좌담에서 백낙청은 '전통'에 대한 이해가 없는 임화는 그것을 안 신채호나 한용운에 비하면 제대로 된 '물건'을 내놓지 못했다고 평가한다.

물론 백낙청이 가까운 과거 특히 월북 작가의 작품에 대해 무지하거나 침묵할 수밖에 없었던 원인의 하나로 당국의 검열 문제를 거론할 수도 있겠다. 자세한 정황은 좀 더 따져보아야 하겠지만[38] 김윤식이나 김현이 일제 시기 카프 문인들의 성과를 공공연하게 언급한 경우가 드물지 않았고, 신경림도 민촌 이기영이나 김남천의 리얼리즘 장편소설을 언급하고 있다는 점[39]을 염두에 둔다면, 백낙청이 검열을 의식한 나머지 미처 인용하지 못한 작가 군이 그리 많았을 것 같지는 않다.

4. 보편의 수행적 번역이라는 미완의 과제

백낙청이 번역 대신 대역의 길을 택한 것이 문제인 첫 번째 이유는, 그가 그토록 강조한 탈식민(반봉건주의·반제국주의) 과제 수행의 핵심이 다름 아닌 번역에 놓여 있기 때문이다. 보편성은 원리상 언어적 경계를 넘을 수 있다고 주장하지만 실제로 번역이 없다면 보편성의 실현은 가능하지 않다. 보편성이 번역 없이 경계를 넘을 수 있는 유일한 방법은 식민주의적이며 팽창주의적인 논리밖에 없다. 따라서 탈식민 번역자는 보편성이 언표되는 문화적 위치를 강조하고, 번역의 위험부담을 떠안지 않는 유효한 보편성이란 존재하지 않으며, 따라서 보편

---

38 이봉범의 「1960년대 검열체재와 민간검열기구」(『대동문화연구』 75, 2011)에 따르면, 검열형태의 이원화, 검열 작동방식의 다변화, 검열주체의 다원화와 피검열자의 분화가 상호 길항하면서 1960년대 특유의 검열체제가 성립했다. 이러한 경향은 1970년대에도 대체로 유지되었다고 한다.

39 신경림, 「농촌현실과 농민문학」, 『창작과비평』 24호, 1972 여름, 282쪽; 신경림, 「문학과 민중」, 『창작과비평』 27호, 1973 봄, 10쪽.

성은 항상 특정한 문화적 규범과 맥락 속에서 (번역가들에 의해) 수행적으로 실연enact될 수밖에 없음을 폭로하는 과제를 떠맡아야 한다.

둘째, 백낙청의 민족문학론은 보편과 특수 간의 메울 수 없는 낙차를 배경으로 구상되고 있어 문제적이다. '민족문학은 세계문학에 떳떳하게 이바지할 수 있고 또 그래야 한다'는 민족문학론의 요체는 민족문학과 세계문학을 아예 다른 범주로 여기는 것을 전제로 한 진술이다. 주어진 보편으로 존재하고 있는 세계문학에 우리 문학도 어떤 방식으로든 기여할 수 있어야 한다는 말이다. 그러나, 헤겔의 '구체적 보편성'('개인은 자신의 개별적 노동 속에서 이미 보편적 노동을 무의식적으로 수행한다') 개념을 복원하면서 보편과 특수의 "결정 불가능한 일치" 문제를 거론한 버틀러의 관점을 빌린다면, 하나의 현상이나 주장이 특수한지 아니면 보편적인지의 여부를 우리가 항상 이미 확실히 알고 있는 것은 아니다. 위에서 말한 대로 규범이나 맥락을 떠날 수 없기 때문이다.[40]

보편의 헤게모니적 본성을 간과하고 주어진 보편에 공헌하는 특수라는 발상에 사로잡혀 있던 백낙청의 입장에서 볼 때, 우리 문학은 "한국어라는 도무지 국제화가 안 되는 매개수단에 묶"[41]여 있다는 것이 큰 장애였다. 이런 생각이야말로 백낙청이 수행적 번역 대신 보편의 대역을 자처한 일차적 이유가 아니었을까? 백낙청을 위시한 『창비』 초기 필진들이 방영웅의 「분례기」에 열광한 것은 어쩌면 국제화가 안 되는 한국어와 달리 '똥'은 번역이 필요 없는 보편이기 때문이었는지 모른다.

---

40 주디스 버틀러, 「보편자를 다시 무대에 올리며」, 주디스 버틀러 · 에르네스토 라클라우 · 슬라보예 지젝, 박대진 · 박미선 역, 『우연성 헤게모니 보편성』, b, 2009, 27~71쪽.

41 백낙청, 「제3세계와 민중문학」, 『창작과비평』 53호, 1979 가을, 68쪽.

『창비』와 『문지』의 외국문학 전공자들이 소위 '쭉정이'만 남은 해방 후 우리 문단의 기틀을 세웠다는 역사적 사실은, 버틀러가 말한바 보편성의 수행적 실연으로서의 번역이 실제로 1970~80년대 우리 문단과 학계의 재편성 과정을 주도한 핵심 동인이었음을 시사한다. 문제는 이 번역의 수행적 기능이 어떤 면에서는 상당히 축소되어 있었다는 것이다. 적어도 민족문학론의 명실상부한 '기원' 백낙청은 수행적 번역보다는(왜냐하면 우리 문학은 같은 제3세계 문학으로 분류되는 라틴아메리카문학과 달리 알파벳을 쓰지 않는다) 더 많은 특수성 곧 토속의 확보에 골몰한 듯했다. 정치·경제적으로 후진적인 우리가 '오히려' 탁월한 문학적 성과를 낼 수 있는 길은 이것밖에 없다고 여겼던 때문인지 모른다.

그러나 앞서 언급했듯이 주어진 보편에 공헌하는 특수라는 인식은 보편의 헤게모니적 본성에 대한 인식을 결여한 것이어서 문제적이다. "보편성은 오직 그 구조 속에 본연의 자리가 없는 그런 개인들 속에서만 '대자적'이게 된다"[42]는 것이 사실이라면, '한국적인 것'이 '세계적인 것'을 어떻게 대자적인 것으로 만드는지를 영문학자 백낙청은 따져 주어야 하지 않았을까? 한국의 문학 작품들이 리비스가 세운 위대한 전통을 어떻게 자기충족적이지 못한 체계로 몰고 가는지를 보여주었어야 하지 않을까? 한국적 특수성은 이미 주어진 보편에 귀속되거나 그 안에서 안전한 영토/주권을 보장받는 방향으로가 아니라, 그 보편성을 사후적으로/비로소 '현실화'하는 과정으로, 다시 말해 "보편성이 자신의 형식과 내용 사이의 간극을 떠안고 스스로를 다름 아닌 자신의 개념 속에서 성취되지 않은 것으로 인식하는 과정"[43]으로 밀어

42 슬라보예 지젝, 「계급투쟁입니까, 포스트모더니즘입니까?」, 주디스 버틀러·에르네스토 라클라우·슬라보예 지젝, 앞의 책, 156쪽.

43 위의 책, 151쪽.

넣어야 하지 않을까? 주어진 보편 안에서 어떤 특수를 할당받거나 이미 존재하는 보편성에 어떠한 방식으로 기여해야 하는지를 고민하는 것만이 능사는 아닐 것이다.

보편적 세계문학이라는 용어로 쉽사리 대체되는 서구문학을 그 언어의 경계 밖으로 가져와 그것이 참을 수 없어 하는 예외적 사례(이를테면 도무지 국제화되지 않는 한국어)와 대면시킴으로써 결국 '아직 아닌' 세계문학에 대한 상상력을 북돋울 수 있었다면, 민족문학론이 제3세계 문학론, 리얼리즘문학론, 민중문학론 등의 수평적 계열체 — 유종호는 백낙청 민족문학론이 제시하는 세계가 "너무 답답하다"[44]라고 평한다 — 를 형성하면서 거의 무한에 가깝게 증식되는 과정도 어느 선에서는 멈췄을는지 모른다. 한국적 특수성은 주어진 세계적 보편성의 내적 충실을 다지기 위해 동원되는 어떤 부분이 아니라, 자신의 개별적 노동(특수한 실천) 속에서 이미 보편적 노동(보편적 실천)을 무의식적으로 수행하며 그 과정에서 자신의 관점뿐 아니라 문학 / 예술 '그 자체'가 무엇인가에 대한 자신의 보편적 개념을 수반하게끔 탐구되어야 했다. 여기서 핵심은 특수자가 무언가를 '행한다'는 데 있다. 이 '행함'에는 번역뿐 아니라 창작이라는 중요한 작업이 포함된다. 여기서, 『창비』 민족문학론의 위상에 대해 유보적 평가를 내리게 만드는 결정적 요인이 다름 아닌 창작의 빈곤에 있었다는 점을 새삼 지적할 수밖에 없다.

> 우리가 문학의 역사적 임무를 강조하다 보면 그것이 본의 아니게 작품을 쓰는 데 방해가 되는 경우도 물론 있을 수가 있겠지요. 그러나 어디까지

---

44 고은 · 유종호 · 구중서 · 이부영 · 백낙청, 「좌담—내가 생각하는 민족문학」, 『창작과비평』 49호, 1978 가을, 22쪽.

> 나 본의가 아닌 것이고, 또 그것은 뭐 민족문학론에만 해당되는 이야기는 아닙니다. 다른 철학적인 이론도 그렇고, 심지어는 문학이라는 것은 어떤 이론하고도 관계없다, 정치나 역사하고도 아무 관계가 없다고 하는 그런 이론도 엄연히 하나의 이론이고 작품을 쓰는 데 악영향을 끼칠 수 있으며 실제로는 악영향을 더 많이 끼치고 있다고 저는 생각합니다. 개별적인 작품의 결함은 민족문학론의 본의가 아니고 본질과 무관하며, 제대로 성공한 민족문학의 작품은 경직성이나 도식성과는 거리가 멀다는 것입니다.[45]

백낙청은, 민족문학론이 문학의 임무를 강조하다 보면 오히려 작품에 악영향을 미칠지 모른다는 정당한 지적에 대해 그것은 민족문학론의 '본의'나 '본질'이 아니므로 민족문학론이 책임질 사안이 아니라는 입장을 밝혔다. '본질적으로' 1970년대 백낙청의 민족문학론은 우리 작가를 향한 발언이 아니라 세계를 향한 호소의 형식을 취하고 있었기 때문인지도 모른다.

적절한 표현일는지는 몰라도 그가 이렇게 보편주의로 나아갈 수 있었던 것은 역설적이게도 그가 철저한 '특수주의자'로서의 면모를 지니고 있었기 때문이라고 할 수 있다. 예컨대 그는 외세의 침략이나 전쟁, 분단과 같은 우리의 "독특한 입장"이 우리의 민족적 생존을 지키려는 "보편적 사랑의 원칙"에 입각해 있으므로 두말할 나위 없이 "우리의 진로 역시 정당한 보편주의와는 전혀 어긋날 것이 없"[46]다고 확신한다. 여기서 두드러지는 것은 우리 민족의 생존을 위협했던 특수한 역사적 사실에 대한 그의 관심이다. 분단체제에 대한 강조도 비슷한 맥락에서 읽을 수 있을 것이다. 일찍이 그는 자신이 전공하고 있는 영문

45 「한국문학과 제3세계 문학의 사명」, 『민족문학과 세계문학』 II, 272쪽.
46 위의 글, 268~271쪽.

학도 사실 "유럽문학에서 매우 특수한 성격을 지니"고 있다고 한 적이 있다. 서구문학에서 영문학이 차지하는 특수성은 "유럽 변두리의 섬나라이면서 그렇다고 대륙의 한 변방으로 취급되기에는 너무나 뚜렷한 활력과 영향력을 가지고 발전해온 영국 역사 자체의 특수성"[47]에서 기인한다고 했다. 1980년대 중반 사회과학 분야에서 이루어진 사회구성체 논쟁을 거론하는 자리에서도 백낙청은 "무릇 인류역사상의 사회구성체 치고 엄밀히 말해 '독특'하지 않은 사회구성체는 없다고 단언할 수 있다"[48]라는 입장을 밝혔다. 그러나 백낙청의 사유에서 영문학이든 국문학이든 이러한 특수들이 그 가치를 인정받는 것은 그것들이 보편에 '기여'할 때임을 놓쳐서는 안 된다.

특수성에서 출발하는 백낙청의 이러한 면모를 비슷한 시기 정과리가 도달했던 잠정적 결론과 견주어본다면 어떨까? 1980년대에 강제 폐간된 위기의 '문지'를 살린 대표적인 신세대 편집 동인 정과리는 기본적으로 구조주의자였던 탓에 한국사회를 세계 자본주의와의 관계 속에서 파악하는 일련의 사회과학 담론을 수용하는 데 큰 무리가 없었다. 주목되는 점은 그가 도달한 다음과 같은 결론이다. "사회과학자들의 작업에 의지"해서 한국 사회를 생각해 보면 "한국 사회는 결코 유별나지 않다"는 것이다. 즉 "현대의 시들에 빈번히 등장하는 세계의 질곡을 한몸에 지니고 있다는 식의 표현들은 과장된 나르시시즘에 지나지 않는다"면서 그는 "그러한 자기 비하가 거꾸로 한국만이 새로운 사회의 주도자가 될 수 있다(왜? 나중된 자가 먼저 되니까)는 환상을 낳는다"[49]라고 경고했던 것이다.

---

47 백낙청, 「시민문학론」, 『창작과비평』 14호, 1969 여름, 474쪽.
48 백낙청, 「민중·민족문학의 새 단계」, 『창작과비평』 57호(부정기간행물 1호), 1985.10, 20쪽.

각론 상의 이견은 있었지만[50] 1970년대의 진보적 지식인 진영은 한국적 특수성과 세계적 보편성의 관계를 어떻게 설정해야 하는가를 놓고 치열하게 고민했다.[51] 민족주의 사학과 내재적 발전론에 힘입어 전반적으로 우리 문학에 대한 자긍심이 높아진 결과, 1970년대에는 후진국의 문학일수록 세계적 보편성에 호소할 수 있는 가능성이 높아진다는 믿음이 일반화될 수 있었다. 즉 주어진 보편에 공헌하는 특수라는 인식이 가능했던 셈이다. 방영웅 식의 '토속성'이야말로 "한국어라는 도무지 국제화가 안 되는 매개수단에 묶"여 있는 한국문학을 비로소 보편적 세계문학의 대열로 이끌어준다고 본 백낙청이나, 가장 한국적인 것이 세계적인 것이라는 취지에서 "우리에게는 우리가 세계의 중심"[52]이라고 주장한 박태순의 발상, 그리고 "한국과 같은 후진국에서 오히려 좋은 문학이 나올 수 있다"[53]라고 했던 김현은 모두 이런 인식의 자장에 놓여 있었다.

그러나 정과리는 이를 후진국 콤플렉스의 발현으로 간주한다. '한국은 특수하다. 따라서 보편적일 수 있다'라는 백낙청이나 김현의 논점에서 정과리가 부정하는 것은 '한국은 특수하다'라는 판단 자체이다. 한국은 특수하기 때문에 보편에 호소할 수 있는 게 아니라 그냥 보편이다. 한국이 유별나지 않은데 한국문학이 유별날 리가 없다. 즉 '한

---

49 정과리, 「80년대의 시 생산」, 『우리 시대의 문학』 6, 문학과지성사, 1987, 43~44쪽.

50 한국적 특수성이 '후진성' 혹은 '기형성'으로 파악되는 1970년대적 상황에서, 내발론의 성과를 전폭적으로 수용한 『창비』는 주로 '한국적인 것'의 특수성을 구명하는 데로, 내발론의 관점을 비판적으로 지지했던 『문지』는 '한국'적 특수성과 더불어 '문학'의 고유성을 함께 구명하는 데로 논의를 집중시켰다. 역사학계의 성과를 존중하면서도 문학사만의 특수성을 강조한 경우들이 그러했다.

51 이명현의 「사회과학에 있어서의 특수성과 보편성－공허한 개념적 혼란을 제거하기 위하여」(『문학과 지성』 9권 1호, 1978 봄)가 제기했던 문제들을 참조할 수 있다.

52 박태순, 「문학의 세계화 과정」, 『창작과비평』 47호, 1978 봄, 360~362쪽.

53 김현, 「한국문학의 전개와 좌표 4」, 『문학과지성』 7권 3호, 1976 가을, 706쪽.

국문학=문학'이다. 반면 백낙청은 한국도 특수하고 영국도 특수하다는 입장이다. 한국은 특수하기 때문에 보편적일 수 있다. 굳이 도식화하자면 '한국문학=한국' 정도가 될 것이다. 한국(문학)이라는 특수한 지역이 주어진 보편의 세계(문학)와 '관련'되고 그것의 발전에 '공헌'할 수만 있다면 민족문학은 국수주의로 흐를 염려가 없다. 여기서 관건은 과연 무엇을 가지고 어떻게 기여를 할 것이냐에 있을 텐데 1970년대의 백낙청은 후진적 한국 사회 특유의 토속성으로써 보편적 세계문학에 떳떳이 이바지할 수 있다고 판단한 듯했다. 리비스(=백낙청)의 눈에 띄는 더 많은 토속성들이 확보될 필요가 있었을 것이다.

5. 맺음말

지금까지 1970년대 백낙청의 민족문학론이 당대 지성계를 풍미했던 내재적 발전론 이외의 어떤 계기들에 의해 진보적 문학담론의 주류로 자리 잡게 되었는지를 살펴보았다. 민족문학론이 본격화할 무렵부터 그가 내세웠던 '민족문학과 세계문학'이라는 화두 이면에 보편과 특수에 대한 백낙청 특유의 문제의식이 가로놓여 있었음도 밝혔다. 이를 위해 그가 상정한 보편적 세계문학이란 과연 누구 / 무엇을 가리키며 어떠한 상태로 상정되고 있는지를 알아보았다. 백낙청의 이론과 비평에서 특수한 민족문학은 보편적 세계문학과의 관계로만 존재하고 있었듯이, 백낙청 자신 또한 F. R. 리비스라는 보편의 대역代役으로 존재했던 것 아닌가라는 의문에도 답해 보고자 했다. 이 과정에서 『창비』의 민족문학론자들이 왜 '토속'이라는 이름의 한국적 특수성 발굴에 골몰하였는지, 그리고 조선 후기라는 먼 과거의 전통 세우기를 환영하면서도 왜 식민지 시기라는 근近 과거의 유산을 인정하는 데는 비교적 인색할 수밖에 없었는지도 아울러 논하려 했다.

백낙청의 민족문학론이 보편의 헤게모니적 본성을 충분히 인정하지 않은 채 '주어진 보편에 공헌하는 특수'라는 발상에 그 기반을 둠으로써, 결국 보편의 수행적 번역이라는 탈식민 지식인 고유의 과제는 미완으로 남겨질 수밖에 없었다는 것이 이 글의 작은 결론이다. 그러나 이 글 말미에 이르러, 백낙청의 민족문학론을 통해 본 1970년대 한국 사회는 결국 대역들이 주축이 되지 않고서는 한 발자국도 앞으로 나아갈 수 없었던 폐색된 시공간이 아니었을까 라는 의문이 새삼 머리를 든다. 대역 되기라는, 1970년대식 진보의 한 양상에 대한 이 글의 발견이 1970년대 문학에 대한 보다 진지하고 학술적인 논의의 장을 여는 데 조금이라도 기여하게 되기를 바란다. 백낙청의 민족문학론이 제3세계 문학론으로 본격화된 이후 토속적 가치에 대한 그의 관심이 어떻게 변주되는가를 밝히는 작업을 차후의 과제로 남기고자 한다.

4부
실천의 감성과 기억서사

자생적인 실천적 이론, 그 성공의 시대

1980년대 류해정의 촌극론·대동놀이론과 실천

이영미

1. 왜 류해정인가?

좀 더 나은 세상을 꿈꾸며 집단적 실천을 실행하는 지식인들이 이론화의 욕망을 가지고 있는 것은 어찌 보면 당연한 일일 것이다. 개인적이거나 일회적인 저항을 넘어서서 지속적이고 집단적인 운동에 돌입하면 필연적으로, 운동의 필수 조건인 운동 목표를 설정할 수밖에 없고 그 목표는 세상에 대한 구조화되고 이론화된 인식을 필요로 하기 때문이다. '무엇을 할 것인가'라는 질문에 답하고 실천하기에 앞서, '해야 한다고 생각하는 그 무엇이, 어떤 논리적 인식을 근거로 만들어진 것인가'를 설명해야 한다. 그 논리적 인식인 이론의 설득력이야말로 운동에서 동료를 모으고 집단적 실천을 가능하게 하는 중요한 힘 중의 하나이며, 현실 속에서의 집단적 실천이 수행되어야만 이론은 타당성과 실현가능성이 검증되고, 결함이 수정·보완되면서 발전한다. 진보적 운동 속의 지식인들이 이론화 욕망을 가지는 것은 필연적이다.

1980년대는 진보적 운동에서의 이론이 백가쟁명의 양상을 보였던 시대였다. 20세기 후반의 진보적 운동이 양적으로나 질적으로나 가장 고양되었던 때이기 때문이다. 1980년대 중후반을 뜨겁게 달구었던 사회구성체 논쟁은 말할 것도 없거니와, 예술문화 분야로 국한해 보더라도 문학운동에서 민족문학론과 리얼리즘론을 둘러싼 이론은 당대의 영향력과 열도熱度에서 20세기 어느 시대에도 유례가 없을 정도이다.

이 글은 1980년대 초중반에 마당극운동을 비롯한 진보적 공연예술운동에서 활발하게 활동한 작가 겸 연출가 류해정[1]의 마당극 이론과 작품 실천의 상호관계와 영향력 등에 대해 정리하고자 하는 글이다. 그런 점에서 이 글은, 일종의 창작자 연구, 이론가 연구의 성격을 지닌다.

마당극에 대한 연구에서 창작자·이론가 연구는 그리 활발하지 않다. 짧은 비평이나 대본집의 발문 성격의 글을 제외한다면, 학술 논문이나 혹은 비교적 긴 평론의 창작자·이론가 연구 형태로 다루어진 창작자·이론가는 김지하, 임진택, 김명곤, 황석영, 박효선에 불과하다.[2] 마당극운동의 흐름과 양상, 마당극의 양식과 표현원리, 미의식,

---

1 류해정의 성은 버들 류柳를 쓴다. 두음법칙에 따르면 유해정이라 표기해야 하지만, 1980년대의 여러 문헌에서 유해정과 류해정이 혼용되고 있다. 현재 류해정은 부모의 성을 합친 '류이'라는 예명을 쓰고 있어, 이를 존중하여 이영미 편저『구술로 읽는 마당극』3(고려대민족문화연구원, 2011)에서는 '류해정'으로 표기했고, 이 글에서도 그렇게 쓰고자 한다. 그러나 이 글에서 다루는 1980년대 초중반의 주요 문헌에서는 유해정이라 표기되어 있어, 인용의 출전을 밝히는 대목에서는 문헌 원본의 표기에 따른다.

2 박영정,「1970년대 김지하 희곡 연구」,『한국극예술연구』17집, 한국극예술학회, 2003; 이영미,「광대여, 광대여」,『한길문학』, 한길사, 1991 봄; 배선애,「임진택 연출론 연구」,『한국극예술연구』24집, 한국극예술학회, 2006.10; 이강임,「임진택의 공동체 지향 연출론—공동체적 세계관과 미학의 발현—1970년대와 80년대 대학 동동체 마당극 퍼포먼스 연출 시기에 초점을 맞추어」,『한국연극학』48호, 한국연극학회, 2012; 정미숙,「황석영 희곡 연구」, 경상대 박사논문, 2006; 임지현,「황석영 희곡의 탈식민성 연구」,『한민족어문학』51호, 한민족어문학회, 2007; 임지현,「황석영 희곡의 창작배경과 기원」,『한국현대문학연구』24호, 한국현대문학회, 2008; 김숙경,「김명곤의 '한국적 연극'

혹은 '마당극 정신'이나 '민중의식' 같은 내용적 · 이념적 특성 등에 주목한 것에 비하자면 창작자에 대한 주목은 현격하게 낮다. 한국 현대 연극사에서 마당극이 지니는 역사와 비중이 가볍지 않고 마당극 양식으로 이루어진 작품 역시 매우 많은 수가 축적되어 있으니 당연히 이를 만든 창작자가 있을 터인데도, 이에 대한 주목이 낮은 것은 흥미로운 대목이다. 특히 특정 한두 작품에 대해 연구한 논문들에서도, 김지하처럼 매우 유명한 창작자를 제외하고는 그 작품을 만든 창작자에 대해서는 거의 관심을 가지지 않는 것이 통상적이다. 이는 많은 수의 마당극이, 개인이 아닌 창작집단 성원들이 함께 창작한 '공동창작' 작품인 까닭이 크다고 보인다. 하지만 공동창작의 경우에도 창작을 주도하는 개인 리더가 존재하거나 혹은 창작집단 자체가 창작자로서의 성격을 지니므로, 창작자 연구가 불가능하다고 볼 수 없다. 물론 창작 활동이 지속적이지 않은 창작자의 경우, 마당극 양식의 일반적 특성이나 이들 주변의 창작자들의 영향력이 더 강하게 나타나기도 하나, 적어도 몇 년간 3~5편 이상의 작품을 지속적으로 내놓은 창작자라면 그 작가적 특성을 살펴보는 일이 가능한 것이다.

오히려 작가 연구의 부진은, 연구자들이 아직 마당극이라는 다소 독특한 양식과 관행에 충분히 익숙해지지 않아, 마당극과 다른 연극과의 변별적 특징만 파악될 뿐, 각기 다른 창작자의 마당극들이 충분히 변별적으로 파악되지 않는 때문이 아닐까 싶다(그나마 나온 창작자 연구가, 김지하, 황석영, 김명곤, 박효선 등, 마당극과 타 양식의 경계에 놓인 창작자에 집중되어 있는 것도 그런 이유라고 보인다). 이런 현상은 특정한 대상에 진입

지향과 극작술의 상관관계 연구」, 『한국극예술연구』 27집, 한국극예술학회, 2008.4; 김도일, 「박효선 희곡에 나타난 주제의식 연구—희곡집 『금희의 오월』을 중심으로」, 『한민족어문학』 63호, 2013.

하는 초입 시기에 흔히 나타나는 현상으로, 이러한 수준에서는 여러 창작가들이 각기 어떻게 다른 특징과 작품세계를 지니고 있는지 파악되지 않으며, 한 작품을 분석하는 작품론을 쓴다 해도 작품 배경이나 마당극 양식과의 관련성을 설명하거나 작품 해설 수준에 그칠 뿐 다른 마당극 작품과의 변별성을 고려한 분석이 이루어기 힘들다. 그러나 1970년대 모더니즘적인 작가 부류 내에서도 오태석과 이현화의 작품이 그저 작품만으로도 작가를 충분히 변별할 수 있듯이, 마당극 내에서도 채희완과 임진택의 작품, 대전의 놀이패 우금치와 부산의 놀이패 일터의 작품은 그리 어렵지 않게 구별될 정도로 많이 다르다. 단지 아직 많은 연구자들이 이를 구별해 설명할 수 있을 정도에 이르지 못했을 뿐이다.

이 글에서 다루고자 하는 류해정의 작품 역시, 같은 시대에 활발하게 활동한 채희완, 임진택, 혹은 대학생 탈춤반 창작의 작품들과 구별되는 변별적 특징을 지닌다. 그런데 이와 함께 흥미로운 것은, 류해정의 작품은 자신이 정리한 이론들과 긴밀한 상호관계를 맺고 있다는 점이다. 즉 류해정은 자신의 작품 경험을 바탕으로 이론을 정리하고, 다시 이론을 작품으로 실천하는 창작자였다.

마당극은 20세기 한국근현대연극사를 통틀어 단 2개밖에 없는 자생적 양식의 하나이다. 다른 하나는 20세기 초에 만들어진 창극이니, 마당극은 한국 현대연극사에서 창출한 유일한 자생적 양식인 것이다. 그런데 마당극에서 또 한 가지 주목할 만한 점이 한 가지 더 있다. 마당극은 양식의 형성 시기부터 이론화가 병행되어 이루어진 연극양식이었다는 점이다. 이는 판소리 광대들에 의해 창출된 창극과 달리, 마당극은 이론 창출 능력과 욕구가 있는 엘리트들에 의해 만들어졌고, 당대 연극을 비롯한 예술문화의 문제점에 대한 극복을 목표로 한 진보적 연극운동의 주도적 양식이었기 때문일 것이다. 마당극의 초창기 담당자들은, 스스로 왜 이런 연극을 해야 하는지, 이 연극이 다른 연극들과 어떻게 다른지, 이를 통해 얻고자 하는 효과는 무엇인지 등에 대해 설명했고, 이러한 주장을 담은 글을 꾸준히 발표했으며 이론을 실천과 함께 변화·발전시켰다.[3] 이러한 현상은, 근현대연극사에 존재했던 기타 연극양식들(예컨대 사실주의, 표현주의, 부조리극, 서사극, 잔혹극 등)이 대부분 외국에서 이입되고, 이와 함께 이론도 이입되었던 것과 다른 양상이다. 극 양식과 이론을 완성된 형태로 받아들인 재현하고 토착화하는 과정을 겪은 것과는 달리, 마당극에서는 극 양식과 이론을 거칠고 유치한 상태에서부터 스스로 만들고 변화시켜 갔다. 그런 점에서 한국근현대연극사상 이론화를 동반하여 자생적으로 형성·발전시킨 연극양식으로서는 유일한 존재라고 할 수 있다. 뿐만 아니라 마당극의 이론은, 전통극을 바탕으로 이루어진 마당극이라는 양식의 특성상, 외국 연극이론을 수입하여 재가공할 여지가 매우 적었고, 그런 점에서 이론의 추상도 수준은 낮을지언정 그 오리지널리티에 관한한 충분히 주목할 만한 것이라 할 수 있다.

그런데 이 중 류해정은, 다른 어떤 인물에 비해 이론과 작품 실천 간의 정합성이 가장 높다. 마당극에 대한 이론이 본격적으로 발표되기 시작한 1980년대 초중반, 마당극운동의 첫 선배라고 할 수 있는 임진택, 채희완 등의 글이 자신의 작품 경험을 바탕으로 마당극 양식을 설명하고 운동을 위한 주장을 펴는 것에 주력한 것에 비해, 류해정은 작품 실천을 통해 만들어진 구상을 가설의 형태로 내놓고, 이 구상을 검증하듯 작품을 발표하는 모습을 보여주었다. 그의 글에는 실천의 유

3 1990년대 초까지의 마당극 이론의 흐름에 대해서는 이미 한 권의 책으로 정리한 바 있다. 이영미, 『마당극 리얼리즘 민족극』, 현대미학사, 1997.

용성은 물론이거니와 자신의 생각을 체계화된 이론으로 만들어 펼치고 싶은 욕망이 드러나며, 게다가 이론을 검증이라도 하듯 몇 개의 작품과 실천을 자신의 이론에 맞추어내는 모습을 보여준 것이다. 이 대목은 매우 독특한 지점이라 아니할 수 없다. 특히 그의 이론은 자신뿐 아니라 다른 사람의 작품실천으로 검증되기도 하였고, 상당한 성과를 보여주었다. 뒤에서 다시 이야기하겠지만, 1980년대 중반부터 1990년대 중반까지의 대학 축제의 주도적인 경향이었던 대동놀이 방식이 그것이다. 1980년대는, 이러한 실천적 이론화의 욕망을 마음껏 펼치고 행복한 실현과 성공을 이루어냈던 보기 드문 시대였다.

류해정의 본명은 류인렬이다. 예명 '해정解丁'은 '민중해방' 정도의 뜻으로 해석될 수 있으며, 여성으로 착각할 수 있는 이름이어서 정보당국의 추적을 피할 의도도 엿보인다.[4] 경북 성주 출생으로 대구 계성고를 거쳐 1975년 서울대 국문과에 입학하여 수학했다. 그가 입학한 1975년은 서울대의 관악 캠퍼스 시대가 열린 해로, 여러 단과대가 같은 캠퍼스 안에 공존하며 단과대 체계의 변화도 과감하게 이루어진 시기였는데, 그는 문리대에서 분화하여 새롭게 만들어진 인문대 안에 연극반을 새로 만들고 단과대 연극반 체계를 넘어선 총연극회를 조직하는 데에 주도적인 역할을 담당했다. 마당극운동 내부에서 '마당극'이라는 용어를 정착시켰다고 알려져 있는 1976년 서울대 총연극회의 마당극 〈허생전〉(이상우 연출)이 그가 기획한 작품이었다. 1978년 10월 광화문에서의 연합시위 사건 주동자로 구속되었고, 만기출소 후 1980년에 복교하여 활동하다 5월 이후 공개수배를 받아 도피하면서 다시 제적되었다. 1970년대 말부터 농촌현장과 노동현장 등에서의 문화활

4 이는, 필자가 1983년에 류해정에게 직접 들은 이야기이다.

동을 해왔고, 1980년대에는 연우무대에서 〈판놀이 아리랑고개〉(1982)를 연출하는 등 공개적인 연극활동을 하다 1984년 민요연구회를 창립하고 이끌었다. 이후 노동운동으로 활동의 축을 완전히 옮겼고, 1990년대에는 민중당 등에서 활동하다 지금은 독립다큐멘터리 감독 등의 활동을 하고 있다.[5] 활동의 굵은 흐름으로 보건대 류해정은 흔히 문화운동(혹은 연행예술운동) 2세대[6]라 분류되는 72학번부터 75학번 활동가들의 활동 성향과 거의 일치한다. 채희완 · 임진택을 대표로 하는 제1세대들이 예술가적 기질이 강하고 노동운동 · 농민운동 등의 여타 사회운동에 대한 관심과 간여가 상대적으로 적거나 간접적이었으며, 30대 이후에는 마당극, 탈춤, 영화, 춤 등 각기 다른 장르의 예술에서 일가를 이루는 모습을 보여준 것에 비해(1세대에 속하는 장만철은 장선우라는 예명으로 영화감독이 되어 한국영화 뉴웨이브의 선두 주자가 되었고, 이애주 역시 춤패 신 등을 조직하여 춤운동에 매진했다), 유신시대의 한복판에 대학에 다녔던 제2세대는 예술적 기량이 상대적으로 낮은 내신 조직 · 투쟁 · 정책 등의 능력이 뛰어난 특성을 지닌다. 대학 때 학생운동에서 매우 적극적으로 활동하여 시위주동 · 제적 · 투옥의 경험을 갖고 있고, 일반적인 학생운동 활동가들처럼 학교를 떠난 이후에 노동 · 농민운동에 대한 깊은 관심과 조직적 간여를 지속하였다. 극심한 탄압으로 모든

5 그의 생애사와 활동의 상세한 내용은, 〈노동의 횃불〉에 대한 작품해설과 그의 구술을 정리하여 수록한, 이영미 편저, 『구술로 읽는 마당극』 3(고려대민족문화연구원, 2011)을 참고하기 바란다.

6 1980년대 초반 즈음부터 연행예술운동의 세대 구분을 하기 시작했는데, 탈춤운동과 마당극운동을 시작했던 채희완, 임진택, 김민기, 장선우, 이상우 등 69학번부터 71학번 연배를 제1세대로, 황선진, 박인배, 연성수, 김봉준, 류해정 등 72학번부터 75학번 연배를 제2세대로, 76학번 이후를 제3세대로 분류했다. 분류 시기와 내용으로 보아, 이러한 분류는 이른바 스스로를 제3세대로 칭한 76학번 이하 79학번 연배들이 한 것이 아닐까 추정된다.

운동이 침체되어 있던 제5공화국 초기와 운동의 재건이 막 활발해지기 시작한 1980년대 중반까지 이들은 연행예술운동과 노동・농민운동을 넘나들며 두루 활동하였으나, 각 운동의 발전이 진전되면서 어느 한 쪽을 선택할 수밖에 없게 되었으며, 이들 중 상당수가 예술문화운동을 떠나 노동운동(당시 상대적으로 중요도가 더 높다고 판단되었던)으로 활동의 장을 이동했다. 류해정의 1980년대 활동궤적 역시 이와 크게 다르지 않다. 류해정은 1984년 즈음까지는 연극 작업을 활발히 했고, 1984년 민요연구회를 창립하고 이끌면서 더 이상 장막 형태의 연극공연을 창작할 만한 시간을 확보하지 못했던 것으로 보인다. 급기야 1986년 즈음에 교사 등 중간계급 대상의 조직이었던 민요연구회에서 완전히 손을 떼고, 마당극운동에서부터 민요연구회까지 함께 활동했던 김경란・김애영 등과 함께 노동운동으로 활동의 장을 옮겼다.[7] 따라서 그가 마당극운동에 깊이 간여한 시기는 1970년대 말부터 민요연구회 활동이 본격화되기 이전인 1984년까지로, 주요한 연출작품과 글이 모두 이 시기에 집중되어 있다. 이 글 역시 이 시기에 발표된 글과 작품을 대상으로 한다.

그의 주요한 연극론은 「우리 시대의 탈놀이」(『실천문학』 3호, 1982), 「새로운 대동놀이를 위하여」(백낙청・염무웅 편, 『한국문학의 현단계』 II, 창작과비평사, 1983)이다. 다행히 그의 작품은 대본으로 여러 편 남아있다. 연극론 「우리 시대의 탈놀이」와 함께 〈판놀이 아리랑고개〉 대본이 이

---

7 류해정 등이 떠난 이후 민요연구회에 남았던 조용호(세계일보사 문학 기자이자 소설가)는, 학교 때부터 민요반을 만들어 자신을 이끌었던 선배들이 민요연구회를 만들어 한동안 활동하다가 어느 날 갑자기 사라져버려 아주 당혹스러웠다고 섭섭한 심정을 구술한 바 있다. 이는 구술은, 이영미의 채록연구로, 류해정과 조용호를 공동 구술자로 삼아 2006년 12월 12일에 이루어졌다. 이 구술은 민주화운동기념사업회의 민중가요・노래운동 관련 구술 사업이어서 주로 민요연구회에 초점을 맞춘 내용으로 채워졌으며, 채록문 등 자료는 주최 기관의 사정으로 현재 미공개 상태이다.

미 수록되어 발표되었고,[8] 최근에는 서울대 총연극회에서 그가 연출한 〈노동의 횃불〉(1980) 대본이 수많은 창작 메모들과 그의 구술채록문과 함께 『구술로 만나는 마당극』 3에 수록되어 있다. 또한 『구술로 만나는 마당극』 작업을 하면서 찾은 문건 「〈해태제과 노동쟁의 사례극〉 창작과 평가」의 내용에서, 산업선교회 제1기 노동자문화교실의 〈해태제과 노동쟁의 사례극〉(민족극연구회 편, 『민족극대본선』 3, 풀빛, 1991)이 그의 주도로 이루어진 것임을 확인할 수 있었다. 이 문건은 『구술로 만나는 마당극』 4에 수록했다. 또한 그의 이론에 근거하여 만든 첫 대학축제인 《안암 대동놀이》[9]의 구성안과 세부 자료도 『구술로 만나는 마당극』 5에 수록되어 있어 당대의 실천을 살펴보기에 좋은 자료가 된다.

대강의 자료만 훑어보아도 류해정은 연구 대상이 되기 충분하다. 물론 류해정에 대한 본격적인 작가론적인 연구는, 그의 작품 전체를 대상으로 하여야 할 뿐 아니라, 그와 공동 작업을 많이 해왔던 김경란의 작품들까지 함께 분석해야 완성되는 작업이다. 그러나 이 글에서는 이러한 그의 작품세계 전모를 살펴보는 데에까지는 나아가지 않으려 한다. 하나의 글로 정리하기에는 너무 다기하고 복잡하기 때문이다. 이 글은 오로지, 류해정의 이론과, 그의 작품 중 이론과의 밀접한 관련성을 지닌 측면에만 초점을 맞추어 살펴보는 것에 그치고자 한다. 즉 이 글에서 관심을 갖고 있는 대목은, 류해정의 전모라기보다는, 그의 이론적 실천가로서의 면모이다. 그리고 이렇게 이론을 스스로

8 〈판놀이 아리랑고개〉는 공연 전체의 동영상은 남아있지 않으나, 연습과정과 공연을 18분짜리 다큐멘터리로 담은 영화 〈판놀이 아리랑〉(박광수 감독, 서울영화집단, 1982)을 통해 연기와 춤, 연출 등을 짐작할 수 있다(이 동영상은 한국영상자료원에 보관되어 있다).

9 이 글에서 작품 이름은 〈 〉로, 여러 작품을 포함하고 있는 행사나 축제의 이름은 《 》로 표시하여 구별하고자 한다.

세우고 창작실천으로 검증하면서 이론과 창작실천의 순환과 상호침투의 모습을 보여주었다는 점이야말로, 마당극이 지닌 한국근현대연극사에서의 독특한 특징이자 의의 중의 하나일 수 있다는 점에서 주목할 만하다. 이 글에서, 그의 작업에 대한 다각적인 평가보다는, 이론과 실천 활동이 어떻게 상호관련을 맺고 있는가에 초점을 맞춰 건조하게 서술을 하고자 하는 것도 그런 까닭이다.

2. 이론의 핵심, 촌극과 대동놀이

1) 촌극론

류해정이 공개적으로 발표한 글은, 위에서 언급한 두 편 외에, 이보다 꽤 이른 시기인 1977년에 한 편 더 있다. 대학교 2학년 학생 류인렬이라는 이름으로 발표한 「민중문화운동으로서의 연극」(『대화』, 1977.2)이 그것이다. 200자 원고지로 100매 가량의 긴 글로, 한국의 연극이 민중을 배제하고 외면한 연극이라고 지적하고, 식민지시대부터 당대까지의 한국연극사를 훑고 루카치나 마르쿠제 등을 언급하며, 연극에서의 '민중문화운동'을 주창했다. 동서고금을 휘저으며 대학생 특유의 치기 섞인 패기만만함이 넘치는 필치로 쓰여 있지만, 아직 이 글에는 마당극이라는 구체적 연극양식이나 실천 방법론 등에 대한 언급이 없다. 그가 구술에서 밝히고 있듯이, 그가 입학하여 연극을 시작할 당시에 연극반에서 진보적인 흐름을 이끌고 있던 사람들은 모두 학교를 떠났고 탈춤반과의 교류도 별로 이루어지지 않아, 허규가 이끄는 극단 민예에서 탈춤을 배울 정도였다. 류해정은, 김지하의 〈금관의 예수〉(1972) 등에 참여한 후 군복무를 마치고 돌아온 복학생 이상우를 모셔와 야외에서 완전한 원형무대로 연출한 〈허생전〉(1976)을 기획하여 성공시키는데, 「민중문화운동으로서의 연극」은 이 직후 발표된 것이어서 한 번의 성공을 이룬 자신만만함은 있으되 아직 마당극운동을 연 주요 선배들과 본격적으로 만나기 전이다. 이러한 활동으로 그는 마당극운동의 유일한 단체인 한두레와 만나게 되었고, 채희완 등의 선배들과 어울리면서 학교 바깥에서 마당극운동의 새로운 실천들과 접하게 되었다.[10]

따라서 이 글에서 다루는 「우리 시대의 탈놀이」, 「새로운 대동놀이를 위하여」는, 1977년의 글과는 매우 다른 성격의 글이다. 몇 년 동안 마당극운동에서 벌어진 다양한 활동을 경험한 후였고, 이미 1980년 '서울의 봄'에 임진택의 「새로운 연극을 위하여」(『창작과비평』, 1980 봄)가 발표되고 연우무대의 이름으로 한두레까지 결합하여 만든 마당극 〈장산곶매〉가 공연되어, 진보적 연극운동이 마당극이라는 양식으로 이루어지고 있음이 화려하게 공표된 후였다. 두 편의 글은, 마당극 양식과 진보적 공연예술운동을 개략적으로 소개한 임진택의 글이 미처 다루지 못한 내용을 심화시키며, 실제 활동의 장에서의 마당극 창작・실천의 방향을 제시하고자 하는 구체적인 의도를 보여주고 있다. 이렇게 작품 실천과 관련성이 높아지면서 이 두 글은, 앞의 글에 비해 덜 논리적이고 다분히 아포리즘적인 문장들로 채워져 있다. 분명 이론적 내용들을 포함하고 있지만, 논리로 읽는 글이 아니라 '감感'으로 읽어야 이해되는 글인 것이다.

다소의 단순화를 무릅쓰고 두 글의 핵심 내용을 그의 언어를 최대

---

10 류인렬 구술, 이영미 채록연구, 「류인렬 구술채록문」, 이영미 편, 『구술로 만나는 마당극』 3, 고려대 민족문화연구원, 2011, 279~298쪽.

한 살려 요약하자면, "우리 시대의 탈춤은 오늘날 민중의 촌극 경연"[11]이며, 이 극놀이는 "그 성격을 달리하는 여러 가지의 '판'"과 합쳐져 "신명풀이로서의 대동놀이"를 이룬다[12]는 것이다(편의적으로 전자를 '촌극론', 후자를 '대동놀이론'으로 지칭하겠다).

촌극론을 좀 더 설명해보자. 앞에서 요약한 주장이 포함된 문단은 이러하다. "탈춤은 농악대의 잡색놀이가 발전된 형태이며, 농악대의 잡색놀이는 가장 원초적인 의미에 있어서의 역할 바꾸기 놀이이다. 우리 시대의 탈춤은 오늘날 민중의 촌극 경연이다." 즉 그가 말하는 촌극寸劇이란 단지 토막극, 짧은 극일 뿐 아니라, "오랜 시간 연습을 요하는 것이 아니라 즉흥적으로 만들어진 쉽고 간단한 것", "전문적인 연극인도 아마추어도 아닌 일반 사람들"이 만들어 "생활 현장성이 강"한 짧은 연극이며, 그 원리는 "역할 바꾸기 놀이"이고 이것이야말로 "연극의 기초요 핵심"이라 말한다(「탈놀이」, 263~264). 이런 짧은 연극에 '촌극'이라는 이름을 붙인 것은 아마 학교 소풍이나 직장 야유회의 장기자랑 시간에 여러 팀으로 나누어 짧은 연극 장면을 만들어 보여주는 것을 '촌극 경연대회'라고 부르고 있음에서 착안했을 것으로 보인다. 그는 이러한 촌극이야말로 '우리 시대의 탈춤'인 마당극을 형성하는 가장 기초적인 요소가 된다고 본다. 즉 그는, 촌극·역할극처럼 만들어진 연극적 장면을, 일관된 흐름으로 정리해놓은 것이 바로 마당극이라고 보는 것이다. 그리고 이러한 생각의 타당성을, 조동일이 주

---

11 유해정, 「우리 시대의 탈놀이」, 『실천문학』 3호, 실천문학사, 1982, 264쪽(이하 출전 명기에서 이 글은 「탈놀이」로 약칭하고 인용 쪽수를 병기하는 방식으로 본문에 괄호로 삽입하겠다).

12 유해정, 「새로운 대동놀이를 위하여」, 백낙청·염무웅 편, 『한국문학의 현단계』, 창작과비평사, 1983, 344~353쪽(이하 출전 명기에서 이 글은 「대동놀이」로 약칭하고 인용 쪽수를 병기하는 방식으로 본문에 괄호로 삽입하겠다).

장한 탈춤의 풍농굿 기원설, 즉 농악의 잡색놀이에 그 흔적이 남아있는 풍농굿의 연극적 놀이가 탈춤으로 발전했다는[13] 설에 근거하여 설명한다. 이러한 탈춤은 그 본질이 짤막한 역할극들의 모음으로, 그런 점에서 오늘날의 마당극 역시 짤막한 역할극을 모아놓은 것으로 보는 것이 타당하다는 것이다.

이러한 설명은 탈춤과 마당극의 본질을 설명하는 데에는 부분적 타당성만을 지니지만, 마당극을 어떤 방법으로 만들어야 하는가에 대한 의견이라는 점에서는 상당한 타당성을 지닌다. 모든 연극의 본질이 근본적으로는 역할 바꾸기 놀이이므로 탈춤과 마당극 역시 예외일 수 없으며, 특히 과장(마당)의 독립성이 상대적으로 강한 탈춤과 마당극은 각각의 독립된 역할극의 모음이라고 보는 것은 '원칙적으로' 타당하다. 그러나 '촌극'이라는 말이 포함하고 있는 그 외의 요소들인 비전문성, 즉흥성, 쉽고 간단한 연극이라는 특성 등이 탈춤은 물론이거니와 모든 마당극들이 다 지니는 것은 아니다. 그런 점에서 탈춤과 마당극을 촌극 모음이라고 보는 것은 상당히 무리한 견해일 수밖에 없다. 게다가 '경연'이라는 주장은 어불성설이다. 하지만 류해정의 촌극론 이전에 발표된 임진택의 「새로운 연극을 위하여」가 마당극을 열린 공간으로서의 마당을 강조하여 설명함으로써, 공연공간과 연희자・관객의 관계에만 주목할 뿐, 정작 마당극운동이 이루어지는 활동의 장에서 마당극을 만드는 방법과 마당극 창작에 접근하는 태도에 대해 효과적인 설명으로 기능하지 못하고 있음을 생각하면, 이 시기 류해정의 촌극론은 꽤나 의미 있는 것이 아닐 수 없다. 이는 특히 비전문인들의 마당극 창작과, 공동창작의 방법에서 중요하다.

---

13 조동일, 『탈춤의 역사와 원리』, 홍성사, 1978, 45~108쪽.

마당극운동의 초기 작품은, 근대의 일반적인 연극들처럼 개인 작가가 대본을 쓰는 것으로부터 시작된 것이 많다. 본격적인 마당극의 역사를 연 〈진오귀굿〉(1973)은 온전히 김지하의 극작과 연출로 이루어졌고, 여러 사람의 손을 거쳐 창작된 〈소리굿 아구〉(1974) 역시 작곡가 이종구의 발상과 김민기 집필의 1차 대본을 거쳐 김지하의 재집필 대본으로 이어진 것이다.[14] 이른바 마당극 1세대라고 지칭되는 채희완과 임진택의 1970년대 후반 작품들도 대본이 먼저 집필되었는지, 연습현장에서 춤 동작이 먼저 만들어졌는지의 차이는 있을지언정 개인 창작자의 주도가 두드러진 작품들이다.[15] 그러나 1970년대 후반은, 마당극 양식이 형성되고 다양한 성격의 창작집단에서 다양한 성격의 작품이 생산되었으므로, 초기처럼 온전히 개인의 창작으로 출발하는 방식은 조금씩 균열되기 시작한다. 개인 창작자의 역할이 줄어들고 대신 토론을 통한 집단적인 창작의 경향이 강해졌고, 이 경향은 비전문인들이 스스로 만든 작품들에서는 더욱 두드러졌다. 예컨대 동일방직 해고 노동자들이 김봉준・박우섭과 함께 만든 〈동일방직 문제를 해결하라!〉의 경우, 박우섭이 구성과 장면을 거칠게 짜 온 것을 바탕으로 해고 노동자들이 직접 대사를 만들어 넣었고,[16] 이화여대 연극반의 작품인 임진택 연출의 〈노비문서〉(1979)도 윤대성의 원작을 바탕으로

---

14 김민기 구술, 이영미 채록연구・정리, 「김민기 구술 내용 정리」, 이영미 편, 『구술로 만나는 마당극』 3, 고려대 민족문화연구원, 2011, 408~409쪽.

15 예컨대 〈예수전〉(1976)의 경우, 대본을 쓰지 않은 채 작품을 공연을 만들었음에도 불구하고 개인 창작자의 창작으로 보는 것이 타당하다. 둘째 마당은 홍세화가 말뚝이 과장 분위기의 재담 중심의 장면으로, 나머지 장면은 채희완이 춤 중심의 장면으로 만들었는데, 섬세한 대사와 동작들을 대본 형태로 기록하지 않았을 뿐이다. 채희완 구술, 이영미 채록연구, 「채희완 구술채록문」, 이영미 편, 『구술로 만나는 마당극』 1, 고려대 민족문화연구원, 2011, 170~175쪽.

16 김봉준 구술, 이영미 채록연구, 「김봉준 구술채록문」, 이영미 편, 『구술로 만나는 마당극』 1, 고려대 민족문화연구원, 2011, 498~500쪽.

임진택이 개작의 구체적 아이디어를 내면 학생들이 함께 모여 대사와 행동 등을 짜나가는 방식으로 이루어졌다. 따라서 이러한 경험이 축적된 1980년대 초에는, 개인 창작자에 크게 의존하지 않는 공동창작의 방법들, 특히 극화할 만한 풍부한 생활경험을 지니고 있는 노동자나 농민들이 스스로 자신들의 경험과 사유를 마당극으로 만드는 방법을 정리할 필요가 생기고 있었다.

이러한 실천의 흐름을 고려해 보면 류해정의 촌극론은, 여태껏 야유회의 장기자랑에서 늘 만들어왔듯이 즉흥적이고 비전문적인 토막극을 여러 편 만들고, 이를 여러 마당으로 연결시키는 방식으로 한 편의 마당극을 만들 수 있다는 주장으로 받아들일 수 있다. 특히 누구나 해왔고 할 수 있는 만만한 촌극이라는 용어를 내세우고 특유의 즉흥성의 강조함으로써, 비전문 창작자들이 연극을 통한 자기표현과 마당극 창작의 두려움을 해소하는 데에 효과적인 주장이라 할 만하다. 또한 류해정에게 촌극・역할극은, "역을 통해서 세계를 이해하고 행동"(「탈놀이」, 264)하는 것이므로 "생활 교육극"(「탈놀이」, 266)이기도 했다. 따라서 비단 많은 관중을 대상으로 한 공연이 아니더라도, 촌극 만들기 과정 자체가 교육적 효과를 발휘한다고 이해된다. 이는, 1980년대 말에 이르러 마당극운동계에서 정리되고,[17] 1990년대 후반 이후에는 연극계에서조차 크게 주목받는 교육연극과 상통하는 지점인바, 촌극론은 교육연극으로서의 마당극의 가능성을 열어놓은 논의이기도 한 셈이다.

---

17 박인배, 「'마당극교실' 교안체계 구성과 지향점」, 『민족극과 예술운동』, 민족극연구회, 1993 여름; 이영미, 『마당극 리얼리즘 민족극』, 현대미학사, 1997, 282~299쪽.

2) 대동놀이론

한편 대동놀이론은, 이렇게 촌극들로 이루어진 마당극이, 대동놀이라 칭할 수 있는 전체 행사의 한 부분에 속하며, 대동놀이는 일련의 흐름으로 구성되어야 한다는 주장이라 요약할 수 있다. 촌극론이 조동일의 풍농굿 기원설에 기댄 측면이 있는데, 대동놀이론은 이보다 훨씬 더 많은 정도로 조동일의 「대방놀이로 하는 신명풀이」의 논의를 발전시킨 흔적이 역력하다. 특히 이 대방놀이가 "참가하는 민중으로 하여금 일상생활의 억압된 상황에서 벗어나 새롭게 태어나는 감격을 누리게 하"는[18] 정교한 흐름을 가지고 있음을 설명해낸 조동일의 논의가 고스란히 류해정의 대동놀이론에서 심화되고 있다.[19]

류해정은, 전통시대의 대동놀이와 현대의 새로운 대동놀이를 구분하여 설명한다. 둘 다 피억압자로 살아온 민중들의 신명풀이라는 점에서 동일하지만, 생활방식 등이 다르기 때문에 다른 방식으로 만들어야 한다는 것이다. 류해정에 의하면, 전통시대의 대동놀이는 '길놀이－난장－군무－탈놀이－뒤풀이'의 흐름을 지닌다. 조동일은 이 흐름을 '길놀이－군무－탈놀이'[20]로 정리한 바 있는데, 탈놀이 뒤에 당연히 따라붙는 뒤풀이를 아예 대동놀이(대방놀이)의 한 과정으로 배치

---

18 조동일, 앞의 책, 153쪽.

19 류해정은 구술에서 당시 조동일의 논의를 읽으면서 비판을 많이 했고 자신의 논의는 조동일의 영향을 받았는지 기억나지 않는다고 말했지만, 이러한 부정이야말로 조동일과 같은 선배 이론가들을 넘어서고 싶은 욕망을 드러내는 말이라는 점에서 흥미롭게 읽힌다(류인렬 구술, 이영미 채록연구, 「류인렬 구술채록문」, 이영미 편, 『구술로 만나는 마당극』 3, 고려대 민족문화연구원, 2011, 329~334쪽). 적어도 그의 논의 내용을 조동일의 논의와 비교하여 살펴보면, 매우 강한 계승적 측면을 엿볼 수 있다는 점에서 조동일의 논의를 열심히 공부하며 자신의 이론을 만들어갔음을 확인할 수 있다.

20 조동일, 앞의 책, 150쪽.

하는 것은 충분히 예상할 수 있는 지점인바, 류해정이 길놀이와 군무 사이에 '난장'의 과정을 끼워 넣어 흐름을 조금 더 정교하게 정리하고 있다는 점이 조동일과의 차별적인 대목이다. 즉 류해정은 길놀이 이후에, 연희자와 관중이 어우러져 춤추고 소리 치고 시비 걸고 욕하면서 "나도 병신이고 너도 병신이고 세상의 모든 것이 병신"이라는 듯 병신 흉내를 내어보는 등, 일상에서 해보지 못했던 여러 금기들을 몸으로 깨어보고 서로간의 장벽을 허무는 '지랄 잔치'인 난장이 이루어지고, 이 해방적인 무질서가 점차 질서를 이루면서 군무가 형성되며, 급기야 대립과 갈등의 상황을 몸으로 재현하는 탈놀이로 이어진다고 정리한다.(「탈놀이」, 267~271) 즉 각각의 단계를 판으로 설명하면, 일탈의 판, 난장의 판, 군무의 판, 연희의 판, 의식의 판으로 흐름이 이루어져 있는 것이다(「대동놀이」, 358).

그런데 현대의 새로운 대동놀이는 "집단 무의식 가운데 저장된 실체로서의 자연적 놀이가 아니라, 명확한 인식으로 축적된 의식적 놀이"(「탈놀이」, 267)이므로, 그 흐름은 달라질 수밖에 없다고 이야기한다. 참자가를 몇 개의 소집단으로 나누어 10~20분가량의 짧은 시간만을 주어 짧은 촌극을 만들어 발표하게 하는데, 각기 다른 형식과 내용을 지님에도 불구하고 이들은 모두 그들 집단의 생활과 체험에 근거한 것으로서 통일적인 성격을 띤다. 이러한 촌극경연 이후에 간단한 평가와 토론 등을 하고, 이후 난장을 벌이고 군무로 이어간다. 이 과정은 매우 자연적으로 이루어지는데, 누군가가 어정쩡하게 서 있는 사람들을 끌어들이면서 "집단력이 확충되어서 그것을 펼쳐내는 진풀이"가 이루어진다. 이러한 함께 노래하고 진을 짜서 통일된 군무를 한 다음에는, 해소적인 뒤풀이를 하기도 하지만 촛불의식이나 횃불의식 같은 의식적인 끝맺음으로 뒤풀이를 하여 마음을 가다듬고 생활로 돌아갈 준비를 한다(「대동놀이」, 353~359). 판으로 설명하면 일탈의 판, 연희의 판, 난장의 판, 군무의 판, 의식의 판으로 흘러가는 것이 새로운 대동놀이의 짜임새라는 것이다(「대동놀이」, 358). 물론 이는 모임의 규모나 성격에 따라 달라질 수 있다고 덧붙인다.

이 대동놀이론은, 마당극운동에서 많은 공연들이 단지 공연으로만 존재하는 것이 아니라 일종의 의식 · 행사 · 모임의 성격을 지닌 '마당굿'이라는 주장을 담은 채희완 · 임진택의 「마당극에서 마당굿으로」(김윤수 · 백낙청 · 염무웅 편, 『한국문학의 현단계』, 창작과비평사, 1982)의 주장을 한층 더 발전시킨 것이다. 1980년 「새로운 연극을 위하여」와 연극 〈장산곶매〉 발표 이후 마당극을 하나의 극 양식으로만 협소화하여 이해하는 경향에 쐐기를 박고, 마당극이 진보적 문화운동으로서의 의미를 지닐 뿐 아니라 행사적 · 집회적 성격, 즉 굿적 · 의식적儀式的 성격을 지니고 있음을 분명히 하고자 한 글이 「마당극에서 마당굿으로」였다.[21] 류해정의 대동놀이론은, 그 굿적 성격이 어떤 구성과 흐름을 지니면서 이루어지고, 각각의 과정은 어떤 성격을 지니는가, 농촌공동체에 기반한 전통극에서의 그것과 현대의 그것은 각기 어떻게 다른 성격과 형태를 띠게 되는가를 섬세하게 설명하고 있는 것이다.

류해정의 촌극론과 대동놀이론이, 아주 유별나고 독특한 것이라고는 할 수 없다. 1970년대 후반부터 노동자 대상의 연행예술 활동을 해왔던, 이른바 마당극 제2세대(72학번부터 75학번 정도 연배)인 황선진, 박인배, 연성수, 김봉준 등의 글[22]들에서도 류해정의 것과 거의 비슷한

---

21 이영미, 『마당극 리얼리즘 민족극』, 현대미학사, 1997, 78~81쪽.

22 김성진, 「삶과 노동의 놀이」, 고은 외, 『문학과 예술의 실천논리』, 실천문학사, 1983(필자 김성진은, 김봉준, 연성수, 황선진이라는 세 명의 필자 이름을 조합한 것이다); 박인배, 「생활연극 체험기」, 『시와 경제』 2집, 육문사, 1983; 박인배, 「공동창작에 대하여」, 『연우무대 연구발표공연 〈허연 개구리〉 공연팸플릿』, 1983.5(박인배의 두 편의 글은,

내용이 발견되기 때문이다. 말하자면 간단한 극놀이나 탈놀이로부터 시작하여 연극을 만들고, 이를 포함한 행사와 모임의 전체 과정에 놀이와 의식, 춤, 풍물 등을 섞어 구성하는 것은, 이 시기 비슷한 활동을 경험한 또래 활동가들 사이에 공유된 생각이었던 것이다. 특히 이러한 공유된 생각을 글로 정리해냈던 제2세대 활동가들은, 채희완, 임진택, 이애주, 김민기, 장선우, 이상우 등 제1세대 선배들과 달리, 직접 야학이나 노동조합, 종교단체의 노동자 모임 등 노동운동의 현장에서 직접 그들과 연극을 만들고 풍물과 놀이를 지도하고 축제를 만들어본 경험을 갖고 있었고, 이러한 경험이 단독의 공연이 아닌 축제와 행사의 일부로서의 마당극, 마당극을 비롯한 예술공연(상영)을 포함한 축제와 행사 전체의 구성과 연출, 예술을 통한 교육 등에 더 많은 관심을 두고, 이를 기록하고 일반화·논리화하여 정리해낸 것이다.[23] 류해정과 김성진의 글에, 비단 연극만이 아니라, 민요, 풍물, 놀이, 민속춤 등 다양한 비전문인 예술에 대한 관심이 고루 드러나 보이는 것 역시, 노동현장에서 비전문인이 주체가 된 활동의 중요성을 이해했기 때문이다. 단 류해정은, 다른 논자들에 비해 좀 더 과감하고 구체적인 입론을 했다는 차이가 있다. 그래서 다양한 경우를 지나치게 단순화했다는 비판이 나오면서도,[24] 글이 지닌 예각화된 이론화 경향이 설득력의 근

이영미 편, 『구술로 만나는 마당극』 4에 재수록되어 있다).

23 이에 대해서는, 이영미, 『마당극 리얼리즘 민족극』(현대미학사, 1997)의 제Ⅲ장 참조. 또한 이를 대중화론과 그 실천, 혹은 축제, 의례, 교육 등 타 문화 영역으로의 확장에 초점을 두어 서술한 바도 있다. 이영미, 「한국 근·현대 예술운동의 대중화론」, 『민족문화연구』 61호, 고려대 민족문화연구원, 2013.11, 444~449쪽; 이영미, 「1970~80년대 재야 지식 장의 예술관 변화와 공공적 실천성」, 서은주·김명선·신주백 편, 『권력과 학술장-1960년대~80년대 초반』, 혜안, 2014, 173~185쪽.

24 김성진의 글에서, 류해정의 촌극론이 "일정한 타당성을 갖고 있으나 오해를 불러일으킬 소지가 있다"고 지적하며 그 근거를 꽤 길게 설명함으로써, 지나치게 단순화한 류해정의 논의에 대한 불편함을 드러내고 있다. 김성진, 앞의 글, 142~143쪽.

거로 작용하여 이에 매력을 느끼는 대학생 등의 실천을 추동하는 힘이 더 컸다는 점을 부인할 수 없다.

3. 이론의 실천적 검증, 그 성과와 영향

1) 이론 정리의 중간 플랫폼, 〈노동의 횃불〉

류해정의 글에서는 이론화의 욕망이 강하게 느껴진다는 점에서 이 시기 다른 글들과 비교해도 두드러진다. 그런데 류해정의 또 하나의 독특한 점은, 자신의 이론을 고스란히 실천으로 옮겨 검증하는 모습을 보여주고 있다는 점이다. 작품·교육의 경험을 바탕으로 이론을 만들고, 다시 그 이론을 작품·교육으로 실천하여 검증하고 타당성을 입증하고자 하는 모습이 매우 강하게 나타나고 있다.

그가 한두레에서 활동하며 여러 단체를 통해 노동자를 만나 벌였던 실천은 아무런 기록이 남아있지 않아 구체적인 모습을 짐작하기 어렵다. 자료가 남아있는 것으로 가장 이른 시기의 실천은, 1980년 4월에 서울대 총연극회의 공연인 〈노동의 횃불〉 창작·연출 작업이다. 이 작품은 그가 촌극론과 대동놀이론을 발표하기 이전의 것으로 그의 이론에 실천적 경험이 어떻게 뒷받침되고 있는지를 짐작하게 한다.[25] 특히 이 작품은, 창작 과정의 메모나 중간대본들, 그리고 몇몇 장면의 연출 메모가 꼼꼼하게 남아있어, 이론과의 관련성을 설명하기에 더욱 유용하다. 작품의 마당 구성과 대략적인 내용은 이러하다.

---

25 〈노동의 횃불〉과 류해정의 이론이 관련성을 가진다는 점은, 이영미, 「〈노동의 횃불〉 해설」에서 언급한 바 있다. 이영미 편, 『구술로 만나는 마당극』 3, 고려대 민족문화연구원, 2011, 251~254쪽.

첫째 마당 : 횃불을 들고 전태일에 관한 노래를 부르며 길놀이를 한 후, 한 편에 전태일의 사진을 모셔놓은 상태에서 의식무를 추고 전태일의 분신 장면을 재현하며, 출연자 모두 각자 통성기도를 하는 전태일굿을 한다.

둘째 마당 : 온갖 실업자들이 나와 몸을 파는 장면이 벌어진 후, 한쪽 팔을 잃은 이수일과, 성매매여성 심순애의 재회 장면을 신파조의 연기를 뒤섞어 형상화한다.

셋째 마당 : 사장, 미국인, 일본인, 꼬마 장성 등이 등장하여, 각기 자신들이 노동자들을 어떻게 잘 요리하는가를 과시하는 풍자적인 마당이다.

넷째 마당 : YH 노동자들의 삶과 투쟁, 신민당사에서의 김경숙의 죽음에 이르는 과정을 실제 사례에 근거하여 형상화한다.

다섯째 마당 : 김경숙의 상여를 메고 출연자들 모두 행진하고, 관중이 뒤따른다.

마당극이, 길놀이로 시작하여 연극이 펼쳐진 이후 관중들이 행진을 하며 시위로 연결되는 경우는 적지 않다. 특히 총학생회가 존재하지 않아 대학 캠퍼스 내에서 합법적인 집회가 완벽하게 불가능했던 1980년 2학기부터 1983년 말까지의 대학 마당극은 마지막 부분에서 관중의 시위로 이어질 것을 염두에 두고 공연된 경우가 태반이었다. 그래서 이 시기 대학 마당극은 대부분 마지막 부분이 부실하게 처리되어 있다. 대단원의 완결을 만들어놓는 것이 공연현장에서는 무의미하기 때문이다. 하지만 그 경우, 시위는 연희자가 의도한 것이 아니며 오로지 관중의 자발성에 의해 이루어진 것임을 증명하도록, 연희자는 마지막 행진과 시위에는 참여하지 않는 것이 보통이었다. 만약 연희자가 시위를 주도할 경우, 연희자에게 사법적 처벌이 내려지고 동아리가 폐쇄될 가능성이 높기 때문이다. 즉 실제로 많은 마당극 공연이, 단순한 공연이 아니라 집회로서의 성격을 지니고 있었음에도 불구하고, 작품은 노골적으로 이를 드러내지 않는 방향으로 짜여 있었다. 그에 비해 이 〈노동의 횃불〉은, 첫 시작부터 연극이 아닌 의식(전태일굿)이 배치되어 있고, 맨 마지막도 연희자가 앞장서서 관중의 행진을 이끌도록 애초부터 짜여 있다. 즉 집회와 시위로서의 성격을 의도적으로 드러내고 있는 것이다. 이는 이 작품이 1980년 3월 개강부터 광주항쟁 이전 시기인 이른바 '민주화의 봄'에 공연된 것이기 때문이다. 류해정은, 1978년부터 징역을 사는 동안 '시위로서의 마당극'을 해야겠다는 구상을 했고,[26] 그것이 1980년 봄의 상황에서 발휘되었다. 박정희의 죽음으로 갑자기 열린 1980년 봄에도 여전히 학생들은 움츠러든 분위기를 깨지 못하고 있었고, 유신말기에 학교를 다녀 대형 집회와 시위를 제대로 경험해보지 못한 당시 학생운동의 재학생 지도부들도 시위를 자제해야 한다는 의견을 내세우고 있었던 반면, 1975년 이전의 대형 집회와 시위를 경험한 복학생들은 집회와 시위를 벌여야 한다는 주장을 펴고 있었다. 이때 서울대의 연극반과 탈춤반 등 이른바 문화패가 먼저 학생 대중들의 움츠러든 분위기를 깨겠다는 의도로, 여러 편의 공연을 매주 공연하고 4월 14일과 19일에 종합적인 문화행사《관악굿》을 벌일 계획을 세웠다. 〈노동의 횃불〉은 이 중 총연극회가 맡은 몇 편의 공연 중 하나였다.[27] 따라서 〈노동의 횃불〉이 '연극 판' 혹은 '연희 판'만 존재한 것이 아니라, 현실에서 축제로 이끄는 길놀이에서 연희 판을 거쳐, 연희 판의 분위기를 다시 현실로 되돌리는 뒷풀이로서의 시위로 이르도록 구성되어 있다는 점에서, 이 작품은 그의 대

---

26 류인렬 구술, 이영미 채록연구, 앞의 글, 309쪽.

27 《관악굿》의 전체 프로그램과, 당시의 정황은, 이영미 편, 『구술로 만나는 마당극』 3의 황선진과 류인렬 편, 『구술로 만나는 마당극』 4의 박인배 편을 참고할 것.

동놀이론 전체의 주장을 고스란히 작품으로 보여주고 있다.

남아있는 작품의 창작 자료들과 류해정의 구술은, 이 작품의 창작 과정이 촌극론을 형성시킨 중요한 작품임을 알려준다. 이 작품은 공연대본 말고도, 각 장면을 만들기 위해 써놓은 장면별 대본이 여러 벌 남아있다. 특히 집단이 함께 움직이는 첫째·다섯째 마당에 비해, 개인 연기자의 연기가 중요한 둘째·셋째 마당의 기록이 더 많다. 특히 손으로 쓴 장면별 대본은 여러 명의 글씨체인데, 이는 대본의 중간 정리가 매우 여러 번, 여러 사람에 의해 이루어졌음을 의미한다. 류해정의 구술에 의하면 이 작품은, 창작의 시작부터 공연까지 보름 정도밖에 걸리지 않은 놀랄 만한 속도로 만들어졌고, 배우들에게 상황을 던져주고 즉흥적으로 촌극 만들기를 시키고, 이 과정을 모두 녹음한 후 배우들 스스로 자신이 출연한 장면의 녹음테이프를 녹취하여 대본으로 정리하는 것을, 거의 매일 반복하면서 대본을 완성해갔다.[28] 따라서 각 장면은 각기 다른 팀에 의해 창작되는 분업 방식을 취했는데, 그런 점에서 이 작품은 촌극론에서 말한 '촌극 모음으로서의 마당극'에 부합하는 작품이다. 보름 남짓한 빠른 시간 안에 공연을 올릴 수 있었던 것은, 장면별 분업, 즉흥적인 촌극 만들기와 그것의 녹취·정리 등의 독특한 방법으로 창작되었기 때문일 것이다. 또한 첫째·다섯째 마당은 개인별 대사가 거의 없는 집단적인 춤과 노래, 행진으로 채워진 대동놀이적 구성을 지니고 있었던 점도, 빠른 창작·완성에 한 몫했을 것으로 짐작한다.

28 류인렬 구술, 이영미 채록연구, 앞의 글, 320~321쪽.

2) 이론 공표를 동반한 합법공연 〈판놀이 아리랑고개〉

짐작컨대 류해정은 〈노동의 횃불〉을 계기로 촌극 모음과 대동놀이적 흐름을 가진 마당극 만들기에 대한 생각을 훨씬 정교하게 정리할 수 있었을 것으로 보인다. 〈노동의 횃불〉을 계명대에서 공연하고 시위로 몰고 간 후, 5·18로 상황이 바뀌어 그는 수배되었고, 정신병원에 숨어 있다가 나오게 되는데, 그 수배 건이 해결된 1981년에 그는 〈판놀이 아리랑고개〉를 준비하여 1982년에 공연하게 된다. 그리고 이와 함께 「우리 시대의 판놀이」라는 글을 정리하고, 이 글의 요약본을 〈판놀이 아리랑고개〉의 공연팸플릿에 수록하여 본격적으로 공표했다.

〈판놀이 아리랑고개〉는 연우무대의 정기공연이었다. 1980년 민주화의 봄을 맞아 올린 〈장산곶매〉가, 창작극만 고집하는 신예 극단 연우무대의 이름으로 마당극운동의 비공개 모임 한두레가 결합하여, 연우무대 창립멤버로 서울대 〈허생전〉을 야외 연극으로 만든 바 있는 이상우의 연출, 대학 탈춤 붐의 시조인 채희완의 안무, 마당극운동과 민예극단을 오가며 명성을 쌓은 김영동의 음악 등 화려한 라인업으로 드라마센터의 큰 무대에서 합법적으로 공연한 작품이었다면, 〈판놀이 아리랑고개〉는 〈장산곶매〉의 주축인 제1세대보다 조금 아래 연배인 제2세대, 즉 학생운동에 적극적으로 간여하고 노동현장에서의 작업 경험이 많은 박인배, 황선진, 연성수, 김봉준이 류해정의 작업에 의기투합한 작품이었다.[29] 따라서 엄혹한 사전검열이 있던 당시에 연우무대의 이름을 걸고 국립극장 실험무대를 대관하여 올리는 공연이므

29 위의 글, 310~315쪽.

로 이전에 자신들이 해온 현장문화운동의 성과를 곧이곧대로 드러낼 수는 없었지만, 대신 제1세대와는 달랐던 자신들의 경험을 다른 방식으로나마 드러내고자 하는 자의식이 작동했을 것으로 본다. 「우리 시대의 탈놀이」라는 이론적 글을 공연과 함께 내놓는 패기만만한 행동을 할 수 있었던 것도 그 때문이었을 수 있다.

〈판놀이 아리랑고개〉는 〈노동의 횃불〉처럼 대동놀이의 전체적 구성을 온전히 보여주지는 못하고 있다. 대동놀이가 이미 어느 정도 공동체적 분위기가 형성된 축제적·집회적 상황에서 가능한 것이라면, 그러한 분위기가 형성되기 힘든 상설 공연장의 유료공연이란 조건이 오로지 '연희의 판'만을 요구하고 있기 때문이다. 그러나 〈판놀이 아리랑고개〉는, 간략하나마 대동놀이적 구성과 흐름을 의도적으로 시연해 보인다. 관객 입장이 대강 이루어지면서 배우들은 다소 느슨하게 삼삼오오 춤을 추거나 아는 관객과 인사나 이야기를 나누는 등의 일상적 분위기를 연장하다가 "소금은 일상직인 깃에서부터 탈피"하여 "관객들이 스스럼없이 이 놀이에 참여할 수 있도록 유도"될 즈음 "배우들 몇몇이 나서서 판을 좀 더 조직적으로 짜고서 판의 리듬을 한 단계 높"인다. 이 흐름은 농악과 배우들의 병신춤 등으로 난장 분위기로 이어지고, 류해정이 설정한 이론대로 자연스럽게 군무로 이어간다. 즉 길놀이를 할 수 없고 축제적·집회적 상황이 아닌 맥락에서 그나마, 일상으로부터 탈피하여 난장과 군무를 함께 겪으며 연희로 접어드는 과정을 조금 맛보여주도록 구성되어 있는 것이다.

연희의 판의 구성 방식은 〈노동의 횃불〉과 흡사하다. 첫 시작은 출연자들이 횃불을 들고 동학군들의 검결劍訣을 부르며 칼춤을 추고 동학 주문을 외우는 다분히 의식적儀式的 장면으로, 〈노동의 횃불〉의 전태일굿 장면을 연상시킨다. 이다음부터 연극적 장면들이 배치된다.

연극 장면의 첫 부분은 박승희의 1929년 작품 〈아리랑고개〉의 한 부분을 개작한 것[30]으로, 땅을 잃은 농민들이 북간도로 떠나며 남녀가 애달픈 이별을 한다는 내용이 다분히 의도된 신파조 연기로 이루어져, 〈노동의 횃불〉의 이수일과 심순애 장면을 연상시킨다. 이후 7개의 짤막한 연극적 장면이 이어지는데, 모두 식민지시대의 농촌 현실을 보여주는 내용이다. 이는 채만식의 희곡 〈농촌 스케치〉(1930), 〈미가 대폭락〉(1931), 〈조고마한 기업가〉(1931), 〈부촌〉(1932)을, 약간의 개작만 하여 거의 그대로 쓰고 있다. 박승희와 채만식의 희곡을 쓴 것은, 대본 검열에서 통과될 만한 유명 단체와 유명 작가의 기존 작품을 가져다 조합하는 것이 공연을 성사시키기에 유리하다고 판단했기 때문이라 보인다. 그나마 대사 중 사회주의 관련 내용은 모두 항일로 바꾸었다. 채만식의 짧은 희곡들에 '촌극'이라는 갈래명이 붙어있었던 것도, 촌극론을 주창하고 있던 류해정의 관심을 자극했으리라 보인다.[31] 내용적으로도 19세기 말의 동학농민전쟁에서 1920년대의 토지수탈, 1930년대의 농촌문제와 쟁의로 이어지도록 되어 있어, 상당한 통일성과 일관성을 지니도록 배치되어 있는 셈이다.

---

30 토월회가 1929년에 공연한 박승희 작, 박진 연출의 〈아리랑고개〉는 당시 조선극장 공연 때에, 남녀 주인공의 이별 장면에서 관중석이 모두 울음바다로 변하고 급기야 여배우 석금성이 울다가 졸도를 했으며, 관객 중 한 사람이 광주학생운동 관련 유인물이 뿌리는 등의 사건이 벌어진 공연이기도 하다(박진, 『세세연년』, 세손, 1991, 44~51쪽). 이 작품의 대본은 남아있지 않으나, 1976년 박진이 신극60주년 기념 합동공연에서 기억을 되살려 재구성한 대본이 남아있고, 〈판놀이 아리랑고개〉는 이를 저본으로 했다.

31 류해정은, 채만식의 짧은 희곡들을 '1930년대 촌극 운동'이라 지칭하고 있지만, 채만식이 촌극이라 이름 붙인 짧은 연극들이 류해정의 촌극 개념과 같은 것이라고는 볼 수는 없다. 또한 이들 작품의 발표 시기가 카프를 중심으로 대중화에 대한 관심이 높아져있었던 때라 할지라도 채만식의 희곡이 연극운동과 긴밀한 연관성을 지니고 있는지에 대한 근거는 발견되지 않으므로 류해정이 촌극'운동'이라 지칭하는 것은 별 근거가 없다고 보인다. 단 류해정이, 당시까지만 해도 연극사적 연구에서 거의 주목하지 않았던 채만식의 짧은 연극을 선택해 공연했다는 것은 놀라운 일이라고 아니할 수 없다.

연출 방식은 매우 다양하여, 〈아리랑고개〉의 농민들의 연기는 신파조로 몰고 가면서, 지배자인 사음, 점잖은 사람, 지주 등이 나오는 장면은 아예 첫 대사를 "양반 나오신다— 양반"이라는 탈춤적 대사로 시작하여 창작탈춤적인 요소를 강화한다, 또한 〈농촌 스케치〉의 한 부분인 농민연합회의 총회 장면은 실제 막걸리를 들여와 관중들과 함께 나누어 먹으며 관중을 회원들로 간주하면서 투쟁 계획을 논의하는, 투쟁 사례를 다룬 마당극에서 흔히 쓰는 관중참여적인 연출 방식을 쓴다. 〈부촌〉을 이용한 부분에서는, 비슷한 상황을 반복하는 원작의 짧은 장면들을 원형무대의 네 곳에서 동시다발적으로 펼쳐지도록 개작·연출하는 등, 다분히 표현주의적인 기법도 쓰고 있다. 채만식의 몇몇 희곡은 당시에 일반적이었던 사실주의적 시공간과 다른, 소설 등의 서사문학의 자유로운 시공간 운용을 보여주고 있어, 오히려 마당극 같은 비사실주의적 양식의 대본으로 쓰기에 적합하다.[32]

이러한 연희의 판이 끝나면, 연극을 통해 확인된 '편'을 바탕으로 편싸움인 줄다리기로 이어가고, 마지막으로 농악과 민요를 관중과 함께 부르고 노는 뒤풀이가 배치된다. 〈노동의 횃불〉이 시위로 이어지는 집회라는 모임의 성격을 살려 긴 길놀이에서 연희 판을 거쳐 마지막의 상여 행진과 시위로 이어가는 대동놀이적 구성이라면, 〈판놀이 아리랑고개〉는 상설 공연장의 유료 관객을 대상임을 감안하여, 다소 즐거운 분위기인 줄다리기와 농악으로 판을 이어가는 방식으로 대동놀이의 구성을 살리고자 한 것이다.

32 김재석, 「일제강점기 촌극의 한 양상—채만식을 대상으로」, 『국어국문학』 103, 국어국문학회, 1990; 한국극예술학회 편, 『채만식』에 재수록, 연극과인간, 2010, 217~220쪽.

3) 잘 짜인 노동자 문화교육

이렇게 〈판놀이 아리랑고개〉로 이론과 그에 입각한 작품을 한꺼번에 발표했지만, 앞서도 지적했듯이 이 작품은 촌극론과 대동놀이론에 그리 적합하지 않은, 전문극단의 상설 공연장에서의 유료 공연 방식이었다. 그의 활동의 중심은 노동현장의 비전문인들이었고, 이 역시 꾸준히 이루어졌다. 특히 1984년 평화시장 청계피복노조 복구대회 때 함께 한 대동놀이가 가장 성공적이었다고 스스로 이야기하는데,[33] 아쉽게도 이 기록은 남아있지 않다. 이 시절 그가 한 노동현장에서의 실천으로 기록이 남아있는 것은, 영등포 산업선교회의 문화교실 제1기의 수업 커리큘럼과 일지, 그리고 마지막에 이들이 1984년 부활절 기념공연으로 올린 〈해태제과 노동쟁의 사례극〉의 대본과 평가토론 녹취록뿐이다.[34] 1980년대 노동자 대상의 문화교육 프로그램과 그 성과물이, 커리큘럼과 일지, 대본, 평가토론 녹취록까지 모두 남아있는 경우는 이것이 유일하다.

〈해태제과 노동쟁의 사례극〉은 그 자체가 대동놀이적 구성을 지니고 있지는 않다. 오히려 이는, 부활절 기념행사에 속해있는 대동놀이의 한 부분이라 보는 것이 타당하다. 〈노동의 횃불〉의 YH노조의 투쟁

33 류인렬 구술, 이영미 채록연구, 앞의 글, 354~357쪽. 이 구술에서 류해정은, 청계피복노조복구대회를 위한 2, 3주 동안의 교육과 공연이 성공한 이후 이론을 정리할 수 있었고, 이후에 〈판놀이 아리랑고개〉를 했다고 말했으나, 실제로는 〈판놀이 아리랑고개〉보다 2년 뒤의 일이다. 두 사건의 선후관계는 구술 때 착각한 것이 확실하고, 이후 구술자와 전화통화로도 그것이 착각이었음을 확인했다. 그러나 사건의 선후관계와 무관하게, 구술에서 말하고 싶었던 요지는, 촌극론과 대동놀이론이 노동자 대상 교육의 경험을 통해 만들어진 것임을 강조한 것으로 받아들이는 것이 타당하다.

34 〈해태제과 노동쟁의 사례극〉 대본을 제외한, 나머지 자료는 이영미 편, 『구술로 만나는 마당극』 4, 고려대 민족문화연구원, 2011, 493~601쪽에 수록되어 있다.

사례극이 한 마당으로 들어있었듯이, 이 작품 역시 전체 대동놀이의 한 부분으로 보는 것이 타당하다. 그러나 대동놀이의 전체 프로그램은 남아있지 않아 상세한 분석은 불가능하다.

이 실천에서 주목할 만한 것은 노동자 대상 문화교육의 커리큘럼이다. 1983년 10월부터 1984년 4월까지 매주 토요일과 일요일, 28주 동안 진행한 총 56회의 커리큘럼이 모두 정리되어 있는 것이다. 이 커리큘럼에는, 연극만이 아니라, 민요와 노래, 풍물의 실기와 약간의 이론, 자신의 살아온 이야기와 생활 이야기하기, 글짓기와 편지 쓰기, 그리고 근로기준법, 노동조합법, 노동운동사, 노동현장 분석 등의 일반적인 노동운동 관련 학습이 포함되어 있다. 이 중 극놀이를 집중적으로 행한 시기는 8주에서 17주인데 이 동안은 거의 매 주 극놀이나 촌극이 포함되어 있으며, 일지에 의하면 매 번 다른 내용으로 촌극을 만든 것으로 기록되어 있다. 노동절 공연 준비로 돌입한 20주부터는, 짐작컨대 해태제과 소재의 장면 짜기와 대본 정리 등으로 집중했겠지만, 그 이전까지는 계속 다른 소재를 던져 촌극 만들기를 시켰던 것으로 보인다. 또 한 가지 주목할 만한 것은, 커리큘럼에 탈춤 배우기가 포함되어 있지 않다는 점이다. 1970년대의 원풍모방 노동조합의 문화패는 애초부터 그 성격이 탈춤반으로, 전통탈춤 배우기로부터 공연예술에 접근하였고 〈원풍 놀이마당〉이라 이름 붙은 몇 편의 공연작품 모두 창작탈춤의 형태를 띠고 있었다. 그에 비해 1984년 류해정이 주도한 산업선교회의 문화교실에서는, 탈춤이 아닌 풍물, 노래놀이, 민요 등이 극놀이와 함께 교육되고 있었던 것이다. 즉 이 시기에 이르면 류해정 등의 활동가들 사이에서, 탈춤이 다분히 난이도가 높은 전문인들의 예술이라는 판단을 확실히 하게 되었고, 따라서 노동자들의 자기 표현을 이끌어내는 방식을 민요나 풍물 등의 비전문인 예술을 가르치는 것으로 바꾸고 극놀이를 통해 생활경험을 바로 몸으로 재현하도록 하는 방식을 썼음이, 이 커리큘럼을 통해 확인되고 있는 것이다. 이는 그가 촌극론에서 강조한 내용 그대로이다. 기록을 읽어보면, 그는 〈노동의 횃불〉 창작 때와 마찬가지로, 교육의 전 과정을 모두 녹음했음을 알 수 있다. 일지가 상세히 정리될 수 있었던 것, 해태제과 해고노동자들과의 만남이나 공연 평가토론이 상세한 녹취록으로 남을 수 있었던 것은 바로 이 녹음 덕분이었다고 보인다. 이 역시 〈노동의 횃불〉에서의 작업방식과 동일하다.

이러한 그의 연극 작업은, 당시 아내였던 김경란(서울대 연극반 출신으로 1980년부터 연우무대의 마당극에 출연했고, 1983년에 황해도 큰 무당 김금화에게 내림굿을 받았고, 이후 민요연구회, 여성노동자회 문화부를 이끌었다)과 공동연출로, 한국크리스찬아카데미 주부모임 연극패 둥우리의 〈기생관광〉(1984)을 올린 것으로 거의 끝이 난다. 이후에는 민요연구회의 정기적인 행사 《민요의 날》에 작은 공연들만 만들어 올리는 정도였고, 1980년대 후반에는 예술문화운동을 떠나 노동운동에 전념하였다.

4) 거대한 실험 《안암 대동놀이》의 성공과 대대적 확산

그의 촌극론, 대동놀이론과 관련된 또 하나의 주목할 만한 성공적인 실천은, 그가 주도하지 않은 곳에서 벌어졌다. 대학의 정기 축제의 경향을 바꾸어낸 1983년 《안암 대동놀이》가 그것이다.

《안암 대동놀이》는 1983년부터 1990년대 중반까지 고려대 봄 축제에서 이루어졌던 대동놀이를 일컫는 말이다.[35] 고려대의 개교기념일인 5월 5일을 기념하여 매년 5월 3, 4, 5일에 열리는 봄 축제의 공식 명칭은《석탑축전》으로《정기 고연전》,《4·18 마라톤》과 함께, 전교생이 함께 참여하는 고려대의 대표적 행사이다. 이 축제에는 방송제, 응원제, 학술제 등 각 동아리와 단체들이 마련한 다양한 프로그램이 뒤섞여 있는데, 이 중 큰 흐름을 1983년에 농악대와 탈춤반 등 문화 서클들이 주도하여 대동놀이의 방식으로 바꾸고 이를《안암 대동놀이》라고 이름 붙였다. 1970년대 후반과 1980년대 초까지 봄 축제의 마지막 프로그램이자 하이라이트는 대운동장에서 이루어지는 연예인 초청 쇼 함께 이루어져 있는 쌍쌍파티였고, 지금은 연예인 초청 쇼가 포함되어 있는 응원제가 하이라이트로 배치되어 있다. 그런데《안암 대동놀이》가 배치된 시기에는, 3일간 진행되는 풍물굿과 촌극 경연대회, 민요 배우기, 민속놀이 등을 거쳐 5일 저녁에 대운동장에서 줄다리기로 끝을 맺는 흐름을 갖게 되었다. 이후《안암 대동놀이》 혹은 '대동제'가 봄 축제를 대신하는 이름처럼 통용되는 경향이 생겼고, 그 흔적은 지금도 봄 축제의 공식 명칭으로 쓰고 있는《석탑 대동제》라는 이름에 남아있다.

《안암 대동놀이》는, 행사 사후에 정리한 것으로 추정되는「안암 대동놀이」라는 제목의 문건으로 상세한 내용을 살펴볼 수 있다. 이 문건은, 타자기로 정리한 것으로, 기본 방향과 전체 진행과정, 일정표, 촌극 대본 등을 포함하고 있다. 또한 이를 주도했던, 당시 고려대 농악대 대장 우수홍의 구술을 통해서 그때의 분위기나 맥락 등 좀 더 상세한 정보를 얻을 수 있다. 이 기록들에 의하면, 첫째 날(5.3)과 둘째 날(5.4)

35 이후 고려대 축제에서의 대동놀이는 늘《안암 대동놀이》로 불렸으므로, 이 명칭은 비단 1983년의 행사만을 의미하지는 않는다. 그러나 이 글의 분석대상으로 삼고 있는 것은 1983년의 것이므로, 특별히 연도를 밝히지 않는 한, 이 글에서《안암 대동놀이》라 칭한 것은 모두 1983년의 것임을 밝혀둔다.

에는 농악대가 길놀이와 판굿, 탈춤반이 탈춤체조 강습 등을 하면서 분위기를 달구었고, 마지막 날(5.5) 오후 1시부터 본격적인 대동놀이가 벌어졌다. 마지막 날의 행사 순서는 다음과 같다.

> **길놀이** : 교정(오후 1:00~2:00)
>
> **민요 부르기, 탈춤체조, 편싸움, 촌극경연대회** : 서관 농구장, 대운동 (오후 2:00~5:30)
>
> **줄다리기** : 대운동장(오후 6:00~9:00)[36]

언뜻 보아도 큰 흐름은 류해정이 짜놓은 대동놀이의 흐름과 거의 일치함을 쉽게 알 수 있다. 단 가장 두드러지는 대목은, 이 흐름의 하이라이트가 연희 판인 촌극경연대회가 아닌 마지막의 줄다리기이고, 난장에서 군무를 거쳐 연희 판으로 이어지는 과정이 선적線的 흐름으로 정리되기보다는 캠퍼스 곳곳에서 동시다발적으로 이루어졌다는 점이다. 이는 이 대동놀이가, 이전에 해보았던 어떤 것보다도 큰 규모의 것이었기 때문일 것이다. 고려대 안암캠퍼스의 전체가 행사 공간이었고 만 명이 넘는 학생들[37](당시 사진을 보면 대운동장 둘레의 스탠드가 학생들로 거의 가득 채워져 있다)이 한꺼번에 참여하는 매우 큰 행사였다

---

36 「안암 대동놀이」, 이영미 편, 『구술로 만나는 마당극』 5, 고려대 민족문화연구원, 2011, 302~303쪽.

37 《안암 대동놀이》의 기록은, 우수홍의 이름으로 교지인 『고대문화』 24집(1984.12)에 수록되었는데, 여기에 의하면 대동놀이 참여 인원은 고려대 학생과 타 학교 학생, 동네 주민을 합하여 2만 명 이상으로, 《석탑축전》 사상 초유의 인원이라고 되어 있다. 줄다리기 참여 인원만 쳐도 5, 6천 정도였다고 한다. 당시 사진을 보면 대운동장의 스탠드가 가장자리까지 사람으로 빼곡하게 차 있는 것을 확인할 수 있어, 이러한 기록이 단순한 과장은 아니라고 할 수 있다. 이영미 편, 『구술로 만나는 마당극』 5, 고려대 민족문화연구원, 2011, 444쪽.

는 점이, 연극의 판이 중심이 된 대동놀이로 갈 수 없도록 만든 가장 큰 요인이었다고 보인다.

수백 명 정도가 모일 수 있는 한정된 공간에서 수십에서 수백 명 가량의 사람들을 대상으로 일관되고 집약적으로 분위기를 이끌고 나가는 대동놀이에서는 류해정의 대동놀이론처럼 한두 명의 연출자와 열 명 남짓한 연희자만으로도 대동놀이의 흐름을 주도할 수 있다. 그러나 수천의 참여자들이 캠퍼스 곳곳을 채우며 동시다발적으로 무언가를 하며 움직이다가 대운동장으로 모두 집결하여 마지막 프로그램을 하게 되는 어마어마한 규모의 《안암 대동놀이》에서는, 분업화되고 조직적인 준비과정이 훨씬 중요해진다.

우수홍에 의하면, 1982~83년은 고려대 학생운동이 양적으로 성장하면서 노래서클이나 극예술연구회 등 합법적 예술문화 동아리들이 운동적 성격을 띠는 방향으로 바뀌기 시작한 시기이고, 문과대와 정경대를 중심으로 단과대 학생장(단과대 대표)들이 운동권 출신으로 뽑힐 정도로 일반 학과에서 운동권의 세가 강해졌다. 이들 단과대 학생장들이 모두 《석탑축전》 준비를 위한 조직위원들이었고, 우수홍을 비롯한 81학번 예술문화 동아리 멤버들이 나서서 이들을 설득하여 축제의 기조를 바꾸는 결정을 했다. 따라서 이 축제에서는, 비교적 자발적이고 조직적으로 움직이는 것이 쉬운 동아리 멤버뿐 아니라 처음부터 학생장과 학회장(전 학년의 학과 대표), 과대표(한 학년의 학과 대표)가 움직여 학과 학생들을 움직이는 것이 가능했던 것이다. 대동놀이의 적극적인 참여를 할 수 있는 소양을 위해, 농악대와 탈춤반 등이 나서서 문과대와 정경대 학생들을 대상으로 3, 4월 동안 지속적으로 풍물을 가르치고 촌극 만들기 강습을 진행했다. 또 4월 하순부터는 학생회관의 동쪽 공터에 볏짚과 줄대[38]를 비치하고 대대적으로 줄을 꼬았다. 우수홍의 구술에 의하면, 단과대별로 짚을 나누어 무더기로 쌓아놓고 경쟁적으로 줄을 꼬게 독려했다. 줄을 꼬는 동안에는, 늘 그곳은 학생들이 모여 노래하고 닭싸움・말타기 같은 놀이를 하며 〈사박자춤〉・〈해방춤〉[39] 같은 춤을 추는 등 북적거리는 분위기가 유지되었다. 이렇게 축제 분위기는 오래 전부터 달구어지고 있었다. 풍물과 촌극, 민요 등을 배우는 학생들에게는 달포 전부터 시작되었고, 학생회관 앞에서 줄을 꼬며 놀기 시작하면서부터는 일반 학생들에게까지 그 들뜬 분위기가 전염되었을 것으로 보인다. 이러한 사전 준비가 잘 되었기 때문에, 5월 5일에 민요 배우기나 편싸움(예컨대 삼채싸움 등, 편을 갈라 노는 민속놀이), 촌극경연대회를 동시다발로 진행하는 것이 가능했다. 현재 남아있는 문건에는, 신문방송학과, 정치외교학과, 통계학과, 행정학과(이들은 모두 정경대 소속의 학과들이다), 그리고 창작・공연 주체를 알 수 없는 두 편 등 총 6편의 촌극 대본이 수록되어 있어, 과별로 짤막한 촌극을 준비하여 공연했음을 알 수 있다. 즉 《안암 대동놀이》의 성공은, 그물망 같은 합법적 학과조직을 이용하여 대중적 참여를 이끌어 내고, 농악대와 탈춤반 멤버가 총동원되어 강습과 현장 연출 등을 담

---

38 새끼줄을 꼬기 위한 대臺를 의미한다. 줄다리기에 쓸 새끼는 강도가 높아야 하므로, 2미터 가량의 대를 매고, 거기에 볏짚을 걸친 다음, 매달리다시피 하여 체중으로 볏짚을 당기며 줄을 꼰다.

39 당시에 대학생들에게 매우 유행했던 춤이다. 〈해방춤〉은 〈해방가〉를 부르며, 2명이 쌍을 이루어 손뼉과 어깨, 무릎, 엉덩이 등을 부딪치는 춤으로, 이미 1970년대 중반 고고춤 유행 시대에 있었던 춤을 민중가요 〈해방가〉와 결합시킨 것이다. 한편 〈사박자춤〉은, 〈농민가〉에 맞추어 추는 춤으로, 마치 〈꼭짓점댄스〉처럼 같은 동작을 90도씩 돌면서 반복하는 춤으로, 봉산탈춤의 걸음걸이와 외사위 동작을 이용해 안무한 춤이다. 1970년대에 허슬hustle이라는 이름으로 유행했던 90도씩 돌면서 추었던 춤의 구조에, 봉산탈춤의 사위를 결합하여 안무한 것이라고 할 수 있다. 이 춤은 탈춤운동・마당극운동에서 비전문인 대상의 교육이 늘어나는 1981, 82년경에 탈춤체조와 함께 안무・개발되었다. 따라서 1983년은, 이 춤이 처음으로 대학생들에게 대대적으로 보급되어, 신선한 느낌으로 신나게 춤을 배우고 확산시키던 시기였다고 할 수 있다.

당함으로써 가능했던 것이다.[40]

1983년에 고려대가 대동놀이에 성공함으로써, 그 뒤를 이어 이화여대, 연세대 등이 축제의 방식을 바꾸었고, 1980년대 후반에는 거의 전국의 대학 축제가 대동제라는 이름을 걸고 풍물과 마당극, 줄다리기 같은 민속놀이로 구성된 대동놀이를 하기에 이른다. 이 과정에서 풍물패가 존재하지 않았던 대학들에 풍물패가 만들어져 급격히 풍물운동이 성장했다(1983년 이전에 대학 내에 탈춤반과 별도로 풍물패가 동아리로 활동하고 있던 경우는 그리 흔하지 않았다. 가장 대표적인 경우가, 서울대 농대와 고려대였는데, 서울대 농대는 농업인의 정체성과 관련되어 농악대가 구성되어 활동하고 있었고,[41] 고려대는 응원단의 한 부분으로 구성되어 활동하다가 독자적인 동아리로 독립했다.[42] 대학 바깥에서 최초의 풍물운동 단체로 1984년 발족한 터울림은, 서울대 농대 농악대 출신들이 주축이 되었다). 대동놀이 방식의 새로운 축제는 1990년대 중후반까지 유지되었다. 대동놀이는, 대학 축제의 역사를 바꾸고 10년 이상의 긴 기간을 풍미한 축제 콘셉트로 자리 잡았던 것이다.

《안암 대동놀이》의 준비와 진행은 오로지 학생들의 손으로 이루어졌으나, 대동놀이의 발상과 구성 등 아이디어는 류해정으로부터 나온 것이다.[43] 고려대 농악대는 그동안 응원단의 한 부분으로 존재하던 오랜 관행을 탈피하고 독자적인 동아리로 분리된 후, 1982년에 〈뿌리를 찾는 놀이〉 공연을 계기로 급격하게 학생운동·예술문화운동 정체성을 드러냈다. 자발적으로 '의식화'되어 학생운동의 선배가 없었던

---

40 우수홍 구술, 이영미 채록연구, 「우수홍 구술채록문」, 이영미 편, 『구술로 만나는 마당극』 5, 고려대 민족문화연구원, 2011, 428~431·438~440쪽.

41 조경만 구술, 이영미 채록연구, 「조경만 구술채록문」, 위의 책, 233~237쪽.

42 우수홍 구술, 이영미 채록연구, 앞의 글, 383~387쪽.

43 《안암 대동놀이》와 류해정과의 관련성은 위의 글, 403~456쪽 참조.

이들은 당시 핵심 멤버들이 1983년 1월에 스스로 류해정을 찾아와 민요와 촌극 만들기 등의 교육을 받으며 활동의 방식을 모색했다. 이 교육에서 아이디어를 얻어 류해정의 이론대로, 고려대 축제에 고스란히 적용한 결과가《안암 대동놀이》였던 것이다. 우수홍은 구술에서 민속에 관한 책을 보면서 무형문화재인 영산줄다리기를 알게 되어, 영산을 직접 찾아가 기능보유자(흔히 인간문화재라 지칭되는) 조성국을 만나 그를 학교로 초빙하여 줄다리기 전 과정을 지도받으며 수행했다고 한다. 영산줄다리기를 발견하고 찾아간 것은 우수홍의 힘으로 이루어진 것으로 보이나, 이미 〈판놀이 아리랑고개〉의 마지막 부분이 줄다리기로 되어 있는 것에서 알 수 있듯이, 대동놀이의 마지막을 줄다리기처럼 많은 사람들이 참여하여 에너지 넘치게 놀 수 있는 민속놀이로 진행해야 한다는 생각은 류해정의 발상이었다고 보아도 틀림이 없다. 혹시 류해정과 그의 이론적 뒷받침이 없었어도 이러한 새로운 대학축제가 가능했을까? 그 가능성을 완전히 배제할 수 없지만, 만약 그랬다면 이는 이미 마당극(창작탈춤 포함)에서 상당한 성과를 보여주고 있던 서울대나 이화여대 같은 학교에서 먼저 이루었을 가능성이 높다. 연극반은 아직 학생운동·예술문화운동의 정체성을 갖기 이전이었고 탈춤반조차 매우 약체 상태였던 고려대에서 이런 실험이 이루어진 것은 당시 상당히 놀랄 만한 일이었지만, 또 한편 생각하자면 오히려 그러한 조건이 그렇게 과감한 실험을 할 수 있게 만들었다고도 할 수 있다. 왜냐하면 서울대나 이화여대 등은 이미 연행예술운동을 이끈 선배들을 통해 많은 정보를 수시로 접하고 있었고 류해정의 이론 역시 그것들 중 하나로 상대화하여 받아들였을 가능성이 높다. 또한 탈춤과 마당극으로부터 출발한 이들은, 그러한 공연이 축제라는 콘텍스트 속에 놓여있음을 잘 알고 있었음에도 불구하고 그 중 마당극 등의 '공연'이 그 축제의 중심을 차지해야 한다는 생각을 버리기 힘들었을 것이며, 당연히 거대한 줄다리기를 행사의 하이라이트로 놓고 만 명 이상의 참가자가 함께 즐기는 초대형 축제를 기획하고 실행하기란 그리 쉽지 않았을 것이다. 그에 비해 당시 고려대의 경우는, 연극반・탈춤반이 아닌 농악대가 이를 추동했고, 연행예술운동의 다양한 정보를 빠르게 받아들이지 못한 후발주자였기 때문에 오히려 류해정이라는 한 사람의 아이디어를 오롯이 받아들일 수 있었다. 또한 학교 내의 탈춤반 등이 약체였기 때문에, 과감한 실험을 밀어붙일 때에 논의와 합의 과정이 복잡하지 않아 오히려 류해정의 이론대로 속도감 있게 실행할 수 있었을 것이다. 요컨대, 《안암 대동놀이》로 시작하여 전국 대학으로 확산된 대동놀이 방식의 축제는, 자연발생적인 아이디어로 서서히 형성된 것이 아니라, 당시 서른 살 패기만만한 류해정의 이론을 20대 초반의 학생들이 무지막지한 추진력으로 실험해 단번에 성공시킨 것이었다. 아마 이러한 거대한 규모의 대동놀이와 전국 대학축제 판도를 바꾼 엄청난 파급효과는, 발상자인 류해정으로서도 예상하지 못했을 것으로 보인다.

4. 맺음을 대신하여–류해정 이론・실천의 의의와 그 후

여태까지 다소 거칠고 건조하게, 류해정의 마당극 관련 이론과 그 실천과의 연관 관계를 살펴보았다. 확실히 류해정은, 마당극계에서 가장 이론적 욕망이 강한 창작자였던 것만은 분명해 보인다. 실천에서 뽑아 올린 아이디어를 이론으로 만들어 패기만만하게 내놓고, 이를 다시 실험하듯 실천으로 옮겨 검증한 사례는 그리 쉽게 발견되지 않기 때문이다. 1980년대의 진보적 운동에서 젊은 지식인들의 강한 이론화 욕망은 도처에서 확인되는데, 류해정은 마당극운동에서 이러한 이론화 욕망을 가장 뚜렷하게 보여주고 있다.

물론 앞서도 이야기했듯이, 마당극은 한국근현대연극사에서 양식 형성의 주체들이 이론적 구성을 함께 해낸 거의 유일한 양식이었고, 이론적 정리의 욕망을 가진 것은 비단 류해정만은 아니었다. 임진택 역시 첫 글인 「새로운 연극을 위하여」에서부터 마당극의 공간 구조에 대한 설명에 큰 비중을 두었는데, 이후에도 「마당극 연출 기록 Ⅰ—대학 마당극 연출 단상」, 「마당극 연출 기록 Ⅱ—공해풀이 마당굿 연출 단상」, 「마당극 연출 기록 Ⅲ—〈밥〉 창작 연출 과정」 등을 정리하여 마당극의 연출 원리를 사례를 통해 설명했다. 또한 박인배는 초에 공동창작에 대한 원칙과 방향을 정리하고,[44] 1990년대 초에는 전문집단과 비전문집단의 교육과 작품으로 어떤 관계를 가져야 하는지를 '정형'이라는 개념으로 정식화하고자 했다.[45] 이렇게 창작자들이 제시한 이론은, 자신의 창작과 교육 실천을 바탕으로 한 이론화의 성과이며, 따라서 이후 이를 다시 창작과 교육에 적용하는 실천적 검증을 시도했을 가능성이 높다. 이 관계를 추적하고 성과를 가늠하는 일은 앞으로의 과제라 할 수 있다.

한편 류해정이 제출한 촌극론과 대동놀이론은 이후 실천에 큰 영향을 주었다. 빠르게 전국의 대학축제의 새로운 경향으로 자리 잡은 대동놀이는, 최소한 10년 동안 대학축제의 주류 방식의 구실을 했다. 학생운동이 급격히 수그러드는 1990년대 중반을 넘기면서 대동놀이 방

44 박인배, 「공동창작에 대하여」, 이영미 편, 『구술로 만나는 마당극』 4, 고려대 민족문화연구원, 2011.

45 박인배, 「민중문화운동의 평가와 전망」, 『실천문학』 32호, 실천문학사, 1993.12.

식의 축제도 점차 쇠퇴했는데, 이화여대처럼 축소된 형태나마 아직도 축제 때 대동놀이를 하나의 프로그램으로 운영하는 경우도 없지 않다. 또한 정기적인 대학축제 외에, 체육대회, 신입생오리엔테이션 등에서도 이 방식은 광범위하게 쓰이고 살아남았다. 1999년 한 대학의 신입생오리엔테이션에 대한 보고서에서, 조사를 한 2년 모두 가장 높은 만족도를 기록한 프로그램이 대동놀이였다는 조사 결과가 나오기도 했다.[46] 대학 바깥의 여러 축제들에서도 대동놀이 방식은 꽤나 보편화되었다. 촌극론도 마당극 창작의 중요한 방법으로 자리 잡았다. 자신들의 체험을 바탕으로 하는 비전문인의 연극 만들기에서는 대본 집필 이전에 촌극 만들기 등의 극놀이 교육하는 것이 보편적인 방법이 되었고, 전문인들의 연극 창작에서도 혼자 집필하는 방식으로 대본을 완성하는 개인 작가가 없는 경우에는 연출의 주도로 배우들의 지속적인 즉흥극 만들기를 바탕으로 연극 장면을 완성하고 구성을 만들며, 최종적으로 대본을 완성하는 방식의 창작이 흔하게 이루어졌다.

물론 류해정의 촌극론・대동놀이론이 류해정만의 특이한 새로운 이론은 아니며, 그 성공과 큰 확산성이 류해정 이론의 정교함 때문만이라고 말하기도 힘들다. 1980년대는 마당극이 성장과 확산 일로에 있었던 시기였고, 그 배후에는 마당극에서 가장 중요한 집단적 관객층의 성장이 자리하고 있었다. 또한 앞서도 이야기했듯이, 1970년대 후반과 1980년대 전반에 이르기까지 노동자 등 비전문인 대상의 문화운동과 교육을 담당했던 마당극 제2세대들이 류해정과 거의 비슷한 주장을 펼치고 있었고, 적지 않은 수가 꾸준히 노동현장에서 실천을 지속하고 있어, 그 성공과 확산의 속도는 빠를 수밖에 없었다. 그럼에

46 최홍순・김보희, 「99년도 신입생 오리엔테이션 설문조사 분석」, 『학생생활연구』 25호, 공주대 학생생활연구소, 2000.

도 불구하고 류해정이 보여준 이론화의 능력, '촌극', '대동놀이'로 정리한 단순화한 용어와 원리 설명의 설득력이, 실천의 촉발과 확산에 기여한 점은 충분히 인정된다고 할 수 있다. 적어도 류해정이 '촌극', '대동놀이'라는 용어를 앞세운 이론을 호기 있게 터뜨리지 않았다면, 노동운동·학생운동에서의 연극놀이 붐과 축제의 놀라운 변화는 그토록 빠른 속도로는 이루어지지 않았을 것이다. 이들 활동이 '촌극', '대동놀이'라는 류해정의 용어로 정착한 것은 이를 증명한다. 한편, 서두에서 밝혔듯이, 이 이론들이 류해정 작품의 모든 것을 설명할 수는 없는 것으로, 류해정과 그에 영향 받은 몇몇 창작자들의 마당극이 지닌 여러 면모(예컨대 풍자·해학 못지않게 비애·비장이 강화된 마당극 작품들)에 대한 연구 역시 추후에 남겨진 과제이다.

1980년대 운동사회의 감성

애도의 정치와 멜랑콜리 주체

김정한

1. 1980년대는 어떤 시대인가?

1980년대는 1979년 10월 부마항쟁과 1980년 5월 광주항쟁에서 시작해 1987년 6월 항쟁과 7~9월 노동자대투쟁에서 정점에 도달한 이후 1991년 5월 투쟁으로 소멸한 한 시대를 가리킨다.[1] 이 시대를 어떤 이는 메캐한 최루탄이나 지랄탄의 지독한 냄새로, 다른 이는 아스팔트 위에서 타오르는 화염병의 불꽃으로, 또 혹자는 거리에 모인 대중들의 함성으로 기억할지도 모른다. 하지만 1980년대에서 느꼈던 감각들은 후각, 시각, 청각, 촉각, 미각 등을 아울러 너무나 다양할 것이며, 개인의 주관과 취향이 결부될 수밖에 없는 감각 경험들로 한 시대를 포착하려는 작업은 무모할지도 모른다. 오히려 우리에게 비교적 익숙

1 김정한, 「대중운동과 민주화—91년 5월 투쟁과 68년 5월 혁명」, 전재호 · 김원 · 김정한, 『91년 5월 투쟁과 한국의 민주주의』, 민주화운동기념사업회, 2004, 161~162쪽.

한 방법론은 주요 사회관계의 구조와 모순을 분석하거나, 사람들의 의식과 이데올로기를 구성하는 것이다. 그럼에도 한 시대를 감성感性의 그물로 포착할 수 있을까?

그 하나의 실마리는 랑시에르의 감성학Ästhetik, esthétique, aesthetics에서 찾아볼 수 있다. 일찍이 칸트는 감성이란 다양한 감각들을 수용하는 능력이고, 감성의 순수형식은 시간과 공간이라고 했다.[2] 감각들은 다양하고 차별적이지만 그것을 경험하고 수용하는 보편적인 순수형식이 있다는 것이다. 이를 활용해 랑시에르는, 사회 질서를 조직하고 자리와 기능을 위계적으로 분배하는 통치 과정을 치안police이라고 부르고, 이 치안의 조건이자 형식을 감각적인 것의 나눔partage du sensible이라고 명명한다. 한 사회에는 감각적인 것을 나누는, 즉 공유하고 분배하는 체계가 있고, 이 감각 체계에 의해 어떤 것은 감각할 수 있지만 다른 것은 감각할 수 없다는 것이다.[3] 감각적인 것의 나눔은 감각들을 느끼는 "선험적 형식들의 체계"이며, "그것은 경험 형식으로서의 정치의 장소와 쟁점을 동시에 규정하는, 시간들과 공간들, 보이는 것과 보이지 않는 것, 말과 소음의 경계 설정이다."[4] 감각들을 경험하는 데에도 지배적인 체계가 있으며, 이 감각 체계에 의해 어떤 것은 볼 수 있거나 없고, 또 어떤 것은 들을 수 있거나 없다. 치안 질서가 통치할 자격이 없다고 간주되는 인민demos을 셈에서 배제하고 몫을 나눠주지 않듯이, 감각 체계도 누가 말하고 보고 들을 수 있는지 그 자격과 능력을 규정함으로써 몫이 없는 자들의 감각 경험을 통제하고 배제한다.

---

2 프레드릭 코플스톤, 임재진 역, 『칸트』, 중원문화, 1986, 100쪽; 진은영, 『순수이성비판, 이성을 법정에 세우다』, 그린비, 2004, 71쪽.

3 진태원, 「감각적인 것의 나눔」, 『웹진 민연』 통권 25호, 2013 참조.

4 자크 랑시에르, 오윤성 역, 『감성의 분할—미학과 정치』, b, 2008, 14쪽.

요컨대 치안의 본질은 감각을 경험하는 방식을 편성하는 데 있으며, 따라서 몫이 없는 자들의 감성 혁명이란 치안의 논리에 의거한 감각적인 것의 나눔을 재편성하는 데 있다.[5] 치안과 감각적인 것의 나눔이 통치 과정이고, 그에 대항하는 몫이 없는 자들의 민주주의는 주어진 감각 체계를 재편성하는 것이라는 랑시에르의 정치철학은 새로운 감성학의 가능성을 예고한다.

1980년대는 가히 운동사회movement society였다. 운동사회란 전문화되고 제도화된 사회운동이 다양한 영역에 상존함으로써 쟁투 정치contentious politics가 확대된 현대 민주주의의 역동적인 시민사회를 가리키는 개념이지만, 이는 민주화운동이 다양한 부문과 지역으로 확산되고 조직화되면서 새로운 운동문화를 만들어낸 1980년대의 한국사회에도 적용해볼 수 있다.[6] 특히 운동사회를 주도한 '운동권'의 정치주체들은 당대의 지배적인 감각 체계에 대항하여, 군부독재에 의해 죽임을 당하거나 저항의 방법으로 죽음을 선택한 열사들의 들을 수 없는 목소리를 들으려 했고, 애도할 수 없는 정치적 상황에서 애도의 노래를 부르려 했으며, 애도할 수 없는 사람들에게 말을 건네려 했고, 끝내 애도가 불가능한 조건에서 열사들의 정신을 이어받아 스스로의 삶 자체를 버리는 죽음으로 나아가기도 했다. 이 글에서는 1980년대 운동가요, 추모제와 장례투쟁, 열사들의 유서 등을 통해 애도의 정치가 불가능한 상황에서 '운동권' 활동가들이 멜랑콜리 주체로 구성되는 과정을 탐구한다. 물론 여기서 1980년대의 감성을 총체적으로 재현할 수는 없으며, 다만 당시 정치 주체들에게 드러나는 감성의 일부 좌표

5 자크 랑시에르, 양창렬 역, 『정치적인 것의 가장자리에서』, 길, 2008, 118～119 · 249쪽.
6 조대엽, 「광주항쟁과 80년대 사회운동문화－이념 및 가치를 중심으로」, 『민주주의와 인권』 3권 1호, 2003, 179～182쪽.

들을 구획하면서 그 현재적 함의를 성찰해볼 것이다. 결론을 먼저 말하자면, 1980년대 운동사회의 감성이 제기하는 문제는 멜랑콜리 주체를 애도의 주체로 전환시켜 진정한 애도의 정치를 개시하는 데 있다.

2. 감성의 좌표들

1) 운동가요

아마 1980년대 운동사회의 감성의 좌표를 분명하게 보여주는 것으로 자주 불린 노래들에 필적할 만한 것이 없을 것이다. 흔히 '운동가요'(또는 '민중가요')라고 지칭되는 노래들은 대중가요와 거리를 두는 '노래문화'의 일환으로 만들어지고 불렸으며, 그 바탕에는 1970년대 대학의 운동 집단에 의해 형성된 "대중문화를 의식적으로 거부"하는 '운동권 문화'가 놓여 있었다. 이 노래 문화는 1980년대 학생운동의 성장과 함께 양적, 질적인 도약을 이루었다.[7]

운동가요의 변천사로 보자면, 1980년대의 감성은 크게 세 시기로 구분해 살펴볼 수 있다. 첫째, 1980년 5·18광주항쟁 직후 억압적인 정치적 분위기에 눌려 있다가 1983년 2월부터 국민화합이라는 명목으로 유화조치가 단계적으로 시행되기 시작하는 시기이다. 1980년대 초의 노래들은 5·18의 죽음과 패배의 경험이 어둡게 깔려 있는 "암울"하고 "단조의 노래가 풍기는 비장감"이 특징이었다.[8] 대표적으로 〈전진가〉와 〈친구 2〉를 예로 들 수 있다.[9]

---

7 이영미, 「구전가요의 의의 및 한계」, 김창남 외, 『노래운동론』, 공동체, 1986, 201쪽.
8 이영미, 「노래로 본 80년대 학생운동」, 『말』, 1989.12, 164~165쪽.

낮은 어둡고 밤은 길어 / 허기와 기만에 지친 형제들 / 가자 가자 이 어둠을 뚫고 / 우리 것 우리가 찾으러 / 또 빼앗겨 밭도 빼앗겨 / 착취와 수탈에 지친 형제들 / 가자 가자 이 어둠을 뚫고 / 우리 땅 우리가 찾으러

— 〈전진가〉

어두운 죽음의 시대 / 내 친구는 굵은 눈물 붉은 피 흘리며 / 역사가 부른다 / 멀고 험한 길을 / 북소리 울리며 사라져 간다 / 친구는 멀리 갔어도 없다 해도 / 그 눈동자 별빛 속에 빛나네 내 맘 속의 영혼으로 / 살아 살아 이 어둠을 살르리 살르리 / 이 장벽을 부수리 부수리

— 〈친구 2〉

둘째, 1983년 12월 21일 학원자율화 조치 이후 극심한 탄압이 일정하게 완화되고 교정에서 경찰이 철수하는 등 "작은 승리"를 경험하며 1987년에 이르는 시기이다. 1982년 〈임을 위한 행진곡〉이 유행하면서 "죽음의 절망으로부터 승리의 의지"로 나아가는 노래들이 1984년부터 쏟아져 나오고 노래문화가 절정을 이루었다. 물론 이 시기에도 죽음과 패배의 비장감이 근저에 있기는 하지만 "덜 절망적"이고 "밝고 힘찬 의지"가 겹쳐진다.[10] 대표적으로 〈전진하는 새벽〉, 〈전진하는 동지〉, 〈선봉에 서서〉, 〈내가 이 세상에 태어나〉, 〈타는 목마름으로〉, 〈청산이 소리쳐 부르거든〉, 〈어머니〉, 〈광주 출정가〉, 〈전진하는 오월〉 등이 있다.

---

9 이하 노래 가사는 모두 다음 문헌에서 인용한다. 아침노래기획 편, 『노래 총 모음 91 — 참사랑』(아침이슬 2집), 아침, 1991.

10 이영미, 「노래로 본 80년대 학생운동」, 『말』, 1989.12, 165쪽.

쏟아지는 빗발 뚫고 오던 무거운 어깨 / 말없이 동녘 응시하던 동지의 젖은 눈빛 / 이제사 터오니 당신의 깃발로 / 두견으로 외쳐대는 사선의 혈기로 / 약속한다 그대를 딛고 전진하는 새벽 / 어느새 닥친 조국의 아침 / 그대를 기억하리라

— 〈전진하는 새벽〉

찬이슬 가슴 적시는 어두운 이 길에 / 겨레의 침묵 깨우며 외치는 함성 / 저 산을 넘어 찬란한 조국의 산하 그리며 / 새벽의 영광 그대여 전진하는 동지여 / 피눈물 얼룩진 이 몸의 조국 / 아 승리의 깃발 뿌려라 전진하는 동지여 / 승리의 함성 던져라 전진하는 동지여

— 〈전진하는 동지〉

또한 1985년 이후 단조의 행진곡보다 "유장한 가곡풍의 노래"가 널리 불리는데, 행진곡의 "강렬하고 단순한 정서"보다 "선이 가늘고 복잡한 정서와 의미"를 담고 있었으며, 그 가운데 주목할 만한 것은 열사의 추모곡이거나 추모제에서 애창할 수 있는 곡들이었다.[11] 대표적으로 박종만 열사의 장례식에서 발표된 〈동트는 그날까지〉, 전태일 열사의 생애를 다룬 노래공연 '불꽃'의 주제가인 〈그날이 오면〉, 김세진·이재호 열사의 추모곡 〈벗이여, 해방이 온다〉, 이한열 열사의 추모곡 〈마른 잎 다시 살아나〉 등이다.

거센 바람 몰아치는 끝없는 어둠 속 / 자욱히 연기만 남기고 그대 간 곳 없어도 / 설움도 눈물도 모두 절망도 버리고 / 끝내 우리 떠나지 못할 곳 그

11 위의 글, 167쪽.

대의 자리는 여기 / 어둠이 가고 세월이 흘러 흘러 / 연기 자욱한 싸움터에 동트는 그날까지

— 〈동트는 그날까지〉(운전기사 박종만 열사 추모곡)

그날은 오리라 자유의 넋으로 살아 / 그대여 고이 가소서 그대 뒤를 따르리니 / 그날은 오리라 해방으로 물결 춤추는 / 그대여 고이 가소서 그대 뒤를 함께 하리니 / 그대 타는 불길로 그대 노여움으로 / 반역의 어두움 뒤집어 새날 새날을 여는구나 / 그날은 오리라 가자 이제 생명을 걸고 / 벗이여 새날이 온다 벗이여 해방이 온다

— 〈벗이여, 해방이 온다〉(김세진 · 이재호 열사 추모곡)

셋째, 1987년 6월 항쟁과 7~9월 노동자대투쟁이라는 큰 승리를 경험한 이후 1991년에 이르는 시기이다. 한편으로 다소 열린 이념적 지평에서 민족해방, 반미, 통일 등과 더불어 해방과 분단의 역사를 다룬 노래들이 애창되었고(〈민족해방가 2〉, 〈잠들지 않는 남도〉, 〈한라산〉, 〈지리산 1, 2〉, 〈조선은 하나다〉, 〈애국의 길〉), 다른 한편으로는 노동자들의 시위 · 집회의 증가와 더불어 노동가요가 대학가에서 최고 인기를 누렸다(〈파업가〉, 〈노동조합가〉, 〈딸들아 일어나라〉, 〈단결투쟁가〉, 〈동지여 내가 있다〉). 특히 1987년 이전에는 대학의 노래문화가 노동현장으로 흘러갔지만, 이 시기에는 노동현장을 휩쓴 노동가요가 대학의 노래문화로 유입되는 "역류" 현상을 보였으며, "튼튼하고 건강한 운동적 정서, 노동자적 낙관성, 일상적 정서에 바탕을 둔 투쟁 정서" 등이 새로운 감성으로 나타난다.[12] 또한 운동가요는 1987년에서 1991년까지 '민중가요'

12 위의 글, 168쪽.

라는 이름으로 유례없는 대중화에 성공하는데, 한편으로 대학생과 지식인 중심의 민중가요가 노동자와 농민에게 광범위하게 확산되었고, 다른 한편으로 '노래를 찾는 사람들'로 대표되듯이 일반 대중들이 민중가요의 수요층으로 흡수되면서 대중가요에 충격적인 영향력을 발휘했다.[13]

이와 같이 운동가요에 담긴 감성이 변화하는 과정은, 적어도 1987년 이후 노동가요가 대중화되기 전까지는 우울하고 비장한 애도의 노래들이 지배적이었음을 시사한다. 그것은 우선 5·18항쟁에서 학살당한 사람들에 대한 애도였고, 동시에 전두환 독재정권에 저항하는 방법으로 자결과 분신을 선택하거나, 시위 과정에서 또는 체포되어 고문을 당하는 과정에서 공권력에 의해 죽임을 당한 열사들에 대한 애도였다. 하지만 운동가요는 지배적인 감각 체계에서 금지되고 배제된 노래였다. 애도의 노래를 공개적으로 부를 수 없다는 사실은 사회적 애도가 불가능했던 당시 정치적 조건을 극명하게 드러낸다. 죽은 자들에 대한 슬픔과 죽인 자들에 대한 분노는 정상적인 애도 작업으로 해소될 수 없었고, 정치 주체들은 죽은 자들을 떠나보내지 못하는 슬픔에 잠긴 채 은밀하게 활동과 투쟁을 조직해야 하는 상황에 처해 있었다. 더구나 1987년 6월 항쟁과 7~9월 노동자대투쟁 이후 노동운동의 힘이 분출하고 운동가요의 대중화가 일어났으며 승리와 희망을 담은 정서가 사회적으로 부상하기는 했지만, 6월 항쟁 이후 또 다른 민주화의 분수령이었던 1991년 5월 투쟁에서 강경 진압에 의한 죽음, 저항적인 분신, 의문사 등 1980년대 내내 군부독재에서 일어난 모든 죽

13 이영미, 「민중가요의 역사와 음악운동」, 『노래 이야기 주머니』, 녹두, 1993, 48~50쪽; 이영미, 「한국 노래문화 속에서 민중가요의 위상과 흐름」, 『한국 민중음악 30년사』, 광명시, 2005 참조.

음의 형식들이 압축적으로 발생하면서 운동사회는 더는 감당하기 어려운 죽음들과 마주해야 했고, 연이은 분신을 배후에서 조종하는 세력이 있다는 이른바 '유서대필' 사건으로 민중운동의 도덕성은 큰 상처를 입었다.[14]

2) 추모제와 장례투쟁

1980년대에 해마다 5월은 운동사회의 저항이 격렬하게 일어나는 사회운동의 달이었다. 광주학살 진상 규명과 책임자 처벌을 요구하며 반정부 시위가 연일 전개되었고, 화염병을 던지고 최루탄을 쏘아대는 풍경은 '전쟁터'를 방불케 했다. 매년 5·18전야제와 추모제로 집중되는 다양한 '5월의 행사'도 마찬가지였다. '5월의 행사'는 당국의 불허나 방해와 감시에 대항하는 또 하나의 투쟁이 될 수밖에 없었다. 그로 인해 5·18추모제는 1981년부터 1987년까지 비합법 투쟁, 1988년부터 1992년까지 반합법 행사로 진행되다가 1993년 문민정부가 출범하고 난 후 비로소 합법적인 의례로 전환되고, 1997년 국가기념일로 지정되어 국가 의례로 자리를 잡는다.[15] 1980년대에는 애도와 추모 자체가 빈번히 불법이었고, 애도와 추모를 위한 사회적 의례를 진행하는 것 자체가 민주화운동의 일환이 되어야 했다.

우선 5·18항쟁의 추모제를 살펴보면, 1981년 5월 1주기부터 유족

---

14 김정한, 「도래하지 않은 혁명의 유산들-1991년 5월 투쟁의 현재성」, 『문화과학』 통권 66호, 2011 여름; 김정한 외, 「좌담-우리 시대의 초상, 20년 후의 애도-1991년 5월을 어떻게 기억할 것인가」, 『실천문학』 통권 102호, 2011 여름 참조.

15 정근식, 「5월 운동과 혁명적 축제」, 『저항 연대 기억의 정치』 2, 문화과학사, 2003, 439쪽.

들의 추모제는 당국의 불허와 공권력을 동원한 압력으로 무산되어 망월동에서 소수 유족들만 약식으로 진행해야 했고, 2주기에는 합동위령제를 진행할 수는 있었지만 경찰의 차단으로 조촐하게 치러야 했으며, 추모제 참석자들은 끊임없이 감시, 체포, 구속의 위험에 시달렸다. 더구나 1982년 말에 만들어진 '전남지역개발협의회'라는 관변 단체는 126기의 묘지를 사망자의 연고지로 이장하도록 회유하여 망월묘역을 해체시키려 함으로써 1983~84년에는 '망월동 묘지 수호투쟁'까지 벌여야 했다. 1983년 2월 이후 단계적 유화 조치와 더불어 정치활동 규제가 풀리고 사면·복권이 이루어지면서 1984년의 추모제부터는 민주인사들이 다수 참여하고 추모제가 끝나면 자연스럽게 집회와 시위로 연결되는 전범이 만들어진다. 1985~87년에는 '5월의 행사'가 추모제, 추모예배, 추모미사, 거리 행진과 시위 등으로 틀이 잡히면서 해가 갈수록 강력한 저항운동의 구심점으로 기능했다.[16]

대학가에서도 5월은 광주항쟁의 진상을 규명하고 망월동 묘지를 참배(또는 순례)하는 추모와 투쟁의 시간이었다. 그리고 이 과정에서 또 다시 수많은 이들이 체포, 구속되었고, 심지어 죽임을 당하거나 스스로 죽음을 선택하는 일이 반복되었다. 1980년대 민주화운동 과정에

〈표 1〉 1980년대 열사들의 사망 원인[17]

	분신	투신	타살	음독	의사(縊死)	의문사	할복	총계
전두환 정부 (1980~1987년)	17명	6명	4명	2명	2명	21명	0명	52명
노태우 정부 (1988~1992년)	36명	5명	7명	1명	1명	17명	1명	68명

16 나간채, 『광주항쟁 부활의 역사 만들기』, 한울, 2013, 100~154쪽.
17 김원, 『잊혀진 것들에 대한 기억』, 이매진, 2011, 318~319쪽에서 재구성.

서 발생한 수많은 죽음들은 그 사망 원인과 무관하게 모두 열사라는 이름으로 호명되었으며, 이는 또 다른 추모제와 장례투쟁으로 이어졌고 열사를 정치 주체의 모범으로 상징화하는 작업을 동반했다.

또한 민주노총이 집계한 '열사 달력'을 보면, 일 년 내내 추모제를 해도 부족할 정도로 민주화운동 과정에서 수많은 사람들의 죽음이 있었음을 확인할 수 있다. 1980년대 운동사회에서 열사라는 존재는 그 엄청난 인원수만큼 압도적인 역사의 무거움이었고, 열사의 삶과 죽음은 활동가 자신의 일상생활과 투쟁 자세를 반성하며 거의 매일 마주하게 되는 거울이었다.

〈표 2〉 이 달의 열사[18]

	1월	2월	3월	4월	5월	6월	7월	8월	9월	10월	11월	12월
인원	27명 (6)	26명 (8)	32명 (14)	42명 (11)	55명 (37)	39명 (23)	27명 (13)	39명 (17)	33명 (11)	27명 (7)	36명 (12)	29명 (12)

열사를 기리는 노제를 지내고 묘역으로 향하는 장례투쟁은 공개적인 의례가 가능해지는 1987년부터 진행되었다. 장례투쟁은 열사들 가운데 특히 광주 망월동 묘지에 묻히는 경우에 격렬하게 전개되었으며, 또한 열사의 사망 장소가 서울인 경우에는 서울과 광주를 중심으로 장례투쟁이 전국적으로 확산되는 양상을 보였다. 1980년대의 장례투쟁은 망월동 묘지를 기준으로 1987년 6월 항쟁의 이한열 열사부터 1991년 5월 투쟁의 강경대 열사 등을 포함해 5년여 동안 17회 진행되었으며,[19] 1991년 5월 투쟁 이후 문민정부(1993~1997년)와 국민정부(1998

18 민주노총 열사추모 홈페이지(yolsa.nodong.org)에서 재구성. 괄호 안의 숫자는 1980년에서 1991년 사이에 사망한 열사들의 인원수이다.

19 1987~1996년 광주에서 개최된 노제 현황에 대해서는 정호기, 「지배와 저항, 그리고 도시 공간의 사회사—충장로, 금남로를 중심으로」, 『현대사회과학연구』 7권 1집, 전남대 사회과학연구소, 1996, 265쪽 참조.

~2012년)를 거치며 사라진다. 이와 같은 장례투쟁은 "국가권력의 폭력성을 폭로하는 기능을 갖고 있었을 뿐 아니라, 희생자 개인을 '열사'로, 광주를 '민주성지'로 재구성하는 상징적 의례였다. 죽음은 가족적 의미를 넘어서서 사회적인 것으로, 나아가서는 민족적인 것으로 간주되어 장례의식이 학교장이나 사회장의 형태"로 진행되었다.[20]

하지만 열사들의 죽음과 장례투쟁은 그 자체가 고통스런 슬픔일 수밖에 없었다. 예컨대 김진균은 장례위원이 될 때마다 소름이 끼쳤다고 고백한다.

> 80년대에 배운 것이 있다면 열사라고 이름 부치는 사람들의 역사적 의의를 계승하기 위해서는 민민운동진영에서 '장례'도 하나의 투쟁이라고 인식하고 이것을 역사의 정사正史에 올려놓고자 하는 운동이다. (…중략…) 그렇지만 생각해보라. 아무리 장례가 엄숙하고 장엄하다고 해도 분신은 해서는 안 될 일이다. 한국사회가 사람 목숨을 이렇게 가볍게 대접하는가? 살아 있어서 절규하는 이야기를 왜 귀담아 들으려고 하지 않는가? 우리나라가 어느 지경까지 추락하고자 하는 것인가? 내가 장례위원 명단에 들어갈 때마다 소름이 끼치는 것은 이런 연유에서이다.[21]

1987년 이후에도 열사들에 대한 공개적인 사회적 애도의 의례는 투쟁 없이는 성사될 수 없었으며, 그로 인해 장례와 투쟁의 결합이라는 기묘한 형식이 만들어졌다. 하지만 열사의 시신을 모신 관을 운구하

---

20 정근식, 앞의 글, 447쪽. 1997년 5·18이 국가기념일로 지정된 이후의 추모의례에 관해서는 정호기, 「저항의례의 국가화와 계승 담론의 정치－5·18민중항쟁의 추모의례」, 『경제와 사회』 통권 76호, 2007 겨울 참조.

21 김진균, 「장례위원 명단이 신문 광고에 나올 때마다 소름이 끼친다」(2003), 『불나비처럼』, 문화과학사, 2005, 251~252쪽.

며 상심한 유가족들과 함께 공권력과 대립하는 풍경은 비감과 분노를 증폭시켰다. 1980년대에 국가폭력에 의한 죽음을 정치적으로 애도하려는 사람들과 애도를 막으려는 자들 사이의 대립은 일상적인 극심한 긴장감을 초래했고, 이 과정에서 점점 늘어가는 열사들의 숫자는 쉽게 견디기 어려운 고통스런 슬픔으로 깊게 새겨질 수밖에 없었다.

3. 정치 주체의 감성 – 열사의 유서

1980년대 운동사회에서 스스로 죽음을 선택한 사람들의 감성은 무엇이었을까? 부족하나마 열사들이 남긴 유서를 통해 그 일부를 재구성하는 일은 가능할 것이다. 1980년 5월 27일 광주에서 '최후의 항전'이 진압되고 곧바로 5월 30일 서강대 김의기가 투신하고 6월 9일 노동자 김종태가 분신하는 사건이 연이어 일어났다. "동포여, 우리는 지금 무엇을 하고 있는가"라고 외친 김의기처럼, 김종태의 유서도 5·18학살을 자행한 전두환 정부에 대한 준엄한 비판과 죽임을 당한 이들에 대한 애도의 마음을 보여준다.[22]

> 국민의 의사를 몽둥이로 진압하려다 실패하자 칼과 총으로 진압하면서 그 책임을 순전히 불순세력의 유언비어 운운하며 국민을 기만하고 우롱하고 있습니다. 국민들이 계엄철폐를 주장하면 계엄을 더 확대시키고 과도기간 단축을 요구하면 더욱 늘리려고 혈안이 되어 있으면서 학생들에게는

22 이하 유서들과 추모 자료집은 모두 '민주화운동기념사업회'의 오픈아카이브open archives(http://archives.kdemo.or.kr)에서 검색한 '열사유서' 문서사료에서 인용한다. 모든 강조는 인용자의 것이다.

자제와 대화를 호소한다니 정말, 정부에서 말하는 대화의 자세란 어떤 것인지 궁금하기만 합니다. 안보를 그렇게 강조하면서도 계엄령 확대와 시민의 감시 등을 하기 위해서 전방의 병력들을 빼돌려 서울로 집결시키는 조치는 정말 이해가 안 갑니다. 사리사욕이라는 것이 그렇게 무서운 것인가를 새삼 느꼈으며 권력이 그렇게도 잡고 싶은 것인 줄 새삼 느꼈습니다. 한마디로 한국 국민들을 무시하고 있습니다. 국민의 저력을 우습게 보고 있는 저들에게 따끔한 경고를 해주고 싶습니다. 독재자 박정희의 말로가 어떻게 끝났는가 하는 물음을 던지고 싶습니다. 내 작은 몸둥이를 불사질러 국민 몇 사람이라도 용기를 얻을 수 있게 된다면 저는 몸을 던지겠습니다. **내 작은 몸둥이를 불사질러 광주 시민·학생들의 의로운 넋을 위로 해드리고 싶습니다. 아무 댓가 없이 이 민족을 위하여 몸을 던진다는 생각은 해보지 않았습니다. 너무 과분한, 너무 거룩한 말이기에 가까이 할 수도 없지만 도저히 이 의분을 진정할 힘이 없어 몸을 던집니다.**

— 김종태(노동자, 1980년 6월 9일, 분신)의 유서(전문)

김종태는 국민을 강압하고 기만하는 독재권력을 비판하면서 광주의 "의로운 넋을 위로"하기 위해 "민족을 위하여 몸을 던진다"고 썼다. 또한 그럼에도 그것은 "너무 과분한, 너무 거룩한 말"이라고 함으로써 노동자라는 자신의 신분과 크게 대비시키고 있다. 이와 같은 대비는 1984년에 농약으로 자살한 대학생의 유서에서도 마찬가지로 나타난다.

나는 이제 사라진다 / 고통은 이제 그만이다 / 그러나 진리에 젖은 나를 너무 슬퍼하지 마라 / 슬픔은 기쁨을 낳는 것 / 고통은 진실을 수반한다 / 태연하게 죽어가는 나를 보고 너무 괴로워하지 마라 / 아! 무언가 괴로운

> 슬픔이여 / 정의로운 존재는 가냘픈 기억들을 낳고 / 고생스러운 슬픔은 정의를 낳는다 / 그러나 우리는 살아 남아야 한다 / 자기 자신을 위해서가 아니라 타인을 위해 살아 남아야 한다 / 나는 바보와 같이 죽는다 / 그것도 농약으로 자살한다 / **다른 삶의 유혹에 넘어가지 않기 위해 슬픔을 지워버린다 / 저들이 간악스런 고통을 행하기 전에 나는 사라져버린다** / (…중략…) 혁명은 소리쳐야 하는 것 / 진실한 혁명은 자기로부터 일어나야 하는 것 / 고립된 자아로부터 벗어나라 / 나는 나 자신을 사랑하기에 죽는다 / 그렇지만 나는 나 자신을 사랑하기에 앞서 다른 사람을 사랑한다 / 그러기에 더욱더 죽을 결심을 한다.
>
> — 김준호(전북대 철학과, 1984년 12월 7일, 음독)의 유서(부분)

이 유서의 주요 언어는 고통, 슬픔, 진리, 진실, 정의, 사랑 등이다. "다른 삶의 유혹에 넘어가지 않기 위해", "저들이 간악스런 고통을 행하기 전에"라는 말은 진리와 정의를 추구하는 삶을 살고 싶은 마음과, 현실 속에서 그렇게 살지 못하도록 하는 유혹 사이에서 심각한 고통과 슬픔을 겪는 주체의 내면을 드러내고 있다. 이와 같은 실존적 갈림길의 구도에서는 진리와 정의가 강렬해질수록 그에 미치지 못하는 자아에 대한 비난과 자책으로 나아가기 쉽다. 또 다른 대학생의 유서는 민중의 아픔을 함께 하지 못하는 자신의 안일한 삶을 스스로 "역겹다"라고까지 표현하고 있다.

> "이 땅의 백성들이 자신들의 최소 생활 유지를 위한 몸짓마저 모두 빼앗긴 채 죽어가고 있다. 이 한반도에는 외국 자본에 의해 더 이상 자립경제가 발 붙일 곳이 없어져 가고 있다"라고 하면서도 **민중의 아픔, 나의 본질적인 억압을 멀리하려고, 무관심한 나의 안일이 역겹다.** 점점 민중들 그 의미도

잘 모르지만 그들과 함께 하길 꺼려하는 나의 모습을 더 이상 지켜보고 싶지 않아서 가장 못난 길을 택하고 만다. 갈 수밖에 없는 나약함에 서글퍼하면서.

—박선영(서울교대 수학교육과, 1987년 2월 20일, 의사縊死의 유서(부분)

박선영은 자신이 학생운동에 참여할 경우 교육공무원인 아버지에게 직접적인 불이익이 가해지고 가족들에게 불행이 닥칠 것을 염려했고, 이 때문에 아이들을 가르치는 교사를 꿈꾸면서도 자신의 신념을 지키지 못하는 자신의 "나약함"을 "가식", "위선"으로 규정하며 괴로워했다. 그녀의 아버지는 추모집에서 이렇게 적고 있다. "선영이는 이 땅의 민주화와 억압당하는 민중과 함께 굳세게 살아야 한다는 신념과 가족들에 끼칠 영향에 대한 갈등 속에 뚜렷한 활동도 하지 못한 채 방황해왔던 것을 저는 그 애가 죽은 후에야 일기장에서 알았습니다. (…중략…) 용기 없고 소시민적인 공무원 아버지를 둔 탓에 선영이의 고귀한 순수한 영혼이 꽃을 피우지 못한 채 대학생활 2년 동안 그토록 고민했었다니, 무력한 아버지로서, 용기 없는 지식인으로서, 진실을 외면하는 위선적인 교사로서, 책임을 다하지 못한 기성세대로서 참으로 부끄럽고 욕되기 한량없습니다."[23]

1980년대에 이와 같은 대학생들의 고민은 상당히 일반적인 것이었다. 1986년 10월 28일에 일어난 '건대 사건'의 탄압과 왜곡에 항의하며 11월 5일에 분신·투신한 진성일(경성대 행정학과)은 유서에서 "10월 29일 서울에 있는 대학가 특히 건국대와 부산의 부산대 동아대 모두 민주를 위해 민중을 위해 투쟁하고 있는 시점에 우리 산대는 대동제나

23 박선영의 아버지, 「아버님의 글」, 『고 박선영 학우의 추모집—새벽에 다시 만나리』, 서울교육대학자율화추진위원회, 1987, 10~11쪽.

하면서 희열에 빠져 있었다 / 산대인이여 우린 똑같이 대한민국 대학생으로서 진실을 보고 외면하여서는 안 된다 / 똑같이 눈을 뜨고 진리를 위해 우리 싸우자 어떤 고통과 희생이 따르더라도 이 땅에 암흑을 모조리 몰아내자"고 썼다. 군사독재의 탄압에 맞서지 않는 것은 "진실을 보고 외면"하는 일이며, 수많은 이들이 죽음으로 내몰리는 정치적 상황에서 대동제를 하며 즐거워하는 것은 죄스러운 일로 여겨졌다. 진성일 열사의 3주기 자료집에는 그의 삶이 다음과 같이 기록되어 있다.

'글방산수'와 동아대 학우들과의 교류를 통해 인식을 심화시킨 진 열사는 이론에만 집착하는 나약한 지식인이 되기를 거부하고 가장 착취당하고 억압당하는 노동자계급의 편에 서서 자신을 재정립할 계기를 찾는다. 그는 노동자들의 임금인상투쟁을 담은 테이프를 듣기도 하고 이 문제에 대해 친구들과 토론도 벌였다. 그리하여 마침내 86년 초 동양고무 노동자에 대한 부당해고, 성폭행 소식을 접하고 자신의 안이하고 개인주의적인 생활 태도를 깊이 반성하고 "노동자들의 생활과 실태, 생각과 활동들을 배우고 함께 생활하면서 나의 역할이 무엇인지 알고 행하기 위해" 혈혈단신으로 공장생활을 결심하고 86년 7월 가출한다. 그는 가출하며 남긴 글에서 다음과 같이 말하고 있다. "아버님 용서하세요. **정의와 진리의 길이 저를 부르고 있습니다.** 평범하게 대학을 졸업하고 아버지가 알선해주시는 직장에 다니는 평범한 삶에는 만족할 수 없습니다. 어릴 때부터 **제 주변에서 호사스러운 생활을 보고 듣고 할 때마다 제 마음속에는 부유함 뒤에 숨어 있는 수많은 농민, 노동자, 고통받는 민중의 모습이 떠올랐습니다.** 저는 정의와 진리의 길을 따르렵니다. 아무리 고통스럽고 험난할지라도 끝까지 제 길을 걸어가겠습니다." 이는 껍데기를 벗고 자유와 민주, 평등의 참세상을 향해 새롭게 태어나는 한 젊은이의 양심선언이 아닐 수 없다. 하지만 그의 결심은 순탄하게 실행되지 못한다. 장남의, 안정과 행복을 버리고 형극의 길을 걷겠다는 결의에 대해 가족들은 그를 이해하지 못하고 그에게 심리적 부담만 가중시킨다. 하여 **공장에 들어가지 못한 채 가정으로 돌아오고만 그를 향해 '봉건적 가족주의'의 해독을 청산하지 못하였다고 비난할 수 있을까?**[24]

열사들처럼 죽음을 선택하지는 않을지라도, 민중의 삶과 학생운동을 고민하는 대다수 대학생들의 아픈 고민의 궤적은 이와 크게 다르지 않았을 것이다. "고통받는 민중"과 삶을 공유하는 "진리와 정의의 길"이 있었고, 이는 자신의 "호사스러운 생활"을 포기하고 "안정과 행복을 버리고 형극의 길을 걷겠다는 결의"를 요구하는 일이었다. 하지만 가족과 관계를 단절하는 것이 결코 쉬울 리가 없었다. 그럼에도 불구하고, 위의 기록은 "봉건적 가족주의의 해독을 청산하지 못하였다"는 비판이 운동사회에서 널리 행해지고 있었다는 것을 또한 간접적으로 시사하고 있다. 1980년대 운동사회의 분위기와 정서는 당시 대학생 활동가들이 자신에게 "보장된 비교적 안락한 미래"와 "자신에게 온갖 삶의 기대를 다 걸고 있는 부모님", "여태까지의 자신의 일상적인 삶"을 부정해야 한다는 것이었고, 이는 운동가요에서도 자신들의 투쟁 과정을 더욱 비장하게 느끼고 비극적으로 과장하게 했으며 "목 놓아 통곡하는 듯한 노래들, 어머니에 대한 죄책감의 표현 등은 바로 이러한 정서의 소산"이었다.[25] 열사의 유서에 담긴 감성은 죽음을 선택

24 애국 경성대 총학생회, 『진성일 열사 3주기 추모 자료집—불의 선언』, 1989, 19쪽.

25 이영미, 「노래로 본 80년대 학생운동」, 『말』, 1989.12, 166쪽. 지식인이 공산국가의 주역인 프롤레타리아가 아니면서도 이념과 신념을 갖고 공산주의를 실천할 때 직면하게 되는 멜랑콜리에 대해서는 노현주, 「코뮤니스트와 멜랑콜리—지식인 빨치산의 심리 기제에 관한 고찰」, 『한국문학이론과 비평』 57집, 2012 참조.

한 일부 개인들의 사적인 차원이 아니라, 1980년대 정치주체들을 규정하는 보편적인 맥락을 구성하고 있었던 것이다.

그러나 가족 관계를 부정하지 못하고 평범한 일상생활을 벗어나지 못할 때 정치 주체가 직면하는 감성은 자기 자신에 대한 자책과 미움이었다. 이는 대학생의 유서와 노동자의 유서에서 모두 찾아볼 수 있다.

> 척박한 땅, 한반도에서 태어나 인간을 사랑하고자 했던 한 인간이 조국통일을 염원하며 이 글을 드립니다. (…중략…) 진정한 언론자유의 활성화, 노동형제들의 민중생존권 싸움, 농민형제들의 뿌리 뽑힌 삶의 회복, 민족교육의 활성화, 등등 이루 헤아릴 수 없는 무수한 문제를 쌓아놓고 있는 현실 속에서 **지금 이 순간에도 무수한 우리의 형제들이 고통받고 있다는 현실은 차분한 삶을 살아가고자 하는 인간에게 더 이상의 자책만을 계속하게 할 수는 없었으며, 기성세대에 대한 처절한 반항과, 우리 후손에게 자랑스러운 소국을 남겨주어야 한다는 의무감만을 깊게 간직하게 했습니다.**
>
> — 조성만(서울대 화학과, 1988년 5월 15일, 할복 투신)의 유서(부분)

> 부모님 이 더러운 세상 먼저 하직하는 불초소생을 용서하여 주십시오. 경영자란 놈이 생각하는 것이 노동자 탄압과 자신의 명분을 위하여 살아간다면 노동자는 이 땅의 노예밖에 더 되겠습니까. 부모님 불초소생을 용서하여 주십시오. 이 못난 불초소생은 먼저 이 세상을 하직 하오니 부디 저 생각 마시고 독한 마음 잡수시고, 저의 못 다한 세상 살아가 주시기 바랍니다. 더러운 세상 더러운 자본가 더러운 경영인 **이 추잡한 세상에 태어난 나 자신이 너무나 미워 죽겠습니다.** 대동단결 대동투쟁 원직복직 임금인상 확실하게 이룩하자 노동자의 함성 승리를 위하여!
>
> — 이상모(대우조선 노동자, 1989년 5월 29일, 분신)의 유서(부분)

무수한 사회적 모순과 민중의 고통을 외면한 채 살아가는 것은 용기 있게 싸우지 못하는 스스로의 나약함에 대한 끊임없는 자책을 낳았고, 더러운 세상에 대한 분노는 도리어 나약한 자기 자신에 대한 미움으로 굴절되었다. 이와 같이 스스로를 향한 자책과 미움은 '새로운 세상'에 대한 열망이 클수록, 현실에서 고통받고 있는 사람들, 싸우다 죽어간 사람들에 대한 부끄러움과 죄책감이 강할수록 더욱 깊어질 수밖에 없었을 것이다. 물론 바로 이런 감성들은 1980년대 운동사회의 정치 주체들이 학생운동에 뛰어들고 노동운동에 참여하도록 하는 무시할 수 없는 요인이기도 했다. 하지만 수많은 열사들의 죽음을 사회적으로 애도할 수 없는 정치적 조건에서, 1980년대 운동사회의 정치 주체들은 거룩한 진리와 정의를 상징하는 죽은 자들의 세계와, 나약하고 비겁하게 일상에 안주하는 산 자들의 세계 사이에 끼어 있는 분열된 존재일 수밖에 없었다.

4. 애도의 정치와 멜랑콜리 주체

1980년대 운동사회에서는 죽은 자들을 애도하려는 노래들과 의례들이 주요 감성의 좌표를 형성하고 있었지만 궁극적으로 정상적인 애도는 불가능한 시대였다. 애도가 불가능하다는 것은 죽은 자들을 결코 떠나보낼 수 없다는 것을 의미했다. '운동권' 활동가들은 열사들의 삶과 투쟁을 이상화하며 '열사 문화'를 만들어갔고, 죽음으로 저항한 열사의 초상에 근접하지 못하는 삶을 부끄러워하며 자기 자신과 '동지'를 강하게 비판하는 경향을 강화시켰다.

일찍이 프로이트는 애도와 멜랑콜리가 사랑하는 사람이나 어떤 이상理想의 상실에 반응하는 두 가지 방식이라고 지적한 바 있다. 애도가 상실의 슬픔을 고통스럽게 극복함으로써 상실한 대상과 분리되고 결국 그 대상을 잊는 작업이라면, 애도가 실패할 경우 나타나는 멜랑콜리의 주요 특징은 "심각할 정도로 고통스러운 낙심, 외부 세계에 대한 관심의 중단, 사랑할 수 있는 능력의 상실, 모든 행동의 억제, 그리고 자신을 비난하고 자신에게 욕설을 퍼부을 정도로 자기 비하감을 느끼면서 급기야는 자신을 누가 처벌해주었으면 하는 징벌에 대한 망상적 기대를 갖는 것" 등이며, 그 가운데 특히 애도와 구별되는 멜랑콜리의 결정적인 차별성은 "자애심自愛心의 추락"이다.[26]

요컨대 멜랑콜리의 가장 중요한 특징은 자책과 자기 비난을 동반하는 "자존감의 저하"에 있다.[27] 멜랑콜리 환자는 자책과 자기 비난을 쏟아내며 스스로 쓸모없고 하찮은 존재라고 여긴다. 이와 같은 자기 비난은 사랑하는 대상이 자신을 떠났다는 원망과 분노가 자신에게 향하는 것이며, 이는 멜랑콜리 환자가 상실한 대상과 스스로를 동일시하기 때문에 나타나는, 자신에게 내화된 상실한 대상에 대한 비난이다. 멜랑콜리 환자는 잃어버린 대상의 시선으로 세상을 바라보려 노력하고, 상실한 대상이 하던 일을 이어받아 수행하기도 하면서 제대로 일처리를 하지 못하는 자신의 무능을 탓한다. 애도 작업이 상실한 대상

---

26 지그문트 프로이트, 「슬픔과 우울증」, 윤희기·박찬부 역, 『정신분석학의 근본 개념』, 열린책들, 2003, 244~245쪽. 애도Trauer는 단순히 슬픔이나 슬픈 감정이 아니라 상실한 대상에 대한 슬픔을 처리하는 의식적인 작업과 고통을 견디는 과정을 함의하고 있으며, 멜랑콜리melancholie는 오늘날 일상적으로 사용하는 용어인 우울증depression과 다르다. 일상어가 된 우울증은 대체로 제약회사의 정신 치료약에 표시되어 있는 기분, 식욕, 수면 등과 관련된 복합적인 증상이다. 김석, 「애도의 부재와 욕망의 좌절」, 『민주주의와 인권』 제12권 1호, 2012, 60쪽; 대리언 리더, 우달임 역, 『우리는 왜 우울할까』, 동녘, 2011, 20~25쪽.

27 대리언 리더, 위의 책, 43쪽.

과 분리되는 것이라면, 멜랑콜리는 오히려 상실한 대상과 동일시하면서 그 속에 함몰되는 것이다.[28]

앞서 살펴본 것처럼, 1980년대 운동사회의 정치 주체들은 사회적 애도가 불가능한 정치적 조건에서 독재 체제에 저항하다 죽어간 자들의 뜻을 받들어 정의와 진리의 길을 추구하려 분투하면서, 편리한 일상생활에 젖어 민중의 아픔과 고통을 함께 나누지 못한다고 여겨지는 순간마다 스스로를 채찍질하며 자책하고 비판했고, 때로는 스스로 죽음을 선택함으로써 죽어간 자들을 뒤따르기도 했다. 이런 맥락에서 1980년대의 정치 주체를 애도에 실패한 멜랑콜리 주체라고 명명할 수 있을 것이다. 멜랑콜리 주체들은 슬픔, 비감, 스스로를 향한 비난과 미움이 불가피하게 작동하는 감성의 세계 속에서 실존의 고뇌를 감수하며 민주주의를 열망했다. 그들은 사회적 애도를 실행하지 못한 상황에서 죽은 자들을 떠나보낼 수 없었고, 그런 만큼 '살아남은 자의 슬픔'을 간직한 채 강력하게 저항할 수 있는 주체가 되고자 했지만, 현실적으로는 살아 있으면서 이상적인 열사의 상을 체현하는 것 또한 불가능한 일이었다. 이 때문에 멜랑콜리 주체는 "죽은 자의 세계와 산 자의 세계라는 두 세계에 끼어 있"을 수밖에 없고, 이 분열된 존재는 일상생활을 진리와 정의가 함께 하는 죽은 자들의 세계와 달리 "텅빈 껍데기, 그저 환영에 불과한 가짜, 실체가 없는 그림자"로 감각한다.[29]

멜랑콜리 주체라는 개념은 1980년대 정치 주체들이 정신분석학적인 병리적 상태에 빠져 있었다고 주장하기 위한 것이 아니다. 그것은 죽은 자를 대하는 관점과 태도에 내재된 어떤 곤경을 보여준다. 멜랑콜리 주체는 1980년대 애도를 금지하는 지배적 감각 체계에 대항하여

---

28 위의 책, 59~61쪽.
29 위의 책, 202~203쪽.

죽은 자들을 위해 노래하고 그들이 남긴 정신을 뒤쫓고자 했다. 그것은 한편으로 애도의 일부였지만, 다른 한편으로는 역설적으로 죽은 자들을 떼어내고 망각하는 애도 작업에 반反하는 일이기도 했다. 5·18 항쟁에서 학살당한 사람들과 독재 체제에 저항하며 죽어간 열사들을 애도해야 하지만, 동시에 그들은 결코 잊어서는 안 되는 존재였던 것이다. 이런 의미에서 보자면, 1980년대 운동사회의 '열사 문화'에서 애도는 결코 용납될 수 없는 행위였다. 예컨대 잊혀진 역사를 복원해야 한다는 취지의 '기억투쟁'은 망자를 잊지 말아야 한다는 것을 분명하게 제시한다. 1980년대 운동사회에는 "애도란 일종의 배신"이고, 멜랑콜리 주체는 "상실한 대상에 대한 자신의 애착을 포기하기를 거부하면서 그 곁을 충실하게 지킨다"라는 입장이 복잡하게 얽혀 있었다.[30] 학살을 자행한 독재자들에 대항하기 위해 죽은 자들과 함께 싸운다는 것은 분명히 진보적인 실천이었지만, 때로는 열사들을 과도하게 '영웅'으로 포장하거나 운동의 대의를 정당화하는 숭고한 대상sublime subject으로 격상시킴으로써 운동조직 내부의 차이와 모순을 직시하지 못하게 하는 효과를 발휘하기도 했다.[31] 이에 대한 일종의 '반격'으로서

30 슬라보예 지젝, 한보희 역, 『전체주의가 어쨌다구?』, 새물결, 2008, 218쪽. 지젝은 멜랑콜리 주체의 이와 같은 충실성이 실제로는 애도를 거부하고 상실한 대상에 집착하는 것이 아니라, 오히려 충실성의 외양 속에서 대상의 상실을 가장함으로써 본래 결여 되어 있던 대상의 소유권을 주장하는 책략("마치 이전에 갖고 있었는데 나중에 잃어버리기라도 한 것처럼")이라고 비판한다. 예컨대 자본주의에 의해 파괴된 목가적인 농촌 공동체를 슬퍼하고 찬미하는 행위는 본래 수탈과 착취 없는 농촌 공동체가 실존하지 않았다는 사실을 은폐하고, 또한 그것은 이미 상실되었으므로 계속해서 자본주의 체제에서 살아가는 것이 불가피하다는 이데올로기를 정당화한다. 멜랑콜리 주체는 구성적인 결여를 상실로 착각하고 기만한다.

31 김원은 열사의 죽음과 그에 대한 '영웅 신화'가 적(국가와 자본)과 동지의 적대감을 강화함으로써 전사와 투사라는 남성적인 집단적 정체성을 확립하고, 대항폭력과 같은 극단적인 폭력의 사용이 내재하는 정치적 실천으로 분출했다고 설명한다. 김원, 「전태일 분신과 '노동열사'의 탄생」, 『역사학연구소 전태일 40주년 심포지엄』, 2010 참조. 반폭력의 정치에 입각한 대항폭력의 비판에 대해서는 김정한, 「폭력과 저항」, 『1980 대중 봉기

1990년대에 포스트 담론이 조직이 아니라 개인을, 대의가 아니라 욕망을, 비장한 슬픔이 아니라 기쁨과 쾌락의 향유를 강조하는 데 활용되었던 것은 우연이 아니다.

'열사 문화'를 구성했던 운동사회가 죽은 자들에 대한 양가적인 관점과 태도 사이에서 동요하면서 애도를 거부하거나 주변화한 멜랑콜리 주체의 감성 세계로 접근하는 곤경에 직면했다면, 오늘날 필요한 것은 멜랑콜리 주체를 애도의 주체로 전환시키고 진정한 애도의 정치를 수행하는 일이다. 여기서 우선 주목해야 할 것은 사회적 애도라는 문제이다. 애도는 결코 개인적인 차원에서 완수될 수 없다. 사회적 애도는 공동체적인 의례를 통해 죽은 자를 상징계(또는 상징 질서)에 등록하는 것이다. 이는 죽은 자를 상징계의 공간에 자리하게 함으로써 망자와 거리를 둘 수 있게 하고, 또한 죽음과 직접 관련이 없는 이들도 상실을 함께 슬퍼하면서 자신이 겪은 상실과 슬픔을 반추할 수 있게 한다. 이런 점에서 사회적 애도는 "애도 간의 대화"이고 '한 사람의 애도와 다른 사람의 애도 간의 연결'이다.[32] 사회적 애도는 죽음을 사회적으로 공유하고 타인과 함께 상실을 승인하는 것이며, 죽음을 상징화하는 작업을 통해 망자의 죽음이 갖는 의미에 관해 사유하기 시작할 수 있다. 이와 같은 사회적 애도는 또한 죽음의 등록에 의해 상징계를 변화시키는 효과를 갖는다.

하지만 애도의 정치는 사회적 애도에 국한되지 않는다. 어떤 애도

의 민주주의』, 소명출판, 2013 참조. 천정환은 열사라는 호칭이 과용되거나 모호하게 사용되어 왔으며, 2000년대 신자유주의적 노동 현실에서 열사의 죽음은 더 이상 사회적 반향을 획득하지 못함으로써 1970~80년대와 같은 '열사의 정치'는 사실상 불가능해졌다고 지적한다. 천정환, 「열사의 정치학과 그 전환—2000년대 노동자의 죽음을 중심으로」, 『문화과학』 통권 74호, 2013 여름 참조.

32 대리언 리더, 앞의 책, 92·95쪽.

도 결코 온전하게 성공할 수 없기 때문이다. 사실 애도 작업이 이루어진다고 해서 죽은 자와 완전히 분리되는 일은 가능하지 않다. 또한 "성공적인 애도는 죽은 자와의 완전한 분리를 의미하고 타자의 타자성을 제거한다는 의미에서 타자에 대한 심각한 (상징적) 폭력을 함축"한다.[33] 따라서 적절한 애도는 완수할 수 없는 애도이며, 오히려 애도는 불가능한 것이다.[34] 애도의 정치는 타자로부터 완전히 벗어나는 것이 아니다. "우리는 언제나 (죽은 혹은 살아 있는) 타자와의 관계 속에 놓여 있"기 때문이다.[35] 이는 타자와 어떤 관계를 맺을 것인가 하는 물음을 제기한다. "중요한 것은 타자의 타자성을 어떻게 존중할 것인가의 문제", "타자와 어떻게 정의로운 관계를 맺을 것인가의 문제"이다.[36] 애도의 정치는 죽은 자에 대한 사회적 애도와 더불어 타자와 마주하고 관계하는 양식을 전환시키는 일이다. 이를 '애도 간의 대화'에 기반한 새로운 연대라고 부를 수도 있을 것이다.

1980년대 운동사회의 정치 주체들은 5·18광주항쟁에서 일어난 학살을 목도하며 살아남은 자의 슬픔과 부끄러움, 죄책감을 느끼고 군부독재에 저항하는 민주주의 혁명을 꿈꾸었다. 부끄러움과 죄책감은

---

33 진태원, 「용어해설-애도작업」, 자크 데리다, 『법의 힘』, 문학과지성사, 2004, 194쪽.

34 "애도가 완전히 성공하기 위해서는, 우리가 해당되는 타자의 상실을 극복할 수 있어야 한다. 그러나 만일 우리가 그, 그녀(의 죽음)을 극복할 수 있다면, 애도 속에서 무엇인가가 실패해버린 것처럼 보인다. 하나의 죽음(에 대한 슬픔)으로부터의 쉬운 회복이 어떻게 그 죽은 사람에 대한 배신처럼 느껴지는가를 생각해보라. 이런 관점에서 진정으로 적절한 애도는 우리가 완수할 수 없는 그런 애도일 것이다. 데리다는 만일 애도에 성공하게 되면 그것은 실패하는 것이고, 그것은 성공하기 위해서 반드시 실패해야만 하는 것이라고 주장한다. 이런 의미에서 애도는 불가능한 것이다." 페넬로페 도이처, 변성찬 역, 『데리다』, 웅진지식하우스, 2007, 129쪽. 데리다의 애도 개념으로 의문사 유가족의 진상규명운동을 분석한 논의로는 정원옥, 「의문사 유가족의 애도 전략-유령과 함께 살기」, 『민주주의와 인권』 제12권 3호, 2012 참조.

35 페넬로페 도이처, 위의 책, 130쪽.

36 진태원, 앞의 글, 194쪽.

광주의 학살을 자신의 책임으로 떠맡는, 자신의 나약하고 타협적인 삶 때문에 일어난 것이라고 승인하는 주체적인 행위를 통해 새로운 정치의 공간을 창출했다.[37] 하지만 열사들을 애도하지 못하는 정치적 조건에서 정치 주체들은 진리와 정의를 실천하지 못하는 스스로를 자책하고 비판하는 멜랑콜리 주체로 나아갈 수밖에 없었다. 오늘날 우리는 1980년대의 '열사 문화'를 넘어서 죽은 자들과 관계를 맺는 다른 길을 모색해야 한다. 그것은 멜랑콜리 주체에서 벗어나는 진정한 애도의 정치를 통해 상징계를 전환시키는 것이며, 지배적인 감성체계만이 아니라 그에 대항하는 운동사회의 감성까지도 변화시켜야 한다는 과제를 제기한다. 이를 랑시에르의 어법을 따라서 '감성 혁명'이라고 해도 무방할 것이다.

37 주어진 '사물'을 자신의 '작품'으로 정립하는 것, 주어진 현실을 자신의 책임으로 받아들이는 것은 탁월한 주체화의 몸짓이다. 여기서 주체는 실제로 어떤 실천 행위를 한 것은 아니지만, 잘못된 현실에 대해 책임을 떠맡는 순수하게 형식적인 몸짓을 통해서 상징계의 좌표를 변화시킨다. 슬라보예 지젝, 이수련 역, 『이데올로기라는 숭고한 대상』, 인간사랑, 2001, 364~365쪽.

1980년대 운동권에 대한 기억과 진보의 감성

김영현, 박일문, 공지영의 90년대 소설을 중심으로

조윤정

1. 10년 주기의 역사와 문학에 대하여

역사는 어느 순간부터 10년을 주기로 물갈이 되는 것처럼 여겨지게 되었다. 과거를 이런 관점에서 바라보게 되자, 역사는 한 세대가 이루어낸 과감한 전진이 다음 세대에 가서는 내팽개쳐지는 문화적 유행의 전개로 축소되어 버렸다. '1990년대 후일담문학'이란 용어에서 1980년대와 그 시대를 기억하는 1990년대라는 의미를 넘어 1980년대를 과거의 것으로 치부하는 1990년대의 의식을 읽어내는 관점에도 그와 같은 시간의식이 깃들어 있다. 기실 후일담문학에 대한 폐기론[1]은 '후일담'에 묻어 있는 과거에 대한 환멸과 상실감이 80년대 투쟁에 깃든 이념, 작가들의 글쓰기와 실존적 고민들을 무화시켜버릴지 모른다는 불

1 이명원, 「'후일담'이라는 용어를 폐기하자」, 『마음이 소금밭인데 오랜만에 도서관에 갔다』, 새움, 2014, 223~226쪽; 방현석, 「청산과 전향에서 일탈과 몽상까지」, 『말』 137호, 월간말, 1997, 145쪽.

안감에 근거한다.

이 글은 그에 깃든 당대 비평가들의 시대적 고민과 문학의 정치성에 대한 자의식을 인정하는 가운데 '후일담'이란 용어를 지양하며 논의를 전개한다. 거기에는 크게 세 가지 문제의식이 개입되어 있다. 하나는 후일담문학이라는 것이 전적으로 80년대를 향한 것일 수만은 없다는 판단에 근거한다. 또한, 앞서 말한 것처럼 후일담문학이라는 용어에 이미 80년대에 대해 단절을 선언하고자 하는 역사의식이 개입되어 있다고 생각했기 때문이다. 마지막으로 80년대 운동권을 회고하는 1990년대 작가들이 과거에 대해 현재 느끼는 '환멸', '상실감', '허무감'이야말로 그들 서사를 추인하고 80년대의 운동권에 대한 리얼리티를 확보하는 원동력이라고 판단했기 때문이다. 오히려 80년대를 기억하는 1990년대 소설이 보여주는 그와 같은 감정의 강도야말로, 80년대적 현실 속에서 개인이나 집단이 진보에의 열망을 가질 수 있었던 원인을 가늠해볼 수 있는 경로가 된다. 90년대의 현실을 살아가며, 내가 느끼는 상실감의 크기가 역으로 80년대를 지나오며 내가 잃어버린 투쟁의 당위성과 진보에 대한 이념적 강렬함을 증거한다는 데에 80년대를 기억하는 소설의 역설이 자리한다.

'진보'는 역사의 어떤 특징이 아닌, 현재에 대한 확신을 의미한다. 앞으로 나아가고 있다는 유일한 '증거'는 기억과 상상력의 작용이다. 우리가 확신을 가지고 있는지 아닌지에 따라 과거를 기억하고 미래를 상상하는 두 작용은 결합되거나 분리된다.[2] "진보 개념에서 공적인 성격이 빠져 나가고 사적인 것이 남게"[3] 된 현실에서 90년대 작가들은 미래를 상상하기보다는, 집단적 차원에서 개선을 기획할 수 있었던

---

2 Zygmunt Bauman, 이일수 역, 『액체근대』, 강, 2009, 214~215쪽.
3 위의 책, 219쪽.

과거를 기억하는 일에 몰두한다. 여기에는 '과거를 기억하는' 현재에 대한 믿음, 자신의 사회적 정체성을 선택하는 일의 위험을 감수하는 주체성이 전제되어 있다. 그러므로 '진보'는 자기세대에 대한 연민과 통합의 정신을 매개로 시대적 열망과 개인의 자유의지가 상호작용하여 갱신되는 상태로 받아들여질 필요가 있다.

그럼에도 불구하고 80년대 운동권을 그린 소설들은 감상성과 상투성 등의 비판을 받으며 '청산'되어야 할 것이라는 오명을 쓰고 사라져간 것처럼 보인다. 실제로 김영현은 한 인터뷰에서 자신의 세대를 로스트 제너레이션(잃어버린 세대)이라 말하며, 자기 세대의 문학이 '후일담 문학'으로 치부되면서 '청산의 대상'이 되어버린 데 대한 상처를 드러낸 바 있다.[4] 그러나 80년대의 사상적 열정이나 세계에 대한 전복의 파토스는 한꺼번에 사라질 수 없으며, 사상의 퇴장 뒤에 그 전에는 없던 일상이나 감성이 갑자기 등장할 수도 없다. 오히려 우리에게 80년대 혹은 386세대는 진보의 감성이라는 차원에서 기억되어 그 어떤 세대보다 깊이 각인되어 있다.

김영현이 자기 세대나 문학이 상실되었다고 말하기에 앞서 그들 세대가 찾지 못했다고 하는 그 세대의 감수성이 어쩌면 '상실'은 아니었던가 하는 질문을 던져볼 수 있다. 80년대 대학을 다녔던 학생들의 1학년 1학기 리포트 모음집의 형태를 가진 『386세대, 그 빛과 그늘』[5]이라는 책에서 대부분의 글들이 자기반성과 정치적 부채감으로 점철되어 있는 것도 같은 맥락에서 이해할 수 있다. 김영현과 공지영, 박일문은 1980년대의 노동문학들처럼 실천 운동을 제창하고 그 싸움에서 승리를 낙관하며 격려하기보다는 그 싸움에서 상처받은 사람들의 '아픔'

---

4 김영현, 「리얼리즘 문학의 정통을 살려야 합니다」, 『말』 256호, 월간말, 2007, 146쪽.
5 한상진 편, 『386세대의 빛과 그늘』, 문학사상사, 2003.

을 이야기한다. 김영현의 소설이 갖는 그와 같은 특징에 대해 김명인, 권성우, 강진호는 "사회 변혁 운동의 정서", "섬세한 내면의 풍경과 심리적인 복합성"을 주장이 아닌 예술로 승화한 성과라 언급했다.[6] 그리고 김병익은 그것을 "내면적 리얼리즘"이라 명명했다.[7] 80년대를 그린 공지영의 소설은 설교나 설명의 언어가 아닌 "감각의 언어"라는 점에서 주목받았다.[8] 박일문의 소설 역시 순수하고 치열한 젊음의 방황과 고뇌를 그리는 "진정성"과 "감동의 정도"[9]에서 그 중요성이 언급되었다.

그러므로 1990년대 후일담 소설은 그 용어나 서사형식에 대한 폐기를 선언하기에 앞서 그것이 담고 있는 환멸과 상실감의 근원을 묻는 방식으로 전개될 필요가 있다. 80년대를 물들였던 정치사회적 변화에의 열망이 감성의 차원에서 수용되고 반응되었던 것임에도 불구하고, 여태껏 우리는 소설을 통해 운동의 끝자락에 놓인 좌절감만을 문제 삼고 있었는지 모르기 때문이다. '87년 체제'는 단순한 정치체제가 아니라 그 체제를 살아가는 사람들이 공유하던 가치의 체제, 희망의 체제, 절망이나 눈물의 체제, 고통 혹은 쾌락의 체제 즉 '마음의 레짐'[10]이었다는 김홍중의 견해는 시사하는 바가 크다. 그의 논의에 비춰볼 때, 80년대 운동권에 관한 서사는 감성의 구조 속에 '처해진' 자신을 발견하

---

6 권성우, 「베를린, 전노협, 그리고 김영현」, 『문학과 사회』, 문학과지성사, 1990 봄, 263~264쪽; 권성우, 「김영현의 소설과 정남영의 비평문에 대한 열네 가지의 단상」, 『문학정신』 48, 열음사, 1990, 46쪽; 강진호, 「틈새와 공간 사이에 놓인 문학」, 『실천문학』 71, 실천문학사, 2003, 77쪽.

7 김병익, 「소설가는 왜 소설을 쓰는가」, 『문학과 사회』 14(4), 문학과지성사, 2001, 1677쪽.

8 김현숙, 「독자 앞에 던져진 화두」, 『서평문화』 15, 한국간행물윤리위원회, 1994, 42쪽.

9 이남호, 「현실 없는 젊음의 치열한 현실」, 『살아남은 자의 슬픔』, 민음사, 1992, 306쪽; 김홍중, 『마음의 사회학』, 문학동네, 2011, 19쪽.

10 김홍중, 앞의 책, 22쪽.

면서 '세계-안에-있음'[11]의 실상을 파악했던 주체들에 관한 이야기로 재독될 수 있기 때문이다.

1980년대를 회고하는 1990년대 소설을 말하기 위해서는, 두 가지 차원의 진정성을 염두에 둘 필요가 있다. 1980년대의 시대적 조건에 저항했던 세대의 감성과 그 시대를 회고하는 1990년대 작가의 글쓰기 윤리가 그것이다. 이 소설들에는 탈이념의 공간에서 문학은 윤리적이 됨으로써만 자신의 가치를 보존할 수 있다는 신념이 각인되어 있다. 작가들의 '기억하는 행위'는 기실 빠르게 변화해가는 90년대식 속도로부터 1980년대에 대한 '망각의 속도를 늦추는' 저항의 힘을 내포하고 있다. 속도가 가진 권력과 그것이 낳은 정체성 훼손에 대응하는 방식으로 작가들은 과거를 회고하고, 이전의 역사를 각인해놓는다. 1980년대 소설들이 지니고 있었던 진실 / 허위의 대립이 근본적으로 정치적이고 역사적인 것을 지향했다면, 1990년대 소설에서 이런 대립은 개인적인 차원을 포섭한다. 이 소설들에는 '사라져버린 것들', '이념 밖의 세계들', '말해질 수 없었던 것들', '아무도 알아주지 않는 익명의 존재들을 기억해주고 싶은 욕망', '불가능한 것에 대한 매달림', '여기 없는 것에 대한 그리움'과 같은 것들이 기입되어 있다.

90년대 '후일담 소설'에 대한 평가는 소설에 기입된 운동권에 대한 추억이 90년대에 대한 환멸과 냉소, 단순한 열정에의 집착, 치열한 자기반성의 부족 등 낭만적 관념성이 강하게 나타난다는 데에 집중되었다.[12] 이 때문에 초기의 소설들은 사실주의의 기율 부족과 운동권에

11 Martin Heidegger, 소광희 역, 『존재와 시간』, 경문사, 1995, 29절 참조.

12 김윤식, 「후일담 문학과 소설가 소설의 넘어서기론」, 『90년대 한국소설의 표정』, 서울대 출판부, 1994, 574~579쪽; 류보선, 「산문적 현실과 시적 대응」, 『오늘의 문예비평』 14, 오늘의문예비평, 1994, 203쪽; 임규찬 · 정과리 · 김형수 · 신승엽, 「오늘의 우리 문학, 무엇을 이루었나」, 『창작과 비평』 23(2), 창비, 1995, 33쪽; 박은태, 「공지영 소설 연

대한 협애한 시야를 벗어나지 못한 점에 대해 공격받았다.[13] 그것은 진보를 꿈꾸던 운동과 문학이 방향을 잃자 문학에서 "진지성을 의도적으로 방기하는" 흐름이 등장했다는 진단[14]에 힘입은 것이다. 그러나 그것은 역으로 우리가 문학을 향해 '진정성'[15]에 대해 자문하고 추궁할 수 있는 단초가 되었다. 또한, "공동체적 연대와 열정의 기억을 '신성한 기원'으로 재구성하면서 자본제적 현실을 상실의 현재로 낭만화하는 후일담 소설들의 관념적 양상이, 탈역사적이고 탈정치적인 개인 욕망의 서사와 하나의 거울상"[16]을 이룬다는 견해에 힘입어, 80년대와 90년대 소설은 문학사적 연속성을 획득했다.

실제로 진보적 긴장이 이완된 사회에서 진보 지식인들이 경험했을 정서적 황폐감과 상처는 역사에 대한 냉소와 허무주의, 좌절감을 증폭시켰다. 그러나 냉소와 환멸이란, '의미'나 '가치'의 소멸과 하락을 재고 평가할 수 있는 견고한 관념적 척도를 자기 안에 가지고 있는 자에게만 성립할 수 있는 것이다.[17] 그러므로 우리가 따져 물어야 할 것

구-후일담 소설의 전개 양상을 중심으로」, 『여성문학연구』 16, 한국여성문학학회, 2006, 429~430쪽; 박은태, 「1990년대 후일담 소설의 문학사적 연구」, 『한국문예비평연구』 26, 한국현대문예비평학회, 2008, 353쪽.

13 신경림·이시영·김영현·정남영, 「새로운 년대의 문학을 위하여」, 『창작과 비평』 18(3), 창비, 1990, 36~37쪽; 정남영, 「김영현 소설은 남한 문예운동의 미래인가, 과거인가」, 『노동해방문학』, 노동문학사, 1990, 159쪽; 정남영, 「김영현의 문학관을 전면비판한다」, 『말』 54, 월간말, 1990, 193~194쪽.
80년대 운동권에 대한 소설, 특히 김영현의 소설에 대한 당대 비평가의 부정적 평가는, 앞서 언급한 운동권 지식인의 '섬세한 내면 풍경과 심리적인 복합성'을 잘 드러냈다는 긍정적인 평가와 대립각을 형성하여, 이른바 '김영현 논쟁'을 촉발한다.

14 임규찬·정과리·김형수·신승엽, 앞의 글, 13쪽.

15 강상희, 「소설적 진정성과 현대성의 만남」, 『창작과 비평』 23(2), 창비, 1995, 425쪽.

16 정홍수, 「'이념의 시대'로부터 '2000년대 소설'까지」, 『문학과 사회』 100, 문학과지성사, 2012, 389쪽.

17 김영찬, 「2000년대, 한국문학을 위한 비판적 단상」, 『비평극장을 위한 유령들』, 창비, 2006, 65쪽.

은 이데올로기나 자아에 대한 집착이 '진정성'이나 '상실감'에 값할 수 있을 만큼의 철저한 자기 성찰과 탐구를 수반하고 있느냐이다. 또한, 역설적으로 그것들에 대한 집착이 자기 성찰과 탐구를 가로막은 것은 아니냐는 질문이 가능할 수 있다. 치열한 자아성찰은 자아의 존립을 간섭하고 탈구시키는 '바깥'에 대한 성찰을 포함하는 법이다. 그와 같은 관점에서 볼 때, 80년대를 기억하는 김영현과 공지영, 박일문의 90년대 소설은 그 바깥에 '과거'라는 타자를 설정한 것이라고 볼 수 있다.

이 글은 어떤 방식으로든 써야 한다는 욕망을 가진 인물을 내세워 과거를 기억하고 서사화했던 김영현, 공지영, 박일문의 소설을 분석의 대상으로 삼는다. 이를 통해 1980년대 운동권의 감성구조가 그 시대 진보의 정치성과 주체의 윤리, 세대의 역사성 획득의 문제와 연결되어 있음을 드러낼 것이다.

2. 혁명의 에너지로서의 슬픔과 공분公憤

80년대 운동권을 그린 소설들에는 '분노'의 파토스가 강하게 나타난다. 대학에 입학해서 함께 책을 읽고 토론하는 의식화의 과정에서 그들이 배우는 것은 사회를 향해 '분노하는 방법'이다. 소설들은 사회에 내재화된 분노가 외화될 수 있었던 경로를 보여준다. 작가들이 사적인 이익을 넘어 사회에 공분했던 시절을 그리는 것은 어떤 의미일까. 그것은 분명 그들이 과거를 기억하는 현재가 안고 있는 "불감증"과 연결되어 있다. "불감증의 시대에, 무감각, 무감동, 무지몽매, 무고하고 무뢰한 이 무서운 시대에"[18] 작가들은 '연대'의 가능성이었던 것들에 대해 사유한다. 세상을 합리적으로 바꿀 수 있다는 신념은 운동의 주체에게 열정이자 희망이었다. 혁명에 대한 열망은 슬퍼하고 분노하는 법을 일깨워주었다. 이처럼 운동에 헌사된 감성들은, 개인의 신체에 육박하는 현실의 위력을 방증하는 객관의 영역으로 받아들여질 필요가 있다.

> 아무리 강철 같은 신념을 가진 전사더라도, 그런 전사일수록 눈물이 많은 것이다. 눈물은 우리들의 생명이었다. 우리들의 활력이었다. 증오하고, 분노하고, 사랑하고, 결의하고, 맹세하고, 그리고 …… 뜨거운 눈물을 흘렸다. (…중략…) 수배, 체포, 투옥, 고문, 감금, 그 엄청난 시련의 날들이, 어찌 환상이었단 말인가. 뜨거운 눈물, 곱디고운 심성을 가지지 않고, 어떻게 해방의 아침을 향하여 걷는 한 발 한 발의 발걸음이 가능했더란 말인가.[19]

> 80년 광주, 그해 3, 4월. 자고 일어나면 아스팔트 위에 낙엽처럼 뒹굴던 수많은 호외, 호외들. 잦은 개각과 신군부의 음모. 그리고 피, 결국은 피를 불렀다. 나는 인구 230만의 보수적인 도시에서 무기력의 나날을 보내야 했다. 헤아릴 수 없는 통음과 비분강개, 그리고 눈물, 그리고 자책 그리고 부끄러움, 그것은 그야말로 '살아남은 자의 슬픔'이었다. 그리고 강제 징집, 155마일 휴전선, 원통 3년의 초병 생활, 잦은 전출, 보안대의 조직 사건 조작, 육군 감호소, 복학 후 성난 파도와도 같이 온몸으로 부딪혔던 치욕스러운 역사.[20]

---

18 박일문, 『살아남은 자의 슬픔』, 민음사, 1992, 135쪽.
19 위의 책, 80~81쪽.
20 위의 책, 111쪽.

박일문의 『살아남은 자의 슬픔』에서 '나'는 자신이 사랑한 라라의 죽음을 애도하고 디디의 자학을 기억하는 과정에서 자신의 과거를 반성한다. 라라와 디디는 각기 다른 인물이면서 하나의 인물이고 '나'의 분신이다. 작가는 '나'와 두 인물 사이의 관계를 통해 이념 과잉의 시대에 현실을 부정하는 방법으로 '운동', '자학', '구도'가 공존할 수 있음을 제시한다. 소설에서 분노를 포함한 다양한 감정과 도덕적 판단은 진정성이라는 하나의 체제를 구성하며, 그 체제는 다시 주체들을 생산하는 장치로 기능한다. 체제이자 장치로 이해된 '마음'은 그 나름의 '역사'를 갖는다.[21] 80년대 운동권을 기억하는 90년대 작가들은 자신들이 체험한 마음들을 하나의 '체제'로서 사유하기 시작한 것이고, 그것을 통해 역사책이나 신문기사에서는 은폐되기 쉬운 그 시대의 마음들을 '사실'로서 공론화한다. 그러므로 80년대의 슬픔과 분노에 대한 기억은 80년대의 소멸에 대한 개탄이나 90년대의 개인성에 대한 환멸로 지결되어서는 안된다. 작가들은 공분이 한 순간에 사라져버릴 수도 없으며, 그 잠재적 힘이 여전히 개개인의 마음에 각기 다른 방식으로 존재함을 암시하기 때문이다.

김영현의 소설 「벌레」는 5년간을 군대와 감옥에서 보낸 '나'가 감옥에서 경험했던 일들을 기억하며, 종종 '벌레'가 된 자신을 느끼는 증상을 고백하는 작품이다. 이것은 일종의 자기 분열이다. 작품에서 '나'는 자신이 그리 투쟁적인 인간이 아니라고 말하면서도 감옥에서 소리를 지르다 독방에 갇힌다. '통일주체국민회의'를 D데이로 정하고 일제히 구호를 외치고 저항을 하기로 한 날, 나는 같은 방 사람들의 외면에도 불구하고 구호를 외친다. 소설에는 '나'가 구호를 외치기 전에 느낀 감

21 김홍중, 앞의 책, 45쪽.

정들이 상세하게 묘사되어 있다. 콘크리트의 완강한 벽 속에 잠들어 있을 친구들을 떠올리며 느낀 '반가움'과 설움, 여기저기서 터져나오는 구호에 따라오는 '전율', 무술교도관의 투지 앞에서 소용돌이치는 '불안'. 그 모든 복잡한 감정들은 그가 구호를 외치는 순간 '희열감'과 '해방감'으로 변질된다.

> 드디어 나는 철창을 잡고 소리를 질러대기 시작했다.
>
> "유신헌법 철폐하라! 긴급조치 해제하라! 박정희는 물러가라!"
>
> 그 순간 나는 내 몸의 모든 세포가 활짝 열리는 것을 느꼈다. 기가 막힌 희열감이었다. 모든 세포의 솜털은 바늘처럼 솟아올랐고 알 수 없는 감동에 닭살이 돋아오르는 것이었다.
>
> 불안감은 순식간에 사라져버렸다. 대신 거대한 해방감이 파도처럼, 불길처럼 몰려오는 것이었다. (…중략…) 옆방 옆방으로 이어지는 그 소리들로 복도는 삽시간에 떠나갈 듯했다. 단단한 시멘트 벽에 부딪친 구호소리들은 미처 빠져나갈 구멍을 찾지 못해 왕왕 되울려왔다. 나는 그 순간 죽어버려도 좋다는 생각이 들었다. 몸의 무게가 하나도 느껴지지 않는 투명한 존재로 변해버린 듯한 느낌이었다.[22]

아주 짧은 순간 구호를 외치다 독방으로 끌려간 '나'는 혼자가 되자 '낭패감'과 '절망감'을 동시에 느낀다. 그러나 나는 홀로 된 감정에 골몰할 수 없는데, 독방에 갇혀서도 방성구를 입에 문 채 고통 속에서도 소리를 내는 '투쟁적인 친구들'의 존재를 깨닫기 때문이다. "인간의 비장한 가슴을 공명통으로 하여 울리는 그 소리는 각종의 감정들이 다 담

---

22 김영현, 「벌레」, 『깊은 강은 멀리 흐른다』, 실천문학사, 1990, 42쪽.

겨 있어서 듣는 사람에 따라 때로는 슬픔을, 때로는 분노를, 때로는 이상한 추억을, 때로는 공포감을 자아"낸다.[23] 타자가 보여주는 분노의 강렬함은 '나'에게 각성의 계기를 낳는다. 이와 같은 양상은 공지영의 「동트는 새벽」에서도 볼 수 있다. 자신이 대학생임을 속이고 노동자가 된 정화는 함께 일하는 순영과 우연히 시위 현장에 있다가 취조를 받게 된다. 아무것도 모르는 노동자라고 생각했던 순영이 "나는 이 부정선거와 끝까지 싸우겠다!"고 자술서를 쓴 사실을 안 순간, 정화는 "자신이 믿고 있던 것이, 제 머릿속의 얄팍한 관념뿐"이었음을 깨닫는다.

작가들은 공포와 분노가 저항의 힘이 되고, 그것이 해방감과 희열로 이어지는 순간만을 그리지 않는다. 김영현은 「벌레」에서 '나'가 요의尿意를 참지 못하고 모든 의지력을 풀어버린 순간, 한 마리의 '징그러운 벌레'가 되는 상황을 형상화한다. 그것은 나에게 매우 비참하고 괴로운 경험이지만 동시에 위안감을 안겨준다. 벌레가 된 '나'가 느끼는 이 감정은 '나'가 독방에 들어서기 전에 구호를 외치다 느끼는 감정들에 연결되어 있다. 내가 느꼈던 비장한 분노와 해방감은 독방에 갇힌 나에게 비참함과 고통의 크기를 배가한다. 김영현은 '나'의 입을 빌어, "우리 시대에는 많은 사람들이 각가지의 형태로 벌레가 되어버린 불유쾌한 기억을 가지고 살아가고 있을 것이다"라고 단언한다. 그리고 "이 글을 쓰면서 또다시 서서히 벌레로 변해가는 자신을 느끼고 있다"고 덧붙인다.[24] '나'의 고백에는 '불유쾌한 기억'을 더듬으며, 자신을 '느끼는' 일에 대해 두려워하지 않는 대담함이 깃들어 있다. 그것은 거듭되는 '벌레되기'의 경험을 통해 자기에 대해 무감해지려는 사람들에게 '감정의 주인이 될 것'을 선언하는 일이다.

---

23 위의 책, 42쪽.
24 위의 책, 51쪽.

작가들이 80년대를 반복적으로 기억하는 일은, 무감해져가는 자기 세대와 신세대의 감수성을 자극하는 일과 같다. 현실의 부정성을 드러내는 방법에는 철저한 자기 부정이 있는가 하면, 그것을 감행할 여지를 박탈당한 사람을 그리는 방법이 있다. 고문의 후유증으로 옥사한 인물들, 살아남았으나 정신병원에 감금되고, 감옥의 환각을 떨쳐내지 못하는 인물들이 그러하다. 작가는 이들을 죽음의 형상으로 그려내지만, 이들은 강렬한 슬픔과 분노를 낳는다. 공지영의 「인간에 대한 예의」에서 나에게 운동권 시절의 기억을 불러일으키는 강경대와 장기수 권오규, 공지영의 『고등어』와 김영현의 「그해 겨울로 날아간 종이비행기」에서 고문을 견디다 못해 정신을 잃은 은철과 인하 같은 인물이 그 예이다.

공지영은 투사가 겪었을 참혹함 보다는 살아남은 자가 그 일을 전해들은 후의 감정에 초점을 둔다. 거기에는 운동권으로부터 빠져나온 자의 죄책감이 개입한다. 공지영의 소설에는 자신의 과거를 표현할 수 없는 자를 '대신해서 쓴다'는 윤리의식이 나타난다. 「인간에 대한 예의」에서 '나'는 강경대의 이주기가 되는 날에 바람 속에서 '구슬프고 억울한 울음소리'를 듣는다. 그리고 70년대에 유인물과 화염병만으로 무기징역 선고를 받은 권오규에 대한 자료들을 읽으며 격세지감을 느낀다. 결국 '나'는 잡지사가 요청한 유명인 이민자에 대한 기사 대신 장기수 권오규의 일생에 대해 기사를 쓰기로 한다. '나'는 그 기사의 첫머리를 "여기, 시대와 역사와 인간에 대한 예의를 지켰던 한 사람이 있다"[25]라고 떠올린다. 이로써 '나'는 실패한 운동의 허점과 오류를 비판했던 과거와 달리, 옛 투사에게 '존경'을 표하고 그의 삶이 척박한 이

25 공지영, 「인간에 대한 예의」, 『인간에 대한 예의』, 창작과비평사, 1994, 96쪽.

시대의 '거름'이 될 수 있게 한다. 그와 같은 행위에는 과거 자신의 공포와 비겁함을 직시하고 인정하는 태도가 선행한다. 이때, 독자는 작가의 부채의식에 입각해서 투사의 삶에 애도를 표할 수 있게 된다.

이에 반해 김영현에게 중요한 것은 투사가 미쳐버릴 수밖에 없는 상황을 사실적으로 전달하는 데 있다. 그는 「그해 겨울로 날아간 종이비행기」에서 '김근태의 일차 공판 중에 나왔던 진술 내용'을 소설 가운데 삽입한다. 작품에서 '나'는 감옥에 갇힌 친구 인하의 아내를 통해 김근태의 목소리에 끼어드는 검사의 제지와 이의 신청, 방청석의 아우성과 울음까지 그대로 담긴 유인물을 전해 받고 읽는다. 유인물은 김근태가 고문 중에 느낀 "분노와 굴욕감", 결국 그 유인물을 다 읽지 못하고 내려놓는 '나'의 "분노와 슬픔, 절망감"을 독자에게 전달하는 역할을 한다. 또한, 그 유인물은 '나'의 친구 인하가 정신병원으로 갈 수밖에 없었던 정황을 짐작케 한다.

작가는 정신병원에서 '나'와 의사가 나눈 대화를 제시하여, '공분'의 어려움을 보여주기도 한다. '나'는 의사에게 "2차대전 증후군"에 대해 말하며, 수용자들이 느낀 죽음의 공포와 억압성이 부숴버린 감정기관의 문제는 정신과 의사에게도 예외일 수 없었다고 강조한다. 그 말이 끝나자 무겁게 지속되는 처참하고 괴로운 침묵은 의사가 환자를 통해 느끼는 그 시대의 폭력성에 공감하고 있음을 암시한다. 그러나 의사는 끝내 자신의 벽을 허물지 않는다. 결국 '나'는 관료사회의 비인간적 구조에 대한 분노와 절망까지 감내하는 상황에 놓인다. 인물과 인물 사이의 감정 전이는 인물과 독자 사이에도 일어날 수 있다. 독자는 '나'가 느낀 분노와 슬픔에 동감할 수도 있지만, 그 감정을 받아들일 수 없는 데 대한 거부감이나 불편함을 느낄 수 있다.

이제 작가들이 구사한 냉소의 두 계기를 떠올려보자. 하나는 자기를 직시하는 것이었고, 다른 하나는 자아를 분리시키는 것이었다. 공포와 고통을 직시하는 것이란 곧 그 상황의 주체가 되고자 하는 것이며, 자아를 분리시키는 것은 더 철저하게 위악을 행할 수 있는 조건이 된다.[26] 공지영이나 김영현, 박일문은 고통이나 불쾌의 경험들을 스스로 반복하고 인내함으로써 그 경험의 주인이 되고자 한다. 요컨대 그들은 불쾌한 경험이나 고통의 기억들을, 능동성을 통해 길들이고 치유한다. 그와 같은 능동성은 사회를 향해 공분하는 일로 청춘시절을 보냈던 이들이 감행할 수 있는 가장 익숙한 방법이다.

3. 배신(감)의 불가능성, 수치심과 죄책감

90년대는 80년대적 초자아들이 대거 무너진 자리에서 시작되었다. 80년대를 기억하는 90년대 작가들의 소설은 혁명에 대한 무한한 가능성들이 변절이나 무기력에 의해 좌절되고 배반당했던 과거에 대한 사유에 기반한다. 혁명 시대의 가능성이었던 집합 열정은 개개인이 공동체의 상징적 의미를 공유하게 하여 그들을 사회질서에 순응시키고, 때로는 저항하는 힘으로 작용했다. 그러나 작가들은 혁명시대의 형제애를 그리되 개개인의 욕구와 감정이 공동체에 간섭하는 장면들을 그려낸다. 이때, 감정이야말로 자기의 진실성과 연결되는 것으로, 감정표현은 자기 고백으로서 문학적 지위를 획득한다. 특히, 80년대 운동권을 그린 소설들은 수치심과 죄책감이 외화될 수 있는 길을 열어주

26 서영채, 「냉소주의, 죽음, 마조히즘—1990년대 소설에 대한 한 성찰」, 『문학의 윤리』, 문학동네, 2005, 145쪽.

었다.

80년대 청년들의 진보성이 사회주의에 근거한 것이라면, 80년대를 기억하는 소설에 깃든 공허감은 이념적 지표에 대한 상실만으로 해명될 수 없다. 사회주의야말로 사람과 사람 사이의 관계를 전제하지 않고는 성립불가능하기 때문이다. 이 소설들에서 쉽게 접할 수 있는 '변절', '배반', '용서'와 같은 단어들[27]을 통해 우리는 그 시대의 열정이 특정 사상을 계기로 응집될 수 있었다 하더라도, 그것을 유지할 수 있었던 힘은 '인간적 신뢰'에 기반하고 있음을 발견할 수 있다. 그러므로 후일담 소설에서 접하게 되는 허무와 상실감의 기원은 어떤 이념에서가 아니라 인간에 대한 신뢰감을 더 이상 유지할 수 없을지 모른다는 '위기감'에서 찾아야 한다.

소설들에는 스스로를 수치스러워하고, 죄스러워하고, 경멸하고 분노하는 감정들을 복합적으로 지닌 '도덕감정'이 작동한다. 도덕감정의 기본은 부채의식과 감사, 그리고 죄책감이다. 그와 같은 감정들의 연결점에는 타자 성찰, 즉 공감이 놓여 있다. 이렇게 형성된 도덕감정은 개인들을 공동체에 결착시키는 사회연대의 기능을 담당한다. 공동체의 집합 의지에 반反하는 개인 본능의 억제와 조율, 이탈자에 대한 처벌과 배제를 통해 공동체의 유대를 존속시키는 것이다.[28] 공지영의 「무엇을 할 것인가」에서 '그녀'는 노동현장에 투입되기 위한 교육에서 지도자 선배를 사랑하게 된다. '그녀'는 자신의 감정을 들킨 이후 모임

27 박은태는 공지영의 소설을 통해 1990년대 후일담 소설이 80년대 세대들의 분화를 배반과 변절이라는 주관적 인식에 귀속시켰기 때문에 그에 대한 객관적 인식에 도달할 수 없었다고 비판한다. 그러나 필자는 80년대 운동권을 기억하는 작가들의 의식은 오히려 배반과 변절의 (불)가능성을 통해 80년대의 집단적 기억으로부터 주체의 자기 각성의 방향성을 띨 수 있었다고 판단한다. 박은태, 앞의 글, 435쪽.

28 김왕배, 「도덕감정」, 『감성사회』, 글항아리, 2014, 55쪽.

에서 '격리'되고, 과정을 이수한 후에도 "노동현장으로 배치되는 일에서 제외"[29]된다. 그녀는 자신의 감정을 '동지애'로 표현하지만, 모임의 구성원들은 그녀를 재교육 대상으로 낙인찍는다. 또한, 박일문의 『살아남은 자의 슬픔』에서 '라라'는 "간결한 사회주의자가 되겠다는 자신의 욕망과, 결코 될 수 없었던 자신의 현실 사이에서 갈등하다가" 죽음을 택한다. 박일문은 그녀를 "이데올로기 과잉, 욕망 과잉 시대의 희생자"[30]라 표현한다. 실제로 이념의 실천을 둘러싼 처벌과 자기 배제의 방식은 오랫동안 80년대를 신화화하는 기제로 작동했다. 그러나 역으로 그것은 사회주의에 대한 표상이 일종의 분열과 반목, 매도의 분위기에 연결되어 있는 것과 관계가 깊다.

> 각 정파마다 읽는 책이 달랐고 사용하는 말투가 달랐다. 부르짖는 구호가 달랐고 집회장소가 달랐다. 심지어 그들은 차려입은 옷의 분위기가 달랐고 성격마저 다른 것 같았다. 나아가서는 사람의 가장 본질적인 인간성마저 정파에 따라 다르다고 생각할 지경이었다. 이러한 불행한 현상은 후배들에게 내려갈수록 심각했다.[31]

1987년 대통령 선거와 88년 4월 총선 이후, 운동권은 극심한 분열을 겪는다. 맑스주의가 빠져나간 시대에 작가들은 당대 운동권의 존재 근거가 희망만은 아니었음을 고백한다. 때로 다른 정파에 대한 비방, 투사되기에 대한 욕망이 투쟁을 향한 격정의 원동력이 될 수 있었음을 인정한다. 『살아남은 자의 슬픔』에서 '나'가 '패배의식, 상실감, 집단

29 공지영, 「무엇을 할 것인가」, 앞의 책, 113쪽.
30 박일문, 앞의 책, 55~56쪽.
31 위의 책, 63쪽.

적인 피해의식'과 같은 '상실감'을 자신이 자신답게 살아가게 하는 힘이라고 말하는 것은 그와 동궤에 놓여 있다. 나는 "이념의 신디사이저 현상"[32] 속에서 그와 같은 이념의 과잉이 자신을 관념적으로 만들어 버리는 것을 느끼고 회의한다. '나'는 환멸감을 극복하기 위해 출가를 선택한다. 그리고 그 행위를 미화하기 위해 출가에 '변증법적 자기 부정이라는 레테르'를 붙인다. 그러므로 '나'의 글쓰기는 자살과 자학으로 자기 부정의 극단을 실천한 라라나 디디와 달리 끝까지 타자를 기만하고, 자기마저도 기만한 채 살아남은 죄책감과 수치심의 기록이다. 박일문의 소설은 80년대의 변혁 이념이란, '질서와 가치의 공백상태에서 무엇의 마니아가 되지 않으면 존재 이유를 찾기 어려웠던 세대에게 주어진 강력한 형이상학적 구조물'[33]이었음을 폭로한다. 그러므로 그들 세대가 감행할 수 있는 80년대에 대한 역사적 비판은 자기부정의 형식을 띠게 된다. 이 점은 뒤에 이어질 '배신(감)의 불가능성'과 연결된다.

김영현과 공지영의 소설에서 대학시절 같은 집단에 있다가 이탈한 인물은 옛 동지에게 "배신감"에 대해 묻지만 그 질문을 받은 인물들은 매번 자신들이 배신감을 느끼지 않았다고 답한다. 배반자는 있으나, 배반감이 부재한 자리에서 80년대에 대한 회고는 시작된다. 동지를 배반한 자는 그에 대한 죄책감과 수치심 때문에, 살아남은 자는 죽은 자와 이제 더 이상 노동자가 될 수 없는 노동자에 대한 죄책감과 부채감 때문에 동지의 변절을 물을 수 없다. 여기에는 타자를 향한 부정적 감정의 부재 대신, 자신의 진정성을 추궁하는 자기비판이 자리한다. 투쟁 속에서 그들 모두가 경험했던 구조적 취약성을 인정하는 가운데 타

32 위의 책, 109쪽.

33 이남호, 앞의 글, 316쪽.

자의 실수나 선택을 쉽게 비방하지 않는 겸손함과 정치사회적 변혁을 꿈꾸는 열기 속에는 그와 같은 불온한 자들의 자기고백이 놓여 있다.

바보 같은 자식은 ……

그는 피식 웃으며 겨우 눈물을 그친 나의 어깨를 가볍게 툭툭 쳐주었었다. 그날 나는 급한 약속이 있다며 떠나가는 그에게 그날 받은 월급봉투를 내밀었다. 그는 월급봉투를 들여다보고는 거기서 만 원짜리 지폐 다섯 장을 꺼내 자기 주머니에 넣었다.

이젠 됐지? …… 너무 죄책감 가질 필요 없다.[34]

이제까지는 내가 줄곧 왜 호랑이가 되었을까 생각했는데 얼마 전에 문득 정신을 들고 보니 나는 왜 이전에 인간이었나 하고 생각하고 있질 않겠나. 나는 나 자신의 과거를 전부 잊어버리고 한 마리 호랑이로 미쳐 돌아다니며 오늘처럼 길에서 자네를 만나도 자네를 잡아먹고 아무런 죄의식도 가지지 못할 걸세 ……. 아아 얼마나 슬프고 비통한 일인가?[35]

불려나갔던 친구들 중에 반성문을 쓴 사람과 쓰지 않은 사람은 반반 정도였다. 쓴 사람은, 여기 앉아 있는 것보다 밖에 나가서 더 많은 일을 해야 하지 않겠느냐는 논리였고, 쓰지 않은 사람은, 반성문이란 항복선언과 같은 것이기 때문에 절대로 써서는 안된다는 논리였다.

그러나 우리는 대체로 둘의 입장을 모두 이해하는 편이었기 때문에 그것으로 인하여 서로 상처를 입지 않을 수가 있었다.[36]

---

34 공지영, 「인간에 대한 예의」, 앞의 책, 80쪽.
35 공지영, 『고등어』, 웅진, 1994, 180쪽.
36 김영현, 「등꽃」, 『그리고 아무 말도 하지 않았다』, 창작과비평사, 1995, 98쪽.

사람들은 자기반성 내지는 자기인식을 불러일으키거나 자극하는 감정을 통해 자신을 알게 된다. 신뢰는 그러한 감정의 하나다. 미래의 불가지성을 극복하는 데 있어 신뢰는 행위의 기본적 토대가 된다.[37] 여기서 신뢰는 '자기 확신'과 '타자에 대한 신뢰'라는 두 가지 형태로 대별될 수 있다. 80년대를 기억하는 90년대 소설에 반복적으로 나타나는 '배신(감)의 불가능성'은 바로 전자의 불확실성에 기인한다. 동지의 정치적 변절 때문에 타자에 대한 신뢰가 무너졌을 때에도 주체는 타자를 탓하기보다 "절대적 가치가 사라졌다는"[38] 사실에 혼란과 절망을 느끼다 자살한다. 그에 입각해 볼 때, 1980년대는 당대의 신념들, 그리고 인간이 가진 모순을 가장 잘 보여주는 시대라 할 수 있다.

김영현의 소설에서 인물들은 운동을 했던 동지만이 아니라 가족이나 민중과의 관계에서도 수치심과 죄책감을 느낀다. 「엄마의 발톱」이나 「포도나무집 풍경」의 경우가 그 예이다. 이 소설들에서 주인공은 학생운동과 감옥생활, 투쟁의 실패 등으로 지쳐있는 상태다. 그러나 얼마든 비굴해질 수 있는 상황에서 좌절하거나 패배한 모습을 보이지 않는 어머니와 시골 사람들의 모습 앞에서, 주인공은 자신의 싸움이 겉보기엔 그럴듯해 보이지만 "좌절과 패배와 자기기만의 연속"[39]이었음을 느끼고 "부끄러움"에 휩싸인다. 특히, 「포도나무집 풍경」은 운동권 지식인인 '그'가 80년대 운동사를 정리하며 대중을 통해 얻은 각성과 상처들을 되새기는 과정이 담겨 있다. 작가는 '그'가 운동사를 정리하는 과정에서 얻는 깨달음과 '그'와 군하리 마을 사람들이 만나는 순

37 J. M. Barbalet, 박형신 · 정수남 역, 『감정의 거시사회학』, 일신사, 2007, 143~144쪽.

38 김영현, 「그리고 아무말도 하지 않았다」, 『그리고 아무 말도 하지 않았다』, 창작과비평사, 1995, 18쪽.

39 김영현, 「엄마의 발톱」, 『깊은 강은 멀리 흐른다』, 실천문학사, 1990, 85쪽.

간에 느끼는 겸손함을 겹쳐놓는다. '그'는 그곳에서 만난 박목사와 마을 사람들을 통해 "죽어 있는 듯 보이지만 결코 죽는 법이 없"[40]는 민중들의 순결한 생명력을 느낀다.

이처럼 80년대를 기억하는 90년대의 소설은 진보의 비판적 이성과 결합된 감성의 혁명을 내포한다. 그것은 끊임없이 자기를 응시하는 가운데 경험하는 수치심과 죄책감으로 나타나는가 하면, 자발적으로 '감성 부재'를 실천하거나 받아들여질 수 있는 감성을 선별하여 '운동에 헌사'하는 형태를 띤다. 이와 같은 양상은 투사 혹은 열사들의 과거를 묻는 방식을 취하는 소설의 구조와 관련된다.

> 한강변에 나가 강물이 아름답다고 느끼는 것도 죄스러운 시절이었다. 왜냐하면 (…중략…) 그 물결에 스며들었을 민중들의 한과 땀과 눈물을 헤아려본다면 그것은 결코 아름다울 수만은 없기 때문이었다. 세상에, 스물 한두 살의 나이에, 강가에 나가서 강물을 아름답다고 생각하는 것조차 죄책감을 가졌던 세대가 또 있을까? 강물이 그런데 하물며 사랑이야.[41]

80년대 운동권을 서사화한 작가들의 소설은 '감성 통제'의 시대적 분위기 속에서 '차마 하지 못한 말'이나 '표현하지 못한 감정'들을 담고 있다. 가령, 김영현, 공지영, 박일문의 소설에서 남녀의 사랑은 '동지애'나 '연대'로 표현된다. 그러나 그와 같은 단어로 묶인 남녀의 관계는 대부분 파국을 맞는다. 이제 와서 우리가 생각해보아야 할 것은, 80년대 운동권 세대가 자신의 감정을 수치스럽고 죄스러운 것으로 여겼다는 것뿐만이 아니라, 그들이 사랑과 같은 자신의 사적 감정을 개념화

40 김영현, 「포도나무집 풍경」, 위의 책, 141쪽.
41 공지영, 『고등어』, 웅진, 1994, 186쪽.

할 수조차 없었다는 사실이다.

자기감정의 자각과 표현을 '사치스런' 일로 치부했던 80년대 운동권의 소설에서 이념을 위한 감정 억제는 패턴화되어 있다. '가명'[42]의 사용이나 절제된 행동, 감정 은폐 등은 모두 사상의 선택과 연결되어 있다. 그것은 주체가 행하는 선별적인 행동이지만, 그 사상을 선망하는 자들이 만들어낸 투사의 이미지에 맞춰 자기 삶을 길들이는 방법이다. 『살아남은 자의 슬픔』에서 라라가 자살하기 전, "실존에 대한 고민을 해볼 겨를도 없이 변혁운동이란 물살에 휩쓸려"간 자신을 느끼고, 자기를 "당신의 위대한 '욕망 속에 갇혀 버린 여자'"라 명명한 것은 이와 같은 정황에 기인한다. 20대가 된 청년들은 부끄러워지지 않기 위해 자기감정을 은폐하고, 망각하고, 부정한다. 80년대를 회고하는 90년대 소설은 그때 억압되었던 감정을 되새기는 동시에, 그때 자신들이 느꼈던 감정의 가치를 스스로 인정하는 역사화 작업의 일환이다.

물론 이 소설들에 배어 있는 80년대에 대한 환멸과 그리움만을 강조하면, 자칫 80년대 전체를 허구나 신화로 치부할 위험을 안게 된다. 그러나 '단절에 대한 강박 속에는 아직도 해결되지 않은 연속성에 대한 두려움이 잠재되어 있'다.[43] 세 작가의 소설에 나타난 감정 과잉 현상은 80년대의 것이면서, 80년대를 초과한다. 소설에는 그 시대에 '존재했던' 감성과 80년대를 '기억하는' 자의 수치심, 죄책감, 그리움 등의 감성이 공존하기 때문이다. 그러므로 이 작품들에 가해졌던 '감상성'

---

42 김윤식은 공지영의 「무엇을 할 것인가」를 분석하며, 후일담문학에서 가명을 이데올기로, 본명을 실존으로 연결지어 설명한다. 이를 통해 그는 80년대는 본명이 아니라 가명, 즉 이데올로기가 중심이 된 시대, 동지애가 성애보다 우선한 시대라고 말한다. 김윤식, 앞의 책, 575쪽.

43 황종연 · 진정석 · 김동식 외, 「좌담―90년대 문학을 어떻게 볼 것인가」, 『90년대 문학을 어떻게 볼 것인가』, 민음사, 1999, 23쪽.

에 대한 비판은 전시대에 억압되었던 감정의 분출과 90년대 나르시시즘 문학으로의 전환 속에서 재고될 수 있다. 이들 소설은 사회운동의 의미와 전망에 집착하는 것이 아니라, 그것이 인물에게 끼친 영향을 회고의 형식을 통해 반추하고 있다는 점에서 80년대 민중소설에 대한 반성과 90년대 소설의 징후로서 의미를 갖기 때문이다.[44] 80년대의 감성에 긴박되어 있는 인물들의 이야기에서 '환멸'과 '그리움'이 중요하게 부각되어야 하는 이유를 그 지점에서 찾을 수 있다. 내가 느끼는 나(의 세대)에 대한 환멸과 그리움이야말로 기억하는 주체와 기억하는 대상의 존재성을 환기하고, 시간적 거리감을 형성해내기 때문이다.

4. 상실감과 그리움, 애도의 (불)가능성

80년대 운동권을 형상화한 소설에서 인물들은 자본론과 역사철학을 공부하며, 타인의 고통에 공감하고, 자신의 감정을 조절하는 '감정교육'을 받는다. 여기서 감정은 행위를 추동하는 능력이라는 점에서는 '구조화하는' 심급이지만, 수행에 의해 하나의 일관된 경향으로 구축된다는 점에서는 '구조화된' 심급이다.[45] 소설 속에서 진보 이념이 가진 흡인력의 태반은 진보 이념이 무너지면 우리는 아무런 희망이 없다는 '두려움', 절대적 가치가 사라지는 것에 대한 '불안감'에서 비롯한다. 게다가 진보 이념은 절망을 효과적으로 지워내는 방법을 알려주지 않는다. 그것은 스스로 고안해야 할 대상이다. 역설적이게도 80

44 황광수, 「90년대의 징후와 두 소설집」, 『창작과비평』 18(3), 창비, 1990, 420쪽.
45 김홍중, 「마음의 사회학을 이론화하기」, 『한국사회학』 48집 4호, 한국사회학회, 2014, 197쪽.

년대 운동권 소설의 정서는 이 지점에서 창출된다. '정치주의적 담론이 많은 사람에 의해 부정되자, 작가들은 그것이 아름다운 것임을 증명해야 하는 상황'[46]에 이른 것이다.

역사와 사회에 관한 혁명적 전망이 상실되어 있는 상황에서 창작된 문학이기에 80년대 운동권을 회고하는 90년대의 소설에는 '상실감'의 정서가 강하게 나타난다. 그것은 "사랑하는 사람의 상실, 혹은 사랑하는 사람의 자리에 대신 들어선 어떤 추상적인 것, 즉 자유나 어떤 이상 등의 상실에 대한 반응"[47]으로서의 우울과 애도에 연결된다. 추상적인 이상을 추구하던 자아가 그 대상을 상실했음에도 새로운 대상을 찾지 못한 채 자신의 내부로 향하게 된 결과, 우울의 주체는 상실한 대상과 자신을 동일시하는 양상을 보인다. 이것은 일종의 나르시시즘으로 명명할 수 있다.[48] 자신과 자신이 상실한 것을 구분하지 못한 채 자신이 상실한 대상이 주체의 내부로 전이되어 존재하는 한 과거는 과거로서 정리되지 못한다. 주체의 내부에 남은 과거는 죽은 것도 아니고 산 것도 아닌 상태로 항존하게 된다.

『살아남은 자의 슬픔』에서 라라의 자살이나 디디의 자기 학대, '나'의 도덕적 열등감은 이념과 그 이념을 공유했던 자기 세대에 대한 회의와 적개심이 자아에게로 돌아온 결과이다. 상실에 대한 애도가 이루어지기 위해서는 상실을 환유적으로 치환할 수 있는 대상이 생겨야 한다. 이런 대체물이 생기지 않아 최초의 상실감에서 벗어나지 못하는 상태가 '라라'와 '디디'의 경우라면, '나'는 그들의 죽음을 애도하며 출가와 글쓰기를 선택했다는 점에서 애도의 가능성을 보여준다.

---

46 류보선, 앞의 책, 204쪽.
47 Sigmund Freud, 윤희기 역, 『무의식에 관하여』, 열린책들, 1997, 248~258쪽.
48 위의 책, 248~258쪽.

공지영과 김영현의 소설에서는 현실원칙을 인정하고 현실로 돌아오는 애도자가 있더라도, 자신이 상실한 것에 집착하는 인물이 나타나 애도자의 삶에 개입한다. 과거를 잊고자 노력했던 『고등어』의 명우는 은림을 만난 이후, 정신병원에 있는 은철을 보고, “겨우 삼십 년을 살고 나서, 과거가 그래도 아름다웠다고 추억하는 세대”[49]의 불행에 대해 생각하며 눈물을 흘린다. 자기 세대를 향한 이 같은 연민은 명우가 스스로 억제하고 망각하고자 했던 것이다. 소설 『고등어』에서 은림은 죽어가면서 명우에게 ‘빼앗기지는 않았던 사람들. 그래서 스스로 잃어버렸던 세대들, 잃어버리고도 기뻐했던 우리들의 이야기’를 써달라고 말한다. 공지영은 소설에서 은철과 은림, 명우의 세대를 “잃어버린 세대”라 말하는데, 그것은 앞서 언급한 것처럼 김영현이 인터뷰에서 자기 세대를 지칭한 말과 같아서 더욱 인상적이다.

그들 세대가 가지고 있는 이와 같은 ‘상실감’은 ‘그리움’의 정서와 맞닿아 있다. 김영현은 그의 소설 「등꽃」과 「비둘기」 등에서 ‘그리움’에 주목한다.[50] 「등꽃」에서는 한때 “저항”이나 “순수”의 표상이었던 ‘진태 부부’의 결혼이 파경의 위기에 이르렀다는 소식을 듣고 그때의 동지들이 다시 모인다. 이혼의 이유를 묻는 친구들의 질문에 ‘진태’는 이혼의 이유가 자신이 잃어버린 ‘그리움’ 때문이라고 말한다.[51] 또한, 「비둘기」에서 빨치산 출신 노인은 오랜 감옥살이 중에 만난 비둘기를 보며 자신이 못다 이룬 사랑, 청춘, 혁명에 대한 꿈을 꾸다가 그 비둘기를 운

---

49 공지영, 『고등어』, 웅진, 1994, 215쪽.

50 김영현은 자신의 1994년 산문집 『겨울날의 초상』을 간행하면서, 자기 세대를 ‘우리들’이라 지칭하며, “우리들에게도 우리들만이 가진 원죄와 같은 상처가 있다”라고 말한다. 그리고 자신의 젊은 시절을 회상하는 그 산문집이 존재의 삶이자 그리움이라 단언한다. 김영현, 「서문」, 『겨울날의 초상』, 문학동네, 1994.

51 김영현, 「등꽃」, 『그리고 아무 말도 하지 않았다』, 창작과비평사, 1995, 109쪽.

동권 출신 '승호'에게 남기고 죽는다. 이 부분에서 우리는 80년대 운동권 세대가 겪는 상실감의 원인이 이념만이 아니라 열정, 연대, 희망, 사랑 등 그것을 둘러싼 관계와 감성에 대한 그리움에 있음을 알게 된다.

실제로 김영현은 자신이 『깊은 강은 멀리 흐른다』 이후 두 번째 세 번째 창작집을 내는 중에 새로운 모색을 하지 않을 수 없었으며, 그 가운데 "환멸과 그리움, 미래에 대한 절망과 희망, 낯익은 것에 대한 보수적 향수와 낯선 것에 대한 불안 속에서 글쓰기의 작업을 이어오지 않을 수 없었다"고 고백한 바 있다.[52] 이처럼 시간이 흐르면서 이념에는 슬픔과 분노, 수치심과 죄책감에 더해 환멸과 그리움이 덧입혀진다. 「등꽃」에서 진태가 던진 '그리움'이라는 화두를 듣고, '중산층'이 된 중년들이 그것이 낯선 것이 아니라, 언젠가 자기들 속에 있었던 것임을 깨닫는 것처럼, 이념을 둘러싼 감정은 과거와 현재를 이어준다.

> 등꽃이 환히 피던 필공년 오월 이느 날의 …… 그땐 우리 모두가 가슴의 화산처럼 들끓고 있을 때였다. 그래, 우리 모두의 눈길 속에는 파쇼의 발톱 아래서도 잃지 않았던 그리움이 불타고 있을 때였다. 그러나 새삼, 이제 와서, 느닷없이, 그리움이라니? 참으로 곤혹스럽고 고통스러운 화두가 아닐 수 없었다.
>
> 그날의 모임은 당초 계획했던 '청문회'는 고사하고, 우리 모두의 가슴에 무거운 질문만 하나씩 떠안은 채 엉망으로 끝나버렸다. 나는 어쩌면 진태에게 이혼이라는 말도 하나의 핑계에 불과할지 모른다는 생각이 들었다. 그는 다시 유선에게로 돌아갈 것이다. 그러나 문제는 …… 여전히 우리들 속에 남아 있었다. 우리들 생의, 숙제처럼 ……[53]

---

52 김영현, 「다시 '김영현 논쟁'을 돌아보며」, 『오늘의 문예비평』 35, 오늘의문예비평, 1999, 59쪽.

소설 속 인물들이 그리움이란 화두를 두고, '곤혹스러움'과 '고통스러움'을 느끼며 그것을 '생의 숙제'라 받아들이는 것은 과거에 대한 자신의 감정이 미래와도 연결되어 있음을 알기 때문이다. 진보와 희망의 무신경한 동일화를 배격해야 하는 것과 마찬가지로 우리는 이제 현재와 과거를 이어주고 연속성의 감각을 주는 데에 기여하는 기억을 향수와 구분할 필요가 있다. 향수가 과거를 이상화하는 것에 비해 기억은 과거, 현재, 미래를 하나로 이어 보게 한다. 기억은 상실을 보여주되, 그것 자체에 관심을 두기보다는 우리가 과거로부터 진 빚이 무엇인가에 관심을 둔다. 그러므로 소설 속에서 환멸에 빠진 인물들이 여전히 스스로를 역사에 연결된 존재라 인식하는 태도는 의미심장하다.

이제 그 시대 청년들이 절대적 가치라 믿었던 것들은 애초부터 인간이 직접적으로 소유할 수 있는 대상이 아닌 만큼 상실할 수 없는 것임을 되새겨볼 필요가 있다. 소유할 수 없는 것을 어떻게 상실할 수 있으며 그것이 어떻게 상실감을 낳을 수 있는가. 이와 같은 질문 속에서 우리는 "우울이 대상의 상실에 따른 퇴행적 반응이라기보다는 오히려 상실된 대상을 살아있게 만드는 환각적인 능력"[54]이라는 점을 생각해 볼 수 있다. 소설 속 인물들은 자신이 한 번도 온전히 소유해 본 적이 없는 것들의 상실을 연기演技하고, 동시에 그것들의 회복을 연기延期한다. 그러므로 작가들이 그리는 80년대 운동권 세대에게 진정한 소유의 대상은 바로 상실감 그 자체라 할 수 있다.

---

53 김영현, 「등꽃」, 『그리고 아무 말도 하지 않았다』, 창작과비평사, 1995, 113쪽.

54 우울이 상실한 대상과 자아의 동일시에 따른 나르시시즘적 퇴행성으로 간주될 것이 아니라, 오히려 상실된 대상을 살아있게 만드는 전략으로 이해되어야 한다는 견해는 페디다와 김홍중의 논의에서 착안한 것임을 밝혀 둔다. Perre Fedida, *L'Absence*, Paris : Gallimard, 1978, pp.65~66(김홍중, 「멜랑콜리와 모더니티－문화적 모더니티의 세계감 분석」, 『한국사회학』 40집 3호, 한국사회학회, 2006, 19~20쪽에서 재인용).

그리움의 정조는 상실로부터 비롯된 결과가 아니라, 상실을 인식하고 상실을 문제시하게 만드는 조건이다. 소설 속 인물들은 규정할 수도 표상할 수도 명명할 수도 없는 과거의 것들을 상실의 이름으로 불러내어 실체화하고, 현존하지 않는 것들을 존재의 영역으로 불러낸다. 김영현이 「멀고 먼 해후」, 「해남 가는 길」, 「비둘기」에서 노동자의 자살, 시인 고정희의 장례식, 빨치산 출신 노인의 죽음을 그리는 이유는 그들의 죽음이야말로 상실감과 애도의 대상을 재현 가능한 것으로 만들어주기 때문이다. 김영현은 "어디에다 희망을 걸어야 할지 알 수 없는" 시대, "그리움이 없는 시대"를 살아가는 사람들의 현실을 그려내고자 노력한다. 그러므로 김영현의 소설이 추구하는 것은 상실된 대상이 아니라 대상의 부재이다. 그 대상이 현존하지 않는 한에서 그것은 상실자의 의식을 추동하는 힘으로 작용한다. 소설 속에서 인물들은 시위를 준비하며 자신들이 범한 실수를 인정하고, 흔들리는 사람들끼리 손을 잡아주고, 나는 법을 잊은 비둘기가 날 수 있는 하늘을 꿈꾼다. 이처럼 소유할 수 없는 것이 '상실된 것으로서' 나타나게 하고, 재현할 수 없는 것이 '재현 불가능한 것으로서' 표상되게 해 주는 것이 그리움의 힘이다.

그리움은 체제의 전환 속에서 역사와 사회가 빠른 속도로 일소해버린 초월적 가치들과 대상들을 문화의 영역 안에서 생존케 한다. 김영현은 「그리고 아무 말도 하지 않았다」와 「집시아저씨」에서 "예술"(그림)과 "마술"을 통해 절대적 가치가 소멸된 상황에서 새로운 자각에 이르기 위한 '천착'을 제시한 바 있다. 특히, 「그리고 아무 말도 하지 않았다」에서 '나'는 "혁명이 없어졌다는 것은 참을 수 있다. 하지만 온 존재를 걸 수 있는 절대적인 가치가 사라졌다는 것은 참을 수 없다"[55]는 옛 친구의 말을 되새기며 예술에 몰두한다. 이처럼 사회주의는 사라졌지만, '소멸한 사회주의'는 하나의 가능성으로 살아남아 현재의 삶을 견주어볼 수 있게 한다. 그것은 공지영이 소설 「꿈」에서 말한 표지판의 비유와 통한다. 자신이 길을 가고 있었던 것이 아니라, 길을 표시해놓은 표지판 위에서 버둥거리고 있었다 할지라도, "진짜 길을 가는 사람에게 표지판은 더 이상 악몽이 아니라 밤하늘에서 빛나는 별의 지도가 될"[56] 수 있다.

이 시대 이 사회에서 표면적으로 소멸한 가치들은 그리움의 정조 속에서 보존될 수 있다. 김영현은 그것을 "어떤 이룰 수 없는 것에 대한 영원한 슬픔"[57]이라 표현한 바 있다. 대신 그것은 도달할 수 없는 자리에 거처하는 타자성의 형상으로만 존재한다. 그것은 인물들이 상실의 대상으로 떠올리는 초월적 가치들이 이 세계의 내재적 질서 속에서 구현되기 어렵다는 엄격한 인식에 기반하기 때문에 단순한 향수와 구별된다. 인물들은 그 초월적 가치를 완전히 소멸된 것으로 생각하지 않고, '소멸됨으로써 살아 있는 것'으로서 추구한다. 진보에 대한 기억이 감성의 차원에서 환기되는 이유는 그것이 항상 '사라진 이데올로기'로 존재하기 때문이다.

'진정성이 시대적 조건 하에서 작가가 취할 수 있는 최선의 태도, 곧 윤리로서 재구성될 필요가 있다'[58]면 80년대 운동권을 기억하는 90년대 작가들의 진정성은 애도의 순간을 연기하는 그리움에서 발견할 수 있다. 그러나 진정성만을 추구하는 고백은 독백의 차원으로, 절대 고

---

55 김영현, 「그리고 아무 말도 하지 않았다」, 『그리고 아무 말도 하지 않았다』, 창작과비평사, 1995, 18쪽.

56 공지영, 「꿈」, 『인간에 대한 예의』, 창작과비평사, 1994, 57쪽.

57 김영현, 「그리고 아무 말도 하지 않았다」, 『그리고 아무 말도 하지 않았다』, 창작과비평사, 1995, 65쪽.

58 김형중, 「진정할 수 없는 시대, 소설의 진정성」, 『변장한 유토피아』, 랜덤하우스중앙, 2006, 65쪽.

독과 고립의 상태를 향해 나아가게 된다. 80년대가 진정으로 계승되어야 할 시대정신을 담지한다면, 그 열정이 사라져간 원인과 그로 인해 빚어진 결과에 대한 철저한 탐색 역시 수반되어야 한다. 1980년대 운동권 지식인, 투사, 민중을 중심에 둔 담론의 '외부', 혹은 그 정치적 담론들과 종횡으로 연결되어 있었을 시대에 대한 '불감증' 역시 우리가 거대 담론의 여파 속에서 상실한 것이기 때문이다.

5. 결론

작가들은 80년대를 기록하며, 그것을 공감 가능한 것이라는 의미에서 '사회화'한다. 80년대 운동권을 그린 소설에서 두드러지는 것은 진보 이념의 학습과 실천 과정에서 '감성 통제'가 이루어졌다는 점이다. 그리나 아이러니하게도 그들에게 이념을 학습하고 실천할 힘을 추동한 것은, 열정, 수치심, 분노 등과 같은 감성의 영역이다. 이들 소설이 사회운동의 의미와 전망에 집착하는 것이 아니라, 그것이 인물에게 끼친 영향을 회고의 형식을 통해 반추하고 있다는 점에서 이 작품들은 80년대 민중소설에 대한 반성과 90년대 소설의 징후로서 의미를 갖는다. 80년대의 집단 열정은 점차 다원화된 이해관계 속에서 특정 집단들에 의해 분절되거나 순치된다. 김영현, 공지영, 박일문의 소설은 집합 열정이 사라지면서 개인들이 사회와의 결속을 상실해가는 과정에서 작성된 것이다. 작가들은 그와 같은 감성의 움직임을 사라짐으로써 생존하고, 망각됨으로써 존속하는 역설을 통해 드러낸다.

박일문 소설의 인물이 보여주는 출가, 공지영 소설의 인물들이 느끼는 연민, 김영현 소설의 인물들이 감행하는 손잡기의 방식은 작가의 '기억-글쓰기'에 대한 집념과 이어져있다. 소설 속 인물들의 행위와 작가의식이 배타적인 자기 결의로 끝나지 않기 위해서는 이제 자기 세대와 그 시대 현실에 대한 집요한 응시가 필요하다. 감성의 구조 속에 '처해진' 자신을 발견하면서 '세계-안에-있음'의 실상을 그리는 일은 내 감정에 영향을 미치는 '통치성'[59]에 대한 사유에서 비롯되어야 한다. 또한, 정치 담론의 외부, 혹은 그것에 가려져 극소화된 현상, 이념과 감성 과잉의 시대에 분명히 존재했을 불감의 주체들을 함께 기억하는 중에 80년대는 더욱 온전하게 기억될 수 있을 것이다.

1980년대를 기억하는 작가들은 분명 진보를 명예로운 개념으로 구원하고자 하는 것이 아니다. 진보의 시대를 뒤돌아보는 이 작업들은 부분적으로 진보 개념의 정당성을 옹호하긴 하지만, 개념의 중립화에도 기여했다. 진보는 '혁명'과 '진화'라는 양가적 의미뿐만 아니라, 진보의 '한계'에 대한 성찰을 가져왔기 때문이다. 삶을 향한 의지가 대중의 희생을 낳았다는 것, 진보를 위해 막연한 미래를 목표로 삼는다는 것, 진보는 허상으로 존재하기에 그것을 실체화하기 위한 감성을 필요로 한다는 것이 그러하다. 이제 우리는 과거의 진보를 통해서 새 시대를 향한 질문을 던질 수 있게 되었다.

---

59 Colin Gordon, 심성보 외역, 『푸코 효과—통치성에 관한 연구』, 난장, 2014, 15쪽. 통치성은 '사람들 일부나 전체의 품행을 형성・지도하거나 그에 영향을 끼치려고 하는 활동의 형태'로서의 '통치'가 나에게 어떤 방식으로 영향을 미치고 있는지에 대한 질문과 연결될 수 있다.

'90년대'를 돌아보기

세대의 기억 상품과 자기 서사

이화진

1. 백 투 더 '90년대'

최근 몇 년 사이 한국 대중문화 영역에서 '1990년대'는 20여 년의 시간을 거슬러 강력한 힘을 발산해 왔다. 2012년 봄에 개봉한 영화 〈건축학개론〉이 예상 밖의 흥행을 기록한 데 이어, 텔레비전 드라마 〈응답하라 1997〉(2012)과 그 후속작 〈응답하라 1994〉(2013)가 시청자들의 열광적인 지지를 얻었다. 〈나는 가수다〉(2011~2012)나 〈불후의 명곡〉(2011~현재), 〈히든싱어〉(2012~현재) 등 경연을 도입한 음악 프로그램을 통해 오래된 가요가 재가공 되거나 다시 유행하고, 과거에 전성기를 누렸던 가수나 배우들이 활동을 재개했으며, 해체되었던 밴드가 다시 결성되는가 하면, 1990년대 연예계에서 활동했던 이들이 중심이 된 프로젝트들(예컨대, '핫젝갓알지')도 계속 이어지고 있다. 특정한 영화나 드라마의 우연한 성공에 힘입은 일시적인 현상이라 하기에는 그 문화적 생산과 소비가 비교적 꾸준하여, '90년대적인 것'의 힘은 앞으로도 상당 기간 지속될 전망이다. 그리 길지 않은 한국 대중문화사에서, 그리 멀지 않은 20여 년 전의 '올디들oldies'이 지금 여기에 속속 귀환하는 현상을 어떻게 설명할 수 있을까. 또 이러한 현상이 단발에 그치지 않고 지속될 수 있는 조건은 무엇인가. 이 글은 바로 그러한 의문에서 출발한 것이다.

선행연구들은 1990년대를 '좋았던 시절'로 향수鄕愁, nostalgia하는 최근의 현상이 신자유주의 시대의 치열한 생존 경쟁과 그로 인한 피로감에서 비롯된 '치유'의 열망과 닿아있다고 지적한다.[1] 예컨대, 박노현은 드라마 〈응답하라〉 시리즈와 〈신사의 품격〉, 〈나인〉 등을 사례로 최근 텔레비전 드라마에서 "복고"가 상대적으로 젊은 세대를 겨냥하고 있음을 주목하며 이를 "복고의 소령화少齡化"라고 명명한다. 그는 이러한 현상이 "지나간 과거와 당면한 현재 사이의 시간적 낙차에 대한 실감 혹은 체감의 가속" 및 "이러한 가속과 연동하는 정신적 피로의 증가"와 관련되는 것이라고 본다.[2] 이영미가 지적했듯이 마흔 즈음의 세대가 자신의 성장기 혹은 청년기를 향수하는 텔레비전 드라마는 지금 돌출적으로 등장한 것이 아니기에[3] '복고의 소령화'라는 명명과 특

---

1 김숙현 · 장민지 · 오지영, 「〈응답하라 1997〉에 나타난 정서의 구조와 집합기억」, 『미디어, 젠더&문화』 제26호, 한국여성커뮤니케이션학회, 2013; 박노현, 「텔레비전 드라마의 '王政'과 '復古'－미니시리즈의 타임슬립과 복고 선호 양상을 중심으로」, 『한국학연구』 제30집, 인하대 한국학연구소, 2013; 권은선, 「신자유주의 시대의 문화 상품－1990년대를 재현하는 향수 / 복고 영화와 드라마」, 『영상예술연구』 Vol.25, 영상예술학회, 2014 등.

2 박노현, 앞의 글, 313~314쪽.

3 이영미는 한국의 텔레비전 드라마가 40대에 진입한 세대 — 혹은 '리모콘을 쥔 세대(!?)' — 가 자신의 청년기를 회고하는 패턴을 주기적으로 반복해왔다고 지적한다. 예컨대, 김수현의 드라마 〈사랑과 진실〉(1984)은 1960년대 중후반을, 1970년대 공전의 히트를 기록했던 드라마 〈아씨〉(1970)와 〈여로〉(1972)는 일제 말과 한국전쟁 전후를 배경으로 했다. 어떤 시대든 2~30년 정도의 시간을 두고 '복고'로 소환되어 왔는데, 이렇게 소환되는 시대들이 대개 당시 '여론 주도층'인 40대의 청년기와 겹쳐졌다는 것이다. 이영미, 「79학번이 94학번에게－〈응답하라 1994〉를 보면서 생각한 것」, 『황해문화』 통권 제82

징화에 대해서는 따로 더 논의할 여지가 있을 것이다. 박노현의 논문에서 오히려 주목하고 싶은 부분은 최근 드라마에서 빈번하게 그리고 다양하게 과거가 소환(혹은 "변종과거")되는 현상을 현대사회가 "세대론적 단절의 주기를 대단히 짧고 잦게 반복시키고 있다"[4]는 점과 연결한 것이다. 이는 과거와는 달라진 시간 감각, 그리고 세대를 세분화하여 세대 간 차이와 세대 내 동질성을 강조하는 문화 산업의 소구 전략이 지금의 현상과 관련됨을 시사한다. 지금 '90년대'를 소박하면서도 풍요로운 시대로 낭만화하는 주체들이 누구인가, 바꿔 말하면 이 '기억상품'은 누구를 겨냥해 생산되고 있는가가 이 문화 현상의 지속성과 그 조건을 밝혀내는 핵심이라면, 지금 여기로 소환되는 '90년대'가 세대를 초월해 공유되는 과거라기보다는 세대를 매개로 공유되는 경험, 기억, 정서로 구성되고 있다는 점을 새삼 주목할 필요가 있다.

흔히 세대는 출생시기가 비슷한 연령 코호트cohort에 기반하여 규정되곤 한다. 그 밑바탕에는 비슷한 연령에서 특정한 사회적 경험을 공유함으로써, 이들 간에 가치와 기억, 의식, 연대감, 행동 양식에 있어서 공유되는 특징이 나타난다는 가정이 존재한다.[5] 공교롭게도 대중문화 영역에서 '90년대'가 재조명되기 시작한 것은 한국 사회 전반에 걸쳐 세대 담론이 폭주했던 2010년을 전후한 시점이었다. 세대 간 불균형과 20대의 고용 불안정 문제를 다룬 『88만 원 세대』(2007)의 출간, 2008년 미국산 쇠고기 수입 반대 시위에 참여했던 소위 '촛불세대'의

호, 새얼문화재단, 2014, 332쪽.

4 박노현, 앞의 글, 313쪽.

5 세대 개념과 관련해서는 박재홍, 『한국의 세대문제』, 나남, 2005; 박재홍, 「세대명칭과 세대갈등 담론에 대한 비판적 검토」, 『경제와 사회』 제81호, 비판사회학회, 2009; 이기형, 「세대와 세대담론의 문화정치」, 『사이間SAI』 제9호, 국제한국문학문화학회, 2010 등 참조.

출현, 그리고 젊은 세대의 보수화 및 우경화 등 주로 10대와 20대에 대한 기성세대의 관심과 기대, 우려가 세대 담론을 촉발했다. 게다가 이 시기 17대, 18대 대통령선거와 18대, 19대 국회의원 총선 등을 거치며 생애주기별로 각 세대를 겨냥한 공약들이 쏟아졌고, 언론을 통해 세대별 투표율이나 정치 성향에 대한 예측과 분석 보도도 많았다. 특히 2012년 대선을 거치면서 상대적으로 최근에 명명된 '88만 원 세대'나 '촛불세대'뿐 아니라 '386세대(486, 586세대)', '민주화세대', '산업화세대', '유신세대'와 같이 낡은 명명들, 고령화 추세를 반영한 '실버세대' 등 다종다양한 세대 명명이 넘쳐났다.

이러한 세대 담론은 계급, 지역, 젠더, 문화적 경험에 따라 구성되는 다양한 차이들을 배제하고 세대적인 동질성을 본질화하는 경향이 있으며, 어떤 특정한 명명으로 해당 세대의 특징을 재현함으로써 세대 안에 존재하는 차이와 모순, 균열을 무화하기도 한다. 그런데 지금 한국 사회에는 세대 담론이 과잉 상태에 이르렀을 뿐 아니라, 이에 대한 분석 역시 활발해서 세대 담론이 다시 세대를 출현시킬 정도로 담론의 확장 폭이 크고 넓다. 아마도 압축적 근대화를 거친 한국 사회의 여러 갈등과 문제들을 해석하는 데 세대가 유용한 틀이 될 수 있다는 기대와 어떤 합의들이 가능하기 때문일 것이다.[6] 그러나 실제로 세대 담론 및 그에 대한 연구가 사회의 여러 갈등을 해소하는 데 얼마나 기여할 수 있는지는 회의적이다. 박재홍이 지적했듯이, 임의적인 기준에 따

6 『문화과학』 편집위원회는 2010년에 기획한 특집에서 세대의 문화 정치학이 유용한 분석 도구가 될 수 있다고 주장한다. 한국 사회에는 그 특유의 '압축률'로 인해 "연령에 따라 전근대적 · 근대적 · 탈근대적 감정구조가 한 개인 안에 상이한 비율로 모순적으로 공존하는 기이한 삶의 양식들이 형성"되어 있기 때문이라는 것이다. 문화과학 편집위원회(심광현 대표집필), 「세대의 정치학과 한국 현대사의 재해석」, 『문화과학』 제62호, 문화과학사, 2010, 17~20쪽.

라 차별화를 꾀하고 해당 세대에 의미를 부여하는 세대 명명이 오히려 “세대 차이를 과장하고 세대 간 갈등을 조장, 심화할 수 있기 때문”이다.[7] ‘386세대’나 ‘X세대’, ‘촛불세대’ 같은 명명은 해당 세대 내의 다양성을 억압하며, 세대 간 갈등이나 세대 내 균열을 더욱 심화시킬 수도 있다.

현재 대중문화 영역에서 ‘90년대’에 대한 향수는 이러한 세대 담론의 폭주를 배경으로 하는데, 세대 차이나 세대 간 적대를 전면화하는 방식으로 특정한 세대를 배타적으로 구성해내기보다는 감성의 차원에서 여러 결의 세대 담론과 비교적 화목하게 공생하고 있는 듯 보인다. 어떤 특정 세대를 겨냥해 말거는 포즈를 취하더라도 세대 간 가치관의 충돌이나 정치적인 적대를 전경화하기보다는 ‘90년대’의 일상적이고 소소한 기억과 정서적 경험을 환기하는 방식으로 감성의 공동체를 구성해 낸다.

‘90년대’가 이와 같은 방식으로 재구성되고 낭만화되는 현상은 일차적으로 현재의 사회문화적 맥락에서 그 원인을 찾아야 하겠지만, ‘90년대’가 그 당대부터도 탈역사적이고 탈정치적인 ‘문화의 시대’, ‘자유와 소비의 시대’[8]로 규정된 것과도 관련된다고 볼 수 있다. 현재 대중문화의 기억 산업은 상대적으로 풍요롭고 자유로운 성장기를 보냈던 그 당대의 소비 주체들, 즉 그 시기에 10대 후반과 20대를 보내며 ‘X세대’나 ‘신세대’, ‘N세대’ 등 다양한 이름표를 달았지만 결국은 “아무런 이름도 남지 않은 세대”[9]를 향해 ‘응답하라’고 외친다. ‘90년대’의 기억

---

7 박재홍, 앞의 글, 30쪽.

8 1990년대에 대한 개괄은 주은우, 「자유와 소비의 시대, 그리고 냉소주의의 시작－대한민국, 1990년대 일상생활의 조건」, 『사회와 역사』 제88집, 한국사회사학회, 2010 참조.

9 영화 〈건축학개론〉이 화제가 되었을 때, 『시사IN』(2012.05)의 고재열 기자가 이 영화에 호응한 “마흔 즈음 세대”를 가리킨 표현이다. 그는 이들을 “대중문화가 폭발한 시대를

상품을 미끼로 어떤 특정한 시간의 경험과 기억, 감성을 공유하는 세대적 주체로서 호명된 '90년대 세대'[10]는 이 상품의 구매자인 동시에 기억 산업의 공모자로서 자기 세대의 현존을 확인하고 있는 것이다.

이 글은 최근 대중문화 영역에서 '1990년대'에 대한 향수 현상이 '90년대 세대'라는 특정한 세대적 주체를 문화적으로 주형하는 기획과 맞물려있다고 보고, 문화 산업과 세대 담론 사이의 공생 관계라는 측면에서 '90년대'의 귀환을 검토한다. 특히 2013년 화제가 되었던 두 편의 텔레비전 드라마 〈응답하라 1994〉와 〈나인〉을 경유해, 21세기 대중문화에서 '90년대'라는 시간의 도래를 세대의 기억이 상품화되고 서사화되는 양상과 결부해 살펴볼 것이다. 케이블채널 tvN에서 방영되었던 이 두 편의 드라마에서 중심인물들(성나정, 박선우)은 모두 '1975년생'으로 드라마의 현재 시간이자 방영 당시인 2013년에는 한국 나이로 '마흔'을 앞둔 것으로 설정되었으며, 두 드라마 모두 20년의 간격으로 과거와 현재를 병치하는 시간 구조를 취하고 있다. 이 글에서는 이들 드라마가 과거와 현재의 병치를 통해 자기 세대의 서사를 능동적으로 서술하려는 의지를 표면화했다는 점에 초점을 맞추어, 최근 텔레비전 드라마에서 '90년대 세대'의 자기 서사화 전략을 비판적으로 검토한다.

살면서 그 과실을 따먹은 세대다. 하지만 잊힌 세대가 되면서 정치적으로 주목받지 못했다"고 평가했다.

10 이 글에서 '90년대 세대'라는 명명은 현재 대중문화의 기억 산업이 '1990년대'를 상품화하면서 호출해내고 있는 특정 세대를 의미한다. '90년대'에 10대의 후반과 20대를 보낸, 현재의 3040세대에 해당될 것이다.

2. 시간의 난비亂飛, 재핑zapping, 그리고 향수鄕愁

'90년대'의 귀환은 음악과 영화, 드라마 등 대중문화 전반에 걸쳐 관찰되지만, 각 장르가 대중문화의 세대 담론과 관계 맺는 방식은 차이가 있으면서도 상보적이다. 대중음악의 경우는 90년대 가요의 리메이크 붐뿐 아니라, 그 시대를 풍미했던 30·40대 뮤지션들이 현재의 대중음악계에 비평적 평가와 대중적 지지를 동시에 얻으며 복귀함으로써, 그 현재성을 확인하는 방식으로 진행되어 왔고,[11] 방송 매체와 결합해 보다 폭넓게 확산되었다. 한국을 넘어 세계의 K-POP 팬들이 지켜보는 지상파 음악 프로그램은 아이돌의 무대이지만, 〈유희열의 스케치북〉과 같은 심야의 음악 프로그램과 〈무한도전〉, 〈라디오스타〉, 〈꽃보다 청춘〉과 같은 예능 프로그램, 그리고 각종 경연 프로그램들을 매개로 '90년대적인 감수성'과 현재의 대중 사이의 접촉면은 꾸준히 넓어지고 있다. 적어도 대중음악계에서 '90년대'는 사라져버리거나 이미 용도 폐기된 과거가 아니라, 현재 어떤 감수성의 원형archetype으로서 지금 여기에 존재하는 시간이다.

〈건축학개론〉이나 〈응답하라〉 시리즈가 거둔 대중적 지지의 원인은 여러 측면에서 분석될 수 있겠지만, 이러한 영화와 드라마가 전람회나 공일오비, 서태지, HOT와 젝스키스 등 '90년대'의 음악을 매개로 정서적 공동체로서의 세대를 호명해 냈다는 것은 주지하는 바다. 이들 영화와 드라마에서 '90년대'의 음악은 과거의 시간을 표지하거나

11 이와 관련된 논의는 최지선, 「1990년대 가요의 (재)생산과 소비」, 『문화 / 과학』 65, 문화과학사, 2011 참조. 2014년 가을 현재, 서태지, 김동률, 윤상 등이 오랜만에 신보를 발표했다. 서태지와 김동률은 아이돌 중심의 음악 프로그램에 출연하지 않고도 순위 프로그램에서 1위를 차지하는 등 그 저력을 확인시켰다.

어떤 분위기를 조성하는 사운드트랙 정도에만 그치지 않는다. 〈건축학개론〉에서 전람회의 '기억의 습작'이, 〈응답하라 1997〉에서 HOT가, 〈응답하라 1994〉에서 서태지가 서사 속의 사건 및 인물과 긴밀하게 연결되어 있다. 또 이 음악들은 '90년대' 문화의 다양성을 표상하는 동시에, LP 플레이어와 카세트, CD 플레이어가 공존하던 시대에서 MP3 플레이어로, 그리고 이후 아이포드iPod를 비롯한 각종 스마트기기로, 디바이스가 변화해간 이행의 시간을 압축적으로 환기하는 것이기도 하다. 20세기와 21세기 사이 그 변화무쌍한 유속流速을 부드럽게 건너가게 해주는 음악을 통해, '90년대'는 아날로그에서 디지털로 전환되는 시기의 감성과 문화, 그리하여 현재와 다른 시간성과 속도감으로 상대화된다. 삐삐의 음성메시지를 확인하기 위해 공중전화박스 앞에 길게 줄지어 늘어서는 일이나 PC통신의 파란 화면을 보며 접속을 기다리는 일처럼, '90년대'는 테크놀로지의 발달이 세상의 속도를 점차 빠르게 만드는 와중에도 어떤 지연遲延과 대기待期, 머무름이 존재하는 시간으로 재현된다.

이러한 점에서, 지금 '90년대'에 대한 향수鄕愁는 근본적으로 현재의 시간성에 대한 위기의식과 관련되어 보인다. 『시간의 향기 – 머무름의 기술』에서 한병철은 오늘날 시간은 리듬과 방향성을 상실하고 의미의 중심을 잃어버렸다고 말한다. 시간에 무게를 더해주었던 의미의 중심이 사라져버렸기 때문에 "붙들어주는 어떤 중력도 없는 시간"은 아주 빠르게 내달리고, 이러한 "가속화는 기존의 존재 결핍의 상태를 더욱 극명하게 부각시킬 따름"이다.[12] 향수鄕愁에 대한 일반론은 삶의 리듬의 가속화, 생산의 합리화, 기술의 진보, 역사적 지각변동, 단선적

12 한병철, 김태환 역, 『시간의 향기 – 머무름의 기술』, 문학과지성사, 2013, 45쪽.

이고 목적론적인 발전을 전제하는 근대의 시간관 등이 그에 대한 방어기제로서 향수를 작동시킨다고 말해왔다.[13] 그러나 후근대에서 시간은 단순히 "삶과 생산과정의 가속화가 더욱 첨예해진 탓으로만 설명할 수 없는 패러다임 전환",[14] 즉 '행진의 시대'에서 '난비亂飛의 시대'로의 전환의 결과이다. 삶과 생산과정의 가속화 그 자체보다는 방향성이 없이 어지럽게 날아다니며 지속이나 머무름이 불가능해진 것이 문제라는 것이다.

목적을 향해 앞으로 걸어가는 것이 근대의 걸음걸이라면, 후근대의 걸음걸이는 막연한 불안과 두려움에서 "재핑zapping"하는 것으로 비유된다.[15] 리모콘을 들고 텔레비전의 여러 채널을 이리저리 돌아다니는 재핑은 사건과 사건 사이, 이미지와 이미지 사이, 정보와 정보 사이의 난비 그 자체라고 할 수 있다. 이것을 더욱 부추기는 것은 테크놀로지의 진보와 자본의 순환이다. 시간 개념이 무너지고, 과거와 현재, 미래를 이어주는 내적 연관성이 약화되거나 사라져버린 자리를 어떤 이미지나 정보, 상품의 형태로 기억의 대용품들이 메워간다. 의미를 상실해버린 시간 사이를 난비하며 정보화된 기억으로서의 과거에 편집증적으로 집착해가는 경향도 두드러진다. 사이먼 레이놀즈Simon Reynolds가 지적했듯이, 각종 웹 블로그나 사회관계망서비스SNS, 유투브Youtube,

---

13 Svetlana Boym, *The Future of Nostalgia*, New York : Basic Books, 2001; 김준, 「다시 못 올 것에 대하여－노동자 구술증언 속의 '향수' 또는 '과거의 낭만화'」, 『사회와 역사』 85, 한국사회사학회, 2010, 96~97쪽에서 재인용.

14 한병철, 앞의 책, 62쪽. 한병철은 "근대 이래 가속화가 전체 사회구조의 변화를 초래한 주요 동력이라고 주장하며 후근대의 구조 변화를 가속화의 논리로 설명하려고 시도하는 이론은 잘못된 가정 위에 세워져 있다. 가속화의 드라마는 지난 몇 세기의 현상이다"라고 단언한다. 같은 책, 62~63쪽.

15 지그문트 바우만은 후근대의 특징적인 걸음거리를 산책과 방랑이라고 말하는데, 한병철은 바우만이 산책을 '재핑'과 거의 동일시하고 있다는 점을 지적한다. Zygmunt Baumann, *Falneure, Spieler und Touristen*, p.153; 한병철, 앞의 책, 61쪽에서 재인용.

다양한 디지털 아카이브를 통해 "방대한 문화 자료를 저장·정리·취득·공유하는 능력"은 갈수록 향상되는데, 대중은 이러한 첨단 테크놀로지들을 타임머신처럼 활용하되 앞으로 나아가기보다 과거로 되돌아가는 데 몰두하고, 테크놀로지의 혁신이 진보적 감각을 더디게 만드는 역설이 발생하는 것이다.[16] 이러한 시대에 "접두사 '재-再-, re-'가 지배"하는 "재탕, 재발매, 재가공, 재연의 시대이자 끝없는 재조명의 시대"[17]가 도래한 것은 자연스러운 일이리라.

2013년 케이블채널 tvN에서 방영되었던 〈응답하라 1994〉와 〈나인〉은 1990년대와 2천 년대, 그 20년 간격의 시공간을, 마치 시청자가 과거와 현재라는 두 채널 사이를 재핑하듯 경험하게끔 한다. 이들 드라마의 시공간은 과거에서 현재로, 현재에서 과거로, 마치 클릭만 하면 곧바로 다른 장소로 링크되는 가상 세계와 같이 배열된다. 현재를 설명하기 위해 과거로 플래시백flashback하는 단순한 반복은 피하고, 현재에서 과거로의 플래시백과 '현재가 된 과거'에서 '미래가 될 현재'로의 플래시포워드flashforward를 수시로 조작하면서 시간의 순차성을 흐트러뜨리는 방식을 취하고 있다.

시청자를 매회 '90년대'로 링크하는 이 두 편의 텔레비전 드라마가 어떤 기억은 정보가 되고, 어떤 기억은 상품이 되는, 기억과 정보, 상품이 뒤섞인 기억 산업의 자장 안에 있다는 것은 분명하다. 현재가 특

---

16 사이먼 레이놀즈, 최성민 역, 함영준 부록, 『레트로 마니아―과거에 중독된 대중문화』, 작업실유령, 2014, 23쪽. 향유자들 스스로 개인 블로그나 유투브에 과거의 영상이나 음원들을 업로드하고, 몇 가지 검색어로 과거의 문화적 파편들에 쉽게 접근하며, 이를 다시 자기의 웹 공간이나 사회관계망서비스SNS를 통해 공유하는 방식으로, 아날로그에서 디지털로의 재매개remediation를 추동한다. 21세기의 첨단 테크놀로지로 지나간 시대의 음악이나 영화를 재생하거나 재가공하고, 재배열하는 모순은 계속 되풀이되며, 그러는 사이 점차 과거에 중독되어 가는 것이다.

17 위의 책, 11~12쪽.

별한 의미의 무게를 갖지 못한 채 과거로의 회항回航을 자주 되풀이하는 드라마의 시간 구조는 그 자체로 현재의 불안과 미래에 대한 불투명한 전망을 징후적으로 보여준다고도 할 수 있다. 흥미로운 점은 이들 드라마의 수용 맥락에 '90년대'에 대한 정서적 유대를 결부시킴으로써 대중문화의 기억 산업과 세대 담론을 교차시키고 서로가 서로를 견인하는 동력을 가시화한다는 것이다. 두 편의 드라마는 방영 당시 통상적으로 집계되는 시청률 이상의 화제를 불러일으켰는데, 이는 드라마의 방영 채널(tvN)이 지상파와는 차별화되는 세대적 감수성을 매개로 특정한 소구 대상을 겨냥했고, 이 수용자 집단의 특정한 정서적 유대를 바탕으로 콘텐츠의 재생산 및 확산 효과가 커졌던 데에서도 원인을 찾을 수 있다.[18] 후근대에 마주한 시간성의 위기뿐 아니라 '90년대'에 대한 집합기억의 서사화가 요청되는 현재의 특정한 맥락을 세대 담론과 결부해 살펴볼 필요가 있는 것이다. 현재와 과거를 오가는 재핑의 한 축에 '90년대'라는 특정한 시간이 놓여있고, 현재의 정서 구조에서 '90년대'의 어떤 의미들이 더욱 부각되고 반추된다고 할 때, 이 과거로의 회항과 그 동력은 '90년대'를 자기 세대의 시간으로 공간화

18 윤석진은 최근 케이블채널에서 방영된 드라마들이 다양한 장르물에 도전하는 양상에 주목하면서 "방송 플랫폼의 다변화에 적극적으로 대응하고, '케이블 방송'이라는 한계 상황에 맞게 특정 소구대상을 겨냥하여 제작"되고 있는 것이라고 평가했다. 윤석진, 「방송 플랫폼의 변화에 따른 장르드라마 고찰—케이블 방송을 중심으로」, 『자료집—테크놀로지와 한국 극예술, 그 역사와 현재』, 한국극예술학회, 2014.1.24. 지금의 미디어 환경에서 텔레비전 드라마의 콘텐츠는 온라인을 통해 능동적으로 재생산되고 확산됨으로써 다양한 담론을 형성할 수 있게 되었다. 여러 주차에 걸쳐 방영되는 시리즈물이 사회관계망서비스SNS 등을 통한 시청자의 능동적 참여를 동반했을 때 파급력이 커지는 것은 물론이다. 최근 케이블채널의 드라마들의 시청률이 상승하고, 실제적으로는 시청률의 수치 이상의 효과를 거두고 있는 것에는 온라인을 비롯한 구전 커뮤니케이션을 통한 재생산과 확산도 중요하게 작용한다. 이와 관련해서는 이해미, 「SNS 분석을 기반으로 한 온라인 구전 효과 연구—드라마 〈나인—아홉 번의 시간 여행〉 사례 중심으로」, 서강대 석사논문, 2013 참조.

하고 그 시간에 의미를 부여하려는 어떤 세대의 서사화 욕망과 연동되고 있다고 할 수 있다.

3. 재활용되는 '90년대'의 문화와 세대의 자기 서사화

이 글의 서두에서 언급했듯이, 2012년과 2013년에 걸쳐 '90년대'를 호출해낸 〈응답하라〉 신드롬은 세대 담론의 과잉 상태에 놓인 동시대 한국 사회의 맥락과 연관되는데, 이러한 세대 담론의 과잉 자체도 1990년대의 연장이자 산물이라고 할 수 있다. 1990년대는 각종 세대 명명과 구별짓기가 넘쳐나던 시기로, 전반기에는 '신세대'가, 후반기에는 '386세대'가 담론을 중심을 이루었다. 이러한 1990년대의 세대 담론은 지금의 세대 담론이 논의되는 방식에 일종의 원형을 제공하고 있다.[19]

일반적으로 '386세대'는 〈모래시계〉(1995)의 방영 이후 생겨난 조어인 소위 '모래시계 세대'가 1997년 대통령선거를 전후로 '30대, 80년대 학번, 60년대 생'을 줄인 '386세대'라는 이름을 얻으면서 본격적으로 담론화 되었다고 알려져 있다.[20] 1990년대 후반에 등장한 '386세대'라는 명명은 '최신형 486, 586급 PC'와 같은 성능을 갖추지 못한, 시대에 뒤떨어진 "최후의 컴맹세대"[21]와 같이 1990년대의 새로운 흐름 및 가

19 이기형은 1990년대의 신세대론은 이후의 세대 담론이나 그에 대한 연구들이 보여주는 전형성과 관련해 중요한 함의와 한계를 동시에 보여준다고 평가했다. 즉 한국사회에 출몰한 새로운 주체들에 대해 "새로운 가치와 문화의 생산자라는 잠재적인 저항의 주체로서의 가능성"을 부각하면서, 그럼에도 "소비자본주의와 문화산업의 자장 안에 포획"된 이중성을 지적하는 방식인 것이다. 이에 대해서는 이기형, 앞의 글, 149쪽.

20 박길성, 『한국 사회의 재구조화—강요된 조정, 갈등적 조율』, 고려대 출판부, 2003, 222~223쪽.

치들과의 부대낌이나 '시대착오'와 연관되는 자조적인 뉘앙스를 풍기면서도, 스스로를 '80년대 대학생활'을 통해 사회 변혁을 경험한 역사적 주체로 자리매김하는 자긍심을 드러내는 것이었다. 그러나 1990년대 후반에야 '386세대'라는 명명이 통용되었다고 해서, '386세대'로서의 주체 형성 자체가 그 즈음에야 비로소 시작된 것은 아니다. '386세대'로 동질화된 세대 명명 이전에, '80년대'와 '90년대'를 정치의 시대와 문화의 시대, 집단의 시대와 개인의 시대, 광장의 시대와 밀실의 시대 등과 같이 분절하고, 탈정치적이고 자기중심적이며 소비지향적인 '신세대'를 담론화하는 과정에서 '386세대'의 출현은 예비되어 있었다. 신세대 담론이 정점을 이루던 1990년대 초반 후일담 문학이 부상했던 것은 신세대와 386세대가 서로의 등을 맞대고, 배타적인 관계 속에서 생겨난 쌍생아임을 환기시킨다. 신세대를 담론화하는 과정에서 사실상 거의 동시적으로 386세대의 자기 서사화 작업이 이루어졌던 것이다. 이러한 자기 서사화를 바탕으로 사회문화적으로나 정치경제적으로 '세대'를 과시적으로 전면화할 수 있는 순간에 '386세대'라는 명명이 획득된 것이라고도 볼 수 있다.

> 90년 초부터 몰아친 신세대 문화, 'X세대 마케팅'은 5년 여가 지난 지금 용도폐기될 위기에 처했다는 분석이 많다. 댄스나 힙합, 레게가 이제 더 이상 신선하지 않다는 데서 고민은 출발한다. 결국 이 시대의 문화 마케팅은 **'진부해진 새로운 것' 대신 '새로운 진부한 것'을** 찾아내, 그것을 30대에게 '추억'이란 이름, 혹은 '고전'이란 상표로 마케팅하고 있다.
>
> 주머니가 넉넉한 30대를 겨냥한 문화는 그만큼 더 부가가치적이며, 재

---

21 「30대 …… 80년대 대학 다녔고 60년대 태어난 '386세대'」, 『동아일보』, 1997.02.23, 8면.

생산적일 수 있다는 점에서 매력적이다. 더욱이 **'검약'을 미덕으로 알던 구세대와 구세대에 경제적으로 예속돼 있는 신세대와 달리 소비도 미덕이 될 수 있다는 새로운 가치개념에 눈뜨기 시작한 30대들**에겐 문화의 질이 중요하지, 비용은 큰 문제가 되지 않는다. 고급문화 공간 '예술의 전당'의 주요 관객층이 30대라는 사실도 이를 뒷받침한다.(강조는 인용자)[22]

인용한 글은 1996년 12월 16일자 『한국일보』에 게재된 '386세대'에 대한 기획기사 중 일부이다. '신세대'의 문화가 '새로운 것'으로서의 상품성을 잃고 진부해진 자리에 30대의 문화가 "새로운 진부한 것"으로 부상하고 있다는 분석이 인상적이다. 문화 산업에서 30대의 구매력에 대한 일반적인 분석처럼 보이기도 하는데, 그렇기 때문에 '90년대'의 귀환에 대한 지금의 상식적인 분석과도 닮은꼴이다. 신세대를 소비지향적인 세대라고 담론화하고, 이러한 탈정치적인 개인에 대해 비판을 가하기도 했던 '30대'가 문화 산업의 새로운 소비 주체로 부상했음을 알리는 이 기사에서, 30대는 소비에 인색한 구세대와 경제력이 없는 신세대에 견주어 '소비도 미덕'이라고 말할 수 있는 경제적 여유와 교양이 부각된다.

이러한 여유와 풍요가 1997년 겨울 IMF 사태라는 경제적 재난과 더불어 한순간에 무너져버렸지만, 바로 그 재난 이전까지는 대학을 졸업한 30대 남성이 중산층 가정의 성실한 가장이 되는 것이 그리 어려운 일처럼 받아들여지지 않았다.[23] IMF라는 경제적 재난을 계기로

22 「'불모지대' 30대 문화가 살아난다」, 『한국일보』, 1996.12.16, 17면.

23 여성의 세대 경험은 다르게 재현될 수 있다. 세대 담론에서 여성의 세대 경험은 특별히 주목되지 않았다. 세대 담론에서 젠더나 지역, 계층 등에 기반한 차이들을 배제해 왔기 때문이다. 그러나 오찬호가 말했듯이, '세대 내'의 문제를 통해 '세대'의 복수성을 설명하는 작업을 통해 지금의 세대 담론의 문제들을 상대할 수 있을 것이다. 오찬호, 「소외된

"'검약'을 미덕으로 알던 구세대"는 구조 조정의 압박에, 그에 "예속돼 있는 신세대"는 비자발적인 장기 실업과 고용 불안에 시달렸다. IMF 체제 이후 386세대 역시 구조 조정이나 비정규직 문제로부터 자유로웠다거나 덜 구애받았다는 것은 아니다. 다만, 1990년대 중후반 건전하고 교양 있는 중산층을 꿈꿀 수 있는 '30대'로 재현된 경험이, 어쩌면 '80년대의 대학생활'이나 '87년의 역사적 경험' 못지않게 '386세대'를 이해하는 중요한 열쇠일 수 있다고 덧붙이고 싶다.

2010년을 전후로 폭발적으로 분출한 세대 담론은 과거 '386세대'였던 40·50대와 그들의 자녀 세대인 10·20대를 신구세대의 두 중심축으로 삼아 구성된다. 미국산 쇠고기 반대 시위 등을 통해 광장에서 주체적으로 자기 목소리를 발산한 '촛불세대'와 '386세대' 사이의 상호작용이나 전승, 연대 가능성 등을 논의하는 것이 단적인 예다.[24] 반면 그 사이에 '낀 세대'인 30·40세대의 주체화는 현재의 담론 장에서 상대적으로 덜 주목된 대신, 1993년을 전후로 한 문화적 분출과 신세대 담론이 재담론화되거나 문화상품으로 재가공되는 방식으로 호출되었다. 1990년대 대중문화와 소비의 영역에서 자유분방한 개인주의, 개성적인 취향과 라이프스타일의 추구 등으로 존재감을 드러냈던 새로운 주체들, 탈냉전 시대 민주화 이후의 아이들로 성장해 '정치적인 것'에서 '문화적인 것'으로의 전환을 보여주었던 새로운 세대는 다시 정치가 아닌 문화를 통해 호출된다.

1993년 처음 실시된 대학수학능력시험을 치르고 1994년에 대학에 입학한 '1975년생'들이 마흔의 문턱 앞에 선 2013년 하반기, 〈응답하

세대의 복원—386세대'內'에 대한 세대사회학적 접근」, 『사회과학연구』 제36권 제2호, 경희대 사회과학연구원, 2000.

24 문화과학 편집위원회, 앞의 글.

라 1994〉는 90년대를 추억하는 다양한 아이템들을 진열하며, '90년대의 대학문화'를 21세기에 호출했다. 제작진은 등장인물들의 대학과 입학년도를 아예 '연세대 94학번'이라고 특정하고, 이들을 통해 '90년대의 디테일'을 살려내고자 했다. 그러나 굳이 '연세대 94학번'이 아니라도 또 그 시절의 대학생이 아니라도 1990년대를 살아낸 사람들이라면 누구나 기억할 만한 굵직한 사건들 — 김일성 사망, 삼풍백화점 붕괴 사고, IMF 사태 등 — 을 언급하고, 서태지와 아이들, 공일오비, 대학농구, 슬램덩크, 삐삐, 시티폰, PC 통신 등 친숙한 '90년대산'들을 전시하며, 상경上京, 입학, 첫사랑 등 입사적인 경험을 서사화함으로써 시청자와의 공감대를 넓혔다.

드라마에서 특정대학과 학번은 1990년대 사회 운동의 흐름과 무관한 방식으로 '90년대식 대학문화'를 보여주는 설정으로만 이용된다. 연세대에 재학 중이지만 1996년 봄 등록금 투쟁 중의 노수석 사망이나 그해 여름 통일대축전 당시의 종합관 사태 등은 전혀 언급되지 않으며, 이러한 사건들이 이들의 일상에 흔적을 드리우는 일도 없다. 쌀시장 개방 반대 시위 유인물이나 '바위처럼'의 율동 장면 등은 개인과 사회, 일상과 정치 사이의 애매한 틈새를 보여주는 어떤 기호이거나 해프닝으로 스쳐지나간다. 〈응답하라 1994〉는 이 세대의 경험과 기억을 철저히 '문화적인 것'으로 선택하고 배열한 것이다.

드라마는 이들 세대가 '대한민국 최초의 X세대'이며, '아날로그와 디지털 그 모두를 경험한 축복받은 세대'[25]라는 점을 중요하게 부각시

---

25 〈응답하라 1994〉의 전반부(특히, 3화 '신인류의 사랑')는 "대한민국 최초의 X세대"를 설명하는 데 많은 부분을 할애한다. 최종회에서 드라마의 대미를 장식한 삼천포(김성균 분)의 내레이션에서 이에 대한 자긍심이 다시 확인된다. "이래 뵈도 우리는 대한민국 최초의 X세대였고, 한땐 오빠들에 목숨 걸었던 피 끓는 청춘이었으며, 인류 역사상 유일하게 아날로그와 디지털 그 모두를 경험한 축복받은 세대였다. 70년대 음악에, 80년대 영

킨다. 그런데 이러한 명명이나 세대 규정은 그들을 낯선 존재로, 그 이전에 없던 자기중심적이고, 소비지향적이며, 첨단 테크놀로지에 친숙하고, 유행의 변화에 민감한 세대 집단으로 규정하고자 했던 1990년대의 인식을 반복하는 것이다. 이렇게 '90년대 세대'가 정치적·역사적 경험보다 공통의 문화 경험을 중심으로 재현되는 것은 이 세대가 민주화 이후 경제적으로나 문화적으로 풍요로운 시대에 청소년기를 보내고, 대학에 입학한 후에 이전보다 다양한 문화를 상대적으로 자유롭게 경험할 수 있었던 데 기인할 것이다. 한편으로는 소주방, 노래방, 비디오방과 같은 온갖 '방'들이, 다른 한편으로는 시네마테크와 인디음악 공연이 있는 클럽 등의 새로운 문화 공간이 이들의 청년기와 함께 했다. 그러나 'IMF 사태'라는 경제적 재난은 재난 자본주의를 발동시켰고, 이 세대로 하여금 '고용의 불안정'을 숙명처럼 받아들이도록 했으며, 한정된 시간 동안 더 많은 '스펙'을 쌓는 자기 계발에 몰두하도록 부추겼다.

'90년대 세대'는 정치 과잉의 시대에서 탈정치의 시대로 이행한 세대이기도 하지만, 그 누구보다도 벤처 신화 같은 대박의 꿈을 선망하거나 온갖 종류의 고시에 매달리며 안정을 희구한 세대이기도 하다.

화에, 촌스럽다고 비웃음을 던졌던 나를 반성한다. 그 음악들이 영화들이 그저 음악과 영화가 아닌 당신들의 청춘이었고 시절이었음을, 이제 더 이상 어리지 않은 나이가 되어서야 깨닫는다. 90년대를 지나 쉽지 않은 시절들을 버텨 오늘까지 잘 살아남은 우리 모두에게 이 말을 바친다. 우린 참 멋진 시절을 살아냈으며, 빛나는 청춘에 반짝였음을, 미련한 사랑에 뜨거웠음을 기억하느냐고, 그렇게 우리 왕년에 잘 나갔었노라고, 그러니 우리 어쩜 힘겨울지도 모를 또 다른 시절을 촌스럽도록 뜨겁게 살아내 보자고 말이다. 뜨겁고 순수했던, 그래서 시리도록 그리운 그 시절. 들리는가. 들린다면 응답하라, 나의 90년대여." 백소연은 〈응답하라 1994〉에 관한 논문에서 특정한 경험을 의미화하는 내레이션의 특권성을 분석한 바 있다. 이에 대해서는 백소연, 「살아남은 자들의 기억, 1990년대 재현의 양상—tvN 〈응답하라 1994〉(2013)을 중심으로」, 『대중서사연구』 제20권 3호, 2014.12 참조.

최근의 영화와 드라마는 이들을 'IMF세대'로 적극적으로 명명하거나 서사화하지 않는 대신 IMF 이전의 말랑말랑한 첫사랑의 시간을 재현하려고 몰두하고 있다. 이는 현재의 불안정과 위기의식의 상당 부분이 1997년의 경제적 재난에 기원을 두고 있으며 그러한 재난의 구조가 여전히 지속되고 있다는 무의식 때문일 수 있다. 김대중 정부는 "1년 만에 IMF를 졸업하겠다!"고 약속하고 실행했지만, 그 이후란 '90년대 세대'가 대학을 졸업했어도 1990년대 중반의 '386세대'처럼 건전하고 교양 있는 중산층의 꿈 따위를 꾸어보지도 못하거나 그러한 꿈을 슬며시 놓아버린 것을 모른 척 지나온 과정인 것이다. 물론, 이러한 식으로 '90년대 세대'가 암울하게 20세기에서 21세기로 건너왔다고 하는 것은 성별과 계층, 지역, 학벌에 따른 차이들을 배제함으로써 세대라는 가상의 공동체를 균질적으로 상상한 데서 가능한 말이다.

현재의 문화 산업은 IMF 이전 '짧은 황금기'의 문화적 공통 경험을 바탕으로 '90년대 세대'를 호출한다. 근래 방송가에서 활약이 두드러지는 '90년대 학번' PD와 작가들,[26] 그리고 이들과 함께 작업하는 연예인들, 여전히 문화 생산자로서 활발하게 활동하는 동시대의 뮤지션들, 여전히 전성기를 구가하는 30・40대의 여배우들은 마치 지금 '90년대 세대'가 전성기를 맞은 듯 착각을 불러일으킨다. 그리고 이들이 등장하는 드라마나 각종 예능 프로그램, 영화나 음악 등을 통해, 또 한때 풍요로웠으며 여전히 풍부한 근접과거passé récent이자 현재완료진행형의 '문화'라는 이름으로 상품화된 기억을 통해, 그것이 비록 판타지

---

26 〈응답하라 1994〉가 화제를 불러오고 '90년대'의 문화적 소환이 활발해지자, 이와 관련해 김태호, 나영석, 신원호 등 방송가의 90년대 학번PD에 주목하는 기사들이 여럿 기획되었다. 「"응답하라, 90년대 가요" 90년대 학번 스타PD들의 힘」(『국민일보』, 2014.7.15)과 같은 기사가 대표적일 것이다.

라고 해도 자기 세대를 긍정할 수 있는 가능성들을 발견하게끔 한다.

〈응답하라 1994〉에서 "저주받은 94학번"을 다독이고 격려하는 내레이션들과 그 시절의 가요, 그리고 더는 존재하지 않는 추억의 물품들(카세트테이프, 삐삐, 씨티폰 등등)은 이 세대에 자기 서사화를 위한 공간을 내어준다. 이러한 자기 서사화에는 양면성이 있다. 우선 그것은 기억과 망각의 동시 작용이 이루어지게끔 한다. 가령, 첫사랑과 청춘의 낭만을 상기함으로써 사회의 구조적 모순이 야기한 세대, 계층, 젠더, 지역 간의 적대를 무화하거나 망각하게끔 하는 것이다. 사회의 모순보다 개인의 운을 탓하고, "결국 지금 내가 발 딛고 있는 이 지점은 과거 그 무수한 선택들의 결과"(8화)임을 인정하면서, "우리 어쩌면 힘겨울지도 모를 또 다른 시절을 촌스럽도록 뜨겁게 살아내 보자"고 서로를 격려한다. 이러한 격려란 이미 마흔의 문턱을 넘었던 많은 이들이 중년의 삶에 대한 불안과 두려움을 "브라보, 마이 라이프!"로 무마해왔듯이, 또 지금의 이 세대가 신자유주의 체제에서 끊임없는 '자기 계발'의 다짐을 반복하며 버텨왔듯이, 삶의 어떤 국면에서의 불안에 순간적인 위로를 던지는 것일 수도 있다.

〈응답하라 1994〉가 20년 전의 과거와 지금의 사건들을 어떤 연속성이나 인과율 안에 배열하고 의미를 부여하려는 자기 서사화의 기획이라고 할 때, 마치 '기억의 원시안遠視眼'처럼 상대적으로 또렷하게 맺히는 과거의 상들에 무게를 싣는 것이 그 기획의 밑바탕에 있다. 드라마에 등장하는 어떤 인물도 현재의 불안이나 막연한 두려움에 오래 머물러 그것들을 사유하지는 않는다. 성나정의 주상복합아파트에 모인 친구들은 주식이나 대출금, 육아나 교육문제 등의 화제를 나누기도 하지만, 이러한 화제가 심각하게 진행되지는 않는다. '90년대'의 일상을 핍진하게 그려냈다고 평가된, 그래서 오히려 '옥에 티'가 관심을 끌기도 했던, 이 드라마에서 어쩌면 가장 비현실적으로 낭만화되고 있는 것은 20년 전의 과거가 아니라 바로 지금(2013년)이다. 성나정과 친구들의 '첫사랑'이 이루어졌다고 말하는 지금, 성나정의 안락한 아파트에서 20년 전과 다름없이 텔레비전 앞에 친구들이 모여서 어떤 과거의 시간을 추억하는 상황, 모두가 여전히 따뜻한 우정을 나누는 바로 여기다.

4. 유동하는 과거, 기억하려는 의지

〈나인―아홉 번의 시간여행〉(2013)은 시간여행이라는 장치를 통해 20년 간격의 과거와 현재를 병치한다.[27] 여기서 과거는 플래시백을 통해 재현되는 회상의 시간이 아니라, 주인공이 현재를 교정하기 위해 돌아가는 또 다른 차원의 시간이다. 그래서 이 드라마에서 과거는 이미 그가 살아낸 완료형이자 당장 그 앞에 놓인 근접미래형이며, 지금 진행 중인 현재형이다.

잠시 〈나인〉의 시간여행을 간추려보자. 〈나인〉은 짧은 프롤로그가 지나고, 2012년 12월 네팔에 도착한 박선우를 보여주며 시작된다. 뇌종양으로 시한부 삶을 선고받은 CBM의 기자이자 뉴스앵커인 박선우는 1년 전 네팔 히말라야에서 동사한 형의 유품을 수습하고 돌아온다. 형이 죽는 순간 손에 쥐고 있었다는 향을 피운 그는 20년 전 과거로 미

27 〈나인〉은 2012~2014년 사이 일련의 시간 여행 모티브 드라마의 붐 속에서 접근되어야 하는 측면이 있다. 박명진은 드라마 〈나인〉의 시간 여행이 '메니페아menippea적 상상력'에 기반하여 현실과 환상을 혼효하되, 그것이 겨냥하는 바는 현재의 모순이나 부조리의 풍자가 아니라 판타지의 쾌락과 지적 유희라고 지적했다. 박명진, 「텔레비전 드라마 〈나인〉에 나타난 시간 여행의 의미 연구」, 『어문논집』 59집, 중앙어문학회, 2014.

끄러져 들어가는데, 처음에는 환각이라 생각했으나 몇 가지 단서와 형이 남긴 메모를 통해 그것이 시간여행의 열쇠라는 것을 알게 된다. 그는 다시 네팔로 돌아가 형이 그토록 찾고 싶어 했던 9개의 향을 손에 넣는다. 그리고 "우리 가족 모두 행복했던 그 시절로 돌아가고 싶다"는 형의 소원대로 과거를 바꾸기 위해 시간여행을 한다.[28]

그는 형이 바꾸어놓고 싶은 과거가 두 가지였다고 생각한다. 아버지를 살리는 것과 사랑하는 여인과 결혼하는 것. 거기에 덧붙여 선우는 아버지의 죽음 이후 부정한 방법으로 병원을 강탈하고 온갖 음모와 협잡을 서슴지 않았음에도 줄기세포 연구와 신약 개발로 국민적 영웅이 된 최진철을 단죄하고 싶어 한다. 그러나 과거로 돌아가 같은 시간을 다시 살아본다고 해도 아버지는 살릴 수 없었고, 형의 결혼이 자신에게는 더 나쁜 현재 — 연인(주민영)이 조카(박민영)로 바뀌는 — 를 가져왔으며(6화), 아버지의 죽음에 얽힌 충격적인 비밀을 알게 되었고, 향을 쓸수록 그의 건강 상태는 더 빠르게 악화되어 갔다. '그때 거기'로 돌아가 아직 별 볼 일 없는 시절의 최진철을 무너뜨리는 것도 쉽지 않을뿐더러, 과거 속의 선우 역시 목숨이 위태롭다. 그는 과거를 바꾼다고 해서 행복한 현재가 보장되는 것이 아니라고 깨닫지만, 과거와 현재의 사람들이 어떤 '의지'를 갖게 되면서 그 자신은 시간의 함정에 빠져버리게 된다.

〈나인〉에서 시간은 오로지 과거로만 미끄러진다. 그러나 비록 과거와 기억, 경험, 감정, 정서 등이 선택적으로 재조직된다고 해도, 시

---

28 시간여행을 가능하게 하는 이 향에는 몇 가지 제약이 있다. 첫째, 향이 데려가는 과거는 20년 전 오늘 바로 그 시간이다. 둘째, 하나의 향이 다 타는 데 걸리는 시간은 30분. 따라서 그가 과거에 머물 수 있는 시간도 30분이다. 이때 과거에서 현재로, 현재에서 과거로 물건의 이동이 가능하다. 셋째, 향은 모두 아홉 개, 과거로 돌아가서 30분을 머무는 것도 아홉 번뿐이다.

간여행자 그리고 시간(과거–현재)에 대하여 어떤 강한 의지를 가진 자들은 결코 동시에 존재할 수 없는 여러 기억들과 그 기억들에 대한 기억을 소유할 수 있는 것으로 그려진다. 애초의 시간여행은 더 나은 현재를 만들기 위해 과거의 어떤 것을 바로잡는 것, 말하자면 '나쁜 기억'을 지우고 부정한 현재를 교정하기 위한 것이었지만, 과거로의 시간여행이 반복될수록 새로운 기억이 더 추가되고, 기억을 소유한 자들의 의지에 따라 복수의 기억으로 증폭된다. 그리하여 이 드라마는 시간과 기억, 그리고 기억하려는 의지의 문제를 전면화한다.

일반적으로 간주되듯이, 향수가 현재 봉착한 정체성의 위기와 미래에 대한 전망 부재에서 나타나는 퇴행적이고 반동적인 감정이라면, 〈나인〉의 서사는 결코 복고적인 향수에 기대지 않는다. 〈나인〉은 오히려 '과거에 대한 향수nostalgia'가 아니라 '과거 회귀에 대한 공포nosto-phobia' 그리고 그것의 치유 과정을 담는다.

이 드라마에서 '과거 회귀에 대한 공포'는 여러 층위에 잠복되어 있다.

우선, 선우가 돌아가는 20년 전, 즉 1993년 12월은 '안락한 가정'의 환상이 완전히 산산조각 나버린 시간이다. 병원장인 아버지는 의문의 화재사고로 사망하고, 어머니는 말을 잃고 정신을 놓아버렸으며, 형은 어린 동생을 놓아두고 떠나버렸다. 박선우에게 1993년 12월 이후 20년 간은 '원한'과 '분노'의 시간인데, 그 대상은 그가 아버지를 살해했다고 믿고 있는 최진철에게 향해 있다. 선우는 최진철에 대한 복수심과 원한으로 자신의 청춘을 낭비했다고 말한다. 20년 전 과거는 그의 인생에서 가장 돌이키고 싶지 않은 고통스러운 시간들인 것이다.

둘째, 현재의 상황을 교정하기 위해 과거로 돌아가서 무언가를 바꾸면 그 결과가 자신의 기대를 배반한다는 것을 깨달은 후, 선우는 과거로 돌아갈 수 있다는 것 자체가 저주임을 알게 된다. 과거로 돌아갈 때마다 더 나쁜 현재와 마주해야 했던 그는, 남은 향이 시한부의 삶을 연장할 수 있는 기회가 될 수도 있었음에도 과거에 두고 온다. 죽음보다도 과거 회귀가 야기할 예측 불가능한 결과가 더 두려운 것이다.

셋째, 〈나인〉에서 서사가 진행되는 두 시간, 즉 과거와 현재(2012년 12월과 1992년 12월, 2013년 봄과 1993년 봄) 사이의 20년은 '유동하는 과거'와 '재구성된 기억'을 무한히 축적해도 다 채워지지 않을 휑한 공간과 같다. 이 20년(15년)은 복수의 기억이 축적되는 아카이브일 뿐, 구체적으로는 재현되지 않는다. 특히 이 드라마는 선우가 대학에 입학한 후부터 2007년 주민영을 만나기 전까지의 시간에 대해서는 마치 의식적으로 건너뛰듯이 대사를 통해서도 설명하지 않는다. 〈응답하라 1994〉가 언급했던 온갖 대형 사고들과 IMF 사태를 건너뛰고, 보수 진영에서 말하는 소위 '잃어버린 10년'을 건너뛰고, 박근혜 정부의 출범과 김영삼 정부의 출범 그 사이에서만 시간의 추가 진동하고 있는 것이다.

이 드라마는 2013년 현재를 살고 있는 당신들이 생각하는 것처럼 과거는 그렇게 아름답고 충만하지 않으며, 지금의 당신을 만든 것은 바로 과거 당신 자신의 선택들이었다고 주지시킨다. 과거를 낭만화한다거나 그때는 어쩔 도리가 없었다는 식의 자기 합리화가 아니라, 과거의 자기로부터 주체적이고 적극적인 의지를 확인하는 방식으로 현재의 나를 긍정하는 것이다. 〈나인〉에서 끊임없이 과거로 돌아가는 행위란 어떤 과거를 이상적으로 고착화하기 위해서가 아니다. 언제나 현재로부터 20년 전의 과거로만 돌아갈 수 있기 때문에 시간여행자 선우는 늘 다른 과거로 이동한다. 시간은 계속해서 움직이고, 과거는 재조직되며, 그것을 주도하는 것은 기억하는 행위이다.

드라마의 마지막 장면은 1년 전 네팔에서 동사하기 직전의 형에게 손을 내미는 선우를 보여준다. 프롤로그와 연결되는 이 마지막 장면은 선우가 평행하게 병치된 현재와 과거 사이를 오가는 것이 아니라 나선형의 시간 구조를 미끄러지며 여행해왔고, 그러기에 이 시간여행이 끝나지 않을 것임을 암시한다. 〈나인〉에서 과거는 아름답고 낭만적인 것이 아니라 고통스럽고 괴로운 것이다. 이 공포를 버티게 해주는 것은 그 과거 속에 단 30분만 머물 수 있다는 제약이지만, 아직 '일어나지 않은 과거'에서 어떠한 사건을 마주하게 될지 그리고 그 결과는 무엇인지 예측할 수 없기에 시간여행은 불확실성에 대한 두려움을 동반할 수밖에 없다. 그럼에도 불구하고 선우는 끊임없이 과거를 기억하고 그 과거 속에 갇혀진 형제를 구하기 위해 다시 운명과 싸우는 시간여행을 감행하는 것이다.

한편, 애초에 선우를 시간여행을 이끈 것이 20년 동안 그를 떠나 떠돈 형에 대한 애증과 애도였던 만큼, 선우와 형 진우 사이의 관계는 이 드라마에 대한 또 다른 해석을 가능하게 한다. 선우가 과거로 돌아가서 알게 된 충격적인 비밀은 형 진우가 실은 부친을 살해한 범인이었고, 그가 그토록 증오한 최진철의 아들이라는 것이다. 최진철의 협박에 병원을 넘기고 미국으로 도주해버린 형이, 사실은 최진철이라는 괴물을 만든 공모자였던 것이다. 다시 구성된 과거에서, 박선우가 살려낸 형은 자수하지 않고 사랑하는 여인과 결혼하여, 그녀의 딸 민영의 아버지로 살고 있다. 그리고 내내 신경불안과 우울증, 약물중독에 시달리다 결국 자살한다. 이후 또 다시 구성된 과거를 통해, 형은 비로소 현재에서 온 선우에게 설득되어 자수하고, 속죄하고, 봉사하는 삶을 산다. 그렇다고 해도, 박선우는 형을 완전히 용서하지는 않는다.

선우와 아홉 살 터울이었던 형 진우(아마도 1966년생)와 참여 정부의 황우석 스캔들을 떠올리게 하는 최진철 사이의 혈연관계는 이 모든 사태의 전망을 밝히는 데 중요한 고리이다. 기껏 20년 전으로만 갈 수 있는 선우는 진실을 덮으려는 그들 사이의 공모를 예방할 수는 있지만, 아버지로부터 사랑받지 못한 진우의 성장기나 '부정하고 비열한 친부'라는 존재를 지울 수는 없다. 20년 전으로 돌아간 그는 형이 앓아온 병의 원인들을 발견하고, 현재의 상황들을 바꾸어보고자 했다. 하지만 어떻게 해도 모두가 행복하게 화해하는 방법은 없었다. 형의 과거를 바꾸고 가족의 비극을 막아내서 현재를 교정하고자 하는 선우의 노력은 늘 한계에 부딪친다. 공정하고 정확한 팩트에 기반하는 보도를 강조해온 뉴스 앵커 선우에게 기억의 아카이브는 기억을 축적하고 논리적으로 질서를 부여하는 과정까지는 진행할 수는 있어도, 기억을 덮어쓰는 방식으로 망각 작용을 진행하는 것이 불가능하다. 어떤 것을 기억해 내기 위해서는 강한 의지를 가져야 하는데, 어떤 것을 임의적으로 망각하는 것은 그보다 더 초인적인 의지를 가져야 가능한 일이며, 사실상 완전한 망각은 불가능하다.

이러한 측면에서, 〈나인〉은 〈응답하라 1994〉와 의미심장하게 대비된다. 〈나인〉에서 주인공 박선우의 '과거 회귀에 대한 공포'와 그 치유 과정("향이 내 의지를 끊임없이 비웃어왔지만, 끝까지 해봐야지 않겠어? 행복해질 희망이 남아있는 이상")은 또 다른 방식으로 자기 세대의 이야기를 만드는 작업을 은유하는 것이 될 수 있다. 드라마는 기억 작용과 기억하는 주체의 의지를 전경화함으로써 과거의 낭만화를 거부한다. 이 반복되는 '갱생' 작업을 신자유주의식 발상으로 환원할 수도 있겠지만, 이 드라마가 과거의 시간과 기억을 복수화하고, 운명의 힘을 거슬러 현재를 교정하려는 기억 주체에 급진성을 부여하고 있다는 점은 강조할 필요가 있다.

또한, 〈나인〉은 '90년대 세대'가 문화 산업의 영역에서 어떻게 정치를 말하고자 하는지를 상기시킨다. 물론 이 드라마의 제작진이 그 점을 강하게 의식하고 있었다고는 할 수 없다. 그러나 기억과 시간에 대한 성찰을 담고 있는 〈나인〉이 2013년 봄, ― 2012년 12월 대통령 선거 이후의 상실과 분노, 좌절과 무기력 등이 완전히 해소되지 못한 ― 대통령의 방미 중 청와대 대변인의 추태가 연일 방송에서 흘러나오며 국가기관의 대선 개입에 대한 의혹을 거의 확신해도 될 것 같았던 그 시점에 방영되었다는 점은 이 드라마의 수용과 확산 효과에 중요하게 작용했다. 드라마에서 '현재'의 시간이 대통령선거 직후로 설정되었던 만큼, 도대체 20년 전 그날 무슨 일이 있었는지라는 질문은 대단히 복잡다단한 층위를 가질 수도 있었던 것이다.

2012년 12월, 네팔에서 휴가를 마치고 돌아와 '뉴스투나잇'의 데스크에 앉은 박선우는 그가 20년 동안 증오해왔던 최진철과 인터뷰하게 된다. 이제는 생명과학계의 무소불위의 실력자가 된 최진철에게 그는 명세병원그룹의 비리와 비윤리적인 연구 행위에 대한 질문을 퍼붓고, 다음과 같은 멘트로 뉴스 진행을 마친다.

> 결과에 환호하기 전에 과정을 점검해야 하고, 과정이 옳아야 결과가 옳다. 모두가 알고 있지만 어디에서도 잘 지켜지지 않는 원칙이죠. 명세병원이 이루어낸 놀라운 성과와 그 과정의 의혹은, 이제 긴 행보를 시작해야 할 박근혜 당선자 진영에도 시사하는 바가 클 것입니다.

여기서 두 가지 사건을 떠올리게 된다. 하나는 2005년 국민적 영웅에서 사기꾼으로 추락한 황우석 스캔들이고, 다른 하나는 여전히 해소되지 않은 국가정보원의 대선 개입 의혹이다. 황우석 스캔들의 결말을 알고 있는 우리는 최진철이 아무리 강력하게 부인하더라도 박선우가 제기한 의혹이 사실일 것이라고 짐작한다. 그렇다면, 국가정보원의 대선 개입 의혹은 어떻게 될 것인가. 2012년 12월 21일 박선우는 최진철을 겨냥했지만, 박근혜 정부가 공식적으로 출범한 후에도 여전히 국가기관의 대선 개입 의혹이 사그라지지 않았던 2013년 봄 박선우의 클로징은 의미심장한 메시지처럼 읽힐 수도 있을 것이다.[29]

주창윤은 2011년 전후 한국 사회의 다양한 문화적 욕구들이 폭발하여 새로운 형식의 텍스트, 담론, 의례 등이 부상했다고 하면서, 이러한 문화현상에는 위로, 분노, 정의감, 연대감, 공감과 같은 정서를 기반으로 구성된 '정서적 허기'가 있다고 주장한 바 있다.[30] 경제적으로는, 청년실업, 비정규직 양산, 경제양극화, 주거 불평등의 심화, 정치적으로는 이명박 정부의 진정성 부재, 경찰과 검찰의 부조리, 문화적으로는 언로에 대한 규제와 주류 언론의 친정부적 양태 등이 이러한 정서 구조를 부상하게 한 배경이라고 설명하는데, 그에 따르면 이 '정서적 허기'는 2002년 이후의 '참여적 즐거움'이나 '변화를 위한 열망'과는 다른 '울분'과 연관되어 있다는 것이다. 이러한 '울분'이 영화 〈레미제라블〉이나 〈변호인〉 관람처럼 2012년 12월 이후 민주주의의 가치를 옹호하고 신자유주의에 대하여 비판적인 어떤 문화 실천들 — 자기 투사, 과잉 해석 — 로 이어지고 있다고 가정해 볼 수 있다면, 이러한 컨텍스트 속에서 〈나인〉을 다시 읽는 것도 가능하리라. 그러나 이러한 문화 실천들이 이미 거대 자본(예컨대, CJ E&M)에 의해 유통되는 문화 산업 안에서 안전하게 허용된 것임을 우리는 또한 잘 알고 있다.

---

29 이러한 열린 해석이 가능해지는 것은 지금의 텔레비전 드라마가 SNS와 같은 '온라인 구전 공간'과 다양한 바이럴viral 효과를 통해 당시의 사회적 이슈와 연관성을 형성하며 다층적으로 수용되는 환경 속에 있기 때문이다.

30 주창윤, 「좌절한 시대의 정서적 허기 — 윌리엄스 정서의 구조 개념 비판적 적용」, 『커뮤니케이션 이론』 8권 1호, 한국언론학회, 2012.

5. '90년대'의 '청춘'을 기념하기

이 글은 '90년대'의 문화적 소환을 대중문화의 기억 산업의 장 안에서 전개된 '90년대 세대'의 자기 서사화 기획으로서 조명하고자 했다. 한국에서 1990년대는 '386세대'와 '신세대', 'X세대', 그리고 심지어 'IMF세대'에 이르기까지 '세대'에 대한 각종 명명과 구별짓기가 활발했던 시대였으며, 이 시기에 대학을 다닌 이들 대부분이 이러한 세대적 명명에 의해 호출당한 경험을 공유하고 있다. 그러나 이러한 세대 담론 자체가 '민주화 이후의 시간'이라는 1990년대의 의미화 과정 속에서 도출되었던 만큼, 이 세대는 '90년대'를 통과하며 성장했으나 자기 세대의 주체적인 서사화의 기회는 갖지 못했다고 할 수 있다. 이러한 의미에서 최근 1990년대의 문화적 소환은 현재의 방향 상실과 위기의식 못지않게, '90년대'에 20대를 보냈던 이들이 그 당대의 문화와 일상을 다시 쓰고 의미화함으로써 자기 세대의 이야기를 만들어내는 일종의 기억 투쟁이라고 할 수 있을 것이다.

이는 1990년대 중반 드라마 〈모래시계〉가 불러일으켰던 사회적 반향이 정치적 주체로서의 '386세대' 담론으로 전유된 양상과는 분명 다른 것이다. 민주화 이후의 상대적인 풍요를 누리던, 그리고 IMF 체제라는 경제적 재난이 아직 도래하지 않았던, 1995년의 시점에서 '80년대'를 한국 사회의 민주화를 위한 투쟁의 시간이자 진보의 시간으로 조명하는 작업은 '386세대'의 정치적 주체화와 긴밀하게 연관될 수 있었다. 그러나 유토피아적인 전망이 부재하는 지금의 시점에서, 바로 그러한 극과 극의 시간을 살아냈던 '90년대'를 소환해내는 작업이 '90년대 세대'의 정치적 주체화로 이어질 수 있는지는 미지수다.

지난 몇 년 간 '청춘'이 화두가 되고 누구나 멘토를 자임하는 사이,

10 · 20세대와 40 · 50세대 사이의 '낀 세대'인 '90년대 세대'가 '90년대'를 향수하며 자신의 청춘을 애도하고 기념하는 방식은 분명한 한계 안에 있다. 최근 대중문화 영역에서 문화 생산자이자 소비자로서 '90년대 세대'는 주도적인 영향력을 행사하고 있지만, 이러한 세대의 자기 서사화가 갖는 효과는 그만큼 대중문화, 그 가운데에서도 텔레비전 드라마나 영화와 같은 '올드 미디어'를 통과해 또 다른 기억 상품의 구매라는 방향으로만 확산되었다.

그러나 미래에 대한 전망이 부재하거나 흔들릴 때 향수가 과거의 경험과 기억에서 정체성의 자원을 길어온다는 것[31]을 상기하면, 향수가 언제나 현실 도피, 과거에 대한 이상화 그 자체와 동일화되는 것만은 아니다. 더구나 시간의 난비亂飛라는 위기와 마주해 1990년대를 돌아본다는 것은, 오늘보다 내일이 더 나으리라는 진보로의 직선적인 지향성을 넘어서 지금과 다른 어떤 시간의 공간화를 통해 머무름과 지속성, 그리고 성찰의 자리를 마련하는 계기가 될 수도 있으리라 기대한다. 지금 90년대 세대는 일상에서, 광장에서, 그리고 어떤 다른 장소에서 문화와 정치의 경계를 다시 분할하는, 미약하지만 의미 있는 첫걸음을 내딛은 것인지도 모른다.

---

31 김홍중, 「골목길 풍경과 노스탤지어」, 『경제와 사회』 제77호, 비판사회학회, 2008, 159쪽.

◎초출일람

문명적 이상의 굴절과 진보하는 시간

송민호, 「문명적 이상의 굴절과 진보하는 시간」, 『한국학연구』 38집, 인하대 한국학연구소, 2015.

진화 · 후진성 · 1차 세계대전—『학지광』을 중심으로

김동식, 「진화(進化) · 후진성(後進性) · 1차 세계대전—『學之光』을 중심으로」, 『한국학연구』 37, 인하대 한국학연구소, 2015.5.

1910년대의 혁명—3 · 1운동 전야의 개념과 용법을 중심으로

권보드래, 「1910년대의 혁명—3 · 1운동 전야의 개념과 용법을 중심으로」, 『개념과소통』 제15호, 한림대 한림과학원, 2015.

1960년대 경제엘리트의 진보와 주체인식—생산성본부 미국시찰단을 중심으로

황병주, 「1960년대 경제엘리트의 진보와 주체인식—생산성본부 미국시찰단을 중심으로」, 『한국학연구』 제33집, 인하대 한국학연구소, 2014.

영성과 모더니티—생명, 씨올, 율려로 본 한국적 진보의 궤적

이철호, 「영성과 모더니티—생명, 씨올, 율려로 본 한국적 진보의 궤적」, 『한국학연구』 제35집, 인하대 한국학연구소, 2014.

1950년대 '진보' 개념의 변화와 반공주의 내면화의 문제

김준현, 「1950년대 '진보'개념의 변화와 반공주의 내면화의 문제」, 『한국학연구』 제35집, 인하대 한국학연구소, 2014.

한국 현대지성사에서 '한신'이 가지는 의미

김건우, 「한국 현대지성사에서 '한신'이 가지는 의미」, 『상허학보』 42집, 상허학회, 2014.

1960년과 김구—추모·진상규명·통일론의 다이어그램

공임순, 「1960년과 김구—추모·진상규명·통일론의 다이어그램」, 『한국학연구』 제35집, 인하대 한국학연구소, 2014.

신여성과 일본군위안부라는 문지방들—목가적 자본주의의 폐허에서 식민지 섹슈얼리티 연구를 돌아보며

이혜령, 「신여성과 일본군 위안부라는 문지방들—목가적 자본주의의 폐허에서 식민지 섹슈얼리티 연구를 돌아보며」, 『여성문학연구』 제33호, 한국여성문학학회, 2014.

시는 어떻게 진보에 기여하는가?—후진성·진보·새로움·시

강웅식, 「시는 어떻게 진보에 기여하는가?—후진성·진보·새로움·시」, 『한국학연구』 제33집, 인하대 한국학연구소, 2014.

프롤레타리아 문학과 대중화—또는 문학운동과 외부성의 문제

차승기, 「프롤레타리아 문학과 대중화—또는 문학운동과 외부성의 문제」, 『한국학연구』 제37집, 인하대 한국학연구소, 2015.5.

'생활'하는 '주의자'들—〈'김병화'傳〉으로 읽는 『삼대』

박헌호, 「'생활'하는 '주의자'들—〈'김병화'傳〉으로 읽는 『삼대』」, 『반교어문연구』 40집, 반교어문연구회, 2015.8.

무대 위의 러시아, 번역된 고리키—고리키의 〈나 드네〉에서 함대훈의 〈밤酒幕〉까지

문경연, 「무대 위의 러시아, 번역된 고리키—고리키의 〈나 드네〉에서 함대훈의 〈밤酒幕〉까지」, 『한국학연구』 제35집, 인하대 한국학연구소, 2014.

백낙청의 민족문학론을 통해본 1970년대식 진보의 한 양상

손유경, 「백낙청의 민족문학론을 통해본 1970년대식 진보의 한 양상」, 『한국학연구』 제35집, 인하대 한국학연구소, 2014.

자생적인 실천적 이론, 그 성공의 시대—1980년대 류해정의 춘극론·대동놀이론과 실천

이영미, 「류해정의 춘극론·대동놀이론과 그 작품적 실천」, 『한국극예술연구』 제46집, 한국극예술학회, 2014.

1980년대 운동사회의 감성—애도의 정치와 멜랑콜리 주체

김정한, 「1980년대 운동사회의 감성—애도의 정치와 멜랑콜리 주체」, 『한국학연구』 제33집, 인하대 한국학연구소, 2014.

1980년대 운동권에 대한 기억과 진보의 감성—김영현·박일문·공지영의 90년대 소설을 중심으로

조윤정, 「1980년대 운동권에 대한 기억과 진보의 감성—김영현·박일문·공지영의 90년대 소설을 중심으로」, 『민족문화연구』 제67권, 고려대 민족문화연구원, 2015.

'90년대'를 돌아보기—세대의 기억상품과 자기서사

이화진, 「'90년대'를 돌아보기—세대의 기억상품과 자기서사」, 『대중서사연구』 제20권 제3호, 대중서사학회, 2014.12.

◎필자 소개

송민호 宋敏昊, Song Minho

서울대학교 국어국문학과 및 동 대학원 졸업. 현 홍익대학교 국어국문학과 교수. 개화기에서부터 근대 문예 형성기 및 식민지 시기를 주요 연구 대상으로 하여, 언어, 미디어, 지식, 과학 등의 다양한 주제에 폭넓은 관심을 가지고 연구하고 있다. 저서로 『이상(李箱)이라는 현상－작가 이상이 경험한 동시대의 예술과 과학』 등이 있다.

김동식 金東植, Kim, Dong-shik

인하대학교 한국어문학과 교수. 서울대학교 국어국문학과 및 동 대학원 졸업. 주요 논문으로 「신소설과 철도의 표상」, 「리얼리즘의 승리와 텍스트의 무의식」, 「1910년대 이광수의 문학론과 한국 근대문학의 비(非)민족주의적 기원들」 등이 있으며, 지은 책으로는 『냉소와 매혹』, 『소설에 관한 작은 이야기』, 『기억과 흔적』, 『잡다(雜多)』 등이 있다.

권보드래 權보드래, Kwon, Boduerae

고려대학교 국어국문학과 교수. 지은 책으로 『한국 근대소설의 기원』, 『연애의 시대』, 『1910년대, 풍문의 시대를 읽다』, 『신소설, 언어와 정치』가 있고, 함께 쓴 책으로 『1960년을 묻다』, 『아프레걸, 사상계를 읽다』 등이 있다.

황병주 黃秉周, Hwang Byoung-joo

한양대 사학과 박사졸업(한국 현대사). 국사편찬위원회 편사연구사. 저서로는 『박정희 시대의 새마을 운동』(공저), 『대중독재』(공저), 『근대를 다시 읽는다』(공편저), 『1970 박정희 모더니즘』(공저)이 있다.

이철호 李喆昊, Lee Chul-ho

동국대학교 다르마칼리지 조교수. 지은 책으로는 『영혼의 계보－20세기 한국문학사와 생명담론』이 있고, 함께 쓴 책은 『센티멘탈 이광수』, 『문학과 과학』 Ⅰ·Ⅱ, 『저수하의 시간, 염상섭을 읽다』 등이 있다. 주요 논문으로 「우주종교로서의 개벽사상」, 「카프 문학비평의 낭만주의적 기원」, 「사상계 초기 서북계 기독교 엘리트의 자유민주주의 구상」, 「장치(dispositif)로서의 연좌제」 등을 발표했다.

김준현 金埈顯, Kim, Jun-hyun

고려대학교 국어국문학과 강사. 논문으로 「'방공'과 '반공'의 변증법」, 「한국전쟁기 문인들의 전쟁인식과 문예지」, 「1940년대 후반 정치담론과 문학담론의 관계」, 함께 지은 책으로 『반공주의와 한국문학의 근대적 동학』 등이 있다.

김건우 金建佑, Kim, Kun Woo

서울대학교 국어국문학과 및 동 대학원을 졸업했다. 현재 대전대학교 국어국문창작학부 교수로 재직 중이다. 해방 후 한국 지성사와 문학사를 연구하면서, 『사상계와 1950년대 문학』(2003), 『혁명과 웃음』(공저, 2005)을 썼다.

공임순 孔任順, Kong Imsoon

서강대학교 국어국문학과를 졸업하고 동대학원 박사학위를 취득했다. 저서로는 『식민지의 적자들』, 『스캔들과 반공국가주의』, 『식민지시기 야담의 오락성과 프로파간다』가 있고, 공저와 역서로는 『냉전과 혁명 그리고 사상계』와 『페미니즘 위대한 역설』 등이 있다.

이혜령 李惠鈴, LEE Hye Ryoung

1971년 서울생. 성균관대학교 대학원에서 문학박사학위를 취득했다. 저서로 『저수하의 시간, 염상섭을 읽다』(공편)와 『염상섭 문장전집』(공편) 등이 있다. 현재 성균관대학교 동아시아 학술원 교수.

강진웅 姜珍雄, Kang, Jin Woong

연세대학교 사회학과를 졸업하고 미네소타대학교 사회학과에서 박사학위를 받았다. 현재 고려대학교 민족문화연구원 HK교수로 재직 중이다. 주요 관심분야는 정치/문화사회학이며 북한의 사회변동은 물론 현대 한국의 사회 및 문화변동에 관심을 갖고 있다.

강웅식 姜雄植, Kang, Woong-sik

고려대학교 국어국문학과 강사. 지은 책으로 『텍스트에서 경험으로』, 『텍스트의 이해와 욕망의 교육학』, 『해석의 갈등』 등이 있다.

차승기 車承棋, CHA Seung Ki

조선대학교 국어국문학과 교수. 주요 논저로는 『반근대적 상상력의 임계들』(2009), 『아시아 이벤트』(2013, 공저), 「자본, 기술, 생명－홍남-미나마타 또는 기업도시의 해방전후」(2013), 「帝國のアンダーグラウンド」(2014) 등이 있다.

박헌호 朴憲虎, Park, Heon-ho

고려대학교 민족문화연구원 HK교수. 지은 책으로 『이태준과 한국 근대소설의 성격』, 『한국인의 애독작품-향토적 서정소설의 미학』, 『식민지근대성과 소설의 양식』 등이 있고, 함께 쓴 책으로 『작가의 탄생과 근대문학의 재생산 제도』, 『1919년 3월 1일에 묻다』, 『식민지 검열, 제도・텍스트・실천』 등이 있다.

문경연 文京連, Moon Kyoung-Yeon

동국대학교 다르마칼리지 강의초빙교수. 주요 논저로 「『文化朝鮮』(1939～1944)의 미디어 전략과 제국의 디스플레이－조선의 연극・영화 기사를 중심으로」(2014), 「초기 여성국극의 장르 정착과 서사적 특징 연구」(2013), 『한국 근대 극장예술과 취미담론』(2012) 등이 있고, 역서로 『취미의 탄생』(2008), 『포스트콜로니얼 드라마』(2006), 공역으로 『좌담회로 읽는 국민문학』(2010), 『演技된 근대』(2007)가 있다.

손유경 孫有慶, Youkyung Son

서울대학교 국어국문학과 및 동대학원 졸업. 아주대학교 기초교육대학 강의교수를 거쳐 현재 서울대학교 국어국문학과 교수로 재직하고 있다. 저서로 『고통과 동정』(2008), 『프로문학의 감성 구조』(2012)가 있고, 공저인 『식민지 근대의 뜨거운 만화경』(2010)과 역서 『지금 스튜어트 홀』(2006)이 있다.

이영미 李英美, Lee, Young-mee

성공회대학교 문화대학원 초빙교수. 지은 책으로는 『마당극 양식의 원리와 특성』, 『마당극 리얼리즘 민족극』, 『구술로 만나는 마당극』(전5권), 『한국대중가요사』, 『대학로 시대의 극작가들』, 『홍남부두의 금순이는 어디로 갔을까』, 『요즘 왜 이런 드라마가 뜨는 것인가』 등이 있다.

김정한 金廷翰, Kim Jung Han

고려대학교 민족문화연구원 HK연구교수. 지은 책으로 『대중과 폭력』, 『1980 대중봉기의 민주주의』, 『최장집의 한국 민주주의론』(편저), 『알튀세르 효과』(공저), 『라캉과 지젝』(공저) 등이 있고, 옮긴 책으로 『폭력의 세기』, 『혁명가』(공역) 등이 있으며, 「5·18항쟁 시기에 일어난 일가족 살인 사건」, 「한국 라캉주의 정치의 가능성과 조건」, 「한국에서 포스트맑스주의의 수용 과정과 쟁점들」 등의 논문을 썼다. 『실천문학』, 『문화과학』의 편집위원을 맡고 있다.

조윤정 趙胤姸, Jo Yunjeong

KAIST 인문사회과학부 초빙교수. 주요 논저로 공저 『근대 국어 교과서를 읽는다』(2014), 『야나기 무네요시와 한국』(2012) 등이 있고, 논문 「근대 조선의 수학여행과 기행문 쓰기의 방법」(2014), 「근대 조선의 미션스쿨과 종교적 감수성」(2014) 등이 있다.

이화진 李和眞, Lee Hwajin

인하대학교 한국학연구소 HK연구교수. 주요 논저로 「'기모노'를 입은 여인－식민지 말기 문화적 크로스드레싱(cultural cross-dressing)의 문제」(2012), 「전쟁과 연예－전시체제기 경성에서 악극과 어트랙션의 유행」(2015), 『월경하는 극장들』(2013, 공저), 『조선영화와 할리우드』(2014, 공저) 등이 있다.